Wesener

Führerschein C für Seefahrt

Michael Wesener

Führerschein C für Seefahrt

und Sporthochseeschifferzeugnis

Delius Klasing Verlag

Überarbeitung der 4. Auflage:
Kai Nebendahl

ISBN 3-7688-0375-9

Zeichnungen und Layout:
Ekkehard Schonart

Printed in Germany 1989

Druck: Kunst- und Werbedruck
Bad Oeynhausen

Vorwort

Das vorliegende Lehrbuch für die Vorbereitung auf die C-Schein- und Sporthochseeschifferprüfung faßt erstmals den gesamten Stoff eines entsprechenden Lehrganges zusammen. Bislang mußte dieses Wissen aus verschiedenen Büchern zusammengesucht werden, die jedoch weder fachlich noch didaktisch auf die Bedürfnisse eines solchen Lehrganges zugeschnitten waren.

Als ich 1979/80 erstmals als Segellehrer einen C-Schein- und Sporthochseeschifferkursus zu leiten hatte, suchte ich in einer großen Fülle von Fachbüchern vergeblich nach einem ausgesprochenen Lehrbuch. Aus den Erfahrungen des Unterrichts entstand dann dieser Leitfaden.

Schwerpunkt jedes C-Schein- und Sporthochseeschifferkurses ist die Astronavigation. Da ich nicht ein weiteres Fachbuch für Fachleute, sondern ein Lehrbuch für astronomisch interessierte Laien und navigatorisch vorgebildete Segler verfassen wollte, habe ich den Stoff in erster Linie nach lerntechnischen Gesichtspunkten aufbereitet. Dies ist – trotz der schon langen Geschichte der Astronavigation – zumindest in diesem Umfang völlig neu. Die aus leicht erlernbaren „Bausteinen" zusammengesetzten Vordrucke für die einzelnen astronomischen Verfahren sind auch für die spätere Praxis an Bord gedacht und können zu privaten Zwecken aus dem Buch fotokopiert werden. Neu sind auch die hier vorgestellten Verfahren der astronomischen Kompaßkontrolle anhand der H.O.-Tafeln. Sie stellen nicht nur eine wesentliche Vereinfachung gegenüber den alten Methoden dar, sondern ersparen auch die Anschaffung teurer zusätzlicher Tafelwerke.

Alle Übungen und „Hausaufgaben" sind so gestaltet, daß sie mit dem im Anhang wiedergegebenen Tabellen- und Kartenmaterial gelöst werden können. Da für die Prüfung ohnehin eine Übungskarte benötigt wird, empfehle ich die Anschaffung der D 50. Die meisten Aufgaben lassen sich auf dieser Karte zeichnen.

Die C-Schein- und Sporthochseeschifferprüfungen stellen die „höchsten Weihen" dar, denen wir Wassersportler uns hierzulande unterziehen können. Dementsprechend hoch und umfassend sind die Anforderungen, die in der meist etwa fünfstündigen schriftlichen und bis zu einstündigen mündlichen Prüfung an den Kandidaten gestellt werden. Dabei hat er Fragen aus sämtlichen Wissensbereichen des Segelns und der Seefahrt zu beantworten – vor allem auch aus der in BR-, BK- und Sporthochseeschifferkursen behandelten Gesetzeskunde.

Ein Buch, in dem alles berücksichtigt wird, was in der C-Schein- und Sporthochseeschifferprüfung gefragt werden kann, müßte den kompletten Stoff von A-, BR- und BK-Schein-Kursen wiederholen. Da die DSV-Scheine jedoch aufeinander aufbauen und auch jeder angehende Sporthochseeschiffer zunächst das Sportseeschifferzeugnis erworben haben sollte, wäre es wenig sinnvoll, hier noch einmal all das abzudrucken, was in vorangegangenen Kursen unterrichtet wurde.

Ich habe mich daher darauf beschränkt, den Wissensstoff zu vermitteln, der für C-Schein- und Sporthochseeschifferprüfung neu hinzukommt. Ich empfehle für die Prüfungsvorbereitungen – ob in Lehrgang oder Selbststudium – jedoch dringend, auch die Lehrbücher und Unterlagen aus vorangegangenen Kursen noch einmal durchzuschauen. Das gilt für so selbstverständliche navigatorische Aufgaben wie Stromdreieck, Peilungen, Funkpeilungen und Gezeitenaufgaben, vor allem aber für die Gesetzeskunde. Es sind schon Prüflinge durchgefallen, die zwar alle astronomischen Aufgaben glänzend gelöst, aber dann in der mündlichen Prüfung bei den Nebelsignalen versagt haben.

Meinen Lesern wünsche ich nicht nur für die Prüfung, sondern vor allem für ihre Segeltörns, daß sie nie das Gefühl haben müssen, ungenügend vorbereitet in eine schwierige Situation geraten zu sein.

Zu danken habe ich meinen Lehrern und Schülern an der Sportseeschifferschule Köln e.V. Ohne sie wäre dies Buch nicht entstanden.

Michael Wesener

Inhalt

WETTERKUNDE

SEEMANNSCHAFT

RECHT

ANHANG

Navigation

Einführung in die Astronavigation

Bei jeder Navigation oder Ortsbestimmung, die wir bisher betrieben haben, mußten wir uns nach Seezeichen, Landmarken oder auch Funkfeuern richten, die ihren festen Standort an einem uns bekannten Punkt auf der Erdkugel hatten. Weil Erde auf lateinisch *terra* heißt, nannten wir diese Art der Ortsbestimmung „terrestrische Navigation". Das Prinzip der Ortsbestimmung bestand dabei darin, daß wir von unserem zunächst unbekannten Schiffsort eine Beziehung zu dem uns aus der Seekarte bekannten Standort eines Seezeichens, Funkfeuers oder einer Landmarke herstellten. Diese Beziehung bestand entweder in einer (Funk)Peilung, einer Abstandsbestimmung durch Höhenwinkelmessung oder sogar beidem. Stets war es so, daß wir von einer Landmarke allein zunächst noch keinen Standort, sondern nur eine *Standlinie* gewinnen konnten (Abb. 1).

Bei der astronomischen Navigation, die so heißt, weil die Astronomie die Lehre von den Bewegungen der Himmelskörper ist, funktioniert das im Prinzip genauso. Auch hier stellen wir zwischen unserem zunächst noch unbekannten Schiffsort und dem uns bekannten Standort eines Gestirnes eine Beziehung her, um noch nicht direkt einen Standort, aber immerhin schon eine Standlinie zu erhalten.

Auch hier sind zwei oder mehr Standlinien erforderlich, um einen sicheren Schiffsort zu bestimmen (Abb. 2). Zwischen terrestrischer und astronomischer Navigation gibt es – und daher ist die Kenntnis terrestrischer Navigationsmethoden Voraussetzung – nur zwei Unterschiede:

1. Unsere Beobachtungsobjekte befinden sich nicht auf der Erdkugel, sondern am Himmel, den wir uns – sachlich nicht richtig, aber anschaulich – als „Himmelskugel" vorstellen.
2. Unsere Beobachtungsobjekte bewegen sich. Da diese Bewegungen aber nach ganz bestimmten Gesetzmäßigkeiten ablaufen, kann man für jede Sekunde des Jahres im Nautischen Jahrbuch nachschlagen, wo sie sich gerade befinden.

Mit dem ersten Problem werden wir schnell fertig, indem wir eine ganz einfache Beziehung zwischen Punkten auf der Erdkugel und Punkten auf der Himmelskugel herstellen. Der Begriff *Zenit* ist uns vielleicht schon bekannt: Der Zenit ist der Punkt genau senkrecht über dem Beobachter an der Himmelskugel. Umgekehrt ist der *Bild-*

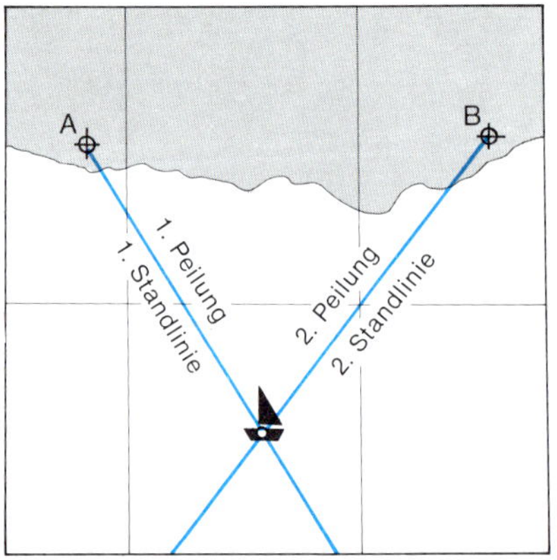

Abb. 1: Kreuzpeilung

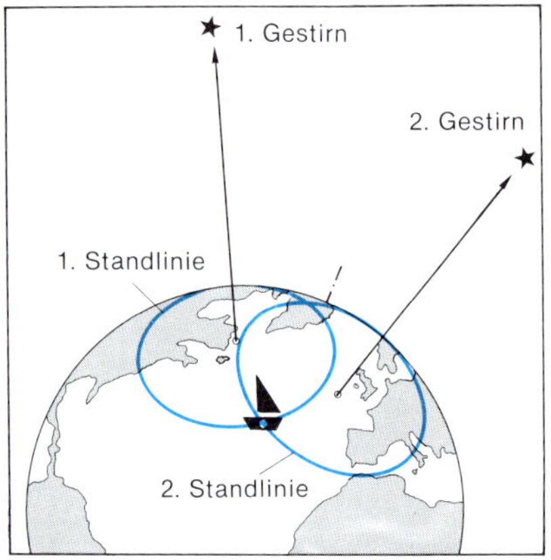

Abb. 2: Astronomischer Ort aus 2 Sternhöhen

punkt der Punkt auf der Erde genau senkrecht unter einem Gestirn (Abb. 3). Da diese beiden Begriffe die Grundlage aller Astronavigation sind, merken wir uns schon hier bei der Einführung:

Der Zenit ist der Punkt, an dem eine Gerade, die durch den Erdmittelpunkt und den Beobachter geht, die Himmelskugel trifft. Der Bildpunkt ist der Punkt, an dem eine Gerade vom Gestirn zum Erdmittelpunkt die Erdoberfläche durchstößt.

Mit diesen beiden Begriffen ist es nämlich schon möglich, zu verdeutlichen, wie Astronavigation funktioniert und wie einfach sie im Prinzip ist: Wenn ich einen Stern genau in meinem Zenit habe, stehe ich auf seinem Bildpunkt. Wenn ich jetzt aus dem Nautischen Jahrbuch herauslese, wo sich dieser Stern gerade befindet, weiß ich auch, wo ich selber bin (Abb. 4). – Ein noch einfacheres Beispiel. Nehmen wir an, der Nordstern stünde wirklich ganz genau über dem Nordpol (leider tut er das nicht), dann wüßte ich, daß ich auf dem Nordpol stehe, wenn ich den

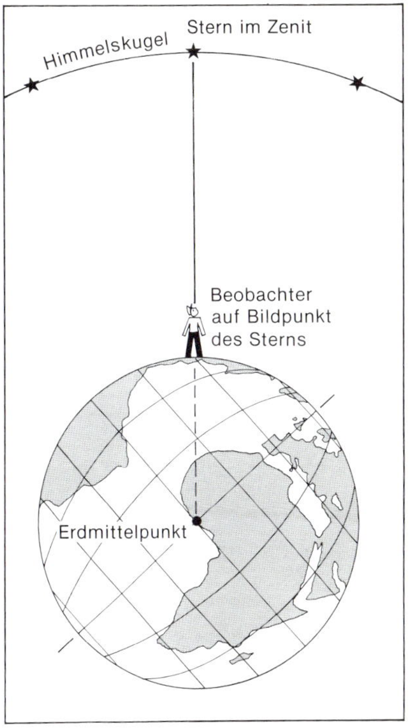

Abb. 4: Wer einen Stern in seinem Zenit sieht, steht auf dem Bildpunkt des Sterns

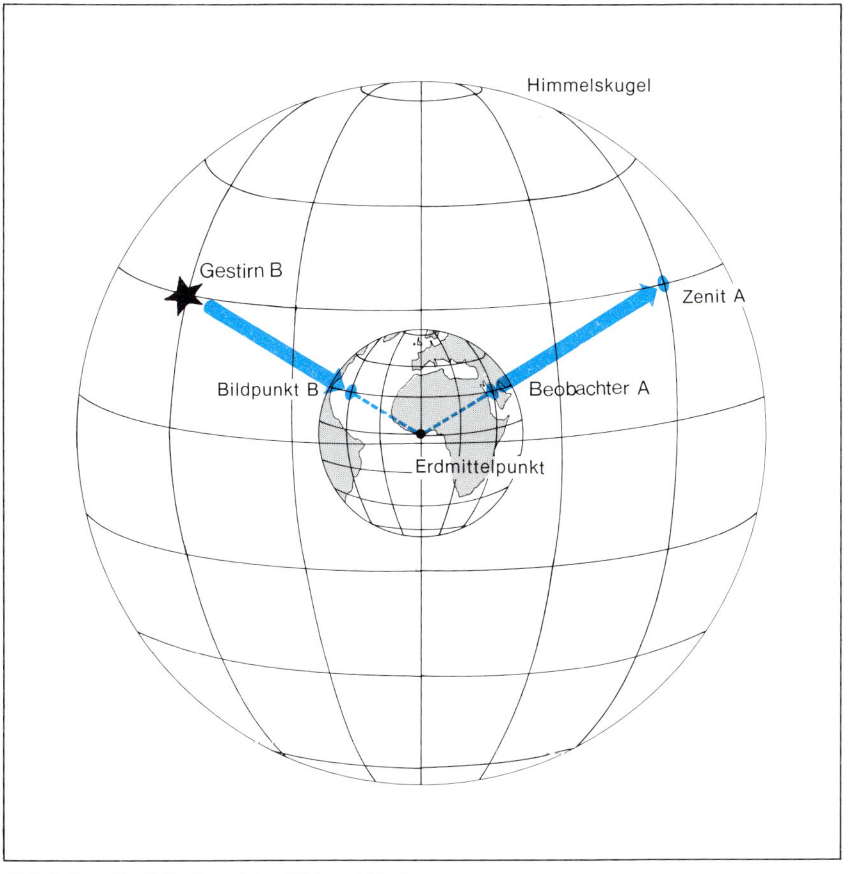

Abb 3: Der Zenit für A und der Bildpunkt in B

Nordstern genau über mir, also in meinem Zenit sehen würde. Dies wäre ein *Höhenwinkel* von 90°: Ich müßte meinen Kopf mit 90° in den Nacken legen, um den Stern zu sehen. Je mehr ich mich nun vom Nordpol, also dem Bildpunkt des Nordsterns entferne, desto weniger krumm müßte ich meinen Hals machen; desto geringer würde die Höhe des Nordsterns über dem Horizont. Auf 50° nördlicher Breite wäre dieser Blickwinkel nur noch 50° (Abb. 5), auf 30° nördlicher Breite nur noch 30°, und am Äquator würde der Nordstern mit einem Höhenwinkel von 0° genau im Horizont stehen.
Das Prinzip der Astronavigation ist also ähnlich dem Verfahren Abstand aus Höhenwinkel: Aus dem Winkel, den ich

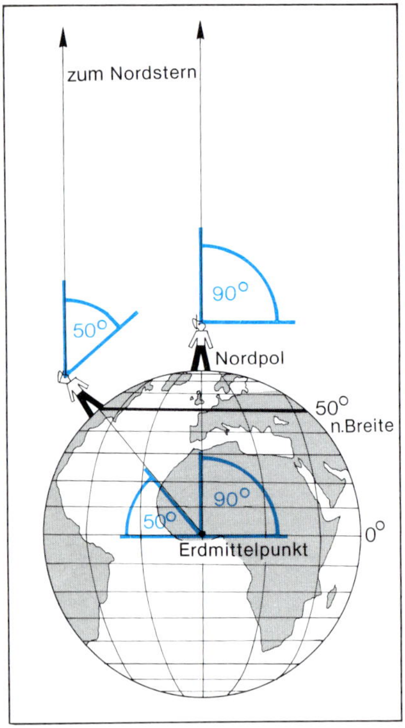

Abb. 5: Am Nordpol sehen wir den Nordstern in 90° über dem Horizont, auf 50° nördlicher Breite in 50° über dem Horizont

zwischen Leuchtturm-Spitze und Leuchtturm-Fußpunkt messe, und der bekannten Leuchtturm-Höhe errechne ich den Abstand. Bei der Astronavigation dienen uns Gestirne als „Leuchttürme", deren Höhe ebenfalls bekannt ist: unendlich (Abb. 2).

Das zweite Problem lösen wir dadurch, daß wir den jeweiligen Standort der Gestirne in Tabellen nachschlagen. Dabei muß heute nicht mehr kompliziert gerechnet, sondern nur noch addiert und (selten) subtrahiert werden.

Sicherlich kann man die Handhabung von Sextanten und Tafelwerken auch fast ohne jeden theoretischen Hintergrund erlernen. Man weiß dann zwar nicht so recht, was man tut, aber man tut es möglicherweise dennoch richtig. Aus verständlichen Gründen reichen solche Kenntnisse für die Prüfungen des DSV und der Seefahrtschulen (C-Schein und Sporthochseeschifferzeugnis) nicht aus. Ob es für die Praxis an Bord ausreicht, muß jeder für sich selbst entscheiden.

Oft hilft einem die Erinnerung an den theoretischen Hintergrund jedoch gerade in der Praxis sehr viel weiter, insbesondere wenn es darum geht, mögliche Fehler zu erkennen und zu korrigieren. Darum soll dem interessierten, aber mathematisch und astronomisch nicht vorgebildeten Segler in diesem Buch soviel Theorie wie nötig und soviel Praxis wie möglich vermittelt werden.

Selbst wenn der Weg zum Verständnis manchmal durch besonders grau erscheinende Theorie zu führen scheint, sollte man nicht verzagen: Um so schöner ist es nämlich dann, wenn sich plötzlich der graue Theorie-Nebel lichtet und man einen geistigen Landfall erlebt und den großen Durchblick hat.

Ein alter lateinischer Spruch heißt: „per aspera ad astra" – zu deutsch: durch das Bittere zu den Sternen. Doch keine Angst vor bitteren Pillen; wir haben uns bemüht, diese Pillen mit einem wohlschmeckenden bunten Überzug zu versehen und allzu bittere Theorie nur in homöopathischen Dosen zu verabreichen.

Darum haben wir das komplexe Gebilde einer kompletten astronomischen Standortbestimmung in handliche Bausteine zerlegt, die jeder für sich sehr leicht zu erarbeiten sind. Manchmal, besonders am Anfang, mag es manchem sogar etwas zu leicht vorkommen – so die ausführliche Behandlung der Koordinatensysteme; sie sind aber der Boden, auf dem wir in der Navigation stehen. Und wenn der nicht unverrückbar fest „sitzt", steht alles andere darauf aufgebaute Wissen immer auf wackeligen Beinen.

1. Das Koordinatensystem der Erde

Wenn wir in der terrestrischen Navigation einen Standort benennen wollten, dann taten wir das oft in Beziehung auf einen Ort an Land, zum Beispiel: 15 Meilen östlich von Kap San Antonio (Abb. 6). In der astronomischen Navigation, die ja fast nur fernab von allen Küsten gebraucht wird, gibt es solche naheliegenden Bezugspunkte nicht.

Außerdem brauchen wir ja auch ein System zur Kennzeichnung von Schiffsorten, das weltweit miteinander in Bezug zu setzen ist. Zu diesem Zweck wurde das *Koordinatensystem der Erde* geschaffen. Dies ist ein Netz aus gedachten Linien, die die gesamte Erdkugel überziehen. Jeder Ort auf der Erde wird als Schnittpunkt zweier solcher gedachter Linien vorgestellt. Wir

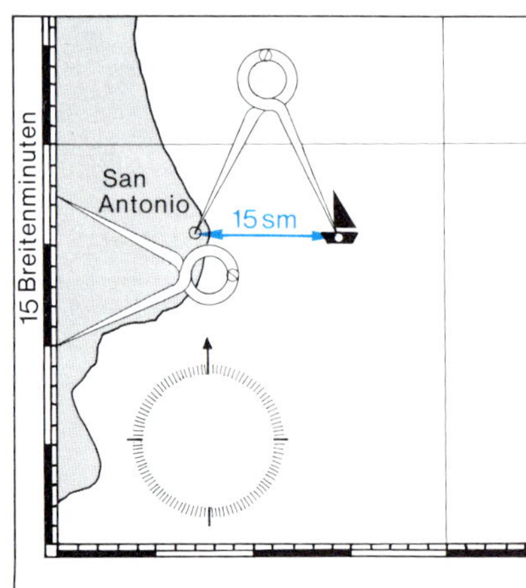

Abb. 6: Ortsbestimmung in Küstennähe: 15 sm östlich von San Antonio

sehen auch hier: Zur eindeutigen Festlegung eines Standortes gehören immer zwei Standlinien oder Koordinaten.

1.1 Die Breitenkreise

Man geht davon aus, daß die Erde eine Kugel ist (ganz genau stimmt das nicht, weil unser Planet an den Polen ein wenig abgeflacht ist), und schneidet diese Kugel zunächst einmal wie eine Apfelsine in Hälften: ein *Pol* „oben", ein *Pol* „unten" und in der Mitte der *Äquator*.
Damit erhalten wir zwei gleich große Hälften, die Nord- und die Südhalbkugel. Nun können wir schon sagen, ob wir uns auf der Süd- oder Nordhalbkugel befinden, aber noch nicht, wie weit südlich oder wie weit nördlich. Dafür werden nun *Breitenparallele* geschaffen, die so heißen, weil sie parallel zum Äquator verlaufen. Und während der Äquator ein *Großkreis* ist, weil er den größtmöglichen Durchmesser eines Kreises auf der Erde, nämlich den Erddurchmesser hat, sind diese Breitenparallele sogenannte *Kleinkreise,* weil sie zu den Polen hin immer kleiner werden (Abb. 7).

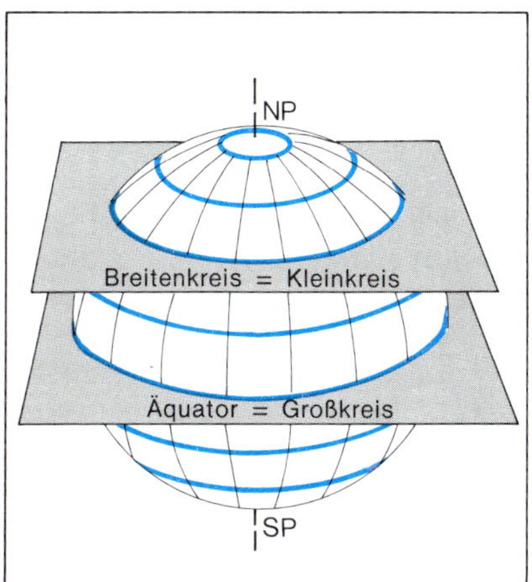

Abb 7: Alle Breitenkreise außer dem Äquator sind Kleinkreise

Merke: Der Äquator ist ein Großkreis, weil sein Mittelpunkt gleich dem Erdmittelpunkt und sein Durchmesser gleich dem Erddurchmesser ist.

Die Breitenparallele sind Kleinkreise, weil ihre Mittelpunkte nicht gleich dem Erdmittelpunkt sind und sie zu den Polen hin immer kleiner werden.

Diese Breitenparallele werden nun vom Äquator zu den Polen hin durchnumeriert. Dabei fängt man am Äquator mit Null an und hört an den Polen jeweils mit 90 auf. Die 90 am Pol weist auf einen rechten Winkel hin: Zwischen dem Nordpol und der Äquatorebene besteht ein Winkel von 90°. Und einen ebensolchen Winkel kann man für jeden anderen Breitengrad zwischen Pol und Äquator bilden. So bedeutet eine Breitenangabe von 51° nördlicher Breite nichts anderes, als daß zwischen dem 51. Breitenparallel auf der Nordhalbkugel und der Äquatorebene am Erdmittelpunkt ein Winkel von 51° besteht (Abb. 8).

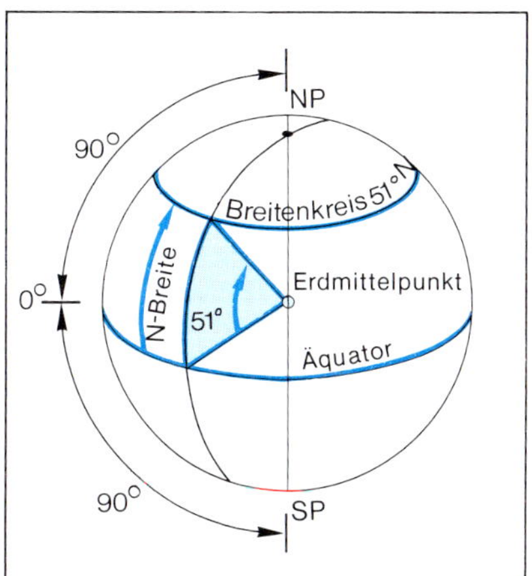

Abb 8: Die Breite ist der Winkel zwischen Breitenparallel und Äquator, gemessen am Erdmittelpunkt

Merke: Die Breite eines Ortes ist der Winkel zwischen Ort, Erdmittelpunkt und Äquatorebene. Daher gibt es auf der Nord- und Südhalbkugel je 90 Breitengrade zwischen Äquator (0°) und Pol (90°).

1.2 Die Längenkreise

Während es bei der Teilung der Erdkugel in je eine südliche und nördliche Hälfte nicht viel zu überlegen gab, weil diese „Null-Linie" ja in der Mitte zwischen den Polen liegen mußte, war die Teilung in eine westliche und eine östliche Halbkugel etwas schwieriger. Wo sollte man die Erde durchschneiden, um entsprechend dem Äquator eine Null-Linie zu haben, von der aus man die anderen durchnumerieren konnte?
In der Tat wurde hierüber bis 1884 noch gestritten. Erst auf einer internationalen Konferenz in Washington einigten sich zunächst 25 Nationen darauf, die Erdkugel so zu teilen, daß der *Nullmeridian* genau durch die Sternwarte von *Greenwich* bei London gehen sollte.
Heute ist diese Teilung weltweit anerkannt. Wir zählen von Greenwich aus 180 *Längengrade* nach Osten, bis wir genau auf der anderen Seite der Erde angekommen sind (Abb. 9). Genauso zählen wir 180 Längengrade westwärts, bis wir wieder an dieser Linie angekommen sind. Dieser Längengrad ist 180° Ost und West zugleich, und außerdem stellt er die *Datumsgrenze* dar.
Wie ist man nun ausgerechnet auf die Zahl von 180 gekommen? Weil ein Halbkreis einem Winkel von 180° entspricht. Wie die Breitengrade stellen auch die Längengrade einen Winkel

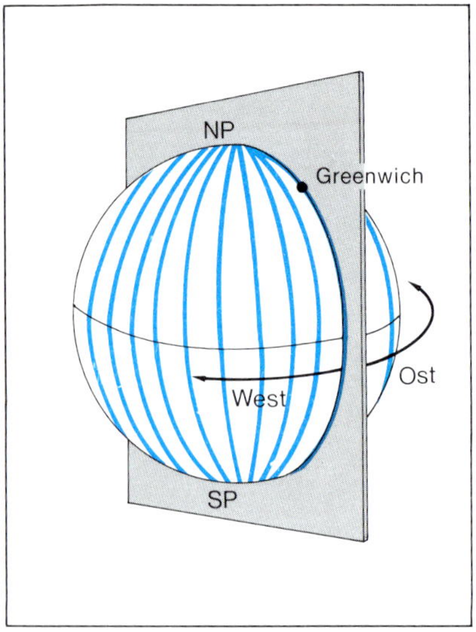

Abb. 9: Alle Längenkreise sind Großkreise

am Erdmittelpunkt dar. Nur muß ich diesmal vom Pol aus auf die Erdkugel schauen. So bedeutet eine Länge von 48° Ost, daß zwischen dem Längengrad des Ortes und dem Längengrad von Greenwich an der Polachse ein Winkel von 48° besteht (Abb. 10).

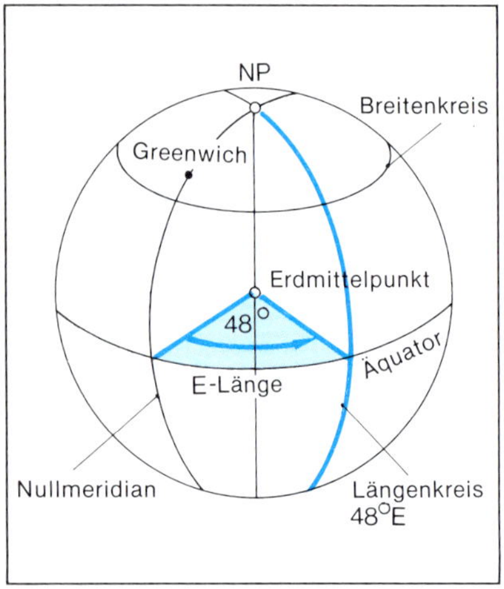

Abb. 10: Die Länge ist der Winkel zwischen dem Nullmeridian und dem Längenkreis (Meridian), gemessen am Erdmittelpunkt

Jeder Längenkreis zerfällt nun in zwei Halbkreise, die an den Polen miteinander verbunden sind. Ein Längengrad heißt auch *Meridian,* weil es für den Beobachter Mittag (lat. *meridies)* ist, wenn die Sonne auf demselben Längengrad steht; aber hierauf kommen wir noch ausführlicher zu sprechen.

Merke: Längenkreise sind durch beide Erdpole führende Großkreise, deren Mittelpunkt gleich dem Erdmittelpunkt und deren Durchmesser gleich dem Erddurchmesser ist.

Die Länge eines Ortes ist der Winkel zwischen seinem Längengrad und dem Längengrad von Greenwich, gemessen an einem der Pole. Hierbei wird von Greenwich als dem Nullmeridian jeweils 180° nach Osten und 180° nach Westen gemessen.

1.3 Minuten und Sekunden

Da diese Einteilung in je 90 Breitengrade Nord und Süd und je 180 Längengrade Ost und West ein noch zu grobmaschiges Netz ergibt, um jeden Ort auf der Erde exakt benennen zu können, hat man jeden Grad noch einmal in je 60 *Minuten* und jede Minute noch einmal in je 60 *Sekunden* aufgeteilt.
Statt Sekunden verwendet man in der Navigation *Zehntelminuten* als Stelle hinter dem Komma.
Wenn wir nun wissen, daß der Erdumfang ziemlich genau 40 000 Kilometer beträgt, 180 Grad Ost und West zu 360 Grad addieren und in Minuten ausdrükken (360 x 60 = 21 600) und den Erdumfang, ausgedrückt in Kilometern, durch die Zahl der Bogenminuten teilen (40 000 : 21 600 = 1,852), so erhalten wir eine Zahl, die wir sehr wohl kennen;

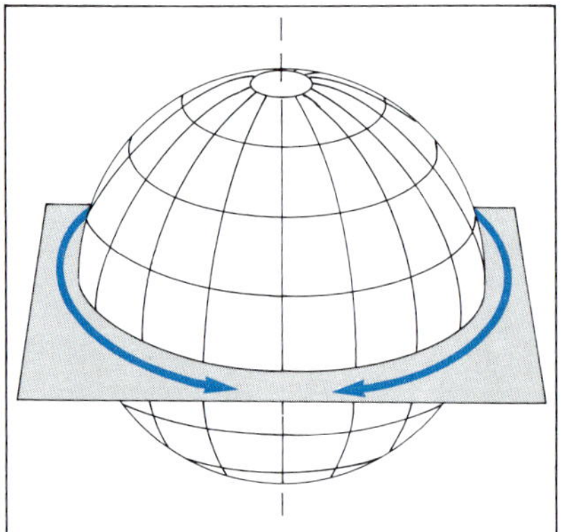

Erdumfang am Äquator

$$\frac{40\,000 \text{ km}}{360° \times 60'} = 1{,}852 \text{ km}$$

Abb. 11

die *Seemeile,* umgerechnet in Kilometer (Abb. 11). Und tatsächlich ist die Seemeile definiert als eine Bogenminute am Äquator oder an jedem anderen Großkreis auf der Erdoberfläche.

Merke: Allen Begriffen in der Navigation, auch der Seemeile, liegen Winkel am Erdmittelpunkt und entsprechende Bogenstücke an der Erdoberfläche zugrunde. Die Seemeile entspricht einer Bogenminute auf jedem beliebigen Großkreis.

Und hier wird uns nun noch einmal klar, warum wir auch bei der terrestrischen Navigation Distanzen niemals am oberen oder unteren Kartenrand abgreifen durften, sondern nur rechts und links: weil nur Längenkreise Großkreise sind, auf denen eine Bogenminute gleich einer Seemeile ist (Abb. 12). Alle Breitenparallele (oben und unten an der Karte) sind (außer dem Äquator) Kleinkreise, auf denen eine Bogenminute immer kleiner ist als eine Seemeile. So ist eine auf Breitenparallel, also waagerecht abgegriffene Bogenminute beispielsweise in 60 Grad nördlicher oder südlicher Breite nur noch eine halbe Seemeile lang.

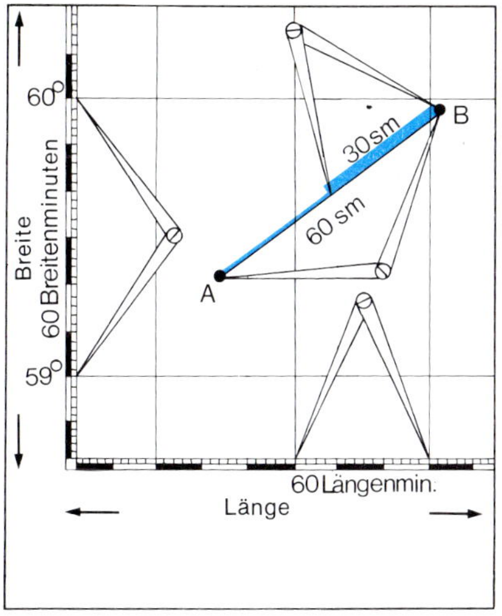

Abb. 12: *Nur Breitenminuten entsprechen Seemeilen*

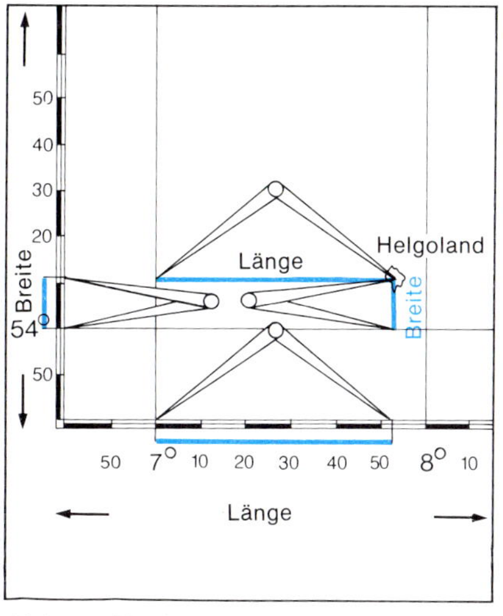

Abb. 13: *Die Entnahme der Koordinaten am seitlichen und unteren (oder oberen) Kartenrand*

Merke: Orte, die genau östlich oder westlich voneinander liegen, haben dieselbe Breite. Orte, die genau südlich oder nördlich voneinander liegen, haben dieselbe Länge.

Nun können wir jeden Ort der Erde mit einer „Adresse" versehen, die aus zwei Angaben bestehen muß: seiner Breite (sie wird stets zuerst genannt) und seiner Länge. Und damit O wie Ost nicht mit Null verwechselt werden kann, kürzen wir östliche Längen mit E (engl. *east)* ab. So hat beispielsweise Helgoland Leuchtfeuer die Koordinaten 54°11′N/007°53′E (Abb. 13).

Warnung: Bei französischen Karten sind die Meridiane im Kartenbild teils noch auf Länge Null durch die Pariser Sternwarte bezogen, und die Greenwichlänge steht nur oben und unten am Kartenrand.

2. Die Koordinatensysteme des Himmels

Nachdem wir uns ein Koordinatensystem erarbeitet haben, mit dem wir jeden Ort auf der Erde eindeutig bezeichnen können, benötigen wir ein ebensolches System für den Himmel. Denn wir müssen ja wissen, wo ein Stern oder anderer Himmelskörper steht, um über ihn zu unserem wahren Ort zu finden. Um es uns leichter zu machen, das unendliche Universum in den Griff zu bekommen, ignorieren wir einfach, was Kopernikus 1543 wissenschaftlich nachwies: daß nämlich die Erde nicht im Mittelpunkt aller Bewegungen am Himmel steht. Wir bleiben aus praktischen Erwägungen bei dem Weltbild, das die Menschheit vor Kopernikus und Galilei (der Kopernikus' Thesen etwa ein Jahrhundert später an die große Glocke hängte und sich damit sehr viel Ärger mit der Kirche ein-

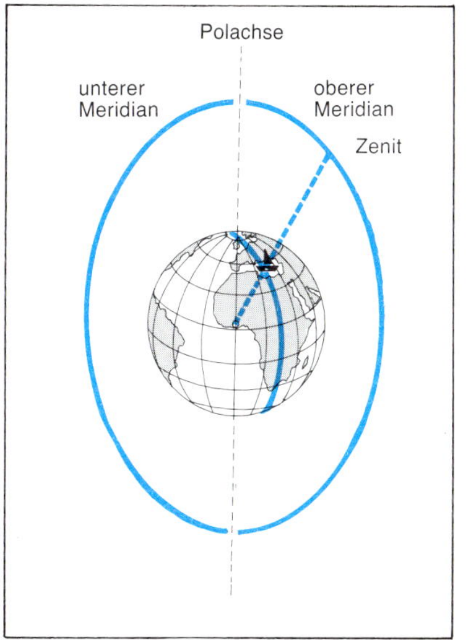

Abb. 14: *Oberer und unterer Meridian*

handelte) hatte: Die Erde sei der Mittelpunkt des Alls.

Der Himmel ist wie eine große doppelte Käseglocke, auf der die *Fixsterne* festgeklebt sind (lat. *fixus* = fest). Diese *Himmelskugel* umgibt die Erde und dreht sich in fast genau 24 Stunden einmal in ost-westlicher Richtung, wobei Himmels- und Erdkugel dieselbe Polachse und denselben Mittelpunkt haben.

Auf diese Kugel rund um die Erde übertragen wir die Begriffe unseres irdischen Koordinatensystems: Über dem Erdnordpol und dem Erdsüdpol befinden sich jeweils der *Himmelsnord-* und *Himmelssüdpol;* über dem Erdäquator verläuft der *Himmelsäquator,* und einem Meridian entspricht ein *Himmelsmeridian.* Der Halbkreis, der vom Himmelsnordpol durch den Zenit zum Himmelssüdpol verläuft, wird *oberer Meridian* genannt, der Teil, der sich an der gegenüberliegenden Seite der Erde vom unteren zum oberen Himmelspol fortsetzt, *unterer Meridian* (Abb. 14).

Merke: Die Himmelspole sind genau über den Erdpolen; der Himmelsäquator verläuft genau über dem Erdäquator.

Die Himmelskugel dreht sich in fast genau 24 Stunden scheinbar einmal um die durch die Pole verlaufende Achse, und zwar in ost-westlicher Richtung – bei senkrechter Blickrichtung auf den Nordpol also im Uhrzeigersinn.

2.1 Die Deklination

Auch Länge und Breite gibt es entsprechend der Erdkugel auf der Himmelskugel – nur heißen sie da anders: Die Breite heißt *Deklination,* im Nautischen Jahrbuch mit „δ" (delta) abgekürzt, und bezeichnet genau wie auf der Erde den Abstand vom Äquator in nördlicher oder südlicher Richtung, gemessen jeweils als Winkel am gemeinsamen Mittelpunkt von Himmels- und Erdkugel (Abb. 15).

Merke: Die Deklination eines Himmelskörpers ist sein nördlicher oder südlicher Abstand vom Himmelsäquator, gemessen als Winkel zwischen Gestirn, Erdmittelpunkt und Äquatorebene.

Das Deklinationsparallel eines Gestirnes auf der Himmelskugel entspricht dem Breitenparallel seines Bildpunktes auf der Erdkugel.

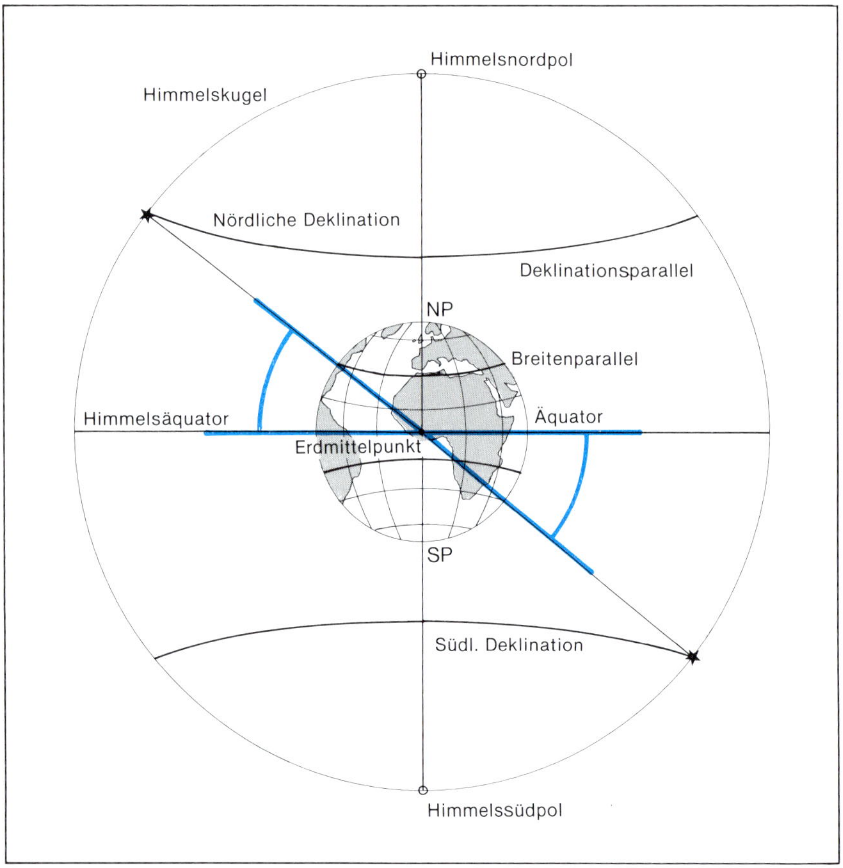

Abb. 15: Die Deklination

Für unsere Auswertung von Gestirnsbeobachtungen mit dem Sextanten entnehmen wir die Deklination des Gestirns (sie entspricht der Breite des Bildpunktes) den Tagesseiten des Nautischen Jahrbuches (NJ), Anlage 1. Angenommen, wir wollen die Deklination der Sonne am 3. Mai um 17-27-38 UT1 wissen. Wir entnehmen zunächst die Deklination für die volle Stunde 17 Uhr. Diesen Betrag von 15°48,1′N tragen wir in unseren Deklinationsbaustein ein (siehe Seite 15).
Dann schauen wir, ob die Deklination am 3. Mai größer oder kleiner wird. Sie wird größer, also muß das Vorzeichen für die *Verbesserung* + heißen.
Nun müssen wir noch wissen, um wieviel die Deklination in den verbliebenen 27 Minuten und 38 Sekunden wächst: Von 17 Uhr bis 18 Uhr sehen wir, daß sie um 0,8' gewachsen ist. Doch so mühsam brauchen wir das nicht auszurechnen; der durchschnittliche Unterschied von Stunde zu Stunde ist als „Unt" unter der Deklinationsspalte angegeben (am 3. Mai 1985 mit 0,7).
Nun können wir über den Daumen peilen. 27 Minuten sind eine knappe halbe Stunde, die Hälfte von 0,7 sind 0,35; also verbessern wir unsere Deklination um 0,3. Mehr Genauigkeit wäre Un-

sinn; schon die erste Stelle hinter dem Komma ist eigentlich mehr, als man braucht.
Man kann die Verbesserung („Vb“) auch über die im NJ auf grünem Papier gedruckten Schalttafeln (Anlage 2) ermitteln: Angenommen, wir haben einen „Unt“ von 0,6 und wollen die Verbesserung für 13 Minuten wissen. Wir schlagen die Schalttafel für 13 min auf, gehen rechts mit dem „Unt“ von 0,6 in die Tabelle ein und entnehmen eine „Vb“ von 0,1. Doch dies ist eigentlich übertriebene Liebesmüh. Später werden wir die Zehntelminuten der Deklination sogar ganz vergessen, in jedem Fall aber aufrunden.
Nun haben wir also unseren ersten Baustein, dessen Handhabung wir zunächst üben wollen. Aufgaben*: Deklination der Sonne für

a) 3. Mai 1985 11-12-22 UT1
b) 3. Mai 1985 18-44-10 UT1
c) 3. Mai 1985 13-13-56 UT1
d) 5. Okt. 1985 03-45-10 UT1
e) 5. Okt. 1985 07-55-03 UT1
f) 5. Okt. 1985 15-40-12 UT1

	15° 43,7' N/S	Deklination (δ NJ f. Stunde)		__° __,_' N/S
+/–	00,1'	Vb f. min (Schalttafeln)	+/–	__,_'
	15° 43,8' N/S	Deklination (Dec)		__° __,_' N/S

Wie das Muster zeigt, hat dieser erste Baustein – wie alle weiteren – gleich zwei Seiten zum Ausfüllen für zwei Aufgaben. Links als Muster die Übungsaufgabe a

2.2 Der Sternwinkel

Wie auf der Erde, so ist auch an der Himmelskugel die Längeneinteilung ein wenig schwieriger, weil der Nullmeridian (die Grundlinie, von der aus wir messen wollen) im Gegensatz zum Äquator nicht „naturgegeben“ ist, sondern erst definiert werden muß.
Auch hierbei ist jedoch für die Koordinaten der Fixsterne weltweit Einigung erzielt worden. Das, was auf der Erde Greenwich ist, wurde an der Himmelskugel der *Frühlingspunkt*. Die Erklärung, warum der so heißt und warum er mit dem astronomischen Zeichen für das Sternbild „Widder“ ♈ abgekürzt wird, würde im jetzigen Stadium nur verwirren. Für uns genügt vorerst zu wissen, daß der Frühlingspunkt – ähnlich wie Greenwich – ein willkürlich ausgewählter Punkt ist. Von diesem Frühlingspunkt, der auf dem Himmelsäquator liegt, messen wir – ebenfalls als Winkel am Erdmittelpunkt – nun die „Länge“ eines jeden Sterns. Anders als auf der Erde wird dieser Winkel, der *Sternwinkel,* nicht einmal nach Osten bis 180° und einmal nach Westen bis 180°, sondern immer nach Westen bis 360° gemessen (Abb. 16). Da der Frühlingspunkt auf der Himmelskugel liegt, dreht er sich mit allen Fixsternen mit. Der Abstand zwischen ihm und dem Himmelsmeridian des Sterns, der Sternwinkel, bleibt also annähernd gleich. Veränderungen finden nur sehr langfristig statt, so daß es bei den Fixsternen für unsere Zwecke genügt, den Sternwinkel nur einmal im Jahr anzugeben.

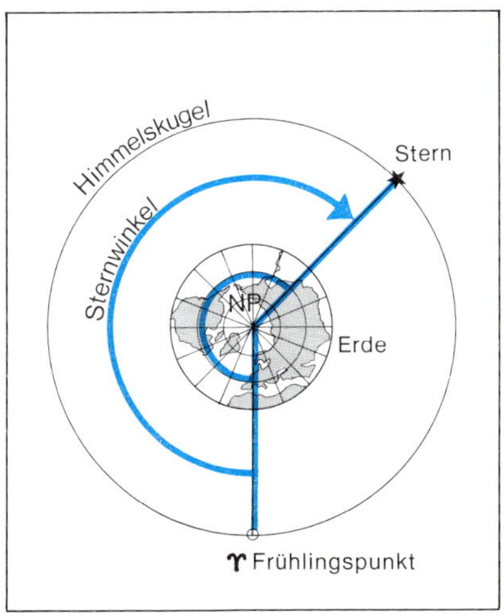

Abb. 16: Der Sternwinkel

Im Nautischen Jahrbuch sind auf den Tagesseiten (Anlage 1) zwar für jeden Tag die Werte Deklination (δ) und Sternwinkel, mit „β“ (beta) abgekürzt, für eine Reihe von Fixsternen angegeben. Doch für unsere Zwecke genügen die für das ganze Jahr gültigen Angaben auf den Seiten „Örter der Sterne“ (Anlage 7).

Merke: Der Sternwinkel eines Fixsternes ist der Abstand seines Himmelsmeridians vom Himmelsmeridian des Frühlingspunktes, gemessen in westlicher Richtung als Winkel von 0° bis 360° am Erdmittelpunkt.

* Die Lösungen der Übungsaufgaben finden Sie auf Seite 175.

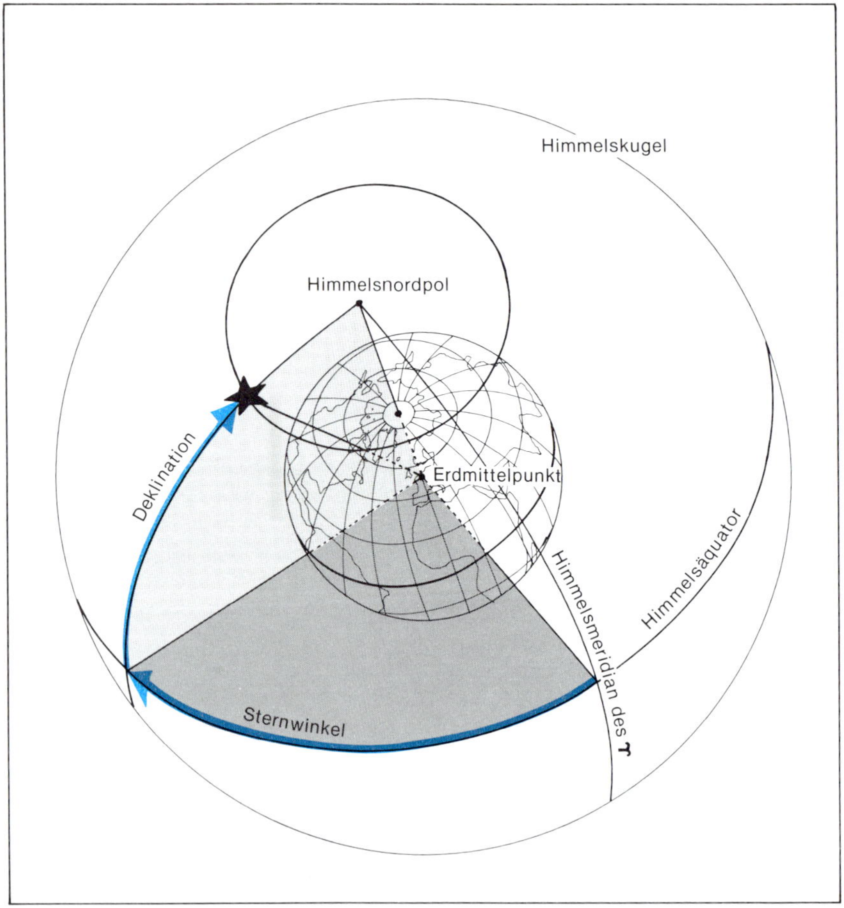

Abb. 17: Die Himmelskoordinaten für „Örter der Sterne": Deklination und Sternwinkel

Mit Deklination und Sternwinkel können wir jeden Punkt auf der Himmelskugel mit einer „Adresse" versehen wie auf der Erdkugel jeden Punkt mit Breite und Länge (Abb. 17).

2.3 Die Stundenwinkel

Da die Himmelskugel über der Erdkugel jedoch nicht still steht, sondern sich (scheinbar) in ost-westlicher Richtung in 24 Stunden einmal um die Erde dreht, sind diese starren Himmelskoordinaten für uns nicht ausreichend. Schließlich wollen wir ja wissen, wo das Gestirn in Bezug zu einem Punkt auf der Erde steht und nicht in Bezug zu einem ebenfalls beweglichen Punkt auf dem Himmelsäquator. Dabei sind Deklination des Gestirns und entsprechend Breite des Bildpunktes unproblematisch. Auch wenn das Gestirn auf seinem Deklinationsparallel mit der Himmelskugel rund um die Erde rotiert: An der Breite des (entlang eines Breitenparallels auf der Erde wandernden) Bildpunktes ändert das nichts.

Anders ist es mit der Länge des Bildpunktes, der durch die Rotation innerhalb von 24 Stunden ja einmal rund um die Erde flitzt (Abb. 18). Doch auch hier hat man sich mit Greenwich beholfen: Wenn ein Punkt an der Himmelskugel, sei es der bereits genannte Frühlingspunkt, die Sonne oder ein Planet, genau über dem Meridian von Greenwich steht (also dort „kulminiert"), dann gibt es zwischen dem Meridian von Greenwich und dem Himmelsmeridian der Sonne (oder des Frühlingspunktes oder Planeten) keinen Winkel am Erdmittelpunkt; sie liegen genau übereinander, der Winkel ist 0°.
Eine Stunde später sieht das schon anders aus. Da ist die Sonne den 24. Teil von 360°, also 15° weiter nach Westen gewandert. Ihr *Greenwicher Stundenwinkel* beträgt nun 15°. So wird weitergezählt, bis nach 24 Stunden die Sonne wieder über dem Meridian von Greenwich steht und der Greenwicher Stundenwinkel (Grt) von 359° auf 0° springt.
Wir schauen uns das am besten gleich mal im NJ (Anlage 1) an. Dort stellen wir erstaunt fest, daß das nur ziemlich genau stimmt. Das liegt daran, daß die Sonne selbst nicht ganz pünktlich ist. Darauf kommen wir später zu sprechen.

Merke: Der Greenwicher Stundenwinkel (Grt) eines Gestirnes ist der Winkel zwischen dem Meridian von Greenwich und dem Himmelsmeridian des Gestirnes, gemessen am Erdmittelpunkt von 0° bis 360° in westlicher Richtung.

Wir müssen zwischen Sonne, Planeten und Fixsternen unterscheiden, weil diese aufgrund ihrer unterschiedlichen scheinbaren Umlaufzeit um die Erde unterschiedliche Greenwicher Stundenwinkel (Grt) haben:

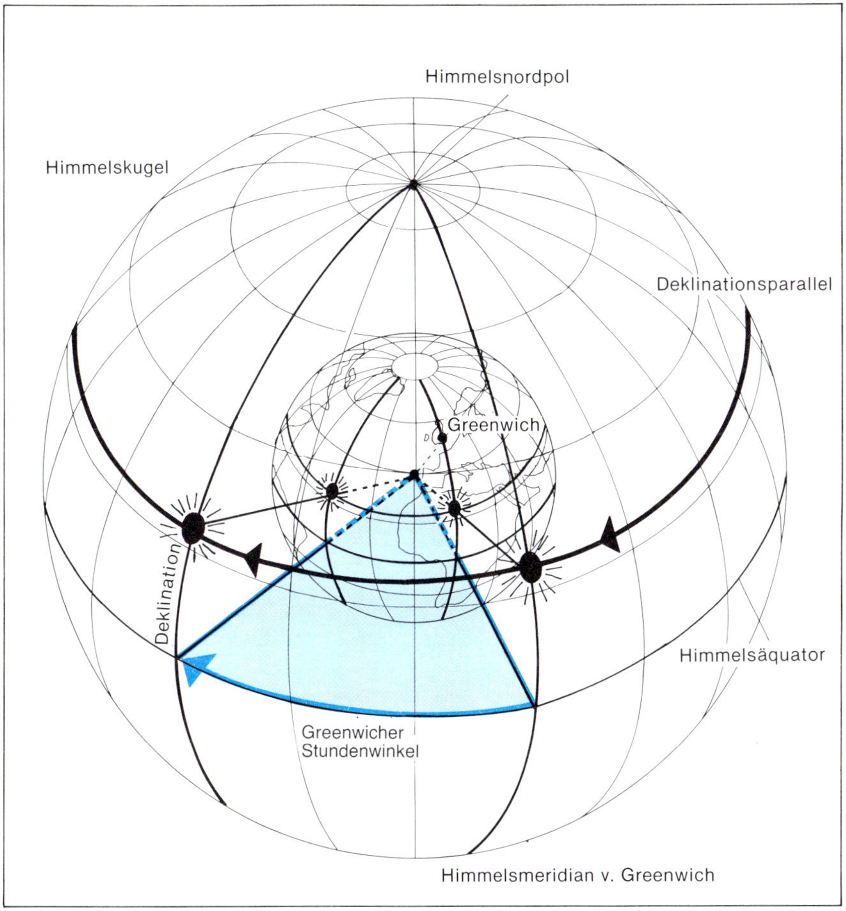

Abb. 18: Während die Deklination der Sonne (und damit die Breite ihres Bildpunktes) während des täglichen Umlaufes um die Erde weitgehend gleich bleibt, ändert sich die Länge des Bildpunktes in 24 Stunden um 360°. Die „Länge“ des Gestirns in bezug auf Greenwich heißt „Greenwicher Stundenwinkel“ (Grt)

1. Grt der Sonne. Er ändert sich durchschnittlich in 24 Stunden einmal um 360°, also in der Stunde um 15°; Abweichungen sind sehr gering.
2. Grt des Frühlingspunktes als Bezugslinie für alle Fixsterne. Er ändert sich durchschnittlich in 23 Stunden und 56 Minuten einmal um 360°; Abweichungen sind gering.
3. Grt von Planeten und Mond. Sie ändern sich vergleichsweise sehr ungleichmäßig, wobei jedes Gestirn ein anderes und auch noch wechselndes Tempo vorlegt.

Doch wir müssen diese Grt nicht mühsam errechnen. Wir entnehmen sie (wie die Deklination) für jede volle Stunde eines jeden Tages den Tagesseiten des NJ (Anlage 1) und (dann anders als bei der Deklination) für jede Minute und Sekunde den Schalttafeln des NJ (Anlage 2).

Das wollen wir bei Sonne und Frühlingspunkt gleich einmal üben: Wie groß ist der Grt der Sonne am 3. Mai 1985 um 13-12-51 UT1?
Wir entnehmen der Tagesseite des NJ (Anlage 1) zunächst den Grt für die volle Stunde: 15°47,3′. Dann schlagen wir die Schalttafeln auf (Anlage 2) und schauen unter 12 min 51 s nach: 3°12,8′. Dieser Zuwachs wird nun (grundsätzlich) zum Wert für die volle Stunde addiert, und wir erhalten den auf die Sekunde genauen Grt der Sonne, die wir von nun an mit dem Zeichen ☉ darstellen.
Dasselbe üben wir noch einmal mit dem Grt des Frühlingspunktes, den wir künftig mit dem Zeichen ♈ kennzeichnen. Hier finden wir für 13 UT1 den Wert 56°22,2′ und für 12 min 51 s den Zuwachs von 3°13,3′.
Wir sehen also: Eine Verwechslung der Grt von Sonne und Frühlingspunkt würde vollkommen falsche Werte ergeben. Dies ist denn auch einer der häufigsten Fehler: beim Ablesen im NJ in die falschen Spalten zu rutschen. Daher der Tip: laut lesen „Greenwicher Stundenwinkel der Sonne für ... Zuwachs des Greenwicher Stundenwinkels der Sonne für ...“ und dabei mit dem Finger die Positionen abfahren!
Bei Mond und Planeten ist das mit dem Zuwachs ein wenig komplizierter; das heben wir uns für später auf.

Um den Grt eines Fixsternes zu erhalten, müssen wir zum Grt ♈ nur den Sternwinkel addieren (Abb. 19). Den Sternwinkel können wir ebenfalls den Tagesseiten des NJ entnehmen (wenn wir seine Ordnungsnummer kennen) oder aber der im Original orangebraunen Seite des NJ „Örter der Sterne“ (Anlage 7).
Beispiel: 3. Mai 1985, 19-13-10 UT1. Grt des Fixsterns Denebola (42)? Wir gewöhnen uns gleich die abgekürzte Schreibweise mit dem Symbol für Fixsterne an, bei Denebola also: ✳ 42.

Nun haben wir den sekundengenauen Grt; doch der würde uns nur weiterhelfen, wenn wir selber auf dem Meridian von Greenwich stünden. Wir wollen ja nicht wissen, wie weit der Bildpunkt des Gestirns von Greenwich, sondern von unserem Schiffsort entfernt ist. Deswegen müssen wir aus dem Grt nun den *Ortsstundenwinkel* (LHA) bilden.

Merke: Der Ortsstundenwinkel (LHA) eines Gestirnes ist der Winkel zwischen dem Meridian des Beobachters und dem Meridian des Bildpunktes des Gestirnes, gemessen am Nordpol von 0° bis 360° in westlicher Richtung.

Wie kommen wir nun dahin? Ganz einfach, indem wir unsere Länge zum Grt addieren (bei östlicher Länge) oder subtrahieren (bei westlicher Länge; Merkspruch „West = weniger").
Die Grafik macht deutlich, warum. Stehe ich östlich von Greenwich, dann ist der Winkel zwischen meinem Meridian und dem Meridian des Bildpunktes um den Betrag meiner Länge größer als der Grt (Abb. 20). Umgekehrt ist er um den Betrag der Länge kleiner, wenn ich westlich stehe (Abb. 21).

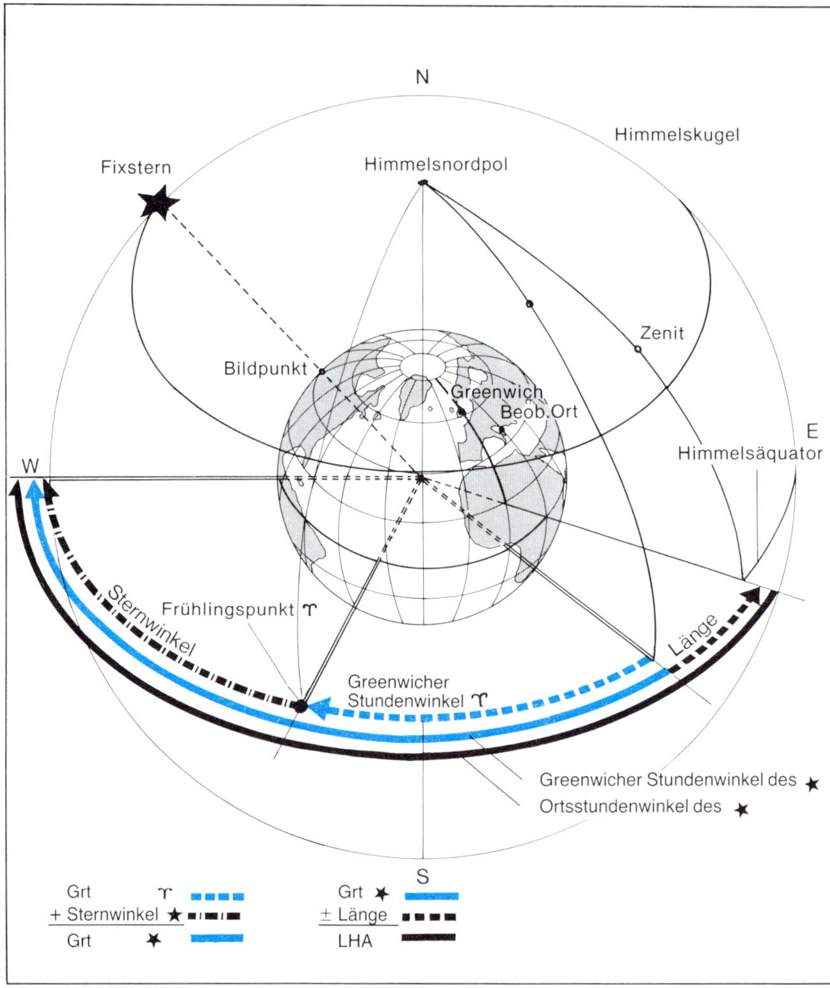

Abb. 19: Der Ortsstundenwinkel setzt sich aus Länge, Greenwicher Stundenwinkel und bei Sternen zusätzlich dem Sternwinkel zusammen

015° 47,3'	⊙ Grt (NJ f. Stunde)	♈	146° 37,0'
+ 03° 12,8'	Zuwachs f. min + s (Schalttafeln)		+ 03° 18,0'
+ ~~ ° ,~~ '	Sternwinkel (nur Vol. II + III); b. Mond und Planeten Vb (nur bei Venus evtl. –)		+ 182° 55,3'
019° 00,1'	⊙ Grt z.Zt. der Beobachtung	✱ 42	332° 50,3'

Dies ist unser zweiter Baustein, mit dem wir zunächst den Greenwicher Stundenwinkel ausrechnen. Das Durchgestrichene soll hier noch nicht interessieren. Links die erste Übung, rechts das Beispiel mit dem Fixstern Denebola

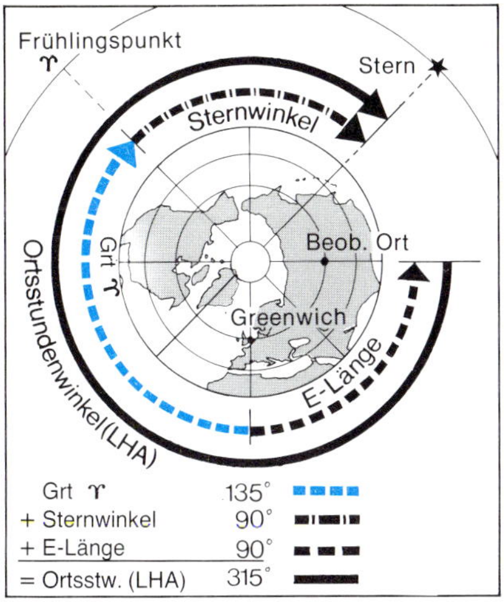

Abb. 20

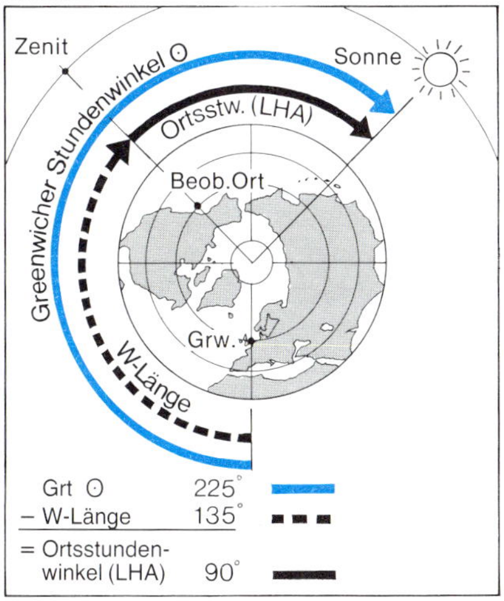

Abb. 21

Merke: Über den Greenwicher Stundenwinkel geht die Beobachtungszeit in die Rechnung ein; über den Ortsstundenwinkel geht die angenommene, also gekoppelte Schiffslänge in die Rechnung ein.

Da wir später mit englischsprachigen Tafeln arbeiten werden, gewöhnen wir uns als Abkürzung für den Ortsstundenwinkel gleich „LHA" (local hour angle) an. Daß wir mit dem ungenauen, weil nur gekoppelten Ort rechnen müssen, um unseren wahren, beobachteten Schiffsort herauszufinden, soll uns hier nicht verwirren. Warum das so ist, erfahren wir später.

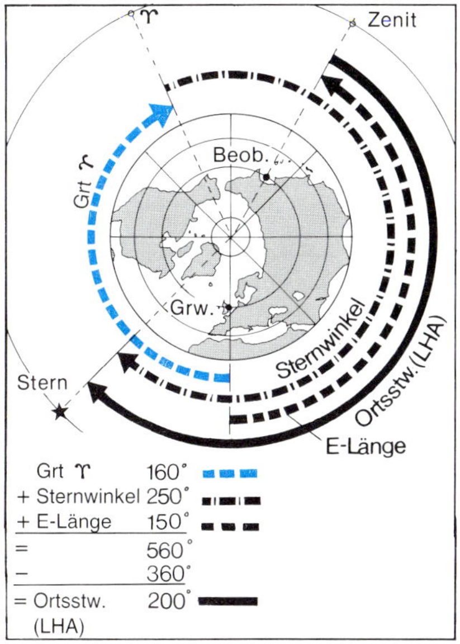

Abb. 22

Nun kann es bei der Addition von östlicher Schiffslänge und Sternwinkel schon einmal passieren, daß der LHA größer als 360° wird; dann werden ganz einfach 360° abgezogen (Abb. 22). Denn gefragt ist ja nur der Winkelabstand vom Meridian des Beobachters zu dem Meridian des Bildpunktes.

Nun ist unser zweiter Baustein fertig, und wir üben den Umgang mit ihm:

a) LHA ☉,
   3. Mai 1985 06-12-44 UT1,
   Länge 008°22,5′ E
b) LHA ✳ 69,
   3. Mai 1985 07-13-22 UT1,
   Länge 009°13,0′ W
c) LHA ☉,
   3. Mai 1985 12-44-11 UT1,
   Länge 006°53,8′ E
d) LHA ☉,
   5. Okt. 1985 05-45-58 UT1,
   Länge 015°22,8′ E
e) LHA ✳ 16,
   5. Okt. 1985 08-12-10 UT1,
   Länge 022°54,0′ W
f) LHA ☉,
   5. Okt. 1985 11-13-11 UT1,
   Länge 011°10,5′ E

	270° 46,9′	☉ Grt (NJ f. Stunde)	☐		___° __,_′
+	03° 11,0′	Zuwachs f. min + s (Schalttafeln)		+	__° __,_′
+	___° __,_′	Sternwinkel (nur Vol. II + III); b. Mond und Planeten Vb (nur bei Venus evtl. −)		+	___° __,_′
	273° 57,9′	☉ Grt z.Zt. der Beobachtung	☐		___° __,_′
+/−	008° 22,5′ E/W	Rechenlänge (E+ / W−)		+/−	___° __,_′ E/W
	282° 20,4′	☉ Ortsstundenwinkel (LHA)	☐		___° __,_′

Um zwei Zeilen verlängert, ergibt der zweite Baustein das komplette Rechenschema für die Ermittlung des Ortsstundenwinkels (LHA). Links die Übungsaufgabe a

3. Die Zeit

Wie wichtig die genaue Zeit für den Navigator ist, veranschaulicht am besten die Geschichte des Chronometers. 1714 setzte das britische Parlament einen Ausschuß ein, der einen Preis von 20000 Pfund, damals ein gewaltiges Vermögen, demjenigen versprach, der das Problem der Längenbestimmung lösen könnte. Während die Breite (über Nordstern und Mittagshöhe Sonne) schon seit vorchristlicher Zeit astronomisch bestimmt werden konnte, blieb das Problem der Längenbestimmung lange Zeit ungelöst. Um die genaue Länge zu bestimmen, benötigt man nämlich (für den Grt und den LHA) die sekundengenaue Zeit.

1735 stellte der englische Uhrmacher John Harrison seinen ersten Chronometer dem Ausschuß vor. Obwohl die insgesamt vier Chronometer, die er im Laufe der Jahre baute, allerhöchste Anforderungen erfüllten, bekam Harrison die volle Summe erst in seinem achtzigsten Lebensjahr zuerkannt.

Abb. 23: Eine Armbandquarzuhr mit Stoppvorrichtung ersetzt Chronometer und Stoppuhr. Sehr praktisch ist es, wenn auch bei Stoppuhrbetrieb die Beleuchtung funktioniert (zum Identifizieren von Leuchtfeuern)

Während ein solches Chronometer damals nahezu unbezahlbar war, fast einen Zentner wog und sehr empfindlich war, genügt uns heute eine Quarzuhr am Handgelenk für weniger als 100 Mark (Abb. 23). Daran, daß wir die sekundengenaue Zeit benötigen, hat sich freilich nichts geändert.

Wir haben schon in der Einführung gelesen, daß der wesentliche Unterschied zwischen astronomischer und terrestrischer Navigation darin besteht, daß wir in der astronomischen Navigation bewegliche Objekte peilen. Und da wir jeweils wissen müssen, wo sich diese Objekte befinden, müssen wir die genaue Zeit haben.

Ein Beispiel. Am 20./21. März, wenn die Deklination der Sonne fast genau Null ist, rast ihr Bildpunkt genau auf dem Äquator entlang: in 24 Stunden einmal rundum, also 21600 sm. Das macht in der Stunde 900 sm, also eine Geschwindigkeit von 900 kn – die Geschwindigkeit eines Überschallflugzeuges.

$$24 \text{ Stunden} = 360^\circ = 21600 \text{ sm}$$
$$1 \text{ Stunde} = 15^\circ = 900 \text{ sm}$$
$$1 \text{ Minute} = 15' = 15 \text{ sm}$$
$$4 \text{ Sekunden} = 1' = 1 \text{ sm}$$

Wenn unsere Borduhr also um eine Minute falsch geht, ist unser Schiffsort um maximal 15 sm daneben. „Maximal" deshalb, weil der Fehler bei einem Gestirn, dessen Bildpunkt nicht am Großkreis Äquator, sondern an einem Kleinkreis (Breitenparallel) entlangwandert, zwar die gleiche Anzahl an Bogenminuten, nicht mehr aber an Meilen ausmacht. Denn Bogenminuten sind ja nur an einem Großkreis gleich Seemeilen.

Der Zusammenhang zwischen Zeit und Astronomie ist aber nicht nur durch die Navigation gegeben. Alle Zeitmessung und alle Auseinandersetzung mit dem Phänomen Zeit hat von den frühesten Babylonischen Kalendern an immer in unmittelbarem Zusammenhang mit astronomischen Erscheinungen gestanden; ohne die Bewegung der Himmelskörper gäbe es wahrscheinlich überhaupt keine Zeit. Ein Tag ist die Zeit, in der sich die Erde einmal um sich selber dreht; ein Jahr ist der Zeitablauf, in dem sich die Erde einmal rund um die Sonne bewegt.

3.1 Die wahre Ortszeit

Die *wahre Ortszeit* (WOZ) richtet sich nur nach der Sonne. Wenn die Sonne kulminiert, ist es zwölf Uhr (Abb. 33, Seite 31). Diese Zeit genügte den Menschen so lange, bis sie Uhren entwikkelten, die die Zeit von einem Mittag zum anderen mit sonnenunabhängigen Methoden (Sanduhr, Pendel) maßen. Irgendwann fiel es dann auf, daß ausgerechnet die Sonne selber unpünktlich war. Bedingt durch die nicht kreisförmige, sondern leicht elliptische Umlaufbahn der Erde war die Zeit von einem Mittag zum nächsten mal etwas kürzer, mal etwas länger. Die Addition dieser täglichen Unterschiede kann zu Zeitabweichungen zwischen der Kulmination und der Uhrzeit bis zu 16,5 Minuten führen.

3.2 Die mittlere Ortszeit

Darum schuf man die *mittlere Ortszeit* (MOZ), die nicht mehr von der tatsächlichen Sonne, sondern einer „mittleren", also durchschnittlichen Sonne ausgeht. Um beispielsweise bei der Berechnung der Kulmination von der mittleren (theoretischen) zur tatsächlichen Sonne zurückzufinden, schuf man die *Zeitgleichung*. Das ist eine Tabelle im NJ (Anlage 6), der man für jeden Tag des Jahres die Verspätung oder Verfrühung der Sonne entnehmen kann (MOZ ± Zeitgleichung = WOZ).

Diese MOZ hat nun schon einen Vorteil: Eine Stunde ist zu jeder Zeit des Jahres gleich lang. Doch sie behielt einen Nachteil, den schon die WOZ hat: Nur an Orten, die auf demselben Meridian, also genau nördlich oder südlich voneinander liegen, herrscht dieselbe Zeit. Wenig weiter östlich oder westlich müssen die Uhren schon wieder anders gehen.

3.3 Die Zonenzeit

Daher kam man irgendwann auf die Idee der *Zonenzeit* (ZZ): Man teilte die Erde in 24 Zeitzonen auf; da 360° : 24 = 15° sind, wurde jede Zeitzone 15 Längengrade breit (Abb. 24). Jeder 15. Längengrad wurde zur Mitte einer solchen Zeitzone; jeweils 7,5° östlich und westlich gilt die MOZ dieses Meridians. Für unsere mitteleuropäische Zeit (MEZ) ist 15° E der Grundmeridian. Die ZZ hat den Vorteil, daß Uhren bei Reisen zwischen Ost und West nur noch um volle Stunden verstellt werden müssen. Manchmal gingen solche Zonen-Zeit-Grenzen jedoch quer durch ein Land oder gar eine Stadt hindurch.

3.4 Gesetzliche Zeit

Da es äußerst unpraktisch ist, wenn in dem einen Teil der Stadt die Uhren anders gehen, schuf man die *gesetzliche Zeit* (GZ); in ihr sind Abweichungen der Zeitgrenzen von der bloßen Meridian-Einteilung, aber auch Abweichungen aus anderen Gründen (etwa Sommerzeit) geregelt. Oder es ist eine Zonenzeit als gesetzliche Zeit festgelegt, z. B. MEZ = mitteleuropäische Zeit.

Für den Navigator auf hoher See sind die verschiedenen Formen der Zeit unbrauchbar; er muß eine einheitliche Zeit haben, auf die sich die Vorausberechnungen seiner Nautischen Jahrbücher beziehen.

3.5 Koordinierte Weltzeit

Die Zeit, auf die man sich im allgemeinen bezieht, ist die *koordinierte Weltzeit* UTC (Universal Time Co-ordinated). Sie wird vom Internationalen Büro für die Zeit aus den Anzeigen von Atomuhren berechnet und ist die Grundlage der Zeitsignalsendungen und der gesetzlichen Zeit.

In den Jahrbüchern für die astronomische Navigation finden wir die Abkürzung UT1. Diese Zeit wird durch astronomische Beobachtungen bestimmt. Sie beruht auf der Erdrotation und wächst ungleichförmig und zudem langsamer als die durch Atomuhren gemessene Zeit. Die UTC wird im Bedarfsfall an die UT1 angeglichen, so daß der Zeitunterschied nie mehr als 0,9 Sekunden ausmacht.

In anderen nautischen Veröffentlichungen, wie zum Beispiel im Nautischen Funkdienst, werden die Zeitangaben in UTC vorgenommen.

Für die Navigation an Bord können wir UTC und UT1 wegen des geringen Unterschieds gleichsetzen.

An Bord brauchen wir also UTC und UT1 für die Navigation, ZZ für Wachpläne und das Leben auf See, GZ für die Kontaktaufnahme mit Land.

Grundregel für die Umrechnung von ZZ in UTC:

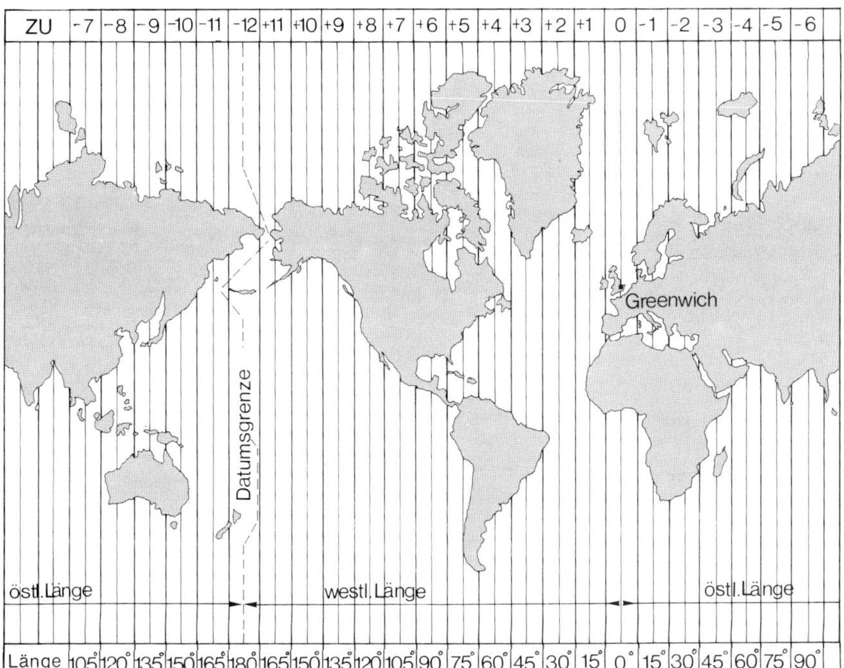

Abb. 24: Die Zeitzonen sowie die politische Datumsgrenze (gestrichelte Linie)

Merke: Will ich den Zeitunterschied von einem östlichen zu einem westlichen Ort umrechnen, ist das Vorzeichen minus: Von Osten nach Westen = weniger. Umgekehrt: Von West nach Ost plus.

Beispiele: Welche UTC entspricht der Zonenzeit 17-15 auf 15° E?
15° = 1 Stunde; von E nach W = weniger:

	17-15 ZZ
−	01-00 ZU (Zeitunterschied)
	16-15 UTC

ZZ 11-30; Länge 50° W; UTC?

	11-30 ZZ
+	03-00 ZU
	14-30 UTC

Dabei müssen wir aufpassen, daß wir mit der Zeit nicht in ein anderes Datum hinüberrutschen. Beispiel:
Wir segeln am 3. Mai in der Karibik bei Jamaica (etwa 75° W) und machen um 19-15 ZZ eine Fixsternbeobachtung:

	19-15 ZZ
+	05-00 ZU
	24-15 UTC

also um 00-15 am anderen Tag, dem 4. Mai.

Um solche Fehler zu vermeiden, läßt man die genaueste Uhr, die man hat (Chronometer, Quarzuhr etc.), während einer Segelreise grundsätzlich auf UTC laufen. Eine Gefahr besteht dann nur noch, wenn diese Navigationsuhr keine Datumsanzeige hat und wir vergessen, daß es in Greenwich schon einen Tag später ist.

3.6 Was für eine Uhr?

Wie wir eingangs gelesen haben, waren Schiffschronometer früher Kostbarkeiten, die sich anfangs allenfalls die Kriegsmarine leisten konnte. Heute gibt es Uhren mit ausreichender Genauigkeit in allen Preislagen. Außerdem können wir fast überall auf der Welt Zeitzeichen empfangen und Fehler unserer Uhr relativ einfach kontrollieren. Denn auch beim teuersten Armband- und Bordchronometer gilt genau wie bei der durchaus verwendbaren Küchenquarzuhr: Vertrauen ist gut, Kontrolle ist besser.

3.7 Zeitkontrollen

Bei der Kontrolle unterscheiden wir zweierlei: den *Gang*; das ist die Zahl von Sekunden, die die Uhr *pro* Tag vor- oder nachgeht, und den *Stand*; das ist die Zahl von Sekunden, die die Uhr *zum* Zeitpunkt der Beobachtung falsch zeigt. Eine gute Uhr braucht nicht immer richtig zu gehen; sie kann ruhig ein wenig vor- oder nachgehen, nur muß diese Abweichung, eben der Gang, gleichmäßig sein.
Den Gang stellt man am besten mit einer langfristigen Kontrolle fest. Wir stellen die Uhr einmal nach der Fernsehuhr (Telefonzeit ist weniger geeignet) und schauen dann nach etwa zehn oder 20 Tagen (ist einfacher zu rechnen; man kann natürlich jede andere Zahl von Tagen nehmen) nach, um wieviel die Uhr vor- oder nachgeht. Hinkt sie beispielsweise nach 10 Tagen um 24 s hinter der richtigen Zeit her, so ist ihr Gang = 2,4 s/d. Dabei gilt die allgemeine Vorzeichenregel: Vom Falschen zum Richtigen mit richtigen Vorzeichen. In diesem Fall wäre der Gang also + 2,4 s/d.
Es ist mühsam und unpraktisch und für manche Uhr auch gar nicht gut, einen eventuellen Fehler jedesmal zu korrigieren und die Uhr umzustellen. Praktischer ist es, sich diesen Gang zu notieren und dann jeweils bei der Ermittlung der Beobachtungszeit zu berücksichtigen.
Beispiel: Wir haben unsere Uhr am 15. April genau gestellt, haben am 25. April einen Stand von + 22 s, also einen täglichen Gang von + 2,2 s/d festgestellt, und wollen nun am 3. Mai beobachten. Dann rechnen wir: 18 Tage x +2,2 s = +39,6 s Stand. Doch so ungenau gehen moderne Quarzuhren heutzutage kaum noch. Meist hält eine durchschnittliche Uhr für die Dauer eines dreiwöchigen Seetörns die Zeit so genau, daß keine Korrekturen (wohl aber gelegentliche Kontrollen) nötig sind. Voraussetzung ist, daß eine solche Uhr, etwa eine Armbanduhr, nicht allzu großen Temperaturunterschieden ausgesetzt wird. Dann nämlich kann sie eine ungleichmäßige und daher unkontrollierbare Ungenauigkeit bekommen.
Zeitzeichen zur Kontrolle der Uhr erhalten wir entweder über normale Radiosender oder spezielle Zeitzeichensender (5, 10, 15, 20, 25 MHz); nähere Angaben zu Zeitzeichensendungen finden wir im Nautischen Funkdienst oder im Jachtfunkdienst.

3.8 Die Stoppuhr

Um nun die genaue Beobachtungszeit zu erhalten, benötigen wir zum Chronometer noch eine *Stoppuhr* (die auch zum Auszählen und Identifizieren von Leuchtfeuerkennungen wichtig ist) an Bord (in Armbanduhren oft eingebaut; besonders praktisch, wenn beleuchtbar). Bei ihrer Verwendung gibt es zwei Wege:
1. Ein Mitsegler startet die Stoppuhr auf Zuruf des Navigators („Achtung – Null!") im Augenblick der Beobachtung. Dann liest der Navigator erst in Ruhe den Sextanten ab, legt ihn weg und stoppt die Stoppuhr dann, wenn das Chronometer gerade eine volle Minute anzeigt. Die gestoppte Zeit muß dann

von der (um den Stand korrigierten) Chronometerzeit subtrahiert werden, um die exakte *Beobachtungszeit* zu erhalten.

2. Der Navigator startet, bevor er den Sextanten in die Hand nimmt, die Stoppuhr in dem Augenblick, in dem das Chronometer eine volle Minute anzeigt, und notiert diese Uhrzeit. Dann stoppt ein Mitsegler die Stoppuhr zum Zeitpunkt der Beobachtung. Die gestoppte Zeit wird dann zur korrigierten Chronometerzeit addiert.

Die erste Methode ist die übliche, die zweite die bessere. Zum einen, weil beim Addieren erfahrungsgemäß weniger Fehler passieren als beim Subtrahieren von Minuten und Sekunden; zum anderen, weil vor allem die Benutzung von mehreren gestoppten Zeiten (Stoppuhr mit Zwischenzeit-Taste oder „Lap-Time-Display") wesentlich vereinfacht wird.

In der Praxis genügt es meist sogar, daß ein Mitsegler auf einer Quarzuhr mit Sekunden-Anzeige im Augenblick des „Sextant-Schusses" auf Zuruf („Achtung Null") die sekundengenaue Zeit abliest und notiert.

Unser Baustein für die Beobachtungszeit ist damit fertig. Aufgaben:

a) Chr.Zeit 10-32-00,
   Stand +00-01-03,
   Stopp +00-06-38

b) Chr.Zeit 12-22-00,
   Stand −00-00-24,
   Stopp +00-04-18

c) ZZ 17-20-00, Länge 45° W,
   Stand +00-00-10, Stopp 00-09-53

	10-32-00	Chronometerzeit (volle Minute)			__-__-00
+/−	01-03	Stand	+/−		__-__
+/−	06-38	Stoppuhr-Ablesung	+/−		__-__
	10-39-41 ( )	UTC z.Zt. d. Beob. + (Tag)		( )	__-__-__

Mit diesem Baustein errechnen wir die sekundengenaue Beobachtungszeit. Links die Aufgabe a

4. Der Horizont

Wenn wir mit unserem Schiff mitten auf dem Meer segeln, können wir dem Gestirn natürlich nicht ansehen, was für Himmelskoordinaten es hat. Wir können nur feststellen, in welcher Richtung (Azimut) wir es sehen und in welcher Höhe über der Kimm (Abb. 25). Und dies sind denn auch die beiden Koordinaten im zweiten Koordinatensystem des Himmels, nämlich des Horizontes. Wer die Sporthochseeschifferprüfung ablegen möchte, muß sich mit diesem System eingehend, wer den C-Schein machen will, nur oberflächlich beschäftigen.

4.1 Noch mehr Koordinaten

Das Koordinatensystem des Horizontes oder genauer des *wahren Horizontes* ist genauso aufgebaut wie die beiden anderen Koordinatensysteme. Der wesentliche Unterschied ist der:
Die Koordinatensysteme der Erde und der Himmelskugel sind deckungsgleich und haben als Ausgangsgrößen den (Himmels-)Äquator und die (Himmels-)Pole.

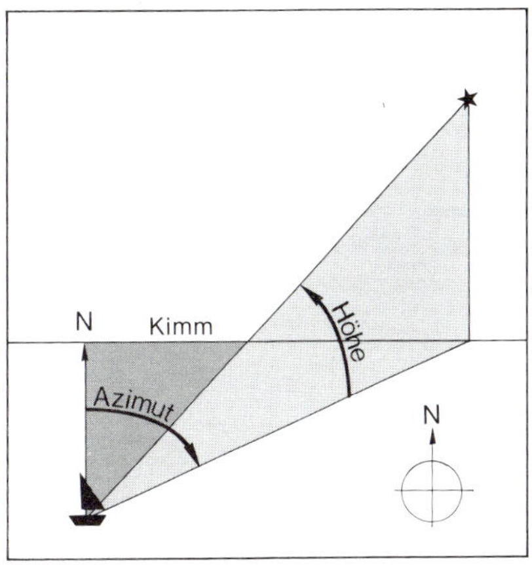

Abb. 25: Die Koordinaten der Beobachtung: Höhe und Azimut

Das Koordinatensystem des wahren Horizontes ist nur in zwei Sonderfällen (Beobachter auf Nord- oder Südpol) deckungsgleich mit den Koordinatensystemen von Himmel und Erde und hat als Ausgangsgrößen den wahren Horizont sowie Zenit und Nadir.

So entsprechen der wahre Horizont dem Äquator und Zenit und Nadir den beiden Polen (Abb. 26). Die Ebene des wahren Horizontes steht senkrecht auf der Achse Zenit–Nadir und hat als Mittelpunkt den Erdmittelpunkt. Kreise, die parallel zu dieser Ebene des wahren Horizontes laufen, heißen *Höhenparallele;* denn alle Gestirne auf demselben Höhenparallel haben für den Beobachter dieselbe Höhe. Das Höhenparallel entspricht dem Breiten- bzw. Deklinationsparallel.

Natürlich gibt es auch so etwas wie Länge oder Stundenwinkel im Koordinatensystem des wahren Horizontes: Den (Himmels-)Meridianen entsprechen die *Vertikalkreise,* die allesamt Großkreise sind. Und so wie es auf der Erde einen besonderen Meridian (Meridian von Greenwich) und auf der Himmelskugel einen besonderen Himmelsmeridian (Himmelsmeridian des Frühlingspunktes) gibt, so gibt's auch einen besonderen Vertikalkreis: Der Vertikalkreis, der durch den *Ost-* und *Westpunkt* geht, heißt *1. Vertikal*.

Dieser 1. Vertikal hat bei den heute angewandten Navigationsmethoden seine Bedeutung weitestgehend verloren. In Prüfungen wird gelegentlich noch danach gefragt. Wichtiger, nämlich als Grundlinie, von der aus das Azimut als zweite Koordinate (entsprechend der Länge auf der Erde) gemessen wird, ist der Vertikalkreis, der durch den *Nordpunkt* geht. Dies ist der Vertikalkreis, der vom Beobachter oder Zenit aus genau nach Norden geht; wo er den wahren Horizont schneidet, liegt der Nordpunkt. Der Winkel zwischen dem Vertikalkreis, der durch den Nordpunkt geht, und dem Vertikal, auf dem unser Gestirn steht, gemessen am Erdmittelpunkt, und zwar im Uhrzeigersinn, ist das Azimut.

Dies alles ist sehr akademisches Prüfungswissen, wird von manchen Sporthochsee-Prüfern alter Schule jedoch für unabdingbar gehalten. Als Hilfestellung für das Kurzzeitgedächtnis mag folgende Gegenüberstellung dienen:

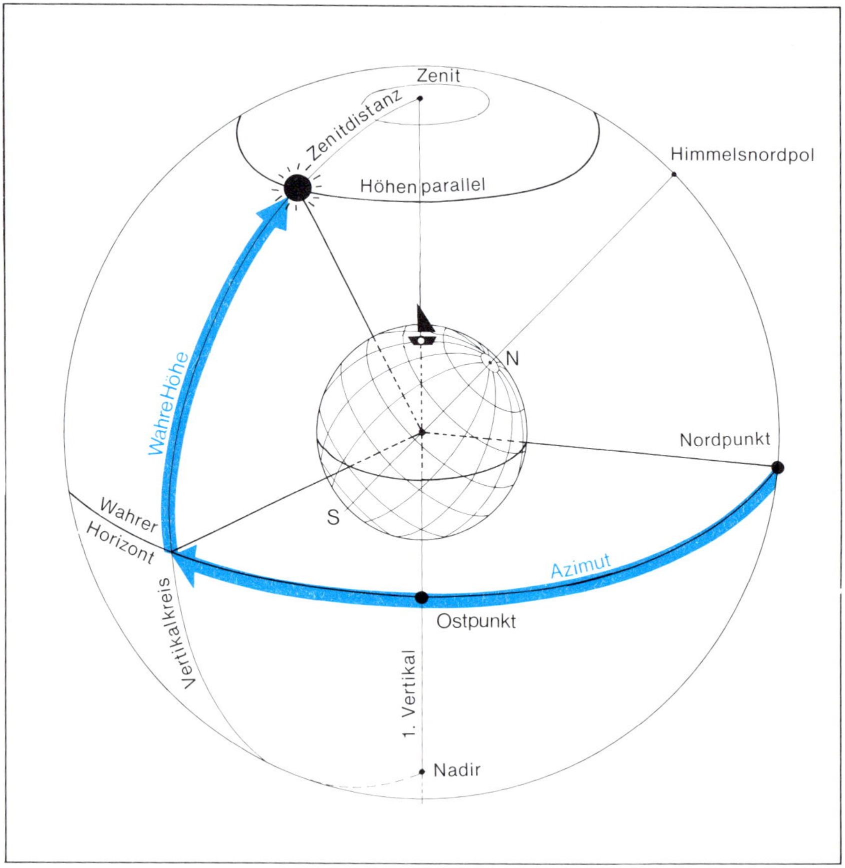

Abb. 26: Das Koordinatensystem des Horizontes

Koordinatensysteme

der Erde	des Himmelsäquators	des wahren Horizontes
Äquator	Himmelsäquator	wahrer Horizont
Pole	Himmelspole	Zenit, Nadir
Breite	Deklination	wahre Höhe
Breitenparallel	Deklinationsparallel	Höhenparallel
Meridiane, Längengrade	Himmelsmeridiane, Stundenkreise	Vertikalkreise
Meridian v. Greenwich	Himmelsmeridian v. Greenwich o. ♈	1. Vertikal
Länge	Stundenwinkel (Grt, LHA)	Azimut

4.2 Die wahre Höhe

Was wir uns jedoch in jedem Fall merken müssen, ist dies:

Wie alle Begriffe in der astronomischen Navigation sind auch die Beobachtungskoordinaten Höhe und Azimut Winkel am Erdmittelpunkt.

Beim Azimut ist alles klar: Es ist die rechtweisende Peilung (Himmelsrichtung), in der das Gestirn zu sehen ist. Bei der wahren Höhe gibt es jedoch einiges zu bedenken.

Merke: Die wahre Höhe eines Gestirnes ist sein Abstand von der Ebene des wahren Horizontes, gemessen als Winkel am Erdmittelpunkt.

Da wir nicht im Erdmittelpunkt stehen, können wir diese wahre Höhe also auch nicht unmittelbar mit dem Sextanten messen.

4.3 Der scheinbare Horizont

Das, was wir an unserem Beobachtungsort zur Verfügung haben, ist ja nicht der wahre, sondern allenfalls der *scheinbare Horizont.*

Merke: Die Ebene des scheinbaren Horizontes liegt parallel zur Ebene des wahren Horizontes, geht aber nicht durch den Erdmittelpunkt, sondern durch den Beobachter.

Bei unendlich weit entfernten Gestirnen kommen die Strahlen bei uns parallel an und schneiden daher den wahren und den scheinbaren Horizont im gleichen Winkel (Abb. 27). Probleme mit einem Unterschied zwischen dem Höhenwinkel über dem wahren und dem scheinbaren Horizont haben wir daher nur bei Gestirnen, die nicht unendlich weit entfernt sind und deren Strahlen nicht als parallel angesehen werden können. Der dabei entstehende Winkelunterschied heißt *Horizontalparallaxe* (HP); siehe Kapitel 13 „Beobachtung von Planeten und Mond“.

4.4 Die Kimm

Doch so unmittelbar steht uns die Ebene des scheinbaren Horizontes auch nicht zur Verfügung, es sei denn, wir würden einen Sextanten mit *künstlichem Horizont* (Prinzip Wasserwaage) verwenden. Der aber ist für die Arbeit auf kleinen, schaukelnden Schiffen ungeeignet. Das einzige, was uns als Horizont zur Verfügung steht, ist die *Kimm.* Daher heißt das, was wir messen, zunächst einmal nicht Höhe, sondern schlicht *Kimmabstand*, denn die Kimm unterscheidet sich vom scheinbaren Horizont durch die *Kimmtiefe*. Je höher ich stehe, desto weiter kann ich schauen, desto weiter ist „mein Horizont“, eben die Kimm (Abb. 28). Und da die Kimmtiefe unmittelbar von der *Augeshöhe* (Ah) abhängt, wird sie über eine Tabelle, in die ich mit der Auges-

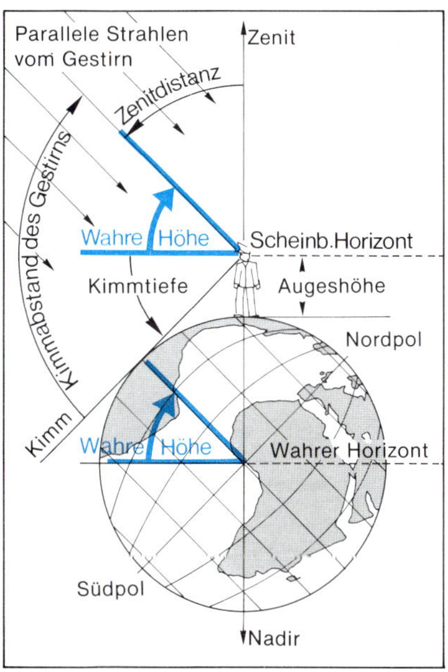

Abb. 27

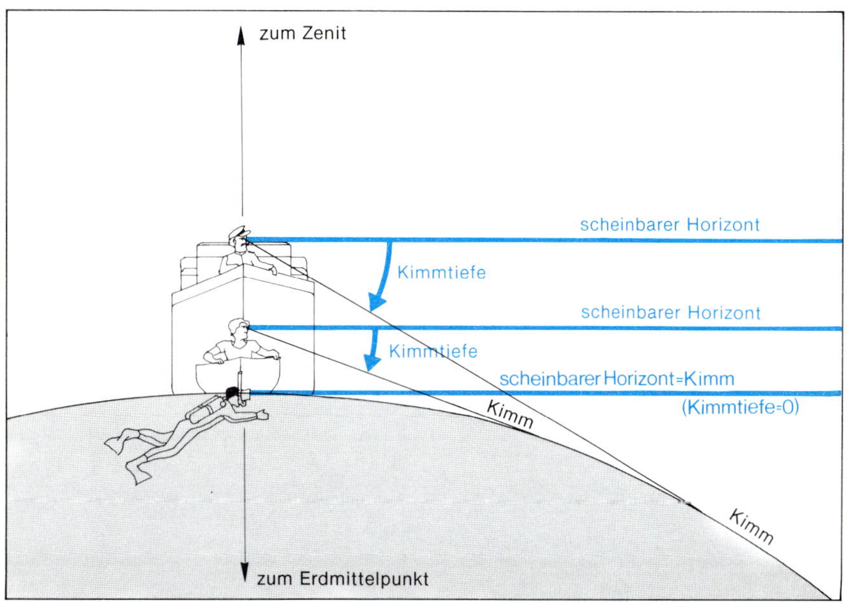

Abb. 28: Die Kimmtiefe wächst mit der Augeshöhe

höhe eingehe, korrigiert. Nur wenn die Augeshöhe gleich Null ist, etwa beim Schwimmen mit Tauchbrille, ist die Kimmtiefe auch Null, und Kimm und scheinbarer Horizont fallen zusammen. Doch es gibt noch mehr Korrekturen, die nötig sind, um den mit dem Sextanten gemessenen Winkel in die beobachtete wahre Höhe zu verwandeln.

4.5 Die Refraktion

Wenn wir am Rande eines Schwimmbeckens stehen und einen Gegenstand auf dem Boden des Beckens sehen, wissen wir, daß der Gegenstand nicht da liegt, wo wir ihn sehen – es sei denn, er liegt genau unter uns, und wir blicken senkrecht durch die Wasseroberfläche hindurch. Unser Blick wird beim Eintritt in das dichtere Medium Wasser geknickt, die Strahlen werden gebrochen (Abb. 29). Genauso verhält es sich mit den Gestirnen, mit dem Unterschied, daß wir diejenigen sind, die sich im dichteren Medium befinden. Je schräger die Lichtstrahlen einfallen, desto mehr werden sie abgebogen (Abb. 30) und um so größer ist die *Refraktion.* Nur wenn ein Gestirn nahe beim oder gar im Zenit steht, ist die Refraktion gleich Null.

Die Refraktion ist also vom Kimmabstand abhängig. Dabei kommt es genaugenommen sogar darauf an, ob die Luft gerade besonders feucht oder trocken beziehungsweise besonders dicht oder weniger dicht ist. Doch diesen Schwankungen in der Atmosphäre gehen wir dadurch aus dem Weg, daß wir Beobachtungen in besonders geringer Höhe (also etwa unter 10°) vermeiden.

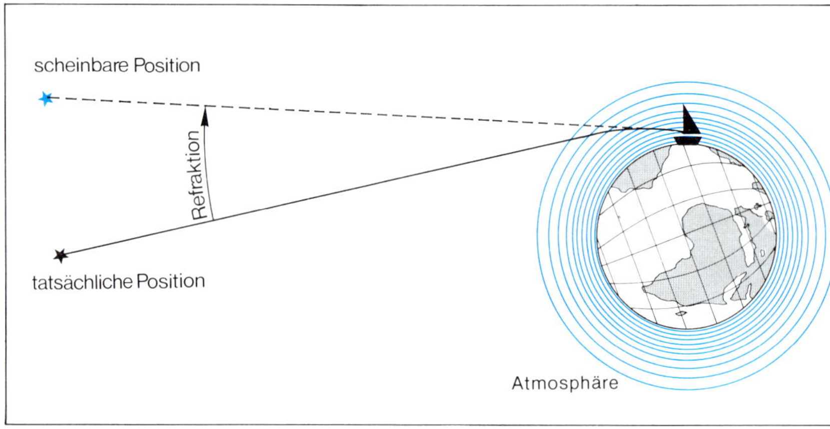

Abb. 30: Refraktion Atmosphäre/All

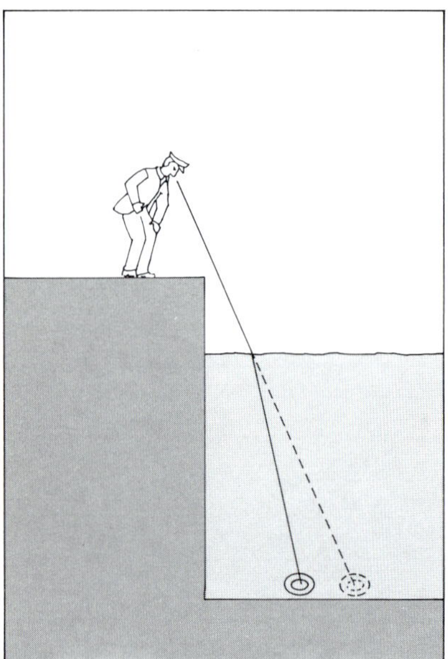

Abb. 29: Refraktion Luft/Wasser

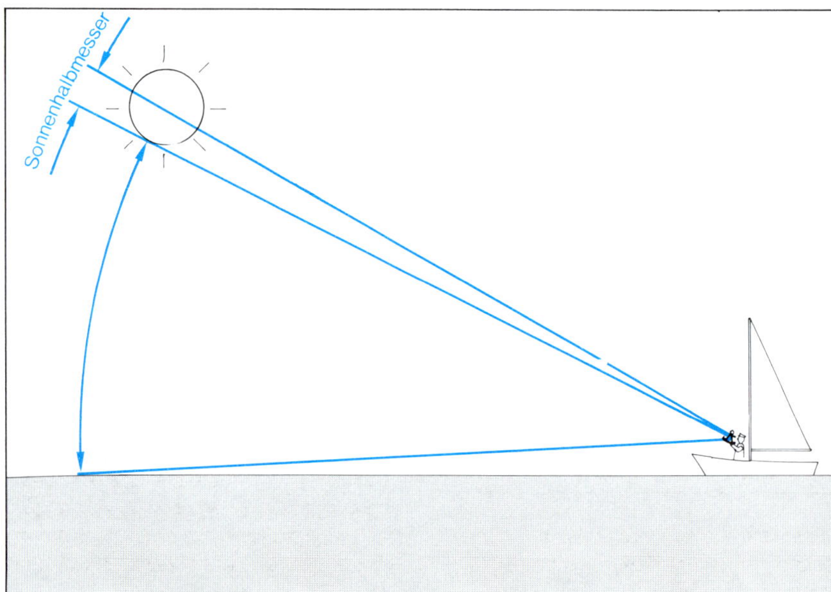

Abb. 31: Der Sonnenhalbmesser

4.6 Der Sonnenhalbmesser

Bei einem Fixstern ist es einfach; da setzen wir einfach den punktförmigen Stern selbst im Sextanten auf die Kimm. Wie ist das aber bei der Sonne, die nicht als Punkt, sondern als Scheibe sichtbar ist? Hier den Mittelpunkt auf die Kimm zu setzen – das wäre viel zu schwierig und dementsprechend ungenau. Man behilft sich mit einem simplen Trick: Man setzt den gut und scharf sichtbaren *Unterrand* auf die Kimm. Den halben Sonnendurchmesser, den man dann zu wenig gemessen hat, rechnet man danach mit der ohnehin nötigen Beschickung dazu (Abb. 31).

Sollte der Sonnenunterrand einmal durch Wolken verdeckt sein, während der *Oberrand* gut sichtbar ist, kann man selbstverständlich auch diesen auf die Kimm setzen; nur muß man dann auch eine etwas andere Korrektur anbringen.

4.7 Der Indexfehler

Dies ist ein Meßfehler, der durch eine Ungenauigkeit am Sextanten selbst zustande kommt. Durch Hitze oder Erschütterungen ist das Präzisionsinstrument Sextant Veränderungen unterworfen, die wir berücksichtigen müssen. Wie das gemacht wird, werden wir in dem Kapitel über den Sextanten und seine Handhabung sehen. Es genügt vorerst zu wissen, daß die Indexberichtigung (Ib) plus oder minus sein kann und nicht mehr als etwa 5′ betragen sollte.

4.8 Die Praxis

Erfreulicherweise müssen wir uns bei der Beschickung unserer gemessenen Sonnen- und Fixsternhöhe nicht mit Kimmtiefe, Refraktion und Unterrand einzeln herumplagen. Nachdem wir zunächst den gerätbedingten Indexfehler korrigiert haben, entnehmen wir den Gesamtbeschickungstafeln im Nautischen Jahrbuch (Anlage 4/5) gleich die sogenannte *Gesamtbeschickung*, in der fast alles enthalten ist.

In die Tafel mit der Überschrift „Gesamtbeschickung für den Kimmabstand des Sonnenunterrandes“ gehen wir oben waagerecht mit der Augeshöhe in Metern (zum Ausgleich der Kimmtiefe) und links senkrecht mit dem Kimmabstand in Grad ein (zum Ausgleich der Refraktion). Dort erhalten wir einen Wert von maximal 16.0 Minuten. Diese Werte sind meist plus; minus sind sie nur dann, wenn ausdrücklich ein „–“ davor steht.

In diesem Wert ist der beim Sonnenunterrand fehlende Halbmesser zum Mittelpunkt schon berücksichtigt. Trotzdem gibt es noch eine (in der Praxis meist zu vernachlässigende) „Zusatzbeschickung“ für den Sonnenunterrand, die sich nach dem Monat richtet, in dem wir beobachten. Da die Sonne wegen der elliptischen Umlaufbahn der Erde mal näher und mal ferner ist, verändert sich auch geringfügig der Durchmesser der sichtbaren Sonnenscheibe. Dies können besonders genaue Navigatoren (hoffentlich beobachten sie auch mit dem Sextanten so pingelig genau) über die Zusatzbeschickung ausgleichen.

Nicht zu vernachlässigen ist hingegen die Zusatzbeschickung für den Kimmabstand des Sonnenoberrandes, wenn wir – aus welchen Gründen auch immer – ausnahmsweise den Sonnenoberrand an die Kimm gesetzt haben. Hier muß schließlich der gesamte Durchmesser der Sonnenscheibe ausgeglichen werden, weil ja die Gesamtbeschickung grundsätzlich für den Unterrand gedacht war. Klar, daß hier das Vorzeichen grundsätzlich minus ist; wenn ich den Oberrand beobachtet habe, ist der Winkel ja um einen Sonnendurchmesser größer als beim Unterrand!

Bei den Fixsternen ist die ganze Prozedur noch einfacher, weil es keine Zusatzbeschickung gibt. Im Gegensatz zur Sonne, wo die Gesamtbeschickung (Gb) meist plus ist, ist sie bei den Fixsternen immer minus. Im übrigen verfahren wir mit der Gesamtbeschikkungstafel genauso wie bei der Sonne.

Wir haben jetzt einen weiteren Baustein für unsere Auswertung fertig.

Bevor wir an einer Reihe von Beispielen üben, merken wir uns noch folgende grafische Symbole und Abkürzungen:

$\underline{\underline{\odot}}$	Sextantablesung Sonnenunterrand
$\overline{\overline{\odot}}$	Sextantablesung Sonnenoberrand
$\underline{\odot}$	Kimmabstand Sonnenunterrand (schon mit Ib, nicht aber mit Gb beschickt)
$\overline{\odot}$	dito, Oberrand
= ✳ =	Sextantablesung Fixstern
– ✳ –	Kimmabstand Fixstern
Ho	beobachtete (observed) Höhe bezogen auf Erdmittelpunkt und Gestirnsmittelpunkt

Analog verfahren wir später bei Mond ☾ und den Planeten Venus ♀, Mars ♂, Jupiter ♃, Saturn ♄.

Aufgaben auf der nächsten Seite.

Aufgaben:
a) 3. Mai 1985 / ⊙̲ 47°22,5′ / Ah 2 m / Ib −4′
b) 3. Mai 1985 / ☉̄ 62°13,9′ / Ah 4 m / Ib +3′
c) 3. Mai 1985 / =✳= 31°52,0′ / Ah 3 m / Ib −2,5′
d) 5. Okt. 1985 / ⊙̲ 41°43,5′ / Ah 2 m / Ib +3,5′
e) 5. Okt. 1985 / =✳= 22°10,0′ / Ah 2 m / Ib −0,5′

	47° 22,5′	⊙̲ Sextant-Ablesung		° ,′
~~+~~/−	4,0′	Indexberichtigung	+/−	,′
	47° 18,5′	Kimmabstand		° ,′
+/~~−~~	12,6′	Gesamtbeschickung	+/−	,′
~~+~~/−	00,2′	Zusatzbeschickung	+/−	,′
	47° 30,9′	beobachtete Höhe (Ho)		° ,′

Korrigiert um Indexberichtigung, Gesamtbeschickung und Zusatzbeschickung, wird aus der Sextantablesung die beobachtete Höhe (Ho). Links Aufgabe a

5. Die Nordsternbreite

Eine der ältesten Methoden der astronomischen Navigation ist die sogenannte *Nordsternbreite*. Stellen wir uns einmal vor, der Nordstern stünde ganz genau senkrecht über dem Erdnordpol, also genau im Himmelsnordpol. Dann wäre es sehr einfach, durch Beobachtung mit dem Sextanten die eigene Breite zu bestimmen.
Am Pol selber würde ich den senkrecht über mir stehenden Nordstern mit dem Sextanten in 90° über dem Horizont sehen. Und 90°, das ist am Pol ja auch genau meine Breite.
Je weiter ich nun vom Pol weggehe, desto kleiner wird der am Sextanten gemessene Winkel. Am Äquator schließlich würde er 0° betragen, weil die Lichtstrahlen vom Nordstern hier parallel zur Erdoberfläche, zu meinem Horizont einträfen. Und am Äquator beträgt meine Breite ja auch tatsächlich 0° (Abb. 32a).
Natürlich kann ich den Nordstern am Äquator nicht mit dem Sextanten schießen, weil er einfach schon „zu tief" steht. Doch auf den Breiten zwischen Äquator und Pol (am besten zwischen etwa 30° und 70°) kann ich die Nordsternhöhe sehr einfach in meine Breite verwandeln.

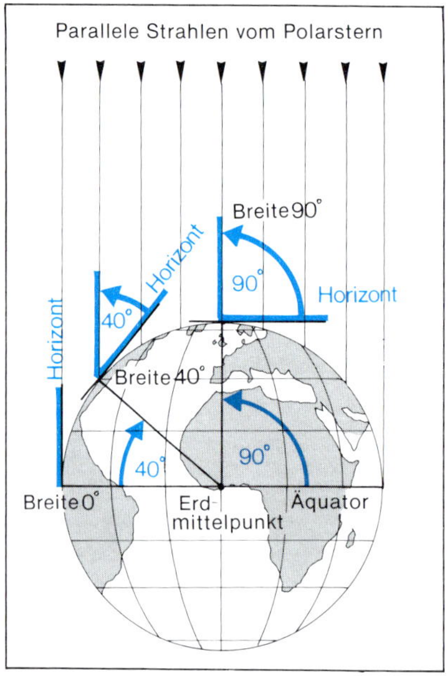

Abb. 32a: Die Höhe des Nordsternes über dem scheinbaren Horizont entspricht fast genau der Breite des Beobachters

5.1 Leicht daneben

Nun steht der Nordstern aber leider nicht ganz genau über dem Erdnordpol, sondern ein wenig daneben. Stünde der Polarstern tatsächlich genau über dem Pol, so müßte seine Deklination ja 90° betragen. In Wirklichkeit (1985) hat der Nordstern jedoch eine Deklination von 89°11,9′ N (siehe Anlage 7) – also nur fast 90°.
Und weil er sich eben nicht genau auf der verlängerten Pol-Achse im Himmelsnordpol befindet, steht der Nordstern auch nicht unbeweglich still. Er ist als Nordstern für uns Menschen auf der Nordhalbkugel (nicht nur für uns Menschen – auch manche Zugvögel orientieren sich nach ihm) aber immerhin der Stern, der seine Lage am wenigsten verändert. Alle anderen Sterne scheinen sich um den Nordstern herum zu drehen.
Der Bildpunkt des Nordsterns liegt also nicht genau auf dem Nordpol, sondern etwa 48 Breitenminuten, also 48 sm „daneben" und läuft in diesem Abstand in rund 24 Stunden einmal um den Nordpol herum. Wenn ich den Nordstern also im Sextanten beobachte und damit meinen Abstand von seinem Bildpunkt bestimme, dann erhalte ich – je nachdem, wo der Bildpunkt gerade ist – einen anderen Wert: Ist der

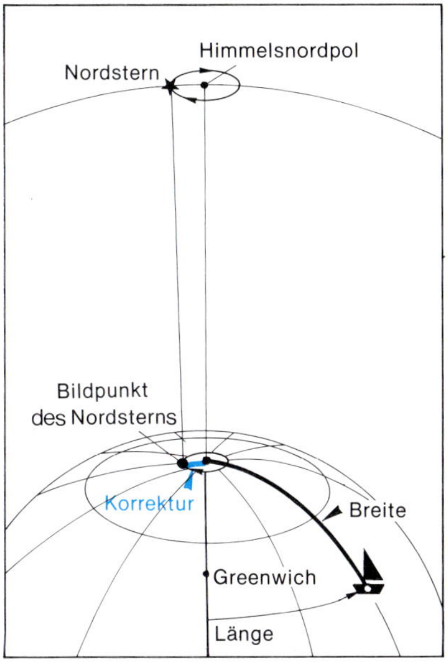

Abb. 32b: Der Nordstern steht nicht genau über dem Nordpol

Bildpunkt auf „meiner“ Seite des Pols, dann erhalte ich eine Breite, die um etwa 48′ zu weit südlich liegt. Steht der Nordstern und damit sein Bildpunkt gerade genau auf der „anderen“ Seite der Polachse, dann erhalte ich einen Wert, der um 48′ zu weit nördlich liegt (Abb. 32b). Frühere Navigatoren, die noch keine genau gehenden Uhren hatten, erkannten an der Stellung anderer Sterne, wo der Nordstern gerade stand, und korrigierten ihre gemessenen Werte dementsprechend.
Wir benutzen jedoch die Uhrzeit, um diese Schwankung zwischen rund 48 Meilen nach Norden und rund 48 Meilen nach Süden auszugleichen.

Merke: Der Nordstern steht nicht genau über dem Nordpol, sondern er beschreibt einen engen Kreis um die Polachse.
Daher benötigen wir für die Auswertung nicht nur den Höhenwinkel, sondern auch den Zeitpunkt der Beobachtung und unsere ungefähre Länge.

Um aus den Tafeln des NJ entnehmen zu können, wie wir unseren gemessenen Wert korrigieren müssen, um die wahre Breite zu erhalten, benötigen wir nur den Ortsstundenwinkel des Frühlingspunktes ♈; der noch fehlende Sternwinkel des Nordsterns ist schon in der Berichtigungstafel (Anlage 3) des Nautischen Jahrbuches berücksichtigt.

5.2 Drei Korrekturen

Nun mauern wir uns aus drei schon erarbeiteten Bausteinen den ersten Vordruck zusammen, den wir dann nur noch um einen speziellen Nordstern-Baustein ergänzen müssen:
Erst kommt die Zeit, dann der Ortsstundenwinkel, dann die Sextantkorrektur – alles wie gehabt. Den Baustein Deklination benötigen wir hierbei nicht. Statt dessen benötigen wir einen speziellen Nordstern-Baustein (siehe unten).
Und ausgefüllt wird er so: Angenommen, wir hätten am 3. Mai 1985 einen Ortsstundenwinkel ♈ von 98°45,2′ und eine beobachtete Höhe von 54°41,4′.

Nun schlagen wir in den (im Original) rosa Seiten des NJ Tabelle „Nordstern“ auf (Anlage 3). Bei der ersten Berichtigung gehen wir zunächst mit unserem auf volle 15° abgerundeten Ortsstundenwinkel ♈ in die obere waagerechte Zeile ein. (Achtung: Die Tafel geht auf der anderen Seite weiter!) Also bei 90°. Nun rutschen wir mit dem auf volle 30′ abgerundeten Restbetrag des Ortsstundenwinkels die linke senkrechte Spalte hinunter und finden den Wert −20,6 (Achtung: Vorzeichen immer „von oben“ holen). Nun haben wir aber keinen Ortsstundenwinkel von 98°30′, sondern einen von 98°45,2′. Es fehlen uns also noch 15,2′. Von der Reihe 8°30′ (−20,6) bis zur darunterliegenden Reihe für 9° ist es ein Unterschied von +0,4. Für 30 Minuten Änderung am Ortsstundenwinkel gibt es also eine Veränderung an der Berichtigung um +0,4. Nun brauchen wir aber die Veränderung für 15,2 Minuten. Das können wir entweder im Kopf machen (15,2 sind fast genau die Hälfte von 30; also halbieren wir auch die Veränderung von +0,4 und erhalten +0,2), oder wir benutzen die jeweils rechts neben den Tafeln abgedruckten Schalt-Tafeln. Wir suchen die, wo 0,4 darüber steht, gehen links mit unseren fehlenden Minuten ein und erhalten rechts die Veränderung. In unserem Fall ergibt sich so eine 1. Berichtigung von −20,4′.
Die zweite und dritte Berichtigung sind den Tabellen leichter zu entnehmen und bedürfen keiner Erläuterung. Meist kann man auf zweite und dritte Berichtigung ganz verzichten.

+/–	20,4′	1. Berichtigung	+/–	__,_′
+/–	0,1′	2. Berichtigung	+/–	_,_′
+	0,8′	3. Berichtigung	+	0,_′
	__° __,_′N	wahre Breite		__° __,_′N

Im speziellen Nordstern-Baustein werden die drei Korrekturen zusammengefaßt, die an die beobachtete Höhe angebracht werden müssen

	Tag	Chr	Stand	Stopp	Länge	Sext.	Ib	Ah
a)	3. Mai 1985	04-40-00	00-00-00	00-05-45	003°15′E	=✱= 40°33,0′	−2,0′	2 m
b)	3. Mai 1985	19-38-00	00-00-00	00-06-22	007°33′W	=✱= 50°48,0′	+5,0′	2 m
c)	3. Mai 1985	13-08-00	00-00-00	00-05-10	127°10′W	=✱= 33°38,5′	−3,0′	2 m
d)	5. Okt. 1985	05-44-00	+ 00-00-11	00-01-45	004°22′E	=✱= 54°31,5′	+4,5′	2 m
e)	5. Okt. 1985	06-43-00	00-00-00	00-01-30	014°34′W	=✱= 33°42,4′	0,0′	14 m
f)	5. Okt. 1985	17-08-00	− 00-00-18	00-05-18	007°50′E	=✱= 55°44,0′	−3,0′	2 m

Komplett sieht der Vordruck für den Nordstern dann so aus:

Die Nordsternbreite

	04-40-00	Chronometerzeit (volle Minute)		- -00
+/−	00-00	Stand	+/−	-
+/−	05-45	Stoppuhr-Ablesung	+/−	-
	04-45-45 (3,5)	UTC z.Zt. d. Beob. + (Tag)	( )	- -
	281° 00,1′	♈ Grt (NJ f. Stunde) ♈		° , ′
+	11° 28,1′	Zuwachs f. min + s (Schalttafeln)	+	° , ′
	292° 28,2′	♈ Grt z.Zt. der Beobachtung ♈		° , ′
+/−	003° 15,0′ E/W	Rechenlänge (E+/W−)	+/−	° , ′ E/W
	295° 43,2′	♈ Ortsstundenwinkel (LHA) ♈		° , ′
	40° 33,0′	✱ Sextant-Ablesung ✱		° , ′
+/−	2,0′	Indexberichtigung	+/−	, ′
	40° 31,0′	Kimmabstand		° , ′
+/−	03,7′	Gesamtbeschickung	+/−	, ′
+/−	00,0′	Zusatzbeschickung	+/−	, ′
	40° 27,3′	beobachtete Höhe (Ho)		° , ′
+/−	07,0′	1. Berichtigung	+/−	, ′
+/−	0,3′	2. Berichtigung	+/−	, ′
+	0,1′	3. Berichtigung	+	0, ′
	40° 34,1′N	wahre Breite		° , ′N

Dies ist der komplette Vordruck für die Berechnung der Nordsternbreite. Links die Übungsaufgabe a. Für die Subtraktion der Korrekturen kann es sinnvoll sein, die beobachtete Höhe in anderer Schreibweise zwischen die Zeilen zu schreiben. Blankovordrucke zum Kopieren finden sich am Ende des Buches.

6. Mittagsbreite Sonne

Bei der Nordsternbeobachtung haben wir gesehen, daß der Winkel, den wir am Sextanten gemessen haben, nur mit einigen Korrekturen versehen werden mußte, um eine genaue Breite zu bekommen. Das lag daran, daß wir das Gestirn genau im Norden beobachtet haben. Nun können wir nicht nur genau im Norden (den Polarstern), sondern auch genau im Süden ein Gestirn beobachten: die Sonne zum Zeitpunkt der *Kulmination.* Wenn die Sonne mittags ihren höchsten Stand erreicht (kulminiert), dann ist *Schiffsmittag* (wahre Ortszeit 12-00-00), und die Sonne steht auf der Nordhalbkugel ganz genau im Süden von uns (Abb. 33). Sie steht auf demselben Längengrad oder auch Meridian (lat. *meridies* = Mittag) wie wir – daher der Name. (Meridian-Durchgang, Kulminationsbreite, Mittagsbreite etc. sind alles Namen für dasselbe alte Verfahren.)

Beim Nordstern erhielten wir über den Winkel am Sextanten den Abstand vom Pol; genauso erhalten wir bei der Sonne unseren Abstand vom Äquator. Und genau wie wir beim Nordstern Korrekturen anbringen mußten, weil der Nordstern nicht genau über dem Nordpol steht, müssen wir bei der Sonne Korrekturen dafür anbringen, daß sie meistens nicht über dem Äquator steht. Das tut sie nämlich nur an zwei Tagen im Jahr: zur Tag- und Nachtgleiche (Äquinoktien) bei Frühjahrs- und Herbstbeginn im März und im September.

6.1 Die Zenitdistanz

Doch gehen wir zunächst einmal davon aus, die Sonne stünde zum Zeitpunkt unserer Beobachtung gerade ganz genau südlich von uns über dem Äquator. Wie erhalten wir dann unsere gesuchte Breite?

Zunächst einmal erinnern wir uns, was die Breite überhaupt ist: der nördliche oder südliche Abstand vom Äquator.

Wenn also die Sonne über dem Äquator steht, ihr Bildpunkt also auf dem Äquator liegt, und wir die Sonne genau im Süden haben, dann ist der Abstand zwischen Bildpunkt und unserem Standort gleich unserer Breite. Wir müßten also nur wissen, wie weit wir vom Bildpunkt entfernt sind, und schon wüßten wir unsere Breite (Abb. 34)! Hier hilft uns der Sextant, mit dem wir in

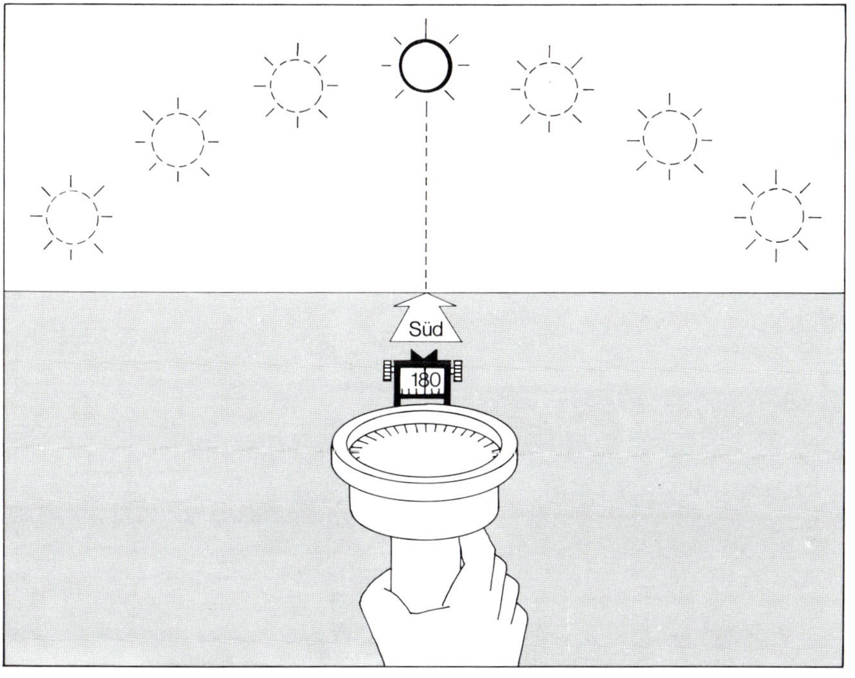

Abb. 33: Bei Schiffsmittag (wahre Ortszeit) peilt die Sonne auf der Nordhalbkugel genau 180°

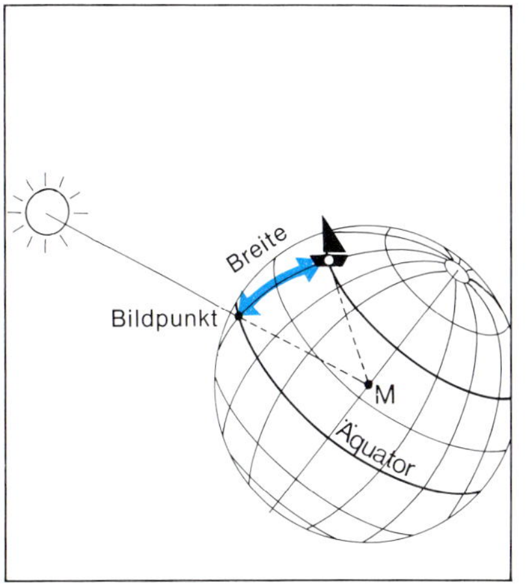

Abb. 34: Die Mittagsbreite am Frühlings- und Herbstanfang

der terrestrischen Navigation ja auch feststellen können, wie weit wir zum Beispiel von einem Leuchtfeuer entfernt sind. Wir erinnern uns an das Verfahren „Abstand aus Höhenwinkel“:

$$\text{Abstand in sm} = \frac{13}{7} \times \frac{\text{Höhe (Meter)}}{\text{Winkel (Minuten)}}$$

Bei Gestirnen, die wir als Leuchttürme mit unendlich hoher Turmspitze ansehen können, ist das sogar noch einfacher: 90° – beobachtete Höhe = Abstand zum Bildpunkt.

Das Stichwort für diese simple Formel heißt *Zenitdistanz.* Wenn wir nämlich unser Problem, die Frage nach der Distanz zwischen Bildpunkt und Beobachter, auf die Himmelskugel verlagern, dann ist es dort die Distanz zwischen Zenit (Beobachter) und Gestirn (Bildpunkt) (Abb. 35). Da der Winkel Horizont – Zenit immer 90° beträgt, müssen wir nur die Höhe des Gestirns über dem Horizont von 90° subtrahieren, und schon erhalten wir die Zenitdistanz (Abb. 36).

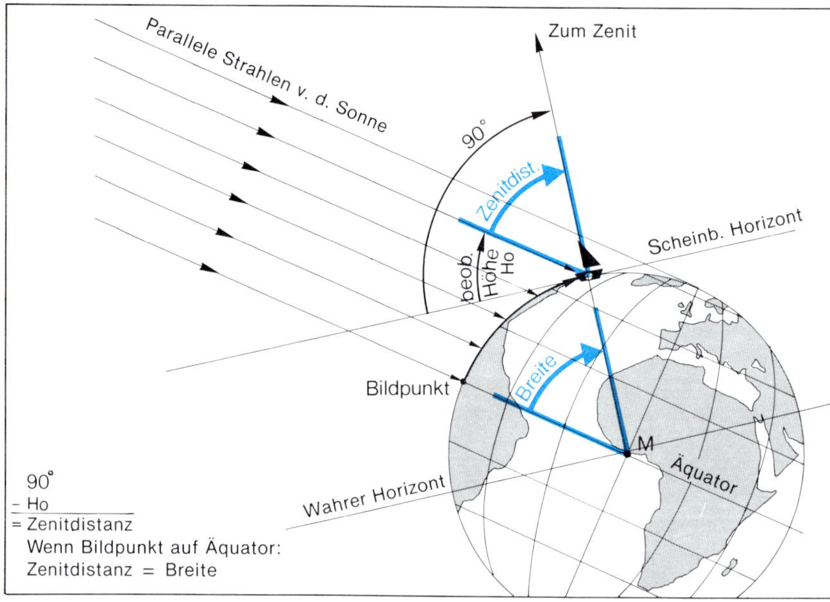

Abb. 36: Von der beobachteten Höhe über die Zenitdistanz zur Breite

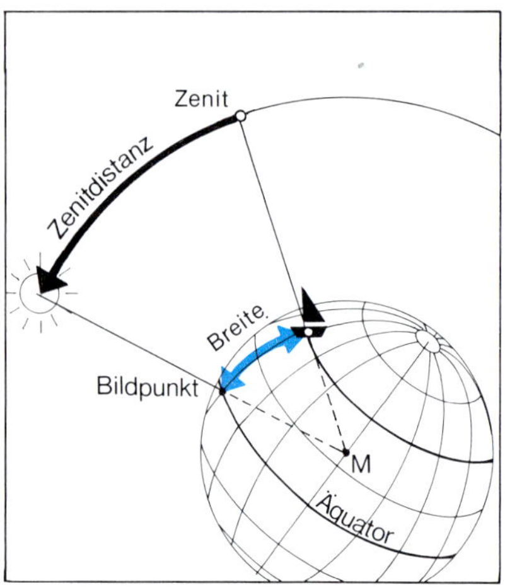

Abb. 35: Dem Bogenstück vom Beobachter zum Bildpunkt entspricht an der Himmelskugel das Bogenstück Zenit – Gestirn: die Zenitdistanz

Merke: Zenitdistanz ist die Distanz zwischen Zenit (Beobachter) und Gestirn (Bildpunkt), gemessen als Winkel am Erdmittelpunkt.

Und da allen Winkeln am Erdmittelpunkt an der Erdoberfläche ein Bogenstück eines Großkreises entspricht, entspricht eine Minute Zenitdistanz einer Seemeile.

Merke: Die Zenitdistanz, ausgedrückt in Bogenminuten, entspricht der Entfernung des Beobachters vom Bildpunkt in Seemeilen.

Dies gilt natürlich nicht nur bei der Mittagshöhe Sonne, sondern für jede Zenitdistanz. Dementsprechend wichtig ist der Begriff der Zenitdistanz für die gesamte Astro-Navigation. Bei Mittagsbreite Sonne kommt nun noch hinzu, daß die Zenitdistanz genau auf einen Meridian fällt und somit – wenn die Sonne über dem Äquator steht – unmittelbar der Breite des Beobachters entspricht. Auch für die Zenitdistanz gibt es einen kleinen Baustein (siehe Seite 36), bei dem wir die 90° der einfacheren Rechnung halber von vornherein als 89°60′ schreiben.

Dieser Baustein ist so einfach, daß wir uns Übungen ersparen können.

6.2 Die Ekliptik

Nun könnten wir also schon zu Frühjahrs- und Herbstbeginn eine Mittagshöhe Sonne gewinnen. Doch wie ist das an den anderen Tagen des Jahres? Wie wir wissen, pendelt die Sonne im Wechsel der Jahreszeiten scheinbar zwischen Süden und Norden hin

und her. Bedingt wird diese Bewegung durch die *Ekliptik*, auf die wir hier kurz eingehen müssen.
Wenn die Erdachse senkrecht auf der Ebene stünde, auf der die Erde (im Laufe eines Jahres) rund um die Sonne kreist, dann gäbe es keine Jahreszeiten, und die Sonne stünde immer genau über dem Äquator. Da die Erdachse aber um etwa 23°27′ gekippt auf der Ebene ihrer Sonnenumlaufbahn steht, ist einmal mehr die Nord- und einmal mehr die Südhalbkugel zur Sonne gerichtet (Abb. 37). Dieser Kippwinkel von 23°27′ (aufgerundet 23,5°) taucht nun immer wieder auf: einmal als nördlicher und südlicher Wendekreis, dann als nördlicher und südlicher Polarkreis (90° – 23°27′) und schließlich als Winkel zwischen Himmelsäquator und Ekliptik (Abb. 38).

Merke: Ekliptik ist die scheinbare Bahn der Sonne um die Erde im Laufe eines Jahres. Die Ebene der Ekliptik bildet mit der Ebene des Himmelsäquators einen Winkel von 23°27′. Die Schnittpunkte der Ekliptik mit dem Himmelsäquator markieren die Anfänge von Frühling und Herbst (Tag- und Nachtgleiche, Äquinoktien).

Merke: Der Punkt, an dem die Ekliptik (als scheinbare Sonnenbahn) den Himmelsäquator im Frühling schneidet, ist der Frühlingspunkt.

Und dieser Frühlingspunkt hat früher einmal im Sternbild des Widder (lat. Aries) gelegen – daher das Zeichen für Widder ♈ als Zeichen für den Frühlingspunkt. Diese etwas komplizierte Erklärung der Ekliptik war nötig, um deutlich zu machen, wieso die Sonne im Gegensatz zu den Sternen eine ständig wechselnde Deklination hat. Wir erinnern uns: Deklination war ein Begriff aus dem Koordinatensystem

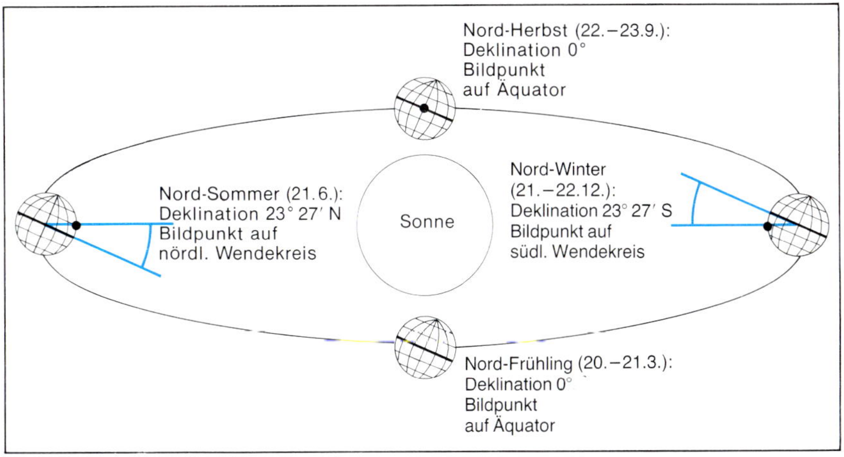

Abb. 37: Ekliptik: Die wahre Bahn der Erde um die Sonne im Laufe eines Jahres

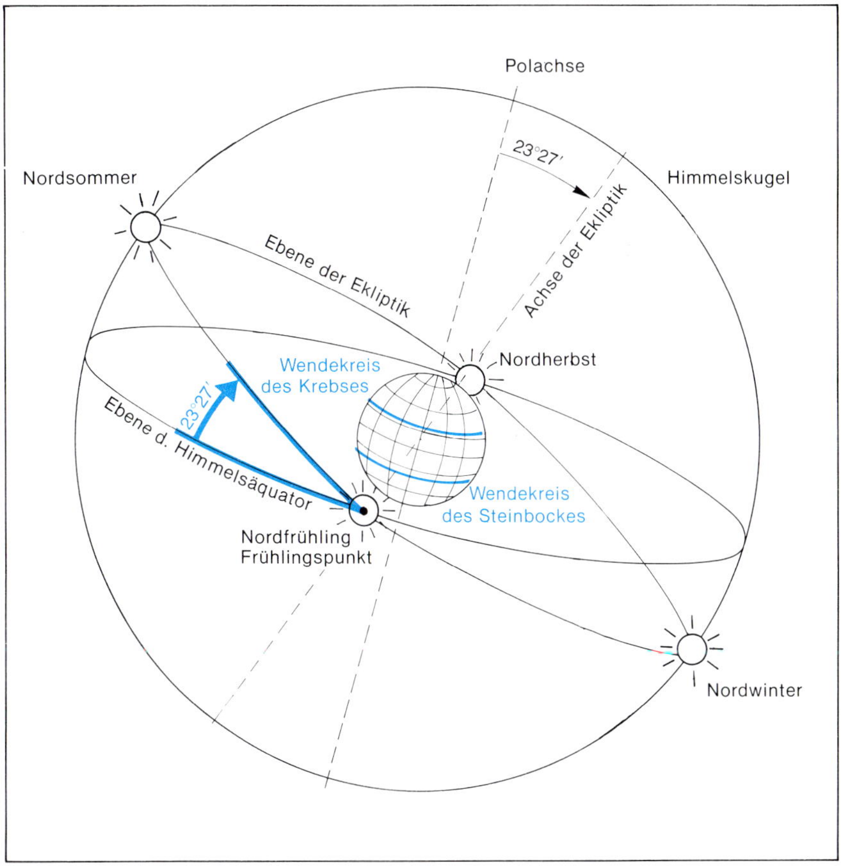

Abb. 38: Ekliptik: Die scheinbare Bahn der Sonne um die Erde im Laufe eines Jahres

des Himmels und entsprach dem nördlichen oder südlichen Abstand vom (Himmels-)Äquator – also auf der Erdkugel der Breite des Bildpunktes.

Nun wissen wir schon für vier Tage im Jahr die Deklination der Sonne: Zu Frühlings- und Herbstbeginn ist sie jeweils Null, und zu Sommer- und Winterbeginn erreicht sie ihr nördliches und südliches Maximum von knapp 23°27′, wenn sie über dem nördlichen oder südlichen Wendekreis steht. An diesen Punkten „wendet" die Sonne; daher auch der Name Sommersonnenwende und Wintersonnenwende. Für alle Tage dazwischen entnehmen wir die Deklination (δ) mit dem uns schon bekannten Baustein dem NJ. Doch bevor wir mit den Bausteinen in die Praxis gehen, noch ein kleiner Schluck Theorie: Wenn wir nördlich vom Äquator stehen und die Sonne südlich, dann ist unsere Zenitdistanz größer als unsere Breite – um den Betrag der Deklination. Genauso ist es umgekehrt: Wenn wir im Süden stehen und die Sonne im Norden, dann müssen wir von unserer Zenitdistanz ebenfalls die Deklination abziehen, um die Breite zu erhalten (Abb. 39).

Merke: Wenn Breite und Deklination ungleichnamig sind, ist Breite = Zenitdistanz – Deklination.

Anders ist es, wenn die Sonne (und damit auch ihr Bildpunkt) und der Beobachter auf derselben Seite des Äquators stehen. Dann ist die Zenitdistanz kleiner als die Breite – um den Betrag der Deklination (Abb. 40). Also gilt:

Merke: Wenn Breite und Deklination gleichnamig sind, ist Breite = Zenitdistanz + Deklination.

Nun gibt es noch einen Sonderfall. Normalerweise beobachten wir die Sonne ja äquatorwärts, d. h. wenn wir auf der Nordhalbkugel stehen, sehen wir sie im Süden und umgekehrt. Wenn wir nun aber zwischen den Wendekreisen stehen, etwa in der Karibik, dann kann es uns passieren, daß wir die Sonne polwärts sehen. Dann sind zwar auch Deklination und Breite gleichnamig, aber die Deklination ist größer als die Breite (Abb. 41). Für diesen Fall gilt:

Merke: Wenn Breite und Deklination gleichnamig sind, die Deklination aber größer als die Breite ist, dann ist Breite = Deklination – Zenitdistanz.

Doch in der Praxis ist eine Mittagsbreite/Sonne in solchen Gegenden nicht zu empfehlen. Die Sonne steht zu hoch, um sie zuverlässig beobachten zu können.

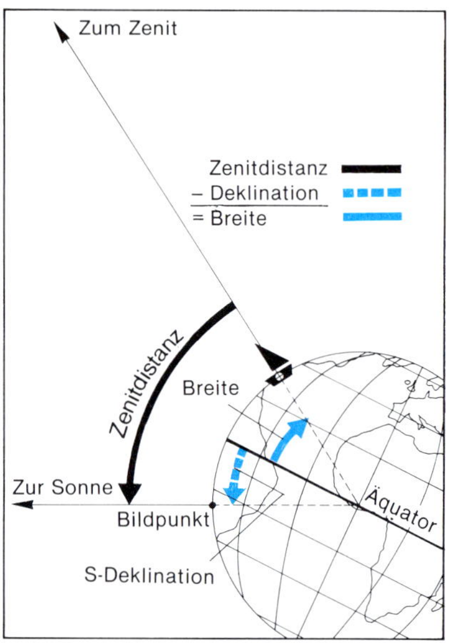

Abb. 39: Breite und Deklination ungleichnamig

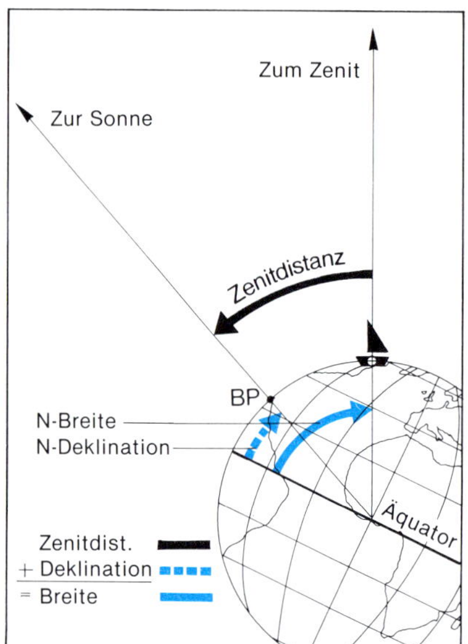

Abb. 40: Breite und Deklination gleichnamig

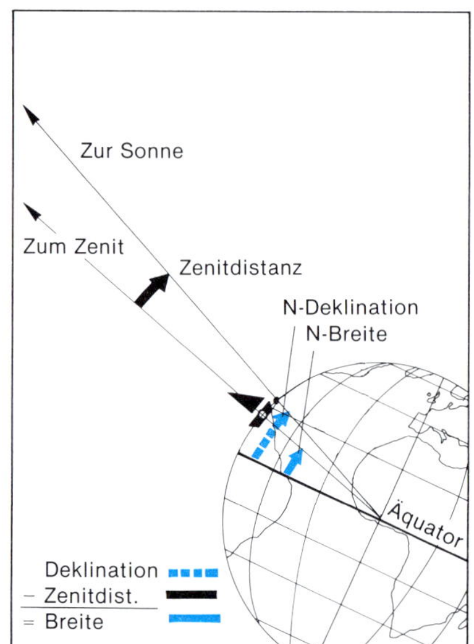

Abb. 41: Deklination und Breite gleichnamig, Deklination größer als Breite

6.3 Vorausberechnung

Wie messen wir denn nun diese Mittagshöhe? Um nicht den ganzen Mittag über mit dem Sextanten verfolgen zu müssen, ob die Sonne noch steigt oder schon ihren Kulminationspunkt (*culmen* = lat. der Höhepunkt) erreicht hat (auf dem sie eine Zeitlang stillzustehen scheint), berechnen wir die Kulmination voraus. Dazu müssen wir zunächst wissen, wann die Sonne in Greenwich kulminiert. Eigentlich müßte das ja immer genau um 12-00-00 UT1 sein, doch die Sonne ist, hauptsächlich wegen der elliptischen Umlaufbahn der Erde, nicht so pünktlich (siehe auch Kapitel 3 „Die Zeit"). Nur an vier Tagen im Jahr kulminiert die Sonne in Greenwich pünktlich um 12-00-00. Die auf die Minute genaue Zeit der Kulmination entnehmen wir dem NJ unterhalb der Spalte Grt der Sonne, wo sie als „T" angegeben ist.

Wenn wir östlich von Greenwich stehen, wird die Sonne, die ja (scheinbar) von Osten nach Westen wandert, bei uns früher kulminieren als in Greenwich. Umgekehrt ist die Kulmination am Schiffsort später, wenn dieser Ort westlich von Greenwich liegt. Um also den Zeitpunkt der Kulmination für unsere Beobachtung vorauszuberechnen, müssen wir unsere Länge in Zeit umwandeln.

Den Zusammenhang zwischen Länge und Zeit kennen wir schon aus dem Kapitel „Die Zeit":

15 Grad Länge = 1 Stunde Zeit
1 Grad Länge = 4 Minuten Zeit
1 Minute Länge = 4 Sekunden Zeit

Doch so kompliziert brauchen wir nicht zu rechnen; wir sollten diesen Zusammenhang nur kennen. In der Praxis benutzen wir auch für die Vorausberechnung der Kulmination am Beobachtungsort einen Baustein und das NJ: Zunächst entnehmen wir der Tagesseite des NJ (Anlage 1) den Zeitpunkt der Kulmination in Greenwich. Dann teilen wir unsere Längengrade im Kopf durch 15 und erhalten die Zahl der Stunden, um die die Kulmination bei uns früher (Ost-Länge) oder später (West-Länge) stattfindet. Dann gehen wir mit dem Rest an Länge (maximal 14°59′) in die Schalttafeln (Anlage 2) und verfahren umgekehrt wie bei der Bestimmung des Grt: Wir gehen nun mit den Längengraden und -minuten in die Spalte „Zuwachs Grt Sonne/Planet" und suchen die passende Zeit heraus. Dabei interessieren uns nur Minuten, nicht Sekunden; deshalb runden wir ab 30 Sekunden auf. Dann wird beides je nach Vorzeichen addiert oder subtrahiert, und fertig ist der Zeitpunkt der Kulmination am Beobachtungsort.

Aber Achtung:

Dies ist die einzige Gelegenheit, wo West nicht weniger bedeutet! Also immer genau auf das Vorzeichen achten: E-/W+ !

Auch die Anwendung dieses Bausteines können wir zunächst üben. Wann ist jeweils die Kulmination der Sonne:

a) 3. Mai 1985, Länge 003°26,3′ E
b) 3. Mai 1985, Länge 041°29′ W
c) 3. Mai 1985, Länge 011°25′ E
d) 5. Okt. 1985, Länge 078°18′ W
e) 5. Okt. 1985, Länge 176°10′ W
f) 5. Okt. 1985, Länge 018°10′ E

	11 - 57	Kulmination in Greenwich (T im NJ)		☐☐ - ☐☐
+/–	00	Längengrade: 15 (Achtung: nur hier W+ / E–!)	+/–	☐☐
+/–	14	Rest (Schalttafeln)	+/–	☐☐
	11 - 43	Kulmination am Beob.-Ort		☐☐ - ☐☐

Mit diesem Baustein wird die Kulmination am Beobachtungsort ausgerechnet. Links Übungsaufgabe a

6.4 Die Praxis

In der Bordpraxis sieht das nun so aus: Nachdem wir am Vormittag den Zeitpunkt der Kulmination vorausberechnet haben, setzen wir uns etwa fünf bis zehn Minuten vor diesem Zeitpunkt mit dem Sextanten an Deck und fangen an, die Sonne zu beobachten. Dabei werden wir feststellen, daß die Sonne anfangs noch langsam weiter steigt und wir ihr mit dem Sextanten „folgen" müssen. Schließlich scheint sie für ein paar Minuten stillzustehen, dann sinkt sie wieder. Nun folgen wir ihr mit dem Sextanten nicht mehr, sondern lesen den höchsten Stand ab. (Näheres siehe Kapitel 15 „Die Praxis der Beobachtung".)

Nun, da die einzelnen Bestandteile des Verfahrens Mittagsbreite bekannt sind, können wir uns aus den Bausteinen ein komplettes Formular „Mittagsbreite" zusammenstellen:

Aufgaben:

	Tag	Koppelort	Ah	Sext.	Ib
a)	3. Mai 1985	55°10,0′ N / 003°26,3′ E	2 m	⊙̲ 50°22,5′	−2,5′
b)	3. Mai 1985	69°55,5′ N / 041°29,0′ W	2 m	⊙̲ 35°30,0′	+3,0′
c)	3. Mai 1985	33°03,0′ S / 011°25,0′E	2 m	⊙̲ 41°05,5′	−4,5′
d)	5. Okt. 1985	55°10,5′ N / 078°18,0′ W	2 m	⊙̄ 30°10,8′	+2,0′
e)	5. Okt. 1985	34°08,5′ S / 176°10,0′ W′	2 m	⊙̲ 60°43,2′	−3,0′
f)	5. Okt. 1985	29°00,0′ N / 018°10,0′ E	2 m	⊙̲ 55°55,0′	+2,5′

	11-57	Kulmination in Greenwich (T im NJ)		☐☐-☐☐
+/−	00	Längengrade: 15 (Achtung: nur hier W+ / E−!)	+/−	☐☐
+/−	14	Rest (Schalttafeln)	+/−	☐☐
	11-43	Kulmination am Beob.-Ort		☐☐-☐☐

	15° 43,7′ N/S	Deklination (δ NJ f. Stunde)		☐☐° ☐☐,☐′ N/S
+/−	00,5′	Vb f. min (Schalttafeln)	+/−	☐☐,☐′
	15° 44,2′ N/S	Deklination (Dec)		☐☐° ☐☐,☐′ N/S

	50° 22,5′	⊙ Sextant-Ablesung ☐		☐☐° ☐☐,☐′
+/−	2,5′	Indexberichtigung	+/−	☐,☐′
	50° 20,0′	Kimmabstand		☐☐° ☐☐,☐′
+/−	12,7′	Gesamtbeschickung	+/−	☐☐,☐′
+/−	00,2′	Zusatzbeschickung	+/−	☐☐,☐′
	50° 32,5′	beobachtete Höhe (Ho)		☐☐° ☐☐,☐′

	89° 60,0′	Höhe zum Zenit		89° 60,0′
−	50° 32,5′	beobachtete Höhe (Ho)	−	☐☐° ☐☐,☐′
	39° 27,5′	Zenitdistanz		☐☐° ☐☐,☐′

+/−	15° 44,2′ N/S	Deklination (gleichnamig mit Breite + / ungleichn. mit Breite −)	+/−	☐☐° ☐☐,☐′ N/S
	55° 11,7′ N/S	wahre Breite		☐☐° ☐☐,☐′ N/S

Mit diesem Vordruck können wir eine komplette Mittagsbreite berechnen. Links die Aufgabe a

7. Mittagslänge aus zwei gleichen Höhen

Nachdem wir gesehen haben, daß der Zeitpunkt der Kulmination der Sonne davon abhängt, auf welcher Länge wir uns befinden, und nachdem wir gelernt haben, aus unserer gekoppelten Länge den Zeitpunkt der Kulmination zu bestimmen, können wir das nun auch umgekehrt tun: Aus dem genauen Zeitpunkt der Kulmination ermitteln wir unsere Länge.

Merke: Wenn wir wissen, um wieviel früher oder später die Sonne bei uns kulminiert als in Greenwich, dann wissen wir auch unsere Länge.

Angenommen, die Sonne würde genau um 12-00-00 UT1 in Greenwich kulminieren und wir würden beobachten, daß sie bei uns um genau 13-30-00 kulminiert. Dann wäre unsere Länge einfach zu berechnen:

1,5 Stunden x 15° = 22,5° ≙ 22°30′

Und da sie später kulminiert als in Greenwich, müssen wir im Westen stehen; unsere Länge wäre demnach 022°30′ W. Das Prinzip ist also sehr einfach.

Doch in der Praxis gibt es einige Probleme:

7.1 Die Zeitgleichung

Erstens wissen wir schon, daß die Sonne nicht immer genau um 12-00-00 UT1 in Greenwich kulminiert. Da wir nun den sekundengenauen Zeitpunkt benötigen, genügt uns die Angabe „T" auf den Tagesseiten des NJ nicht mehr – sie enthält ja nur Minuten. Daher benutzen wir nun die Tabelle „Zeitgleichung" im NJ (Anlage 6). Ihr entnehmen wir für jeden Tag des Jahres die Minuten und Sekunden, die zu 12-00-00 addiert oder subtrahiert werden müssen, um den sekundengenauen Zeitpunkt der Kulmination in Greenwich zu erhalten. Dabei müssen wir das Vorzeichen, das in der Tafel angegeben ist, unbedingt umkehren. Denn der Wert „Zeitgleichung" gibt den Korrekturfaktor an, der an die Kulmination in Greenwich angebracht werden muß, um 12-00-00 zu erhalten.

7.2 Die Messung

Zweitens: Da die Sonne während der Kulmination für mehrere Sekunden, ja sogar minutenlang auf ihrem höchsten Punkt festzustehen scheint, ist die Kulmination, geschweige denn ihr sekundengenauer Zeitpunkt, unmittelbar gar nicht zu beobachten. Wir müssen uns mit einem Trick behelfen:

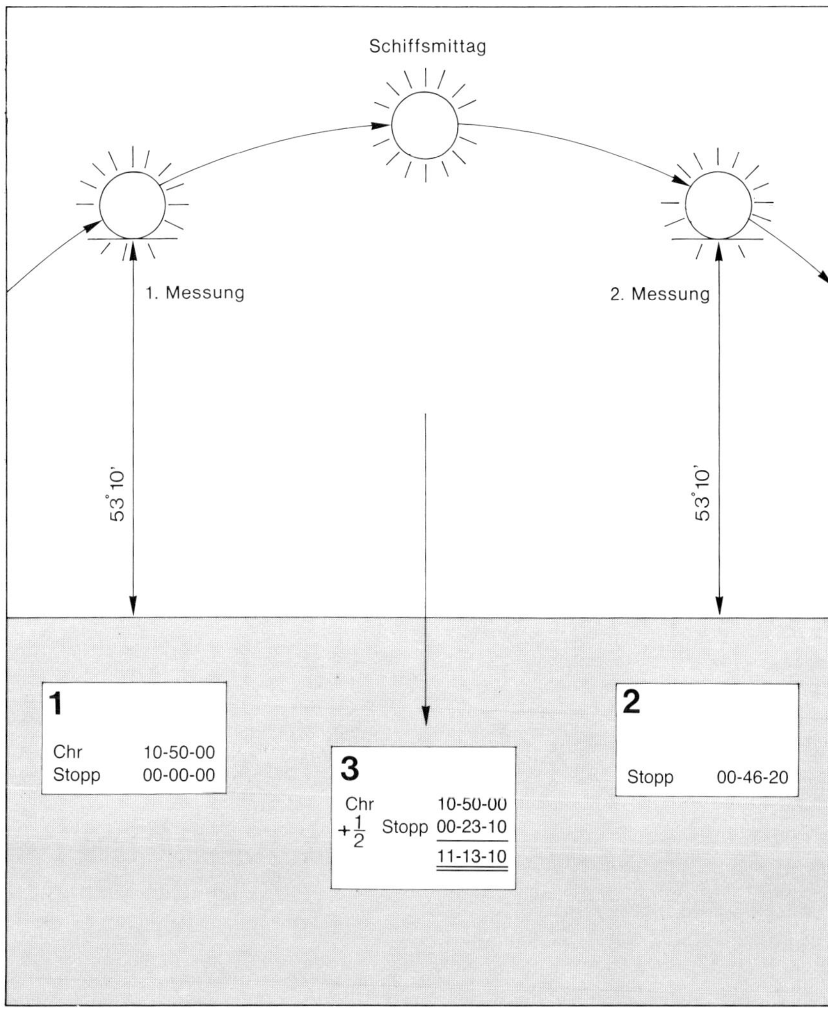

Abb. 42: Der Zeitpunkt der Kulmination wird in drei Schritten ermittelt

Wir messen die Höhe der Sonne (ohne Rücksicht auf Indexfehler und Gesamtbeschickung) einige Zeit (mindestens etwa 20 min) vor der erwarteten Kulmination und starten die Stoppuhr.
Dann legen wir den Sextanten, ohne daß er verstellt wird, in seinen Kasten zurück und warten, bis die Sonne wieder sinkt. Schließlich nehmen wir ihn nach einiger Zeit (15–60 Minuten) wieder zur Hand und warten nun ab, bis die Sonne auf ihrem Weg bergab nach der Kulmination wieder genauso hoch steht wie bei unserer Messung vor der Kulmination (Abb. 42). Nun stoppen wir die Stoppuhr, halbieren den Betrag und addieren ihn zur vorher notierten Chronometerzeit. Das ist dann der genaue Zeitpunkt der Kulmination. Da wir nicht wissen wollen, wie hoch die Sonne tatsächlich über dem Horizont stand, sondern nur wissen wollen, wann vor und nach der Kulmination sie genau gleich hoch stand, benötigen wir den abgelesenen Sextantwert nicht und müssen ihn auch nicht mit Indexberichtigung und Gesamtbeschickung verfeinern.

7.3 Zwei Zeitwerte

Nun haben wir zwei Zeitwerte: einmal die Kulmination in Greenwich aus der Tafel „Zeitgleichung" und einmal den Zeitpunkt der Kulmination am Beobachtungsort. Wir ermitteln die Differenz, indem wir den niedrigeren von dem höheren Wert abziehen, und wandeln diese Zeitdifferenz nun wie bei der Bestimmung des Greenwicher Stundenwinkels in Länge um:

1 Stunde = 15°
1 Zeitminute = 15 Längenminuten
4 Zeitsekunden = 1 Längenminute

Der Einfachheit halber rechnen wir auch hier nur die Stunden im Kopf aus und benutzen für die Minuten und Sekunden die Schalttafeln des NJ (Anlage 2).

7.4 Fehlerquellen

Eine Standlinie, die auf diese Weise gewonnen wird, kann mit Fehlern behaftet sein. So bewirken Strom und Steuerfehler, besonders bei größeren Abständen zwischen den Messungen, falsche Ergebnisse.
Wenn die Yacht sich zwischen beiden Beobachtungen relativ schnell bewegt, müssen Korrekturen angebracht werden. Auf der nördlichen Halbkugel wird der gemessene Winkel bei einer Fahrt genau nach Süd pro Meile um eine Minute größer, bei Fahrt genau nach Nord je Meile um eine Minute kleiner.
Also gilt: Bei der 2. Beobachtung muß für jede Meile zur Sonne hin eine Minute hinzugefügt, für jede Meile von der Sonne weg die Einstellung des Sextanten um eine Minute verringert werden.
Auch wenn die Yacht von Westen nach Osten oder umgekehrt läuft, entsteht bei höherer Geschwindigkeit ein kleiner Fehler.
Die größte Schwierigkeit macht in der Praxis jedoch die zweite Beobachtung. Selbst bei wenig Seegang ist es problematisch, mit einem fest eingestellten Winkel an einem Sextanten oder Oktanten zu einem exakt zu bestimmenden Zeitpunkt die Sonne auf die Kimm zu setzen. Eine Standlinie, die mit der H.O.-Tafel (s. Seite 46) gewonnen wird, ist immer noch die sicherere Methode. Lediglich wenn man seinem Gerät nicht mehr vertraut, weil man zum Beispiel mit ihm irgendwo angestoßen ist, sollte man versuchen, das Verfahren Mittagslänge aus zwei gleichen Höhen anzuwenden.

7.5 Die Praxis

Für die Praxis basteln wir uns auch hier ein Formular aus Bausteinen zusammen. Von den bekannten Elementen können wir ausnahmsweise einmal nichts gebrauchen, aber das macht nichts.

Wir üben:

	Tag	Zeitpunkt 1. Beobachtung	Stand	Stopp
a)	3. Mai 1985	09-10-00 UTC	–	01-08-20
b)	3. Mai 1985	14-30-00 UTC	–	01-21-18
c)	5. Okt. 1985	20-00-00 UTC	–	01-05-02
d)	5. Okt. 1985	10-10-00 UTC	–	00-52-22

Die Mittagslänge aus zwei gleichen Höhen

11-59-60	Mittag	11-59-60
+/– 03-09	Zeitgleichung (NJ), umgekehrtes Vorzeichen!	+/– ☐☐-☐☐
11-56-51	Kulmination in Greenwich	☐☐-☐☐-☐☐
09-10-00	Zeitpunkt der 1. Beobachtung	☐☐-☐☐-☐☐
+/– 00-00	Stand	+/– ☐☐-☐☐
+ 00-34-10	halbe Stoppuhrzeit	+ ☐☐-☐☐-☐☐
09-44-10	Kulmination am Beob.-Ort	☐☐-☐☐-☐☐
11-56-51	späterer Kulminations-Zeitpunkt	☐☐-☐☐-☐☐
– 09-44-10	früherer Kulminations-Zeitpunkt	– ☐☐-☐☐-☐☐
02-12-41	Zeitunterschied	☐☐-☐☐-☐☐
030°	Stunden x 15	☐☐☐°
+ 03° 10,3'	Rest über Schalttafeln (NJ)	+ ☐☐° ☐☐,☐'
033° 10,3' E/W		☐☐☐° ☐☐,☐' E/W

Achtung: Kulmination vor Greenwich = E-Länge
Kulmination nach Greenwich = W-Länge

Mit diesem Vordruck errechnen wir die Mittagslänge aus zwei gleichen Höhen. Links die Übungsaufgabe a

8. Das Höhendifferenzverfahren

Nachdem wir nun die Verfahren der Nordsternbreite und der Mittagsbreite kennen, wissen wir, daß uns *eine* astronomische Beobachtung nicht einen Ort, sondern nur eine Linie liefert, auf der wir uns irgendwo befinden. Diese Linie entspricht in der terrestrischen Navigation beispielsweise einer durch Peilung ermittelten Standlinie, die ja auch erst durch eine zweite Peilung zu einem Ort (dem Schnittpunkt der beiden Linien) führt.

Auch in der Astro-Navigation nennt man eine solche Linie eine *Standlinie*. Bei den beiden Verfahren Nordsternbreite und Mittagshöhe Sonne war die Beobachtungsrichtung, also das *Azimut*, jeweils genau Nord oder genau Süd. Die gefundene Standlinie verlief jeweils im rechten Winkel zu diesem Azimut, also genau Ost-West, und stellte daher ein Breitenparallel dar.

Merke: Die Standlinie verläuft immer senkrecht zum Azimut. Beobachtungen genau in Süd oder Nord ergeben daher eine Breite, Beobachtungen in genau Ost oder West eine Länge.

8.1 Die Höhengleiche

Gerade an der Nordsternbreite kann man das Prinzip der Standlinie sehr gut auch für alle anderen astronomischen Beobachtungen verdeutlichen: Die gefundene Standlinie ist ein Kreis, der um den Bildpunkt des beobachteten Gestirns geschlagen wird. Wenn wir jetzt der Einfachheit halber noch einmal davon ausgehen, daß der Nordstern genau über dem Nordpol steht, daß sein Bildpunkt also genau auf dem Nordpol liegt, dann ist die gefundene Breite ja ein Kreis um den Bildpunkt. Da dieser Kreis parallel zum Äquator verläuft, ist es im Fall des Polarsterns ein Breiten-

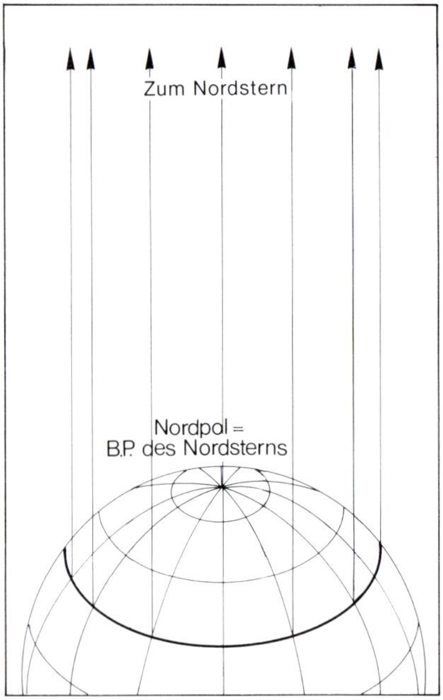

Abb. 43: Beim Nordstern ist die Höhengleiche (fast genau) ein Breitenparallel

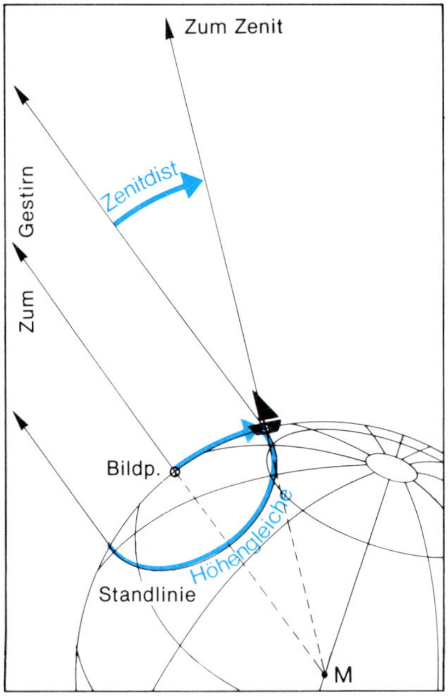

Abb. 44: Die Höhengleiche ist immer ein Kreis um den Bildpunkt; ihr Radius ist die Zenitdistanz

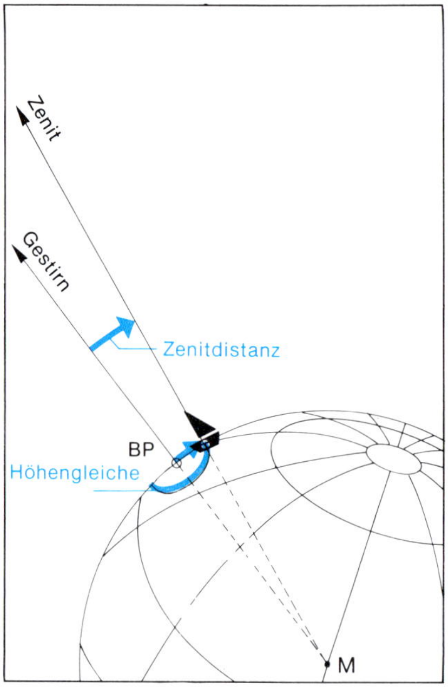

Abb. 45: Wenn die Zenitdistanz zu klein ist, wird der Kreis zu eng und die Höhengleiche zu „krumm"

parallel. Dieser Kreis ist die Linie aller Punkte, von denen aus man den Nordstern in derselben Höhe sieht. Deswegen nennt man diese Linie auch *Höhengleiche* (Abb. 43).

Merke: Die Höhengleiche ist die Linie aller Punkte, von denen man ein Gestirn in der gleichen Höhe sieht. Die Höhengleiche ist ein Kreis (Kleinkreis), dessen Mittelpunkt der Bildpunkt und dessen Radius die Zenitdistanz in Meilen ist.

Die Standlinie ist also immer ein Ausschnitt aus einem Kreis, aus dem Kreis der Höhengleiche. Da dieser Kreis, sofern wir nicht in der Nähe unseres Zenits beobachten, immer sehr groß ist, können wir die Krümmung vernachlässigen und die Standlinie als Gerade zeichnen (Abb. 44).

Merke: Jede astronomische Standlinie ist ein Ausschnitt aus einem Kreis. Da der Radius dieses Kreises gewöhnlich sehr groß ist, können wir die Krümmung für unseren kleinen Kartenausschnitt vernachlässigen.

Hieraus folgt dann aber umgekehrt:

Merke: Wir dürfen Gestirne nicht allzu nah an unserem Zenit beobachten, weil dann der Kreis der Höhengleiche zu eng würde.

Beispiel: Wenn wir ein Gestirn am Sextanten in 85° beobachten, dann ist die Zenitdistanz 5° = 5 x 60 = 300 Seemeilen. Der Kreis der Höhengleiche hätte also einen Durchmesser von nur 600 Meilen, wäre also zu „krumm", als daß man einen Ausschnitt von etwa zehn Meilen als Gerade zeichnen könnte.

Deswegen sind Gestirnsbeobachtungen in Höhen von mehr als 75–70° am Sextanten nicht mehr empfehlenswert (Abb. 45).

8.2 Die Höhendifferenz

Das Beispiel Nordstern lehrt uns aber noch mehr. Um die Standlinie, die Teil eines Kreises um den Bildpunkt ist, zu zeichnen, müssen wir nicht unbedingt tatsächlich einen Kreis um den Bildpunkt schlagen. Denn dieser Bildpunkt ist ja viel zu weit von unserem Standort entfernt. Beim Nordstern war das einfach, weil der gesuchte Kreisausschnitt ja immer Ausschnitt eines Breitenparallels war.
Wie ist das nun, wenn der Bildpunkt nicht auf dem Nordpol liegt? Hier müßten wir, um die Zenitdistanz zeichne-

risch zu verwerten, eine Karte mit sehr großem Maßstab verwenden, auf der gleichzeitig Schiffsort und Bildpunkt zu finden sind. Bei den mitunter riesigen Entfernungen vom Schiffsort bis zum Bildpunkt (der Bildpunkt kann in der Karibik liegen, während wir bei Helgoland segeln) ergäbe dies selbst bei spitzestem Bleistift eine Standlinie von der Breite des halben Ärmelkanals (Abb. 46). Deswegen wenden wir ein Verfahren an, das der Franzose Adolphe Marcq de St.-Hilaire 1875 entwikkelt hat:

Man geht von seinem Koppelort (O_K) bzw. gegißten Ort aus, wohl wissend, daß er nicht ganz richtig ist. Man rechnet aus, wie hoch die am Sextanten gemessene Höhe an diesem Ort sein müßte. Dann vergleicht man diese berechnete (computed) Höhe Hc mit der am Sextanten beobachteten Höhe Ho und ermittelt die *Höhendifferenz* Δh (delta h) (Abb. 47). Damit weiß man, um wieviel der gegißte Ort (oder der Rechenort, für den die Rechnung stimmt) vom tatsächlichen Ort (für den die Beobachtung stimmt) entfernt ist. In der Karte muß man dann nur die Differenz zwischen errechneter und beobachteter Höhe, nicht aber die ganze Zenitdistanz einzeichnen (Abb. 48/49). Noch einmal: Um zu vermeiden, daß man eine Karte mit allzu großem Maßstab verwenden muß, auf der Bildpunkt und Schiffsort zu finden sind, benutzt man den Trick: Man rechnet nicht aus, wie weit man vom Bildpunkt entfernt ist, sondern rechnet aus, um wieviel man vom angenommenen oder Rechenort entfernt ist. Daher auch das Paradox, daß man einen „falschen" Ort benötigt, um zum richtigen Ort zu gelangen, und der scheinbar unnötige Aufwand, daß man die Zenitdistanz beziehungsweise die Höhe berechnet, wo man sie doch am Sextanten beobachten kann.

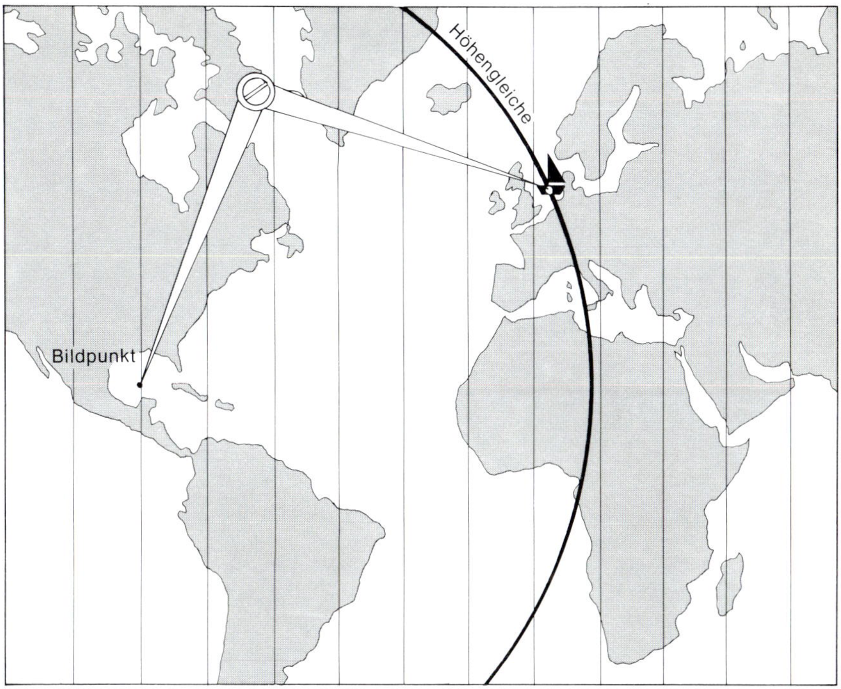

Abb. 46

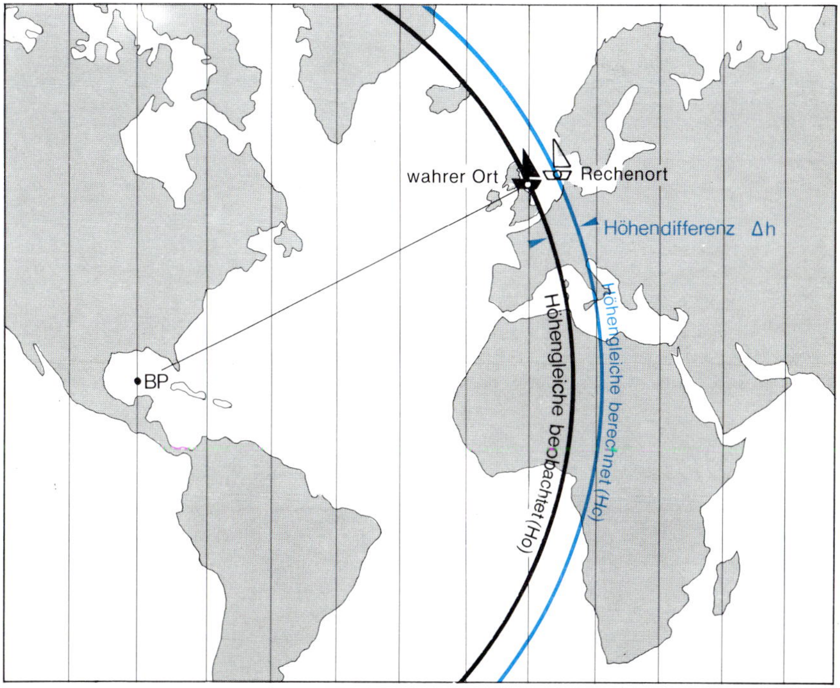

Abb. 47

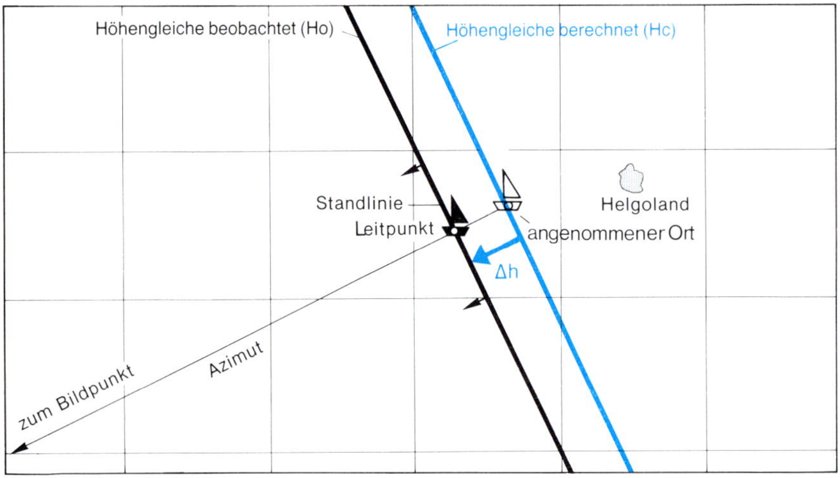

Abb. 48: Über Azimut und Höhendifferenz komme ich vom angenommenen Ort zum „Leitpunkt“. Durch ihn verläuft die Standlinie

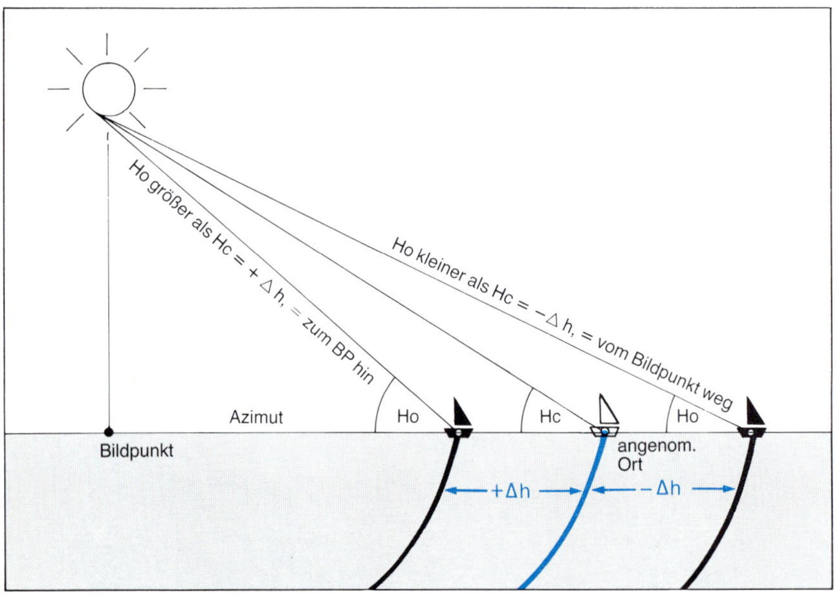

Abb. 49: Wenn die beobachtete Höhe größer ist als die berechnete, stehe ich näher am Bildpunkt als angenommen. Ist die beobachtete Höhe geringer als die berechnete, so bin ich weiter vom Bildpunkt entfernt

Merke: Ich messe den Höhenwinkel des Gestirns und messe mit der Stoppuhr genau den Zeitpunkt, zu dem ich beobachtet habe.
Ich errechne den Höhenwinkel, den ich zum Beobachtungszeitpunkt gemessen haben müßte, wenn die Entfernung vom Bildpunkt zu meinem gegißten Schiffsort richtig wäre.
Ich vergleiche berechnete und beobachtete Höhe und erhalte als Differenz Δh den Betrag in Winkelminuten auf dem Vertikalkreis (also = Meilen), die ich näher am Bildpunkt dran oder die ich weiter vom Bildpunkt entfernt bin als angenommen.
Ich errechne die Richtung vom gegißten Ort zum Bildpunkt (das Azimut) und trage auf diesem Azimut meine Höhendifferenz zum Bildpunkt hin oder vom Bildpunkt weg ab.
Damit erhalte ich den Leitpunkt, durch den ich senkrecht zum Azimut meine Standlinie zeichne. Auf dieser Standlinie befindet sich irgendwo mein wahrer Ort.

Wie aber können wir die Höhe und das Azimut berechnen? Dazu benötigen wir zum theoretischen Verständnis die Konstruktion des sphärisch-astronomischen Grunddreiecks. In der Praxis freilich schauen wir einfach in Tafelwerken nach. Doch zum Verständnis erforderlich ist die Theorie.

9. Das sphärisch-astronomische Grunddreieck

Die beiden Verfahren Nordsternbreite und Mittagshöhe Sonne basieren auf demselben Prinzip: Durch die Beobachtung eines Gestirns, dessen Bildpunkt auf demselben Längengrad steht wie wir selbst, erhalten wir unsere Breite (Abb. 50/51).

Der große Unterschied zwischen den relativ einfachen (und auch schon sehr alten) Verfahren der Breitenbestimmung und den fortgeschritteneren astronomischen Navigationsverfahren besteht nun hierin: Wir beobachten ein Gestirn, das nicht genau südlich oder nördlich von uns steht. Das bringt zwei Probleme mit sich: Unsere Breite, die Zenitdistanz und die Deklination, diese drei Grundgrößen, mit denen wir gearbeitet haben, liegen nicht mehr auf ein und demselben Längengrad und können nicht mehr einfach addiert oder subtrahiert werden. Da Bildpunkt und Schiffsort nicht mehr auf demselben Längengrad liegen, bilden sie mit dem Pol nicht mehr eine Linie, sondern ein Dreieck: das *sphärisch-astronomische Grunddreieck* (Abb. 52/53).

Während zwei Seiten noch ins Koordinatensystem der Erde (und des Himmels) passen, liegt eine Seite „quer" – die Zenitdistanz; sie stammt aus dem Koordinatensystem des wahren Horizontes (90 – Ho = Zenitdistanz). Aus dem vorigen Kapitel wissen wir, daß wir diese Zenitdistanz als Radius unserer Höhengleiche berechnen wollen, um sie dann mit der am Sextanten beob-

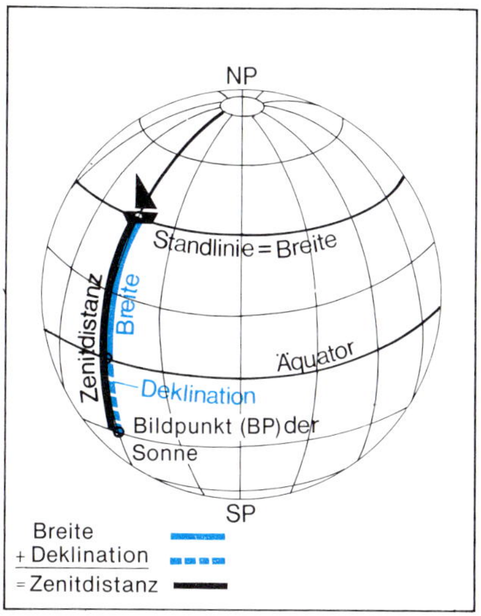

Abb. 50: Die Meridianfigur auf der Erdkugel

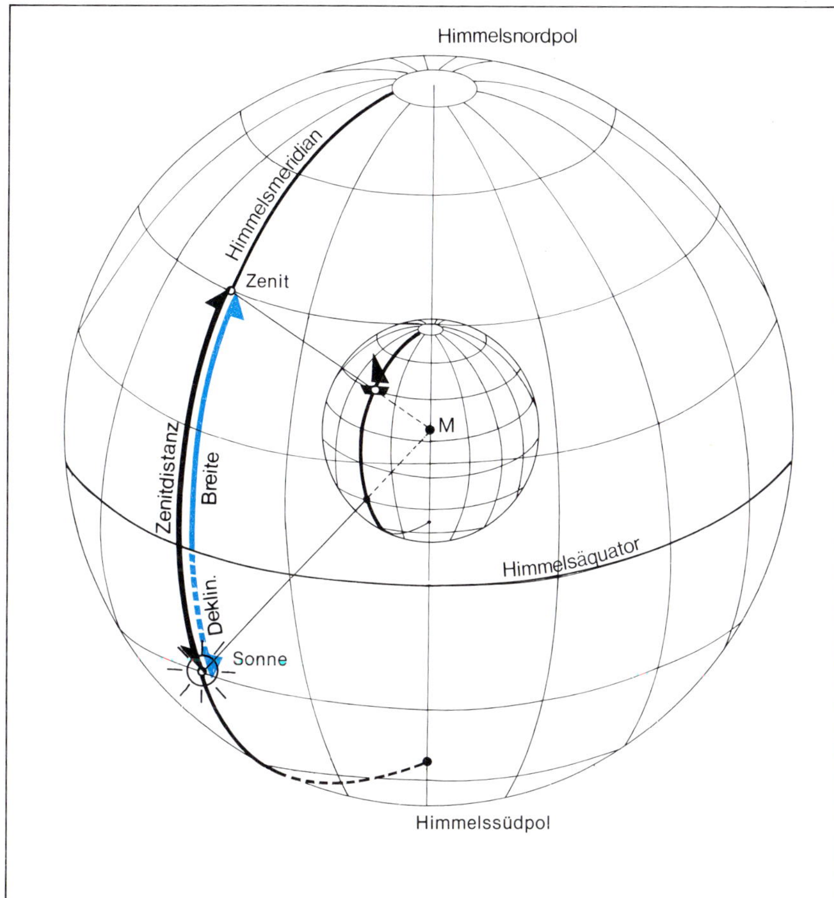

Abb. 51: Die Meridianfigur an der Himmelskugel

achteten Größe zu vergleichen. Unser Ziel ist es ja, die Höhendifferenz Δh herauszubekommen.

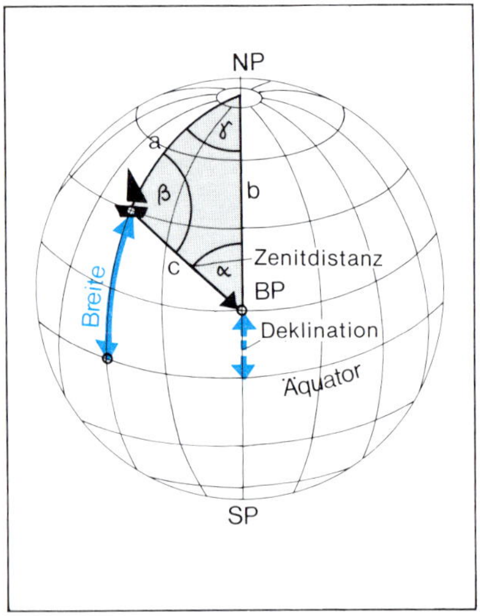

Abb. 52: Das sphärisch-astronomische Grunddreieck auf der Erde

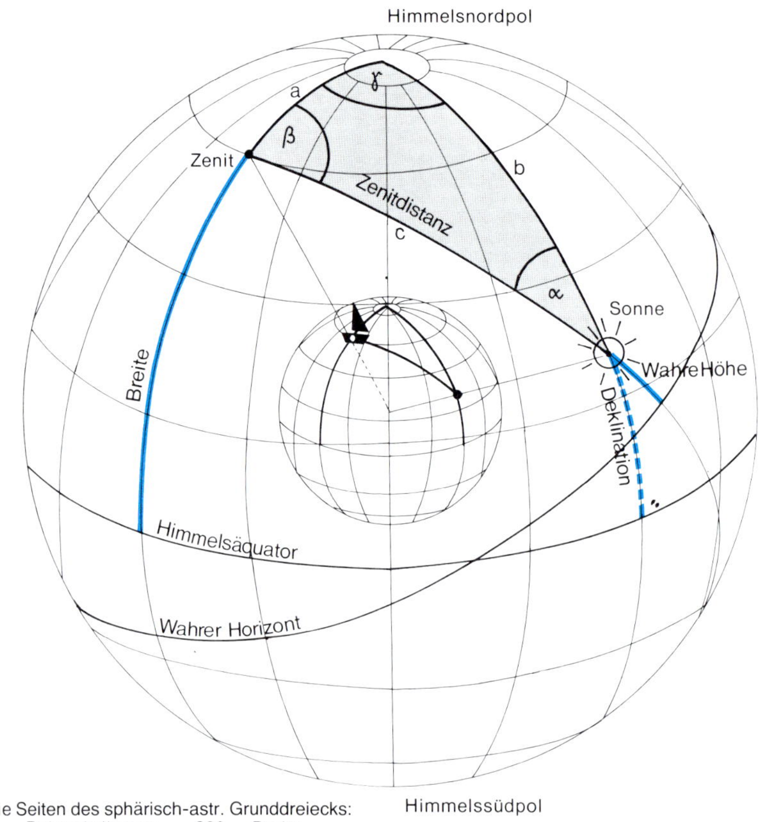

Die Seiten des sphärisch-astr. Grunddreiecks:
a = Polzenitdistanz = 90° — Breite
b = Poldistanz = 90° ± Deklination
c = Zenitdistanz = 90° — wahre Höhe

Abb. 53: Das sphärisch-astronomische Grunddreieck an der Himmelskugel

9.1 Die Winkelfunktionen

Hierbei ist das sphärisch-astronomische Grunddreieck die Schlüsselfigur. Wir erinnern uns der in der Schule gelernten Geometrie-Weisheit, daß alle Größen eines Dreiecks berechenbar sind, wenn drei Größen bekannt sind. Hierfür gibt es dann verschiedene Formeln unter Verwendung von „Winkelfunktionen" wie Sinus (sin), Kosinus (cos), Tangens (tan) etc. Wir müssen diese Winkelfunktionen nicht auswendig lernen, wir sollten nur eine Vorstellung davon haben, was sie sind:

$$\sin = \frac{\text{Gegenkathete}}{\text{Hypothenuse}}$$

$$\cos = \frac{\text{Ankathete}}{\text{Hypothenuse}}$$

$$\tan = \frac{\text{Gegenkathete}}{\text{Ankathete}}$$

Es gibt noch eine Reihe mehr. Das Prinzip besteht darin, daß man aus zwei Seiten einen Winkel oder aus einer Seite und einem Winkel eine weitere Seite errechnen kann.

Merke: Eine Winkelfunktion ist das Verhältnis zweier Seiten in einem rechtwinkligen, ebenen Dreieck. Mit drei bekannten Größen eines beliebigen Dreiecks lassen sich über die Winkelfunktionen alle anderen Größen des Dreiecks berechnen.

Was bedeutet dies nun für das sphärisch-astronomische Grunddreieck? Was wollen wir hier berechnen? Was ist bekannt?

1. Die Länge der Seite a (Pol-Stand-

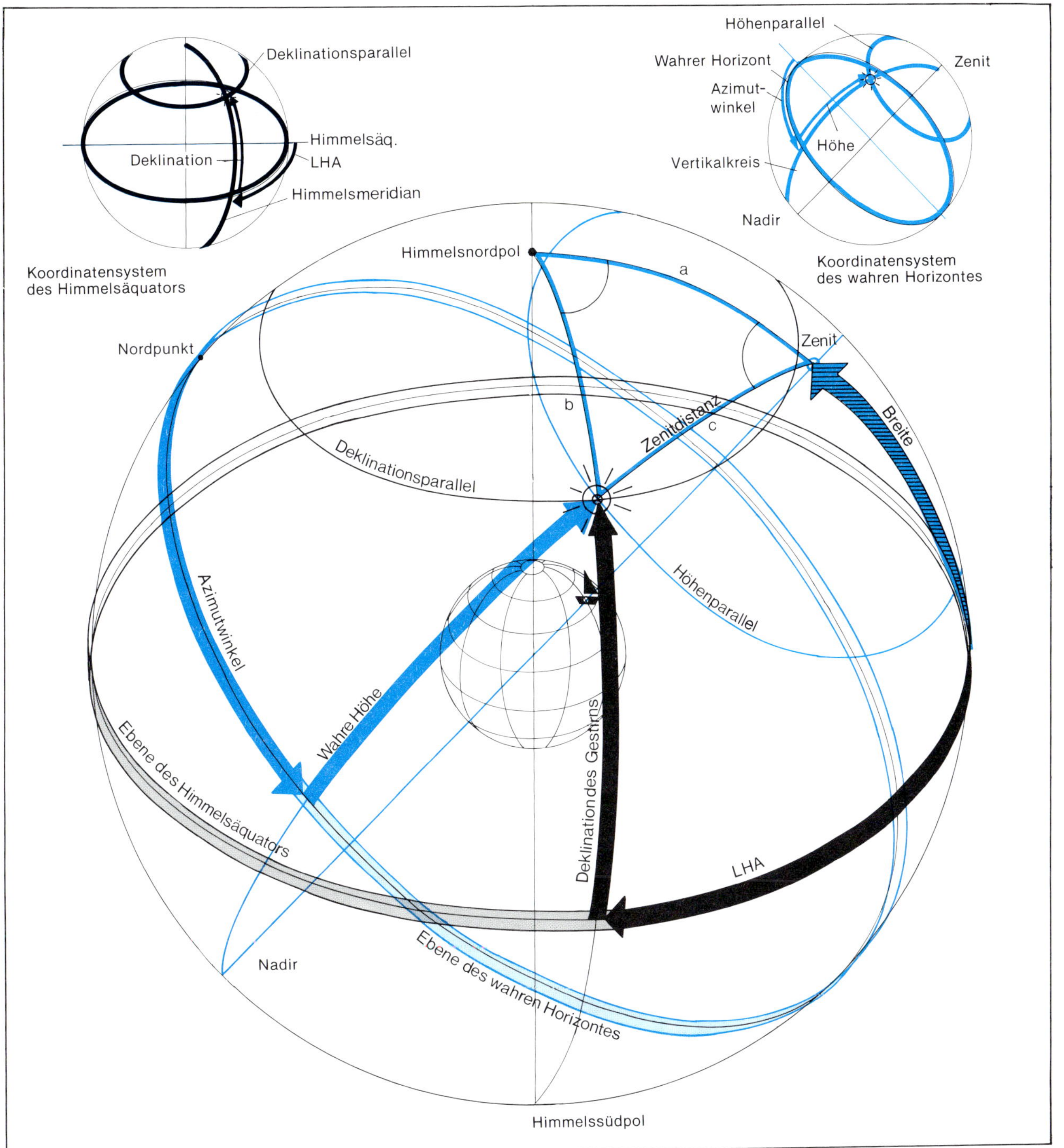

Abb. 53a: Der Zusammenhang der Koordinatensysteme

ort) ist bekannt; sie beträgt 90° – Breite. (Stehen wir auf südlicher Breite, bauen wir das Dreieck mit seiner Spitze an den Südpol an.)
2. Die Länge der Seite b (Nordpol – Bildpunkt des Gestirns) ist bekannt; sie besteht aus 90° ± der Deklination des Gestirns.
3. Der Winkel γ (gamma) am Pol ist bekannt; es ist entweder der Ortsstundenwinkel (LHA) des Gestirns oder (wenn der BP östlich vom Beobachter) 360° – LHA (Abb. 52/53).
Was wollen wir errechnen?
1. Die Länge der Seite c, also die Zenitdistanz. Hierzu müssen wir noch wissen, daß auch diese Seite unseres Dreiecks auf einem Großkreis liegt. Bei der Breitenbestimmung aus der Mittagshöhe Sonne war das ja selbstverständlich, weil sie auf einem Längenkreis lag. Doch auch bei unserem Grunddreieck ist die Strecke Bildpunkt–Standort Teil eines Großkreises, und zwar des Vertikalkreises. (Wir erinnern uns: Vertikalkreise gehören zum Koordinatensystem des wahren Horizontes, verlaufen durch Zenit und Nadir und sind Großkreise.)
2. Den *Azimutwinkel* β (beta), weil wir über ihn entweder direkt oder durch eine kleine Umrechnung das Azimut (Zn) des Gestirns erhalten (Abb. 52/53). Hier stellt sich sicherlich die Frage: Könnten wir das Gestirn nicht einfach peilen und uns damit die Rechnerei ersparen? Nein. Eine Peilung wäre zu ungenau.

Merke: Die drei Seiten des sphärisch-astronomischen Grunddreiecks heißen:
a) Polzenitdistanz (90° – Breite)
b) Poldistanz (90° ± Deklination)
c) Zenitdistanz (90° – beob. Höhe)
Der am Pol eingeschlossene Winkel ist entweder = LHA oder (wenn BP östlich vom Beobachter) 360° – LHA.

Nautiker nennen diesen Winkel am Pol „t“ und unterschieden früher, als noch Semiversus benutzt wurde (vgl. 9.2), zwischen „$t_ö$“ und „t_W“, je nachdem, ob in östlicher oder westlicher Richtung gemessen werden mußte. Der Winkel β ist der Azimutwinkel und wird nautisch mit „Z“ abgekürzt. Der dritte Winkel (also α) heißt „parallaktischer Winkel“, hat für uns aber keinerlei Bedeutung.
Die Formel, die der Berechnung dieses Dreiecks zugrunde liegt, ist der *Kosinusseitensatz.* Wir müssen ihn nicht auswendig lernen. Wir sollten nur wissen, daß es ihn gibt: $\cos c = \cos a \times \cos b + \sin a \times \sin b \times \cos \gamma$. Durch Umformen können wir mit derselben Formel auch das Azimut ausrechnen. Manche Sporthochseeprüfer alter Schule erwarten von ihren Prüflingen, daß sie das sphärisch-astronomische Grunddreieck auch unter Einbeziehung des Koordinatensystems des wahren Horizontes zeichnen oder erklären können. Eine solche Zeichnung ist ziemlich verwirrend; wer weiß, daß er nicht danach gefragt wird, sollte sich damit nicht belasten (Abb. 53 a).

9.2 Drei Wege

Für die Lösung dieser Dreiecksaufgabe gibt es nun im wesentlichen drei verschiedene Wege.
● Der älteste ist der logarithmische, das sogenannte *Semiversus-Verfahren.* Obwohl viele alte Hasen noch darauf schwören und es anwenden, ist es heute als nautische Antiquität zu betrachten. Da man sehr viele Zahlen in Tabellen nachschlagen, miteinander addieren und interpolieren muß, ist die Gefahr von Flüchtigkeitsfehlern sehr groß. Das Semiversus-Verfahren wird seit einigen Jahren auch an keiner Seefahrtschule mehr verlangt.
● Mit Taschenrechnern. Man kann damit die so kompliziert erscheinende Formel relativ schnell und bequem durchtippen. Es gibt von verschiedenen Anbietern auch programmierte Rechner, die nur noch mit bestimmten Daten gefüttert werden müssen und dann auf Knopfdruck den fertigen Ort ausspucken. Einziger Nachteil der Computer-Navigation ist die Abhängigkeit von empfindlichen Geräten. Jeder, der sich einen Navigations-Computer anschafft, sollte zumindest auch ein Astro-Navigations-Verfahren ohne Computer beherrschen, um nicht eines Tages als Position ins Logbuch eintragen zu müssen: „Leere Batterie“. Verfahren mit programmierbaren Rechnern sind bei Prüfungen bisher nicht zugelassen.
● Das gängigste Verfahren ist die Verwendung von *Höhentafeln.* Diese Tafeln wurden im letzten Krieg für englische und amerikanische Bomberpiloten entwickelt, die damit ihre Ziele finden sollten. Heute, wo die Astro-Navigation in der Luftfahrt praktisch keine Rolle mehr spielt, dient dieses Tafelwerk, die Pub. No. 249, fast nur noch der Seefahrt, vor allem der Sportseefahrt. Früher hießen sie H.O.-Tafeln, und so nennt sie der Verbraucher immer noch.
Wer mit diesen Tafeln navigieren kann, der kann auch unter Berücksichtigung der jeweiligen Bedienungsanleitung mit jedem für Navigation vorgesehenen Computer seine Standlinien ausrechnen. Auf die veraltete Semiversus-Methode und auf die unterschiedlichen Computer-Gebrauchsanweisungen wird daher in diesem Buch nicht näher eingegangen.

10. Die Tafeln und ihre Eingänge

Bevor wir nun die Tafeln aufschlagen beziehungsweise uns die Ausschnitte im Anhang ansehen, überlegen wir noch einmal, was wir den Tafeln entnehmen wollen und mit was wir in sie hineingehen können.
Wir wollen wissen: die berechnete Höhe Hc und das Azimut.
Wir kennen schon und können als „Eingänge" in das Tafelwerk benutzen:
- die Breite des gegißten Ortes (LAT)
- die Deklination des Gestirns (DECLINATION)
- den Ortsstundenwinkel (LHA)

Diese drei „Eingänge" sind die bekannten Größen des sphärisch-astronomischen Grunddreiecks und für uns im Prinzip nichts Neues; sie sind Bausteine aus den uns schon geläufigen Verfahren Nordstern- und Mittagsbreite.

10.1 Drei Bände

Welchen von den insgesamt 3 Bänden benötigen wir nun?
Band III gilt für unsere Breiten (40° – 89° Nord und Süd, Anlagen 8/9), Band II gilt für die wärmeren Gefilde (0° – 39° Nord und Süd). Bei der Deklination reichen beide Bände jeweils von 0° bis 29°59′; das reicht für die Sonne, den Mond und die Planeten voll aus, eine größere Deklination bekommen die ja ohnehin nicht. Nur Fixsterne können eine größere Deklination haben, und für die gibt es dann noch den ganz speziellen Band I (Anlagen 10/11), auf den wir später gesondert kommen werden.

10.2 Der Rechenort

Doch zurück zu Band II und III: Selbstverständlich können hier nicht Hc und Azimutwinkel für jeden denkbaren Ort auf der Erde angegeben sein – dann wären die Tafeln ja so dick, daß sie in kein Navigations-Schapp hineinpaßten.
Doch das ist auch nicht nötig; schließlich ist unser Koppelort (O_K) ja mit einiger Wahrscheinlichkeit ohnehin nicht unser wahrer Ort. Wir wollen ja nur herausbekommen, wie weit wir von diesem wahrscheinlich falschen Ort entfernt sind. Und da spielt es dann auch keine Rolle, wenn wir statt des ohnehin nicht genauen Koppelortes einen möglichst nahegelegenen Ort nehmen, der in das Tafelwerk paßt. Wir suchen also von unserem Koppelort aus den nächstgelegenen *Rechenort,* für den die Tafel Hc und Azimut vorrätig hat. Und da Hc und Azimut für diesen Rechenort (und nicht für den Koppelort) ausgerechnet sind, werden wir später auch unsere Standlinie von diesem Rechenort aus konstruieren.

Merke: Der Koppelort ist nur dazu da, um uns möglichst nah an den nächstgelegenen Rechenort der Tafel heranzuführen.

Wodurch zeichnet sich dieser Rechenort nun aus?
Da ist einmal die vollgradige Breite. Sie macht am wenigsten Arbeit; wir nehmen einfach den vollen Breitengrad, der am nächsten liegt.
Schwieriger ist das mit der Länge. In den Tafeln ist nämlich nicht eine vollgradige Länge, sondern ein vollgradiger Ortsstundenwinkel (LHA) gefragt. Also müssen wir unsere Länge so manipulieren, daß sie gemeinsam mit dem Greenwichstundenwinkel des beobachteten Gestirns einen vollgradigen LHA ergibt.

Merke: Die Rechenbreite ist die nächstgelegene vollgradige Breite. Die Rechenlänge ist die nächstgelegene Länge, die mit dem Greenwichstundenwinkel einen vollgradigen LHA ergibt.

Dieses Auffinden des nächstgelegenen Rechenortes wollen wir zunächst an Beispielen üben:
Koppelort: 54° 17′N/008° 12′ E
Der Greenwichstundenwinkel des beobachteten Gestirns sei 342°38′.
Die Rechenbreite ist klar: Wir runden auf volle 54° N ab. Bei der Rechenlänge hingegen sieht es so aus:

342°38′	Grt
+ 008°22′	Rechenlänge (E, also +)
351°	

Die Rechenlänge beträgt 008°22′E. In diesem Beispiel wäre der Rechenort also um 17 Breitenminuten und 10 Längenminuten vom gegißten Ort entfernt. Maximal kann, wenn wir alles richtig machen, der Rechenort jeweils nur um einen halben Grad, also 30 Minuten vom gegißten Ort entfernt sein. Dabei muß man manchmal auf einen anderen Längengrad ausweichen. Beispiel:
Die gegißte Länge sei 008°05,4′ E und der Greenwicher Stundenwinkel 344°22,7′.
Dann wäre folgende Rechnung richtig:

344°22,7′	Grt
+ 007°37,3′	Rechenlänge (E, also +)
352°	vollgradiger LHA

Man geht dabei praktischerweise so vor, daß man bei östlicher Länge einfach soviele Minuten zum LHA hinzuaddiert, daß 60 Minuten, also ein Grad, voll werden. Dann erst schaut man, mit welcher vollen Gradzahl der Rechenort näher am Koppelort liegt. Hier in unserem Beispiel ist es klar, daß 007°37,3′ näher an 008°05,4′ ist, als es 008°37,3′ gewesen wäre. Doch auch wenn hier einmal ein Fehler unterläuft, macht das höchstens eine kleine Ungenauigkeit aus. Hauptsache, man geht auch mit dem Rechenort in die Karte, mit dem man in die Tafel gegangen ist.

Noch einfacher ist die Rechenlänge bei allen westlichen Längen; dort wird wegen der Subtraktion einfach die gleiche Minutenzahl wie beim Greenwicher Stundenwinkel gewählt. Zum Beispiel sei die gegißte Länge 015°44′ W und der Greenwicher Stundenwinkel 22°27,7′.

Dann gilt:

022°27,7′	Grt
– 015°27,7′	Rechenlänge (W, also –)
007°	vollgradiger LHA

Auch hier müssen wir wieder prüfen, ob der volle Längengrad bleiben kann oder ein anderer näher am gegißten Ort liegt. Beispiel: Die gegißte Länge sei 012°53,2′ W, der Greenwicher Stundenwinkel 352°07,4′.

Dann gilt:

352°07,4′	Grt
– 013°07,4′	Rechenlänge (W, also –)
339°	vollgradiger LHA

Denn 013°07,4′ liegt näher an 012°53,2′ als 012°07,4′.

So einleuchtend und einfach dies alles ist, so entstehen hier doch erfahrungsgemäß die meisten Flüchtigkeitsfehler. Entweder man vertut sich bei westlicher Länge ganz einfach bei der Subtraktion, oder – was sehr häufig vorkommt – man vergißt bei östlicher Länge in der Addition oft den einen Grad, der aus den auf 60 aufgefüllten Minuten entsteht. Zur Abschreckung auch hierfür ein Beispiel:

335°22,3′	Grt
+ 005°37,7′	Rechenlänge (E, also +)
340°	vollgradiger LHA

Richtig wäre 341°.

Gegen solche Fehler ist der beste Navigator nicht gefeit. Also aufpassen und – wenn die Standlinie nachher unwahrscheinlich aussieht – hier zuallererst nachkontrollieren!

Bevor wir weitergehen, wollen wir diesen Schritt mit unserem nun leicht modifizierten Baustein für den Ortsstundenwinkel (den wir ja schon von der Nordsternbreite kennen) einüben. Der Baustein LHA/Ortsstundenwinkel sieht dann so aus wie unten.

Wenn wir in sehr hohen Breiten segeln, ab 70° nördlicher oder südlicher Breite, dann muß unser LHA nicht nur vollgradig, sondern auch noch gerade sein (70, 72, 74...). Dadurch kann in den Tafeln Platz gespart werden, ohne daß Ungenauigkeiten entstehen. In den hohen Breiten, wo die Meridiane immer enger zusammenlaufen, macht ja eine Längenminute weniger als eine halbe Seemeile aus.

Beim dritten noch fehlenden Eingangswert für die Tafeln, bei der Deklination, ist es wieder einfacher: Wir gehen mit der vollgradigen Deklination ein und bringen für die fehlenden Minuten dann eine Korrektur an, die wir ebenfalls den Tabellen entnehmen.

Wir üben:

3. Mai 1985: 13-12-44 UT1; 50°21′N/060°13′E

a) LHA ☉ und Rechenlänge?

b) LHA ✳ 24 und Rechenlänge?

5. Okt. 1985: 04-44-12 UT1; 51°17′N/015°42′W

c) LHA ☉ und Rechenlänge?

d) LHA ✳71 und Rechenlänge?

Wir entnehmen den Sternwinkel der Anlage 7.

	015°47,3′	☉ Grt (NJ f. Stunde)	☐		☐☐☐°☐☐,☐′
+	03°11,0′	Zuwachs f. min + s (Schalttafeln)		+	☐☐°☐☐,☐′
+	☐☐☐°☐☐,☐′	Sternwinkel ~~(nur Vol II + III), b. Mond und Planeten Vb (nur bei Venus evtl. –)~~		+	☐☐☐°☐☐,☐′
	018°58,3′	☉ Grt z.Zt. der Beobachtung	☐		☐☐☐°☐☐,☐′
+/~~–~~	060°01,7′ E/~~W~~	Rechenlänge (E+ / W–)		+/–	☐☐☐°☐☐,☐′ E/W
	079°00,0′	☉ Ortsstundenwinkel (LHA)	☐		☐☐☐°00,0′

Statt der Länge addieren (E) oder subtrahieren (W) wir nun die Rechenlänge, um aus dem Greenwicher Stundenwinkel den Ortsstundenwinkel zu machen. Links Aufgabe a

11. Die Tafeln (Band II und III) und ihre Ausgänge

Nachdem wir nun unsere drei Tafeleingänge Breite (LAT), Deklination (DECLINATION) und Ortsstundenwinkel (LHA) vorbereitet haben, können wir damit in die Tafeln (Anlage 8) eingehen.

11.1 Acht Schritte

Angenommen, die Breite (unseres Rechenortes) sei 55° Nord, die Deklination (etwa der Sonne) sei 15°46,4′ Nord, und der LHA sei 333°.

1. Schritt: Wir schlagen die Seiten mit der Kennzeichnung „LAT 55°" auf.

2. Schritt: Wir suchen die Tafel *Declination* (15°–29°) *same name as Latitude,* weil Deklination und Breite (LAT) gleichnamig (same name) sind. Wären Deklination und Breite ungleichnamig, müßten wir die Seiten *contrary name* aufschlagen.

3. Schritt: Wir suchen am linken oder rechten Tafelrand den passenden LHA, hier also 333°, und legen hier ein Lineal oder ein Blatt Papier an.

4. Schritt: Wir rutschen waagerecht an diesem Lineal oder Blatt Papier entlang, bis wir an die Spalte mit der auf volle Grade abgerundeten Deklination von (in unserem Beispiel) 15° gelangen.

5. Schritt: Wir notieren in dem vierten Baustein unseres kompletten Vordrukkes (Seite 50) die Werte, die wir finden: Hc 44 53 d + 56 Z 142.

6. Schritt: Wir suchen die passende Azimutregel, um den gefundenen Azimutwinkel in das Azimut zu verwandeln. Am oberen Tafelrand finden wir:

N.Lat. LHA greater than 180° ...... Zn = Z
N.Lat. LHA less than 180° .. Zn = 360–Z

Das bedeutet: Weil wir uns auf nördlicher Breite befinden (N. Lat.) und der LHA größer als (greater than) 180° ist, ist das Azimut (Zn) gleich dem Azimutwinkel (Z). Hätten wir einen LHA gehabt, der kleiner als (less than) 180° gewesen wäre, dann wäre das Azimut (Zn) 360 – Z gewesen, also 360 – 142 = 218°. So aber ist das gefundene Z von 142° gleich unserem Azimut, und wir können es ohne Umrechnen in den untersten Baustein eintragen.

7. Schritt: In der dem Band II und III beigelegten „Table 5" (Anlage 9) suchen wir die Korrektur für die noch fehlenden 46,4′ der Deklination. Dabei fallen die 0,4 ohne Verlust unter den Tisch. Wir gehen mit dem in der Höhentafel gefundenen Wert „d", in unserem Beispiel also +56 oben, und mit den fehlenden 46 Minuten seitlich in die Tafel ein und finden den Wert 43. Da als Vorzeichen + angegeben war, addieren wir die 43′ zur gefundenen Höhe (Hc) von 44°53′, die für die Deklination von 15°00′ steht, und erhalten so die berechnete Höhe (Hc) für die Deklination von 15°46′ = 45°36′.

Damit ist die Auswertung der Tafel schon abgeschlossen.

8. Schritt: Was nun noch fehlt, bevor wir in die Karte gehen und unsere Standlinie zeichnen, ist die Ermittlung der Höhendifferenz △h. Hier müssen wir uns nur merken, daß grundsätzlich die berechnete Höhe Hc von der beobachteten Höhe Ho abgezogen wird: Ho – Hc = △h. Die Logik, die dahintersteht, ist die: Wenn Ho größer ist als Hc, bedeutet das, daß ich näher am Bildpunkt dran bin als mein Rechenort; das Vorzeichen von △h wird plus und bedeutet beim Standlinienzeichnen „zum Bildpunkt hin".

Wenn Ho aber kleiner ist als Hc, bedeutet das, daß ich weiter vom Bildpunkt entfernt bin als mein Rechenort; das Vorzeichen von △h wird minus und bedeutet beim Standlinienzeichnen „vom Bildpunkt weg". Sollte man dies aus irgendeinem Grund einmal vergessen, kann man das Problem auch durch Nachdenken lösen: Müssen wir zu dem Gestirn steiler aufschauen als unsere Rechnung vorsieht, sind wir näher am Bildpunkt als angenommen – und umgekehrt (Abb. 49, Seite 42).

11.2 Die Praxis

Bevor wir nun weitergehen und die beiden Resultate △h und Azimut in der Karte auswerten, wollen wir dieses uns nun komplett zur Verfügung stehende Verfahren üben. Dafür benutzen wir wiederum einen Vordruck, der im wesentlichen aus den schon bekannten Bausteinen besteht.

	Tag	Koppelort		Ah	Sext.	Ib	Chr	Stand	Stopp
a)	3.5.	55°05,0′ N	005°31,0′ E	2 m	$\underline{\odot}$ 45°21,6′	–2,0′	09-31-00	+00-00-10	+00-14-33
b)	3.5.	55°01,3′ N	006°07,0′ E	2 m	$\overline{\odot}$ 48°34,0′	–2,0′	12-38-00	+00-00-10	+00-06-12
c)	5.10.	54°05,0′ N	005°52,0′ E	2 m	=✳= 65/42°13,0′	+3,5′	18-01-00		+00-11-04
d)	5.10.	54°05,0′ N	005°52,0′ E	2 m	=✳= 75/38°50,5′	+3,5′	18-01-00		+00-12-55
e)	3.5.	55°28,0′ N	003°16,0′ E	2 m	$\underline{\odot}$ 25°28,2′	–2,5′	07-10-00		+00-03-39
f)	3.5.	55°08,2′ N	003°41,0′ E	2 m	$\underline{\odot}$ 20°57,6′	–2,5′	16-41-00		+00-03-44

Berechne △h und Azimut!

Musterlösung		Vordruck
09 – 31 – 00	Chronometerzeit (volle Minute)	□□ – □□ – 00
+/– 00 – 10	Stand	+/– □□ – □□
+/– 14 – 33	Stoppuhr-Ablesung	+/– □□ – □□
09 – 45 – 43 (3.5)	UTC z.Zt. d. Beob. + (Tag)	( ) □□ – □□ – □□
315° 47,1'	⊙ Grt (NJ f. Stunde) □	□□□° □□,□'
+ 11° 25,8'	Zuwachs f. min + s (Schalttafeln)	+ □□° □□,□'
+ ---° --,□'	Sternwinkel (nur Vol. II + III); b. Mond und Planeten Vb (nur bei Venus evtl. –)	+ □□□° □□,□'
327° 12,9'	⊙ Grt z.Zt. der Beobachtung □	□□□° □□,□'
+/– 005° 47,1' E/W	Rechenlänge (E+ / W–)	+/– □□□° □□,□' E/W
333° 00,0'	⊙ Ortsstundenwinkel (LHA) □	□□□° 00,0'
15° 42,3' N/S	Deklination (δ NJ f. Stunde)	□□° □□,□' N/S
+/– 00,5'	Vb f. min (Schalttafeln)	+/– □□,□'
15° 42,8' N/S	Deklination (Dec)	□□° □□,□' N/S
55° N/S	vollgradige Rechenbreite (LAT)	□□° N/S
SAME / CONTRARY	(gleichnamig/ungleichnamig)	SAME / CONTRARY
44° 53' +/– 56	Hc aus H.O.-Tafel + (bei Vol. II + III): d	□□° □□' +/– □□
+/– 40'	Correction f. min d. Dec (Table 5)	+/– □□'
45° 33'	berechnete Höhe (Hc)	□□° □□'
45° 21,6'	⊙ Sextant-Ablesung □	□□° □□,□'
+/– 2,0'	Indexberichtigung	+/– □,□'
45° 19,6'	Kimmabstand	□□° □□,□'
+/– 12,6'	Gesamtbeschickung	+/– □□,□'
+/– 00,2'	Zusatzbeschickung	+/– □□,□'
45° 32,0'	beobachtete Höhe (Ho)	□□° □□,□'
– 45° 33,0'	berechnete Höhe (Hc)	– □□° □□,0'
+/– 01,0'	Höhendifferenz (Δ h)	+/– □□,□'
---°	siehe Vorzeichenregel in H.O.-Tafel!	□□□°
+/– 142°	Azimutwinkel (Z)	+/– □□□°
142°	Azimut (Zn)	□□□°

Nun haben wir fast den endgültigen Vordruck für alle gängigen Höhenstandlinien (außer Nordstern- und Mittagsbreite) beisammen. Neu sind neben ein paar kleinen Ergänzungen bei der Deklination die Kästchen 4, 6 und 7 (von oben gezählt). Ihre Anwendung ist so leicht, daß sie nicht gesondert geübt werden muß. Links die Aufgabe a als komplette Musterlösung.

12. Das Zeichnen der Standlinie

Mit dem Zeichnen der Standlinie kommen wir zum spannenden Höhepunkt unserer Bemühungen: Aus grauen Zahlen wird nun ein konkreter Strich in der Seekarte, der entweder unsere Koppelnavigation bestätigt, uns Aufschluß gibt über eine bemerkenswerte Versetzung durch Wind, Strom oder falsch geschätzte Geschwindigkeit oder – und das kann auch passieren – ein Strich ist, der uns zunächst nur verunsichert.

12.1 Vier Schritte

Die Tafeln und das Nautische Jahrbuch sind zugeklappt; was wir nun brauchen, sind Bleistift, Kursdreieck, Zirkel, Karte, Radiergummi und der Vordruck oder Zettel, auf dem wir gerechnet haben.
Auf diesem Blatt haben wir uns vier Angaben dick unterstrichen:

Rechenbreite z. B. N 53°
Rechenlänge z. B. E 008°11′
Azimut z. B. 310°
Höhendifferenz h z. B. +8′

Und in dieser Reihenfolge verwerten wir sie auch beim Zeichnen der Standlinie:

1. Mit Rechenbreite (auf dem „vollen" Breitengrad) und Rechenlänge wird der Rechenort markiert und als „Or" gekennzeichnet (Abb. 54).
2. Durch diesen „Or" wird das Azimut gezeichnet. Damit es keine Verwechslung geben kann, bekommt dieser Strich in Richtung auf den Bildpunkt eine kleine Pfeilspitze (Abb. 55).
3. Nun greifen wir am linken oder rechten Kartenrand den Betrag von $\triangle h$ mit dem Zirkel ab. Dann übertragen wir dieses $\triangle h$ mit dem Zirkel auf das Azimut, wobei eine Spitze des Zirkels in den Rechenort sticht und die andere – je nach Vorzeichen – vom Bildpunkt weg (minus) oder zum Bildpunkt hin (plus) zeigt (Abb. 56).
4. Der Punkt, den wir auf diese Weise erhalten, ist der Leitpunkt, durch den im rechten Winkel zum Azimut die Standlinie gezeichnet wird. Um die Standlinie zu kennzeichnen, können wir sie an den Seiten ebenfalls mit kleinen Pfeilen in Richtung auf den Bildpunkt versehen (Abb. 57).

Fertig ist die Standlinie, auf der irgendwo (wahrscheinlich nicht weiter als etwa 10 bis 15 Meilen links oder rechts vom Leitpunkt) unser Standort liegt. Aber wohlgemerkt: Der Leitpunkt ist nicht unser Standort (er kann es sein, aber das wäre Zufall)!
Unseren Standort erhalten wir erst, wenn wir eine weitere Standlinie (Achtung, für jede Standlinie gilt ein anderer Or) einzeichnen und den Schnittpunkt dieser beiden Linien finden (Abb. 58).
Noch sicherer ist dieser Standort, wenn wir nicht nur zwei, sondern gleich drei oder noch mehr Linien zum Schnitt bringen (Abb. 59). Doch zu erwarten, daß sich drei oder mehr Standlinien in genau einem Punkt schneiden, heißt, die eigenen Fähigkeiten beim Beobachten zu überschätzen. Es ist viel wahrscheinlicher, daß sich aus drei Standlinien ein mehr oder weniger großes *Fehlerdreieck* ergibt, in dessen

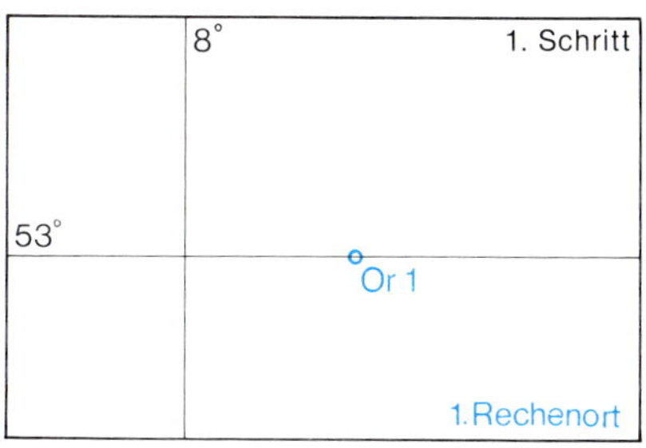

Abb. 54

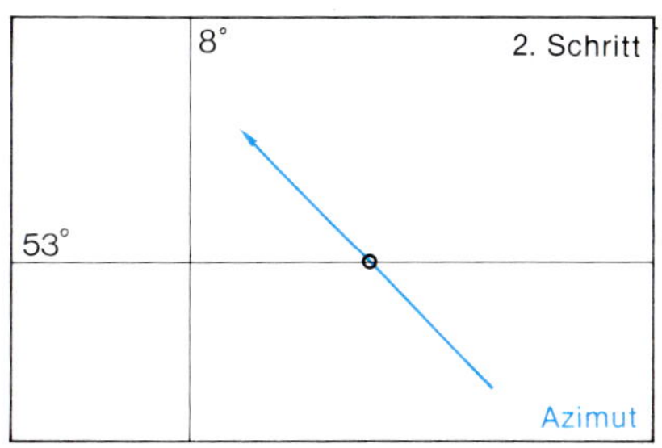

Abb. 55

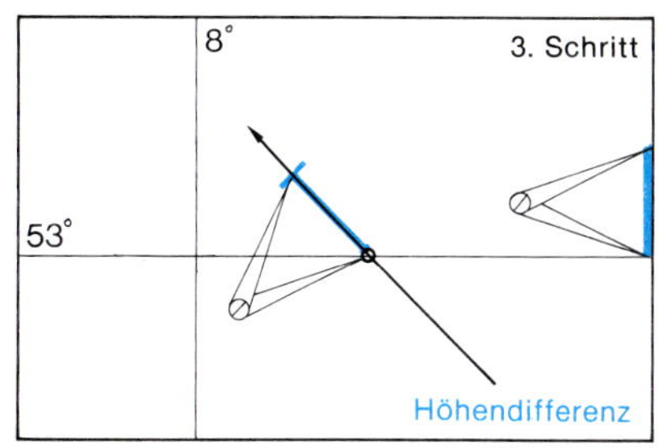

Abb. 56

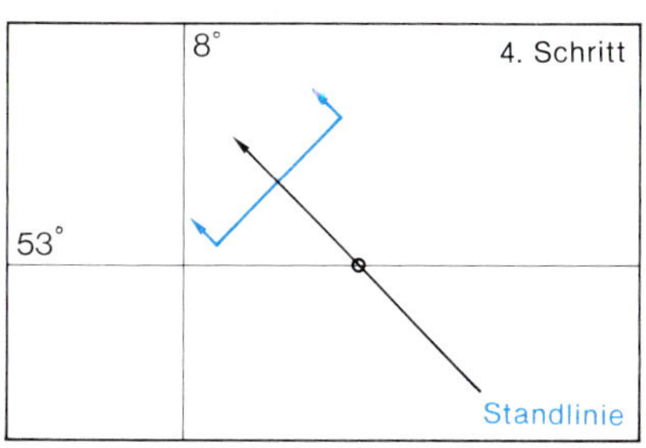

Abb. 57

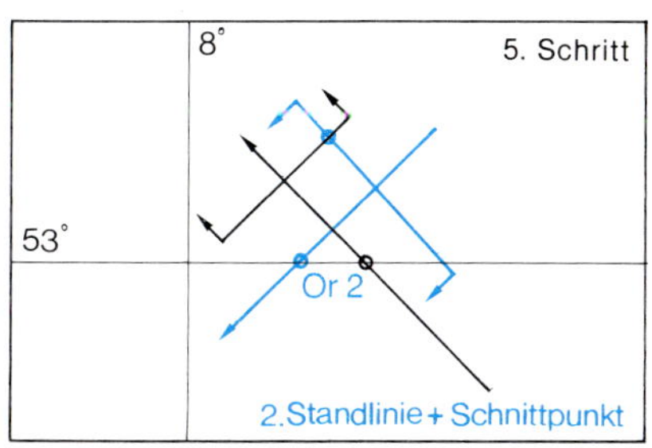

Abb. 58

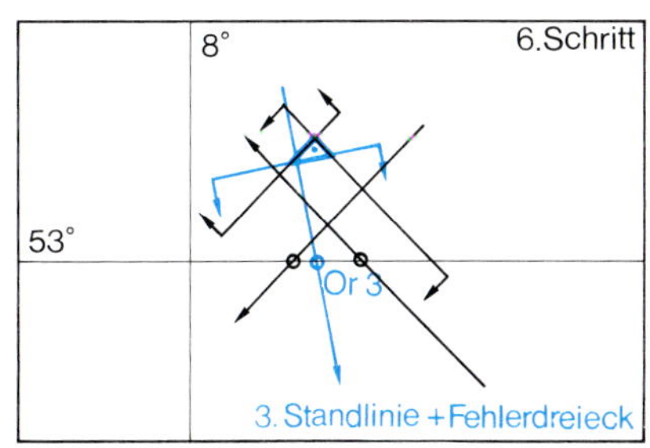

Abb. 59

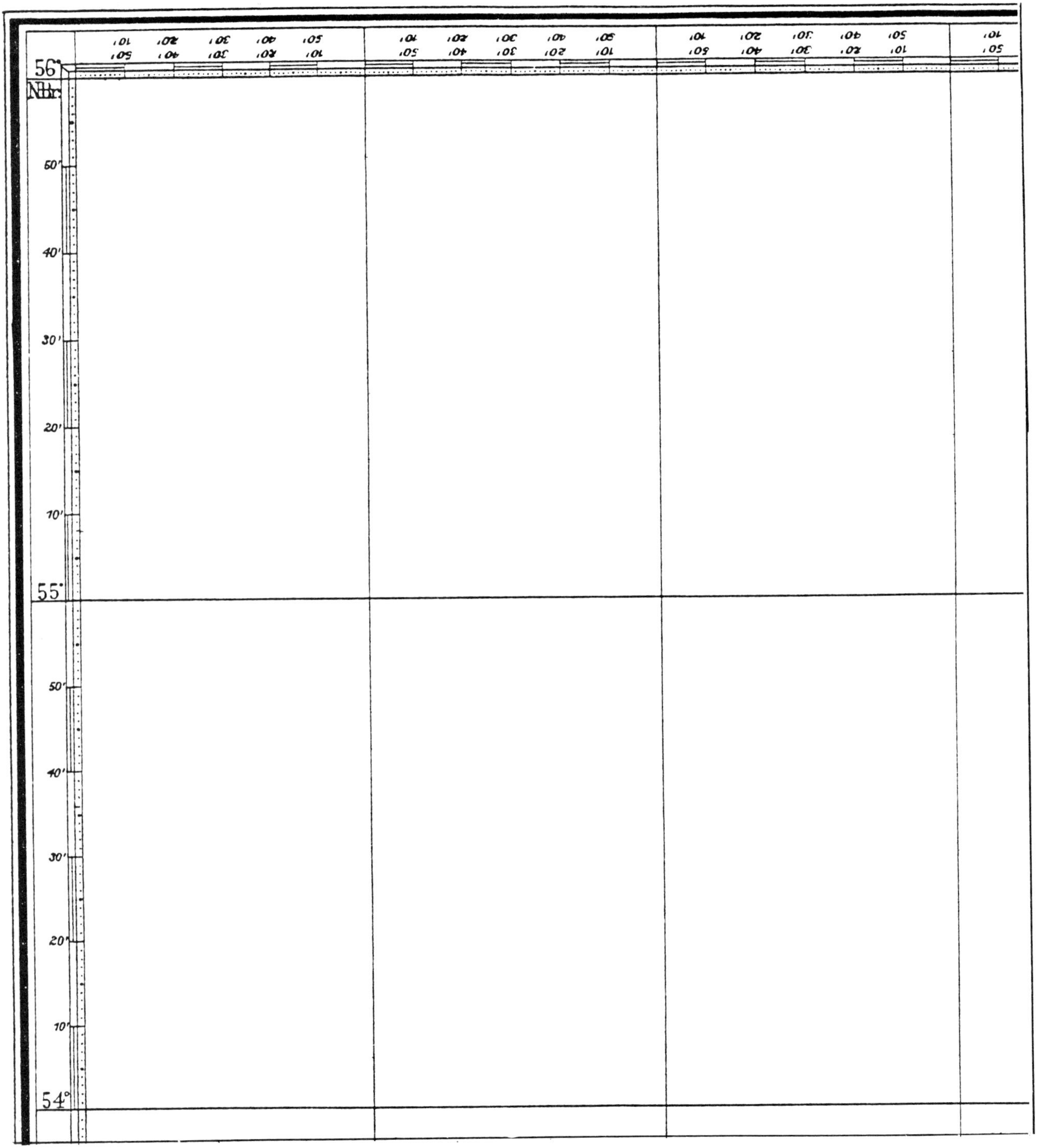
56°
Nbr.
50'
40'
30'
20'
10'
55°
50'
40'
30'
20'
10'
54°

Mitte dann unser wahrscheinlicher Schiffsort liegt. Man könnte, wie bei manchen Seefahrtschulen üblich, jetzt mit Winkelhalbierenden genau die Mitte des Dreiecks konstruieren; doch das täuscht uns nur eine Genauigkeit vor, die einerseits nicht gegeben und andererseits auch gar nicht gefragt ist. Bei der Astronavigation kommt es ja nicht darauf an, auf eine Seemeile genau um eine Felsenhuk herumzusegeln, sondern im offenen Seeraum die Position zu bestimmen.

Jetzt sollten wir erst einmal das Zeichnen von Seekarten üben. Das können wir einerseits auf unserer normalen Seekarte, andererseits aber auf einem sogenannten *Plotting sheet* beziehungsweise *Mercator-Netz* (Abb. 60) oder auch auf einem einfachen, von uns selbst zur „Seekarte" gemachten Stück Papier tun.

12.2 Plotting sheets

Plotting sheets beziehungsweise Mercator-Netze, auch Leerkarten genannt, zeichnen sich dadurch aus, daß sie

1. nur ein Mercator-Netz enthalten,
2. eine festgelegte Breiten-, aber keine festgelegte Längeneinteilung haben.

Was soll denn nun eine derartige leere Karte ohne Küstenlinien, Tiefenangaben und sonstige Informationen? In der Ostsee, Nordsee und im Mittelmeer werden wir sie kaum benötigen, weil wir da unsere Standlinien meist unmittelbar in die benutzte Seekarte einzeichnen werden. Doch stellen wir uns vor, wir würden den Atlantik überqueren: Unsere Ozeankarte, auf der wir zwischen Las Palmas und Barbados unsere Positionen eintragen, hätte einen solchen Maßstab, daß wir beispielsweise ein Δh von $+5'$ gar nicht einzeichnen könnten. Statt dessen benutzt man dann Plotting sheets oder selbstgemachte Leerkarten. Da das Seitenverhältnis von Längen- und Breitengraden nur von der Breite, nicht aber von der Länge abhängt (Längengrade laufen auf der Erde zu den Polen hin zusammen, sind aber auf der Mercator-Projektion parallele Linien, was eine Verzerrung ergibt, die durch kontinuierliche Vergrößerung der Breitengradabstände ausgeglichen wird), benötigen wir je nach Breite, auf der wir segeln, eine andere Karte, die dann aber auf jeder beliebigen Länge benutzt werden kann. So sind die Mercator-Netze, die das Deutsche Hydrographische Institut (DHI) herausgibt (Kartennummer 2820, 14 Blätter), jeweils für sieben Breitengrade ausgelegt. Sie überlappen sich jeweils um zwei Breitengrade und sind für den angegebenen Breitenbereich sowohl auf der Nord- als auch auf der Südhalbkugel gültig; wichtig ist ja nur das richtige Seitenverhältnis von Länge und Breite. Wenn wir nun eine solche Karte verwenden, müssen wir folgendes beachten:

Abb. 60: Plotting sheet oder Mercator-Netz

Unsere Breite brauchen wir nicht lange zu suchen, die ist angegeben; auch die Breitenminuten machen hier keine Schwierigkeit: Sie laufen ja jeweils in Richtung des nächst höheren Breitengrades von Null nach Sechzig. Schwieriger ist das mit der Längeneinteilung, die „blanko" ist. Wir nehmen uns hier möglichst einen in der Mitte liegenden Längengrad und „taufen" ihn nach unserem Bedarf etwa „8° E". Das schreiben wir deutlich mit Bleistift daran. Dann benennen wir auch gleich die danebenliegenden Längengrade und denken daran: Bei östlichen Längen zählen wir von links nach rechts, bei westlichen Längen von rechts nach links. Dies gilt auch für die Längenminuten! Das Mercator-Netz hat oben und unten eine doppelte Minuten-Beschriftung: Einmal geht es von Null nach Sechzig und einmal von Sechzig nach Null. Hier steckt – wie bei der Längengradeinteilung – eine sehr beliebte Fehlerquelle. Wenn wir jedoch auf diese „Kinken" achten, ist das Mercator-Netz eine sehr praktische Angelegenheit. Und wer gelernt hat, damit umzugehen, der findet sich auch schnell auf allen anderen ähnlichen ausländischen Plotting sheets zurecht.

12.3 Die selbstgemachte Leerkarte

Hat man aus irgendeinem Grund kein Plotting sheet und ist der Maßstab der benutzten Seekarte zu groß, kann man sich mit einer einfachen Konstruktion auf einem Blatt Papier auch selbst helfen. Bei dieser Konstruktion geht es nur darum, eine Möglichkeit zu finden, Längenminuten (die ja je nach Breite unterschiedlich groß sind) im richtigen Größenverhältnis zur Breite ($\lambda = \cos \varphi$) abzugreifen. Hierzu gibt es einen simplen Trick, den wir in seinen einzelnen Schritten beschreiben wollen:

1. Schritt: Wir zeichnen ein rechtwinkliges Kreuz, benennen die Linien (z. B. 8° E und 55° N) und teilen uns einen Maßstab ein (Abb. 61).

2. Schritt: Wir zeichnen die *Hilfslinie*, die „quer" durch unser Kreuz verläuft und mit dem „Breitenparallel" (also der waagerechten Linie) einen Winkel in Größe der benötigten Breite (hier also 55°) bildet. Achtung: Unser Navi-Dreieck zählt die Winkel jeweils vom Meridian aus, wir müssen hier also die Grade abzählen oder ein normales Geo-Dreieck benutzen (Abb. 62).

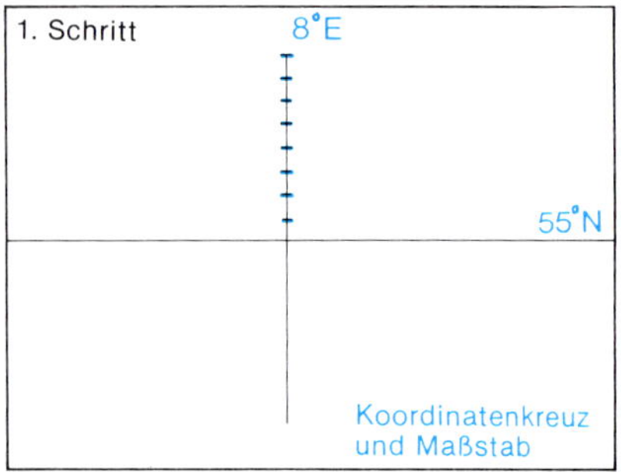

Abb. 61

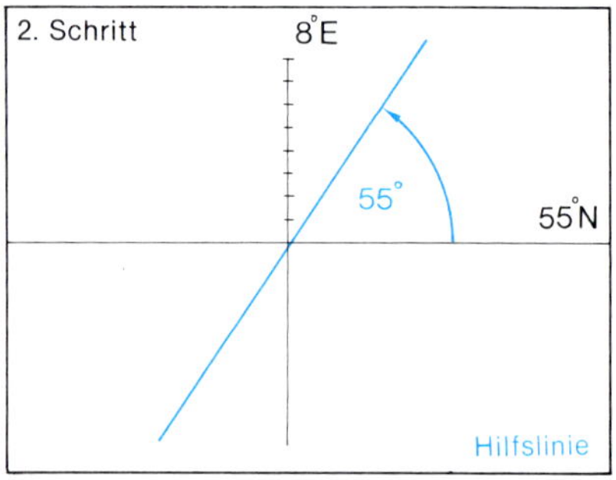

Abb. 62

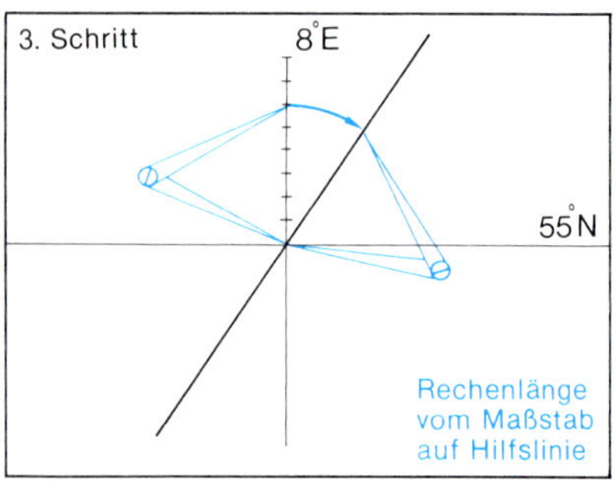

Abb. 63

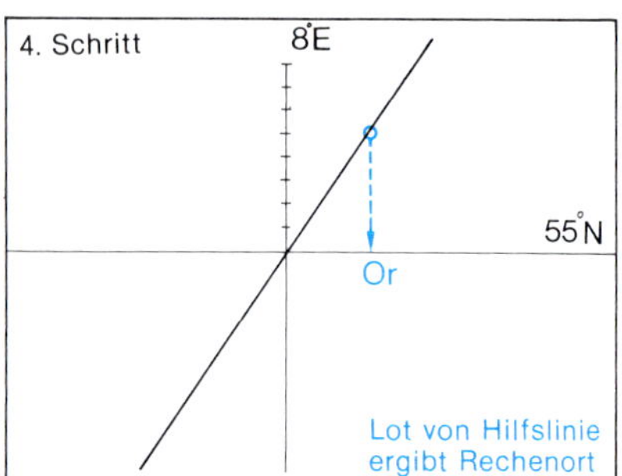

Abb. 64

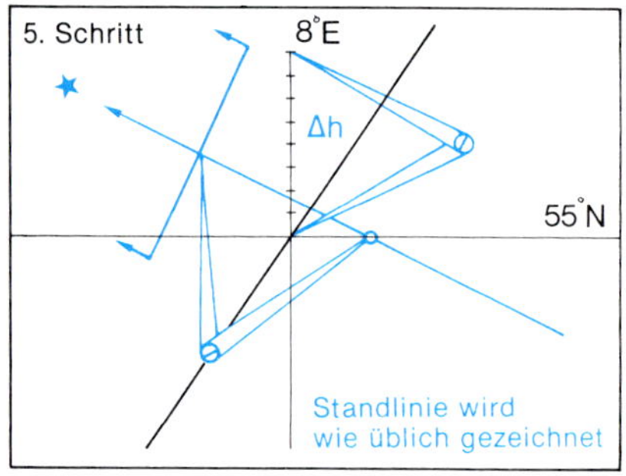

Abb. 65

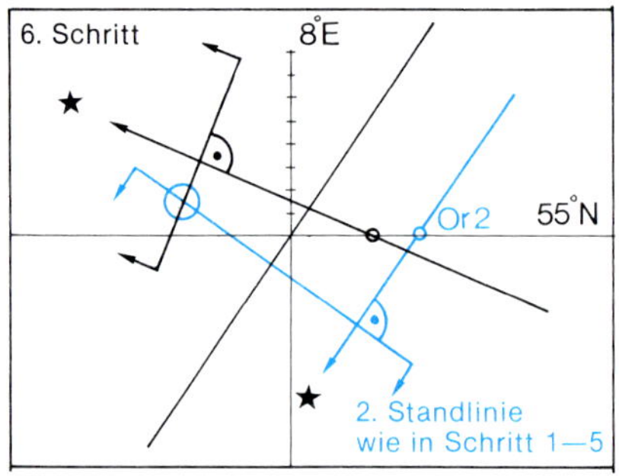

Abb. 66

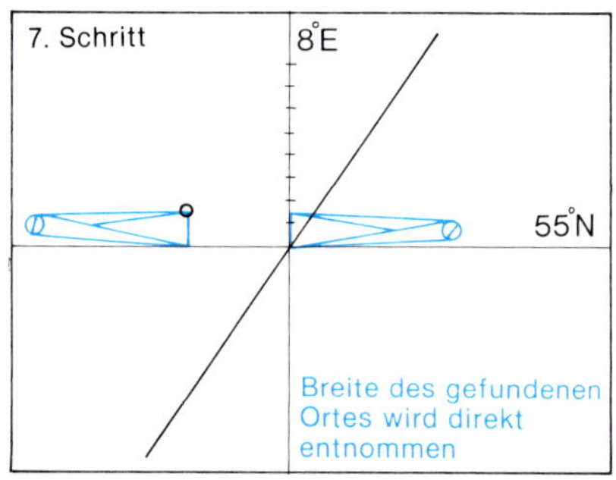

Abb. 67

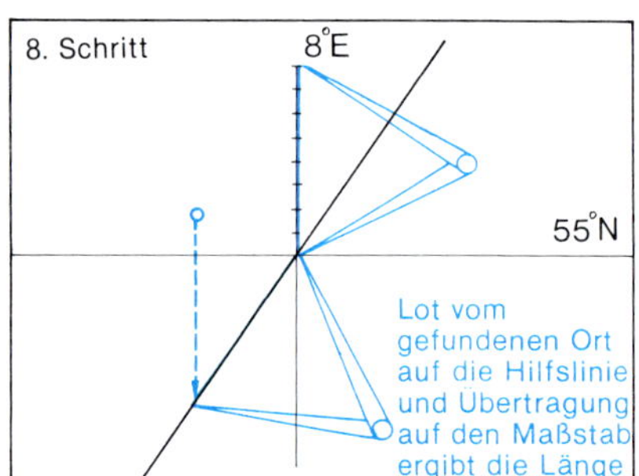

Abb. 68

3. Schritt: Wir greifen an einer selbstgemachten Skala oder bei Millimeterpapier an den Kästchen die Längenminuten unseres Rechenortes mit dem Zirkel ab und übertragen diese Distanz auf die Hilfslinie (Abb. 63).

4. Schritt: Von dem gefundenen Punkt auf der Hilfslinie fällen wir das Lot auf den Breitenkreis und erhalten dort unseren Rechenort (Abb. 64).

5. Schritt: Wir zeichnen von diesem Rechenort aus ganz wie sonst unsere Standlinie (△h wird an unserer selbstgemachten Skala abgegriffen; die Hilfslinie benötigen wir nur für Längenangaben!) (Abb. 65).

6. Genauso wird mit dem zweiten und jedem weiteren Rechenort und jeder weiteren Standlinie verfahren (Abb. 66).

7. Schritt: Die Breite des gefundenen Schiffsortes (Standlinien-Schnittpunkt) wird direkt entnommen (Abb. 67).

8. Schritt: Vom Schiffsort wird eine Senkrechte zur Hilfslinie gezogen. Nun wird umgekehrt wie bei der Konstruktion des Rechenortes die Distanz auf der Hilfslinie in den Zirkel genommen, auf die Skala übertragen und als Länge abgelesen (Abb. 68).

12.4 Die einzelne Standlinie

Wie wir wissen, gehören zu jedem Standort zwei Standlinien. Doch oft ist der Navigator schon mit einer einzigen Standlinie zufrieden, weil sie ihm die Frage beantworten kann, die ihn derzeit am meisten beschäftigt.

Zum Beispiel: Wir segeln an einer sehr eintönigen Küste eines dünnbesiedelten Landes entlang. Markante Landmarken gibt es nicht, und wir wissen nicht genau, an welcher Stelle dieser Küste wir sind. Die Beobachtung eines Gestirnes genau voraus oder achteraus ergibt eine Standlinie, die unsere Kurslinie rechtwinklig schneidet und

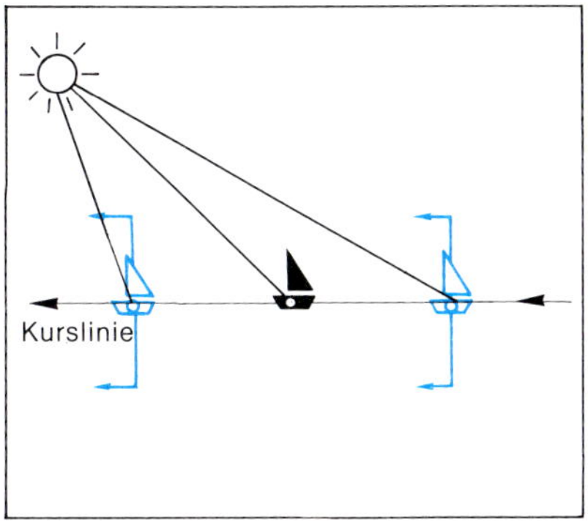

Abb. 69: Eine Beobachtung voraus oder achteraus ergibt eine Standlinie, die die Kurslinie rechtwinklig schneidet

uns sagt, wie weit wir auf unserem Kurs vorangekommen sind (Abb. 69). Diese Aufgabe kann sich genauso stellen, wenn wir einen Landfall erwarten und wissen wollen, wie weit wir noch vor der Küste stehen, oder auch beispielsweise zur genauen Kontrolle unserer Logge (Strömung...).

Merke: Eine Beobachtung genau voraus oder achteraus ergibt eine Standlinie, die die Kurslinie rechtwinklig schneidet und Information darüber gibt, wie weit wir vorangekommensind (unsere Versegelung).

Ein anderes Beispiel: Nach einer stürmischen Nacht möchten wir wissen, ob wir noch auf Kurs sind. Wie weit wir sind, interessiert uns im Moment weniger. Was tun?

Merke: Durch Beobachtung eines Gestirnes genau querab zum Kurs erhalten wir eine Standlinie, die genau parallel zum Kurs verläuft und uns sagt, wie weit wir vom Kurs abgekommen sind (unsere Versetzung) (Abb. 70).

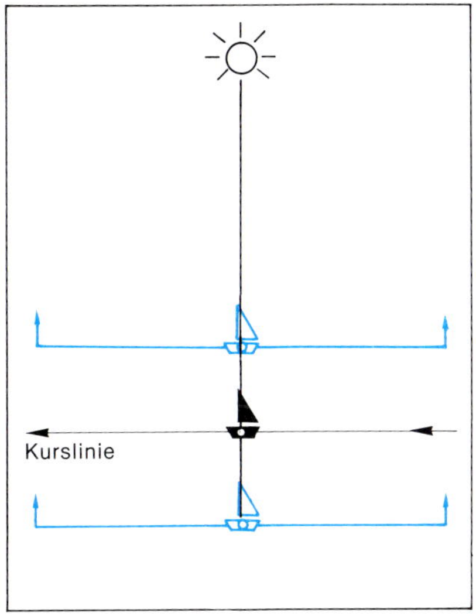

Abb. 70: Eine Beobachtung querab ergibt eine Standlinie parallel zur Kurslinie

12.5 Die versegelte Standlinie

Aus der terrestrischen Navigation kennen wir das Problem, daß wir mit zwei Peilungen unseren Ort bestimmen wollen, aber nur ein einziges genügend sicher zu identifizierendes Peilobjekt (Landmarke) finden. Wir peilen dann dasselbe Objekt zweimal und *versegeln* die erste Peilung – das heißt, wir verschieben den ersten Peilstrahl um den Betrag unserer Versegelung nach Kurs und Distanz parallel. Das Geheimnis jeder Versegelungspeilung (abgesehen von Vierstrich- und Verdoppelungspeilung, die hier nicht wiederholt werden sollen) ist die Parallelverschiebung (Abb. 71).

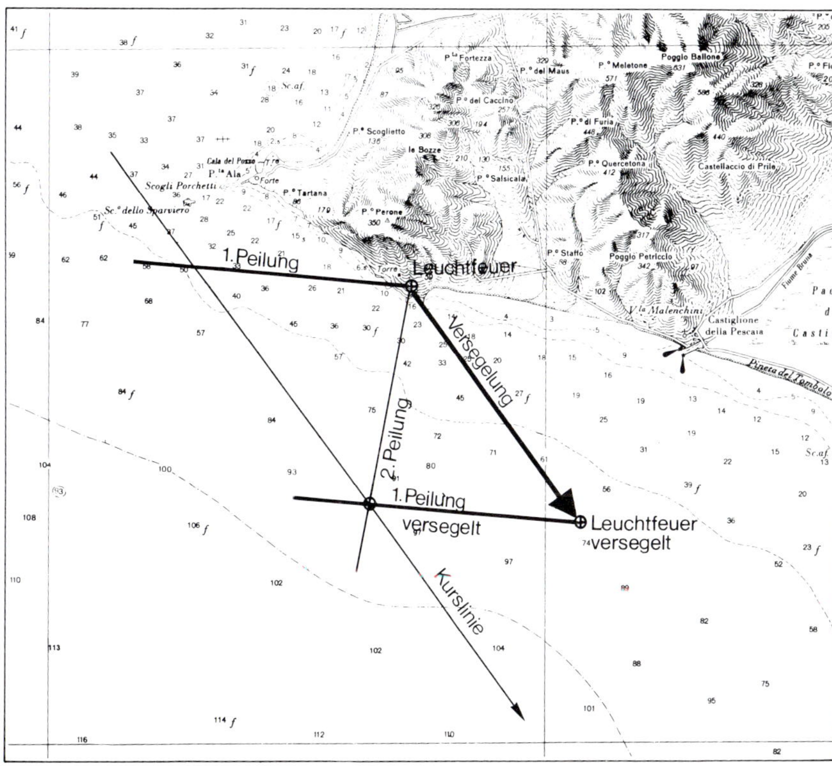

Abb. 71: Die Versegelungspeilung in der terrestrischen Navigation

Bei der Astro-Navigation taucht das Problem, daß man zwei Standlinien braucht, aber nur ein Beobachtungsobjekt hat, sehr viel häufiger auf als bei der terrestrischen Navigation; es ist beinahe als der Normalfall anzusehen. Denn mehrere Gestirne beobachten können wir ja fast nur in der Morgen- und Abenddämmerung. Und das Glück, daß man den Mond tagsüber als zweites Objekt zur Sonne „schießen" kann, hat man auch nicht immer. Also muß die Sonne meist doppelt herhalten; aber das ist überhaupt kein Problem. Auch hier besteht der ganze Versegelungstrick in einer simplen Parallelverschiebung:

Merke: Die erste Standlinie wird um die zwischen erster und zweiter Beobachtung versegelte Strecke (Kurs und Distanz) parallel verschoben und mit der zweiten Standlinie zum Schnitt gebracht (Abb. 72 a–c).

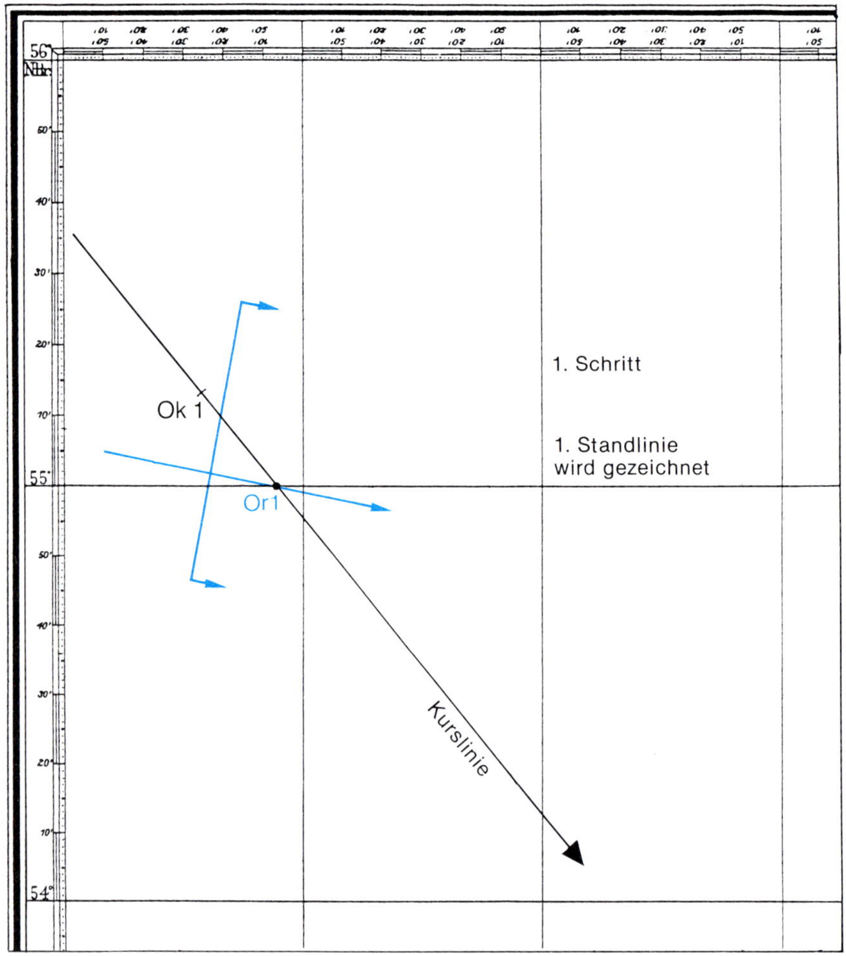

Abb. 72a

So besteht eine Möglichkeit darin, am Vormittag eine Sonnenhöhe zu nehmen, dann am Mittag die verhältnismäßig einfache Mittagsbreite und daraus sein komplettes „Mittagsbesteck" herzustellen.

Oft wird dabei die Standlinie vom Vormittag gar nicht erst einzeln in die Karte eingezeichnet. Dann wird auch nicht die Standlinie, sondern der Einfachheit halber gleich der Rechenort versegelt. Denn welchen Punkt wir um Kurs und Distanz zwischen 1. und 2. Beobachtung versegeln, ist ja im Prinzip egal.

Bei der Versegelungspeilung ist jedoch eines zu bedenken, was auch bei der Beobachtung von mehreren Gestirnen gilt:

Merke: Um einen brauchbaren Schnittpunkt der Standlinien zu erhalten, sollen sich die Azimute in einem Winkel zwischen etwa 45° und 135° *schneiden; zu spitze und zu stumpfe Schnittwinkel ergeben ungenaue Standorte.*

Warum das so ist, ist klar: Bei sehr spitzen und sehr stumpfen Winkeln macht sich eine geringfügige Zeichenungenauigkeit sehr viel stärker bemerkbar; es gibt keinen sauberen Schnittpunkt, sondern eine Schnitt„strecke".

In der Praxis bedeutet das: Zwischen erster und zweiter Beobachtung sollten rund drei Stunden liegen, damit der Schnittwinkel etwa 45° beträgt. Wenn jedoch die Gefahr besteht, daß durch aufziehende Bewölkung in drei Stun-

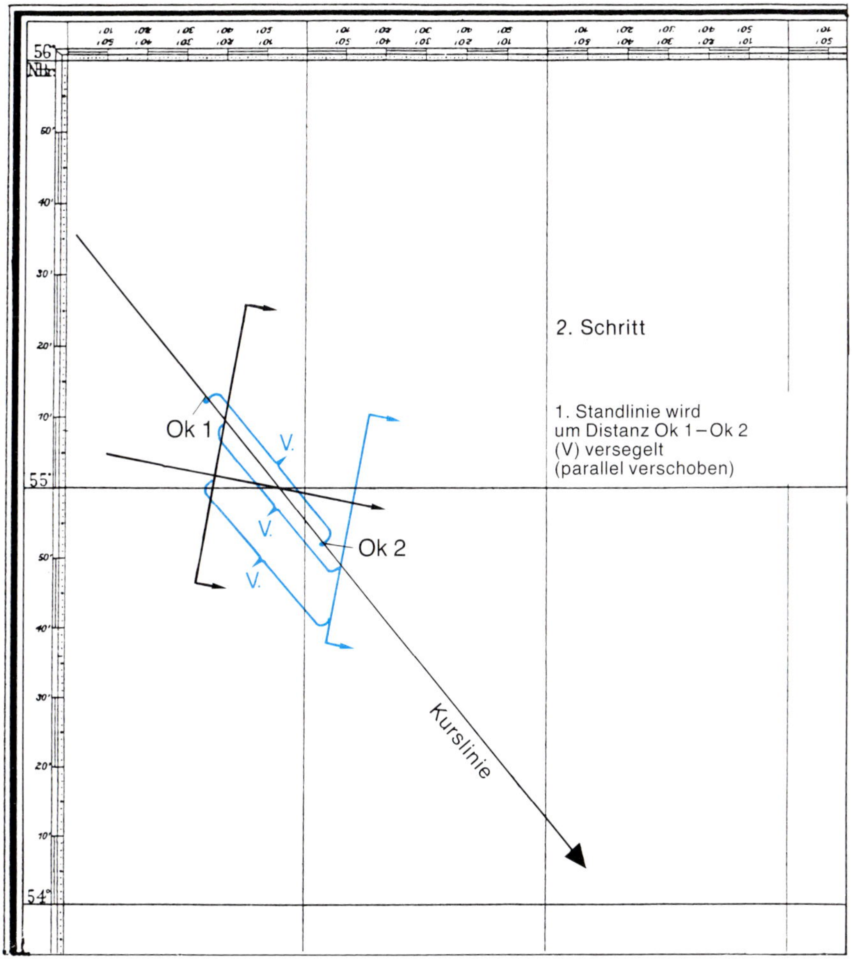

Abb. 72b

den keine Beobachtung mehr möglich ist, können wir natürlich auch im Zwei-Stunden-Abstand beobachten. Das gibt dann, da sich das Azimut der Sonne um etwa 15° pro Stunde ändert, einen Schnittwinkel von ungefähr 30°. Je spitzer oder stumpfer der Winkel, desto größer muß die Genauigkeit beim Zeichnen sein!

Versegelungsstandlinien sind theoretisch leicht zu begreifen; die Verwirrung kommt dann häufig erst beim Arbeiten in der Karte, wenn es (in Prüfung oder Praxis) plötzlich einmal ein klein wenig anders ist, als man gewöhnt ist. Deswegen sollten alle Formen gut eintrainiert werden. Zum Beispiel auch der Fall, daß eine Morgenstandlinie zu einer Mittagsbreite hin versegelt wird (Abb. 72d). Und – angenommen am Vormittag war keine Beobachtung möglich – es kann auch vorkommen, daß „rückwärts" versegelt wird. So will etwa der Kapitän vom Navigator den genauen Mittagsort (für die Etmalbestimmung um 12.00 Uhr Zonenzeit) wissen. Dann versegelt der Navigator eine Nachmittagsstandlinie zurück auf die Mittagshöhe. Das Verfahren ist dabei genau dasselbe, nur daß man bei der Parallelverschiebung genau andersherum verschiebt. Genau wie bei jeder Doppel- oder Versegelungspeilung in der terrestrischen Navigation gilt auch hier:

Merke: Jeder Versegelungsstandort kann nur so genau sein wie die Genauigkeit der als versegelte Strecke angenommenen Distanz.

Daher empfiehlt es sich, zwischen zwei für einen Versegelungsstandort gedachten Beobachtungen nicht nur besonders genau Ruder zu gehen, sondern vor allem auch die in der Zwischenzeit zurückgelegte Distanz festzustellen. Verzerrungen, die durch unbekannte Stromversetzung oder Abdrift auftreten, sind natürlich kaum auszugleichen. Sie müssen jedoch bei der Einschätzung und Auswertung des Standortes auf jeden Fall in Betracht gezogen werden: Der Navigator muß sich in einem solchen Fall Klarheit darüber verschaffen, wie sehr oder wie wenig er sich auf seinen Standort verlassen kann.

Dies nämlich ist grundsätzlich die zweite große Kunst des Navigators: eine Standlinie nicht nur herstellen, sondern sie auch einschätzen und beurteilen zu können. Mißtrauen gehört dabei zum Handwerkszeug wie der Zirkel.

Bleibt zum Schluß noch der Begriff der *Besteckversetzung.* Dies ist der Abstand und die rechtweisende Richtung vom Koppelort zum gefundenen wahren Ort, also beispielsweise „8 sm in 93°“. Sie gibt uns in jedem Fall Aufschluß darüber, wie und wie weit wir mit unserem Koppelort „daneben“ gelegen haben. Unter Umständen können wir daraus auf eine Stromversetzung, falsche Einschätzung der Abdrift oder ähnliches schließen.

Aufgaben:

a) Zeichne Standlinien und finde Ob (Ort beobachtet) zu Aufgaben c und d in Kapitel 11, Seite 49.

b) Versegele Standlinie (Kurs 100°, 7 kn) aus Aufgabe a auf Standlinie b, bestimme Ob.

c) Zeichne die Standlinie aus Aufgabe e (Kapitel 11) und versegele sie (Kurs 146°, 2 kn) auf die Mittagsbreite aus Aufgabe a (Kapitel 6, Seite 36).

d) Zeichne die Standlinie aus Aufgabe f (Kapitel 11) und versegele die Mittagsbreite a aus Kapitel 6 mit Kurs 146°, 2 kn auf die Standlinie, bestimme Ort.

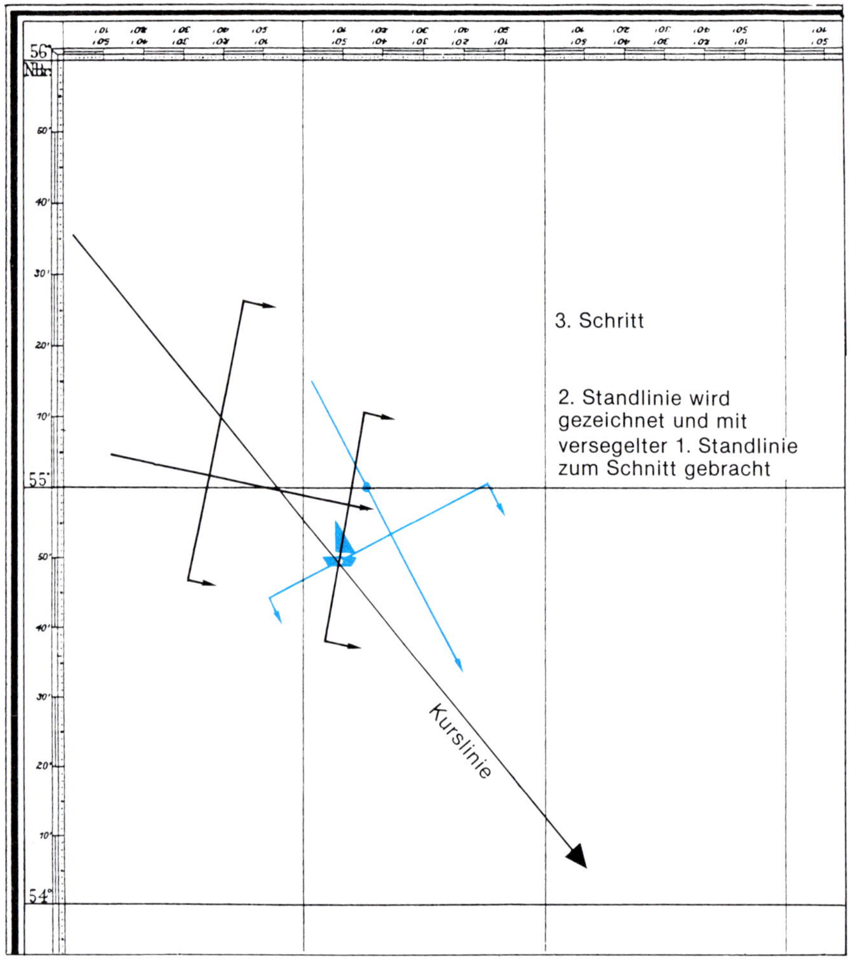

Abb. 72c

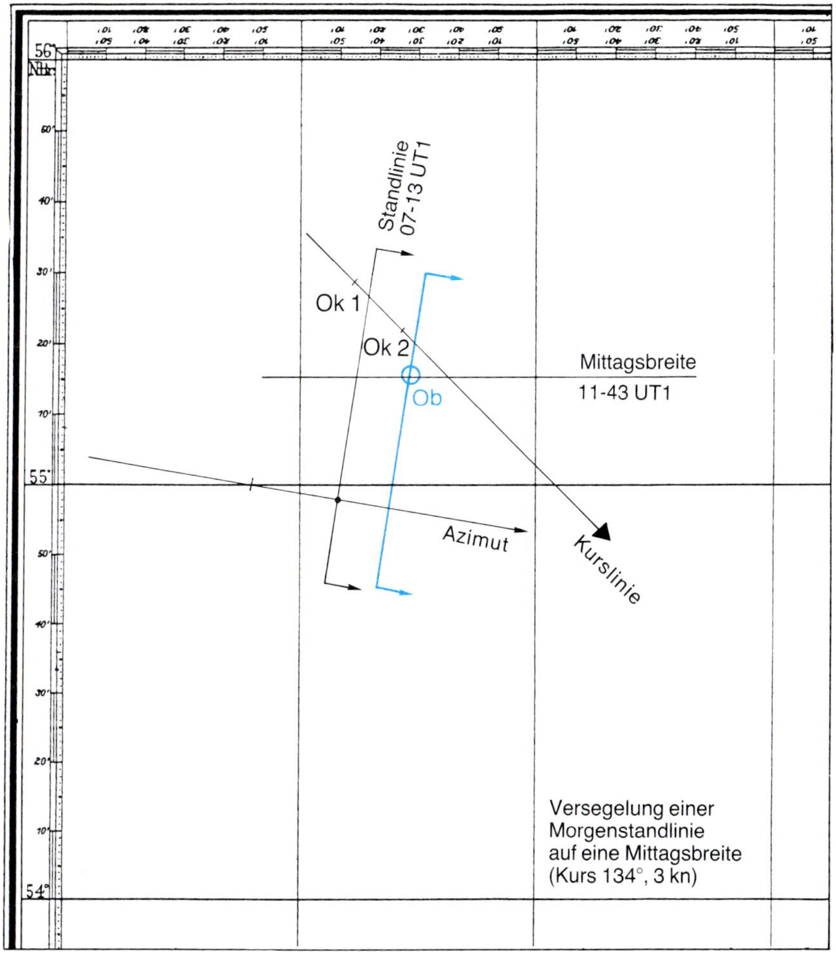

Abb. 72d

13. Beobachtung von Planeten und Mond

Die Beobachtung der erdnäheren Himmelskörper Planeten und Mond ist wegen der größeren Erdnähe etwas komplizierter, aber der geringe Aufwand lohnt sich, insbesondere beim kompliziertesten und erdnächsten, dem Mond: Er ist oft auch tagsüber sichtbar und kann dann gleichzeitig mit der Sonne beobachtet werden, um zwei Standlinien und damit einen kompletten astronomischen Ort zu bekommen.

13.1 Große Unterschiede

Doch bevor wir in die Praxis der Planeten- und Mondbeobachtung steigen, noch ein wenig Theorie über den Unterschied zwischen Fixsternen, Sonne, Planeten und Mond.

Fixsterne sind praktisch unendlich weit entfernte selbstleuchtende Sonnen, die auf der Himmelskugel fest (lat. = *fixus)* zu stehen scheinen. Sie sind nur als funkelnde Punkte ohne Ausdehnung, nie als Scheiben sichtbar. Ihre scheinbare Bewegung kommt nur durch die Drehung der Erde um sich selbst (Erdrotation) zustande. Daher ändert sich nur der Stundenwinkel; die Deklination bleibt weitgehend gleich.

Die *Sonne* ist der Fixstern, um den sich die Erde einmal im Jahr bewegt. Obwohl sie nicht mehr nur als funkelnder Punkt, sondern als Scheibe sichtbar ist, ist auch sie praktisch unendlich weit (durchschnittlich 150 Millionen Kilometer) entfernt, und ihre Strahlen kommen wie von den Fixsternen bei uns als Parallelen an. Ihre scheinbare Bewegung kommt sowohl durch die Erdrotation (Auf- und Untergang, Stundenwinkel) als auch durch die elliptische Bewegung der Erde rund um die Sonne zustande. Da diese Bahn der Erde um die Sonne nicht im rechten Winkel zur Erdachse erfolgt (Ekliptik), ändert sich bei der Sonne nicht nur der Stundenwinkel (im Laufe eines Tages um 360°), sondern auch die Deklination (im Laufe eines Jahres zwischen 23°27′ N und 23°27′ S – die Folge: Jahreszeiten).

Die *Planeten* sind wie die Erde selbst „Satelliten" der Sonne, die sie auf leicht elliptischen Bahnen umrunden (Abb. 73). Sie können nur noch bedingt als unendlich weit entfernt gelten und sind im Gegensatz zu den Fixsternen nicht als funkelnde Punkte ohne Ausdehnung, sondern als winzige Scheibchen zu sehen, die auch nicht aus eigener Kraft leuchten. Ihre scheinbare Bewegung setzt sich aus Erdrotation, Erdwanderung um die Sonne sowie ihrer eigenen Wanderung um die Sonne zusammen und ist daher schon wesentlich komplizierter. Es verändern sich nicht nur Deklination (29° N bis 29° S) und Stundenwinkel, sondern auch das Tempo der Veränderung des Stundenwinkels, also die scheinbare Umlaufgeschwindigkeit. Die Venus kann dabei als einziger Himmelskörper sogar scheinbar stehen bleiben und „rückwärts" laufen. Von Bedeutung für die Navigation sind nur die Planeten Venus, Mars, Jupiter und Saturn.

Der *Mond* ist, wenn man die Sonne als Chef unseres Systems und die Planeten als Kollegen der Erde betrachtet, der kleine Untergebene der Erde. Er ist nicht mehr als unendlich weit zu betrachten, und seine Bewegung um die Erde ist nicht nur scheinbar, sondern sowohl scheinbar als auch tatsächlich: Er dreht sich um die sich drehende Erde und schafft es dabei, dieser immer nur sein „Gesicht" und nie die Rückseite zu zeigen. Da seine Bahn um die Erde sowohl gegen die Ebene der Ekliptik als auch die des Himmelsäquators gekippt ist und sich auf seiner Erdumlaufbahn auch noch der Abstand (356400 bis 406700 km) ändert, ist beim Erdtrabanten sehr vieles zu berücksichtigen: Die Deklination ändert sich (zwischen 28,6° N und 28,6° S), das Tempo der Deklinationsänderung ändert sich ebenfalls. Der Stundenwinkel (Umlaufgeschwindigkeit) ändert sich in ebenfalls veränderlichem Tempo, und schließlich verändert sich der Abstand, den wir berücksichtigen müssen, weil er nicht als unendlich anzusehen ist. Insofern ist der Mond alles andere als romantisch.

Im folgenden wollen wir nun sehen, was bei Beobachtung und Auswertung von Planeten- und Mondhöhen in unseren Bausteinen anders auszufüllen ist als bei der uns schon halbwegs vertrauten Sonnen- und Fixsternbeobachtung.

13.2 Auswertung der Planetenbeobachtung

Die Bausteine Zeit und Deklination werden unverändert benutzt. Auch hier reicht meist ein Abschätzen der Deklination zwischen den beiden vollen

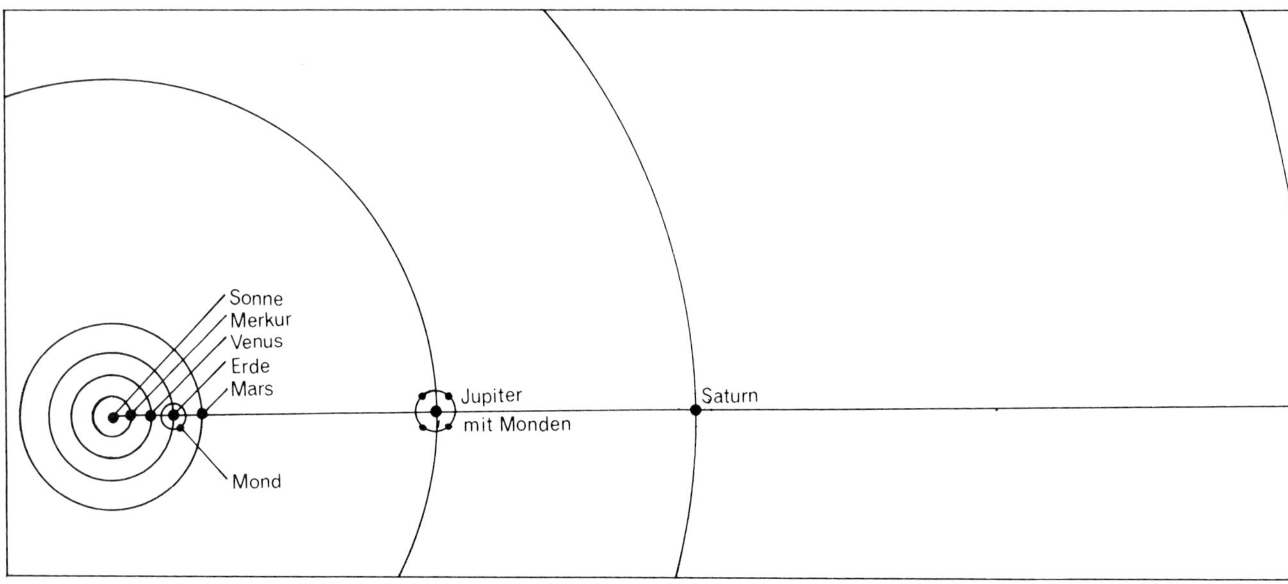

Abb. 73: Die Abstände im Sonnensystem

Stunden völlig aus, da ja die Stelle hinter dem Komma ohnehin in der H.O.-Tafel nicht berücksichtigt wird. Bei unserem kompliziertesten Baustein, der uns Rechenlänge und LHA liefert, ist jedoch wegen der Ungleichmäßigkeit in der scheinbaren Umlaufgeschwindigkeit eine Zusatz-Verbesserung nötig, die meist positiv ist, bei der Venus aber auch schon einmal negativ sein kann.

Wir verfahren zunächst wie gehabt: Wir entnehmen den Tagesseiten des NJ (Anlage 1) Grt für volle Stunde und den Schalttafeln (Anlage 2, selbe Spalte wie Sonne) den Zuwachs für Minuten und Sekunden, lassen aber noch den Finger in der betreffenden Schalttafel stecken. Denn nun kommt, weil Planeten meist (scheinbar) schneller wandern als die Sonne, die Korrektur. Auf der Tageseite des NJ steht unter der Grt-Spalte des betreffenden Planeten eine Zahl für den „Unt"(erschied gegenüber der „Geschwindigkeit" der Sonne). Mit diesem „Unt" tun wir nun das, was wir bei dem „Unt" der Deklination meist vernachlässigen werden: Auf der passenden Minuten-Halbseite der Schalttafeln suchen wir für den angegebenen „Unt" die passende Verbesserung (Vb). Die ist fast immer positiv, muß also meist addiert werden – es sei denn, der „Unt" ist vorne auf den Tagesseiten des NJ mit einem „–" versehen (nur bei Venus möglich). In unserem Baustein haben wir für diese Verbesserung noch Platz: an der Stelle, wo bei einem Stern der Sternwinkel hingeschrieben wird.

Nun werden die Rechenlänge und der vollgradige LHA wie gehabt hergestellt; die Tafeln werden wie üblich gehandhabt. Ein wenig anders wird es nun erst wieder bei der Gesamtbeschickung unseres mit dem Sextanten ermittelten Höhenwinkels. Bei Sonne und Fixsternen gehen wir davon aus, daß sie unendlich weit entfernt sind und ihre Lichtstrahlen bei uns als Parallelen eintreffen. Bei den näher gelegenen Planeten, insbesondere später beim Mond, können wir das nicht mehr unterstellen. Wenn Strahlen parallel auf der Erde auftreffen, bedeutet das für die Praxis, daß am Beobachtungsort und am Erdmittelpunkt (auf den sich ja alle unsere Berechnungen beziehen) der gleiche Winkel besteht.

Ist das Gestirn aber nicht unendlich weit weg, dann kommen die Strahlen nicht mehr parallel, und es tritt eine *Parallaxe* auf. Diese Parallaxe wird um so größer, je näher das Gestirn am Horizont steht. Steht es im Zenit, ist die Parallaxe gleich Null (Abb. 74/74 a). Bei den Planeten ist diese Parallaxe jedoch allenfalls bei der Venus so groß, daß man sie berücksichtigen sollte. Mit der im NJ auf der Tagesseite gefundenen „HP" (Horizontalparallaxe) gehen wir auf unserer Gesamtbeschickungstafel für Fixsterne und Planeten (Anlage 4) in die kleine Zusatzfafel „Zusatzbeschickung für Planeten" und entnehmen entsprechend dem mit dem Sextanten gemessenen Kimmabstand die dazugehörige Zusatzbeschickung. Hier sehen wir auch noch einmal, daß bei einer Beobachtung im Zenit (was praktisch wenig sinnvoll ist) die Korrek-

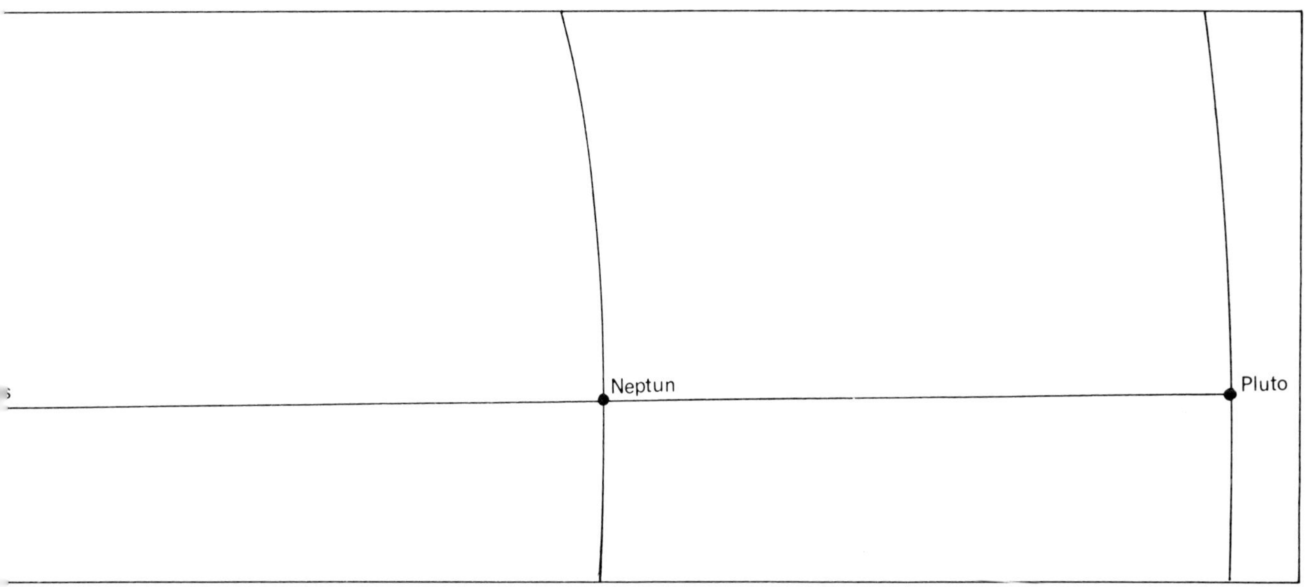

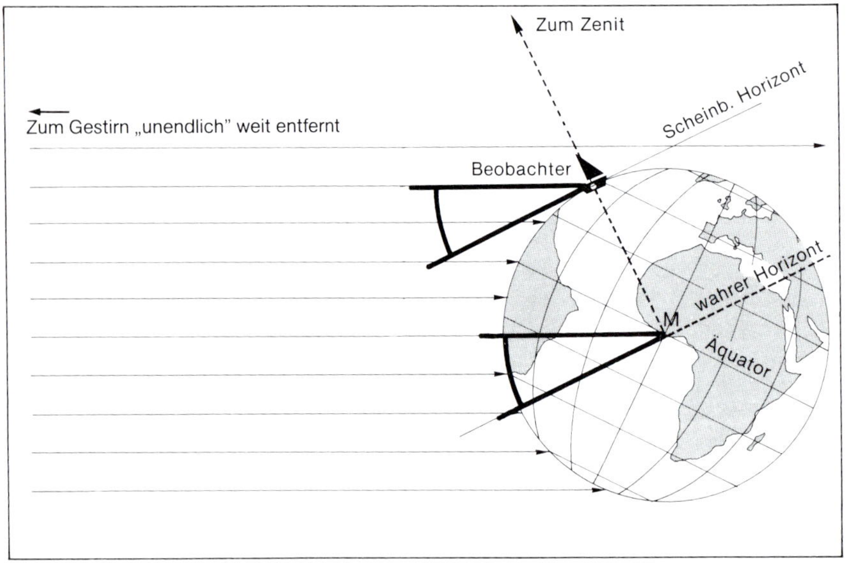

Abb. 74: Bei „unendlich“ weit entfernten Gestirnen kommen die Strahlen parallel an und bilden beim Beobachter und am Erdmittelpunkt denselben Winkel; die „Parallaxe“ ist Null

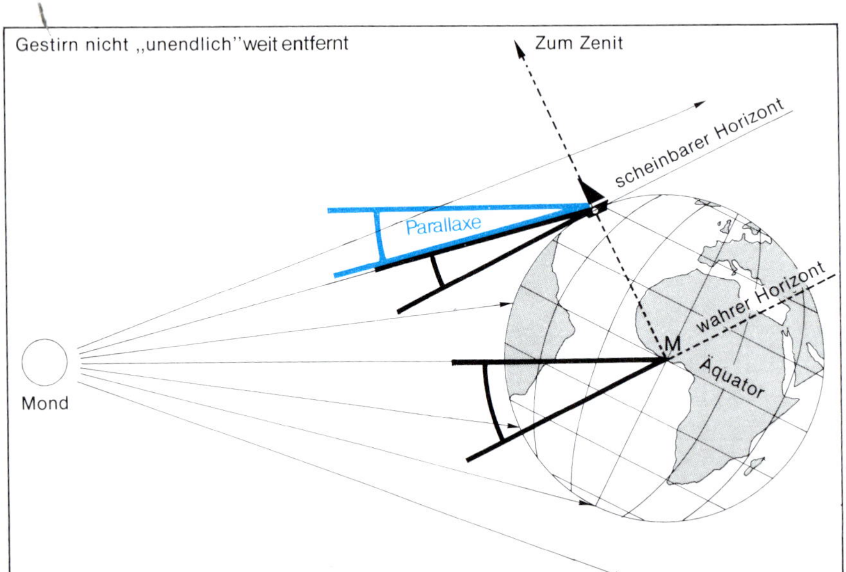

Abb. 74a: Bei nicht „unendlich“ weit entfernten Gestirnen kommen die Strahlen nicht parallel an und bilden beim Beobachter und am Erdmittelpunkt unterschiedliche Winkel. Der Unterschied ist die „Parallaxe“

tur für die Horizontalparallaxe immer Null wird. In unserem Baustein für die „Bearbeitung“ des Sextantwinkels ist ja ohnehin eine Zeile für „Zusatzbeschickung“ vorgesehen; hier wird die Zusatzbeschickung (die im Gegensatz zur Gesamtbeschickung immer positiv ist) angebracht und berücksichtigt. Sie bei Planeten zu vernachlässigen, bringt einen maximalen Fehler von 1111 Metern, denn 0,6 Höhenminuten entsprechen ja 0,6 Meilen.

Bevor wir uns nun dem Mond zuwenden, üben wir die Auswertung von Planetenbeobachtungen im Zusammenhang. Wir benutzen dafür den gleichen Vordruck wie bei Sonne und Fixsternen. Doch wir ergänzen ihn an dieser Stelle (nicht für die Planeten, sondern ganz allgemein für die Zukunft) mit einem Kopf, in dem wir allgemeine Angaben festhalten: Datum, Loggestand und Kurs (fürs Versegeln!), Name des beobachteten Gestirns und Koppelort zur Zeit der Beobachtung. Aufgaben am Ende des Kapitels.

13.3 Auswertung der Mondbeobachtung

Der Mond als nächster Himmelskörper macht uns die Auswertung einer Beobachtung am schwersten, doch die kleine zusätzliche Mühe lohnt sich: Der Mond ist nämlich oft auch am Tage gut zu sehen und ergibt dann mit der Sonne gleich einen kompletten astronomischen Ort. Zu warnen ist nur davor, den Mond auch bei Nacht „schießen“ zu wollen. Die Kimm, die man da deutlich zu sehen glaubt, ist nicht die Kimm: Es ist ein vom Mondlicht angestrahlter Teil der Wasseroberfläche, der die tatsächliche, weiter hinten liegende Kimm überstrahlt (Abb. 75).

Auch hier bleibt der Baustein Zeit natürlich unverändert. Auch bei unserem Baustein, der uns Rechenlänge und LHA liefert, verfahren wir genauso, wie

Abb. 75: Die Spiegelung des Mondlichtes auf dem Wasser täuscht eine falsche Kimm vor

wir es schon bei Planeten gelernt haben: erst Greenwicher Stundenwinkel für die volle Stunde, dann den üblichen Zuwachs für Minuten und Sekunden aus den Schalttafeln (Achtung: Der Mond hat da im Gegensatz zu den Planeten eine eigene Spalte!); schließlich noch die Zusatzverbesserung für den „Unt", die auch hier für jede Stunde einzeln angegeben ist.

Der Sinn der Sache ist der: Die scheinbare Umlaufgeschwindigkeit des Mondes um die Erde (und damit seine Bildpunktgeschwindigkeit) ist sehr ungleichmäßig. Die Spalte „Zuwachs Grt" ist nur für die Mindestgeschwindigkeit von 14°19′ pro Stunde ausgelegt. Da diese Geschwindigkeit meistens höher ist, muß noch eine Zusatzverbesserung angebracht werden. Sie ist beim Mond (im Gegensatz zur Venus) immer positiv.

Auch hier muß also am Baustein selbst nichts geändert werden. Rechenlänge und vollgradiger LHA werden wie üblich ermittelt, die H.O.-Tafeln wie gehabt benutzt.

Etwas komplizierter wird es dann schon mit der Deklination. Ein Blick ins NJ (Anlage 1) zeigt uns, daß sich die Deklination (δ) beim Mond von Stunde zu Stunde wesentlich stärker ändert als bei Sonne und Planeten. Hier ist ein Über-den-Daumen-Peilen nicht mehr möglich. Der stündliche „Unt"erschied ist auch nicht mehr wie bei Sonne und Planeten einmal für den ganzen Tag, sondern neben jeder Stunde des Tages gesondert angegeben. Mit diesem „Unt" müssen wir die Deklination auf die Zeitminute genau ermitteln. Wir bedienen uns dabei wie gehabt der Schalttafeln (Anlage 2), schlagen die passende Minutenspalte auf, gehen mit dem angegebenen „Unt" ein und entnehmen die notwendige „Vb" (Verbesserung). Während wir der Tagesseite des NJ den „Unt" entnehmen, schauen wir auch mit einem Blick auf die nächstfolgende volle Stunde nach, ob die Deklination zu- oder abnimmt; dementsprechend ist dann das Vorzeichen für die Verbesserung: zunehmend *plus,* abnehmend *minus.*

In unserem Baustein ist diese Verbesserung ja ohnehin vorgesehen (obwohl wir sie bei Sonne und Planeten durch Abschätzen des Deklinationswertes meist vernachlässigen werden). Am Baustein muß also nichts geändert werden.

Bei der Bearbeitung unserer Sextantauswertung wird es sogar noch etwas schwieriger. Weil der Mond erstens sehr nahe ist und diese für astronomische Verhältnisse sehr geringe Entfernung auch noch verhältnismäßig stark schwankt, bekommen wir es hier mit einer sehr beachtlichen Parallaxe zu tun, die auf keinen Fall (wie bei den Planeten) vernachlässigt werden kann.

Außerdem müssen wir hier – wie bei der Sonne – berücksichtigen, daß wir ja nicht den Mittelpunkt des Gestirns, sondern den Ober- oder Unterrand (je nachdem, was nach der jeweiligen Mondphase gerade sichtbar ist) beobachten. Besonders aufpassen müssen wir hier bei „Fast-Vollmond": Hier müssen wir sehr genau hinsehen, was wirklich sichtbar ist.

Wegen der großen Horizontalparallaxe ist die Gesamtbeschickung beim Mond (Anlage 5) ganz anders aufgebaut als sonst. Nachdem wir wie gehabt unsere Indexberichtigung für den Sextantfehler vorgenommen haben, nehmen wir uns einen Extrazettel und gehen in diesen Schritten vor:

1. Schritt: Wir entnehmen der Tagesseite die für den Zeitpunkt der Beobachtung gültige „HP". Angenommen, wir hätten am 5. Oktober um 16-07-33 UTC beobachtet. Die HP ist angegeben für 12-00-00 und 20-00-00 UT1, und zwar mit 54,6′ und 54,8′. Da 16-00-00 ziemlich genau dazwischenliegt, gehen wir von einer HP von 54,7′ aus. Wir notieren sie auf unserem Schmierzettel (Abb. 76).

2. Schritt: Wir nehmen uns die Tafel „Gesamtbeschickung für den Kimmabstand des Mondunterrades" (Anlage 5) vor, in die wir mit HP und dem gemessenen Kimmabstand – er sei in unserem Beispiel 43°41′ – eingehen. Nun schreiben wir uns die „Eckwerte" heraus, zwischen denen wir interpolieren müssen: Aus der Reihe für 43° Kimmabstand und den Spalten für 54,5′ und 55,0′ Horizontalparallaxe erhalten wir die Werte 48,2′ und 48,7′. Da der Wert zwischen 48,2′ und 48,7′ um 0,5′ steigt, ist das Interpolieren einfach: Für die angegebene HP von 54,7′ müßte die Gesamtbeschickung (Gb) 48,4′ betragen (Abb. 77).

3. Schritt: In der Reihe für den Kimmabstand von 44° heißen die beiden Gb-Werte 47,5′ und 48,0′. Wieder ist das Interpolieren einfach, weil die Gb-Werte im gleichen „Maßstab" wachsen

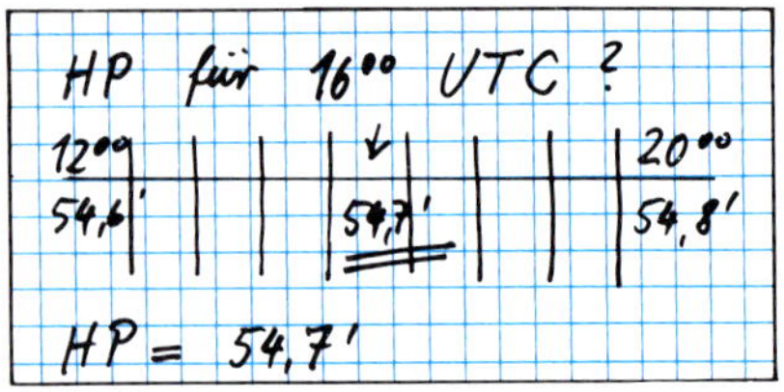

Abb. 76

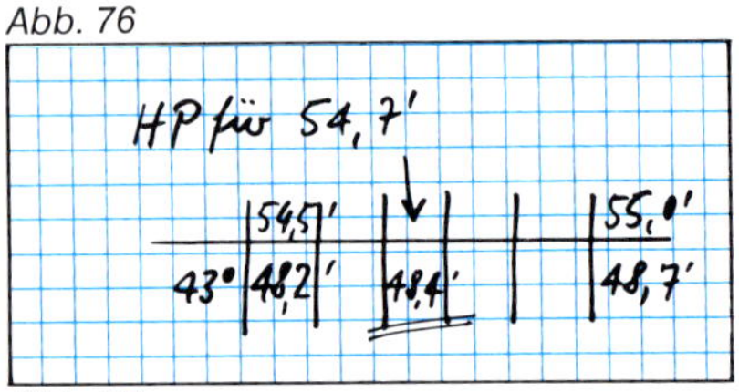

Abb. 77

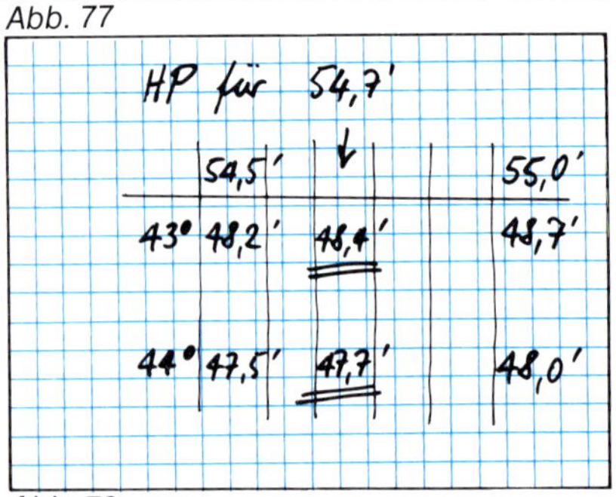

Abb. 78

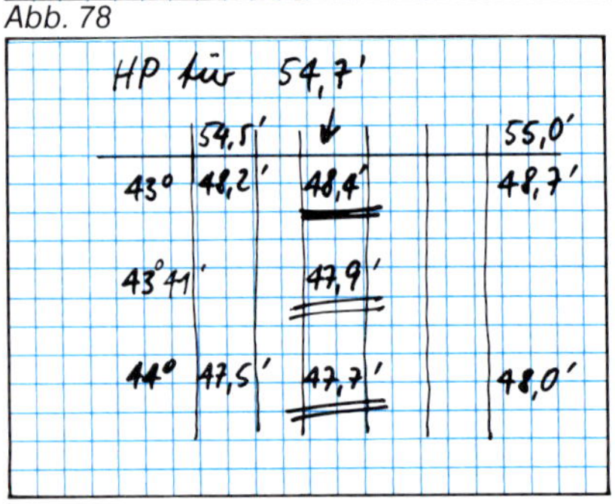

Abb. 79

wie die HP-Werte oben an der Skala. Unser HP-Wert ist um 0,3′ geringer als 55,0′, daher ist die Gb auch um 0,3′ geringer als 48,0′, also 47,7′ (Abb. 78).

4. Schritt: Nun müssen wir zwischen der Gb von 48,4′ für den Kimmabstand von 43° und der Gb von 47,7′ für den Kimmabstand von 44° interpolieren; von 43° zu 44° Kimmabstand sinkt die Gb um 0,7′. Unsere 41 Minuten Kimmabstand sind fast genau 2/3 Grad. Und zwei Drittel von sieben sind (im Kopf geschätzt – das reicht!) eher fünf als vier. Also müssen wir von der Gb 48,4′ (für 43° Kimmabstand) 0,5′ (für 41′ Kimmabstand) abziehen und erhalten eine Gb von 47,9′ (Abb. 79).

5. Schritt: Da dieser Wert für den Mondunterrand gilt, müssen wir bei einer Oberrandbeobachtung noch den Monddurchmesser abziehen. Seinen Wert erhalten wir ebenfalls durch Interpolieren: Bei einer HP von 54,5′ wäre er laut Tabelle 29,7′, bei HP 55,0′ wäre er 30,0′. Der Unterschied macht also bei 0,5′ Unterschied in der HP 0,3′ Unterschied beim Durchmesser aus. Da vier Fünftel von drei (3 × 2/5 = 1,2) annähernd eins sind, gehen wir von einem Monddurchmesser von 29,8′ aus. Um diesen Betrag wird die bei Schritt 4 gefundene Gb verringert, wenn wir den Oberrand beobachtet haben (Abb. 80).

6. Schritt: Nun kommt noch die – im Gegensatz zu Sonne, Fixsternen und Planeten – in der Gb noch nicht berücksichtigte Augeshöhe ins Spiel: Unten in der Gesamtbeschickungstafel ist

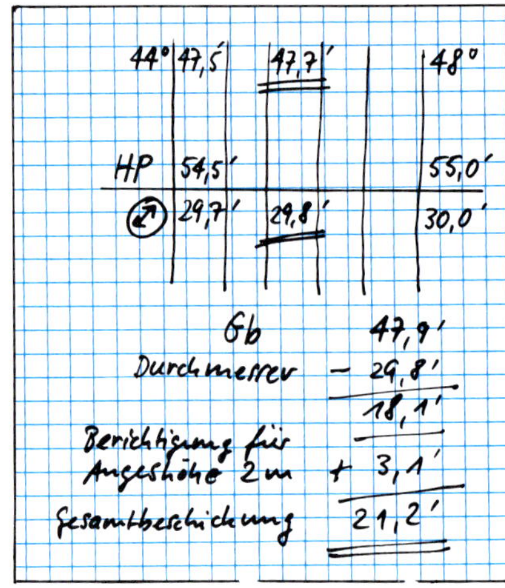

Abb. 80

dafür eine Extra-Tafel vorgesehen (Anlage 5).

Die Ermittlung der Gb beim Mond sieht also erschreckend kompliziert aus. Doch wenn wir uns immer vor Augen halten, daß 0,1′ Korrektur an der Höhe auf der Erdoberfläche eine Genauigkeit von 185,2 Metern bedeutet und daß wir mit dem Sextanten ohnehin kaum besser als auf eine halbe Minute genau beobachten können (das liegt an uns – nicht am Gerät!), dann sehen wir die Sache schon gelassener. Auch der Daumen, über den man peilt, ist ein Navigationsinstrument! Hier müßten wir also für die Gesamtbeschickung unseren Vordruck gewaltig umbauen. Doch das tun wir der Einheitlichkeit halber nicht: Die Gb für den Mond ermitteln wir auf Schmierpapier oder über den Daumen im Kopf.

	Tag	Koppelort		Ah	Sext.	Ib	Chr	Stand	Stopp
a)	3. Mai 1985	53°54′ N	014°07′ W	2 m	=♀= 29°33,5′	−3,0′	07-37-00	00-00-00	00-07-05
b)	3. Mai 1985	53°54′ N	014°07′ W	2 m	=♂= 12°22,0′	−3,0′	07-37-00	00-00-00	00-08-58
c)	5. Okt. 1985	55°17′ N	016°20′ W	2 m	☾ 54°37,0′	+2,0′	07-09-00	+00-00-53	00-04-05
d)	5. Okt. 1985	55°03′ N	015°38′ W	2 m	☾ 27°20,0′	+2,0′	10-35-00	+00-00-53	00-08-26

e) Zeichne Standlinie zu a und b, bestimme Ob.
d) Zeichne Standline d und versegele Standlinie c (Kurs 120°/8 kn), bestimme Ob.

1. beob. Gestirn ♀	Datum 03.05.85	2. beob. Gestirn ☾	Datum 05.10.85
Logge ☐☐☐	Kurs ☐☐☐° Ah 2 m	Logge ☐☐☐	Kurs ☐☐☐° Ah 2 m
Ok 1: 53° 54,0' N/S	/ 014° 07,0' W/E	Ok 2: 55° 17,0' N/S	/ 016° 20,0' W/E

1. Gestirn		2. Gestirn
07-37-00	Chronometerzeit (volle Minute)	07-09-00
+/– 00-00	Stand	+/– 00-53
+/– 07-05	Stoppuhr-Ablesung	+/– 04-05
07-44-05 (3.5)	UTC z.Zt. d. Beob. + (Tag)	(5.10) 07-13-58
320° 06,3'	♀ Grt (NJ f. Stunde) ☾	039° 33,2'
+ 11° 01,3'	Zuwachs f. min + s (Schalttafeln)	+ 03° 20,0'
+ 000° 01,1'	Sternwinkel (nur Vol. II + III); b. Mond und Planeten Vb (nur bei Venus evtl. –)	+ 000° 02,3'
331° 08,7'	♀ Grt z.Zt. der Beobachtung ☾	042° 55,5'
+/– 014° 08,7' E/W	Rechenlänge (E+ / W–)	+/– 015° 55,5' E/W
317° 00,0'	♀ Ortsstundenwinkel (LHA) ☾	027° 00,0'
04° 24,5' N/S	Deklination (δ NJ f. Stunde)	26° 32,6' N/S
+/– 00,1'	Vb f. min (Schalttafeln)	+/– 00,9'
04° 24,4' N/S	Deklination (Dec)	26° 33,5' N/S
54° N/S	vollgradige Rechenbreite (LAT)	55° N/S
SAME / ~~CONTRARY~~	(gleichnamig/ungleichnamig)	SAME / ~~CONTRARY~~
29° 02' +/– 53	Hc aus H.O.-Tafel + (bei Vol. II + III): d	54° 56' +/– 53
+/– 21'	Correction f. min d. Dec (Table 5)	+/– 30'
29° 23'	berechnete Höhe (Hc)	55° 26'
29° 33,5'	= ♀ = Sextant-Ablesung ☾ =	54° 37,0'
+/– 3,0'	Indexberichtigung	+/– 2,0'
29° 30,5'	Kimmabstand	54° 39,0'
+/– 04,2'	Gesamtbeschickung	+/– 40,1'
+/– 00,3'	Zusatzbeschickung	+/– 03,1'
29° 26,6'	beobachtete Höhe (Ho)	55° 22,2'
– 29° 23,0'	berechnete Höhe (Hc)	– 55° 26,0'
+/– 03,6'	Höhendifferenz (△ h)	+/– 03,8'
☐☐☐°	siehe Vorzeichenregel in H.O.-Tafel!	360°
+/– 129°	Azimutwinkel (Z)	+/– 135°
129°	Azimut (Zn)	225°

Der komplette Vordruck mit den Musterlösungen von Aufgabe a und c

14. Fixsternbeobachtungen nach H.O. Band I

Wir haben nun gelernt, wie man Sonnen-, Fixstern-, Planeten- und Mondbeobachtungen mit den H.O.-Tafeln Band II (0°–39° Breite) und Band III (40°–89° Breite) auswertet. Nun gibt es aber noch einen Band I, der sich von den beiden anderen grundlegend unterscheidet (Anlagen 10/11). Mit Band II und III können wir Sterne nur beobachten, wenn deren Deklination nicht größer wird als 29°59′. Bei Band I spielt die Deklination dagegen überhaupt keine Rolle – wir können sie glatt vergessen. In Band I sind Höhe und Azimut für jeweils sieben besonders günstig stehende, ausgewählte Fixsterne (daher der Untertitel „Selected Stars") fix und fertig ausgerechnet. Als Eingänge werden nur noch der LHA des Frühlingspunktes und die Breite benötigt. Die Vorteile des Verfahrens nach Band I sind:

- wesentlich einfachere Auswertung der Beobachtung;
- wesentlich einfachere Praxis und Vorbereitung der Sternbeobachtung.

Doch es gibt drei kleine Nachteile:

- Band I gilt jeweils nur für fünf Jahre und muß dann neu gekauft werden;
- bei Beobachtungen, die nicht im Jahr der Herausgabe (1980, 1985, 1990 . . .) gemacht werden, ist eine kleine Korrektur nötig;
- eine Reihe von Sternnamen sind für uns sehr fremd, weil manche Sterne im angloamerikanischen anders heißen.

Doch die Vorteile überwiegen.

14.1 Fix und fertig

Sehen wir uns zunächst die Auswertung einer Beobachtung, die Berechnung der Höhe, an, wobei wir wieder unsere gewohnten Bausteine benutzen:

- Zeit brauchen wir natürlich – wie gehabt;
- Deklination entfällt bei Band I völlig;
- LHA und Rechenortlänge werden natürlich benötigt. Doch da wir nur den LHA des Frühlingspunktes benötigen, entfällt hier die Addition des Sternwinkels. Sonst verfahren wir auch hier wie gehabt.

Mit unserer gegißten vollgradigen Breite und dem aus Greenwichstundenwinkel des Frühlingspunktes und Rechenlänge zusammengesetzten LHA des Frühlingspunktes können wir auch schon in die Tafeln gehen. Da es hier keine Deklination gibt, gibt es auch kein „gleichnamig" und „ungleichnamig", sondern getrennte Seiten für nördliche und südliche Breiten. Nehmen wir einmal an, unsere Breite sei 54° N und der LHA des Frühlingspunktes sei 240°. Dann finden wir in der 1980er Ausgabe (Anlage 10) neben LHA 240° sieben Gruppen von jeweils drei Zahlen. Unter „Deneb" heißt es zum Beispiel 45 36 071, und das bedeutet, daß die Höhe 45°36′ und das fertige Azimut (nicht der Azimutwinkel) 71° betragen. Genauso ist es bei den sechs danebenstehenden „ausgewählten" Sternen.

Das Errechnen von Δh und Azimut geht mit Band I also wesentlich schneller und einfacher als mit Band II und III.

14.2 Ein kleiner Haken

Doch bevor wir zu den weiteren Vorteilen kommen, der erste winzig kleine Wermutstropfen: Haben wir diese Gestirnsbeobachtung nicht im Jahr der Herausgabe („Epoch 1980") gemacht, so müssen wir unseren gewonnenen astronomischen Ort noch ein wenig korrigieren. Der Grund dafür ist der: Auch die Fixsterne sind, zumindest in bezug auf den Frühlingspunkt und darüber in bezug auf den Erdmittelpunkt, nicht absolut fixiert. Da die Örter der Sterne und damit ihre Bildpunkte jeweils nur für das Jahr der Herausgabe berücksichtigt werden, muß für die folgenden vier Jahre eine Korrektur angebracht werden. Doch das ist sehr einfach.

Da wir unsere Beobachtung 1985 gemacht haben, müssen wir in „Table 5" (Anlage 11) unter 1985 in die senkrechte Spalte mit der nächstgelegenen Breite (N.50 oder N.60) und die Zeile mit dem nächstgelegenen LHA eingehen. Dort finden wir eventuell eine Zahl bestehend aus einer fettgedruckten Ziffer und einer dreistelligen; die fette gibt die Seemeilen an, um die der Schiffsort oder die Standlinie in Richtung der dreistelligen Zahl verschoben werden muß. Zwischenwerte brauchen nicht berechnet zu werden.

Das ist sehr einfach, aber Achtung: Wenn wir einmal einen Ort aus Standlinien nach Band I *und* Standlinien nach Band II oder III gewinnen wollen, müssen wir bedenken, daß diese Korrektur nur für die Band-I-Standlinie gilt. Also verschieben wir unseren Rechenort oder unsere Standlinie zunächst um den Korrekturwert und bringen sie dann erst zum Schnitt mit den anderen Standlinien!

Trotz dieser kleinen Korrektur ist das Verfahren nach Band I leichter und schneller als die anderen. Doch die ganz entscheidenden Vorteile liegen noch woanders: in der *Vorbereitung der Beobachtung* (siehe Kapitel 15 „Die Praxis der Beobachtung").

14.3 Fremde Namen

Die Sternbezeichnungen in den angloamerikanischen Tafeln weichen bei Nummern, Namen und Schreibweisen zum Teil von den Bezeichnungen im deutschen NJ ab. Falls es irgendwo Zweifel geben sollte, hilft die folgende Gegenüberstellung. Manche Sterne aus Band I sind im NJ auch gar nicht erfaßt. Doch das ist nicht schlimm, da wir bei Auswertungen nach Band I ja keinen Sternwinkel benötigen. Im übrigen sind die Örter der Sterne und ihre Größen vorne in Band I aufgeführt. Es entspricht:

angloamerik.	**deutsch**				
Alpheratz (1)	Sirrah (1)	Sirius (18)	Sirius (29)	Arcturus (37)	Arcturus (53)
Schedar(3)	Schedir (4)	Procyon (20)	Procyon (33)	Rigil Kent (38)	α Centauri (54)
Diphda (4)	Deneb Kaitos (5)	Pollux (21)	Pollux (34)	Kochab (40)	Kochab (57)
Achernar (5)	Achernar (8)	Suhail (23)	λ Velorum (36)	Alphecca (41)	Gemma (59)
Hamal (6)	Hamel (11)	Miaplacidus (24)	β Carinae (37)	Antares (42)	Antares (61)
Acamar (7)	–	Alphard (25)	Alphard (38)	Shaula (45)	λ Scorpii (64)
Menkar (8)	Menkar (12)	Regulus (26)	Regulus (39)	Rasalhague (46)	Ras Alhague (65)
Mirfak (9)	Algenib (14)	Dubhe (27)	Dubhe (41)	Vega (49)	Wega (69)
Aldebaran (10)	Aldebaran (16)	Denebola (28)	Denebola (42)	Nunki (50)	δ Sagittarii (70)
Rigel (11)	Rigel (17)	Gienah (29)	–	Altair (51)	Atair (71)
Capella (12)	Capella (18)	Acrux (30)	α Crucis (43)	Peacock (52)	α Pavonis (72)
Betelgeuse (16)	Beteigeuze (24)	Alioth (32)	Alioth (46)	Deneb (53)	Deneb (73)
Canopus (17)	Canopus (27)	Spica (33)	Spica (49)	Enif (54)	Enif (75)
		Alkaid (34)	Benetnasch (50)	Fomalhaut (56)	Fomalhaut (78)

Diese Liste gibt alle Sterne wieder, die in Band I benutzt werden. Dabei fällt außer den zum Teil unterschiedlichen Namen etwas auf: Bekannte, gut sichtbare und leicht auffindbare Sterne wie Bellatrix aus dem Orion und Castor aus den Zwillingen tauchen überhaupt nicht auf; andere, uns vollkommen unbekannte Sterne, die so klein sind, daß sie im NJ überhaupt nicht aufgeführt werden wie Gienah und Acamar, kommen vor. Was soll das?
Wie der Name „Selected Stars" schon sagt, handelt es sich um „ausgewählte Sterne". Dabei wurde nicht nach Größe und Schönheit, sondern nach Zweckmäßigkeit ausgewählt. Und es ist in der Tat unzweckmäßig, Castor *und* Pollux oder Bellatrix *und* Beteigeuze zu beobachten. Diese Sterne mögen zwar gut zu sehen sein; doch Castor und Pollux sowie Bellatrix und Beteigeuze stehen jeweils so nahe beieinander, daß ihre Standlinien keinen brauchbaren Schnittwinkel ergeben. Sehr viel zweckmäßiger kann es da sein, ein unbedeutendes kleineres Sternchen zu beobachten, das mit bloßem Auge zwar kaum zu finden ist, aber eine brauchbare Standlinie ergibt. Daß es so klein ist, auch darüber hilft uns Band I hinweg. Unter „Praxis der Beobachtung" werden wir sehen, daß es ein leichtes ist, vorher auszurechnen, in welcher Himmelsrichtung und in welcher Höhe der gesuchte kleine Stern zu finden ist. Mit dem entsprechend voreingestellten Sextanten und einem Blick auf den Kompaß kann man dann auch Sterne finden, die mit bloßem Auge (noch) nicht zu sehen sind.

14.4 Bequemer geht's nicht

Band I sagt uns aber noch mehr.
1. Die Reihenfolge der jeweils sieben Sterne ist so angelegt, daß die Azimute stets größer werden. Sinn der Sache: Die Morgen-Dämmerung, in der sowohl Sterne als auch Kimm sichtbar sind, beginnt im Osten früher als im Westen, wo die Sonne ja untergeht. Also beginnt man morgens im Osten mit der Beobachtung und benutzt die angegebenen „Selected Stars" von links nach rechts. Abends wählt man sich seine Sterne von rechts nach links.
2. Die Schreibweise hebt durch Versalien, also Großbuchstaben, alle Sterne erster Größenordnung hervor. Wir wissen also: Die Großgedruckten sind besonders leicht zu finden.
3. Das Diamant-Symbol ♦ kennzeichnet jeweils die drei Sterne, deren Standlinien ein besonders günstiges Dreieck bilden. Wollen wir – was wohl die Regel sein wird – nur drei Sterne beobachten, werden wir uns fast immer für die drei mit dem Diamant-Symbol entscheiden.

Aufgaben:

	Tag	Koppelort		Ah	Sext.	Ib	Chr	Stand	Stopp	Stern
a)	5. Okt. 1985	54°30′ N	007°20′ E	2 m	=✳= 23°32,0′	+3,0′	07-38-00	–	+00-06-05	Arcturus
b)	5. Okt. 1985	54°30′ N	007°20′ E	2 m	=✳= 59°20,5′	+3,0′	07-38-00	–	+00-06-58	Pollux
c)	5. Okt. 1985	54°30′ N	007°20′ E	2 m	=✳= 28°38,3′	+3,0′	07-38-00	–	+00-07-50	Schedar

d) Zeichne Standlinien und bestimme Ob unter Berücksichtigung von Table 5.

Bei Verwendung des Bandes „Selected Stars" ist das Verfahren so vereinfacht, daß wir zwei Bausteine gar nicht benötigen. Doch wir benutzen der Einheitlichkeit halber auch hier unseren Standard-Vordruck. Links Musterlösung a

1. beob. Gestirn ✱ Arct Datum 05.10.85		2. beob. Gestirn ☐ Datum ☐.☐.☐
Logge ☐ Kurs ☐° Ah 2 m		Logge ☐ Kurs ☐° Ah ☐ m
Ok1 54° 30,0' N/S / 007° 20,0' W/E		Ok2 ☐° ☐,☐' N/S / ☐° ☐,☐' W/E

1. Gestirn		2. Gestirn
07 – 38 – 00	Chronometerzeit (volle Minute)	☐ – ☐ – 00
+/– 00 – 00	Stand	+/– ☐ – ☐
+/– 06 – 05	Stoppuhr-Ablesung	+/– ☐ – ☐
07 – 44 – 05 (5.10)	UTC z.Zt. d. Beob. + (Tag)	( ) ☐ – ☐ – ☐
118° 54,0'	♈ Grt (NJ f. Stunde)	☐° ☐,☐'
+ 11° 03,1'	Zuwachs f. min + s (Schalttafeln)	+ ☐° ☐,☐'
+ ☐° ☐,☐'	Sternwinkel (nur Vol. II + III); b. Mond und Planeten Vb (nur bei Venus evtl. –)	+ ☐° ☐,☐'
129° 57,1'	♈ Grt z.Zt. der Beobachtung	☐° ☐,☐'
+/– 007° 02,9' E/W	Rechenlänge (E+ / W–)	+/– ☐° ☐,☐' E/W
137° 00,0'	♈ Ortsstundenwinkel (LHA)	☐° 00,0'
☐° ☐,☐' N/S	Deklination (δ NJ f. Stunde)	☐° ☐,☐' N/S
+/– ☐,☐'	Vb f. min (Schalttafeln)	+/– ☐,☐'
☐° ☐,☐' N/S	Deklination (Dec)	☐° ☐,☐' N/S
54° N/S	vollgradige Rechenbreite (LAT)	☐° N/S
SAME / CONTRARY	(gleichnamig/ungleichnamig)	SAME / CONTRARY
23° 16' +/– ☐	Hc aus H.O.-Tafel + (bei Vol. II + III): d	☐° ☐' +/– ☐
+/– ☐'	Correction f. min d. Dec (Table 5)	+/– ☐'
23° 16'	berechnete Höhe (Hc)	☐° ☐'
23° 32,0'	♈ Sextant-Ablesung	☐° ☐,☐'
+/– 3,0'	Indexberichtigung	+/– ☐,☐'
23° 35,0'	Kimmabstand	☐° ☐,☐'
+/– 04,7'	Gesamtbeschickung	+/– ☐,☐'
+/– ☐,☐'	Zusatzbeschickung	+/– ☐,☐'
23° 30,3'	beobachtete Höhe (Ho)	☐° ☐,☐'
– 23° 16,0'	berechnete Höhe (Hc)	– ☐° ☐,0'
+/– 14,3'	Höhendifferenz (△ h)	+/– ☐,☐'
☐°	siehe Vorzeichenregel in H.O.-Tafel!	☐°
+/– ☐°	Azimutwinkel (Z)	+/– ☐°
089°	Azimut (Zn)	☐°

15. Die Praxis der Beobachtung

Der Sextant ist ein empfindliches Präzisions-Winkelmeßgerät, das sorgfältig gehandhabt und aufbewahrt werden muß. Es gibt gewaltige Preisunterschiede, vom Plastiksextanten für 100 Mark bis zu Geräten für über 2000 Mark. Ab 750 bis 900 Mark gibt es Metall-Yachtsextanten, die unseren Ansprüchen an Bord vollauf genügen. Plastiksextanten sind mehr zur Übung als zum Gebrauch in der Praxis gedacht.

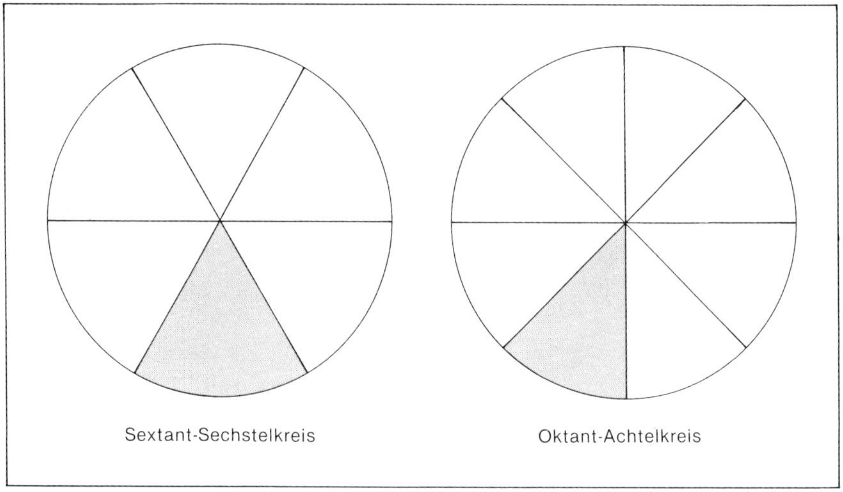

Abb. 81

15.1 Aufbau des Sextanten

Im Prinzip sind alle Sextanten (auch Oktanten) gleich aufgebaut. Sie bestehen aus einem Instrumentenkörper, meist einer durchbrochenen Metallfläche, die einen Kreisausschnitt von 60° (Oktant 45°) darstellt. Dies ist ein Sechstel (Achtel) eines Kreises, daher der Name *Sextant* (*sextans* = lat. Sechstel) bzw. *Oktant* (*octans* = lat. Achtel) (Abb. 81). Auf diesem Instrumentenkörper (Abb. 82) ist ein Spiegel, der *kleine Spiegel*, fest angebracht. Er ist halb verspiegelt und halb durchsichtig. Außerdem ist am Instrumentenkörper das Fernglas und auf der Rückseite des Instrumentenkörpers ein Handgriff befestigt. Der untere Teil des Instrumentenkörpers ist der *Gradbogen* oder *Limbus;* auf ihm ist die Gradeinteilung als *Skala* eingraviert.

Der zweite Hauptteil des Sextanten oder Oktanten ist die *Alhidade.* Sie ist im Mittelpunkt des Kreisausschnittes beweglich befestigt und läßt sich um diesen Mittelpunkt so hin- und herdrehen, daß ihr unterer Teil mit der Ablesemarke, dem *Index,* über die Skala des

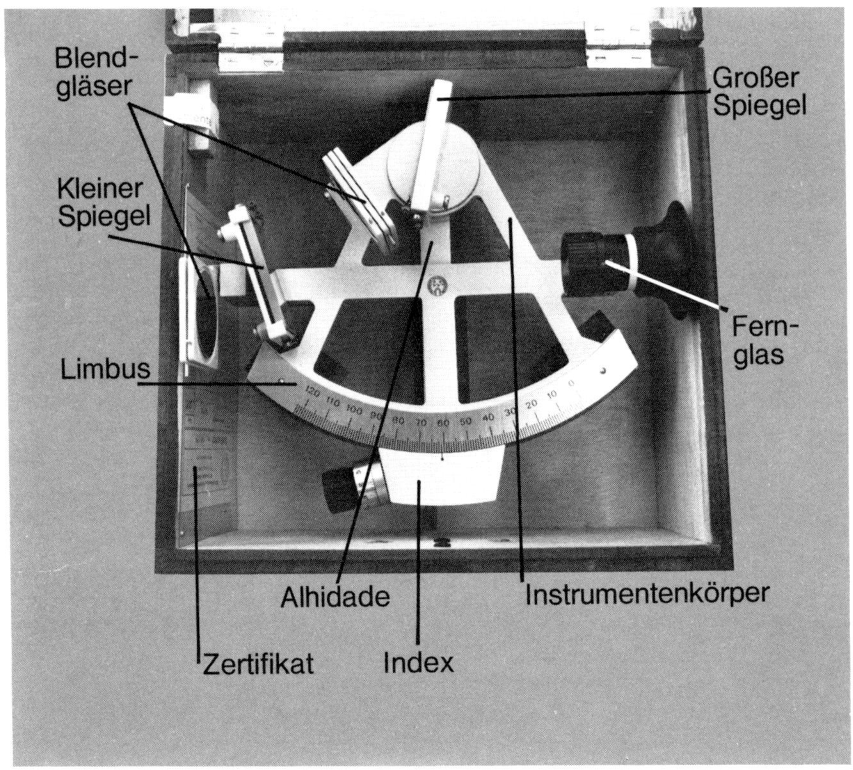

Abb. 82: Der Sextant und seine wichtigsten Teile

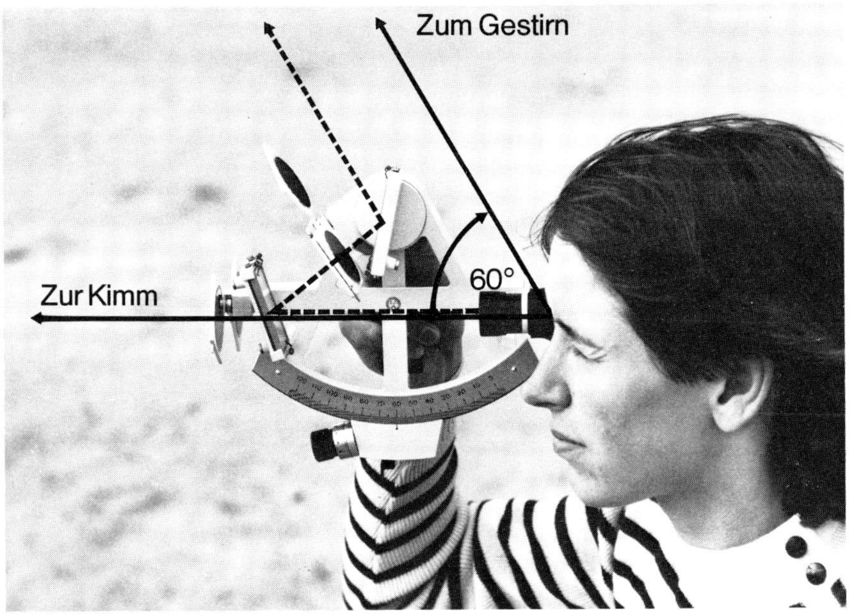

Abb. 83: Der Strahlengang im Sextanten. Hier wird ein Gestirn in 60° über der Kimm beobachtet

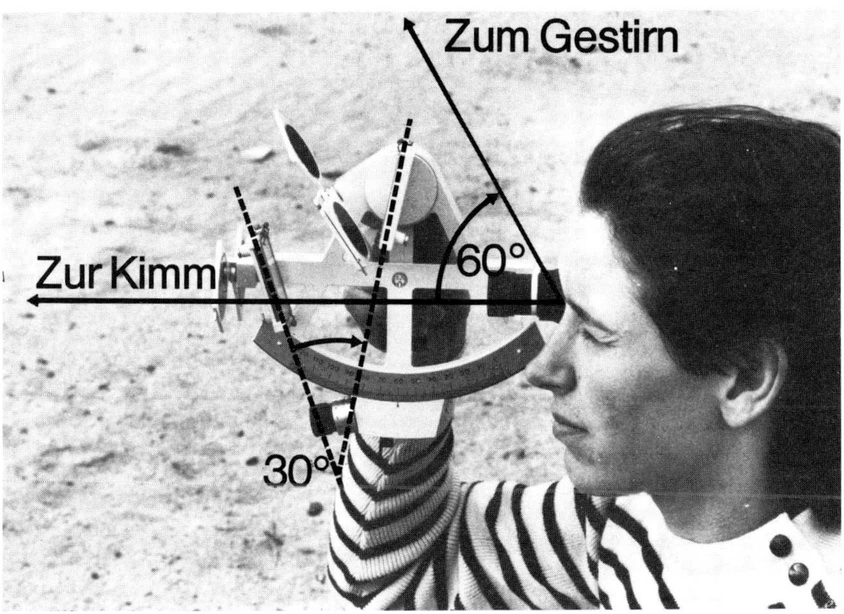

Abb. 84: Um einen Kimmabstand von 60° zu messen, muß die Alhidade mit dem großen Spiegel in einem Winkel von 30° gedreht werden. Auf dem Limbus werden dann 60° angezeigt

Gradbogens wandert. Auf ihrem oberen Teil, über dem Mittelpunkt des Kreisausschnittes, ist der *große Spiegel* befestigt; er ist im Gegensatz zum kleinen voll verspiegelt. Am unteren Teil der Alhidade ist beim Index eine endlose *Trommelschraube* angebracht, die in einen Zahnkranz an dem Limbus greift.

Außerdem sind vor dem großen und dem kleinen Spiegel noch eine Reihe unterschiedlich dunkel gefärbter *Blendgläser* angebracht, die je nach Helligkeit vorgeschaltet werden, um eine Blendung des Navigators durch die Sonne oder die in der Sonne gleißende Kimm zu verhindern.

Da der Winkel zwischen zwei Objekten (meist Kimm und Gestirn) gemessen werden soll, müssen im Sextanten zwei Blickrichtungen zusammenkommen: die Blickrichtung zur Kimm (geradeaus) und die zum Gestirn (nach oben). Die Blickrichtung zur Kimm (die Gerade Beobachter–Kimm) verläuft ungebrochen vom Auge durch das Fernglas durch den unverspiegelten Teil des kleinen Spiegels zur Kimm. Die Gerade Beobachter–Gestirn wird dagegen zweimal gebrochen. Sie verläuft vom Auge durch das Fernglas auf den verspiegelten Teil des kleinen Spiegels, von dort auf den großen Spiegel und von dort zum Gestirn (Abb. 83).

Steht ein Gestirn etwa beim scheinbaren Auf- oder Untergang genau in der Kimm, dann sind Blickrichtung zu Kimm und Gestirn parallel. Um solche parallelen Strahlen zu erfassen, müssen auch die beiden Spiegel parallel stehen. Der untere Teil der Alhidade steht in diesem Fall mit seinem Index auf der Null der Limbus-Skala. Steht beispielsweise die Sonne 60° über der Kimm, so müssen wir die Stellung des großen Spiegels so verdrehen, daß er einen Winkel von 30° mit dem kleinen bildet, damit die Strahlen von Sonne

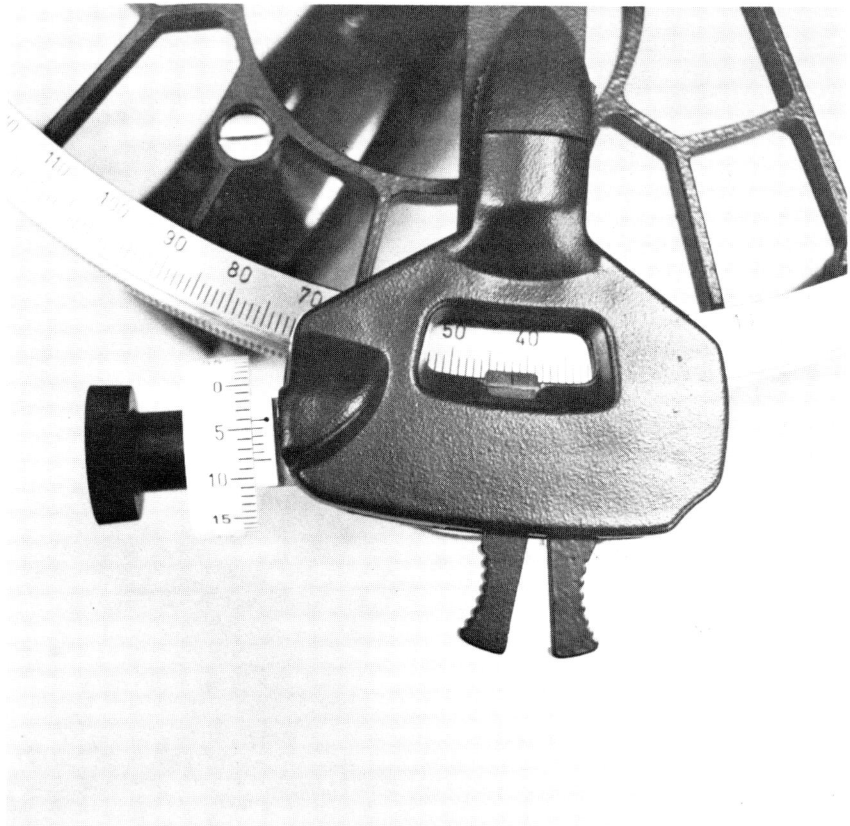

Abb. 85: Sextant mit Zusatz-Skala zur Ablesung von Fünftel-Minuten (Modell Cassens & Plath). – Die Ablesung hier beträgt 42°04,2'. Man liest wie gewohnt die volle Gradzahl 42 ab, dann die Minute 4 an dem Indexstrich mit dem Punkt am Ende. Nun schaut man, welcher der kleinen Unterstriche rechts mit den Strichen auf der Trommel links eine durchgehende Linie bildet. Hier ist es der erste; er steht für 0,2 Minuten. Der nächste für 0,4 und so fort

und Kimm im Fernrohr und im Auge des Beobachters parallel ankommen (Abb. 84). Weil Einfallswinkel gleich Ausfallswinkel ist, verdoppelt sich am beweglichen großen Spiegel der Winkel, und mit einer Drehung des Spiegels um 30° fangen wir ein Gestirn ein, das 60° über dem Horizont steht.

Diese Verdoppelung des Winkels am Spiegel macht es denn auch möglich, daß wir mit einem Sextanten, also einem Kreisausschnitt von 60°, Winkel bis zu 120° und mit einem Oktanten, also einem Kreisausschnitt von 45°, Winkel bis zu 90° messen können. Diese Verdoppelung ist an der Skala am Gradbogen schon berücksichtigt. Bewegen wir die Alhidade um 30° nach vorne, zeigt uns der Index einen Winkel von 60° an; denn uns interessiert ja nicht der Winkel zwischen den Ebenen von großem und kleinem Spiegel, sondern zwischen Blick zur Kimm und Blick zum Gestirn.

Beim Trommelsextanten sind die Trommelschraube mit dem Drehrad am Index und der Zahnkranz auf dem Limbus so konstruiert, daß genau eine Umdrehung der Trommel den Index um 1° auf der Skala weiterbewegt. Dementsprechend ist eine halbe Umdrehung = 30' usw. Doch dies müssen wir nicht abschätzen; dafür gibt es auf der Trommel noch eine Minutenskala. Eine Sextantablesung bei einem Trommelsextanten besteht also 1. aus der Gradablesung am Index-Strich und 2. aus der Minutenablesung an der Trommel. Es gibt Sextanten, die eine weitere Skala haben, um auch die Bruchteile von Minuten abzulesen (Abb. 85). Doch für den Yacht-Gebrauch genügt hier ein Abschätzen vollkommen. Größere Präzision würde hier nur eine Genauigkeit vortäuschen, die einfach aufgrund der Schwierigkeit der Beobachtung auf kleinen Schiffen und Booten nicht gegeben ist.

Ähnlich funktionierte bei älteren Sextanten der „Nonius". Dies ist ein kleiner Hilfsmaßstab, der eine Unterteilung mehr hat als dieselbe Strecke auf dem Limbus. Bei dem heute nicht mehr gebräuchlichen System machte man sich zunutze, daß das menschliche Auge imstande ist, mit großer Genauigkeit zu erkennen, ob eine Linie durchgehend oder gebrochen ist.

Nun gibt es noch diverse Zubehörteile für Sextanten, von denen allenfalls eine Beleuchtungseinrichtung für den Index und eine Stoppuhrhalterung für uns brauchbar sind. Auf Yachten nicht zu gebrauchen sind Sextanten mit einer Libelle als künstlichem Horizont. Hiermit wäre man zwar vom Vorhandensein einer deutlich sichtbaren Kimm unabhängig. Doch dafür müßten wir den Sextanten so ruhig halten, wie es auf einem Boot nicht möglich ist. Außerdem gibt es noch spezielle Vorsatzlinsen, die beispielsweise einen Stern als besser sichtbaren Lichtstreifen darstellen oder auch verdoppeln, so daß man die Mitte zwischen beiden Punkten auf die Kimm legt. Doch dies ist ungebräuchlich und auch weitgehend unnötig.

15.2 Fehler des Sextanten

Man unterscheidet zwischen groben Fehlern, die – wenn überhaupt – nur im Werk korrigiert werden können, kleinen Fehlern, die ein Fachmann oder geschickter Laie selber korrigieren kann, und dem Indexfehler, den man beläßt und lediglich rechnerisch berücksichtigt. Grobe Fehler können unter anderem sein:

Der Drehpunkt der Alhidade sitzt nicht im Zentrum des Gradbogens. Die Teilung von Gradbogen und die Steigung der Trommelschraube sind fehlerhaft. Blendgläser und Spiegel sind nicht planparallel geschliffen. Der Instrumentenkörper ist – etwa durch Fall – verzogen.

Kleine Fehler können sein:

Die federnd aufgehängten Spiegel sind aus ihrer richtigen Stellung gekommen – durch Sturz, Erschütterung, unsachgemäße Handhabung etc. Hierzu finden sich in den Gebrauchsanweisungen exakte Korrekturanleitungen, die 1. streng befolgt, 2. nur mit dem meist mitgelieferten Spezialschlüssel durchgeführt und 3. im Zweifelsfall einem Fachmann überlassen werden sollten.

Der Indexfehler ist uns aus unseren Rechenaufgaben schon hinlänglich bekannt; wir wissen schon, daß er positiv und negativ sein kann. Zur Feststellung des Indexfehlers richten wir den auf genau 0°00,0′ eingestellten Sextanten auf die Kimm oder ein anderes, mindestens zwei Seemeilen entferntes Objekt. Wenn die Kimm nun beim Blick durch das Fernrohr ohne Knick von links nach rechts durchläuft, ist der Indexfehler gleich Null. Ist aber ein Knick sichtbar (Abb. 86), dann drehen wir an der Trommel so lange hin und her, bis der Knick verschwunden ist (Abb. 87). Dann schauen wir nach, was der Index, der ja eigentlich jetzt Null anzeigen müßte, tatsächlich anzeigt.

Steht die Indexmarke rechts vom Nullpunkt (auf dem „Vorbogen") und geht der Wert auf der Trommel in Richtung 55′, dann ist der gemessene Winkel zu klein. Wir müssen also den Betrag des Indexfehlers bei jeder Messung berücksichtigen, indem wir eine Indexberichtigung vornehmen, und den Betrag addieren (Abb. 88). Umgekehrt wird jeder Winkel zu groß angezeigt, wenn die Indexmarke statt auf der Null links davon (auf dem „Hauptbogen") steht und der Wert auf der Trommel in Richtung 5′ geht (Abb. 89). In diesem Fall muß eine entsprechende Indexberichtigung abgezogen werden.

Merke: Indexmarke rechts von der Null und Trommelwert in Richtung 55′: korrigiere mit +.
Indexmarke links von der Null und Trommelwert in Richtung 5′: korrigiere mit −.

Sollte der Indexfehler einmal über 5′ bis 7′ hinausgehen, so sollte man ihn nach Gebrauchsanweisung durch Verstellen des kleinen Spiegels (Einstellschraube) beseitigen. Doch um ein allzu häufiges Korrigieren und damit ein Ausleiern dieser Einstellschraube zu vermeiden, läßt man einen kleinen Indexfehler durchaus bestehen, zumal dieser durch Temperaturauswirkungen und andere Faktoren meist ohnehin etwas schwankt. Darum:

Merke: Der Indexfehler muß vor jeder Beobachtung aufs neue bestimmt werden.

Abb. 86

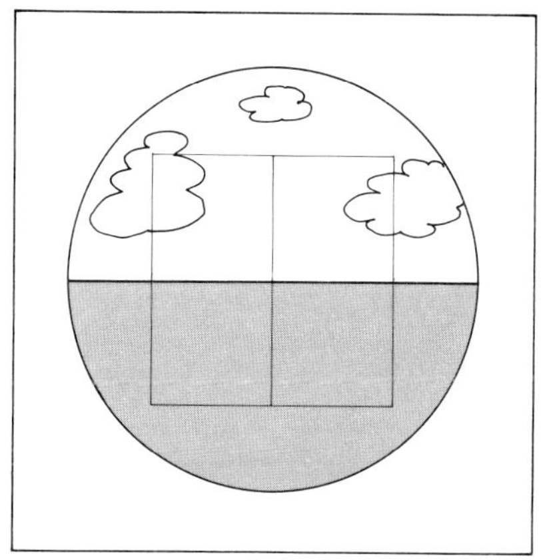

Abb. 87

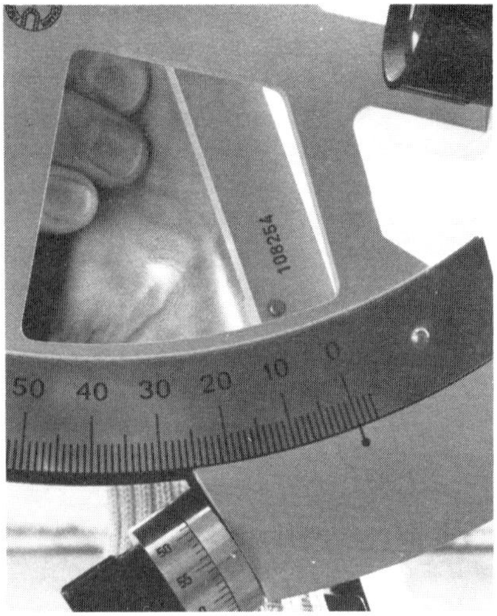

Abb. 88: Bestimmung des Indexfehlers: Wenn die Kimm beim Blick durchs Fernrohr eine geschlossene Linie bildet und der Index dabei so steht, beträgt der Indexfehler −4′ und muß mit +4′ berichtigt werden

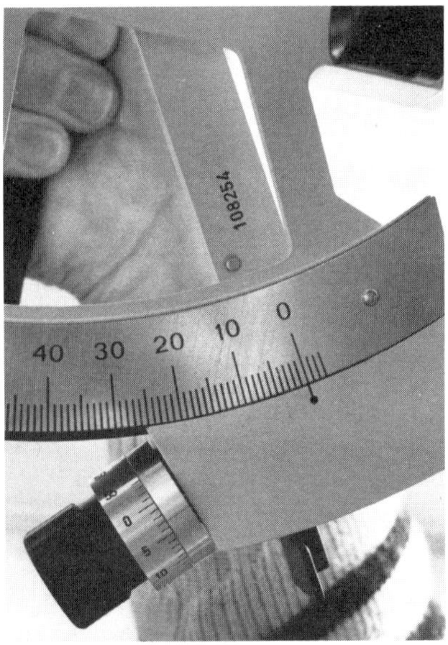

Abb. 89: Bestimmung des Indexfehlers: Geht der Wert an der Trommel auf die „5" zu, so wird jeder Winkel zu groß angezeigt. Das Vorzeichen ist daher +, zu berichtigen mit −3′

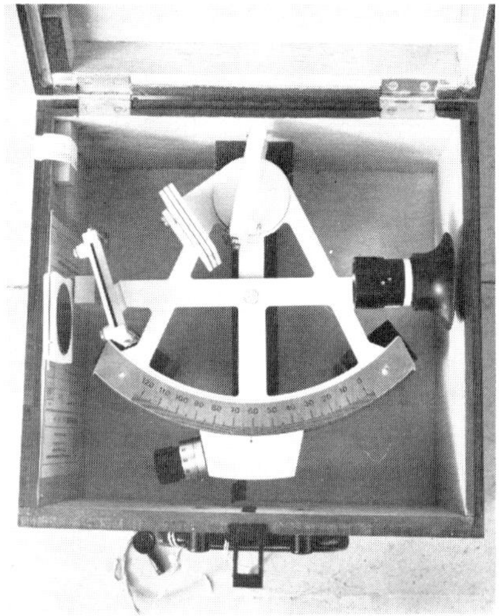

Abb. 90: Zur sicheren Aufbewahrung des empfindlichen Sextanten dient der mitgelieferte Holz- oder Plastikkasten

Um Beschädigungen und größeren Fehlern vorzubeugen, sollte der Sextant nach Gebrauch immer sofort in seinen Kasten (Abb. 90) zurückgelegt werden.

15.3 Das Messen von Kimmabständen

Beim „Schießen" von Gestirnen unterscheiden wir zwei Wege, die zum selben Ziel führen: Messen ohne Voreinstellung und Messen mit Voreinstellung.
Ohne Voreinstellung schießen wir alles, was gut sichtbar ist und nicht leicht „verlorengehen" kann: Sonne, Mond und in Ausnahmefällen ganz besonders gut sichtbare Sterne und Planeten.
Mit Voreinstellung messen wir grundsätzlich den Nordstern und fast immer Sterne.

Zunächst das Messen ohne Voreinstellung. Wir stellen den Sextanten nach Bestimmung des Indexfehlers an der Kimm auf Null, schalten nach Bedarf Blendgläser vor und richten das Fernrohr auf das Gestirn (Sonne). Nun lösen wir an der Alhidade unten am Gradbogen die Bremse und schieben die Alhidade mit der linken Hand ganz langsam nach vorne, wobei wir mit der rechten Hand den gesamten Sextanten genauso langsam nach unten neigen, so daß das gespiegelte Bild des Gestirns immer im Blickfeld bleibt. Schließlich wird dann von unten die Kimm ins Bild wandern.

Nun lassen wir die Sperre unten an der Alhidade wieder in den Gradbogen einrasten und nehmen die Feineinstellung mit der Trommelschraube vor. Dabei drehen wir so lange, bis der Unter- (oder Ober-)rand der Sonne die Kimm gerade eben berührt, und drehen jetzt mit der rechten Hand den Sextanten um etwa 30° (aus dem Handgelenk) um die Fernrohrachse. Bei dieser sehr wichtigen Pendelbewegung sehen wir im Fernrohr, wie das Gestirn jeweils nach rechts und links wieder von der Kimm abhebt (Abb. 91). Eine korrekte Messung haben wir aber nur, wenn wir das Objekt an seinem tiefsten Punkt „schießen". Diese Pendelbewegung dient dazu, sicherzustellen, daß wir den Sextanten im Augenblick der Beobachtung auch genau senkrecht halten. Halten wir ihn nämlich leicht schräg, so wird jede gemessene Höhe zu groß. Dieses Pendeln muß in der Praxis geübt werden! Wenn wir dann glauben, den Sextanten richtig eingestellt und das Gestirn richtig auf die Kimm gesetzt zu haben (Abb. 92), rufen wir zunächst „Achtung!" und dann „Null!" – im selben Augenblick muß ein vorher eingewiesenes Crewmitglied die Stoppuhr drücken.
Beim Messen mit Voreinstellung unterscheidet sich nur der Anfang von der

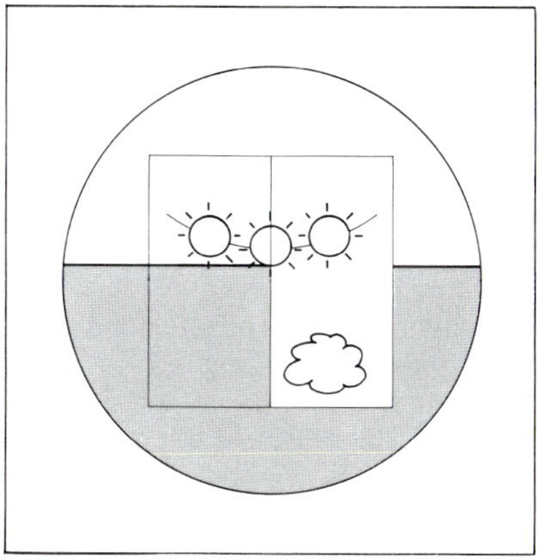

Abb. 91: Pendelbewegung

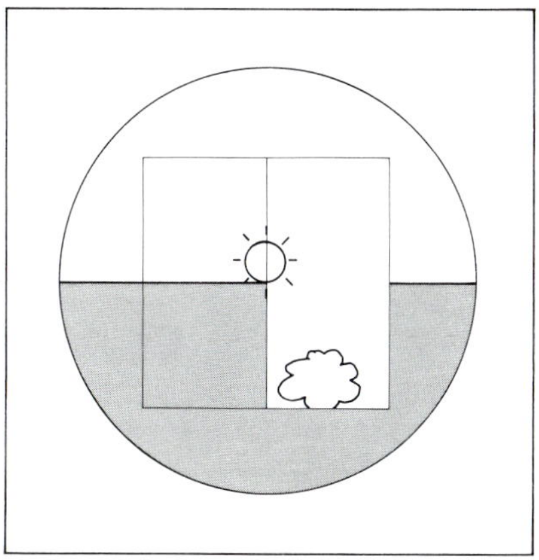

Abb. 92: Gestirn sitzt auf der Kimm

gerade geschilderten Methode. Da ein Stern wie der Nordstern so klein ist, daß er beim „Herunterholen" auf die Kimm allzuleicht verlorenginge, ja eventuell mit bloßem Auge noch gar nicht zu sehen ist, wenn die Kimm noch gerade eben brauchbar ist, verfahren wir nun anders. Wir stellen am Sextanten den Wert ein, den wir bei der Beobachtung ungefähr zu erwarten haben. Das ist bei der Nordsternbreite sehr einfach: Wir stellen einfach unsere Breite am Sextanten ein und blicken damit in Richtung rechtweisend Nord. Da rund um den Nordstern kaum andere Sterne stehen, wird der Stern, den wir dann kurz über oder unter der Kimm sehen, mit an Sicherheit grenzender Wahrscheinlichkeit der Nordstern sein. Wir müssen dann nur noch wie gehabt mit der Trommelschraube die Feineinstellung vornehmen, pendeln, Zeit nehmen.

Bei den anderen Sternen und Planeten verfahren wir genauso; nur müssen wir da die voraussichtliche Höhe zunächst berechnen beziehungsweise nachschlagen. Das empfiehlt sich bei stärkerem Seegang auch bei Sonne und Mond.

15.4 Gewußt wo

Bei den Fixsternen kommt uns hier wieder Band I der H.O.-Tafeln sehr entgegen. Da wir unsere Gißbreite ja kennen, müssen wir als Tafeleingang nur den voraussichtlichen LHA wissen. Sonnenauf- und -untergänge (A und U) nebst Dauer der Dämmerung (D in min) stehen im rosa Teil des NJ in ausreichender Ausführlichkeit.

Wir wählen einen Zeitpunkt etwa 15 min vor Morgen- oder nach Abenddämmerungsbeginn für den voraussichtlichen LHA – beispielsweise 3. Mai, Nordsee, 17-38-00 MOZ –, verwandeln mit der Länge zur UT1 und schlagen für die volle Stunde den Grt des Frühlingspunktes nach und addieren (E) oder subtrahieren (W) unsere provisorische Rechenlänge zum vollgradigen LHA des Frühlingspunktes. Nun machen wir uns zunutze, daß der Greenwichstundenwinkel des LHA ähnlich wie der der Sonne in der Stunde um fast genau 15°, also alle vier Zeitminuten um 1° wächst. Wir stellen eine Liste (Abb. 93) auf, bei der auf der einen Seite die Zeit im Vier-Minuten-Takt abläuft und auf der anderen Seite der LHA jeweils um 1° anwächst.

Mit dieser Liste setzt sich unser „Copilot", ein des Lesens und Schreibens kundiges Crewmitglied, an den Kartentisch und legt sich ein Blatt Papier auf der Band-I-Seite (Anlage 10) für unsere Rechenbreite bereit. Dieses Blatt wird wie ein Lineal um 17-12-00 (oder wann immer man anfangen will) unter die entsprechende LHA-Zeile gelegt. Dann ruft dieser Copilot dem Navigator mit dem Sextanten im Cockpit der Reihe nach die Gestirnsnamen,

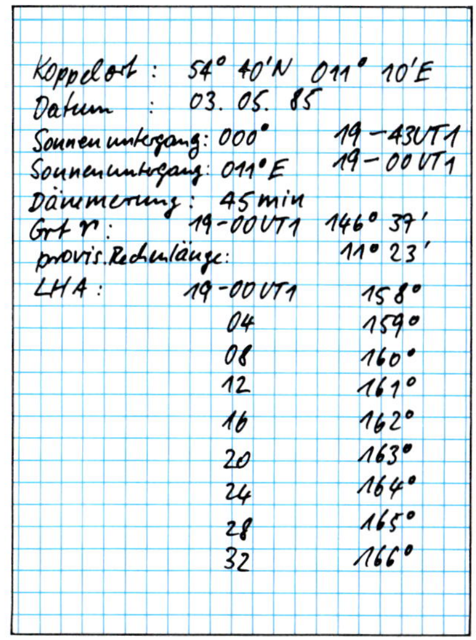

Abb. 93: Der „Spickzettel" für den „Copiloten"

rechnerischen Höhen und Azimute zu. Der stellt dementsprechend seinen Sextanten ein, peilt mit dem Fernrohr in die rechtweisende Richtung, mißt – wenn er den Stern gefunden hat – die Höhe, gibt mit „„Achtung – Null!" das Kommando zum Stoppuhr-Drücken und ruft seinem Copiloten schließlich die gemessene Höhe zu. Der notiert Zeit, Sternnamen und gemessene Höhen und gibt dann den nächsten Stern „nach oben", wobei er alle vier Minuten eine Zeile weiterrückt.

Dieses Verfahren hat sehr viele Vorteile:

- Weil wir vorher wissen, wo wir welchen Stern suchen müssen, können wir viele Sterne mit dem Fernglas finden, bevor sie mit bloßem Auge sichtbar sind.
- Weil wir den Stern an Höhe und Azimut erkennen, müssen wir nicht warten, bis das ganze Sternbild sichtbar und er auf herkömmliche Weise zu identifizieren ist.
- Weil wir von Sternbildern unabhängig sind, können wir auch bei teil-bedecktem Himmel beobachten. Weil wir von Sternbildern unabhängig sind, verlieren wir mit dem Identifizieren nicht unnötig Zeit.
- Daher haben wir mehr Zeit, in der wir wegen des einfacheren Verfahrens mehr Sterne schießen und mehr Standlinien erhalten können.
- Daher wird unser Besteck genauer und zuverlässiger, weil wir eine mißratene Standlinie beim Vorhandensein von vier oder gar sieben Standlinien sofort, beim Vorhandensein von nur zwei oder drei Standlinien möglicherweise gar nicht als „faul" erkennen können.

Und nun ist auch schon ein Gutteil der Auswertung fertig. Nachdem wir die beobachtete Höhe mit der üblichen Gesamtbeschickung und dem Indexfehler beschickt und die errechnete Höhe sowie das Azimut ja auch schon der Tafel entnommen haben, fehlt nun nur noch eines: die „richtige" Rechenlänge. Das klingt paradox, weil doch die Rechenlänge ohnehin nicht „richtig" ist. Wir erinnern uns aber, daß unsere Rechenlänge ja keineswegs willkürlich, sondern das Ergebnis einer Rechnung war, in die über den auf die Sekunde genau ausgerechneten Greenwichstundenwinkel auch die genaue Zeit eingeht. Das müssen wir nun noch nach dem alten Baustein-Schema nachholen, weil wir mit der „provisorischen" Rechenlänge nicht in die Karte gehen dürfen. Hierbei müssen wir natürlich beachten, daß nicht plötzlich ein anderer LHA herauskommt, als wir bei Ablesung von Hc und Azimut aus Band I angenommen haben. Sollte dies einmal ausnahmsweise der Fall sein (es kann ja höchstens eine Abweichung von 1° sein), dann werden Hc und Azimut für diesen LHA neu aus der Tafel entnommen (eine Zeile höher oder tiefer).

Beim Ermitteln der richtigen Voreinstellung für Planeten ist das Verfahren ein klein wenig komplizierter, weil eben das Verfahren nach Band II und III ein wenig komplizierter ist. Das Prinzip ist aber dasselbe: Wir tun so, als hätten wir schon beobachtet, und benutzen das übliche Bausteinschema, nur daß wir statt des tatsächlichen und genauen Beobachtungszeitpunktes einen lediglich vorausgeschätzten Zeitpunkt benutzen. Da Planeten besser zu identifizieren sind, zumal ihre Sichtbarkeitszeiten vorne im NJ angegeben sind, ist hier eine Voreinstellung nicht in jedem Fall nötig und nicht – wegen der Vereinfachung – so dringend zu empfehlen wie bei den Sternen.

16. Astronomische Kompaßkontrolle

Jeder Kompaß sollte regelmäßig kontrolliert und jede Ablenkungstabelle regelmäßig auf ihre Richtigkeit überprüft werden. Absolut notwendig sind solche Kontrollen besonders bei Stahlschiffen nach längerer Liegezeit im Hafen, nach langem Segeln auf immer demselben Bug und Kurs (etwa bei einer Atlantiküberquerung), nach Blitzeinschlag in der Nähe des Schiffes, nach Ein-, Aus- und Umbauten am Schiff (etwa wenn der Motor ein- und ausgebaut oder an der elektrischen Installation etwas verändert wurde).

16.1 Immer waagerecht!

Wie eine solche Kompaßkontrolle in Landnähe oder unter Verwendung von Seezeichen geschieht, sollten wir alle noch vom BK- oder Sportseeschiffer-Kurs her wissen: Wir vergleichen eine an in der Karte eingetragenen Seezeichen oder Landmarken gemessene rechtweisende Richtung oder Peilung mit unserer schon um die Ortsmißweisung korrigierten Kompaßpeilung und erhalten die Ablenkung (Abb. 94).

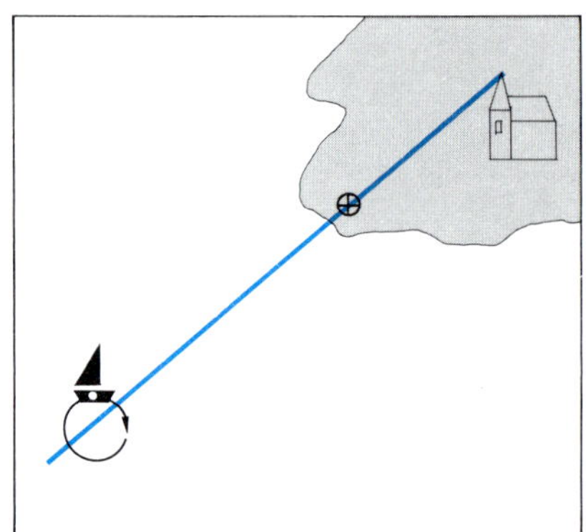

Abb. 94: Kompaßkontrolle nach Landmarken

Am besten verfährt man dabei nach dem gleichen Kurs- und Peilungsverwandlungsschema, wie es auch in den Logbüchern der Kreuzer-Abteilung vorgesehen ist: Kursverwandlung von links nach rechts, nicht von oben nach unten. Diese Kursverwandlung hat sehr große Vorteile und sollte sich endlich grundsätzlich durchsetzen, weil die Gefahr von Vorzeichenfehlern nur mit diesem Schema wirkungsvoll ausgeschaltet werden kann (Abb. 95). Der beste Beleg für diese These ist, daß selbst Lehrbücher, die sich nicht an dieses Schema halten, prompt schwere Vorzeichenfehler aufweisen!

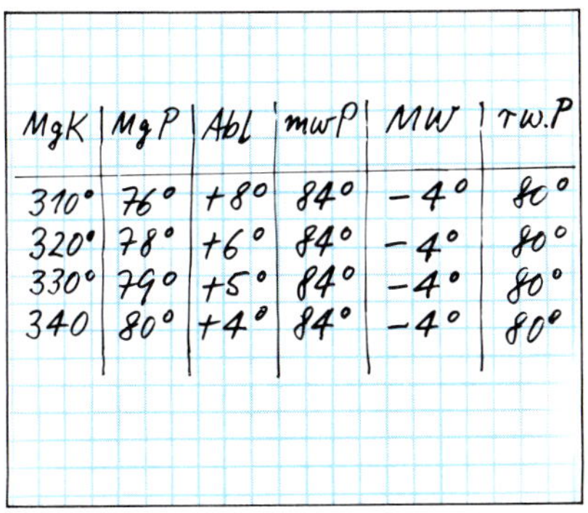

MgK	MgP	Abl	mwP	MW	rw.P
310°	76°	+8°	84°	−4°	80°
320°	78°	+6°	84°	−4°	80°
330°	79°	+5°	84°	−4°	80°
340	80°	+4°	84°	−4°	80°

Abb. 95

Wenn man bei diesem Schema in normaler Schreibrichtung schreibt, also von links nach rechts, gelten die Vorzeichen so, wie sie sind. Schreibt man „gegen den Strich", so muß man die Vorzeichen umgekehrt benutzen. Das geschieht bei einem durchschnittlich intelligenten Menschen geradezu automatisch und ist noch besser als die schon sehr gute

Merkregel: Vom Falschen zum Richtigen mit richtigem Vorzeichen, vom Richtigen zum Falschen mit falschem Vorzeichen.

Mit diesem Schema macht auch eine Kompaßkontrolle keine Schwierigkeit: Ganz rechts steht das „Richtige", also die rechtweisende Peilung (rwP), ganz links das „Falsche", also Magnetkompaß-Kurs (MgK) und Magnetkompaß-Peilung (MgP).

Während wir ja beispielsweise bei einer normalen Peilungsverwandlung von links nach rechts vorgehen und eine „falsche" in eine „richtige" Peilung verwandeln, gehen wir bei der Kompaßkontrolle umgekehrt vor: Rechts tragen wir die bekannte rechtweisende Peilung (rwP) ein; dann entnehmen wir der Karte die Ortsmißweisung (Mw) und verwandeln (gegen den Strich – umgekehrtes Vorzeichen) die rwP in eine mißweisende Peilung (mwP).

Nun kommt die Ablenkung (Abl), die wir ja kontrollieren wollen. Deswegen machen wir jetzt erst einmal links weiter: Hier werden der Magnetkompaß-Kurs (MgK) und die Magnetkompaß-Peilung (MgP) eingetragen. Und nun entsteht aus dem Vergleich von MgP und mwP die Abl, wobei das Vorzeichen sich geradezu automatisch aus der Leserichtung ergibt.

Dieses Schema gilt für alle Arbeiten mit dem Kompaß. Bei der Kursberechnung kommen natürlich noch die Spalten für Beschickung für Wind und Strom usw. dazu. Doch damit haben wir hier ja nichts zu tun.

16.2 Das Amplitudenverfahren

Dieses Verfahren wird zur Überprüfung der Deviation eines anliegenden Kurses angewandt. So zum Beispiel beim Überqueren von Ozeanen, wenn über längere Strecken der gleiche Kurs anliegt. Beim Amplitudenverfahren wird das Azimut zum Zeitpunkt des „wahren" Auf- oder Untergangs der Sonne berechnet; auch hierbei bedienen wir uns nicht mehr der Nautischen Tafeln, sondern der H.O.-Bände II und III.

Doch zunächst zum Begriff „wahrer" Auf- und Untergang. Wir erinnern uns, unter dem Stichwort 4.5 „Die Refraktion" gelesen zu haben, daß die Lichtstrahlen von jedem Gestirn beim Eintreten in die Erdatmosphäre gebrochen werden – und zwar je schräger sie einfallen, desto stärker.

Beim Auf- und Untergang der Sonne ist die Refraktion also am stärksten, und zwar so stark, daß wir die Sonne noch sehen, wenn sie in Wirklichkeit längst unter dem Horizont versunken ist (Abb. 96).

Wann ist nun der „wahre" Auf- oder Untergang?

Merke: Der wahre Auf- oder Untergang eines Gestirnes ist der Zeitpunkt, zu dem der Mittelpunkt des Gestirnes genau im wahren Horizont steht (Abb. 97).

Da wir den „wahren Horizont" ja nicht sehen, sondern nur eine Kimm, müssen wir uns mit folgender Faustregel begnügen: Die Sonne steht dann mit ihrem Mittelpunkt im wahren Horizont, wenn ihr Unterrand für den Beobachter 20′ oder 2/3 ihres Durchmessers über der Kimm steht. Man sagt so, es könne dann noch ein kleiner Hund darunter durchlaufen (Abb.98).

Um für diesen Augenblick, wenn die Sonne gewissermaßen auf den Hund gekommen ist, das Azimut zu bestimmen und danach dann den Kompaß zu kontrollieren, gehen wir in die passende H.O.-Tafel, suchen in der passenden Deklinationsspalte nach dem Augenblick, wo Hc genau (oder fast genau) 0° 00′ beträgt. Dabei dürfen wir uns nicht wundern, daß es da auch

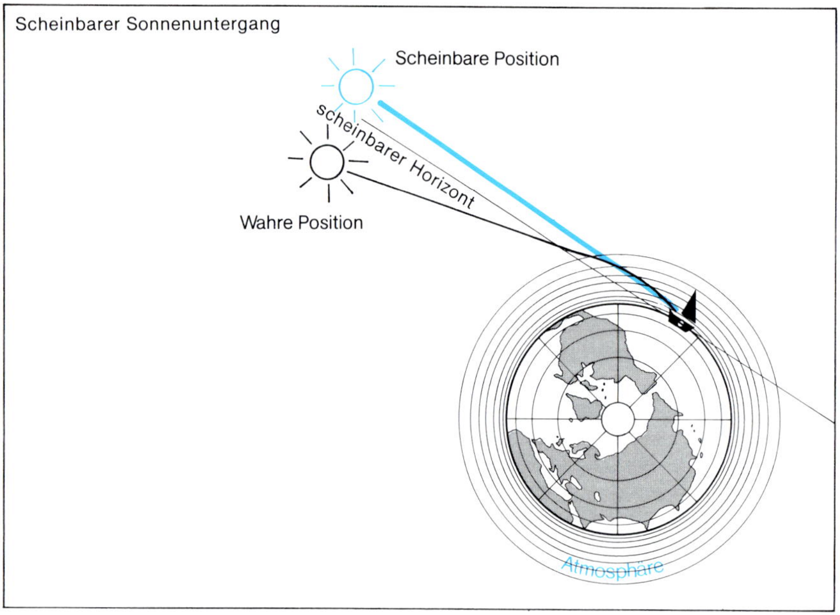

Abb. 96: Wenn wir die Sonne im Horizont sehen, ist sie in Wirklichkeit längst untergegangen; beim Eintritt in die Erdatmosphäre werden die Strahlen geknickt – durch die Refraktion

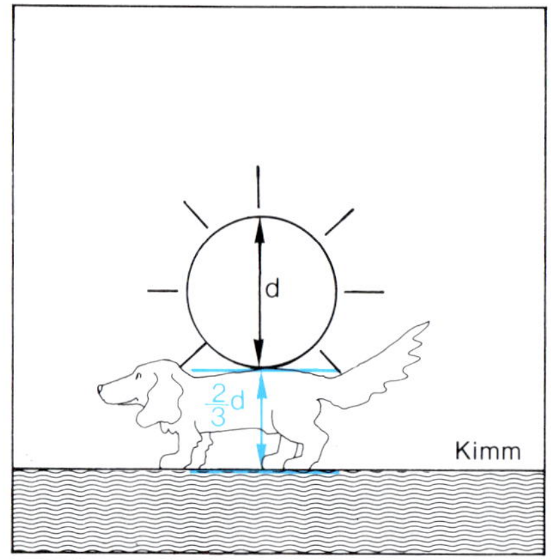

Abb. 98: Der Zeitpunkt des wahren Sonnenauf- oder -untergangs

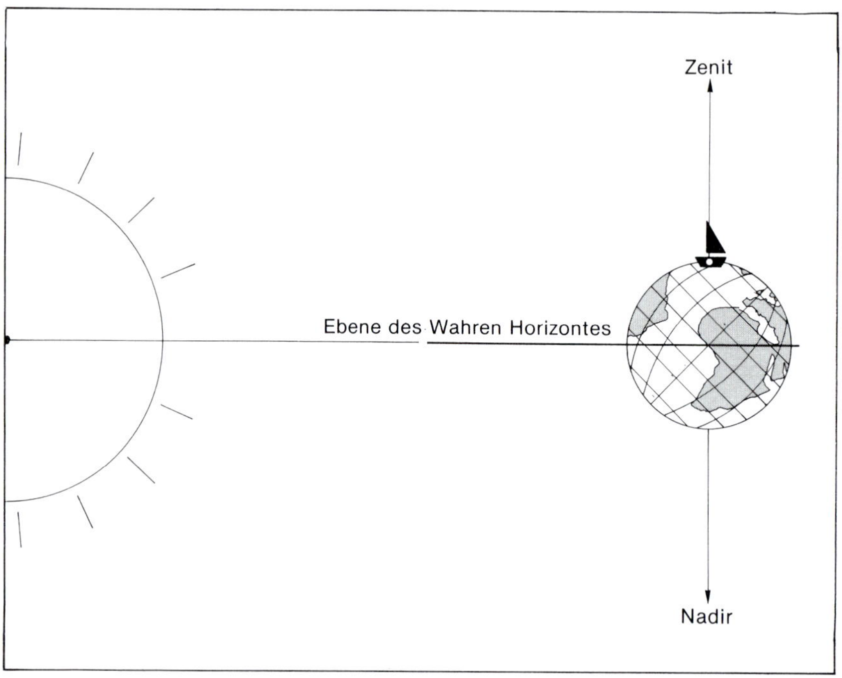

Abb. 97

negative Höhenwerte gibt. Da die Tafeln für die Navigation im Flugzeug gemacht sind, also für Navigatoren mit einer Augeshöhe von bis zu 12000 Metern und mehr, müssen hier auch für uns scheinbar unsinnige Werte angegeben sein.

Wenn wir nun den Wert gefunden haben, der am nächsten an der Null dran ist, notieren wir den Azimutwinkel Z und suchen uns rechts oder links den passenden LHA. Das muß beim Aufgang immer ein hoher Wert (so um die 240°–280°) sein, weil der LHA ja immer nach Westen gemessen wird und die Sonne morgens im Osten aufgeht; der LHA muß also fast einmal um die Erde herum. Diese hohen Werte für den Aufgang stehen rechts am Rand. Umgekehrt muß für den Untergang, wenn die Sonne im Westen steht, der LHA niedrig sein, also links entnommen werden. Diesen LHA brauchen wir aber nur, um die Azimutregel (oben oder unten auf der Tafel) zu finden und

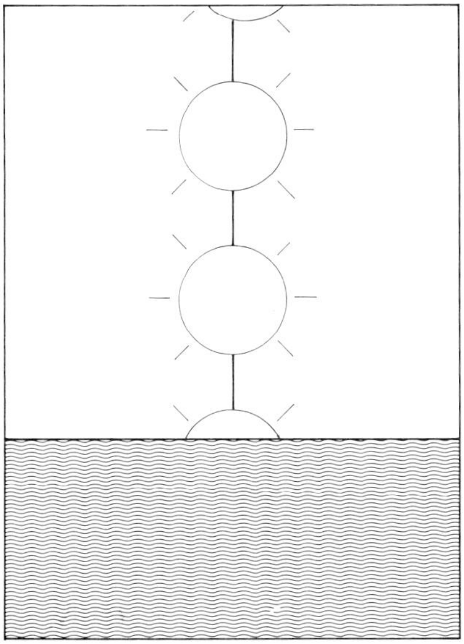

Abb. 99: Auf- oder Untergang in den Tropen: Azimut bleibt lange gleich

den Azimutwinkel Z ins rechtweisende Azimut zu verwandeln.

Wer Spaß daran hat, kann aus dem LHA auch den genauen Zeitpunkt des wahren Auf- oder Untergangs errechnen; er muß nur umgekehrt verfahren wie sonst: aus dem LHA zunächst die eigene Länge herausholen (umgekehrtes Vorzeichen!), um den Grt zu erhalten. Und aus diesem kann er dann mit Nautischem Jahrbuch und Schalttafeln den genauen Zeitpunkt errechnen.

Das Amplitudenverfahren hat den Vorteil, daß die sehr niedrig stehende Sonne relativ gut mit einem Peildiopter auf dem Steuerkompaß gepeilt werden kann und wir keine genaue Zeit benötigen. Eine Deviationstabelle wird man mit dem Amplitudenverfahren nicht aufstellen, obwohl es in den Tropen theoretisch durchaus möglich wäre. Dort geht die Sonne fast senkrecht auf und unter, und das Azimut bleibt über einen längeren Zeitraum unverändert (Abb. 99). In unseren Breiten jedoch

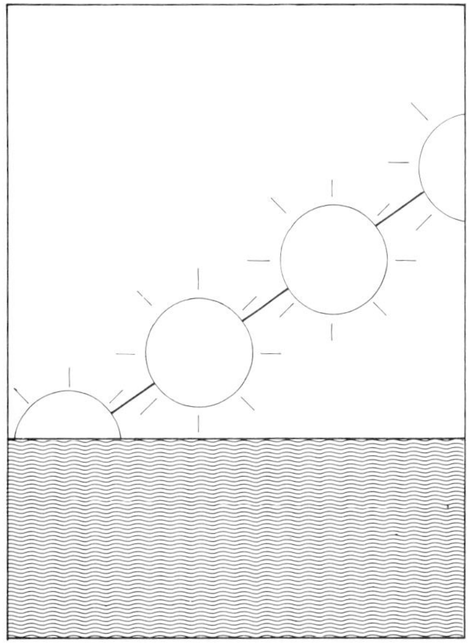

Abb. 100: Auf- oder Untergang in höheren Breiten: Azimut ändert sich sehr schnell

geht die Sonne so schräg auf und unter (Abb. 100), daß die Zeit nur für eine Peilung zur Kompaßkontrolle ausreicht.

16.3 Das Zeitazimut-Verfahren

Diese Methode war zu Semiversus-Zeiten die schwierigere, doch sie hat ihren Schrecken durch die H.O.-Tafeln verloren. Mit den Tafeln ist nun eine astronomische Kompaßkontrolle so einfach wie eine terrestrische, wenn nicht sogar einfacher.

Wir gehen ähnlich vor wie bei der Vorbereitung der Sternbeobachtung nach Band I. Es bietet sich an, für dieses Verfahren einen eigenen Vordruck zu benutzen (Seite 81), da unser Ziel ein ganz anderes ist als bei der astronomischen Ortsbestimmung. Auch hier müssen wir als Eingang in die Tafel wieder einen vollgradigen LHA haben; da wir aber zur Auswertung unseres Ergebnisses nicht einfach mit dem Bleistift in der Karte zum Rechenort „segeln" können, sondern unsere Beobachtung (Peilung) da auswerten, wo wir gerade sind, verfahren wir etwas anders.

Wir manipulieren nicht die Rechenlänge, sondern die Zeit – denn die können wir ohne Mühe durch Abwarten einiger Minuten „passend" bekommen. Unser Baustein für den ersten LHA, auf dem wir dann wie bei der Fixsternbeobachtung nach Band I im Vierminutentakt weiter aufbauen, sieht also so aus: Erst legen wir den Zeitpunkt unserer Kompaßkontrolle fest, sagen wir nach dem Kaffeetrinken so um 16-00 UT1. Dann sollten wir mit der Vorbereitung etwa eine viertel Stunde vorher anfangen. Zunächst werden für 16-00 UT1 der Grt der Sonne und die Deklination aus dem NJ (Anlage 1) entnommen. Dann addieren oder subtrahieren wir (E+/W-) unsere angenommene (nicht Rechen-) Länge zum Grt und erhalten einen LHA, der meist alles andere als vollgradig ist.

Nun addieren wir soviel Bogenminuten hinzu, daß er vollgradig wird, teilen diese Minutenzahl durch 15 und erhalten Zeitminuten, die wir zu der eingangs benutzten vollen Stunde addieren. Das hört sich etwas kompliziert an, ist aber so einfach, daß wir es in der Praxis sehr schnell über den linken Daumen schaffen werden.

Merke: 1 Zeitminute = 15′ LHA
4 Zeitminuten = 1°

Auf Sekunden wird hierbei keine Rücksicht genommen; so schnell ändert sich das Azimut nicht (wohl aber die Höhe, die hier ja nicht interessiert).

Nach dieser Manipulation erhalten wir eine Uhrzeit (mit vollen Minuten) und einen vollgradigen LHA. Nun wird einfach addiert; bei der Zeit hüpfen wir im Vierminutentakt weiter, beim LHA jeweils um einen Grad. Wie weit wir das tun, hängt davon ab, wie lange wir für unsere Kompaßkontrolle brauchen werden. Eine Stunde dürfte aber meistens ausreichen; doch die Reihe kann bis zum Sonnenuntergang beliebig fortgesetzt werden.

Nun folgt der zweite Schritt. Mit den vollgradigen LHAs gehen wir in die nach Breite und Vorzeichen (same name/contrary) passende H.O.-Tafel (Anlage 8) und suchen die passende Deklinationsspalte heraus. Während wir bei der Ortsbestimmung immer die Spalte mit der vollen Gradzahl unserer Deklination nehmen und dann später für die Minuten korrigieren, nehmen wir nun die Spalte für die auf- oder abgerundete Deklination, also beispielsweise bei 19° 47′ N die Spalte für 20°.
In dieser Spalte entnehmen wir nun für jeden vollen LHA, der auf unserer Liste steht, den Azimutwinkel Z, verwandeln ihn nach der oben oder unten auf der Seite angegebenen Azimutregel ins rechtweisende Azimut und tragen dies als rechtweisende Peilung (rwP) oder rechtweisendes Azimut (rwAz) in unser Peilungsverwandlungs-Schema ein. Während wir beim LHA jeweils alle vier Zeitminuten um einen Grad weiterrükken können, ist das beim Azimut nicht ganz so. Es ändert sich zwar auch annähernd alle vier Minuten um einen Grad, aber eben nicht ganz genau.
Jetzt brauchen wir nur noch die Sonne zu peilen, dabei auf die Uhr zu schauen und in die Spalte mit der entsprechenden Uhrzeit die Werte von Magnetkompaß-Peilung und Magnetkompaß-Kurs einzutragen. Der Rest unterscheidet sich nicht mehr von einer terrestrischen Kompaßkontrolle, deren Grundzüge wir eingangs kurz wiederholt haben.

Das Peilen der Sonne ist freilich nicht ganz einfach, es sei denn, man hat einen Kompaß mit Schattenstift (Abb. 101), bei dem der Schatten eines senkrecht auf der Achse der Kompaßrose stehenden Stiftes genau das Azimut markiert. Bei anderen Kompassen muß man sich eines Peilaufsatzes (Scheibe oder Diopter) bedienen; manche dieser Peilaufsätze haben speziell für die Sonnenpeilung einen kippbaren schwarzen Spiegel, der die Arbeit ebenfalls wesentlich erleichtert. Sollte es gar nicht anders gehen, so muß man unter Umständen den Umweg über eine Schiffsseitenpeilung einschlagen. Dann wird eine Peilscheibe benutzt, die wir notfalls eigenhändig mit einem Schattenstift (z. B. Bleistift, Nagel) versehen. Bei Seegang ist dies alles natürlich noch viel mühseliger, doch Kompaßkontrollen sind zwar wichtig, aber selten so dringend, daß man sie nicht ein paar Tage verschieben kann.

Abb. 101: Kompaß mit Schattenstift zur Sonnenpeilung

Aufgaben

a) Bestimme das Azimut der Sonne beim Aufgang am 3. 5. 85, Koppelort 55°10′N 006°35′E.
b) Bestimme das Azimut der Sonne beim Untergang am 5. 10. 85, Koppelort 54°30′ N 008°05′E.
c) Am 3. 5. 85 wollen wir nachmittags ab 16-00 UTC auf Koppelort 54°50′N 006°57′E eine Kompaßkontrolle nach Zeitazimut durchführen. Die Mißweisung sei −3°. Dabei peilen wir um 16-09 UTC auf MgK 030° die Sonne in MgP 264°. Wie groß ist die Ablenkung?
d) Am 5. 10. 85 wollen wir vormittags ab 10-00 UTC auf Koppelort 54°52′N 006°36,3′E eine Kompaßkontrolle durchführen. Die Mißweisung sei +4°. Dabei peilen wir um 10-10 UTC bei MgK 020° die Sonne in MgP 158°. Wie groß ist die Ablenkung?

Musterlösung

3. 5. 85 Sonnenaufgang. Dec am Morgen = 15°40′N ≈ 16°N.
H.O.-Tafel für Lat 55°, same name, nächster Höhenwert an „O" laut Tafel = 00°05′ bei Z = 61 und LHA 246
Da 246° > 180°, Zn = Z. Azimut beim Aufgang = 61°

Yacht: Atlantis   Beginn: 16 Uhr (volle Stunde) Grt: 060° 47,5′

Koppelbreite: 54° 50,0′   Koppellänge (E+ / W−): +/− 006° 57,0′ W/E

Datum: 03.05.85   gibt für: 16 − 00 Uhr LHA 067° 44,5′

Gerundete Deklination: 16° N/S   1 min = 15′ LHA   + 01 = Zuwachs: + 15,5′

MgK	MgP	Abl	mwP	Mw	rwAz		LHA
010°	263°	+/− 01°	264°	+/− 03°	261°	16 − 01 Uhr	068° 00,0
020°	264°	+/− 01°	265°	+/− 03°	262°	− 05 (je + 4 min ↓)	069° (je + 1° ↓)
030°	264°	+/− 02°	266°	+/− 03°	263°	− 09	070°
040°	264°	+/− 03°	267°	+/− 03°	264°	− 13	071°
050°	265°	+/− 03°	268°	+/− 03°	265°	− 17	072°
060°	264°	+/− 04°	268°	+/− 03°	265°	− 21	073°
°	°	+/− °	269°	+/− 03°	266°	− 25	074°
°	°	+/− °	270°	+/− 03°	267°	− 29	075°
°	°	+/− °	°	+/− °	°	−	°
°	°	+/− °	°	+/− °	°	−	°
°	°	+/− °	°	+/− °	°	−	°
°	°	+/− °	°	+/− °	°	−	°
°	°	+/− °	°	+/− °	°	−	°
°	°	+/− °	°	+/− °	°	−	°
°	°	+/− °	°	+/− °	°	−	°
°	°	+/− °	°	+/− °	°	−	°
°	°	+/− °	°	+/− °	°	−	°
°	°	+/− °	°	+/− °	°	−	°

Mit diesem Vordruck erstellen wir eine Ablenkungstabelle. Hier die Musterlösung zu Aufgabe c. Zur Übung kann sie mit gedachten Werten vervollständigt werden. Bei einer Tabelle von 20° zu 20° reicht dieser Vordruck aus. Für eine Tabelle von 10° zu 10° müssen zwei Vordrucke ausgefüllt werden

17. Der Sternenhimmel

Früher waren die Sternbilder für den Navigator wichtig, um bestimmte Sterne zu identifizieren. Heute, bei der Verwendung von Volume I der H.O.-Tafeln („Selected Stars"), spielen sie nicht mehr eine so große Rolle. Trotzdem sollte jeder Navigator mindestens ein rundes Dutzend Fixsterne auch ohne Tafeln (und dort entnommene Azimute + Höhen) anhand von Sternbildern und „Suchlinien" finden können.

17.1 Die Zirkumpolarsterne

Da ist als erstes und wichtigstes Sternbild für uns der „Himmelswagen" (auch „Großer Bär" genannt); die fünffache Verlängerung seiner Rückwand führt uns zum *Nordstern,* der ja fast genau auf dem Himmelsnordpol liegt. Wenn wir ihn gefunden haben, wissen wir auch, wo Norden ist. Der „Himmelswagen" ist so nah am Himmelsnordpol, daß wir ihn das ganze Jahr und die ganze Nacht über sehen. Derartige Sterne nennt man *Zirkumpolarsterne*. Weitere zirkumpolare Sternbilder sind der „Kleine Bär" (oder auch „Kleine Wagen"), die „Cassiopeia" (das „Himmels-W") und der „Cepheus".
Alle anderen wichtigen Sternbilder und Beobachtungssterne können wir jedoch nur zu bestimmten Jahreszeiten sehen.

17.2 Die Frühlingssterne

Wenn wir die leicht gekrümmte Deichsel des „Himmelswagens" verlängern, stoßen wir zunächst auf den hellsten Frühlingsstern, den *Arcturus* im „Bootes" („Bärenführer"). Setzen wir diesen Bogen fort, so stoßen wir auf *Spica* in der „Jungfrau". Spica liegt zwar schon südlich des Himmelsäquators, doch ist sie auch von Nord- und Ostsee aus noch gut sichtbar. Und wenn wir im Mittelmeer segeln (etwa bei den Balearen), ist sie von unserem Zenit genauso weit entfernt wie der Nordstern.
Ein weiterer guter (weil auffällig heller) Beobachtungsstern im Frühjahr ist *Regulus.* Wir finden ihn im Sternbild „Löwe". Suchlinie: Verlängerung der Vorderwand des „Himmelswagens". Außerdem bilden Arcturus, Regulus und Nordstern ungefähr ein gleichseitiges Dreieck, das den „Himmelswagen" umschließt.

17.3 Die Sommersterne

Auch im Sommer gibt es ein den Sternhimmel beherrschendes Dreieck, das „Sommerdreieck" aus *Deneb, Wega* und *Atair.* Wir gehen von der uns schon bekannten zirkumpolaren Cassiopeia („Himmels-W") die Milchstraße entlang bis zum Sternbild des „Schwan" und seinem hellsten Stern, dem *Deneb.* Von hier ist es nicht weit bis zum hellsten Stern unseres Fixsternhimmels, der bläulich-weiß funkelnden *Wega* in der „Leier". Wenn wir auf der Verbindungslinie zwischen Deneb und Wega eine Mittelsenkrechte (vom Polarstern weg) errichten, stoßen wir bald auf *Atair* im Sternbild des „Adler". Vom Mittelmeer aus können wir auch schon sehr gut den auffällig gelben, auf 26°23′ Süd stehenden *Antares* im ebenfalls recht auffälligen Sternbild „Skorpion" beobachten.

17.4 Die Herbststerne

Im Herbst beherrscht das Sternbild „Pegasus" den Himmel. Wir finden es mit den Beobachtungssternen *Sirrah, Mirach, Alamak* und anderen in Verlängerung von Linien vom Polarstern über die Cassiopeia.

17.5 Die Wintersterne

Die schönsten Sternbilder bietet jedoch der Winterhimmel. Da ist zunächst der auffällige und daher leicht zu findende „Orion" mit der leicht rötlichen *Beteigeuze, mit Bellatrix* und dem hellweißen *Rigel* als beliebten Beobachtungssternen.
„Orion" weist uns aber auch den Weg zu anderen guten Beobachtungsobjekten. Eine Linie von Bellatrix über Beteigeuze führt uns zum hellen *Procyon* im „Kleinen Hund". Die Verlängerung der fast genau auf dem Himmelsäquator liegenden „Gürtelsterne" des Orion führt uns auf der einen Seite zum rötlichen *Aldebaran* im „Stier" und auf der anderen zum sehr hellen *Sirius* im „Großen Hund". Eine Diagonale von Rigel zu Beteigeuze führt als Verlängerung ins Sternbild „Zwillinge" mit *Castor* und *Pollux.* Zwischen „Orion" und dem Polarstern finden wir schließlich noch die *Capella* im „Fuhrmann". Capella, Aldebaran, Rigel, Sirius, Procyon und Castor bilden das „Große Wintersechseck".

Der nördliche Sternenhimmel

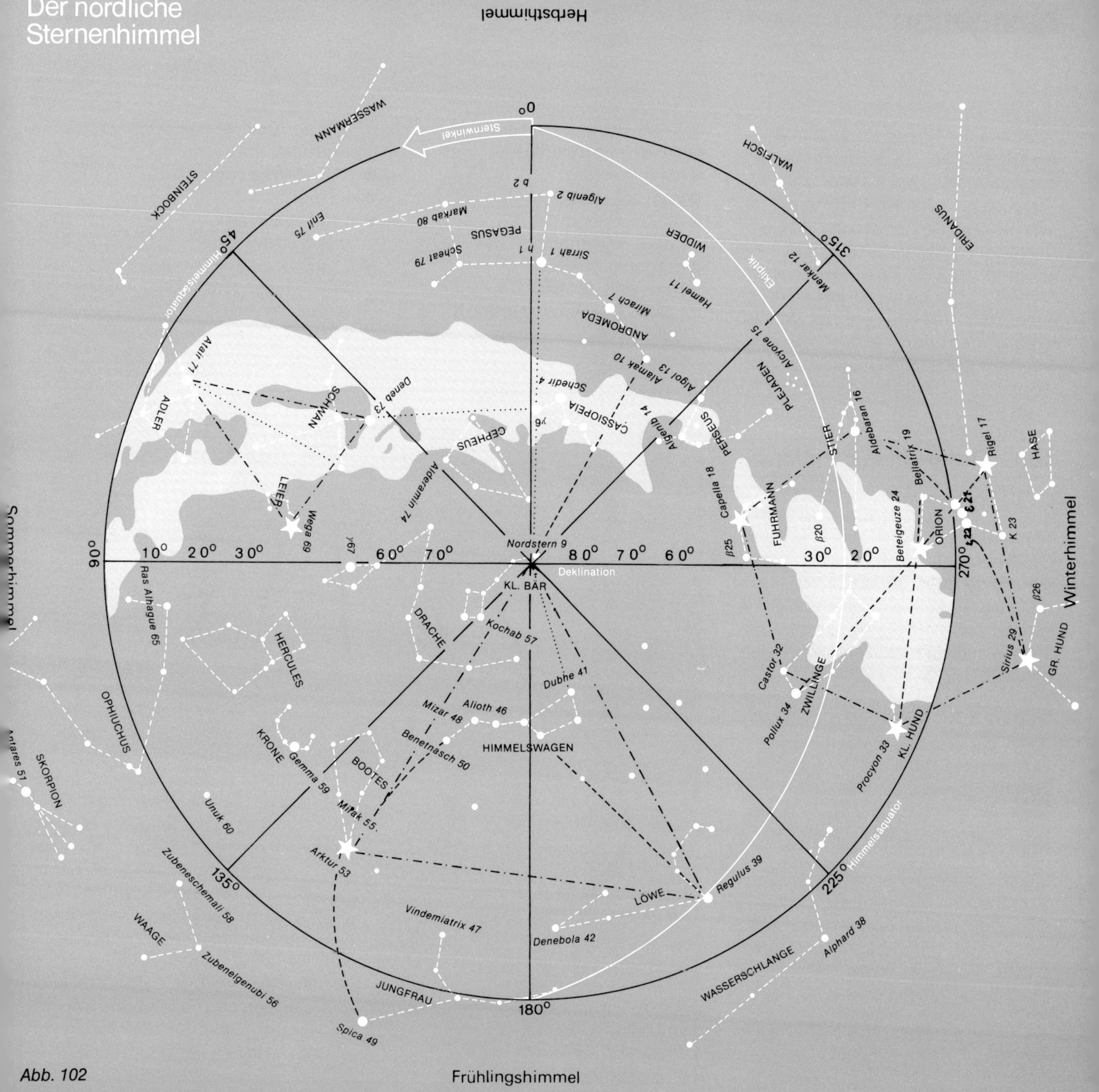

Abb. 102

18. Großkreisnavigation

Aus der Astro-Navigation wissen wir inzwischen, daß die kürzeste Verbindung zwischen zwei Punkten auf einer Kugel stets Teil eines Großkreises ist. Wie wir aus der Zeichnung ersehen, bringt ein solcher Großkreis freilich ein Problem mit sich: Er schneidet jeden Meridian unter einem anderen Winkel (Abb. 103). Und das bedeutet, daß wir laufend den Kurs ändern müssen, wenn wir auf einem Großkreis segeln wollen.

18.1 Ortho- und Loxodrome

Zwei Punkte auf der Erdkugel lassen sich immer nur durch einen einzigen Großkreisbogen miteinander verbinden. Es sei denn, sie liegen sich – wie die Pole – genau gegenüber; dann können sie mit beliebig vielen Großkreisen miteinander verbunden werden.

Merke: Die „Großkreisentfernung", also die kürzeste Entfernung zwischen zwei Orten auf der Erdoberfläche, ist immer der kürzere Bogen des Großkreises, der sich durch beide Orte legen läßt.

Die beiden möglichen Wege zwischen zwei Punkten auf der Erdkugel nennt man *Orthodrome* (altgriechisch etwa der richtige, gerade Lauf) und *Loxodrome* (altgriech. etwa der falsche Lauf). Beide haben Vor- und Nachteile:

Orthodrome (Großkreis)
- kürzester Weg
- wechselnde Kurse
- auf Mercatorkarte polwärts gekrümmte Linie
- auf gnomonischer Karte gerade Linie (siehe dazu Abb. 106a und b auf Seite 86)

Loxodrome
- längerer Weg
- kursgleich
- auf Mercatorkarte gerade Linie
- auf gnomonischer Karte äquatorwärts gekrümmte Linie

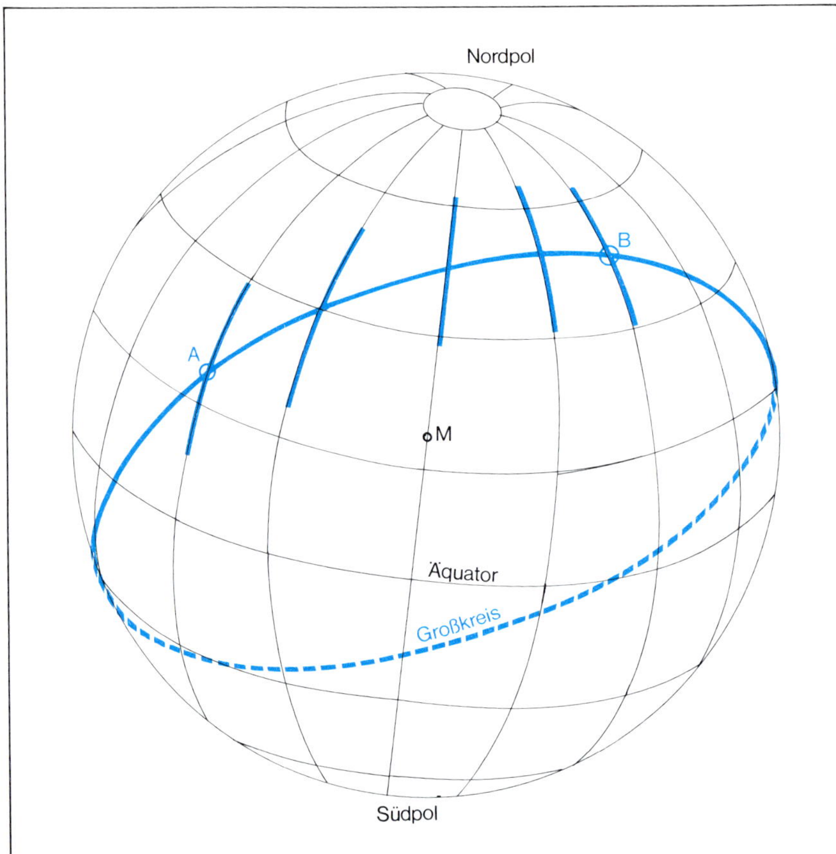

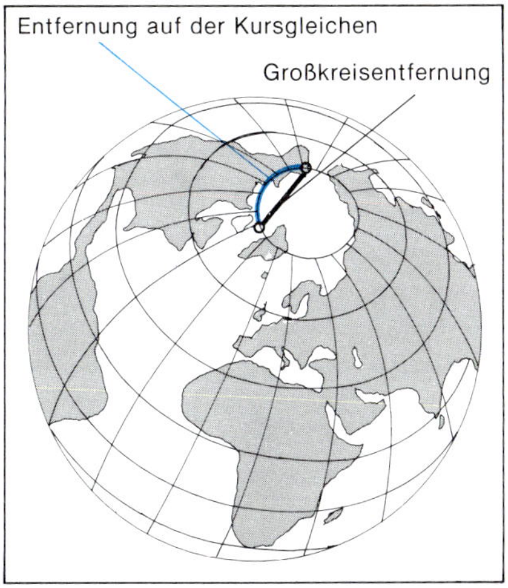

Abb. 104

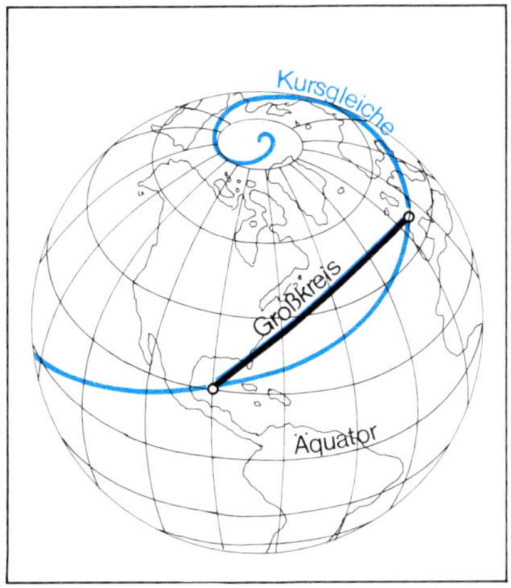

Abb. 105

Um allen Mißverständnissen vorzubeugen: Krumm sind beide, sowohl Orthodrome als auch Loxodrome; schließlich ist jede Linie auf einer Kugel eine Kurve. Nur ist die Orthodrome, weil sie Teil eines größtmöglichen Kreises ist, die am „wenigsten krumme" Linie und deshalb immer die kürzere.

Trotzdem fahren wir fast immer auf der Loxodromen, es sei denn, wir legen größere Entfernungen zurück. Der Vorteil, von Start bis Ziel nicht laufend den Kurs wechseln zu müssen, macht bei Entfernungen bis zu einigen tausend Meilen den Streckengewinn wett.

Merke: Die Loxodrome ist zwar der längere Weg, wird wegen der Kursgleichheit aber bei kürzeren Strekken (bis zu einigen hundert Meilen) bevorzugt.

Abb. 103: Eine Großkreisverbindung zwischen A und B schneidet jeden Meridian unter einem anderen Winkel

Um einen Eindruck von der Größenordnung zu bekommen, in der sich die Unterschiede bewegen, nehmen wir einmal die Entfernung London–New York (Flugzeug):

Orthodrome (Großkreis): 3008 sm
Loxodrome (Kursgleiche): 3039,5 sm

Der Unterschied wird größer, je näher unser Kurs an 90° oder 270° herankommt und je höher die Breiten sind, in denen wir segeln (Abb. 104).

Manchmal freilich sind Orthodrome und Loxodrome das gleiche: beim Äquator und bei den Meridianen.

Merke: Äquator und Meridiane sind gleichzeitig Großkreise und Kursgleiche. Jede andere Kursgleiche bildet auf der Erdkugel jedoch eine unendliche Spirale, die jeden Meridian unter dem gleichen Winkel schneidet und dem Pol immer näher kommt (Abb. 105).

18.2 Die Praxis

Was bedeutet das nun für die Praxis? Die Segler könnten allenfalls in der Passatzone versuchen, Großkreis zu segeln, aber in diesen geringen Breiten lohnt die Mühe nicht; von Gran Canaria nach Barbados spart der Großkreis 8,6 sm. In hohen Breiten hat man nur auf der Südhalbkugel stetigen Wind, aber der ist meist so stark, daß man andere Sorgen hat.

Auch Maschinenschiffe fahren kaum einigermaßen exakte Großkreise. Nach Nautischen Tafeln müßte man von Yokohama nach San Francisco (Großkreis 4461,6 sm) 68 Kursänderungen fahren. Macht man nur jeden Drittel-Längenunterschied eine neue Loxodrome, sind es 4489 sm, und fährt man nur eine Loxodrome bis zur Scheitelbreite des Großkreises und von dort eine bis zum Zielhafen „Frisco", sind es 4584 sm. Solches ist die Praxis in der Berufsschiffahrt schon immer gewesen.

Nachgerechnet wurde es aber erst, seit es Computer und wissenschaftliche Taschenrechner gibt, denen solche Rechnungen nicht langweilig werden. Taschenrechner (und bessere) mit Nautikprogrammen rechnen Großkreise für alle vom Nautiker nur gewünschten Längenschritte automatisch mit Kurs, Loxo-Distanz und der Breite und Länge des nächsten Punktes zur Kursänderung aus. Kartenarbeit ist in diesem Arbeitsbereich passé.

Bedeutung hat der Großkreis noch bei Funkfernpeilungen, denn ferne Sender peilt man über einer Großkreis. Doch ist das bekannterweise ein ungenaues Verfahren und überholt.

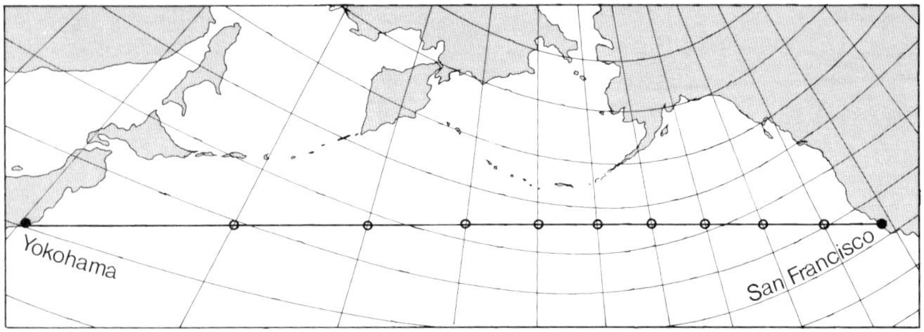

Abb. 106a: Gnomonische Karten stellen Großkreise als Geraden dar . . .

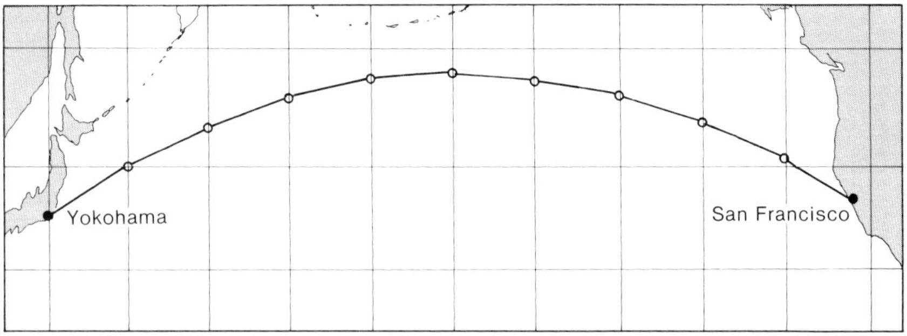

Abb. 106b: . . . Mercatorkarten als polwärts gewölbte Bögen

19. Funknavigation

Unter Funknavigation versteht man die Bestimmung des Schiffsortes mit Hilfe elektromagnetischer Radiowellen aller üblichen Frequenzen. Vom Anwärter auf den C-Schein erwartet man, daß er über die Anforderungen zum BK-Schein hinaus einen Überblick über die gebräuchlichen Methoden der Funknavigation hat und selber eine Funkbeschickungstabelle aufstellen kann.

19.1 Frequenz und Wellenlänge

Elektromagnetische Wellen breiten sich mit etwa Lichtgeschwindigkeit $c =$ 300000 km/s aus. Als Frequenz bezeichnet man die Zahl der Schwingungen je Sekunde. Eine Schwingung pro Sekunde hat die Maßeinheit 1 Hz = 1/s (benannt nach dem Physiker Hertz), das Formelzeichen ist *f*. Um nicht lange Zahlen schreiben zu müssen, nimmt man Zehnerpotenzen dieser Einheit: kHz (10^3 Hz), MHz (10^6 Hz) und GHz (10^9 Hz). Die Wellenlänge hat das Formelzeichen λ (lambda).

Es besteht folgender Zusammenhang zwischen Frequenz, Wellenlänge und Ausbreitungsgeschwindigkeit: $\lambda = c/f$. Da die Ausbreitungsgeschwindigkeit c für die Praxis fast konstant ist, bedeutet hohe Frequenz kurze Wellenlänge und, umgekehrt, niedrige Frequenz lange Wellenlänge. Langwellen breiten sich in Bodennähe aus und werden durch Hindernisse, die kleiner als die Wellenlänge sind, kaum aufgehalten; das gilt prinzipiell für alle Wellen. Die sehr kurzen Wellen im MHz- und GHz-Bereich breiten sich lichtähnlich geradlinig aus. Die in der Navigation verwendeten Wellenlängen breiten sich als Bodenwelle und als sogenannte Raumwelle aus. Letztere wird von der Ionosphäre zur Erde reflektiert und kommt wegen des längeren Weges vom Sender zum Empfänger phasenverschoben an.

Da dieser Effekt in der Dämmerung besonders stark auftritt, sind die Funkortungsverfahren mit Ausnahme von Loran-C, das die Raumwelle unterscheiden und abtrennen kann, nicht brauchbar und während der Nacht mit einem gewissen Mißtrauen auszuwerten.

19.2 Passive Verfahren

Kreisfunkfeuer werden mit richtungsempfindlichen Antennen – Rahmen, Ferritkernspule, Gonio – gepeilt; die ersteren beiden sind drehbare Antennen, die so gedreht werden, daß das Signal nur ganz schwach – im Minimum – zu hören ist, da dieses besser zu bestimmen ist als das Empfangsmaximum.

Ein Gonio besteht aus zwei über Kreuz angeordneten richtungsempfindlichen Antennen, deren unterschiedliche Empfangsstärke elektronisch verglichen und als Richtung angezeigt wird.

Die Funkfeuer arbeiten zwischen 280 und 420 kHz. Ihre Reichweite beträgt dem Verwendungszweck entsprechend zwischen 5 und 400 sm. Oft arbeiten bis zu sechs nahe beieinanderliegende Funkfeuer auf der gleichen Frequenz in zeitlicher Folge.

Die Funkwellen werden in erster Linie durch das Rigg, aber auch durch andere Metallteile abgelenkt, wenn sie auf das Schiff treffen. Diese Ablenkung muß ähnlich wie die Deviation des Kompasses durch Versuch festgestellt und in eine Funkbeschickungstabelle eingetragen oder als Funkbeschikkungskurve dargestellt werden. Dazu fährt man in Sichtweite eines Funkfeuers, das meist bei einem Leuchtturm steht, einen Kreis und vergleicht die Funkpeilungen mit der gleichzeitig durchgeführten optischen Peilung. Der Unterschied zwischen Funk- und optischer Peilung ist die Funkbeschickung. Die Zwischenwerte findet man entweder aus den Meßwerten der aufgezeichneten Beschickungskurve oder, besser, durch Interpolieren der Werte der Funkbeschickungstabelle.

Die Peilung eines Senders im Abstand von mehr als 2° Längenunterschied stellt den örtlichen Kurs des Großkreises zwischen Schiff und Sender dar und kann nicht als loxodromischer Peilstrahl in die Karte eingezeichnet werden. An den gepeilten Winkel muß die *Loxodrombeschickung* „u" angebracht werden, die äquatorwärts weist. Man findet sie im Nautischen Funkdienst, im Sprechfunk für Küstenschiffahrt und im Jachtfunkdienst.

Funkfernpeilungen sind sehr unzuverlässig, auch nahe der Nord-Süd-Richtung.

Hyperbel-Verfahren

Mit der Entwicklung der Mikroelektronik haben diese Verfahren auch für die Sportschiffahrt überragende Bedeutung erlangt. In Mitteleuropa steht in erster Linie *Decca* zur Verfügung. Das modernere *Loran-C*-Verfahren ist in Europa nur in großen Teilen des Mittelmeeres und in der nördlichen Nordsee anwendbar. *Omega* arbeitet weltweit deckend mit acht Sendern auf Längstwelle. Es erfordert aber einen bekannten Standort beim Einschalten des Gerätes, um von dort die Position fortlaufend zu errechnen. Wird der Empfang unterbrochen oder gestört, muß auf andere Weise ein Standort festgestellt und eingegeben werden.

Alle Empfänger für Hyperbelnavigation messen die Laufzeit- oder Phasenunterschiede zweier von zwei Sendern ausgesandten Funksignale bis zum Schiffsempfänger. Alle Schiffe, die den gleichen Zeit- oder Phasenunterschied messen, stehen auf derselben Standlinie, die einer Hyperbel ähnlich ist und die zwischen den beiden Sendern als Hyperbelbrennpunkten hindurchführt. Da es eine große Anzahl von Zeitunterschieden gibt, gibt es dementsprechend zwischen einem Senderpaar eine riesige Hyperbelschar. Zur Ortsbestimmung benötigt man aber zwei sich schneidende Hyperbeln; daher sind wenigstens drei Sender nötig, die bei Decca und Loran als Senderkette zusammengefaßt sind: Ein Hauptsender arbeitet mit zwei bis drei von ihm gesteuerten Nebensendern.

Dank der Mikroprozessoren der neuen Empfänger benötigt man für diese Geräte von etwa der Größe eines Autoradios keine Seekarten mit eingedruckten Hyperbeln mehr. Die Position wird sofort in Koordinaten nach Länge und Breite ausgerechnet und laufend angezeigt. Außerdem können anzusteuernde Wegpunkte eingegeben werden; die Empfänger zeigen einem laufend Kurs und Entfernung zu diesen Punkten. Bessere und teurere Geräte haben Schnittstellen für Steuerautomaten, so daß ein Ziel automatisch angesteuert werden kann. Selbst Versetzungen durch Strom und Wind werden laufend korrigiert.

Die Genauigkeit bei den Decca-Geräten ist nachts geringer als am Tage. Bei schleifenden Winkeln der Hyperbeln sind die Standorte ungenauer als bei rechtwinkligen Hyperbelschnitten. Besonders in der Nähe der Verbindungslinie zwischen den Sendern ist Vorsicht geboten.

Beim Loran-C entspricht die Genauigkeit in Fuß dem Abstand vom Hauptsender in Seemeilen (also in 1500 sm Abstand 1500 Fuß = 457,7 m).

Die Genauigkeit des Omega-Verfahrens ist etwa der des astronomischen Bestecks vergleichbar. Entgegen den Erwartungen erfreut sich Omega nicht großer Beliebtheit.

Satellitennavigation

Das gegenwärtige Satellitennavigationsverfahren, *Satnav,* bietet einem auf der gesamten Welt einen sehr genauen Standort. Fünf Navigationssatelliten umrunden in durchschnittlich 108 Minuten und einer Höhe von etwa 1100 km die Erde, wobei sie über die beiden Pole fliegen. Die Ortsbestimmung geschieht über Spezialempfänger mit eingebautem Computer, der über den Dopplereffekt die relative Geschwindigkeit zwischen Satellit und Empfänger ermittelt und dann aus der bekannten Position des Satelliten den Standort des Schiffes errechnet.

Die Genauigkeit der Satellitennavigation ist besser als eine Kabellänge. Da zwischen zwei Satellitendurchgängen mehrere Stunden vergehen können, sind die teureren Empfänger mit Anschlüssen für Kompaß und Log versehen, so daß sie in der Zwischenzeit automatisch mitkoppeln.

Ein neues Verfahren ist in Vorbereitung; es wird voraussichtlich 1991 in Betrieb gehen. Dieses *Global Positioning System* (GPS/Navstar) arbeitet mit 18 Satelliten. Hiermit ist eine laufende Ortung weltweit möglich und, wichtig für Flieger, auch räumlich. Die Computerempfänger werden nicht größer als ein Autoradio sein. Im Feinortungsverfahren soll eine Genauigkeit von 17 m Radius möglich sein.

19.3 Aktive Verfahren

Vorwiegend in Notfällen bedient man sich der Fremdpeilung: Das Schiff sendet ein Signal aus, das von anderen Stationen angepeilt wird. Der ermittelte Standort erlaubt den gezielten Einsatz der Rettungsmittel.

Die Seenotfunkbojen EPIRB, die auf den Flugsicherungsfrequenzen senden, haben regen Zuspruch bei den Yachteignern gefunden, die Funkdisziplin aber läßt oft zu wünschen übrig. Da diese Sender nur ein Alarmsignal aussenden, ist eine Identifizierung nicht möglich, wohl eine auf etwa 20 km genaue Ortsbestimmung durch Dopplermessung, die von den SARSAT-Satelliten gemacht wird. Es sind aber rund 190000 Flugzeuge und rund 2000 Großschiffe und womöglich doppelt oder dreimal soviel Yachten mit EPIRBS dieses Systems ausgerüstet, und das führt häufig zu Überlastungen.

Zu den aktiven Verfahren der Funkortung gehört auch das Radar, das mit sehr kurzwelligen Impulsen von 10 bis 3 cm Wellenlänge arbeitet. Diese Impulse werden leicht reflektiert. Das Radargerät mißt die Laufzeit des ausgesendeten Impulses bis zu dessen Rückkehr als Echo. Die umlaufende Antenne arbeitet im schnellen Wechsel als Sende- und Empfangsantenne. Die scharf gebündelten Impulsstrahlen werden auf den Bildschirm einer Kathodenstrahlröhre oder digital und oft farbig auf einen Fernsehbildschirm übertragen. Im Mittelpunkt des Bildschirms ist bei allen Kleinradargeräten der eigene Schiffsort.

Weil jedoch auch die Wellen in der näheren Umgebung Echos auf dem Bildschirm darstellen und kräftige Regenschauer das Bild verschleiern, arbeitet der Beobachter mit elektronisch filternden Enttrübungen – womit die schwachen Echos runder Formen, wie von Yachten aus Plastik oder Holz, gleich mit herausgefiltert werden. Deswegen ist es bei schlechter Sicht dringend geraten, einen Radarreflektor zu fahren (siehe Kapitel „Seemannschaft").

Weiterhin ist es wichtig, Kursänderungen für ein Ausweichmanöver bei schlechter Sicht groß, schnell und deutlich zu machen, denn das Manöver erscheint auf dem Radarbild mit maßstäblich verkleinerter Geschwindigkeit. Die Kursänderung sei nie kleiner als 60° und in einem Stück. Nur dann erkennt der Radarbeobachter, woran er ist.

Fahrwasser- und Ansteuerungstonnen sind fast alle mit Radarreflektoren ausgerüstet. Feuerschiffe und Großtonnen sowie eine Anzahl von Leuchttürmen sind oft mit einem *Racon* versehen, einem Transponder, der bei Eintreffen eines Radarsignals einen Impuls aussendet, der sich auf dem Radarbild besonders hervorhebt.

Yachten, die mit einer Seefunkstelle ausgerüstet sind, können die Radarberatung in den deutschen Flußmündungen in Anspruch nehmen, wobei sich die Benutzung detaillierter Karten empfiehlt.

Wetterkunde

Die Atmosphäre

Mit Wetter werden alle Veränderungen in der *Gashülle (Atmosphäre)* unseres Planeten bezeichnet. Das „Prinzip" des Wetters ist die Veränderung – und damit die Zeit. Deswegen ist in vielen Sprachen das Wort für Zeit und für Wetter auch ein und dasselbe.
Die Gashülle, die unseren Planeten umgibt, ist vergleichsweise etwa so dick wie bei einem Fußball die Lederhülle. Die Atmosphäre dreht sich mit dem Planeten mit und hat keine feste Obergrenze; sie wird nach oben hin einfach immer dünner.
Da diese Gashülle keineswegs gewichtslos ist (insgesamt wiegt die Atmosphäre rund 5000 Billionen Tonnen), wird sie durch die Erdanziehung festgehalten und entweicht nicht in den Weltraum. Das Gewicht der Atmosphäre bezeichnet man als Luftdruck.

Merke: Der Luftdruck ist das Gewicht der über dem Beobachter stehenden Luftsäule. Es beträgt in Meereshöhe durchschnittlich 9,81 Newton (N).

Abb. 107: Das Barometer zeigt den jeweils herrschenden Luftdruck an. Wichtiger als der aktuelle Stand ist jedoch die Tendenz: steigend oder fallend. Sie kann beim Barometer nur durch regelmäßige Logbuch-Eintragungen verfolgt werden. Der dünne helle Zeiger ist ein Nachführzeiger und sollte nur bei regelmäßigen Kontrollen und Logbuch-Eintragungen (normal: jeder Wachwechsel, bei aufkommendem Schlechtwetter alle halbe Stunde) verstellt werden

Abb. 108: Der Barograph zeichnet auf wöchentlich auszuwechselnden Blättern, die um eine langsam rotierende Trommel gespannt werden, die Veränderungen des Luftdrucks auf. Rechts deutlich zu erkennen die luftleeren Aneroid-Dosen, die sich je nach Luftdruck ausdehnen oder zusammengepreßt werden

Dieser Luftdruck wird gemessen mit einem Barometer (Abb. 107), das jeweils den gegenwärtigen Luftdruck angibt, oder mit einem Barographen (Abb. 108), dessen Zeiger auf einer sich langsam drehenden Trommel eine Spur hinterläßt und damit auch genau über Steigen oder Fallen des Luftdrucks informiert. Gemessen wird der Luftdruck in Hektopascal (hPa).

Gäbe es kein Wetter, also keine Veränderungen in der Gashülle, so wäre der Luftdruck in Meereshöhe gleichbleibend 1013,2 hPa. Diesen Luftdruck von 1013,2 hPa nennt man auch Standardatmosphäre. Uns interessiert innerhalb der Atmosphäre aber nur die *Troposphäre,* die Sphäre, in der sich alles Wettergeschehen abspielt. Ihre Obergrenze liegt bei uns in den mittleren Breiten bei etwa 11 km, in den Tropen bei 16 bis 17 km und an den Polen bei 6 bis 8 km. Darüber liegt die *Stratosphäre,* in der es keine Wolken mehr gibt (wohl aber noch Wind). Düsenflugzeuge verkehren dort.

Die Troposphäre (griech. *tropein* = wenden) heißt so, weil dort alles in ständiger Bewegung ist.

Die Sonne als Wettermotor

Die Sonne ist der Motor all dieser Bewegung. Doch die Sonnenstrahlen erwärmen keineswegs die Luft direkt. Täten sie das, so gäbe es immer noch kein Wetter. Der Sonnenmotor funktioniert vielmehr so: Kurzwellige Sonnenstrahlen (Licht) dringen durch die Atmosphäre bis zur Erdoberfläche (42 bis 70 % werden, je nach Stärke der Bewölkung, „ungenutzt" ins All reflektiert) (Abb. 109). An der Erdoberfläche

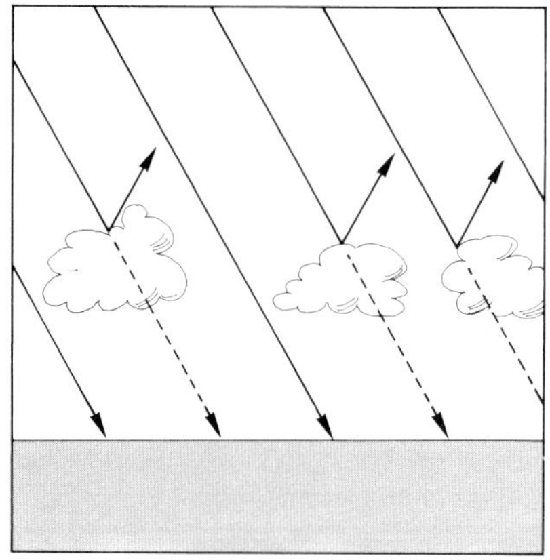

Abb. 109: Je nach Bewölkung werden bis zu 70 % des Sonnenlichtes ins All reflektiert

Abb. 110: Erst an der Erdoberfläche wird aus kurzwelliger Lichtstrahlung langwellige Wärmestrahlung

werden diese Lichtstrahlen in langwellige Strahlung (Wärme) umgewandelt.

Die Erde gibt diese Wärme dann an die Atmosphäre ab; sonst würde die Erdoberfläche unerträglich heiß (Abb. 110). Und die Atmosphäre wiederum verwandelt die Wärme in Bewegungsenergie; sonst würde die Gashülle unerträglich heiß. Diese Bewegungsenergie (Wetter, Wind) wird von uns Seglern wiederum in Vortrieb umgewandelt – insofern ist die Sonne auch Motor jedes Segelbootes, und Segeln ist hochentwickelte Solartechnik.

Die Umwandlung von kurzwelliger Strahlung (Licht) in langwellige Strahlung (Wärme) kennen wir alle. Wenn wir einen Körper mit matter und schwarzer Oberfläche in die Sonne legen, kann dieser das kurzwellige Licht kaum reflektieren; er schluckt das Licht und wandelt es in Wärme um. Ein strahlend weißer Gegenstand oder gar ein Spiegel wird dagegen kaum oder gar nicht warm, weil er die kurzwellige Strahlung fast hundertprozentig „wieder los wird", indem er sie reflektiert.

Die Umwandlung von Wärme in Bewegung kennen wir aus vielen Bereichen, z. B. bei Verbrennungsmotoren. Erwärmte Luft dehnt sich aus, und Ausdehnung ist bereits Bewegung. Wenn sich aber ein Körper oder eine Gasmenge stärker ausdehnt als seine Umgebung, dann wird dieser Körper oder diese Gasmenge leichter als seine nicht ausgedehnte Umgebung und bekommt Auftrieb (z. B. bei Heißluftballons). Wir sagen: Luft erwärmt sich, wird leichter und steigt auf. Doch Auftrieb kommt nicht allein dadurch zustande, daß die Luft „leicht" wird, sondern dadurch, daß sie „leichter" wird als ihre Umgebungsluft. Der Heißluftballon steigt nur auf, weil die Luft in ihm heißer ist als die Umgebungsluft.

Merke: Sonnenenergie (Licht) wird an der Erdoberfläche in Wärme umgewandelt und an die Atmosphäre abgegeben, die die Wärme wiederum in Bewegung umwandelt.

Würde diese Umwandlung von Licht in Wärme überall auf der Erde im gleichen Maße geschehen, könnte die Luft in Erdnähe zwar „leicht", aber nie „leichter" als ihre Umgebungsluft werden. Die Gashülle würde sich also allenfalls in ihrer Gesamtheit ausdehnen, aber Wetter würde immer noch nicht stattfinden. Voraussetzung für Wetter ist also, daß es Unterschiede gibt. Und von denen gibt es schließlich so viele, daß jede Wetterprognose eine Rechnung mit einer unbekannten Zahl von Unbekannten und somit nie hundertprozentig genau wird. Die wichtigsten Faktoren sind:

1. Tag und Nacht. Da sich dieser Unterschied aber binnen 24 Stunden immer wieder ausgleicht, ist die Auswirkung räumlich beschränkt (z. B. Landwind/Seewind, Abb. 111, 112).

2. Unterschiedlicher Einfallswinkel. In höheren Breiten trifft ein gleich großes Strahlenbündel auf eine wesentlich größere Fläche; die Sonnenenergie kommt also im Vergleich zu den Tropen „verdünnt" an (Abb. 113).

Abb. 111: Tagsüber entsteht Seewind, weil sich die Landmasse stärker erhitzt, die erwärmte Luft dort aufsteigt und durch kühlere Meeresluft ersetzt wird

Abb. 112: Nachts entsteht Landwind, weil das Wasser nun tagsüber gespeicherte Wärme abgibt, die Luft über dem Wasser aufsteigt und durch Luft von Land ersetzt wird

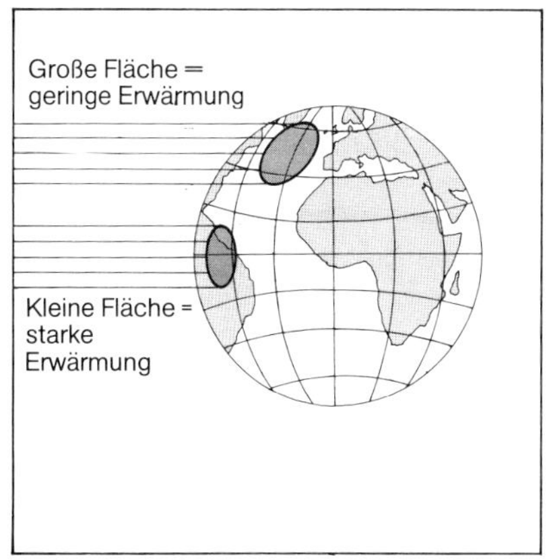

Abb. 113: Ein gleich großes Strahlenbündel trifft in höheren Breiten auf eine wesentlich größere Fläche als am Äquator. Dementsprechend unterschiedlich ist die Erwärmung

Dieser Einfallswinkel ändert sich durch die Ekliptik (die scheinbar von der Sonne durchlaufene Bahn am Himmel innerhalb eines Jahres) und die dadurch bedingte scheinbare Wanderung der Sonne zwischen nördlichem und südlichem Wendekreis und verursacht die Jahreszeiten.

3. Bodenbeschaffenheit. Fester Boden erwärmt sich schneller als Wasser, kann Wärme aber nicht solange speichern (Abb. 111 + 112). Unbewachsener Boden erwärmt sich schneller (Wüsten) als bewachsener (Wälder); Berge (größere Oberfläche) weniger als Ebenen etc.

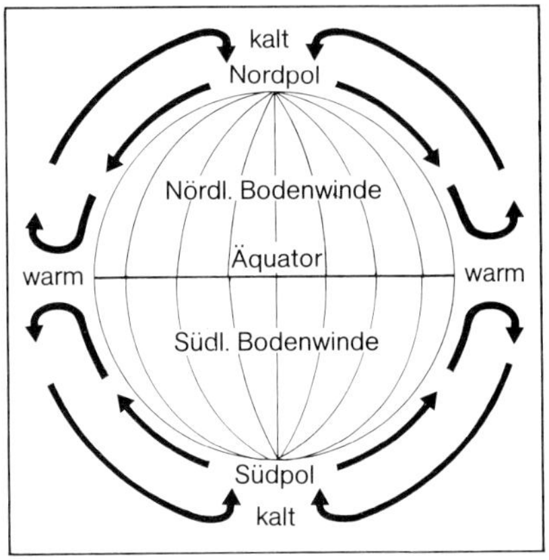

Abb. 114: Die Zirkulation auf stillstehender Erde würde in zwei Zirkulationssystemen stattfinden

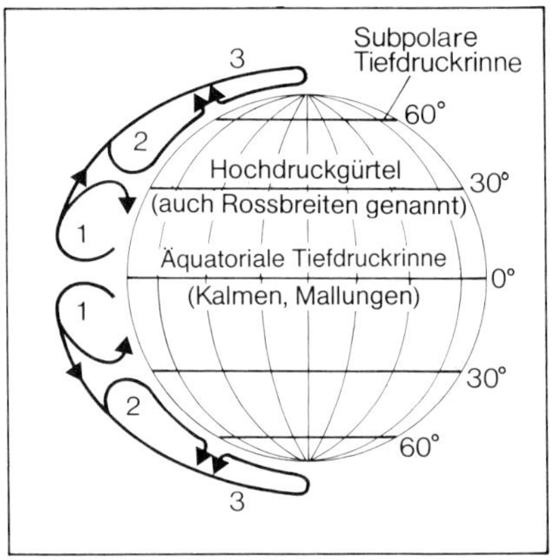

Abb. 115: Tatsächlich zerfällt jedes dieser beiden großen Zirkulationssysteme auf Nord- und Südhalbkugel in je drei Zirkulationsräder: 1. die Passatzirkulation, 2. die Zirkulation der gemäßigten Breiten, 3. die flache Polarzirkulation

Das planetarische Windsystem

Der wichtigste Faktor für alles Wettergeschehen ist der unterschiedliche Einfallswinkel der Sonnenstrahlen. Durch ihn kommt unser *planetarisches Windsystem* zustande.

Wenn wir uns vorstellen, die Erde wäre eine glatte Kugel mit überall gleicher Oberfläche und würde sich nicht drehen, dann würde sich die Erdoberfläche und damit die erdnahe Luft in Äquatornähe am stärksten erwärmen und ausdehnen, würde also leichter als anderswo und somit Auftrieb erhalten. Während sie aufsteigt, fließt jeweils von Norden und Süden kältere Luft nach, um den entstehenden Unterdruck am Äquator aufzufüllen. Die aufsteigende Luft kühlt sich mit zunehmender Höhe immer mehr ab und fließt von nachdrängender aufsteigender Warmluft abgedrängt polwärts ab. Dort fällt sie schließlich wieder herunter und ersetzt die Luftmassen, die vorher äquatorwärts geflossen sind. Der Kreislauf ist geschlossen (Abb. 114).

In Wirklichkeit spielt sich dies nicht in zwei großen Zirkulationsrädern, sondern in je drei Zirkulationsrädern pro Halbkugel ab (Abb. 115).

1. Am Äquator aufsteigende Luft *(äquatoriale Tiefdruckrinne, Kalmen, Mallungen)* wandert in der Höhe polwärts und fällt zum Teil schon in 30° nördlicher und südlicher Breite *(Hochdruckgürtel, Roßbreiten)* wieder herunter. Ein Teil hiervon strömt äquatorwärts und schließt das erste Zirkulationsrad.

2. Die andere Hälfte der absinkenden Luft strömt polwärts, bis sie bei 60° nördlicher und südlicher Breite an der *subpolaren Tiefdruckrinne* gegen die von den Polen herabfließende Kaltluft stößt *(Polarfront)* und nach oben gedrückt wird.

3. Die vom Pol herabströmende Kaltluft wird ebenfalls angehoben, wandert in der Höhe wieder polwärts, fällt über dem Pol herab und schließt den dritten Kreislauf.

Demnach hätten wir auf der Nordhalbkugel zwischen dem Äquator und dem 30. Breitengrad ständig Nordwind, zwischen dem 30. Breitengrad und dem 60. Breitengrad ständig Südwind und zwischen dem 60. Breitengrad und dem Pol wieder ständig Nordwind. Das wäre auch tatsächlich so, wenn sich die Erde nicht drehen und dadurch die *Corioliskraft* (Gaspard Gustave Coriolis, 1792–1843, französ. Physiker) wirksam würde. Die Corioliskraft ist eine Kraft, die jede Bewegung auf der

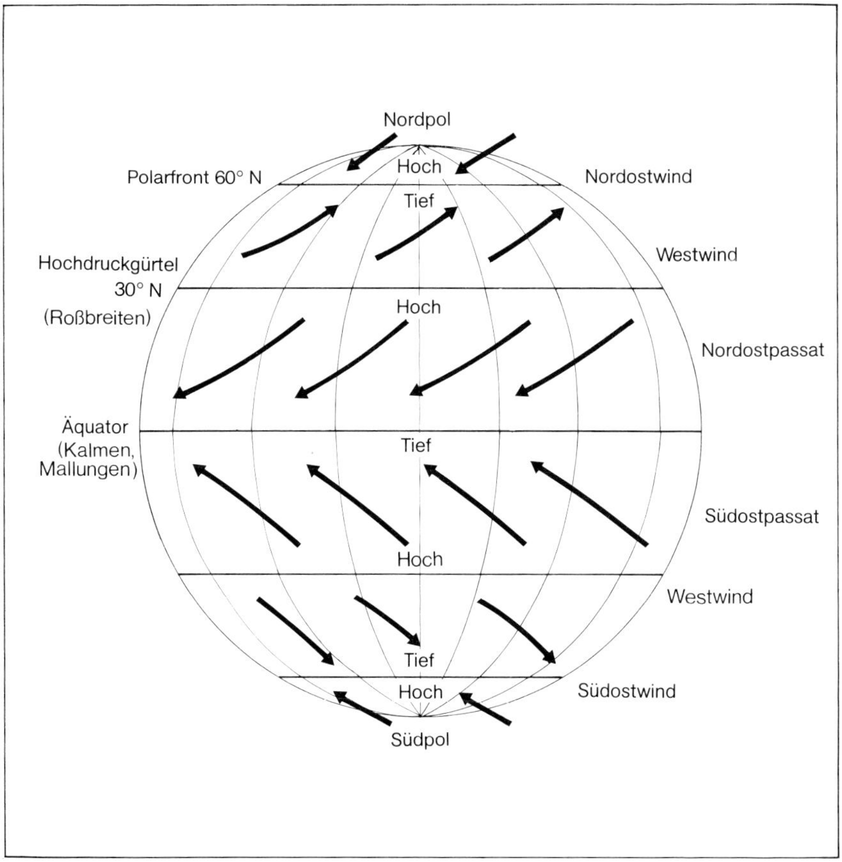

Abb. 116: Das planetarische Windsystem: Die Winde, die auf stillstehender Erde nur aus Nord und Süd wehen würden, werden durch die Corioliskraft abgelenkt

Nordhalbkugel nach rechts und jede Bewegung auf der Südhalbkugel nach links ablenkt. Warum sie das tut, werden wir wenig später sehen.
Auf unser planetarisches Windsystem hat diese Kraft gewaltige Auswirkungen: Aus dem Nordwind, der vom Pol herunterfließt, wird ein Ostnordostwind. Aus dem Südwind der gemäßigten Breiten wird ein Westsüdwestwind (Westwinddrift), und aus dem Nordwind, der zum Äquator strömt, wird ein Ostnordostwind, der *Passat.* Auf der Südhalbkugel ist es entsprechend: Südwind wird zu Ostsüdost (Passat), Nordwind zu Westnordwestwind (Roaring Forties) usw. (Abb. 116).

Merke: Das planetarische Windsystem besteht aus je drei Zirkulationsrädern pro Halbkugel:
- *der Polarzirkulation zwischen den Polen und der subpolaren Tiefdruckrinne bis 60° N und S;*
- *der Zirkulation der gemäßigten Breiten zwischen der subpolaren Tiefdruckrinne und dem Hochdruckgürtel (Roßbreiten) bei 30° N und S;*
- *der Passatzirkulation zwischen dem Hochdruckgürtel und dem Äquator.*

Die Corioliskraft

Da die *Corioliskraft* für unser Wettergeschehen von elementarer Bedeutung ist, sollten wir zumindest eine Ahnung davon haben, wie sie zustande kommt. Angenommen, in Dakar im Senegal würde eine Rakete in Richtung Island, also genau nach Norden, abgeschossen, und diese Rakete hätte eine Eigengeschwindigkeit von 1000 km/h. Dann hätte diese Rakete außer ihrer Eigengeschwindigkeit noch eine andere Bewegung. Der Startort Dakar dreht sich durch die Erddrehung mit rund 1600 km/h von Westen nach Osten (die Erde dreht sich von Westen nach Osten; daher scheint die Sonne von Osten nach Westen zu wandern). Diese Bewegung von 1600 km/h in Richtung Osten „steckt“ also in der Rakete zusätzlich „drin“, wenn sie in Dakar startet. Und die Massenträgheit sorgt dafür, daß die Rakete diese Bewegung auch beibehält.
Wenn wir nun bedenken, daß sich das sehr hoch im Norden gelegene Island nicht wie Dakar mit 1600 km/h, sondern nur noch mit etwa 800 km/h von Westen nach Osten bewegt, dann wird uns klar, daß die Rakete einen Bewegungsüberschuß in Richtung Ost hat. Weil sich ihr Weg nicht nur aus dem Vektor 1000 km/h genau Nord, sondern zu-

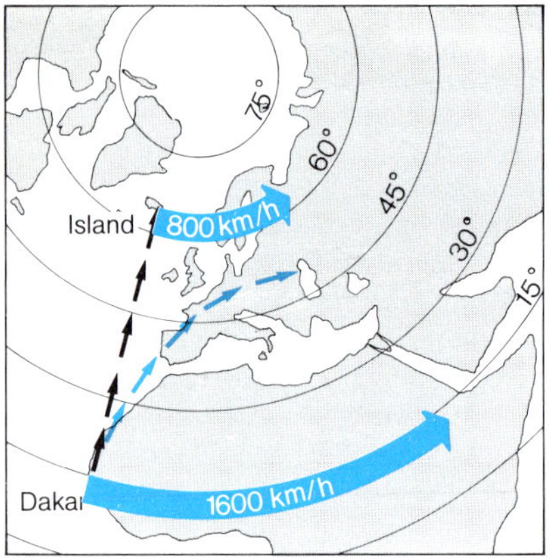

Abb. 117: Die Corioliskraft: Durch die je nach Breite unterschiedlich große Umlaufgeschwindigkeit würde eine in Dakar genau nach Norden (in Richtung Island) abgeschossene Rakete nie dort, sondern weit östlich davon ankommen

sätzlich aus dem Vektor 1600 km/h Ost ergibt, fliegt sie einen Bogen und kommt ziemlich weit östlich von Island an (Abb. 117).
Genauso ist das mit Luftmassen, die in Bewegung geraten.

Merke: Die Corioliskraft kommt durch die je nach Breite unterschiedliche Umlaufgeschwindigkeit der Erdoberfläche einerseits und die Massenträgheit bewegter Luftmassen andererseits zustande. Sie lenkt auf der Nordhalbkugel jede Bewegung nach rechts ab, auf der Südhalbkugel nach links.

Hochs und Tiefs

Das planetarische Windsystem und die Corioliskraft beeinflussen unser Wetter im globalen Maßstab. Gäbe es nicht noch andere Faktoren, so müßten wir das ganze Jahr über dasselbe Wetter haben – je nachdem, in welchem Zirkulationsrad wir uns befinden. Doch zum einen wandert dieses planetarische Windsystem um etwa 5 bis 8° im Sommer nach Norden und im Winter nach Süden. Da sich die Land- und Wassermassen erst erwärmen müssen, entsteht eine Verzögerung von etwa drei Monaten gegen die Sonne. So wird die nördliche Lage im September, die südliche im März erreicht. Zum anderen machen sich auch die Unterschiede auf der Erdoberfläche (Land oder Wasser) sowie warme und kalte Meeresströmungen und eine Vielzahl anderer Faktoren bemerkbar.
So wie sich im großen Maßstab des planetarischen Windsystems Luftmassen von Gebieten hohen Luftdrucks (30°N und S) an der Erdoberfläche als Bodenwind zu Gebieten niedrigen Luftdrucks (subpolare und äquatoriale Tiefdruckrinne) bewegen und dabei durch die Corioliskraft nach rechts (Nordhalbkugel) oder links (Südhalbkugel) abgelenkt werden, so geschieht es in kleinem Maßstab bei *Hoch-* und *Tiefdruckgebieten,* die wir kurz als *Hoch* (H) und *Tief* (T) bezeichnen.

Merke: Der Wind strömt immer vom Hoch zum Tief. Wegen der Corioliskraft kann er jedoch nicht auf geradem Wege fließen, sondern er fließt (auf der Nordhalbkugel) im Uhrzeigersinn aus dem Hoch heraus und im Gegenzeigersinn in das Tief hinein (Abb. 118, 119,120).

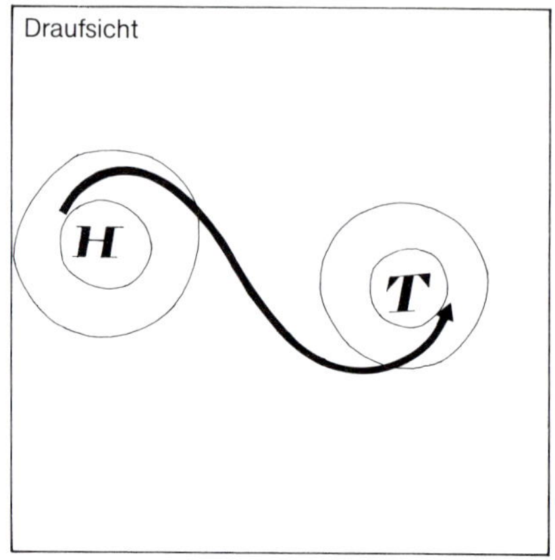

Abb. 118: Der Wind strömt auf der Nordhalbkugel im Uhrzeigersinn aus dem Hoch heraus und im Gegenzeigersinn ins Tief hinein

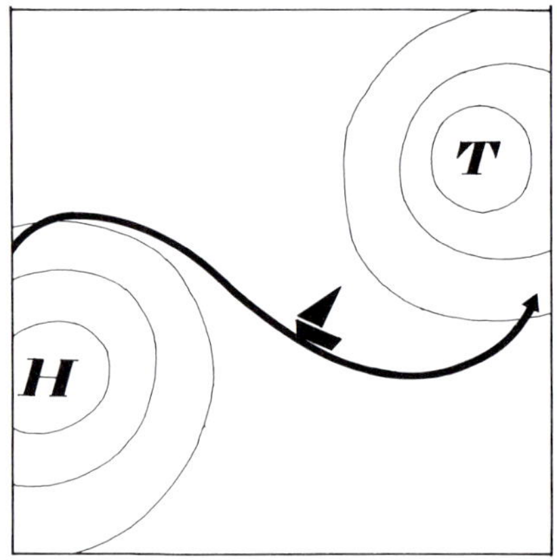

Abb. 120: Das barische Windgesetz: Kehrt man dem Wind den Rücken zu, so liegt vorne links das Tief und hinten rechts das Hoch

Da ein Tief für uns erfahrungsgemäß mit schlechtem Wetter (Kühle, Niederschlägen etc.) verbunden ist, schleichen sich schnell Mißverständnisse ein.

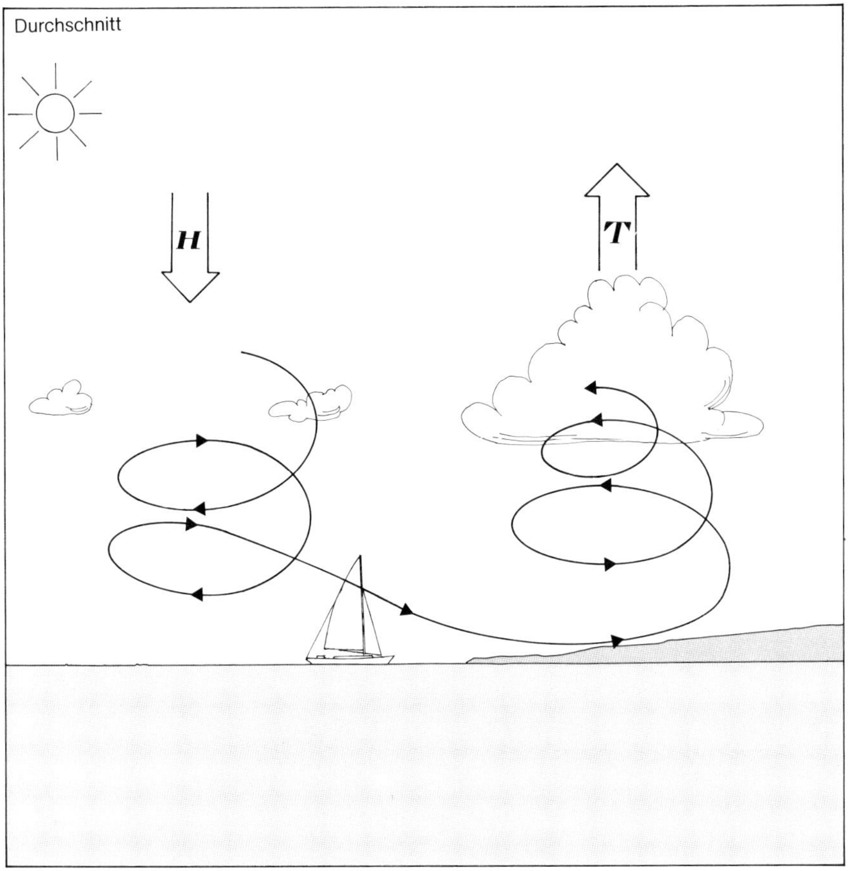

Abb. 119: Im Hoch sinkt die Luft im Uhrzeigersinn herunter, im Tief steigt sie im Gegenzeigersinn auf

Merke: In einem Tief steigt am Boden erwärmte Luft nach oben. Dieser „Sog“ nach oben führt dazu, daß am Boden aus der Umgebung Luft in das Tief hineinfließt und die aufgestiegene Luft ersetzen muß. Dies geschieht desto heftiger, je „tiefer“ das Tief ist, d. h. je niedriger der Druck ist.

Wenn wir nun noch eine weitere Erkenntnis der Meteorologie, nämlich die, daß wärmere Luft mehr Feuchtigkeit aufnehmen kann (deswegen trocknen wir uns die Haare mit einem Fön), berücksichtigen, verstehen wir auch schon, warum Tiefs meist *Regen* bringen. Erwärmte Luft steigt auf (verwandelt Wärme-Energie in Bewegungsenergie), kühlt ab und kann nicht mehr soviel Wasser „tragen“ wie vorher. Die Folge: Die *Luftfeuchtigkeit kondensiert* zu *Wolken,* aus denen das Wasser schließlich als Regen herunterfällt (Abb. 121).
Und das Hoch?

Merke: In einem Hoch fällt in der Höhe abgekühlte Luft herunter und strömt am Boden auseinander. Dies geschieht desto heftiger, je „höher“ das Hoch ist. Doch ein Hoch macht nie soviel Wind wie ein Tief. – Es gibt Sturmtiefs, aber keine Sturmhochs.

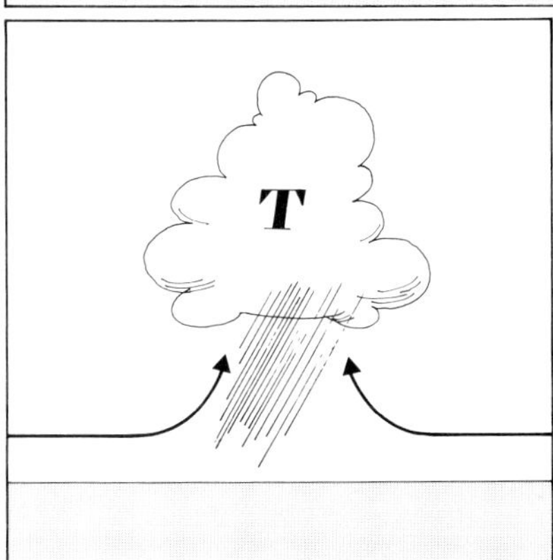

Abb. 121: Aufsteigende Luft kühlt ab und kann die Feuchtigkeit nicht mehr tragen. Wenn das Kondensationsniveau erreicht ist, bilden sich Wolken, aus denen schließlich Niederschlag fällt

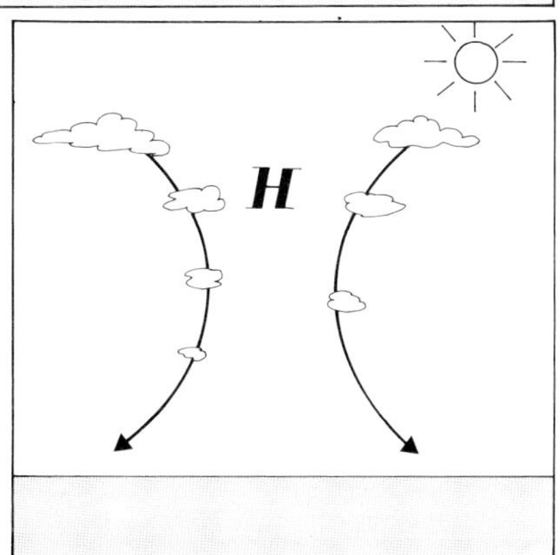

Abb. 122: Absinkende Luft erwärmt sich, ihre Fähigkeit, Feuchtigkeit zu tragen, wird größer, Wolken lösen sich auf

Nun können wir uns auch vorstellen, wieso das Hoch meist schönes Wetter bringt: Die herunterfallende Luft verwandelt nämlich umgekehrt wie beim Tief Bewegungsenergie in Wärme um; die Luft erwärmt sich, kann mehr Feuchtigkeit tragen, und Wolken lösen sich auf (Abb. 122).

Wir fassen zusammen:

Hochs und Tiefs sind in erster Linie Gebiete vertikaler Luftbewegung. Im Hoch strömt Luft von oben nach unten, im Tief von unten nach oben. Diese vertikalen Luftbewegungen führen zu Wolkenbildung (Tief) und Wolkenauflösung (Hoch).

Erst in zweiter Linie sind Hochs und Tiefs Gebiete horizontaler Luftbewegung. Weil die Luft beim Hoch ja nicht in die Erde hineinfallen kann, muß sie sich am Boden verteilen. Dies tut sie wirbelförmig im Uhrzeigersinn (auf der Nordhalbkugel). Merken kann man sich das mit dem „H“ als Eselsbrücke: Dieses H steckt auch in Uhr (oder lat. *hora*, frz. *heure*).

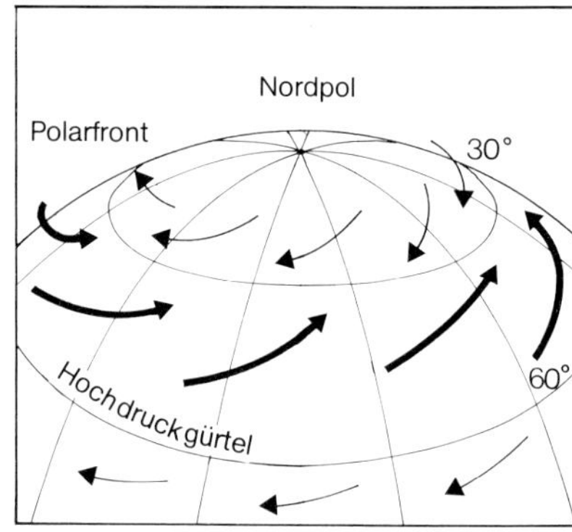

Abb. 123a

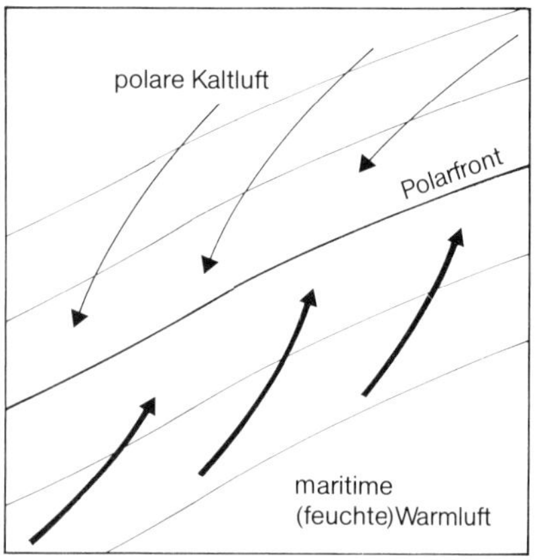

Abb. 123b: Aus einer Störung an der Polarfront . . .

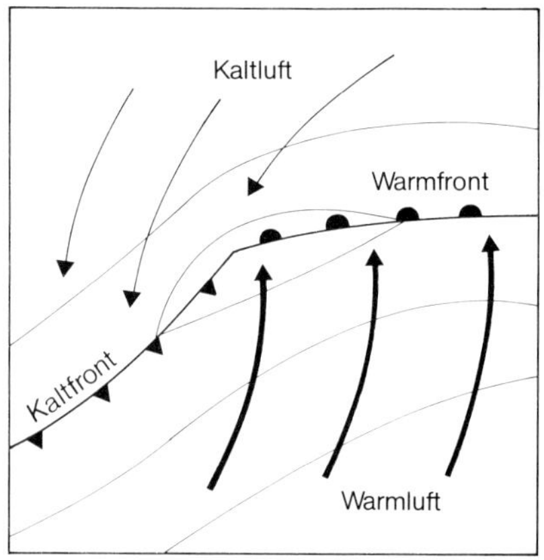

Abb. 123c: . . . entwickelt sich eine Welle . . .

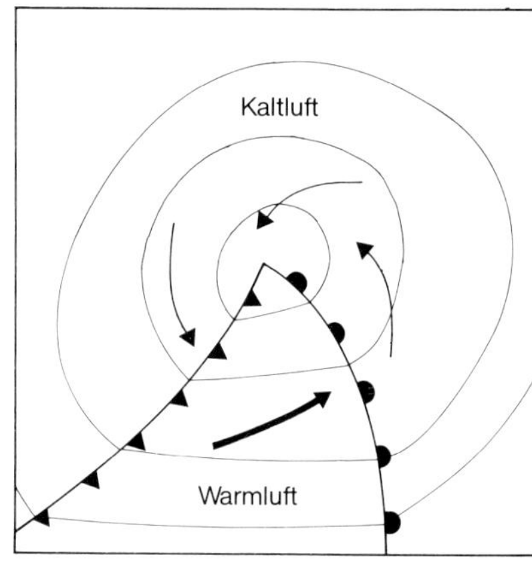

Abb. 123d: . . . und schließlich ein Wirbel, eine Zyklone = ein Tief

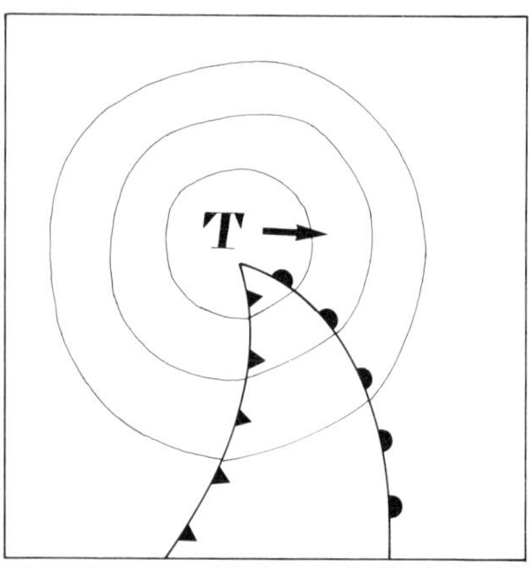

Abb. 123e: Das Tief verselbständigt sich und zieht in allgemein östlicher Richtung weiter. Dabei ist die Kaltfront schneller als die Warmfront

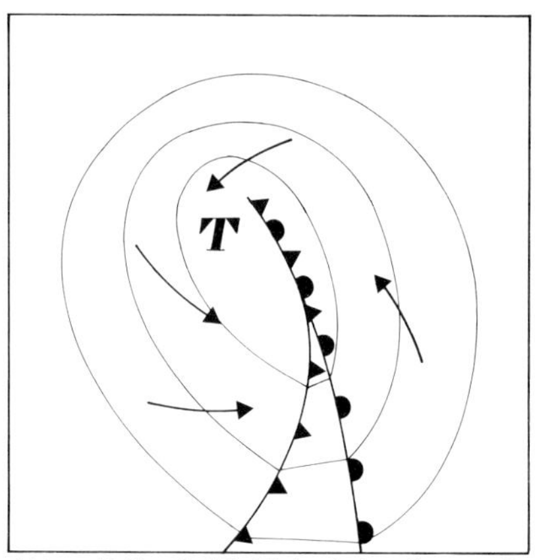

Abb. 123f: Schließlich holt die nachdrängende Kaltluft die Warmluft ein und hebt sie vom Boden ab. Das Tief füllt sich auf und altert

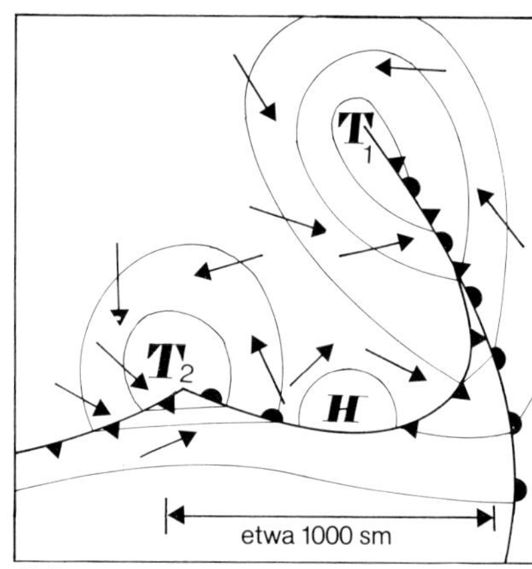

Abb. 123g: Das alte Tief „stirbt“, es bildet sich ein kleines Zwischenhoch und dann ein Sekundärtief. So entstehen ganze Zyklonenfamilien

Umgekehrt muß die Luft, die im Tief hochgewirbelt wird, ja irgendwo herkommen; sie wird im Gegenzeigersinn in das Tief hineingezogen (Nordhalbkugel). Nachdem uns nun klar ist, daß Hochs und Tiefs Wirbel sind, in denen Luft ab- oder aufsteigt, fragen wir uns, wo solche Wirbel wohl am ehesten entstehen können: Da, wo große, unterschiedliche Luftmassen aufeinanderprallen: an der Berührungszone riesiger stationärer Hoch- und Tiefdruckgebiete und vor allem an der subpolaren Tiefdruckrinne, wo *feuchtwarme Meeresluft* und *trocken-kalte Polarluft* aufeinanderprallen und die Polarfront bilden (Abb. 123 a bis 123 g). Kleinere, mitunter aber sehr viel heftigere Tiefs entstehen auch an der äquatorialen Tiefdruckrinne (siehe auch „Tropische Wirbelstürme“, Seite 108).
Große Hochs entstehen vor allem am Hochdruckgürtel in 30° N und S, wo die ursprünglich am Äquator hochgewirbelte Luft herunterfällt (z. B. im Sommer das meist sehr stabile Azorenhoch). Kleine Hochs bilden sich als *Zwischenhochs* zwischen aufeinanderfolgenden Tiefs.

Die Isobaren

Um nun Hochs und Tiefs darzustellen, hat man die *Isobaren* (*isos* = griech. „gleich“, *bar* = griech. „Schwere, Gewicht“). Dies sind Linien gleichen Luftdrucks und das wichtigste Element einer jeden Wetterkarte. Sie sind vergleichbar den Tiefenlinien auf einer See- und den Höhenlinien auf einer Landkarte. Genau wie derartige Höhen- und Tiefenlinien auf Land- und Seekarten können sich Isobaren nie schneiden oder kreuzen und können nie einfach aufhören – sie müssen sich immer irgendwo schließen (oft freilich außerhalb unserer Wetterkarte).

Wie eine Höhenlinie rund um einen Berg und eine Tiefenlinie rund um eine Untiefe, so verlaufen die Isobaren um einen Hoch- oder Tiefdruckkern.

Merke: Isobaren sind die Verbindungslinien der Punkte rund um ein Hoch oder Tief, an denen im Augenblick der Beobachtung derselbe Luftdruck gemessen wurde.

Für die Praxis hat man sich in Deutschland darauf geeinigt, Isobaren für jeweils volle 5 hPa zu zeichnen, also 985, 990, 995, 1000... Je enger nun diese Isobaren zusammenliegen, desto größer ist auch das *Druckgefälle,* und desto stärker ist auch der Wind, der vom Hoch ins Tief weht (Abb. 124).

Merke: Ist der Abstand der Isobaren relativ groß, gibt es relativ wenig Wind. Wird der Isobaren-Abstand enger, nimmt der Wind zu.

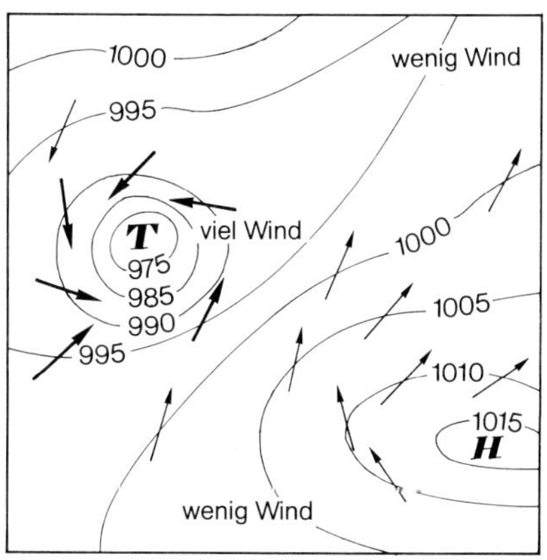

Abb. 124: Das Druckgefälle: Je geringer der Isobarenabstand ist, desto größer ist das Druckgefälle, und desto stärker weht der Wind

Dieses Druckgefälle wirkt sich aus als *Gradientkraft* (Gradient = Gefälle einer Größe). Leider wirkt sich diese Gradientkraft je nach geographischer Breite unterschiedlich aus, und es ist nicht möglich, ganz allgemein zu sagen, welche Windstärke bei welchem Isobaren-Abstand zu erwarten ist. Schuld daran ist wieder einmal die Corioliskraft. So wirkt sich ein geringer Luftdruckunterschied in den Tropen (hohe Umlaufgeschwindigkeit der Erdoberfläche) schon verheerend aus, während derselbe Gradient in unseren Breiten gerade eine steife Brise und am Pol allenfalls einen schlaffen Hauch bewirken würde. Für unsere Breiten (50°) gilt etwa:

Abstand der 5-hPa-Isobaren in Seemeilen	zu erwartende Windstärke in Beaufort
300	3
200	5
100	7–8

Die Isobaren geben uns aber auch die Richtung des Windes an: Der Wind fließt in einem flachen Winkel (fast Isobaren-parallel) auf der Nordhalbkugel im Uhrzeigersinn aus dem Hoch heraus und im Gegenzeigersinn in das Tief hinein (Abb. 124).

Die Fronten

Wenn unterschiedlich temperierte Luftmassen aufeinanderstoßen, dann vermischen sie sich nicht, sondern bilden eine mehr oder weniger scharfe *Grenzschicht.* Diese *Fronten* können zwei verschiedene Formen annehmen, je nachdem, ob eine wärmere Luftmasse sich gegen eine kältere oder eine kältere Luftmasse sich gegen eine wärmere bewegt. Wenn wir uns nun noch einmal die Situation an der Polarfront (Abb. 123 a, b) ansehen, stellen wir fest, daß beim Entstehen eines Tiefdruckwirbels aus einer *Wellenstörung* sich diese Fronten als erstes bilden: „Vorne" drückt warme Luft gegen kalte Luft und bildet die *Warmfront*, „hinten" drückt kalte Luft gegen warme Luft und bildet die *Kaltfront* (Abb. 123 c).

Merke: Zu jedem Tiefdruckgebiet gehören eine Warmfront und eine Kaltfront, wobei die Warmfront – bezogen auf die Zugrichtung – grundsätzlich vorne, die Kaltfront grundsätzlich hinten ist.

Im Idealfall spielt sich das so ab: Nach der Entstehung eines Tiefs (auch *Zyklone* genannt) durch das Aufeinanderprallen zweier unterschiedlich warmer Luftmassen oder nach einer Störung an der Polarfront entwickelt sich ein Wirbel (Abb. 123 a, b, c, d), der sich verselbständigt und langsam immer kräftiger werdend („vertiefend") in unseren Breiten von West nach Ost zieht (Abb. 123 e). Da die Warmfront etwas langsamer wandert als die Kaltfront, wird die Schere zwischen den Fronten immer enger, bis die Kaltfront die Warmfront schließlich einholt und zur *Okklusionsfront* (okkludieren, lat. = zusammenschließen) wird (Abb. 123 f). Damit ist das Tief dann auch schon soweit gealtert, daß es fast aufgefüllt ist und stirbt, wobei sich oft an der alten Kaltfront ein Zwischenhoch und ein neues Tief bilden (Abb. 123 g).

Die Wolken

Um Fronten überhaupt wahrnehmen zu können, müssen wir uns ein wenig mit den Wolken auskennen. Es gibt zwei wesentliche Kriterien: Höhe und Form.
Bei der Höhe unterscheiden wir in unseren Breiten
1. hohe Wolken (über 6000 m)
= „Cirro"
2. mittelhohe Wolken (2000–6000 m)
= „Alto"
3. tiefe Wolken (unter 2000 m)
= ohne speziellen Namen

Der Form nach unterscheiden wir vor allem
a) Haufenwolken = „Cumulus"
b) Schichtwolken = „Stratus"

Wenn wir uns dann noch merken, daß besonders „dicke" Wolken, die mehrere Stockwerke durchsteigen, „Nimbus" heißen, können wir uns alles zusammensetzen (siehe Tabelle unten).

Wolken entstehen immer dort, wo warme und daher meist feuchte Luft entweder durch Aufsteigen abkühlt und kondensiert, oder aber an Fronten, wo warme Luft mit kalter Luft in Berührung kommt.
Bei der Warmfront stößt bewegte Warmluft gegen verharrende Kaltluft. Während die Warmluft einen Teil der Kaltluft am Boden vor sich herschiebt,

<table>
<tr><th>Form / Höhe</th><th>Schicht</th><th>Haufen</th><th>Sonstige Formen</th></tr>
<tr><td>hohe Wolken</td><td>Cirrostratus (Cs)</td><td>Cirrocumulus (Cc)</td><td>Cirrus (Ci) (federförmig)</td></tr>
<tr><td>mittelhohe Wolken</td><td>Altostratus (As)</td><td>Altocumulus (Ac)</td><td rowspan="2">Stratocumulus (Mischform)</td></tr>
<tr><td>tiefe Wolken</td><td>Stratus (St)</td><td>Cumulus (Cu)</td></tr>
<tr><td>dicke Wolken</td><td>Nimbostratus (Ns)</td><td>Cumulonimbus (Cb)</td><td></td></tr>
</table>

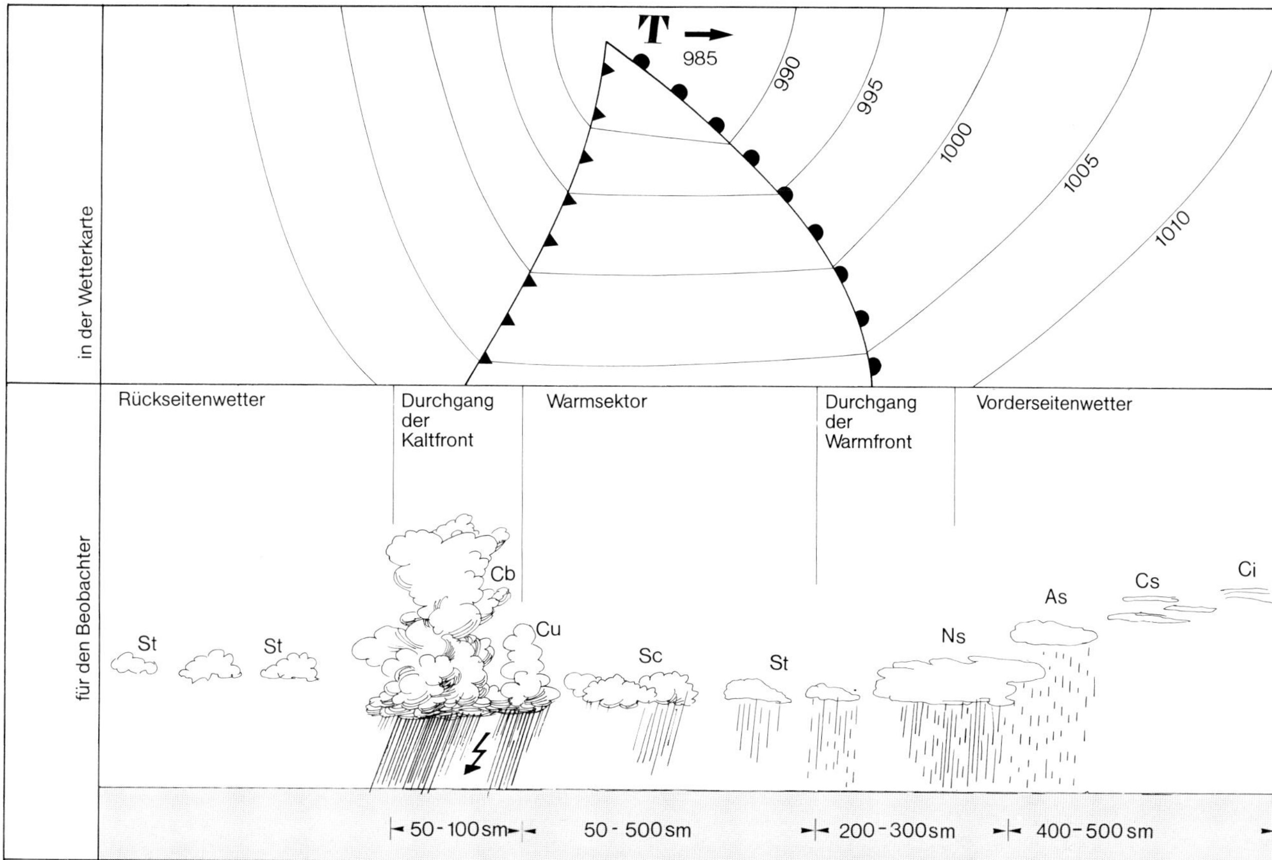

Zeit	unbestimmt – bis zum nächsten Tief	wenige Stunden	Stunden oder Tage	einige Stunden	Tage
Wind	anfangs noch böig und ungleichmäßig, dann nachlassend NW	In Böen auffrischend und auf NW springend	zunächst gleichbleibend W, dann etwas ungleichmäßig	langsam auf WSW-W drehend	allg. Süd, langsam zunehmend
Niederschlag	nachlassende Schauerneigung, trocken	kräftige Schauer, Gewitter	vereinzelt Regen	Regen	allmählich einsetzender Nieselregen, in Landregen übergehend
Bewölkung	St, Cu	Cu, Cb	Cu, Sc und St	Ns	von Ci über Cs und As zu Ns
Temp.	kühl	plötzlich abkühlend (bis zu 10° C)	warm	kurzzeitig stärker steigend	langsam steigend
Luftdruck	steigend	plötzlich stark steigend	fast gleichbleibend, unmittelbar vor Kaltfront kurzzeitig fallend	Fallen hört auf	gleichmäßig fallend
Sicht	sehr gut	schlecht durch Niederschlag	mäßig bis schlecht, langsam besser werdend	schlecht, Dunst, Nebel	schlechter werdend

Abb. 125: Das Tief und seine Fronten

wird sie selbst angehoben, sie gleitet auf die Kaltluft auf. Dabei entsteht eine keilförmige, sehr lange Front, an der sich Wolken bilden – Schichtwolken. Das fängt für den Beobachter, auf den eine Warmfront zuzieht, mit ganz hohen Cirren und Cirrostratus an, geht dann in mittelhohe Altostratus-Bewölkung und schließlich in dicke Nimbostratus-Wolken mit niedriger Untergrenze (und Regenfall) über. Da dieser Aufgleitvorgang sehr flach vor sich geht (Idealfall: 1 Prozent Steigung), ist so eine Warmfront oft über 1000 Kilometer (400–500 Seemeilen) lang. Und da sich eine Warmfront recht langsam (8–20 Knoten) vorwärtsbewegt, dauert es vom Auftreten der ersten Cirren bis zum Eintreffen der Warmfront am Boden oft zwei bis drei Tage. Regen fällt als feintröpfiger „Landregen" jedoch schon mehrere Stunden oder auch mehrere Tage vorher.

Merke: Das Herannahen einer Warmfront erkennt man an langsam niedriger werdender Schichtbewölkung. Je schneller das vor sich geht, desto früher fällt Regen.

Nach dem Durchzug der Warmfront wird es wärmer, denn wir befinden uns ja nun in der Warmluftmasse, im *Warmsektor.* Jetzt läßt der Regen etwas nach, die Wolken lösen sich langsam auf; die Warmluft hat die Kaltluft ersetzt.

Wie lange es nun dauert, bis die Kaltfront eintrifft, dafür gibt es keine Regel: Es kommt ganz darauf an, wie dicht die Schere zwischen den beiden Fronten schon geschlossen ist und wie nahe man selbst beim Kern des Tiefs steht.

Erkennbar ist die schneller ziehende Kaltfront durch ihren an der Haufenbewölkung sichtbar werdenden „senkrechten" Charakter (im Gegensatz zur fast waagerechten Warmfront mit ihrer Schichtbewölkung); die Kaltluft verdrängt die Warmluft ziemlich plötzlich. Daher spricht man auch im Gegensatz zum *Aufgleitvorgang* (Warmfront) hier vom *Einbruchsvorgang.* Aus den Haufenwolken (Cumulus) werden an der Front häufig vom untersten Stockwerk bis ins höchste reichende Schauer- und Gewitterwolken (Cumulonimbus). Aus ihnen fällt nicht mehr der kleintröpfige, gleichmäßige Landregen, vielmehr setzen plötzlich kalte Regen-, Hagel- und Graupelschauer ein. In Böen springt der Wind rechtdrehend um, er „schießt aus". Danach wird das Wetter recht bald besser, die Sicht ist klar, es folgen nur noch vereinzelte Schauer.

In der Wetterkarte werden die Fronten anschaulich durch Linien mit aufgesetzten Rundungen (Warmfront) und Spitzen (Kaltfront) oder beidem (Okklusionsfront) dargestellt. Den Durchzug eines Tiefs mit seinen Fronten veranschaulicht Abb. 125.

Die Wetterkarte

Die beste Information über das derzeitige Wetter und seine mögliche oder wahrscheinliche Weiterentwicklung gibt immer die *Wetterkarte* – sofern man sie lesen kann. Jeder Wetterbericht ist immer nur ein Versuch, eine Wetterkarte in Worte zu fassen und Schlußfolgerungen aus dieser Karte zu ziehen. Wenn wir uns vorstellen, wir hätten an Bord keine Seekarte, sondern nur ein Radio, in dem jemand uns den zu steuernden Kurs und die voraussichtliche Lage einer Untiefe durchsagt, so wäre uns diese Situation sicherlich etwas unheimlich. Mit eigener Seekarte, in die man seine Beobachtungen eintragen kann, wissen wir viel genauer, wo wir sind und was mit uns geschieht. Ähnlich ist es mit einer Wetterkarte. Doch wo bekommen wir die beim Segeln her?

Es gibt drei Möglichkeiten. Bei Törns von Hafen zu Hafen kaufen wir uns täglich eine Zeitung mit Wetterkarte oder schauen beim Hafenmeister nach – da hängt oft eine Wetterkarte aus.

Bei längeren Törns ist das jedoch schon schwieriger. Entweder wir kaufen uns ein teures Wetterkarten-Empfangsgerät, was automatisch aus verschlüsselten Signalen die jeweils aktuelle Wetterkarte zeichnet. Oder aber wir zeichnen uns die Bordwetterkarte nach den Seewetterberichten selber.

Bei allen Wetterkarten müssen wir jedoch bedenken, daß sie nie ganz aktuell sind. Die Zeitungs-Wetterkarte stammt vom Vortag, und bei der über Funk empfangenen Wetterkarte (egal ob automatisch oder selbstgezeichnet) sind zumindest einige Stunden vergangen zwischen den zugrunde gelegten Wetterbeobachtungen und der Ausstrahlung. Daher ist die erste Angabe, die wir auf jeder Wetterkarte festhalten und berücksichtigen müssen, der Zeitpunkt, für den sie gemacht ist.

Merke: Eine Wetterkarte ist immer die Beschreibung eines bereits zurückliegenden Wetterzustands.
Die Kunst der Wettervorhersage besteht nun darin, aus dem in der Wetterkarte dargestellten Vergangenen und dem selbst erlebten Gegenwärtigen die richtigen Schlüsse auf die Zukunft zu ziehen.

Die beste Art zu lernen, aus einer Wetterkarte zu lesen, ist es, selber eine zu zeichnen. Deswegen ist es sinnvoll, daß das Zeichnen einer einfachen *Bordwetterkarte* Prüfungsstoff für den C-Schein ist.

Für das Zeichnen der Bordwetterkarte gibt es vom Deutschen Wetterdienst – Seewetteramt –, Bernhard-Nocht-Str. 76, 2000 Hamburg 4, herausgegebene und bei allen Seekarten-Vertriebsstellen erhältliche Vordrucke. Für uns ist die „Bordwetterkarte Nr. 9" besonders gut geeignet. Sie besteht aus einem DIN-A3-Bogen, dessen Vorder- und Rückseite je für eine komplette Wetterkarte vorgesehen ist (Seite 169). Auf der jeweils oberen Hälfte der Seite finden wir Rubriken zum Notieren des unter anderem über den Deutschlandfunk ausgestrahlten Seewetterberichtes (01-05, 06-40 und 12-40 GZ auf 1269 kHz).

Beim Zeichnen einer Bordwetterkarte gehen wir in acht Schritten vor.

1. Wir bereiten uns auf die Arbeit vor: Weichen Bleistift spitzen, Radiergummi und Vordruck bereitlegen, den richtigen Sender einstellen, die Mannschaft vergattern, uns nun ein paar Minuten lang nicht zu stören, und – sehr wichtig! – den Strom für die Wasserpumpe sowie Geräte mit Elektromotor abschalten. Wenn die Pumpe oder ein anderer E-Motor nämlich gerade während der Wetterbericht-Sendung anspringt, ist wahrscheinlich der Empfang so gestört, daß wir wichtige Passagen nicht verstehen.

2. Wir schreiben den Wetterbericht mit. Dabei hilft uns schon der Vordruck: Wir streichen zunächst die unzutreffenden Uhrzeiten aus, vermerken das Datum. Nun beginnt der Sprecher oder die Sprecherin mit der *Wetterlage* – schön langsam zum Mitschreiben in der linken Spalte unseres Vordruckes. Wir kürzen nach Bedarf ab. Beispiel:

Tief 995 hPa östlich der Shetlands, Ostnordost ziehend.
Hoch 1025 hPa nordöstlich der Azoren, wenig verändernd.
Hochdruckbrücke 1020 hPa südliches Mitteleuropa.
Hoch 1025 hPa Westrußland, festliegend.
Tief 1000 hPa vertiefend, 600 Meilen westlich Island, schnell Ost ziehend.

Nun wiederholt der Sprecher den Text noch einmal schneller lesend im Zusammenhang, damit wir prüfen können, ob wir auch alles mitbekommen haben.

Während wir hier mit einigen wenigen Abkürzungen wie H für Hoch, T für Tief und Pfeile für die Bewegung auskamen, benötigen wir in der nächsten Rubrik schon einige spezielle Zeichen:

❟	Sprühregen
●	Regen
✳	Schnee
△	Graupel
▲	Hagel
=	diesig
≡	Nebel
⚡	Gewitter
▽̇	Regenschauer
✳▽	Schneeschauer

Der Sprecher verliest jetzt nämlich die *Stationsmeldungen* (es kommt auch vor, daß zunächst die Vorhersagen gesendet werden, die rechts auf dem Blatt in die vorgesehenen Fächer eingetragen werden).

Auch hier füllen wir als erstes Datum und Uhrzeit in der obersten Zeile aus. Dann folgen:

1 Sklinna	*ESE 5*		*10°*	*1004 hPa*
2 Svinöy	*SE 7*		*11°*	*998 hPa*
3 Lista	*WSW 7*		*14°*	*1000 hPa*
4 Aberdeen	*NW 7*		*11°*	*1001 hPa*
5 Tynemouth	*WNW 6*		*13°*	*1005 hPa*
6 Hemsby	*WSW 5*		*15°*	*1010 hPa*
7 Den Helder	*WSW 6*		*15°*	*1010 hPa*
8 Borkumriff	*WSW 6*		*15°*	*1009 hPa*
9 Helgoland	*WSW 6*		*15°*	*1008 hPa*
10 List/Sylt	*WSW 7*		*15°*	*1006 hPa*
11 Thyborön	*SW 7*		*14°*	*1003 hPa*
12 Skagen	*SSW 7*		*13°*	*1003 hPa*
13 Fornæs	*S 5*		*13°*	*1006 hPa*
14 Kullon	*S 4*		*13°*	*1007 hPa*
15 Kegnæs	*SW 5*		*14°*	*1008 hPa*
16 Kiel-Holtenau	*SW 5*			*1008 hPa*
17 Puttgarden Automat	*N 4*			*1009 hPa*
18 FS Mön	*S 4*		*14°*	*1010 hPa*
19 Arkona	*S 4*		*13°*	*1011 hPa*
20 Bornholm	*SSW 5*	❟	*12°*	*1011 hPa*
21 Visby	*S 4*	❟	*12°*	*1009 hPa*
22 Mariehamn	*SSE 4*		*12°*	*1008 hPa*
23 Hel	*SSW 3*	❟	*12°*	*1013 hPa*
24 Ozeanwetterschiff L	*NW 6*		*12°*	*1015 hPa*
25 Cherbourg	*NW 4*		*13°*	*1015 hPa*

Hierbei müssen wir nur folgendes beachten. Manchmal wird eine Station, von der gerade keine Meldung vorliegt, einfach ausgelassen und übersprungen. Wir müssen dann aufpassen, daß auch wir diese Zeile überspringen! Sonst stehen alle folgenden Angaben neben der falschen Station. Manchmal fehlen bei einer Station auch nur die Angaben zu Niederschlag oder Temperatur wie hier bei 16 und 17.

Nachdem wir auch die Vorhersagen für die nächsten 12 und die nächsten 24 Stunden für die Vorhersagegebiete notiert und uns dann noch den Nautischen Warnfunk angehört haben, in dem beispielsweise über erloschene Leuchtfeuer, vertriebene Tonnen, über Wracks etc. berichtet wird, geht es an die Arbeit.

3. Wir übertragen als erstes die Stationsmeldungen auf unsere Karte. Dabei zeichnen wir zunächst den Windpfeil an den jeweiligen Stationskreis. Er muß von der Station aus immer dorthin zeigen, wo der Wind herkommt. Achtung: Die Wetterkarte ist keine Mercator-Projektion! Norden ist also nicht überall senkrecht nach oben. So würde ein Windpfeil, den wir an Station 24 (Ozeanwetterschiff L) senkrecht nach oben zeichnen, nicht Nord, sondern NNW bedeuten.

Nun kommt die Windstärke. Nach dem Wetterkartenschlüssel bedeutet jeweils eine ganze „Feder" 2 Windstärken auf der Beaufort-Skala; zwei ganze und eine halbe Feder bedeuten also beispielsweise Windstärke 5. Ab Windstärke 10 zeichnet man für die Zehn ein schwarzes Dreieck und fährt dann mit den Federn fort. Windstärke 12 (Orkan) wäre also ein Windpfeil mit einem schwarzen Dreieck und einer ganzen Feder.

Diese Federchen malen wir nun je nach Windstärke an die Windpfeile, und zwar grundsätzlich auf der nördlichen Halbkugel an die linke Seite (wobei man berücksichtigen muß, daß die Pfeilspitzen, wenn sie denn mitgezeichnet würden, zum Stationskreis weisen würden; Abb. 126). Die Federchen zeigen dann stets zum tiefen Druck (Abb. 127). Bei Windstille malen wir einen zweiten Kreis um den Stationskreis.

Bei manchen Wetterberichten – nicht dem hier verwandten Seewetterbericht – wird auch das Maß der Wolkenbedeckung genannt. Dies wird ebenfalls in die Karte eingetragen: Bei „halbbedeckt“ wird der Stationskreis zur Hälfte innen schwarz gemalt; bei „bedeckt“ wird er ganz schwarz usw. (Abb. 126).

Nun schreiben wir mit unserem frisch gespitzten Bleistift noch links oben die Temperatur und rechts oben den Luftdruck neben den Stationskreis und zeichnen das (oder die) Wettersymbole für Regen, Nebel o. ä. unter den Kreis. Damit ist dieser Schritt abgeschlossen.

Bei unserem Beispiel sehen wir schon jetzt eine wirbelförmige Verteilung der Windrichtungen (Abb. 127). Aus dem Rahmen fällt nur Nummer 17, Puttgarden. Da scheint küstenbedingt ein eigenes, von der Großwetterlage unabhängiges Windsystem eine Rolle zu spielen. So etwas kommt vor allem bei Hochdruckwetterlagen oft vor und darf uns nicht verwirren.

4. Wir tragen aus der Rubrik Wetterlage die Hochs und Tiefs in unsere Karte ein und malen auch gleich die nächste Fünfer-Isobare drumherum. In unserem Beispiel liegt nur das Tief östlich der Shetlands voll auf der Karte. Das Hoch bei den Azoren kommt in die linke untere und das über Westrußland in die rechte untere Ecke unseres Bogens (schon außerhalb des Kartenausschnittes). Ebenso malen wir uns nur ein T links oben in die äußerste Ecke – damit wir wissen, von da kommt auch noch ein Tief.

Nun sehen wir schon, wie der Wind überall um das Tief in der Kartenmitte herumweht. Und da der Wind ja (fast Isobaren-parallel) mit einem leichten Winkel in das Tief hineinweht, bekommen wir eine erste Vorstellung vom Verlauf der Isobaren.

5. Die 995er Isobare haben wir ja schon als Kreis eng um unseren Tiefdruckkern gelegt. Wo folgt nun die nächst höhere, die 1000er?

Sie muß genau durch Lista (Station 3) gehen, denn dort wurden 1000 hPa gemessen. Sie muß dann nahe bei Svinöy zwischen Station 2 (998 hPa) und Station 1 (1004 hPa) hindurch. Auf

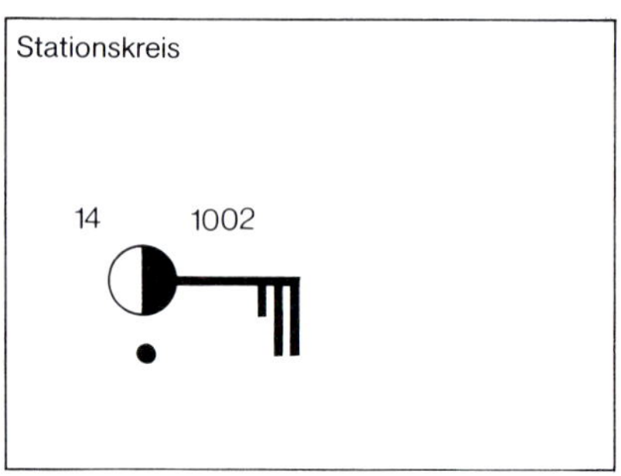

Abb. 126: Der Stationskreis mit Windpfeil: Ostwind mit Stärke 5, 1002 hPa, 14 °C, halbbedeckt, Regen

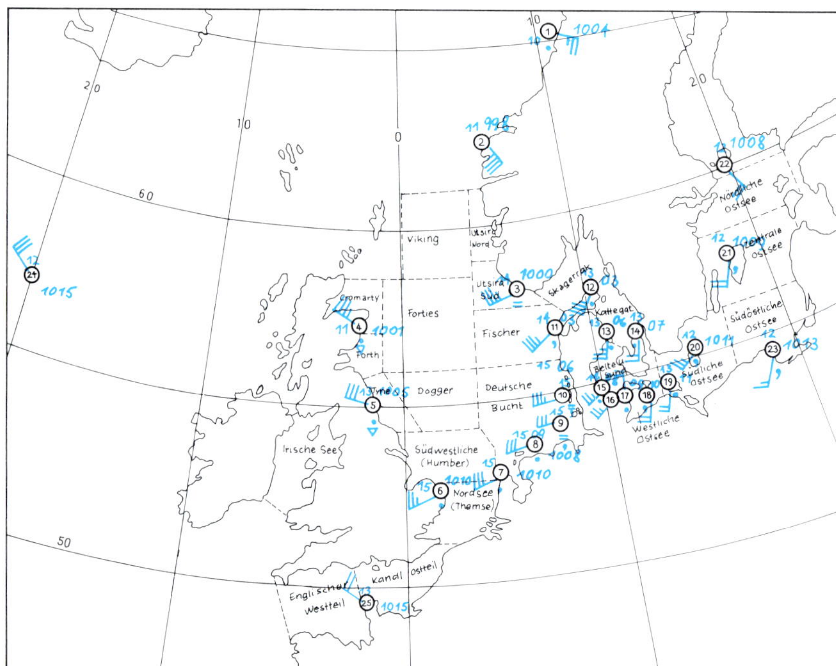

Abb. 127: Die Wetterkarte: Als erstes tragen wir die Stationsmeldungen in die Wetterkarte ein: Wind, Luftdruck, Temperatur und Wetterbeobachtung

der anderen Seite der Nordsee, bei Aberdeen (Station 4), haben wir einen Luftdruck von 1001 hPa; diese Station liegt also gerade knapp außerhalb der 1000er Isobare. Bis hierhin können wir sie schon zeichnen, dann wenden wir uns der nächsten, der 1005er zu und fangen nun bei Tynemouth (Station 5) an. Von hier, wo genau 1005 hPa gemessen wurden, muß sie quer über die Nordsee zu einem Punkt laufen, der zwischen List/Sylt (Station 10, 1006 hPa) und Thyborön (Station 11, 1003 hPa) liegt, dann zwischen Skagen (1003 hPa) und Fornæs (1006 hPa) hindurch und im Bogen hoch in die Nähe von Sklinna, das mit 1004 hPa gerade eben innerhalb dieser 1005er Isobare liegen muß.

Nun die 1010er Isobare: Wir beginnen in Hemsby (Station 6, 1010 hPa), gehen über Den Helder (Station 7, ebenfalls 1010 hPa), etwas südlich von Borkumriff (Station 8, 1009 hPa), doppelt so weit südlich von Helgoland (Station 9, 1008 hPa), in entsprechendem Abstand vorbei an Kiel-Holtenau (Station 16, 1008 hPa) und Puttgarden (Station 17, 1009 hPa) genau auf Feuerschiff Mön (Station 18, 1010 hPa); Stationen 19 und 20 bleiben mit ihren 1011 hPa nun gerade eben außerhalb, 21 und 22 dagegen wieder innerhalb.

Bei der nächsten Isobare, der 1015er, haben wir nur sehr wenig, aber auch noch genügend Information. Wir beginnen bei Station 24, dem Ozeanwetterschiff L (1015 hPa), und fahren mit dem Bleistift dann in großzügigem Bogen herunter an der Südwestspitze Irlands und an Land's End vorbei zu einem Punkt, der südlich von Station 6 (1010 hPa) und etwa so weit davon entfernt ist wie die 1010er Isobare von der darüber liegenden 1005er. In diesem Abstand zeichnen wir die 1015er nun parallel zur 1010er weiter im Bogen nach Osten und Nordosten; Station 23 (Hel, 1013 hPa) muß dann etwa in der Mitte zwischen der 1010er und der 1015er liegen.

Mehr brauchen wir eigentlich nicht, doch nun können wir auch noch die 1020er Isobare im parallelen Schwung eintragen, beginnend zwischen dem Hoch bei den Azoren und dem Ozeanwetterschiff, dann herunter und als Hochdruckbrücke über das südliche Mitteleuropa und dann nördlich vom Hoch über Westrußland (1025 hPa) zum Kartenrand.

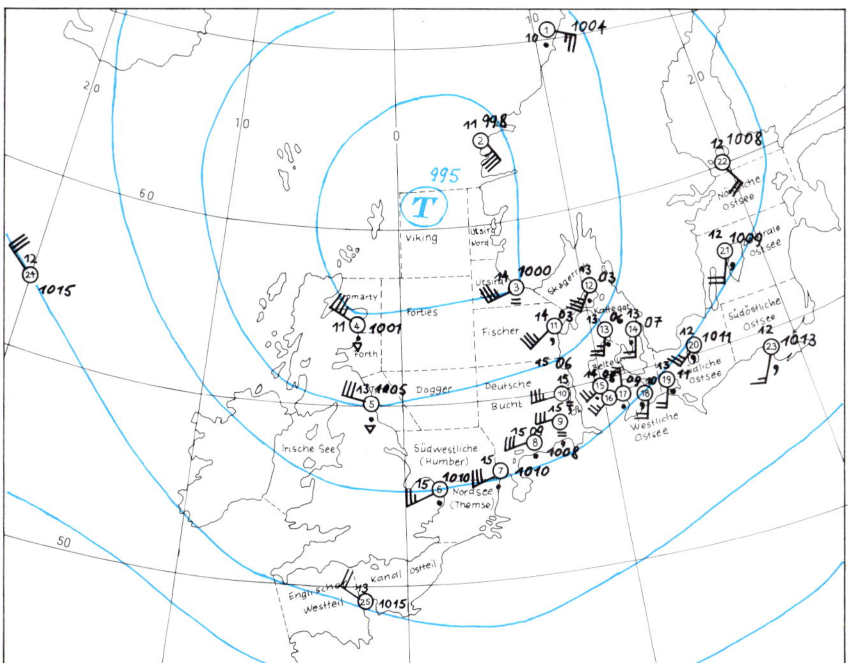

Abb. 128: Dann zeichnen wir die Isobaren ein. Dabei müssen wir manchmal ein wenig spekulieren

6. Die noch „offenen" Isobaren schließen wir mit großzügigen Kurven, wobei wir uns bei dem nun etwas spekulativen Verlauf den bisher gefundenen Formen anpassen (Abb. 128).

7. Jetzt kommt der Verlauf der Fronten dran, und hier sind wir dann auch ein wenig auf (begründete!) Vermutungen angewiesen. Zunächst die Warmfront. Zum einen sehen wir zwischen den Stationen 11 und 12, zwischen 10 und 13 und zwischen 9 und 15 eine Änderung der Windrichtung und einen Temperatur-Anstieg. Zum anderen ändern sich in dieser Zone Sicht und Niederschlagsart, und unsere Isobaren haben hier einen leichten Knick nach „oben". Da dies alles Merkmale der Warmfront sind, zeichnen wir sie hier ein.

Auch was die Lage der Kaltfront angeht, sind wir auf „Indizien" angewiesen. Station 4 muß schon dahinter liegen, denn dort hat der Wind auf NW gedreht, es ist deutlich kälter, und es sind Regenschauer gemeldet. Station 6 dagegen muß mit 15 °C Lufttemperatur,

WSW 5 und Regen noch im Warmsektor liegen, wogegen Station 5 mit 13°, Schauern und WNW 6 gerade auf der Front liegen könnte. So zeichnen wir die Kaltfront denn auch ein.

8. Nun vergleichen und prüfen wir noch einmal alles. Stimmt der Isobarenverlauf mit den Windpfeilen überein? Verlaufen die Isobaren des Warmsektors in der angegebenen Zugrichtung (ENE) des Tiefs? Ergeben die Meldungen über Niederschläge, Nebel und Dunst einen Sinn?

An einigen Stellen sind vielleicht Korrekturen angebracht, der Radiergummi gehört zum Handwerkszeug. Die Bordwetterkarte ist fertig (Abb. 129).

Auswertung + Beobachtung

Nun erinnern wir uns, daß diese schöne Karte ja eigentlich längst veraltet ist. Da aber ein Tief durchschnittlich mit etwa 15 – 20 kn weiterwandert, können wir „hochrechnen" und unsere theoretische Erkenntnis mit zweierlei in Bezug setzen: einmal der Vorhersage des Meteorologen und zum anderen unserer eigenen Beobachtung. Mit der Zeit werden wir (dazu bedarf es vor allem der Erfahrung) erkennen lernen, hieraus Schlüsse zu ziehen; gerade Widersprüche zwischen „hochgerechneter" Wetterkarte, Prognose des Meteorologen und tatsächlicher Beobachtung sind dabei wichtig. Aus ihnen können wir mit etwas Übung erkennen, ob und wie Veränderungen eingetreten sind, von denen der Meteorologe in seinem warmen Amtsstübchen keine Ahnung haben konnte.

Ein untrügliches Alarmzeichen ist beispielsweise, wenn der Wind nach Durchgang der Kaltfront nicht auf NW umspringt und der Druck nicht kräftig ansteigt. Dies deutet nämlich auf eine *Troglage* hin, die meist mit einem unmittelbar bevorstehenden kräftigen Sturm verbunden ist.

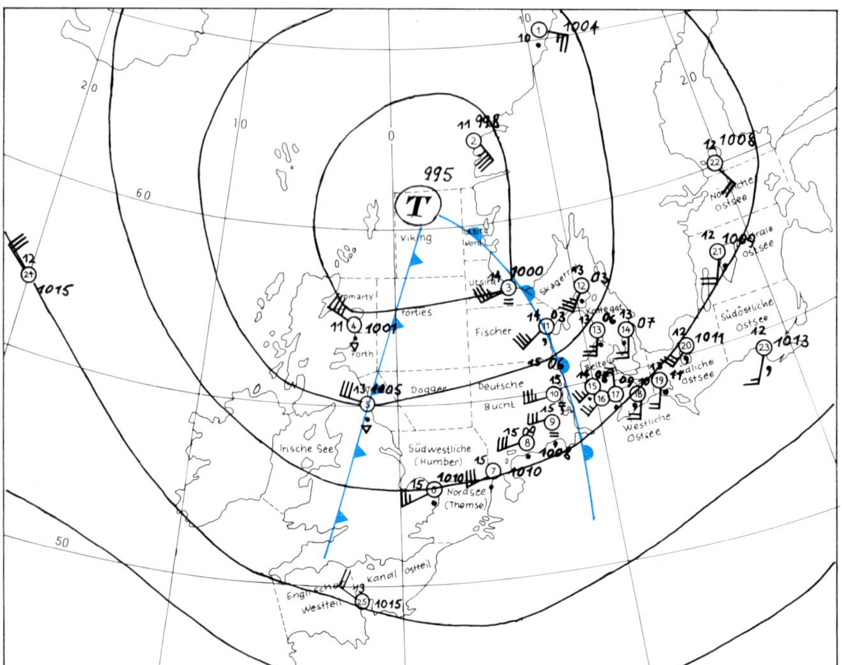

Abb. 129: Als letztes malen wir den Frontenverlauf in die Wetterkarte. Indizien für ihre Lage sind: Windsprung, Temperaturveränderung, Niederschlag usw.

Merksätze

- Zieht das Tief nördlich von uns vorüber, muß der Wind rechts drehen; springt er bei Durchgang der Kaltfront nicht auf NW und steigt das Barometer nicht rasch an: Achtung Troglage!
- Zieht das Tief südlich an uns vorbei, muß der Wind links drehen, und wir erleben kein Frontengeschehen.
- Zieht das Tief mit seinem Kern über uns hinweg, dann behält der Wind zunächst seine Richtung bei, wird immer stärker und hört schließlich auf, um danach in genau umgekehrter Richtung wieder sehr stark zu werden.
- Wie beim Hurrikan (siehe Seite 108) gilt bei jedem Tiefdruckwirbel, daß der in Zugrichtung vordere rechte (Nordhalbkugel) Sektor der gefährlichere ist, weil sich hier Zug- und Windgeschwindigkeit addieren.
- Die Warmfront wandert langsamer als die Kaltfront.
- Das Tief wandert in der Richtung der Isobaren des warmen Sektors.
- Insbesondere bei Westwetterlagen folgen Tiefs mit nur kurzen Erholungspausen in Serien. Oft setzt das nachfolgende Tief weiter südlich an als das vorangegangene.
- Dabei liegen Tiefdruckausläufer meist nach etwa 24 Stunden dort, wo

zuvor der Hochdruckkeil (das Zwischenhoch) lag.

- Ein Tief vertieft sich noch, wenn
  - der Luftdruck vor dem Tief stärker fällt, als er hinter dem Tief ansteigt;
  - die „Schere“ zwischen Warm- und Kaltfront noch weit auseinanderklafft.

Bei umgekehrten Voraussetzungen füllt sich das Tief auf (wird schwächer).

Wetterbeobachtung

Zur ordentlichen Wetterbeobachtung gehören ein Barometer (besser Barograph), das Logbuch, eventuell ein sonnen- und spritzwassergeschütztes Thermometer, die Borduhr und ein wenig Pedanterie.

Ganz am Anfang haben wir gehört, daß Wetter grundsätzlich kein Zustand, sondern eine Veränderung, ein Prozeß ist, der ohne den Ablauf von Zeit nicht denkbar wäre. So kann uns ein augenblicklicher Barometerstand nie verraten, ob wir mit Wetterbesserung oder -verschlechterung zu rechnen haben. Wichtig ist zu wissen, in welcher Zeit das Barometer wie stark gefallen oder gestiegen ist; nicht so wichtig ist der jeweilige absolute Stand. Ähnliches gilt für das Thermometer und auch für unsere unmittelbaren Beobachtungen von Wind, Seegang und Bewölkung.

Je nach Wetterlage empfiehlt es sich, entweder bei jedem Wachwechsel (bei stabilen Schönwetterlagen) oder aber jede Stunde oder sogar halbe Stunde (bei Sturm- und Starkwindgefahr) ins Logbuch zu notieren: Uhrzeit, Barometerstand, Windrichtung, Windstärke, Seegang, Bewölkung, Sicht, Temperatur. Dabei ist auf jeden Fall dafür zu sorgen, daß nicht jedes Crewmitglied unkontrolliert ans Barometerglas klopft, „um mal zu gucken, wie's Wetter wird“. Sinn hat die Beobachtung nur, wenn sie regelmäßig erfolgt und mit der Uhrzeit notiert wird.

Die Beobachtungen im einzelnen:

Luftdruck:

Gleichbleibend =
beständiges Wetter
Steigend =
Annäherung eines Hochs
Fallend =
Aufzug eines Tiefs;
je schneller, desto heftiger
Fallen um mehr als 1 hPa/Stunde =
Sturm

Temperatur:

Gleichmäßiges Steigen von kurz vor Sonnenaufgang bis zum Nachmittag, dann langsames Sinken =
gutes, stabiles Wetter
Fallen =
im Sommer schlechteres,
im Winter besseres Wetter
Steigen =
im Sommer gutes,
im Winter schlechtes Wetter

Wind:

Von morgens bis nachmittags zunehmend, zum Abend abflauend, an der Küste regelmäßiger Wechsel von Land- und Seewind =
gutes, stabiles Wetter
Zunehmen des Windes gegen Abend und Richtungsänderung nach längerer Zeit mit gleichbleibender Windrichtung =
Wetterverschlechterung

Seegang:

Allmählich ohne sichtbaren Grund auftretende Dünung =
Sturmgefahr (die Dünung läuft mit etwa 20 kn dem Sturm oft voraus)

Wolken:

Von morgens bis nachmittags zunehmend, gegen Abend abnehmend =
gutes, stabiles Wetter
Zunehmend am Abend,
Abnehmen am Tag =
Wetterveränderung
Abnahme = Hochdruckgebiet
Zunahme = Tiefdruckgebiet
Schnell aufziehende hohe Cirrusbewölkung („Schlittenkufen-, Spazierstockwolken“) =
Tief (Warmfront) im Anzug
Stark aufquellende Wolkentürme mit „Kappen“ aus Cirrostratus =
Böen, Gewitter, Kaltfront

Es gibt noch unzählige Wetterboten mehr, wie z. B. das starke Abendrot, das (meistens) gutes Wetter, das Morgenrot, das (meistens) schlechtes Wetter verkündet, das „Wasserziehen“ der Sonne, die „Höfe“ um Sonne und Mond etc. etc. Wesentlich ist eines: Jede Abweichung vom „normalen“, also erwarteten Gang des Wetters muß uns ein Alarmzeichen sein. Um diese Zeichen zu sehen, müssen wir ständig und bewußt mit dem Wetter leben und im Logbuch Buch führen! Oft haben wir auch einfach ein Gefühl; wir meinen zu ahnen oder irgendwie zu spüren, daß beispielsweise ein Sturm aufzieht. Daß wir mit solchen „Ahnungen“ als erfahrener Segler oft recht haben, hat nichts mit „Spökenkiekerei“ zu tun: Wir haben einfach unbewußt ganz natürliche und vielleicht nicht sehr auffällige Signale gesehen, in uns aufgenommen und verarbeitet. Wer ein solches „Gefühl“ hat, sollte sich nicht einfach darüber hinwegsetzen: Es ist ein Alarmzeichen wie alle anderen und sollte in alle Planungen und Entscheidungen mit einfließen.

Die Zugbahnen der Tiefs und die Großwetterlagen

Langjährige Wetterbeobachtungen haben ergeben, daß sich Tiefs besonders häufig auf bestimmten Bahnen bewegen. Man unterscheidet hierbei im Sommer die Zugbahnen A, B, B1, C und D (Abb. 130). Doch dies sind statistische Erfahrungs-Daten, die nur im Durchschnitt, aber längst nicht für jedes Tief gelten. Zu beachten ist eigentlich nur, daß es auch Tiefs gibt, die nicht von Westen nach Osten, sondern auch von Norden nach Südosten (C)

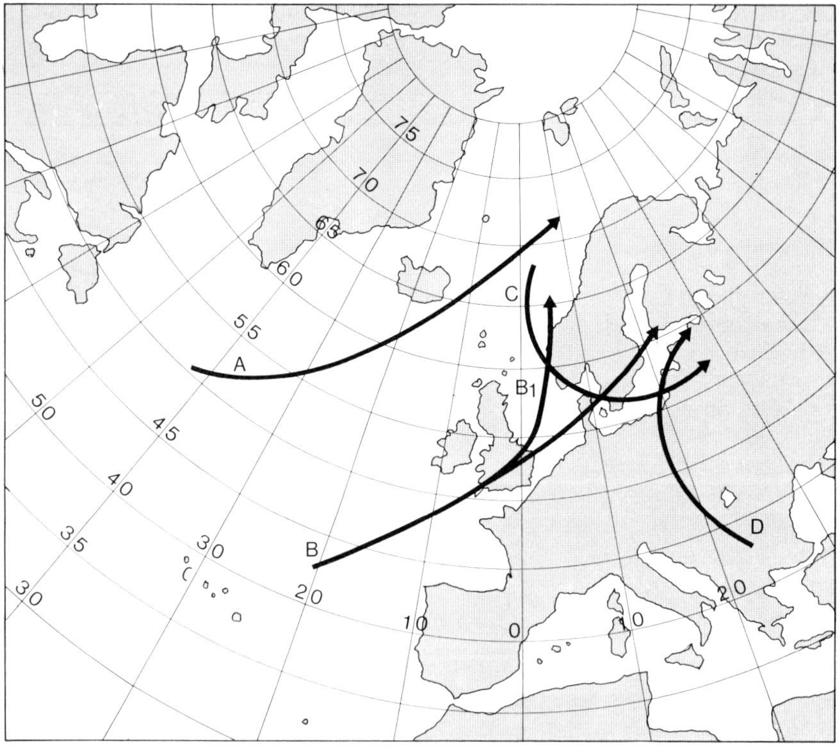

Abb. 130: Zugbahnen der Tiefs im Sommer

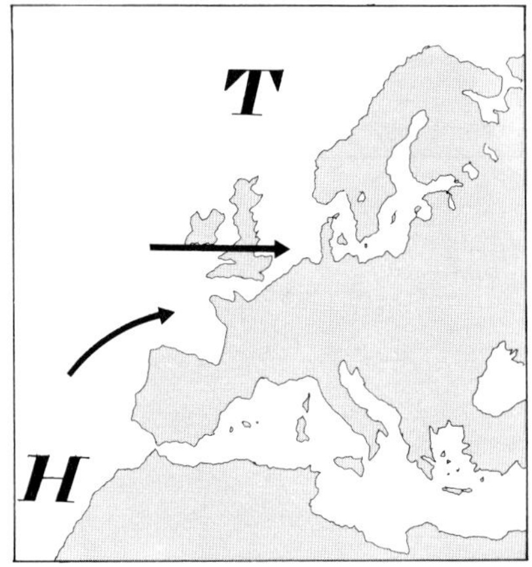

Abb. 131: West-Wetterlage

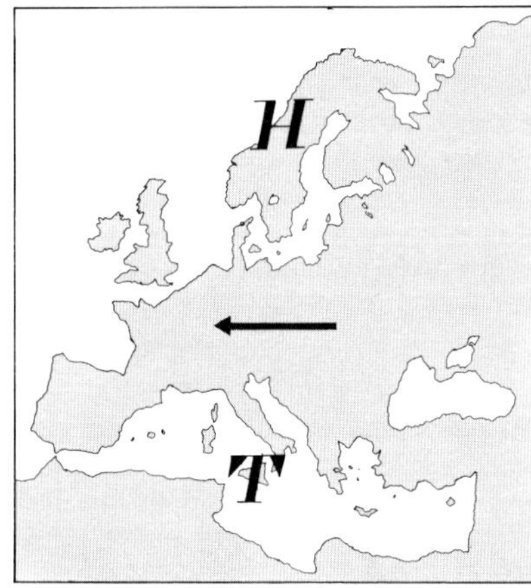

Abb. 132: Ost-Wetterlage

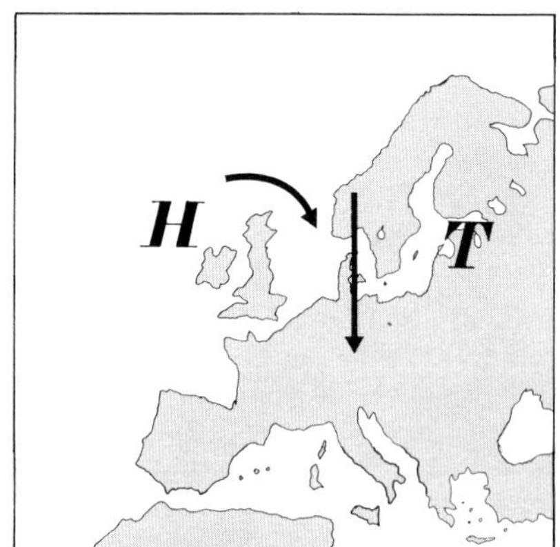

Abb. 133: Nord-Wetterlage

und von Südosten (thermisches Tief aus dem östlichen Mittelmeerraum) nach Norden zur Ostsee (D) ziehen können. Diese Tiefs können insbesondere den Ostseesegler mit ungewohnten Wetterabläufen überraschen. Ebenso statistisch gewonnen, aber von größerem praktischem Wert sind fünf für unser Wettergeschehen typische Großwetterlagen, die ihren Namen danach tragen, aus welcher Himmelsrichtung das Wetter kommt.

1. Die West-Wetterlage ist die häufigste; sie kommt zu allen Jahreszeiten vor (Abb. 131). Ein großes stationäres Tief im Norden und ein großes stationäres (Azoren-)Hoch im Südwesten bilden eine lange, etwa über England West–Ost verlaufende Front, an der sich durch Störungen laufend kleine Tiefdruckgebiete (Zyklonen) bilden, wie wir das in Abbildung 123 a–g an der Polarfront gesehen haben. Das Wetter ist wechselhaft: häufige Niederschläge, kürzere Aufheiterungen, lebhafte Winde.

2. Die Ost-Wetterlage ist bedingt durch ein großes festliegendes Hoch über Skandinavien und ein ausgedehntes stationäres Tief über dem Mittelmeer (Abb. 132). Die Folge: Das Wetter kommt aus dem Osten in Form von „kontinentaler" oder „Festlands"-Luft. Diese zeichnet sich dadurch aus, daß sie trocken und im Sommer sehr warm, im Winter sehr kalt ist. Diese Lage ist meist sehr dauerhaft.

3. Die Nordlage ist weniger häufig und dauert meist auch nur wenige Tage. Meist tritt sie im Frühjahr auf und

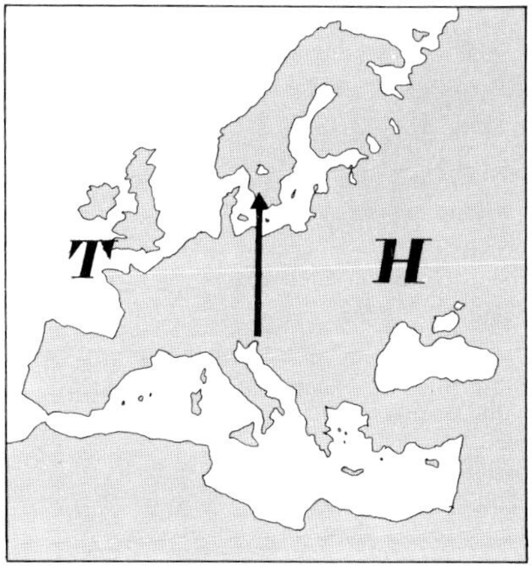

Abb. 134: Süd-Wetterlage

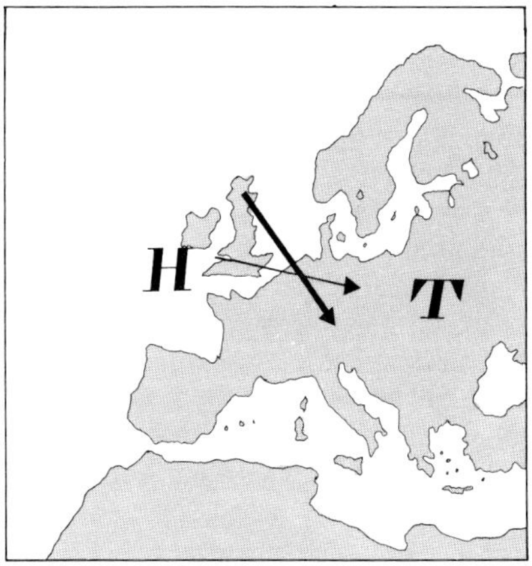

Abb. 135: Sommermonsunlage über Europa

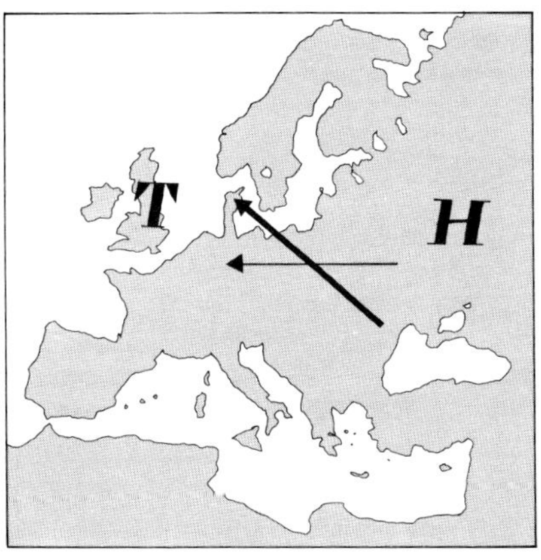

Abb. 136: Wintermonsunlage über Europa

ist dann verantwortlich für Aprilwetter, Eisheilige (Anfang Mai) und Schafskälte (Anfang Juni): Zwischen einem Hoch im Westen und einem Tief im Osten fließt arktische Kaltluft zu uns (Abb. 133). Die Folge: Kälte, Regenschauer, nachts Frostgefahr.

4. Die Südlage beschert uns das genaue Gegenteil: Zwischen einem großen stationären Tief im Westen und einem festliegenden Festlandshoch im Osten (Abb. 134) fließt warme Luft, die beim Überqueren der Alpen einen Großteil ihrer Mittelmeerfeuchtigkeit verliert, als trockenwarme Luft zu uns. Die Folge: lang anhaltendes Schönwetter, kaum Wolken, kaum Niederschläge, im Herbst allerdings Nebelneigung.

5. Die Monsun-Wetterlage. Wie alle Monsune (siehe „Besondere Windsysteme") ist auch diese Wetterlage durch die unterschiedliche Erwärmung von großen Land- und Seeflächen im Winter und im Sommer abhängig. So ist die europäische Sommermonsunlage dadurch gekennzeichnet, daß sich (ähnlich wie bei der Nordlage) über Rußland durch die stärkere Erwärmung der Landmassen im Frühsommer ein kräftiges Tief und über der noch kühlen See westlich von England ein großes Hoch bildet (Abb. 135). Diese manchmal sehr haltbare Wetterlage kommt meist nach einer gewissen „Anlaufzeit" (ein warmer, trockener Mai) Anfang Juni (Schafskälte) zustande und bringt böige Nordwestwinde mit Bewölkung, Kälte und Regen zu uns.

Umgekehrt sorgt der Beginn des Wintermonsuns für den Altweibersommer. Die starke Erwärmung des russischen Festlands hat aufgehört, statt dessen geben nun die Wassermassen von Nordsee und Ostatlantik ihre gespeicherte Wärme wieder ab. Die Folge: ein Tief über England, ein Hoch über Rußland und dazwischen trockenwarme Winde aus Südost (Abb. 136).

Besondere Windsysteme

1. Landwind/Seewind kennen wir schon aus dem A-Schein-Kurs (siehe auch Seite 91). Der regelmäßige Wechsel von Land- und Seewind verspricht eine stabile Schönwetterlage.

2. Der Monsun ist das gleiche wie Landwind/Seewind, nur nicht im täglichen, sondern im jahreszeitlichen Wechsel und im sehr viel größeren Umfang. Monsun ist arabisch und heißt soviel wie Jahreszeit. Den stärksten Monsun finden wir denn auch im Arabischen Meer: Über den Landmassen Indiens steigt im Sommer die erwärmte Luft auf und wird durch vom kühleren Arabischen Meer nachströmende Luft ersetzt. Die Folge: Ein feuchter Wind mit 6–8 Windstärken, der beim Aufsteigen und Abkühlen über dem indischen Festland gewaltige Regenmengen (und Überschwemmungen) verursacht (Abb. 137). Umgekehrt ist im Winter der Kontinent kälter als das Meer, und die Luft strömt (wie nachts beim Landwind) vom Land auf das Meer mit durchschnittlich 4 Windstär-

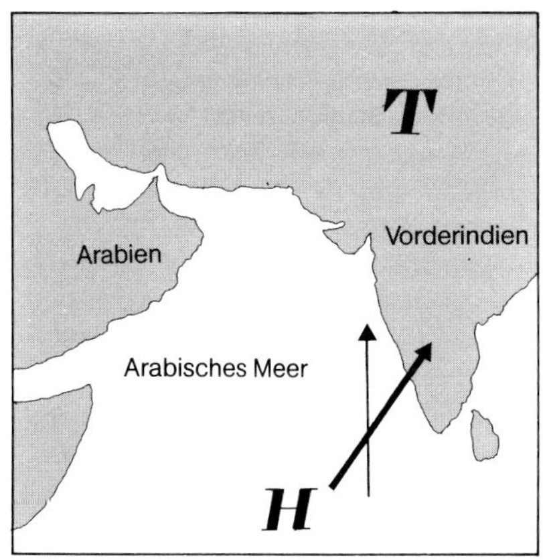

Abb. 137: SW-Monsun über Indien im Sommer

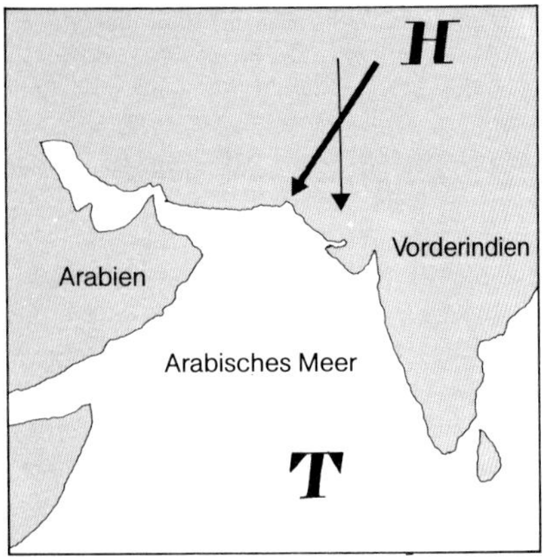

Abb. 138: NE-Monsun über Indien im Winter

ken. Durch die Corioliskraft verstärkt, wird aus dem Sommermonsun ein Südwest- und aus dem Wintermonsun ein Nordost-Wind (Abb. 138).

3. Die Passate kennen wir schon aus dem planetarischen Windsystem. Am ausgeprägtesten sind diese Winde auf dem Atlantik als gleichmäßige, angenehme Segelwinde mit selten mehr und selten weniger als vier Windstärken aus Ostnordost (nördlich der Kalmen) und Ostsüdost (südlich der Kalmen).

4. Tropische Wirbelstürme interessieren uns am ehesten in Form der *Hurrikane* im Segelparadies Karibik. Hurrikane sind Tiefdruckgebiete in konzentrierter Form: vergleichsweise klein in der Ausdehnung, aber von unvorstellbarer Energie. Sie entstehen in der Randzone von Passaten und Mallungen – und zwar nur dann, wenn die Wassertemperatur 27 °C überschreitet.

Dies ist nur zu bestimmten Jahreszeiten der Fall, daher gilt für die Karibik die Regel: „June – too soon, July – stand by, August – it must, September – remember, October – it's over", zu deutsch: „Juni – zu früh, Juli – paß auf, August – jetzt muß es, September – denk noch dran, Oktober – die Gefahr ist vorbei."

Nun kann man einfach darauf verzichten, in den Sommermonaten in der Karibik zu segeln (da regnet es bei den größeren Inseln auch ziemlich viel). Doch gerade zu dieser Zeit sind dort die Charterboote verlockend billig, und es ist durchaus möglich, einen interessanten Segelurlaub zu verbringen. Bei Aufkommen eines Hurrikans melden alle Funkstationen – vor allem die Charterfirmen selber – regelmäßig die Entwicklung. Die Firmen geben dann meistens Anweisung, in welche Bucht („Hurricane-Hole") man sich wann begeben soll, wie man dort festmacht und in welches Hotel man dann gehen soll, um auf Firmenkosten eine „Hurricane-Party" zu feiern.

Da dieser Wirbelsturm sich grundsätzlich linksherum dreht (der Südatlantik ist wirbelsturmfrei), addieren sich auf der in Zugrichtung rechten Seite Zuggeschwindigkeit und Windgeschwindigkeit. Auf der „guten Seite", also im linken vorderen Viertel des Hurrikans dagegen verringert sich die Windgeschwindigkeit um die Zuggeschwindigkeit (Abb. 139). Solche tropischen Orkane gibt es auch in vielen anderen tropischen Seegebieten; sie tragen dann jedoch andere Namen wie *Taifun, Zyklon, Willy-Willy.*

5. Die Brüllenden Westwinde finden wir in den *Roaring Forties,* der Westwinddrift auf der Südhalbkugel. Während auf der Nordhalbkugel die Westwinddrift zwischen den Roßbreiten (um den 30. Breitengrad) und der Polarfront (beim 60. Breitengrad) weitgehend über Landmassen führt, sieht dies auf der Südhalbkugel ganz anders aus: Hier können die Westwinde von den 40er Breiten an südlich (daher Roaring Forties – brüllende, donnernde, brausende Vierziger) fast ungehindert rund um den Erdball jagen. Einzig das bis auf 57° südlicher Breite hinunterragende Kap Hoorn bietet ihnen hier Widerstand. Damit sind wir gleich bei dem Einflußfaktor Küste angelangt. Denn „am Hoorn" gibt es den

6. Eckeneffekt in seiner wohl ausgeprägtesten Form: Immer, wenn ein Wind durch ein hochaufragendes Kap, eine Huk oder Insel gezwungen wird, einen „Umweg" zu machen, ändert er nicht nur seine Richtung, sondern vor allem auch seine Stärke. Hiermit müssen wir beim Umrunden von derartigen Küstenformen rechnen (Abb. 140).

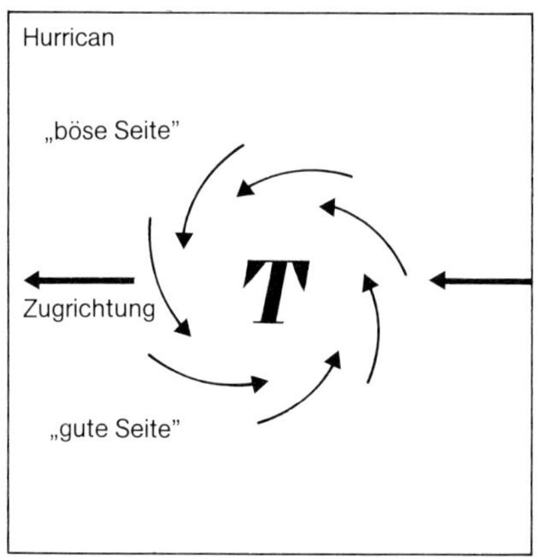

Abb. 139: Die „gute" und die „böse" Seite eines Hurrikans

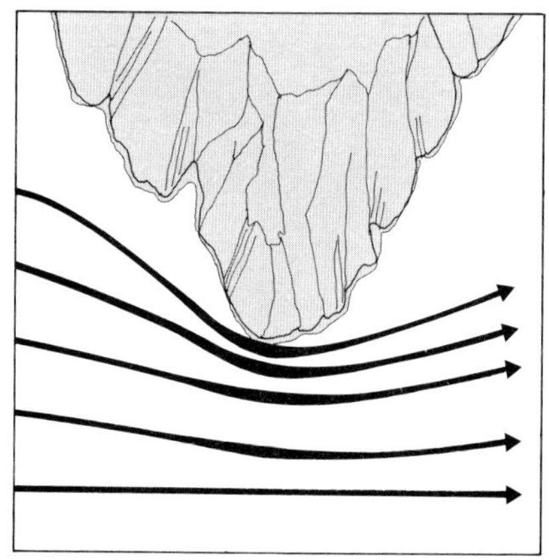

Abb. 140: Windverstärkung durch den Eckeneffekt

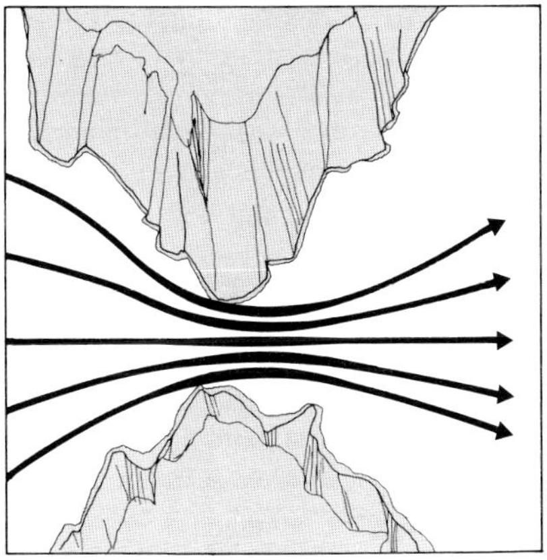

Abb. 141: Windverstärkung durch Düsenwirkung

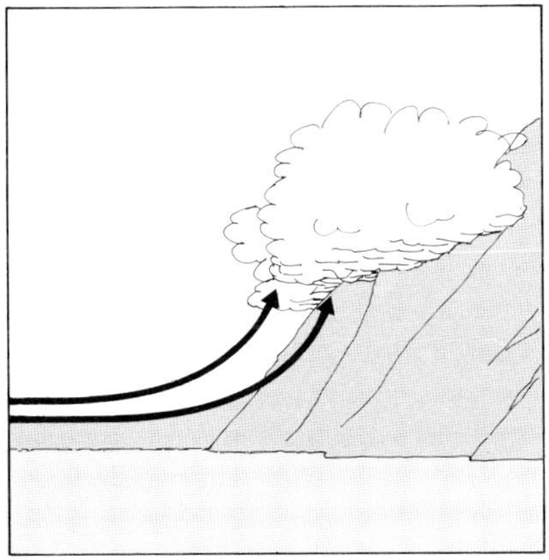

Abb. 142: Staulage

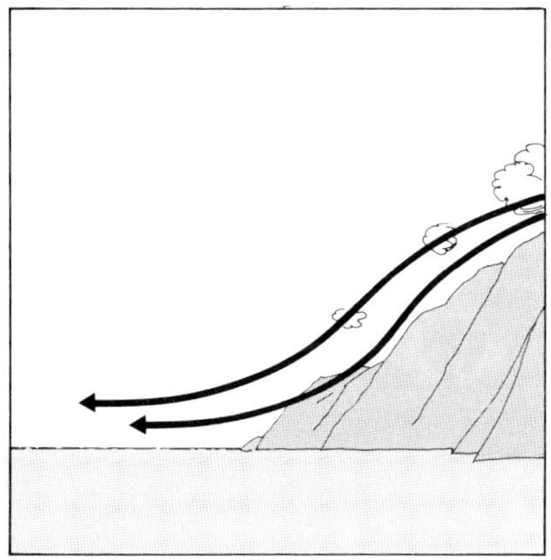

Abb. 143: Fallwinde

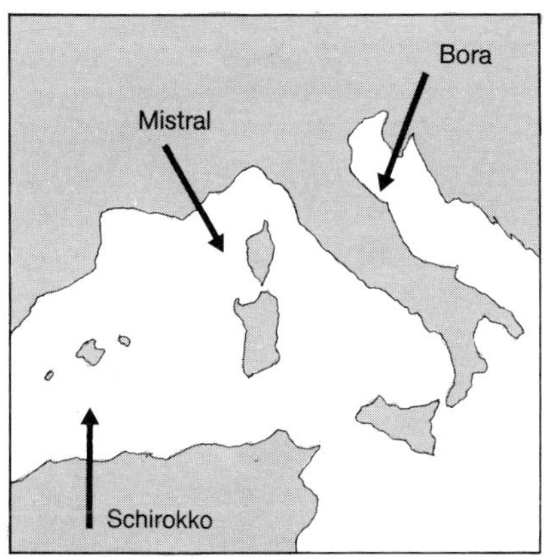

Abb. 144: Die bekanntesten Fallwinde des Mittelmeeres

7. Die Düsenwirkung ist ähnlich: Hier wird der Wind in der Regel durch zwei Kaps, Huken oder Inseln beeinflußt. Er drängt sich mit zunehmender Heftigkeit durch die Meeresenge hindurch und breitet sich danach mit nachlassender Kraft fächerförmig aus (Abb. 141).

8. Staulage bedeutet, daß der Wind von See kommend gegen eine Küste stößt, dadurch gebremst und zum Aufsteigen gezwungen wird. Dabei kühlt sich die aufsteigende Meeresluft ab und kondensiert; es regnet. Oft ist diese Regenbewölkung zu sehen, wenn die Küste selbst noch hinter der Kimm liegt oder im Dunst verschwindet. Auf See ist dann mit Wind und Sonnenschein bestes Segelwetter, während es an der Küste regnerisch und schwachwindig ist (Abb. 142).

9. Das Gegenteil hierzu sind die **Fallwinde,** die von Land auf See hinaus wehen und durch die Küstenformation (Gebirge) stark beeinflußt werden. Unmittelbar an der Küste ist es schwachwindig, doch einige Meilen außerhalb poltert der Wind mit verstärkter Kraft auf das Wasser herunter (Abb. 143).

Weil solche Wetterlagen oft mit strahlendem Wetter (z. B. Mistral) verbunden sind, können sie sehr gefährlich werden: Man läuft bei schwachem Wind aus, setzt viele Segel und gerät dann von einem auf den anderen Augenblick in Starkwind oder gar Sturm. Der schon genannte *Mistral* ist der wohl bekannteste Vertreter dieser Branche: Er weht als trockener kalter Nordwind aus dem Rhonetal heraus und über die Ausläufer der Meeralpen herunter auf Côte d'Azur und westliches Mittelmeer. Er ist zu spüren bis zu den östlichen Balearen und zur Südwestecke Sardiniens. Ziemlich sicher vor ihm ist man nordöstlich der Linie Cap Corse–Cap Drammond. Vorboten sind rotleuchtende Cirren am Abend zuvor. Ein Mistral dauert einen bis mehrere Tage. – Durch Wolkenkämme an den Küstengebirgen kündigt sich die nicht minder heimtückische *Bora* in der Adria an: ein kalter, böiger Starkwind bis Sturm, der aus NNE bis E kommend von den Küstengebirgen Jugoslawiens und Albaniens herunterfällt. Nur im Winter hält eine Bora längere Zeit an (Abb. 144).

Andere Fallwinde sind der *Schirokko* des westlichen Mittelmeeres (vom Atlas-Gebirge herunter) und auch der *Meltemi* in der Ägäis.

Fallböen sind Fallwinde von kleinerem Ausmaß, aber keineswegs geringerer Heftigkeit. Mit ihnen müssen wir in Lee von gebirgigen Inseln rechnen. Sie können ein vermeintlich sicher und mit viel Segelfläche in der Abdeckung einer Insel segelndes Boot sehr plötzlich in größte Schwierigkeiten bringen.

Nebel

Während uns Regen zwar unangenehm, aber nicht gefährlich werden kann, gibt es eine Erscheinungsform von Luftfeuchtigkeit, die für uns Alarm bedeutet: *Nebel.* Von Nebel sprechen wir meteorologisch dann, wenn die Sicht auf weniger als 1000 Meter zurückgegangen ist. Liegt die Sicht zwischen 1000 und 10000 Meter, so sprechen wir von *Dunst.*

Auf See kann Nebel im wesentlichen drei Ursachen haben: Warme Luft weht von Land auf kalte Wasserflächen hinaus, kalte Luft weht von Land auf warme Wasserflächen hinaus, oder kalte Luft mischt sich mit feuchtwarmer Luft. Der Effekt ist jedesmal derselbe: Feuchtwarme Luft wird abgekühlt und kondensiert zu Nebel. Auf allen Randmeeren, insbesondere der Ostsee im Frühjahr, kommt es relativ häufig vor, daß warme Festlandsluft über die noch kalte Wasserfläche gerät, dort abkühlt und kondensiert. Umgekehrt (vor allem im Herbst) ist es genauso gefährlich: Kalte Festlandsluft gerät über das noch relativ warme Meer, mischt sich dort mit der feuchtwarmen Meeresluft und bildet Nebel. Ähnlich ist der Effekt über unterschiedlich temperierten Meeresströmen. Doch nicht nur Nebel auf See, sondern vor allem Küsten-, Land- und Flußnebel können für Segler gefährlich werden, weil Leuchtfeuer oder andere wichtige Landmarken verschwinden, während auf See noch gute Sicht herrscht. Nebelauflösende Faktoren sind: Sonneneinstrahlung (Erwärmung), stärkerer Wind und Niederschlag (nässender Nebel geht in Sprühregen über).

Wetter und Navigation

Wetternavigation

Daß der Kurs, den er fahren kann, davon abhängt, von wo der Wind kommt, weiß schon der Jollensegler. Dies ist der einfachste Fall von Wetternavigation: Weil ich mein Ziel nicht auf direktem Weg gegenan erreichen kann, kreuze ich und nehme einen Umweg in Kauf.

Auch wenn ich ein örtlich begrenztes Gewitter auf mich zukommen sehe oder sonst unmittelbar auf sichtbares Wettergeschehen reagiere, betreibe ich Wetternavigation.

Witterungsnavigation

Die nächste Stufe darüber ist die Witterungsnavigation. Mit diesem Begriff bezeichnet man navigatorische Entscheidungen aufgrund der aktuellen Wetterlage, wie sie etwa dem Wetterbericht oder der Wetterkarte, also der mittelbaren Wetterbeobachtung, zu entnehmen ist.

Beispiel: Der Wetterkarte entnehme ich, daß ein Sturmtief voraussichtlich am nächsten Tag nördlich von mir durchziehen wird. Ich weiche seinem Kern aus, indem ich schon am Tag zuvor in südlicher Richtung segele.

Klimanavigation

Noch eine Stufe höher (und noch abstrakter) ist die Klimanavigation: Hierbei gehe ich nicht vom unmittelbar beobachteten oder mittelbar angekündigten, sondern von dem Wetter aus, das erfahrungsgemäß in einer bestimmten Ecke der Welt zu einer bestimmten Zeit herrscht. Hilfsmittel dafür sind vor allem die *Monatskarten.* Mit ihrer Hilfe lege ich vor einer größeren Seereise den Kurs fest, auf dem ich mit aller (statistischen) Wahrscheinlichkeit die günstigsten Winde haben werde.

Auf diesen Karten sind im Abstand von jeweils 5° Windsterne markiert, die Windpfeile mit unterschiedlicher Länge und unterschiedlich viel Federchen haben (Abb. 145). Die Länge gibt mir an, wie häufig (in Prozent) an dieser Stelle der Wind aus der angezeigten Richtung weht.

Die Befiederung am Windpfeil zeigt mir die mittlere Stärke (nach dem aus der Wetterkarte bekannten Schlüssel) an. Außerdem finden wir Angaben über die Häufigkeit von Flauten und Sturm sowie über Strömungen und viele andere nützliche Hinweise.

Gängigstes Beispiel für Klimanavigation ist der unterschiedliche Hin- und Rückweg über den Atlantik: Von Ost nach West segelt man von jeher möglichst weit im Süden, um von den Passaten hinübergeschoben zu werden. Zurück fährt man viel nördlicher, um im Bereich der Westwinddrift herüberzukommen.

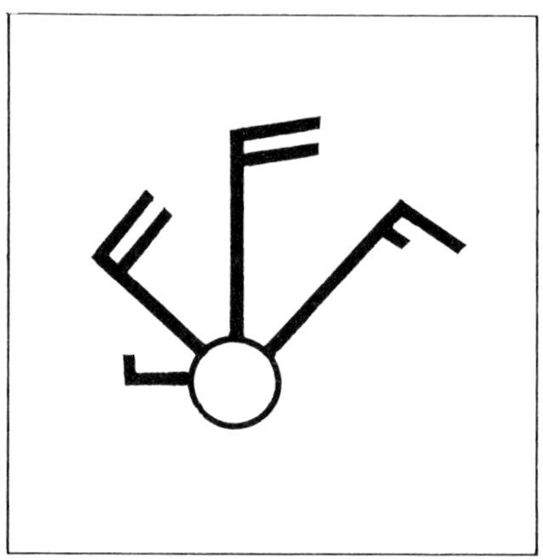

Abb. 145: In den Monatskarten markiert die Länge der Windpfeile die jeweilige (statistische) Häufigkeit der einzelnen Windrichtungen

Starkwind- und Sturmwarnungen

Starkwindwarnungen (für Bft 6 bis 7) und Sturmwarnungen (ab Bft 8) werden durch Norddeich-Radio für die Nordsee, durch Kiel-Radio für die Ostsee und den Rundfunksender Deutschlandfunk verbreitet.

Eine Warnung bleibt jeweils in Kraft, bis sie abgelöst wird durch eine neue Warnung oder bis der Gefahrenzustand zu Beginn der Wetterberichte als beendet erklärt wird.

Die Starkwind- und Sturmwarnungen werden für folgende Gebiete gegeben (Abb. 146):

Norddeich-Radio

Sturmwarnung für Vorhersagegebiet
N 10 Deutsche Bucht
– nach Eingang
– im Anschluß an die nächste Funkstille
– um 08-00, 09-00, 13-00, 20-00, 21-00 UTC

Starkwind- oder Sturmwarnung für Vorhersagegebiete
N1 Viking
N2, N3 Utsira (Nord und Süd)
N4 Forties
N8 Dogger
N9 Fischer
N 10 Deutsche Bucht
N11, N12 Südwestliche Nordsee
B14 Skagerrak
– um 08-00 und 20-00 UTC

Kiel-Radio

Sturmwarnung für Vorhersagegebiet
B11 Westliche Ostsee
– nach Eingang
– im Anschluß an die nächste Funkstille
– um 08-30, 16-30, 20-30 UTC

Starkwind- oder Sturmwarnung für Vorhersagegebiete
B7 Nördliche Ostsee
B8 Zentrale Ostsee
B9 Südöstliche Ostsee
B10 Südliche Ostsee
B11 Westliche Ostsee
B12 Belte und Sund
B13 Kattegat
B14 Skagerrak
– um 08-30 und 20-30 UTC

Deutschlandfunk

Wind-, Sturm- und Böenwarnungen für Gebiete
Deutsche Ostseeküste
Deutsche Nordseeküste (Ostfriesische Küste, Elbmündung und Seegebiet Helgoland, Nordfriesische Küste)
– stündlich (außer 21-00 GZ) im Anschluß an die Nachrichten

Näheres siehe Nautischer Funkdienst, Band III: Wetter- und Eisfunk (DHI-Nr. 2152), Sprechfunk für Küstenschiffahrt (2154), Jachtfunkdienst (2155) oder Wetter- und Warnfunk (Auszug aus Jachfunkdienst, 2158). Diese Quellen sind auch maßgebend für alle Frequenzen in- und ausländischer Wetterberichte im Bereich der Nord- und Ostsee.

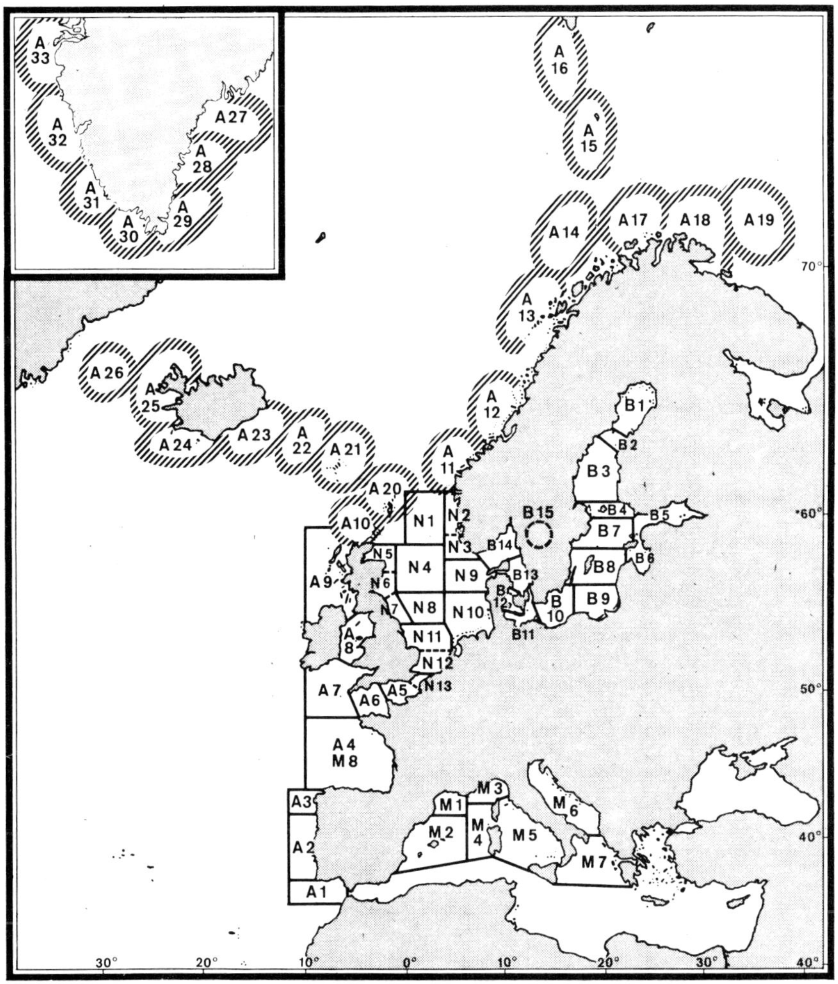

Abb. 146: Vorhersagegebiete Nord- und Ostsee, Atlantik und Mittelmeer

Seemannschaft

Seemannschaft ist das „Fach“, das sich am wenigsten aus Büchern lernen läßt. Hierzu bedarf es vor allem an „Erfahrung“ im ursprünglichen Sinne des Wortes. Jede Unterrichtung in der warmen Unterrichtsstube, jede Zeile in einem Buch kann daher nur in dem Versuch bestehen, Erfahrungen anderer weiterzugeben. Gerade bei uns Sportschiffern gibt es im Gegensatz zur Berufsschiffahrt keine strengen Ausrüstungsvorschriften, die wir einfach blind erfüllen können und müssen. Es gibt nur Empfehlungen aufgrund von Erfahrungen, die wir im Laufe unseres Seglerlebens sicherlich immer wieder ergänzen und auch unseren persönlichen Fähigkeiten und Erwartungen anpassen müssen. Bei dem für die C-Schein- und Sporthochseeschifferprüfung zu dem bereits Gelernten hinzukommenden Stoff handelt es sich im wesentlichen um zwei Themen: Ausrüstung seegehender Yachten auf Langfahrt und Verhalten in besonderen Fällen.

1. Ausrüstung seegehender Yachten auf Langfahrt

Die Kreuzer-Abteilung des Deutschen Segler-Verbandes hat eine Broschüre zusammengestellt, in der internationale und nationale Richtlinien für die Ausrüstung und Sicherheit seegehender Segelyachten zusammengefaßt und zum Teil ergänzt sind. Diese Richtlinien sind verbindlich für Regatten und als dringende Empfehlung für jeden Segler gedacht. Unsere Zusammenstellung basiert auf diesen Richtlinien sowie eigenen Erfahrungen.

1.1 Für die Sicherheit des Schiffes

Material zur *Leckbekämpfung:* Bretter (zum Verkeilen), Leckpfropfen aus Weichholz (zum Stopfen), Kissen (zum Stopfen), Schrauben und Bolzen (zum Aufsetzen einer Verschalung), Polyester und Fasermatten (zur Kunststoffreparatur), ein dicker Hammer, Brechstangen, Beil und ähnliches grobes Werkzeug (um an eine möglicherweise verdeckte Leckstelle erst einmal heranzukommen).

Lenzpumpen, mindestens zwei voneinander unabhängig arbeitende Systeme, davon eine für Handbetrieb. Ihre Saugkörbe müssen gegen Verstopfen gesichert und auch bei schlechtem Wetter zugänglich sein. Eine handbetriebene Lenzpumpe sollte vom Cockpit aus erreichbar sein, wenn alle Luken und Niedergänge geschlossen sind.

Material zur *Brandbekämpfung* und *-vorsorge:* Absperrhähne für den Kocher, Gasflaschen-Kiste außerhalb des Wohnbereichs und nach unten und oben belüftet, mindestens zwei Feuerlöscher, gut erreichbar, regelmäßig gewartet und für die Brandklassen ABC geeignet. Sie sollen getrennt voneinander aufbewahrt werden; einer soll möglichst von außen erreichbar sein.

Werkzeug und Ersatzteile:
Über das für alle seemännischen und mechanischen Wartungs- und Reparaturarbeiten notwendige Bordwerkzeug hinaus sollte ein Bolzenschneider an Bord sein, mit dem bei Mastbruch alles stehende Gut gekappt werden kann.
Darüber hinaus Ersatzteile aller Art, insbesondere für den Fall eines *Ruderbruchs* oder *-ausfalles:* Ersatzpinne mit Beschlag, Notruderpinne oder eine andere Vorrichtung, mit der das Boot bei Ruderbruch gesteuert werden kann. Des weiteren Ersatztauwerk, Blöcke, Schäkel, Ersatzwinschkurbel, Reffkurbel, Bootsmannsstuhl, Spannschrauben, 2 Pützen (nicht einfache Plastikeimer; die schwimmen auf und sind nicht stabil genug!).

Ankergeschirr:
Zwei Anker mit Kette oder mit Kettenvorlauf und Trosse entsprechend der Größe der Yacht. Klampen und Bolzen auf dem Vor- und Achterschiff müssen durchgebolzt sein, um die Kräfte aufzunehmen. Zusätzlich sollten eine Schlepptrosse von mindestens der fünffachen Länge der Yacht und ein von Hand zu fahrender (entsprechend leichter) Klappdraggen an Bord sein, der auch als Dingi-Anker genutzt werden kann. Dieser kleine Draggen ist zum Beispiel sehr praktisch, wenn man mit dem Hauptanker eine fremde Kette „gefangen“ hat und klarieren muß.

Signalmittel:
Radarreflektor, fest angebracht in Yachtstellung (Abb 147), Nebelhorn (wenn elektrisch, dann zusätzlich mechanisches oder Mundnebelhorn), Schiffsglocke.
Positionslampen nach Vorschrift, zusätzlich Ankerlaterne (Petroleum) und mindestens zwei wasserfeste Stablampen (zum Morsen und Anstrahlen der Segel sollte mindestens eine besonders stark sein).
Kompletter Satz Seenotmunition, wasserdicht und griffbereit gestaut (12 rote Fallschirmraketen, 4 rote Handfackeln, 4 weiße Handfackeln als Minimum, zusätzlich Rauchpatrone und Signalpistole oder Signalstift mit roter und weißer Munition. Auf Verfalldaten achten!).

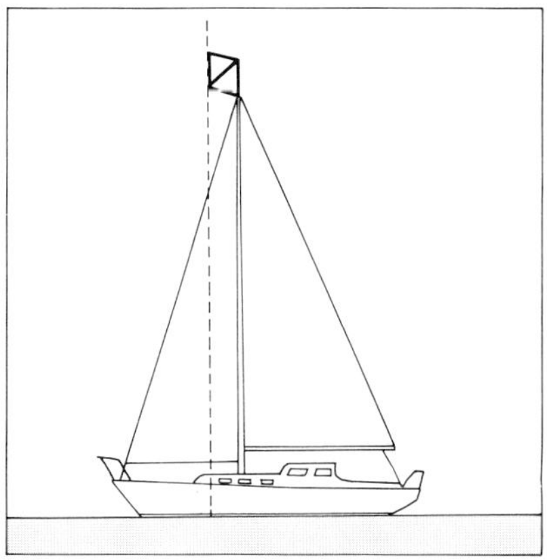

Abb. 147: Der Radarreflektor (hier überproportional groß gezeichnet) in „Yachtstellung“

Funk:
Seefunksender und -empfänger mit mindestens 25 Watt Sendeleistung. Ersatzweise Seefunkempfänger und *Seenotfunkboje* EPIRB (Emergency Position Indicating Radio Beacon), Notantenne.

Segel:
Normalbesegelung, Beisegel, Sturmbesegelung (Trysegel, Sturmfock), Reffeinrichtung, ausreichend Flickzeug, Ersatzschoten und anderes Verschleiß- und Ersatzmaterial.

1.2 Für die Sicherheit der Crew

Für jedes Crewmitglied eine passende, ohnmachtsichere *Schwimmweste* mit Signalpfeife und möglichst Tasche für Signalstift und Reflexstreifen sowie eine Lifebelt-Garnitur mit zwei Sorgleinen zum Einpicken im Wechsel. Ausreichend Proviant und Trinkwasser (mindestens 1,5 Liter pro Person und Tag auf See) sowie gesondert gestauter Notproviant (wasserfest gekennzeichnete Konservendosen, Wasserkanister, Büchsenöffner).
Großer Verbandskasten, Bordapotheke, Fachliteratur (Dr. Bandtlow, Medizin an Bord, Delius Klasing/ Dr. Kohfahl, Erste Hilfe im Seenotrettungsdienst, DGzRS).
Rettungsinsel zur Aufnahme der gesamten Crew, vorschriftsmäßig und jederzeit zugänglich an Bord gestaut (nicht unter dem Dingi). Die Rettungsinsel soll mindestens zwei Luftkammern haben, von denen eine ausreicht, die Mannschaft zu tragen. Sie muß ein Dach haben und regelmäßig nach Herstellervorschrift überprüft werden (bei der Gelegenheit sollte man – vor der Einlieferung in den Wartungsbetrieb – die Funktion und Benutzung mit seinen Stamm-Mitseglern üben, indem man die Insel beispielsweise in einem Swimmingpool „zündet“).
In der Insel sollen – entsprechend gesichert – vorhanden sein: Treibanker oder Lenzsack, Blasebalg oder Luftpumpe, Reparatur-Mittel, mindestens drei Handfackeln (nach Möglichkeit zusätzlich Signalmunition), Signallampe, Messer, Ösfaß, 2 Paddel, Notproviant und Trinkwasser, Vorrichtung zum Auffangen von Regenwasser; sinnvoll sind auch Angelzeug, Literatur und ein Kartenspiel.
Zusätzlich ein Beiboot mit festen Auftriebskästen oder ein Schlauchboot mit

festgelaschten Riemen und Dollen. Mindestens zwei wurffähige *Rettungsschwimmkörper* (hufeisenförmiger Rettungsring o. ä.) in Reichweite des Rudergängers griff- und wurfbereit (nicht festgelascht!) gehaltert. Einer der Rettungsschwimmkörper sollte mit einem selbstzündenden, hochintensiven (am besten blitzenden) wasserfesten, schwimmenden Nachtlicht, einer Trillerpfeife und einem Lenzsack (Treibanker) ausgerüstet sein.
Der zweite Rettungsschwimmkörper sollte zusätzlich mit Farbbeutel und einer an acht Meter langer Schwimmleine befestigten Stange versehen sein. Diese Stange soll mit Schwimmkörper und Ballast so ausgerüstet sein, daß sie auch bei schwerem Wetter senkrecht schwimmt und eine gelbe oder orangefarbene Flagge mindestens 1,80 Meter (6 Fuß) über der Wasseroberfläche hält.
Für jedes Crewmitglied passendes Ölzeug in Gelb oder Rotorange (Weiß, Blau und Grün sind in aufgewühlter See lebensgefährliche Tarnfarben).

1.3 Für die Navigation

Kompaß, sorgfältig eingebaut und kompensiert, zugehörige Ablenkungstabelle, zweiter Kompaß (Peilkompaß), der den Steuerkompaß ersetzen kann. Für das Fahrgebiet (und eventuell nötige Reiseplanänderungen) erforderliche und auf den neuesten Stand berichtigte bzw. ergänzte Seekarten, See- und Hafenhandbücher, Leuchtfeuerverzeichnisse, Nautischer Funkdienst bzw. Jachtfunkdienst, Nautische Jahrbücher, Gezeitentafeln, Stromatlanten etc., Logbuch und Brückenkladde (Schmierheft).
Sinnvoll sind Vordrucke für Astronavigation, Gezeitenberechnungen und Wetterkarten, ferner Sextant, genaue Uhr (Chronometer), Funkpeiler, Echolot und Handlot, Log. Bleistifte, Spitzer, Radiergummi, Kursbesteck etc.

1.4 Blitzschutz

Blitzeinschläge in Yachten auf See oder im Hafen sind zwar relativ selten, doch jeder Blitzeinschlag ist mit großer Gefahr für Schiff und Mannschaft verbunden.
Da die wesentlichen Bestandteile einer Blitzschutzanlage auf jedem Schiff schon vorhanden sind, kann mit verhältnismäßig geringem Aufwand ein funktionierender „Blitzableiter“ gebaut werden. Das Prinzip jeder *Blitzschutzanlage* ist es, die elektrische Energie so direkt und widerstandslos wie möglich ins Wasser abzuleiten. Das geschieht bei einem Stahlschiff meist von ganz allein, sofern genügend starke Stahlwanten (mindestens 6 mm) ohne Unterbrechung (etwa durch Plastikkauschen) leitend mit dem Stahlrumpf verbunden sind.
Bei Holzyachten mit untergebolztem Metallkiel müssen wir mit starkem (8 mm) Stahl- oder Kupferdraht eine zuverlässig leitende Verbindung zwischen Wanten und Kiel herstellen. Bei Yachten mit Alu-Mast genügt eine entsprechende Verbindung vom Mastfuß mit dem Kiel.
Bei Kunststoffyachten mit eingegossenem Metallkiel ist die Einrichtung einer festen Blitzschutzanlage nicht möglich. Wir behelfen uns mit einer bei Herannahen von Gewittern schnell zu installierenden provisorischen Blitzschutzeinrichtung. Sie besteht aus einem oder zwei an die Wanten oder Stagen angeklemmten 8 mm starken Stahl-, Nirosta- oder Kupferdrähten, die außenbords gehängt und mindestens mit 1,5 Meter Länge im Wasser eingetaucht sind.
Als Klemmen für alle Übergänge kommen nur spezielle, im örtlichen Fachhandel für Blitzschutzeinrichtungen (siehe Branchentelefonbuch) erhältlichen Klemmvorrichtungen in Frage. Verbindungs-Klemmen, Schrauben etc. aus der Hausinstallationstechnik würden nicht nur durchschmoren, sondern durch Spritzfeuer womöglich auch das Schiff in Brand setzen.
Um die Gefahr des Überschlagens auf Leitungen des Bordnetzes und Geräte zu vermeiden, sollten diese grundsätzlich mindestens einen halben Meter von allen leitenden Teilen unserer Blitzschutzanlage (Wanten, Stagen, Mast etc.) entfernt installiert sein.
Wird ein Stag als Antenne genutzt, so muß es durch Isolatoren vom übrigen stehenden Gut getrennt sein. Auf dem Mast aufgebaute Stabantennen müssen über Trennfunkenstrecke vom Fachmann an den Toppbeschlag angeschlossen werden.

2. Verhalten in besonderen Fällen

Das richtige Verhalten in „besonderen Fällen“, also schwierigen Situationen, beginnt nicht, wenn diese Situationen eingetreten sind, sondern schon bei Planung des Törns.

2.1 Die Vorbereitung

Der Schiffsführer muß sich Wochen, wenn nicht Monate vorher vorbereiten und kann dabei frühzeitig delegieren. Vorbereitungen beginnen mit dem Sammeln aller nötigen Informationen über das Schiff, seinen derzeitigen Zustand, eventuell noch nötige Instandsetzungsarbeiten und Ergänzung der Ausrüstung.
Über das zu befahrende Revier macht sich der Skipper aus nautischer Fachliteratur wie Seehandbüchern, Monatskarten, Seekarten etc. kundig. Auch über die Route, die Anlaufhäfen, even-

tuelle Ausweichhäfen, Reparaturmöglichkeiten etc. werden Informationen gesammelt.
Bei der Törnplanung geht man von der Faustregel aus, daß der weiteste Punkt spätestens im ersten Drittel der zur Verfügung stehenden Zeit erreicht werden soll. Dann hat man für den Rückweg doppelt so viel Zeit wie für den Hinweg, und das bedeutet Sicherheit. Allzu oft sind Yachten bei übelstem Wetter noch ausgelaufen und in größte Schwierigkeiten geraten, nur weil sie zu einem bestimmten Zeitpunkt zurück sein mußten und keine Zeitreserve hatten.

Sorgfältig ansehen muß sich jeder Skipper auch seine Crew. Freunde und Bekannte, mit denen man zu Hause gut auskommt, können an Bord eine menschliche Katastrophe auslösen. Fremde, die aus Interesse an der Segelei und nicht aus „sachfremden" Gründen (Kollege, Verwandter, Freund etc.) mitfahren, sind meist unproblematischer und werden dann oft zu richtigen Segel-Freunden.
Erst wenn der Skipper sich klar darüber wird, was er auf dem zur Verfügung stehenden Schiff in dem vorgesehenen Seegebiet seiner künftigen Crew und vor allem sich selbst zutrauen kann, tritt die Planung für den großen Seetörn in ihr konkretes Stadium. Hierzu sollten mehrere Wochen vor Törnbeginn Crewbesprechungen angesetzt werden, auf denen je nach Fähigkeiten der Mitsegler bereits Aufgaben und Rollen verteilt werden.
Die wichtigste ist die des Stellvertreters, der in der Lage ist, in Abwesenheit (oder bei Verlust) des Skippers dessen Platz als verantwortlicher Schiffsführer einzunehmen und alle nötigen Entscheidungen zu fällen. Empfehlenswert sind ferner je nach Fähigkeit: „Medizinmann", „Maschinist", „Proviantmeister"; sinnvoll auch, wenn es sich von den Fähigkeiten der Mitsegler her ergibt: „Meteorologe", „Navigator", „Funker", „Sicherheitsbeauftragter".
Hiervon unabhängig muß spätestens bei Törnbeginn festgelegt werden, wer im Seenotfall was zu tun hat; dies wird festgeschrieben in der *Seenotrolle.*
Es muß klar feststehen, wer – immer auf Anweisung des Skippers –

- über Funk um Hilfe ruft,
- die Signalmunition bereithält und abfeuert,
- beim Verlassen des Schiffes die Rettungsinsel klarmacht,
- die Erste-Hilfe-Ausrüstung und Medikamente,
- die Notverpflegung und
- das Navigationsmaterial sichert und mit in die Rettungsinsel nimmt.

Diese Aufgabenverteilung muß vorher geregelt sein; sonst gibt es im Notfall Chaos, Panik und überflüssiges Gerangel.
Daß vor dem Auslaufen alle Crewmitglieder in die Sicherheits- und Rettungsmittel eingewiesen sind, ist selbstverständlich. Ebenso klar ist die Notwendigkeit eines möglichst schriftlichen *Wachplanes.* Viel Ärger erspart auch ein festgelegter Backschaftsplan, bei dem niemand ausgespart wird und sinnvollerweise Ehemänner von ihren Frauen getrennt werden – sonst tun die nix!
Möglichst bald nach dem Auslaufen sollte zumindest jeder Wachführer (auch der Skipper) drei *Boje-über-Bord-Manöver* fahren, um sich mit dem Schiff vertraut zu machen. Hierbei ist jedes Manöver sinnvoll, das uns rasch und ohne Gefahr zum Ausgangsort zurück- und dort zum Stillstand bringt, egal ob mit Wende, Q-Wende, Halse oder unter Motor.
Das einzig zuverlässige Mann-über-Bord-Manöver ist das verhütete Manöver. Bei schwerem Wetter am Tag einen Mann in kochender See wiederzufinden, ist auch bei Beachtung aller Maßregeln (gelbes Ölzeug, sofortiger Alarm, nachgeworfener Rettungsschwimmkörper mit Fahne oder Lampe, ein Mann, der den Über-Bord-Gegangenen ständig im Auge zu behalten versucht) sehr schwer; bei Nacht ist es so gut wie aussichtslos. Dies muß sich jeder Skipper vor Augen halten und darum dringend darauf achten, daß rechtzeitig Lifebelts getragen und auch benutzt (!) werden. Nachts müssen Lifebelts noch wesentlich früher, am besten sogar grundsätzlich getragen werden.
Die gefährlichsten Augenblicke für das Überbordgehen sind: das Pinkeln über die Reling, das Emporsteigen aus dem Niedergang, alle Segelmanöver, der Wechsel am Ruder und vor allem das „Fischefüttern" bei Seekrankheit.

Wir sind inzwischen auf See und erkennen Zeichen einer Wetterverschlechterung. Wieviel Zeit steht uns bis zum Eintreffen des Sturmes voraussichtlich zur Verfügung? Können wir noch einen Nothafen anlaufen, bevor die See „zu kochen" beginnt? Wenn nicht, so müssen wir versuchen, tiefes Wasser und freien Seeraum zu gewinnen, um den Sturm „draußen" *abzuwettern.* Oft ist das besser als eine nur halbwegs geschützte Bucht mit fragwürdigem Ankergrund.
Auf offener See müssen wir prüfen, wie das Sturmtief voraussichtlich ziehen wird und wie wir aus dem Bereich der größten Gefahr (siehe Kapitel „Wetterkunde") herauskommen können. Nun beginnen unsere Vorbereitungen.
Für das Schiff: Aufklaren des Decks, Festzurren aller beweglichen Teile an Deck und unter Deck, Sichern der Luken und Niedergänge, aber auch Türen und Schubfächer unter Deck, Verkleinerung der Segelfläche (vorbereiten), Trysegel und Sturmfock bereitlegen (eventuell Sturmfock am zweiten Vorstag anschlagen), Bilge lenzen, sich vergewissern, daß Notwerkzeug (Bol-

zenschneider) sowie Notpinne und Seenotmunition griffbereit (zugänglich) sind.

Für die Navigation: möglichst genau Schiffsort feststellen.

Für die Mannschaft: Wenn noch ausreichend Zeit, muß die Freiwache jetzt möglichst schlafen oder ruhen, der Backschafter sollte noch einmal eine kräftige warme Mahlzeit kochen und eventuell für die Zeit des Sturmes Verpflegung (Butterbrote, Kekse, Heißgetränke in Thermoskannen) bereithalten.

Bei Kursen am Wind und mit halbem Wind wird jeder Segler erkennen, wann der Wind soweit zugenommen hat, daß die Segel zu kürzen sind. Gefährlich ist jedoch das Segeln vor einem immer stärker werdenden Wind und mitlaufender Dünung. Weil nun der wahrgenommene scheinbare Wind geringer ist als der wahre Wind, wird allzu leicht der Augenblick verpaßt, in dem die Segel (insbesondere das Groß) noch ohne Gefahr für Mannschaft und Material gekürzt oder geborgen werden können. Blauäugig kann mancher Segler sogar in einen Geschwindigkeitsrausch geraten, wenn er spürt, wie das schwere Schiff auf dem Wellenhang geradezu ins Gleiten kommt, „obwohl das Schiff geradezu noch aufrecht segelt". In einer solchen Situation besteht auch für eine größere Yacht Gefahr des *Querschlagens* und *Kenterns* – unter Umständen sogar über den Bug (Abb. 148).

2.2 Das Abwettern

Der Grund für ein solches Kentern über den Bug ist fast immer die zu hohe Geschwindigkeit der Yacht. Während der Bug tief unten im Wellental tief einsetzt und abgebremst wird, wird das Heck vom Wellenberg noch weiter voraus oder zur Seite beschleunigt: Die Yacht schlägt quer oder gleich kopfüber. Das Wichtigste beim Abwettern eines Sturmes ist es also, das Schiff nicht zu schnell werden zu lassen. Dafür gibt es verschiedene Wege:

Das *Beidrehen* und *Beiliegen* ist die klassische, für moderne Yachten jedoch weniger geeignete Methode. Bei einer Sloop wird das Groß so weit wie möglich gerefft oder gegen ein Trysegel ausgetauscht und ziemlich dicht geholt (Abb. 149). Gleichzeitig wird die Sturmfock (oder das kleinste vorhandene Vorsegel) backgesetzt und Luvruder gelegt. Bei einer Ketsch oder Yawl wird statt des gerefften Groß oder Trysegels am Besan gerefft oder Sturmsegel gesetzt.

In gut ausbalanciertem Zustand wird das Schiff nun kaum noch Fahrt voraus machen, annähernd quer zum Wind liegen und nach Lee abtreiben. Die Wellen treffen das Boot jetzt zwar von der Seite, doch zum einen entsteht in

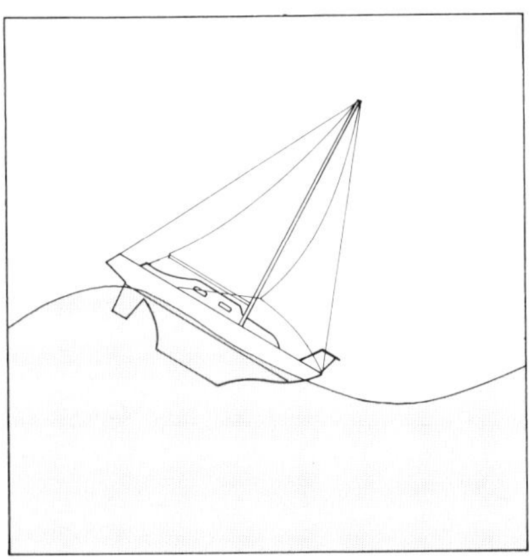

Abb. 148: Bei zu hoher Geschwindigkeit droht die Yacht im Wellental über Bug zu gehen

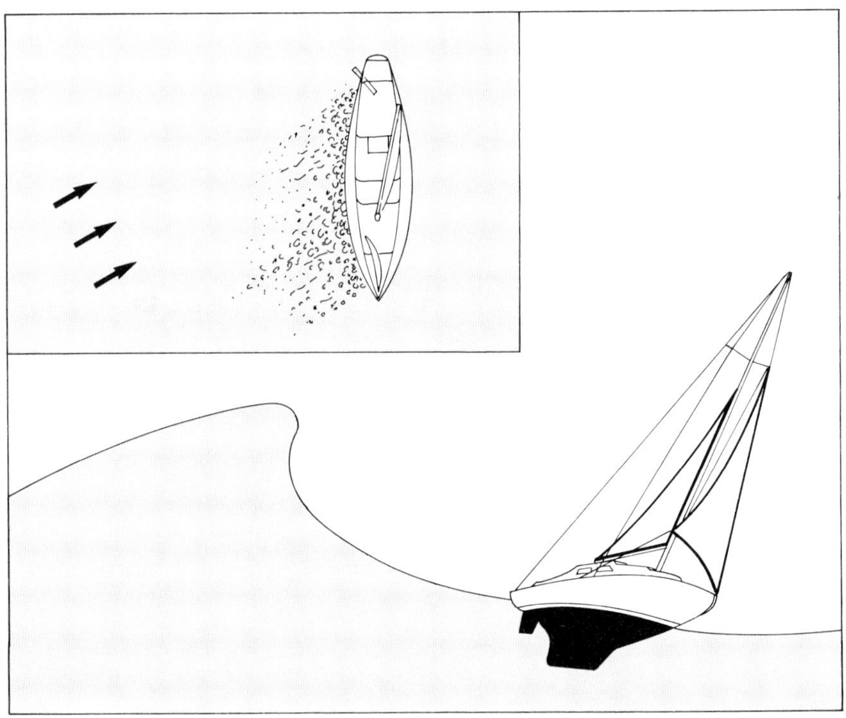

Abb. 149: Beim Beidrehen bildet sich in Luv eine Wirbelzone mit leicht wellenbremsender Wirkung

Luv eine Wirbelzone, in der die Brecher gedämpft werden, und zum anderen wirken die Segel als Stützsegel und sorgen dafür, daß die Wellen unter dem Schiff hindurchlaufen, ohne es allzusehr ins Schlingern zu bringen.

Yachten mit schlanker Rumpfform und moderne Yachten mit kurzem Flossenkiel werden aus diesem ausbalancierten Zustand jedoch immer wieder ausbrechen, Fahrt aufnehmen oder in den Wind schießen. Oft ist es dann sinnvoller, allein unter Sturmfock weiterzusegeln und das Schiff so manövrierfähig zu halten – vorausgesetzt, man nimmt nicht zuviel Fahrt auf.

Wird der Sturm noch stärker, so entschließt man sich zum *Lenzen vor Topp und Takel.*

Hierunter versteht man das Bergen sämtlicher Segel und Weiterlaufen vor dem Wind. Nun ist es allein der Windwiderstand von Mast (Topp), stehendem und laufendem Gut (Takel), Aufbauten, Rumpf und Mannschaft, der noch für Vortrieb sorgt. Dabei muß der Rudergänger wie bei allen Kursen mit achterlichem Wind sehr konzentriert Ruder gehen, um nicht querzuschlagen und zu kentern. Genügend freier Seeraum ist bei jeder Methode des Abwetterns Voraussetzung. Doch beim Lenzen vor Topp und Takel ist besonders viel freier Seeraum Bedingung, da das Schiff nun nicht nur driftet (wie beim Beiliegen mit 1 bis 3 kn Fahrt über Grund), sondern regelrecht Fahrt macht mit 10 kn und mehr. Daher besteht auch hier wieder die Gefahr, daß das Schiff trotz geborgener Segel zu schnell wird und kopfüber geht. Ein einfaches und auf jeder Yacht vorhandenes Hilfsmittel dagegen ist Tauwerk: Am Heck werden mehrere möglichst lange Leinen (Festmacher, Ankerleinen etc.) ausgebracht und nachgeschleppt. Diese bremsen das Schiff nicht nur, sondern halten es auch mit dem Heck im Wind, also im Kurs (Abb. 150).

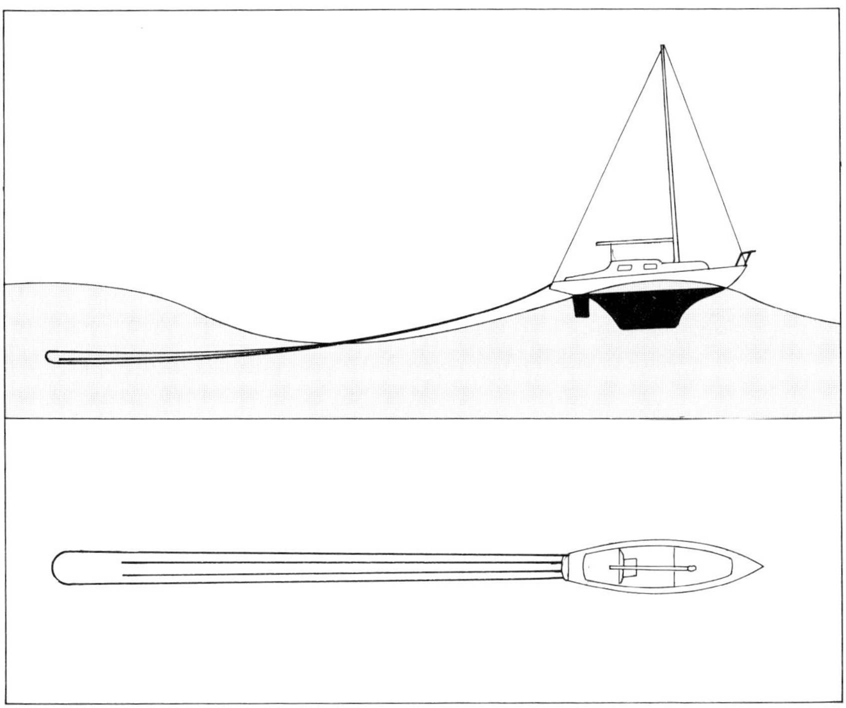

Abb. 150: Mit achtern angebrachten Trossen wird das vor Topp und Takel ablaufende Schiff gebremst

Um den Widerstand zu erhöhen, werden diese Leinen in Buchten ausgebracht, an die zur Erhöhung des Schleppwiderstandes noch andere Gegenstände (Fender, Pützen) gebändselt werden können. Die Bremswirkung darf jedoch nicht so stark sein, daß das Schiff nicht mehr auf das Ruder reagiert.

Früher benutzte man zu diesem Zweck auch *Treibanker.* Ihre Benutzung ist heute kaum noch üblich, und ihr Nutzen wird sehr kontrovers diskutiert. Es gibt erfahrene Weltumsegler, die darauf schwören; und es gibt nicht minder zuverlässige Quellen, die von schweren Schäden durch den Einsatz von Treibankern berichten.

Das Prinzip besteht darin, daß ein nachgeschleppter Sack unter Wasser mehr Widerstand bildet, als die Schiffsaufbauten über Wasser dem Wind entgegensetzen. Im Gegensatz zu ausgebrachten Leinen als „Bremse" führt ein Treibanker häufig zu einem für Mensch und Material sehr strapaziösen Einrukken beim Dichtkommen der Leine. Sein Vorteil besteht darin, daß er die geringstmögliche Abdrift ergibt.

Unter Deck zu gehen und nichts zu tun auf einem Schiff, das zum Spielball der Wellen wird, ist unter Umständen für die Crew belastender als zu kämpfen. Hier ist psychologische Führung sehr wichtig. In der Koje liegen und schlafen (während mindestens zwei Mann Wache gehen) ist der beste Weg, damit fertig zu werden – wenn man schlafen kann. Gerade bei diesem „untätigen" Abwettern ist auch bei sonst seefesten Seglern die Gefahr der Seekrankheit sehr groß (eventuell vorbeugend Zäpfchen nehmen).

Wird ein Crewmitglied schwer seekrank, kann sogar Lebensgefahr bestehen; die Mitsegler dürfen den Kranken – besonders nachts – nicht aus den Augen lassen. Seekrankheit kann so schlimm sein, daß man über Bord gehen und sterben möchte!
Fast nur noch in Redewendungen, so gut wie gar nicht mehr in der Praxis kommt die *Verwendung von Öl* als Wellen-Glätter vor. Weil ein dünner Ölfilm die Oberflächenspannung des Wassers so verändert, daß der Seegang „aus dem Takt" gebracht wird, goß man früher „Öl auf die Wellen". Heutzutage wird – insbesondere bei tief im Wasser liegenden Segelyachten – nicht aus Gründen des Umweltschutzes (die Mengen wären ohnehin nur gering), sondern aus Gründen der Sicherheit auf das „Ausbringen von Öl" verzichtet.
Das mit dem Seegang zurück aufs Schiff geschwappte Öl wird das Deck so glitschig machen, daß die Gefahr eher größer als kleiner würde. Wenn Öl ausgebracht wird, dann kein Dieselöl oder Petroleum; tierisches Tranöl eignet sich am besten.
Das Öl wird auch nicht – wie in der Redewendung – auf die Wellen gegossen, sondern entweder in mit Werg oder Lumpen gefüllten und in Öl getränkten kleinen Leinensäcken („Ölbeutel") oder über die WC-Pumpe nach außenbords gebracht.

2.3 Havarien

Nicht nur bei schwerem Sturm, bei jedem Wetter kann es zu *Havarien* kommen, worunter wir jeden Schaden am Schiff und seiner Ausrüstung verstehen. Bei Langfahrt müssen wir darauf gerüstet sein, derartige Schäden entweder durch Ersatzteile zu beheben oder zumindest provisorisch soweit anzugehen, daß der nächste Hafen erreicht werden kann. Hierbei kommt es in erster Linie auf die seemännische und handwerkliche Phantasie des Skippers und der Crew an.
Es ist unmöglich, für jeden möglichen Havarie-Fall ein Patentrezept zu liefern. Jede Aufstellung von Ratschlägen für Havarien muß daher unvollständig bleiben. Und jeder Skipper sollte ermutigt sein, selber nach geeigneteren, unter Umständen vollkommen „unüblichen", aber zweckmäßigen Wegen zu suchen, anstatt sich auf einen bestimmten, schulmäßig gelernten, unter den gegebenen Umständen jedoch nicht praktikablen Weg zu versteifen.
Als allgemeiner „Lehrsatz" kann allenfalls gelten, daß Geld im Notfall keine Rolle spielen sollte: Keine noch so schöne oder teure Mahagoni-Schranktür ist für die Abdichtung eines Lecks zu kostbar – wenn sie das einzig verfügbare Brett darstellt. Kein Mast ist „zu schade", wenn er außenbords hängt, nicht längsseits gezurrt werden kann und die Bordwand zu durchschlagen versucht: Er muß aufgegeben werden – lieber er als das Schiff.

Mastbruch

Bevor es zu einem *Mastbruch* kommt, geht meistens zunächst ein Teil des stehenden Gutes zu Bruch. Dies kann man bis zu einem gewissen Grade verhindern, indem man regelmäßig alle Befestigungen (Wantenspanner etc.) auf korrekten Sitz und korrekte Spannung kontrolliert.
Trotzdem kann dann immer noch ohne jede Vorankündigung auch bei bestem Wetter ein Ende aus einem Terminal ausrauschen; meist lag dann ein von außen nicht erkennbarer Material- oder Verarbeitungsfehler vor. Was bei einem Bruch von Stagen und Wanten zu tun ist, weiß bereits der A-Schein-Inhaber: die „verletzte" Seite der Takelage durch Kurswechsel entlasten, dann nach Ersatzmöglichkeiten durch Dirk, Fallen etc. suchen.
Oft kommt der Mast oder (meistens) zumindest sein oberes Drittel (oberhalb der Saling) gleich mit; Alumasten, die nicht aus einem Stück gearbeitet, sondern zusammengesetzt sind, haben dort geradezu eine „Sollbruchstelle". Bei einer derartigen Havarie besteht Verletzungsgefahr für Crew, Rumpf und Propeller.
Darum sofort die Maschine stoppen, wenn sie mitlief, und auf keinen Fall starten, bevor nicht alle außenbords hängenden Tampen und Teile gesichert sind. Die Crew muß sofort Schwimmwesten und Lifebelts anlegen, bei der Arbeit an der gebrochenen Takelage Handschuhe, Schuhe und möglichst sonst auch nicht nur Badehose oder Bikini tragen.
Ein vom Skipper bestimmtes Crewmitglied (oder er selbst) muß sofort mit dem Bootshaken oder sonst einem geeigneten Werkzeug sicherstellen, daß der im Wasser hängende Mast nicht die Bordwand durchbohrt. Oft kommt der Mast oder der Mastteil im Wasser nämlich in eine aufrechte Stellung, in der er bei jeder Welle mit dem Topp oder der messerscharfen Bruchstelle gegen die Bordwand gerammt wird. Der erste Schritt ist dann das Abhalten mit dem Bootshaken.

Dann muß entschieden werden, ob die über Bord gegangene Spiere gerettet oder geopfert werden soll. Sieht der Skipper keine Möglichkeit, die Spiere längsseits zu zurren oder gar an Bord zu hieven, und ist die Gefahr für die Bordwand nicht anders abzuwenden oder eine Weiterfahrt mit der längsseits gezurrten Spiere nicht möglich, so muß der Bolzenschneider und/oder die Metallsäge her: Alle nicht anders zu lösenden Verbindungen zum abgebrochenen Mast(teil) werden durchtrennt, bis die Spiere vom Schiff freikommt und untergeht.

Oft ist jedoch eine „Rettung" möglich: Der Topp wird durch Bedienung der Fallwinschen hochgehievt. Das andere Ende, die Bruchstelle, läßt sich meist mit dem Dingi-Anker fischen und über die Schotwinschen dichtsetzen.

Wenn der Mast „geopfert" werden muß und die Zeit es erlaubt, sollten eventuell „Spuren" gesichert werden: das Terminal und das Wanten- oder Stagen-Ende, das ausgerauscht, oder der Beschlag, der gebrochen ist. Auch Fotos können bei eventuellen Reklamationen wegen Materialfehlers, Versicherungsstreitigkeiten und Abrechnungen mit der Werft oder der Charterfirma von Nutzen sein.
Der nächste Schritt ist dann, wenn von dem abgebrochenen Mast keine Gefahr mehr droht, die Konstruktion eines Notriggs oder das Herbeiholen von Hilfe (siehe Kapitel 5.2 „Der Bergelohn"). Dabei ist zu beachten, daß wahrscheinlich die Funkantenne mit über Bord gegangen und nun der Einsatz der hoffentlich vorhandenen *Notantenne* nötig ist.

Das Notrigg
Das *Notrigg* kann beispielsweise aus dem am Maststumpf gefahrenen Trysegel bestehen; auch die Verwendung eines Spinnakerbaumes als Notmast ist eine vielgenutzte Notlösung. Hier ist seemännische Phantasie gepaart mit Gewissenhaftigkeit und Sorgfalt gefragt. Da das Schiff ohne Mast und Segel meist sehr wild in den Wellen umhertanzen wird, sollte die Arbeit am Notrigg nur unter sorgfältigster Benutzung des Lifebelts geschehen; ein Crewmitglied sollte in jedem Fall am Ruder bleiben und die arbeitenden Crewmitglieder genau im Auge behalten – sonst steht nachher ein in gemeinsamer Arbeit aller konstruiertes Notrigg, und niemand hat gemerkt, wie jemand über Bord gegangen ist. Ein Mastbruch ist keine Katastrophe; ein Mann über Bord ist immer eine Katastrophe.

Leckbekämpfung
Ist es durch den über Bord gegangenen Mast oder sonst durch Kollision mit einem festen Gegenstand (Klippe, Ölfaß, Treibgut etc.) zu einem *Leck* gekommen, so muß es als erstes genau lokalisiert werden. Liegt das Leck in Höhe des Wasserpasses, so ist durch Wechsel auf den anderen Bug oder durch Gewichtstrimm die schadhafte Stelle – soweit möglich – aus dem Wasser zu bringen. Abdichtungsmöglichkeiten können dann sein: Verstopfen mit Polstern, überzähligen Schwimmwesten und Kissen, ein kleines Segel (oder auch einen Seesack, Segelsack, stabile Öljacke etc.) von außen mit Tauwerk über die Leckstelle ziehen. Als nächstes muß diese Leckabdichtung von innen gegen den Staudruck abgesichert werden. Das kann geschehen durch Vernageln mit Brettern (Bodenbrettern, Schranktüren etc.).
Dabei ist nicht zu erwarten, daß ein Leck vollkommen abgedichtet werden kann. Erreichbar ist jedoch bei jedem nicht allzu großen Loch in der Bordwand, daß die Menge des eindringenden Wassers so verringert wird, daß die Kapazität der Pumpen ausreicht, das Schiff durch ständiges oder regelmäßiges Lenzen bis zum nächsten Hafen über Wasser zu halten.

Gegen unbemerkte Leckagen, durch die langsam, aber stetig Wasser eindringt, hilft nur eines: mindestens zweimal täglich den Wasserstand in der Bilge kontrollieren und abpumpen.

Ruderbruch
Eine vor allem bei hochmodernen Rennziegen „beliebte" Havarie ist der *Ruderbruch.* Wenn nicht Pinne oder Radsteuerung defekt und durch Ersatz wieder gängig zu machen ist, liegt meist ein Bruch an *Ruderblatt* oder *-schaft* vor. Diesen Schaden können wir nicht reparieren, sondern nur durch *Notruder* ersetzen, wobei wieder seemännische Phantasie und Improvisations-Talent zu herausragenden Tugenden werden. Unter Umständen kann das Schiff auch allein über die Segel gesteuert werden. Notruder können beispielsweise sein: bei kleineren Yachten ein im Drehpunkt festgelaschter, über das Heck ins Wasser reichender Riemen, auf den eventuell ein „Ruderblatt" (z. B. Schranktür) aufgenagelt ist; eine in der Bucht einer Leine nachgeschleppte Pütz, die je nach gewünschter Ruderwirkung an Steuerbord oder Backbord dichter geholt wird. Alles, was den Wasserwiderstand auf einer Bordseite erhöht, ist schon ein Notruder. Gerade hier gilt das eingangs Gesagte: Lieber mit eigenen Einfällen eine der Situation und den Möglichkeiten angepaßte Lösung verwirklichen als lange und vergeblich versuchen, einen bestimmten vorgegebenen Weg zu verfolgen. Ein Notruder muß nicht wie ein Ruder aussehen; wichtig ist nur, daß es wirkt.

2.4 Seenot

Der sicherste Aufenthaltsort in Seenot ist immer das noch nicht endgültig gesunkene Schiff. Dort gibt es Vorräte, eine Funkanlage, und dort wird man von Suchfahrzeugen (Flugzeugen, Hubschraubern, Schiffen) am ehesten gefunden. Bei der Katastrophe während des Fastnet-Race 1979 hätten viele Menschenleben gerettet werden können, wenn die Crews nicht unüberlegt und in Panik ihre schwer beschädigten, aber noch schwimmfähigen Schiffe verlassen hätten.

Hilfe rufen
Das *Herbeiholen von Hilfe* kann auf verschiedenste Weise erfolgen:

a) über Funk. Die vorgeschriebenen Verfahren gehören zur Ausbildung für das *Allgemeine Sprechfunkzeugnis für den Seefunkdienst.* Wenn nicht zwei oder mehrere Crewmitglieder dieses Zeugnis besitzen, sollte der dann einzige Inhaber dieses Zeugnisses mindestens ein weiteres Crewmitglied als Notfunker einweisen.

b) über die in der Seestraßenordnung vorgeschriebenen *Seenotsignale* einschließlich der *pyrotechnischen Signalmittel,* die nur an den abgegeben werden, der eine entsprechende Prüfung abgelegt hat. Diese kann schon mit dem A- und BR-Schein, muß aber spätestens mit dem BK-Schein absolviert werden. Der Fragen- und Antwortkatalog für diese Zusatzprüfung findet sich auf den Seiten 176–179.

Da diese Prüfung fast ausschließlich auf rechtliche Fragen ausgerichtet ist, hier noch zwei zusätzliche Hinweise für die Praxis: Seenotmunition nur einsetzen, wenn die begründete Wahrscheinlichkeit besteht, daß jemand sie sieht. Sparsam mit den Vorräten umgehen, aber wenn, dann – außer bei Fallschirmraketen – gleich zweimal im Abstand von wenigen Minuten feuern. Das erste Signal kann von dem, der es wahrnimmt, so gut wie nie gepeilt werden. Wenn er den Peilkompaß zur Hand genommen hat, ist das Signal meist längst verloschen, und er weiß nur noch sehr grob, in welcher Richtung er das Signal gesehen hat. Wenn dann ein zweiter Schuß folgt, kann er das Signal peilen und direkt Kurs auf den Schiffbrüchigen nehmen.

Aufgeben des Schiffes

Die Entscheidung, das *Schiff zu verlassen,* fällt nur der Skipper. Dabei hat jeder die ihm in der Seenotrolle (Seite 115) aufgetragenen Aufgaben zu erfüllen und die damit auf ihn entfallenden Gegenstände mitzunehmen. Darüber hinaus sollte vor dem Verlassen – wenn möglich – noch reichlich warme Flüssigkeit (kein Alkohol) getrunken und warme Kleidung angelegt werden. Es ist ein weitverbreiteter Irrtum, daß Kleidung im Wasser zu schwer werde. Zum einen reicht der Auftrieb der Schwimmweste aus, ein eventuelles Mehrgewicht auszugleichen, zum anderen bringt Kleidung meist durch Lufteinschlüsse zusätzlichen Auftrieb. Die Gefahr der Unterkühlung (auch in „warmem" Mittelmeerwasser) ist mindestens so groß wie die des Ertrinkens. Wenn möglich, sollten Mittel gegen Seekrankheit noch vor dem Verlassen des Schiffes genommen werden, um einem Flüssigkeitsverlust durch Erbrechen vorzubeugen. Die größten Gefahren, die dem Schiffbrüchigen drohen, sind: Unterkühlung, Ertrinken, Verdursten, Erschöpfung, Hunger, Schädigung durch Mineralöl, Seekrankheit (etwa in dieser Reihenfolge).

Findet die Crew nicht in einem Rettungsboot, einer Rettungsinsel oder dem Dingi Platz, so muß sie in jedem Fall zusammenbleiben, sich am besten aneinander festbinden. Unnötiges Hin- und Herschwimmen ist zu vermeiden, um mit den Kräften hauszuhalten und möglichst in der Nähe der Untergangsstelle zu bleiben. Dort nämlich wird – wenn Seenotmeldungen abgegeben wurden – immer mit der Suche begonnen.

In Rettungsboot oder Rettungsinsel müssen die vorhandenen Trink- und Nahrungsmittelvorräte von Anfang an vom Skipper eingeteilt werden. Über die C-Schein- und Sporthochseeschifferprüfung hinaus sollte jeder verantwortliche Schiffsführer die vom Bundesgesundheitsamt und der See-Berufsgenossenschaft (Adresse Seite 123) herausgegebenen Merkblätter über „Verhalten in Seenot" gründlich gelesen haben.

Abbergung

Bei der Bergung der Schiffbrüchigen von einem anderen Schiff gibt es je nach Situation und Ausrüstung viele unterschiedliche Möglichkeiten und Verfahren, die nicht alle im einzelnen erläutert werden können. Es sind jeweils die Anweisungen des Rettenden zu beachten.

Das gilt insbesondere für die Abbergung durch einen Hubschrauber. Bei einer Bergung aus der Luft ist jedoch besonders zu beachten: Es kann sinnvoll sein, sich aus dem nachgeschleppten Dingi hochwinden zu lassen, weil die Hubschrauber-Rettungsschlinge sich dann nicht in der Takelage verheddern kann (Abb. 151, 152).

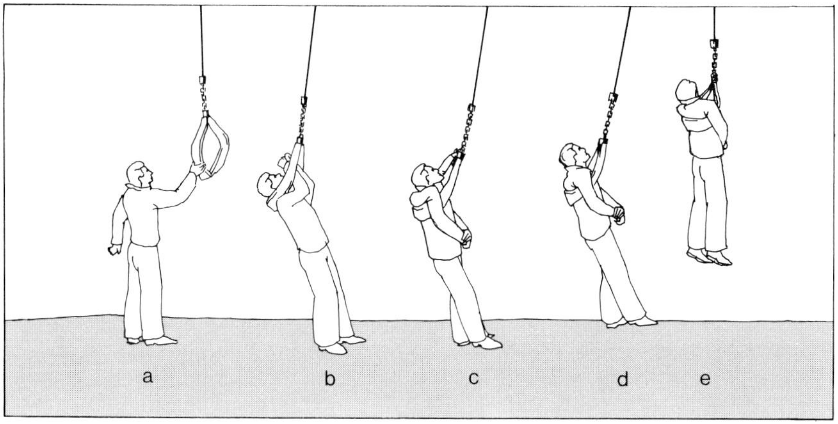

Abb. 151: Der Gebrauch der Rettungsschlinge ohne . . .

Abb. 152: . . . und mit Helfer

Recht

Über die bereits für den Erwerb von BR- und BK-Schein sowie Sportseeschifferzeugnis geforderten Kenntnisse der Seestraßen- und der Seeschiffahrtstraßen-Ordnung hinaus (die zwar geprüft, hier aber nicht wiederholt werden) hat der C-Schein- und Sporthochseeschiffer-Kandidat Wissen über folgende Bereiche nachzuweisen:

- Schiffahrtsbehörden und -Institutionen,
- Schiffspapiere,
- Zollwesen und Verhalten im Ausland,
- Verhalten nach Unfällen.

1. Behörden und Institutionen

1.1 Das Schiffsregister

Alle seegehenden Motor- oder Segelyachten, die mehr als 50 Kubikmeter Bruttoraumgehalt haben (erfahrungsgemäß Segelyachten ab 11,5 m und Motoryachten ab 10,6 m Länge über alles), müssen beim zuständigen *Amtsgericht* als *Registergericht* ins *Seeschiffsregister* eingetragen werden. Nachweis über diese Registrierung ist das *Schiffszertifikat,* das im Ausland oft als einzig gültiger Eigentumsnachweis angesehen wird. Voraussetzungen für die Eintragung ins Schiffsregister sind: Der Eigner ist Deutscher und hat seinen Wohnsitz im Geltungsbereich des Grundgesetzes.

Das Schiff ist vom *Bundesamt für Schiffsvermessung* (Bernhard-Nocht-Str. 74, 2000 Hamburg 4) vermessen und es ist ein *Internationaler Schiffsmeßbrief* ausgestellt worden. Die Vermessung ist gebührenpflichtig (1985 für Vermessung und Meßbriefausstellung 1000 Mark).

Schiffszertifikat und Schiffsmeßbrief garantieren dem Eigner im Ausland diplomatischen und konsularischen Schutz des Schiffes durch die Vertretungen der Bundesrepublik Deutschland.

Offiziell dient das Schiffszertifikat dem Nachweis, daß das Schiff berechtigt ist, die Bundesflagge zu führen. Auch Schiffe, deren Bruttoraumgehalt 50 Kubikmeter nicht übersteigt, können auf Wunsch ins Schiffsregister eingetragen werden und Schiffszertifikat und Internationalen Schiffsmeßbrief bekommen. Dies empfiehlt sich besonders bei längeren Auslandsreisen.

1.2 Seeämter, Bundesoberseeamt

Aufgabe der Seeämter in Hamburg, Kiel, Bremerhaven und Emden und des Bundesoberseeamtes im Hamburg ist es, „in einem an die Strafprozeßordnung angelehnten Verfahren die Ursache von Seeunfällen deutscher Schiffe zu ermitteln..." Das Seeamt und als Berufungsinstanz das Bundesoberseeamt funktionieren ähnlich wie Gerichte, obgleich sie nach ihrer Stellung Verwaltungsbehörden sind, die dem Zweck nach der Sicherheit der deutschen Seeschiffahrt dienen.

In einem „Spruch" (nicht Urteil) kann das Seeamt nicht nur Patentinhabern die Gewerbebefugnis entziehen, sondern auch Fahrerlaubnisse für Sport-

boote (Sportbootführerscheine) entziehen sowie Fahrverbote für Sportboote anordnen. Seeamtssprüche mit Feststellung fehlerhaften Verhaltens und Entziehung der Fahrerlaubnis können bei Verwaltungsgerichten angefochten werden.
Für eine seeamtliche Untersuchung ist nach dem Seeunfall-Untersuchungsgesetz das öffentliche Interesse vorausgesetzt. Sie ist zwingend, wenn ein deutsches Schiff gesunken, aufgegeben oder verschollen ist, wenn bei einem Unfall ein Mensch zu Tode gekommen ist oder wenn sie von der obersten Bundesbehörde angeordnet wurde. Für andere Fälle, deren Untersuchung im Ermessen des Seeamtsvorsitzenden liegt, muß das öffentliche Interesse ebenfalls gegeben sein.
„Beteiligte" können auch Vermieter von Sportbooten, Werften sowie Fachbehörden des Bundes und der Länder sein. „Angeklagte" gibt es genausowenig wie Strafen. Die „Sprüche" des Seeamtes werden später von den ordentlichen Gerichten manchmal als Gutachten herangezogen, bindend sind sie für die Gerichte jedoch nicht.
Als „Beteiligter am Verfahren" hat man das Recht auf Beistand (fachlich und juristisch), Anwesenheit, Gehör, Einsicht in Niederschriften und Berufung sowie das Recht, Fragen und Anträge zu stellen und den Vorsitzenden und/oder seine Beisitzer abzulehnen.

1.3 Die See-Berufsgenossenschaft

Die *See-Berufsgenossenschaft* (SBG) ist wie alle anderen Berufsgenossenschaften eine öffentlich-rechtliche Organisation der Unternehmer. Sie wird getragen von den Reedereien und anderen verwandten Betrieben und fungiert zum einen als die Unfallversicherung für die Seeleute, zum anderen als eine Art TÜV für Schiffe. Sie hat in Zusammenarbeit mit der Bundesregierung und dem *Germanischen Lloyd* Unfallverhütungsvorschriften für die Einrichtung und Ausrüstung von Seeschiffen herausgegeben und überwacht diese Vorschriften auch. Als Besitzer einer Yacht haben wir mit der SBG zu tun, sobald wir einen bezahlten Bootsmann beschäftigen. Sitz der Hauptverwaltung: Reimerstwiete 2, 2000 Hamburg 11.

1.4 Der Germanische Lloyd

Der *Germanische Lloyd* (GL) ist keine Versicherungs-, sondern eine *Klassifikationsgesellschaft,* die eng mit der See-Berufsgenossenschaft zusammenarbeitet. Sie legt zum einen in Bauvorschriften für Schiffe und Antriebe Mindestanforderungen fest, kontrolliert deren Einhaltung dann beim Bau sowie später in periodischen Abständen am fertigen Schiff und stellt Zertifikate aus, in denen die Schiffe bezüglich ihrer Sicherheit klassifiziert werden. Auch der GL ist eine Art TÜV für Schiffe. Sitz der Hauptverwaltung: Vorsetzen 32, 2000 Hamburg 11.

1.5 Die Seemannsämter

Die *Seemannsämter* sind in erster Linie für die Seeleute da als eine Art Arbeitsamt, als Beschwerdeinstanz für Mängel an Bord, als Untersuchungsbehörde bei Betriebsunfällen, als Meldestelle bei Vermißtensachen etc.

1.6 Die Strandämter

Die *Strandämter* und *Strandvögte* fungieren in erster Linie als eine Art Fundbüro für verlorengegangene und am Strand gefundene oder auf See geborgene Gegenstände. Außerdem sind sie im Bereich ihres Strandabschnittes für Hilfeleistung, Rettung und Bergung bei Seenot- und Strandungsfällen zuständig. Ihre Stellung richtet sich nach der Deutschen Strandungsordnung.

1.7 Die Wasser- und Schiffahrtsämter

Die *Wasser- und Schiffahrtsämter und -direktionen* sind als nachgeordnete Bundesbehörden für Regelungen, Sperrungen, Aufstellung von Ge- und Verboten auf den deutschen Wasserstraßen zuständig. Sie haben jedoch keine Exekutivgewalt. Hierfür ist allein die *Wasserschutzpolizei* da, die wiederum Landesbehörde ist.

1.8 Das Deutsche Hydrographische Institut

Das *Deutsche Hydrographische Institut* (DHI) ist eine nachgeordnete Bundesoberbehörde, deren Hauptaufgabe das Sammeln und Verbreiten aller für die Seefahrt nötigen Informationen ist. Das DHI gibt nautische Hilfsmittel wie Seekarten, Leuchtfeuerverzeichnisse, Gezeitentafeln, Jahrbücher etc. und die Nachrichten für Seefahrer (NfS) heraus. Außerdem verbreitet es über Funk nautische Warnnachrichten, Sturmflutwarnungen etc. und prüft und attestiert nautische Instrumente und Positionslaternen.

2. Die Schiffspapiere

An Bord müssen sein:

- *Schiffszertifikat* (bei Schiffen ab 50 Kubikmeter Bruttoraumgehalt), *Flaggenausweis* (in Frankreich für Schiffe unter 50 Kubikmeter Bruttoraumgehalt erforderlich) oder *Internationaler Bootsschein für Wassersportfahrzeuge* (International Card) des Deutschen Segler-Verbandes (DSV) oder Deutschen Motoryachtverbandes (DMYV), das zwar nicht als Eigentumsnachweis, wohl aber, ausgenommen Frankreich, als Grenzdokument anerkannt wird.
- *Genehmigungsurkunde* der Deutschen Bundespost für an Bord befindliche Funkanlagen. Dazu gehören Seefunkempfänger, Sender, Funkpeiler, Radargerät.
- *Meßbrief,* wenn an Regatten teilgenommen wird.
- *Amtlicher Sportbootführerschein* (zumindest des Skippers).
- *Sprechfunkzeugnis* (zumindest des Funkers/Skippers). Bei Schiffen, die gewerblich genutzt werden (Ausbildungsschiffe von Segelschulen) ist das Führen eines *Funktagebuches* Pflicht.
- *Paß* beziehungsweise *Personalausweis* für jede an Bord befindliche Person.

Es empfiehlt sich, zumal bei längeren Auslandsreisen, alle das Schiff betreffenden Papiere im Original in einem Ordner mit Plastikhüllen mitzuführen. Eine Ausfertigung (beglaubigte Kopie) sollte jedoch zu Hause bleiben, um bei Verlust der Originale abgesichert zu sein.

3. Zollfreie Waren

Wie auf „großen" Schiffen, so dürfen auch auf Yachten, die die deutschen Seezollgrenzen verlassen, zollfreie Waren (vor allem Spirituosen, Zigaretten, Lebensmittel etc.) verbraucht werden. Einzelheiten teilt jedes Zollamt mit.

4. Anlaufen ausländischer Häfen

Beim Befahren ausländischer Gewässer ist in der Steuerbordsaling die *Gastlandflagge* zu führen. Beim ersten Anlaufen eines ausländischen Hafens ist in vielen Ländern außerdem die *Signalflagge* „Q" (gelb) zu setzen. Sie bleibt bis zur Zollabfertigung oder so lange stehen, bis ein Zöllner, Polizist oder sonstwie autorisierter Beamter es erlaubt hat, sie zu bergen.

Die Sitten und Gebräuche sind von Land zu Land sehr unterschiedlich. Daher ist es – beim ersten Besuch in einem fremden Land – dringend geboten, daß nach einer gewissen Wartefrist zunächst nur der Skipper das Schiff verläßt und sich bei der nächsterreichbaren Behörde (Hafenmeister, Polizei, Zoll o.ä.) nach den Vorschriften erkundigt.

Es empfiehlt sich, vor Antritt einer Auslandsreise die von der Kreuzer-Abteilung des Deutschen Segler-Verbandes (Gründgensstr. 18, 2000 Hamburg 60) und vom ADAC (Referat Sportschifffahrt, Baumgartenstr. 53, 8000 München 70) herausgegebenen länderbezogenen „Merkblätter" (KA) beziehungsweise „Wassertouristischen Informationen" (ADAC) anzufordern.

Empfehlenswert sind auch ein Schiffsstempel (mit Angaben über Schiffsname, Heimathafen, Club und – wenn vorhanden – Funk-Unterscheidungssignal/Rufzeichen) sowie ein Stapel fotokopierter Crewlisten mit allen Einzelheiten (Name, Vorname, Geburtsdatum und -ort, Heimatadresse, Nummer des Passes oder Personalausweises etc.).

5. Verhalten bei und nach Havarien

Jeder Schiffsführer, der erfährt, daß Menschen in Seenot sind, ist verpflichtet, so schnell wie möglich Hilfe zu leisten oder – wenn ihm das ohne Gefahr für seine Mannschaft oder sein Schiff

nicht möglich ist – andere Hilfe herbeizuholen. Bei einer Kollision mit einem anderen Schiff müssen beide Beteiligten so lange beieinanderbleiben, bis sie untereinander Namen und alle wichtigen Daten ausgetauscht haben und sichergestellt ist, daß der jeweils andere keiner weiteren Hilfe bedarf.
Kann ein Skipper dieser Pflicht wegen akuter Gefahr für sein Schiff und seine Mannschaft nicht nachkommen, so muß er im nächsten Anlaufhafen die Hafenverwaltung und das See- oder Seemannsamt unterrichten.

5.1 Die Verklarung

Als Beweismittel bei Havarien, Kollisionen und Unfällen aller Art können das *Logbuch* und eine *Verklarung* dienen. Das Logbuch ist bei Sportbooten nicht vorgeschrieben, aber dringend zu empfehlen. Damit es ähnlich wie eine Urkunde als Beweismittel gelten kann, sollte es von vornherein durchnumerierte Seiten haben.
Alle Eintragungen sollten in Tinte (jedenfalls nicht Bleistift) erfolgen und Tag für Tag vom Skipper unterschrieben sein. Änderungen und Korrekturen sollen so erfolgen, daß die ursprüngliche Eintragung noch erkennbar ist.
Insbesondere dann, wenn mit Schadenersatzansprüchen gerechnet werden muß, ist eine *Verklarung* (nach § 522 HGB) zu empfehlen. Dies ist eine Art amtlicher Beweissicherung, die aus dem beeideten Bericht des Schiffsführers, eventuellen Vernehmungen und Vernehmungsprotokollen des Skippers und der Crew sowie weiterer Zeugen und beglaubigten Abschriften aus dem Logbuch besteht.
Abgelegt wird eine solche Verklarung im nächsten angelaufenen Hafen beim Amtsgericht oder im Ausland vor dem Konsul oder einer ausländischen Behörde. Alle Beteiligten haben das Recht auf eine beglaubigte Kopie des vollständigen Verklarungsberichtes.
Ist die Yacht mit einem Funkgerät ausgerüstet, so muß der Schiffsführer nach jedem Unfall, bei dem eine Person getötet oder schwer verletzt wurde, die nächste Küstenfunkstelle unterrichten und bei nächster Gelegenheit – wenn nicht eine Verklarung vorgenommen wird – einen schriftlichen Bericht abgeben.

5.2 Der Bergelohn

Die Verpflichtung zur kostenlosen Hilfeleistung bezieht sich grundsätzlich auf in Seenot geratene Menschen, nicht auf die Schiffe. Während es unter Wassersportlern nicht üblich ist, für Hilfeleistung oder Bergung Geld zu verlangen (es sei denn, der Helfende hat bei der Aktion selber einen Schaden erlitten), ist Hilfe von der Berufsschiffahrt fast nie kostenlos. Die Deutsche Gesellschaft zur Rettung Schiffbrüchiger berechnet nur die bei technischer Hilfe wie z. B. Bergung entstehenden Kosten.
Wichtig ist vor allem die Unterscheidung zwischen *Hilfeleistung* und *Bergung*. Während der *Hilfslohn* der freien Vereinbarung unterliegt, hängt der *Bergelohn* vom Wert des Schiffes ab und kann gerichtlich eingeklagt werden. Je nach Schwierigkeit der Bergungsaktion kann der Bergelohn die Hälfte des Schiffswertes übersteigen. Deswegen ist es wichtig, bei der Inanspruchnahme von Hilfe klare Verhältnisse zu schaffen. Leider ist oft sogar Mißtrauen gegenüber sehr „hilfsbereit" erscheinenden Fischern angebracht.
Wenn man sich nicht wirklich in Seenot befindet und nicht „gerettet", sondern nur (frei)geschleppt werden will, muß man alles vermeiden, was später als Aufgabe des Schiffes gewertet werden könnte: Also keine Notsignale zeigen, nicht das Schiff verlassen (und sei es auf Einladung zu einem Täßchen Kaffee oder Glas Sherry), möglichst die eigene Schlepptrosse benutzen und auch selbst belegen, niemanden vom anderen Schiff an Bord kommen lassen und vor allem die eigene Crew einweisen, daß sie weiterhin nur nach den eigenen Anordnungen (und nicht denen des Helfers) handelt und keine unbedachten Äußerungen („Mensch, gut, daß Sie da sind, ohne Sie wären wir ja verloren...") macht.

Beispiel für eine C-Schein-Prüfungsaufgabe

Für die C-Schein-Prüfungen gibt es derzeit (1989) noch keine einheitlichen Fragebögen, sondern nur inhaltliche Vorschriften. Die im folgenden abgedruckte Prüfungsaufgabe kann daher nur als ein Beispiel gelten.
Alle Hilfsmittel außer der zur Lösung der Kartenaufgabe notwendigen Seekarte D 50 (Übungskarte, Stand 15. 7. 78) sind im Anschluß an die Aufgaben abgedruckt.

A Kartenaufgabe

Hilfsmittel: Übungskarte D 50, Steuertafel, Funkbeschickungstafel. Fahrt: 8 Knoten

Auf der Reise von Aberdeen nach Borkum steht eine Yacht um 06-30 MEZ auf 54°32′ N 005°55′ E. In der Morgendämmerung hat man beobachtet und errechnet:
Stern 1: Rechenort 55° N 005°45′ E; Ho 36°15′, Hc 35°50′, Azimut 165°
Stern 2: Rechenort 55° N 006°33′ E; Ho 54°53′, Hc 54°23′, Azimut 224°

1	Bestimme Schiffsort um 06-30 MEZ und Besteckversetzung. Vom gefundenen Ort setzt man Kurs auf TW Ems (54°10′ 006°21′ E) ab.	*54°36,5′ N 006°00,5′ E; BV 5,5 sm/35°*
2	Bestimme Kurs über Grund und Magnetkompaß-Kurs!	*KüG = 156°; MgK = 157°*

Wegen des auffrischenden Westwindes und des einsetzenden Stromes rechnet man ab 08-00 MEZ:
Beschickung Wind (BW) = 3° und Strom rw = 95° mit 1,5 kn (Stromdreieck für 2 Stunden).

3	Welchen Kurs am Magnetkompaß muß der Rudergänger jetzt steuern?	*MgK = 169°*
4	Wie lange gelten die aus dem gezeichneten Stromdreieck erhaltenen Werte?	*Solange sich die Werte für Kurs und Fahrt sowie Strömung und Strömungsrichtung nicht ändern*

Um 09-45 MEZ peilt man die Tonnen TW 4 (54°12,5′ N 006°20,5′ E) am Magnetkompaß in MgP = 75° und TW Ems (54°10′ N 006°21′ E) in MgP = 122°, als am Kompaß 169° anliegen.

5	Welche rechtweisenden Peilungen ergeben sich?	*TW 4 rwP = 75°; TW Ems rwP = 122°*
6	Schiffsort um 09-45 MEZ?	*54°11,5′ N 006°16,0′ E*

Von hier aus setzt man Kurs auf Feuerschiff Borkumriff (53°47,5′ N 006°22,5′ E) ab. Wind und Strom werden nicht mehr berücksichtigt.

7	Bestimme Kurs über Grund und zu steuernden Magnetkompaß-Kurs!	*KüG = 172°; MgK = 172°*

Bei sich verschlechternder Sicht führt man um 11-00 MEZ eine Funkpeilung durch. Als am Magnetkompaß 165° anliegen, funkpeilt man:
Borkumriff (53°47,5′ N 006°22,5′ E) in q = 004°
FS Deutsche Bucht (54°10,5′ N 007°27′ E) in q = 279°

8	Schiffsort um 11-00 MEZ?	*54°03,5′ N 006°18,0′ E*

Man behält vorerst den alten Kurs bei. Um 12-15 MEZ peilt man die Tonne DB 2 (53°51,5′ N 006°22′ E) in MgP = 132°, als am Magnetkompaß 172° anliegen. Als zweite Standlinie versegelt man die Funkstandlinie von Feuerschiff Deutsche Bucht von 11-00.

9	Schiffsort um 12-15 MEZ?	*53°52,5′ N 006°20,0′ E*
10	Wo stand das Schiff um 12-00 MEZ? (Eintrag vom Skipper erwünscht für Eintragung ins Logbuch.)	*53°54,5′ N 006°19,5′ E*

Steuertafel		Funkbeschickungstafel		Steuertafel		Funkbeschickungstafel	
MgK	Abl	q	f	MgK	Abl	q	f
0	− 3	0	+ 1	180	+ 5	180	+ 1
10	− 5	10	+ 6	190	+ 5	190	+ 5
20	− 7	20	+10	200	+ 5	200	+ 9
30	− 8	30	+12,5	210	+ 6	210	+11
40	− 9	40	+13,5	220	+ 6	220	+11,5
50	−10	50	+13	230	+ 6	230	+11
60	−10	60	+11,5	240	+ 6	240	+ 9
70	−10	70	+ 9	250	+ 6	250	+ 6
80	− 9	80	+ 6	260	+ 6	260	+ 3
90	− 8	90	+ 2,5	270	+ 6	270	− 0,5
100	− 6	100	− 1	280	+ 6	280	− 4
110	− 4	110	− 4	290	+ 6	290	− 7
120	− 3	120	− 7	300	+ 5	300	− 9,5
130	− 1	130	− 9	310	+ 5	310	−11
140	0	140	− 9,5	320	+ 4	320	−11,5
150	+ 2	150	− 9	330	+ 2	330	−10,5
160	+ 3	160	− 7	340	+ 1	340	− 8
170	+ 4	170	− 3	350	− 2	350	− 4
180	+ 5	180	+ 1	360	− 3	360	+ 1

B Astronomische Navigation

Gefordert wird ein Ort aus zwei Höhen (meist Sonne oder Fixsterne, aber auch Nordstern, Mittagshöhe Sonne, sehr seltene Planeten, Mond) mit oder ohne Versegelung. Gefragt sind meist Schiffsort und Besteckversetzung.
Außerdem wird eine astronomische Kompaßkontrolle erwartet.
Beispiele: Siehe Aufgaben in den entsprechenden Kapiteln.

C Navigation

1	Nennen Sie wenigstens drei Störquellen, die geeignet sind, die Ablenkung eines Magnetkompasses dauernd oder vorübergehend zu ändern.	*Langes Winterlager, längere Fahrt auf demselben Bug, Ein- und Ausbau von Maschine, Veränderung an Bordelektrik, Blitzschlag*
2	Wodurch entstehen die Fehler der Funkbeschickung?	*Durch Krängung des Schiffes*
3	Welche elektronischen Navigationsarten kennen Sie, und auf welchem Grundprinzip beruhen sie? (Keine Eigenpeilungen!)	*a) Decca, Loran, Omega = Hyperbel-Verfahren (Laufzeit- und /oder Phasenvergleich)* *b) Satellitennavigation = Dopplereffekt*
4	Wie heißen die drei Seiten des sphärisch-astronomischen Grunddreiecks?	*Polzenitdistanz (90° − Breite)* *Poldistanz (90° ± Deklination)* *Zenitdistanz (90° − beob. Höhe)*
5	Woher können Sie bei einer Atlantiküberquerung Zeitzeichen zur Kontrolle Ihres Chronometers bekommen?	*Zeitzeichensender z. B.: 5 − 10 − 15 − 20 − 25 MHz*

D Seemannschaft

1	Sie planen mit einer ca. 15 m langen Segelyacht einen dreiwöchigen Törn ohne Landsicht. Welche Ausrüstung nehmen Sie an Bord (Stichworte!) – in bezug auf die Nautik?	*Mindestens 2 Kompasse, Ablenkungstabelle, Sextant, Seekarten, Naut. Jahrbuch, H.O.-Tafeln oder ähnliche, Chronometer, Navigationsbesteck, Gezeitentafeln, Hafenhandbücher, Leuchtfeuerverzeichnis*
2	– die Sicherheit der Besatzung?	*Rettungsinsel, Medikamente, Rettungswesten, Lifebelts, Schwimmkörper zum Nachwerfen bei Mann über Bord, Notsignale, Notproviant . . .*
3	– die Sicherheit des Schiffes?	*Werkzeug, Material zur Leckbekämpfung, Bolzenschneider, Notruder, Ersatzsegel . . .*
4	Wieviel Trinkwasser rechnen Sie pro Kopf und Tag, und wie sollte es gestaut sein?	*Mindestens 1,5 l pro Person und Tag; sicher vor Verunreinigung durch Öl, Schmutz und Bilgenwasser*
5	Welche Maßnahmen für den Notfall sollten schon vor Beginn der Reise ergriffen werden?	*Aufgabenverteilung für Crew (Seenotrolle)*
6	Welche Maßnahmen ergreifen Sie, wenn offensichtlich dickes Wetter aufkommt?	*Segelfläche verkleinern, Schiffsort so genau wie möglich feststellen, alles seefest zurren, Luken dicht, eventuell essen und „vorschlafen“*

7	Was verstehen Sie unter „Beiliegen"?	*Fock oder Sturmfock backgesetzt, Groß soweit wie möglich gerefft oder Trysegel gesetzt, Luvruder*
8	Welche Maßnahmen ergreifen Sie beim Aufkommen dichten Nebels?	*Fahrt soweit verringern, daß das Schiff noch manövrierfähig bleibt, wenn möglich Fahrwasser verlassen und ankern, Nebelsignale geben, Positionslaternen einschalten, sorgfältig Ausguck (horchen) wahrnehmen*
9	Welche wiederkehrenden Kontrollen würden Sie als Schiffsführer anordnen?	*Bilge prüfen und lenzen, Stopfbuchse, Maschinenöl, Kühlwassertemperatur prüfen, Kompaßkontrolle, Log-Kontrolle, Barometerstand, Batterien, Wanten, Stage, beim Ankern: Ankerpeilung*
10	Das Achterstag ist gebrochen; auf der weiteren Fahrt haben Sie vorwiegend mit achterlichen Winden zu rechnen. Wie können Sie den Mast sichern?	*In oder an den Wind gehen, Dirk oder ein freies Fall verlängern und als Ersatz verwenden*
11	Durch Auflaufen auf ein treibendes Faß entsteht in der Wasserlinie ein Leck im Vorschiff. Was unternehmen Sie als Sofortmaßnahme?	*Gewichtsverlagerung nach achtern, Lukabdichtung eventuell durch unter den Bug gezogenes (Leck-)Segel*
12	Wie können Sie das Leck für die weitere Reise dichten beim a) Holzschiff? b) Stahlschiff? c) Kunststoffschiff?	*a) Verstopfen mit Kissen, Verkeilen und Vernageln mit Brettern b) wie a) und evtl. verschrauben c) wie a) + b) und evtl. mit Polyester*
13	Bei diesen Arbeiten geht ein Mann über Bord. Er trägt Schwimmweste, ist jedoch ohnmächtig. Wie bekommen Sie ihn an Bord zurück?	*Ein Crewmitglied angeleint ins Wasser, dem Ohnmächtigen Lifebelt anlegen oder ein Ende (mit doppeltem Palstek) um den Oberkörper, mit Großfall an Bord hieven*
14	Sie laufen in einen ausländischen Hafen ein. Beschreiben Sie in Stichworten die Vorbereitungen!	*Schiff aufklaren, Gastflagge und Signalflagge „Q" (gelb) setzen*
15	Sie sind gezwungen, im Nebel zu ankern. Laut Handbuch steht an dieser Stelle Strom. Beschreiben Sie das Ankermanöver!	*Schiff gegen den Strom, Anker werfen, Ankerlicht und Ankerball setzen, Nebelsignale geben, Anker kontrollieren*

E Yachtkunde und Yachtführung

1	Hoch- und Gaffeltakelung haben auf Langfahrt verschiedene Vor- und Nachteile. Welche? a) Hochtakelung Vorteile; Nachteile b) Gaffeltakelung Vorteile; Nachteile	*a) Vorteil: bessere Am-Wind-Eigenschaften, weniger laufendes Gut. Nachteil: schlechtere Vor-dem-Wind-Eigenschaften b) Vorteil: bessere Vor-dem-Wind-Eigenschaften Nachteil: schlechtere Am-Wind-Eigenschaften, viel laufendes Gut*
2	Welche Vorteile haben Yawl und Ketsch vor einer Sloop?	*Durch zusätzlichen Besanmast läßt sich die Segelfläche besser den Windverhältnissen anpassen*
3	Welche Arten des Reffs kennen Sie?	*Roll-, Patent-, Bindereff*
4	Eine Yawl ist am Wind stark luvgierig. Wie können Sie den Trimm verbessern?	*Besan reffen (bergen) oder Vorsegel vergrößern*
5	Was ist „Kalfatern"?	*Abdichten der Schiffsnähte mit Werg und Teer*
6	Welche Vorteile hat ein doppeldiagonal-karweel geplanktes Schiff?	*Große Festigkeit*
7	Wie sichern Sie ein Kunststoffschiff mit Alu-Rigg gegen Blitzschlag?	*Mit starkem Kupferdraht leitende Verbindung vom Mastfuß zum Kiel (wenn Kiel nicht eingegossen). Sonst Kupfer- oder Nirokabel (Mindeststärke 8 mm) mit Want oder Stag leitend verbinden (Spezialklemme) und mit mindestens 1,5 m Länge im Wasser nachschleppen*
8	Wieviel Lenzpumpen sollten sich mindestens an Bord eines seegehenden Schiffes befinden?	*Zwei, davon eine vom Cockpit erreichbar*
9	Für eine von ihnen gibt es eine besondere Vorschrift in bezug auf den Antrieb der Pumpe. Welche?	*Handbetrieb*

10	Wieviel Kompasse sollte ein seegehendes Schiff an Bord haben?	*Mindestens zwei*
11	Was ist beim Einbau des Steuerkompasses zu beachten?	*Möglichst weit entfernt von allen elektrischen Leitungen und Geräten. Adern des Beleuchtungskabels müssen verdrillt sein. Der Steuerstrich muß in Mittschiffsrichtung oder parallel dazu ausgerichtet sein*
12	Aus dem Bereich der Funkpeilung kennt man den Begriff „Gonio“. Um was handelt es sich?	*Kreuzpeilrahmen-Antenne*
13	Wie arbeitet ein Echolot?	*Zeitdifferenzmessung zwischen Aussendung eines Schallsignals und Empfang des Echos vom Grund*
14	Wie sollte ein Radarreflektor an Bord befestigt sein?	*In Yachtstellung, möglichst hoch*

F Wetterkunde

1	Mit welchen Winden im Tag/Nachtrhythmus muß man an den Küsten der Mittelmeerländer rechnen?	*Tag: Seewind* *Nacht: Landwind*
2	Nennen Sie die Windzonen und deren Begrenzungen im planetarischen Windsystem!	*Von den Polen bis zur subpolaren Tiefdruckrinne (Polarfront) auf etwa 60° nördlicher und südlicher Breite: Winde aus Ostnordost. Zwischen der subpolaren Tiefdruckrinne (bei 60°) und dem Hochdruckgürtel (bei 30° N + S) liegen die gemäßigten Breiten mit der „Westwinddrift“ Zwischen dem Hochdruckgürtel (bei 30° N + S) und der äquatorialen Tiefdruckrinne wehen die Ostnordost- und Ostsüdost-Passate*
3	Auf welche Weise können Sie Angaben zur Wetterlage im Nordatlantik erhalten?	*Norddeich-Radio, BBC London*
4	Welche Geräte sind zur Wetterbeobachtung und -bestimmung erforderlich?	*Barometer (besser Barograph), Thermometer, Anemometer (Windmesser)*

(Bei den meisten Prüfungen muß nach den Angaben eines Seewetterberichtes auch eine einfache Bordwetterkarte gezeichnet werden – siehe Seite 100 bis 104)

G Yachtgebräuche

1	Was ist beim Anlaufen eines ausländischen Hafens außerhalb der Vorschriften zu beachten?	*Beachtung der Flaggenbräuche, korrekte Kleidung, aufgeklartes Schiff*
2	Welche Wacheinteilung halten Sie auf einer Langfahrt für zweckmäßig?	*Vier-Stunden-Wache oder 12–18, 18–22, 22–02, 02–08, 08–12 Uhr*
3	Wann und wo werden an Bord welche Flaggen geführt?	*Nationale achtern tagsüber (Flaggstock, Besantopp) Gastflagge in der Steuerbordsaling tagsüber Clubstander (Tag und Nacht) im Topp oder unter der Backboardsaling*
4	Warum darf auf See höchstens eine Flagge unter der Saling gefahren werden?	*Verwechslungsgefahr mit Notsignal*

H Wettsegelbestimmungen

1	Erklären Sie den Unterschied zwischen Regatta und Wettfahrt!	*Regatta besteht aus einer oder mehreren Wettfahrten*

2 Was bezeichnet man als Luvkampf?	*Boot A will Boot B in Luv überholen. Boot B versucht, dies durch Anluven (bis in den Wind) zu verhindern*
3 Beim Start einer Regatta durch Flaggensignal verzögert sich das akustische Signal. Wonach richten Sie sich?	*Flaggensignal*
4 Darf eine Yacht vier Minuten vor Startschuß noch Schlepperhilfe in Anspruch nehmen, um noch rechtzeitig zum Start zu kommen?	*Nein*
5 Welche Ausweichregeln gelten vor dem Start einer Wettfahrt?	*Backbordbug vor Steuerbordbug, Leeboot vor Luvboot*

I Yachtführung unter Motor

1 Was versteht man unter einem rechtsdrehenden Propeller?	*Bei Draufsicht von achtern dreht sich der Propeller bei Vorausfahrt im Uhrzeigersinn*
2 Man kann ein Schiff durch ständiges Umsteuern des Propellers auf engstem Raum wenden. Über welche Seite führt man dieses Manöver bei einem rechtsdrehenden Propeller aus? Wie wird das Ruder gelegt?	*Steuerbord* *Steuerbord*
3 Wie sollte bei Einbautanks die Brennstoffleitung aus den Tanks herausgeführt sein?	*So, daß sich Schmutz und Wasser am Boden des Tanks in einem „Sumpf" absetzen können, ohne angesaugt zu werden*
4 Nennen Sie Vor- und Nachteile eines Dieselmotors!	*a) Vorteile: Längere Lebensdauer, zuverlässiger, Treibstoff weniger leicht entflammbar als Benzin* *b) Nachteile: Höheres Gewicht, höherer Anschaffungspreis*
5 Welche Maßnahme ist erforderlich, wenn bei einem Dieselmotor der Tank leergefahren wurde und die Maschine stehenblieb?	*Einspritzsystem entlüften*
6 Wie können Sie in bezug auf die Geschwindigkeit auf Langfahrt den Brennstoffverbrauch drosseln?	*Je langsamer man fährt, um so weiter kommt man. Das gilt für alle Motoren*
7 Wie können Sie unterwegs den Ladezustand der Batterien kontrollieren?	*Lastvoltmeter, Säureheber*
8 Welche Möglichkeiten gibt es an Bord, die Batterien aufzuladen?	*Maschine oder, wenn vorhanden, Generator laufen lassen*
9 Welche Punkte des gesamten Antriebs sind auf Langfahrt in regelmäßigen Abständen zu kontrollieren?	*Öl im Motor und Getriebe, Kühlwasser (Austritt und Temperatur), Treibstoffvorrat, Stopfbuchse, Schraubenwelle*
10 Wie lang sollte beim Schleppen die Trosse sein, und wie wird sie festgemacht, wenn Sie geschleppt werden?	*Das (mindestens) Ein- oder Mehrfache einer Wellenlänge. Am Mast oder so, daß Kräfte auf mehrere Punkte verteilt werden*

J Gezeitenkunde

Hilfsmittel: Gezeitentafeln (siehe Seite 131)

1 Bestimme die Hoch- und Niedrigwasserzeiten sowie die Hoch- und Niedrigwasserhöhen für Elsfleth (Nr. 744) am 5. März 1985. Bezugsort ist Bremerhaven.	*1. HW: 00-32-00/4,0 m* *2. HW: 13-19-00/3,9 m* *1. NW: 07-34-00/0,0 m* *2. NW: 20-00-00/0,1 m*
2 Wie groß ist die Wassertiefe um 11-20-00 MEZ an einer Stelle, an der die Seekarte eine Tiefe von 0,5 m angibt?	*3,45 m (Lösung: Steig- oder Fallzeit = 5,45 h /Zeitunterschied gegen nächstes HW = 2,00 h/ nach der Zwölftelregel: 3/12 x Tidenstieg (3,9 m) = 0,95 m. Bis zum Hochwasser wird das Wasser also noch um 0,95 m steigen; daher 3,9 − 0,95 + 0,5 = 3,45 m)*

Bremerhaven (Alter Leuchtturm) 1985

Breite: 53° 33′ N, Länge: 8° 34′ E.

Januar						Februar					
	Zeit	Höhe m		Zeit	Höhe m		Zeit	Höhe m		Zeit	Höhe m
1	0130	0,5	16	0202	0,4	1	0232	0,7	16	0404	0,3
	0756	3,8		0816	4,0		0903	3,7		1036	3,7
Di	1413	0,5	Mi	1445	0,3	Fr	1514	0,6	Sa	1649	0,4
	2039	3,6		2104	3,8		2144	3,8		2308	3,8
4	0506	0,6	19	0549	0,2	4	0631	0,3	19	0105	4,0
	1111	4,0		1200	4,0		1235	4,0		0740	-0,1
Fr	1733	0,5	Sa	1825	0,2	Mo	1852	0,3	Di	1343	3,9
	2341	4,0								1958	0,1
5	0607	0,4	20	0024	4,0	5	0049	4,1	20	0145	4,1
	1204	4,0		0655	0,1		0729	0,1		0824	-0,1
Sa	1827	0,4	So	1300	4,0	Di	1328	4,0	Mi	1422	3,9
				1923	0,2		1948	0,2		2037	0,0
6	0027	4,1	21	0114	4,1	6	0136	4,2	21	0222	4,2
	0658	0,3		0750	0,0		0821	0,0		0902	-0,1
So	1253	4,0	Mo	1350	4,0	Mi	1417	4,0	Do	1456	3,9
	1914	0,3		2010	0,1		2038	0,1		2112	0,0

März						April					
	Zeit	Höhe m		Zeit	Höhe m		Zeit	Höhe m		Zeit	Höhe m
1	0018	0,5	16	0209	0,3	1	0227	0,5	16	0459	0,1
	0647	3,7		0853	3,6		0913	3,6		1126	3,6
Fr	1246	0,6	Sa	1451	0,5	Mo	1513	0,6	Di	1725	0,3
	1922	3,6		2123	3,7		2144	3,8		2335	4,0
4	0445	0,4	19	0002	4,0	4	0007	4,1	19	0058	4,1
	1109	3,8		0635	0,0		0649	-0,2		0731	0,0
Mo	1719	0,4	Di	1248	3,8	Do	1255	4,0	Fr	1329	3,9
	2332	4,0		1855	0,1		1914	0,0		1944	0,0
5	0608	0,2	20	0049	4,1	5	0058	4,2	20	0135	4,1
	1219	3,9		0723	-0,1		0744	-0,3		0807	-0,1
Di	1834	0,3	Mi	1327	3,8	Fr	1343	4,0	Sa	1401	4,0
				1938	0,1		2005	-0,2		2022	-0,1
6	0030	4,1	21	0126	4,1	6	0144	4,3	21	0209	4,1
	0713	0,0		0802	-0,1		0831	-0,4		0840	-0,1
Mi	1315	4,0	Do	1400	3,9	Sa	1424	4,0	So	1431	4,1
	1935	0,1		2015	0,0		2047	-0,3		2053	-0,1

Nr.	Ort	Geogr. Lage: Breite ° ′	Länge ° ′	HW h min	NW h min	Mittlere Höhen des Bezugsortes m	m	m	m
	Bezugsort:					SpHW	NpHW	SpNW	NpNW
	BREMERHAVEN (Seite 34-36)					4,2	3,7	0,0	0,5
				Zeitunterschiede		Höhenunterschiede			
	U T C + 1 h 00 min								
	Wesergebiet	N	E						
734	Alte Weser, Leuchtturm	53 52	8 08	- 1 21	- 1 08	-0,8	-0,9	0,0	0,0
	Robinsbalje								
735	Dorumer Tief, Dorumer Siel	53 44	8 31	- 0 32		-0,4	-0,3		
737	Dwarsgat - Unterfeuer	53 43	8 18	- 0 46	- 0 46	-0,4	-0,4	0,0	0,0
	Fedderwarder Priel								
738	Fedderwardersiel	53 36	8 22	- 0 23	- 0 21	-0,2	-0,2	0,0	0,0
740	Bremerhaven, Doppelschleuse	53 32	8 35	+ 0 04	+ 0 05	0,0	0,0	0,0	0,0
741	Nordenham	53 29	8 29	+ 0 18	+ 0 20	-0,1	-0,1	-0,2	-0,2
743	Brake	53 19	8 29	+ 0 51	+ 1 09	-0,1	-0,1	-0,3	-0,4
744	Elsfleth	53 16	8 29	+ 1 00	+ 1 26	0,0	0,0	-0,1	-0,3
	Hunte								
745	Huntebrück	53 12	8 27	+ 1 17	+ 2 01	-0,4	-0,4	0,0	-0,3
746	Hollersiel	53 10	8 23	+ 1 55	+ 2 41	-1,1	-1,0	+0,1	-0,3
747	Reithörne	53 10	8 19	+ 2 14	+ 3 02	-1,2	-1,1	+0,2	-0,3
748	Oldenburg, Drielake	53 08	8 14	+ 2 24	+ 3 32	-1,1	-1,0	+0,2	-0,3

Tafel 3a
Mondphasen 1985. UTC

		Tag	Uhr		Tag	Uhr		Tag	Uhr		Tag	Uhr
Vollmond	Januar	7	2.16	April	5	11.32	Juli	2	12.08	September	29	0.08
Letztes Viertel		13	23.27		12	4.41		10	0.49	Oktober	7	5.04
Neumond		21	2.28		20	5.22		17	23.56		14	4.33
Erstes Viertel		29	3.29		28	4.25		24	23.39		20	20.13
Vollmond	Februar	5	15.19	Mai	4	19.53		31	21.41		28	17.38
Letztes Viertel		12	7.57		11	17.34	August	8	18.29	November	5	20.07
Neumond		19	18.43		19	21.41		16	10.06		12	14.20
Erstes Viertel		27	23.41		27	12.56		23	4.36		19	9.04
Vollmond	März	7	2.13	Juni	3	3.50		30	9.27		27	12.42
Letztes Viertel		13	17.34		10	8.19	September	7	12.16	Dezember	5	9.01
Neumond		21	11.59		18	11.58		14	19.20		12	0.54
Erstes Viertel		29	16.11		25	18.53		21	11.03		19	1.58
Vollmond	April	5	11.32	Juli	2	12.08		29	0.08		27	7.30

Auszüge aus Gezeitentafeln

K Gesetzeskunde

Seestraßenordnung (SeeStrO)

1	Die Seestraßenordnung kennt den Begriff der „Sicheren Geschwindigkeit". Welche Umstände müssen bei Beachtung dieses Begriffs berücksichtigt werden?	*Sichtverhältnisse, Verkehrsdichte, Manövrierfähigkeit, Wind-, See-, Strömungsverhältnisse, Tiefgang, Wassertiefe. Bei Radarverwendung: alle Faktoren, die Radarerkenntnisse beeinflussen können.*
2	Was sagt die SeeStrO über das Verhalten von Segelfahrzeugen gegenüber Maschinenfahrzeugen auf dem Einbahnweg eines Verkehrstrennungsgebietes?	*Fahrzeuge, die kleiner sind als 20 m, und Segelfahrzeuge dürfen die sichere Durchfahrt von Maschinenfahrzeugen nicht behindern.*
3	Sie segeln auf Boot „A" mit Wind von Bb und sehen in Luv einen Segler „B", von dem Sie nicht genau ausmachen können, ob er mit Wind von Stb oder Bb segelt. Es besteht Kollisionsgefahr. Wer ist ausweichpflichtig?	*Boot „A" ist ausweichpflichtig.*
4	Welchen Fahrzeuggruppen müssen segelnde Fahrzeuge ausweichen?	*a) Manövrierunfähigen b) manövrierbehinderten c) fischenden Fahrzeugen, sofern a, b, c nicht Überholer sind. Darüber hinaus dürfen Tiefgangbehinderte nicht behindert werden.*
5	Welche Maßnahmen hat ein Fahrzeugführer zu ergreifen, der bei verminderter Sicht das Nebelsignal eines anderen Fahrzeuges anscheinend vorlicher als querab hört?	*Fahrt soweit verringern, daß noch Steuerfähigkeit erhalten bleibt, erforderlichenfalls Fahrt ganz wegnehmen, mit „äußerster Vorsicht" navigieren, bis Gefahr vorüber. Häufiger als vorgeschrieben Schallsignale geben.*
6	Welche Lichter führt ein Segelfahrzeug in Fahrt a) unter 20 m Länge? b) über 20 m Länge?	*a) Dreifarbenlaterne, wenn nicht wie b) Seitenlichter und Hecklicht*
7	Welche Lichter führt ein Trawler während des Fischens?	*Grünes über weißem Rundumlicht. Wenn größer als 50 m, zusätzlich ein Topplicht höher und achterlicher als das grüne Rundumlicht. Bei Fahrt durchs Wasser zusätzlich Heck- und Seitenlichter.*
8	Erläutern Sie den Unterschied zwischen a) manövrierunfähigen und b) manövrierbehinderten Fahrzeugen!	*a) = wegen „außergewöhnlicher Umstände" unfähig, so zu manövrieren, wie die Regeln es vorschreiben. b) = wegen „Art des Einsatzes" behindert, so zu manövrieren, wie die Regeln es vorschreiben.*
9	Welche Signale führt das manövrierbehinderte Fahrzeug mit Fahrt durchs Wasser a) tags, b) nachts?	*a) Ball, Rhombus, Ball b) Topp-, Seiten-, Hecklicht und Rundumlichter Rot-Weiß-Rot übereinander*
10	Welche Signale führt ein Bagger, an dessen rechter Seite (in der Ansicht) die Vorbeifahrt in beiden Richtungen erlaubt ist, die linke Seite für beide Richtungen gesperrt ist, a) tags, b) nachts?	*a) tags: wie unter 9 zusätzlich: rechts 2 Rhomben links 2 Bälle b) nachts: wie unter 9 zusätzlich: rechts 2 grüne Rundumlichter links 2 rote Rundumlichter*
11	Nennen Sie die Bedeutung der folgenden Schallsignale: a) — — · b) — · — · c) — · · d) · e) · · ·	*a) Ich will an Ihrer Steuerbordseite überholen. b) „Zustimmung", sich überholen zu lassen. c) Nebelsignal von manövrierbehinderten, manövrierunfähigen, tiefgangbehinderten, Segel-, schleppenden oder schiebenden Fahrzeugen. d) Ändere Kurs nach Steuerbord. e) Maschine macht Umdrehung für Fahrt nach rückwärts.*
12	Sie sehen im freien Seeraum ein Maschinenfahrzeug, welches einen schwarzen Zylinder gesetzt hat. Was bedeutet dies?	*Fahrzeug ist tiefgangbehindert.*

Seeschiffahrtstraßen-Ordnung (SeeSchStrO)

1	Was sind Fahrwasser im Sinne der SeeSchStrO?	*Wasserflächen zwischen seewärtiger Begrenzung des Küstenmeeres und Küstenlinie oder seewärtiger Begrenzung der Binnenwasserstraßen, die durch Seezeichen gekennzeichnet sind oder für die durchgehende Schiffahrt bestimmt sind.*
2	Warum ist die richtige Auslegung dieses Begriffes z. B. auf der Unterelbe so wichtig?	*Einige von der SeeStrO abweichende Regelungen der SeeSchStrO gelten nur im Fahrwasser, z. B. Ausweichregeln. Daher gilt auf der Unterelbe, je nachdem ob innerhalb oder außerhalb des Fahrwassers gefahren wird, unterschiedliches Recht.*

3	Sie sehen nachts am Ufer weiß-rot-weiße Lichter übereinander: a) Was bedeutet es? b) Wie sieht das entsprechende Tagsignal aus?	*a) Geschwindigkeit drosseln wegen Gefährdung durch Sog- oder Wellenschlag.* *b) Roter Zylinder oder quadratisches Schild mit rotem Rand und rot durchstrichenem schwarzem Wellensymbol.*
4	Sie sehen folgendes Sichtzeichen: ein Ball über einem Kegel mit Spitze abwärts über einem Kegel mit Spitze aufwärts. a) Was bedeutet es? b) Wie sieht das Nachtsignal aus?	*a) Dauernde Sperrung einer Seeschiffahrtstraße.* *b) rot* *grün* *weiß*
5	Ein Maschinenfahrzeug gibt über einen längeren Zeitraum das Schallsignal kurz–lang. • — Was bedeutet es?	*„Bleib weg" – Signal wegen drohender oder bestehender Explosions-, Strahlungs- oder sonstiger Gefahr.*
6	Sie hören – Weser auslaufend – im Nebel voraus das folgende Schallsignal: Fünf Sekunden rasches Läuten der Glocke, anschließend 2 Gruppen von 2 Einzelschlägen. a) Um was handelt es sich? b) Auf welcher Seite Ihres Schiffes lassen Sie dieses Fahrzeug?	*a) Am Fahrwasserrand liegendes Fahrzeug oder schwimmendes Gerät im Einsatz an Bb-Seite des Fahrwassers.* *b) an Stb.*
7	Sie hören voraus das Schallsignal — — — Was bedeutet es?	*Seeschiffahrtstraße gesperrt.*
8	Was bedeutet folgendes Schallsignal? • — • •	*Anhalten! (Polizei, Zoll o. ä.)*
9	Wie lautet nach der SeeSchStrO das „Allgemeine Gefahr- und Warnsignal"?	— • • • • — • • • •
10	Ein Maschinenfahrzeug vor Anker zeigt außer den Ankerlichtern ein rotes Rundumlicht. Was bedeutet es?	*Fahrzeug hat gefährliche Güter geladen.*
11	Ein Segelfahrzeug will ein Fahrwasser queren, welches gerade von einem Kümo – im Fahrwasser einlaufend – befahren wird. Wer ist ausweichpflichtig? Warum?	*Segelfahrzeug ist ausweichpflichtig, weil es das Fahrwasser queren will.*
12	Darf auf dem Nord-Ostsee-Kanal gesegelt werden?	*Nein. Aber zusätzlich zum Maschinenantrieb dürfen Segel geführt werden. („Motorsegeln" erlaubt)*

Sonstige Vorschriften

1	Welche Aufgabe hat das Seeamt?	*Ursachenermittlung bei Seeunfällen deutscher Schiffe. Nach einem an die Strafprozeßordnung angelehnten Verfahren kommt es zu einem „Spruch" (nicht Urteil)*
2	Welche Rechte hat man als Beteiligter am Verfahren?	*1) Beistand (fachlich und juristisch)* *2) Anwesenheit* *3) Gehör* *4) Einsicht in Niederschriften* *5) Frage- und Antragsrecht* *6) Berufung* *7) Ablehnung des Vorsitzenden und seiner Beisitzer*
3	Welche Aufgaben hat der Germanische Lloyd?	*Als „Klassifikationsgesellschaft" legt er Bauvorschriften und Mindestanforderungen für Schiffe fest, kontrolliert deren Einhaltung beim Bau sowie später in periodischen Abständen am fertigen Schiff. Das Ergebnis wird in „Zertifikaten" festgehalten.*
4	Was ist ein Strandvogt?	*a) „Fundbüro" für gestrandete und auf See geborgene Gegenstände;* *b) außerdem ist er in seinem Strandabschnitt für Rettung und Bergung bei Seenot und Strandungsfällen zuständig.*
5	Wer erstellt in der Bundesrepublik Deutschland die nautischen Unterlagen (Karten, Handbücher usw.)?	*Das Deutsche Hydrographische Institut (DHI)*
6	Wann muß eine deutsche Yacht ins Seeschiffsregister eingetragen werden?	*Wenn ihr Bruttoraumgehalt 50 m^3 übersteigt.*

1985 MAI 3 Freitag

123 UT1	SONNE r 15,9' Grt ° '	δ ° '	MOND Alter 12,8 d Grt ° '	Unt '	δ ° '	Unt '	FRÜHLP. Grt ° '	FIXSTERNE Nr	β ° '	δ ° '
0	180 46,5	15 35,7 N	24 29,3	9,7	3 57,2 S	17,1	220 50,2	1	358 06,1	29 00,3 N
1	195 46,5	15 36,4	38 58,0	9,7	4 14,3	17,1	235 52,7	3	353 37,0	42 23,1 S
2	210 46,6	15 37,1	53 26,7	9,6	4 31,4	17,1	250 55,1	7	342 47,0	35 32,4 N
3	225 46,7	15 37,9	67 55,3	9,6	4 48,5	17,0	265 57,6	8	335 43,0	57 18,7 S
4	240 46,7	15 38,6	82 23,9	9,5	5 05,5	17,1	281 00,1	13	313 12,6	40 53,9 N
5	255 46,8	15 39,3 N	96 52,4	9,5	5 22,6 S	17,0	296 02,5	16	291 14,4	16 28,8 N
6	270 46,9	15 40,1	111 20,9	9,5	5 39,6	17,0	311 05,0	17	281 33,0	8 13,1 S
7	285 46,9	15 40,8	125 49,4	9,4	5 56,6	17,0	326 07,5	18	281 06,6	45 59,2 N
8	300 47,0	15 41,5	140 17,8	9,3	6 13,6	16,9	341 09,9	19	278 55,3	6 20,2 N
9	315 47,1	15 42,3	154 46,1	9,3	6 30,5	16,9	356 12,4	24	271 24,8	7 24,3 N
10	330 47,1	15 43,0 N	169 14,4	9,2	6 47,4 S	16,9	11 14,9	25	270 23,8	44 57,0 N
11	345 47,2	15 43,7	183 42,6	9,2	7 04,3	16,8	26 17,3	27	264 06,0	52 41,4 S
12	0 47,3	15 44,5	198 10,8	9,1	7 21,1	16,8	41 19,8	28	260 47,5	16 24,9 N
13	15 47,3	15 45,2	212 38,9	9,1	7 37,9	16,8	56 22,2	29	258 52,9	16 41,8 S
14	30 47,4	15 45,9	227 07,0	9,0	7 54,7	16,7	71 24,7	30	255 29,6	28 57,2 S
15	45 47,5	15 46,7 N	241 35,0	9,0	8 11,4 S	16,7	86 27,2	32	246 35,4	31 55,5 N
16	60 47,5	15 47,4	256 03,0	8,9	8 28,1	16,6	101 29,6	33	245 22,3	5 15,8 N
17	75 47,6	15 48,1	270 30,9	8,8	8 44,7	16,6	116 32,1	34	243 54,1	28 03,9 N
18	90 47,7	15 48,9	284 58,7	8,8	9 01,3	16,5	131 34,6	35	234 27,1	59 27,9 S
19	105 47,7	15 49,6	299 26,5	8,7	9 17,8	16,5	146 37,0	37	221 44,5	69 39,6 S
20	120 47,8	15 50,3 N	313 54,2	8,6	9 34,3 S	16,4	161 39,5	38	218 17,2	8 35,7 S
21	135 47,8	15 51,0	328 21,8	8,6	9 50,7	16,4	176 42,0	39	208 06,2	12 02,5 N
22	150 47,9	15 51,8	342 49,4	8,5	10 07,1	16,3	191 44,4	41	194 17,3	61 50,1 N
23	165 48,0	15 52,5	357 16,9	8,5	10 23,4	16,3	206 46,9	42	182 55,3	14 39,3 N
	T 11.57	Unt 0,7'	T 23.11	UT1 4 / HP 61,1'	12 / 61,2'	20 / 61,3'	T 9.15	43	173 33,2	63 01,2 S

UT1	VENUS Grt ° '	δ ° '	MARS Grt ° '	δ ° '	JUPITER Grt ° '	δ ° '	SATURN Grt ° '	δ ° '
0	214 55,1	4 25,7 N	158 19,7	21 37,6 N	262 54,8	16 45,3 S	346 48,5	16 54,2 S
1	229 56,7	4 25,5	173 20,3	21 37,9	277 57,0	16 45,3	1 51,1	16 54,1
2	244 58,3	4 25,3	188 20,9	21 38,2	292 59,2	16 45,2	16 53,7	16 54,1
3	259 59,9	4 25,2	203 21,6	21 38,6	308 01,4	16 45,1	31 56,4	16 54,1
4	275 01,5	4 25,0	218 22,2	21 38,9	323 03,6	16 45,1	46 59,0	16 54,0
5	290 03,1	4 24,8 N	233 22,9	21 39,3 N	338 05,9	16 45,0 S	62 01,7	16 54,0 S
6	305 04,7	4 24,7	248 23,5	21 39,6	353 08,1	16 44,9	77 04,3	16 53,9
7	320 06,3	4 24,5	263 24,2	21 39,9	8 10,3	16 44,9	92 07,0	16 53,9
8	335 07,8	4 24,4	278 24,8	21 40,3	23 12,5	16 44,8	107 09,6	16 53,8
9	350 09,4	4 24,2	293 25,4	21 40,6	38 14,7	16 44,7	122 12,3	16 53,8
10	5 11,0	4 24,1 N	308 26,1	21 40,9 N	53 17,0	16 44,7 S	137 14,9	16 53,8 S
11	20 12,6	4 23,9	323 26,7	21 41,3	68 19,2	16 44,6	152 17,6	16 53,7
12	35 14,2	4 23,8	338 27,4	21 41,6	83 21,4	16 44,6	167 20,2	16 53,7
13	50 15,7	4 23,6	353 28,0	21 41,9	98 23,6	16 44,5	182 22,9	16 53,6
14	65 17,3	4 23,5	8 28,6	21 42,3	113 25,8	16 44,4	197 25,5	16 53,6
15	80 18,9	4 23,4 N	23 29,3	21 42,6 N	128 28,1	16 44,4 S	212 28,1	16 53,5 S
16	95 20,4	4 23,2	38 29,9	21 42,9	143 30,3	16 44,3	227 30,8	16 53,5
17	110 22,0	4 23,1	53 30,6	21 43,3	158 32,5	16 44,2	242 33,4	16 53,5
18	125 23,6	4 22,9	68 31,2	21 43,6	173 34,7	16 44,2	257 36,1	16 53,4
19	140 25,1	4 22,8	83 31,8	21 43,9	188 36,9	16 44,1	272 38,7	16 53,4
20	155 26,7	4 22,7 N	98 32,5	21 44,3 N	203 39,2	16 44,1 S	287 41,4	16 53,3 S
21	170 28,2	4 22,6	113 33,1	21 44,6	218 41,4	16 44,0	302 44,0	16 53,3
22	185 29,8	4 22,4	128 33,8	21 44,9	233 43,6	16 43,9	317 46,7	16 53,2
23	200 31,3	4 22,3	143 34,4	21 45,3	248 45,8	16 43,9	332 49,3	16 53,2
Unt	1,6' / T 9.39	0,1' / HP 0,4' / Gr -4,2	0,6' / T 13.26	0,3' / HP 0,1' / Gr +1,8	2,2' / T 6.27	0,1' / HP 0,0' / Gr -1,9	2,6' / T 0.53	0,0' / HP 0,0' / Gr +0,3

Nautisches Jahrbuch 1985: Tagesseite 3. Mai

FIXSTERNE Nr	β ° '	δ ° '	278 UT1	SONNE r 16,0' Grt ° '	δ ° '	MOND Alter 20,2 d Grt ° '	Unt '	δ ° '	Unt '	FRÜHLP. Grt ° '
38	218 17,1	8 35,5 S	0	182 51,7	4 37,5 S	298 06,5	10,7	25 59,7 N	5,1	13 36,8
39	208 06,2	12 02,4 N	1	197 51,9	4 38,5	312 36,2	10,7	26 04,8	4,9	28 39,2
41	194 17,7	61 49,7 N	2	212 52,0	4 39,5	327 05,9	10,6	26 09,7	4,9	43 41,7
43	173 34,1	63 01,1 S	3	227 52,2	4 40,4	341 35,5	10,5	26 14,6	4,7	58 44,2
44	172 25,4	57 01,9 S	4	242 52,4	4 41,4	356 05,0	10,4	26 19,3	4,5	73 46,6
45	168 17,8	59 36,5 S	5	257 52,6	4 42,3 S	10 34,4	10,5	26 23,8 N	4,5	88 49,1
50	153 15,8	49 23,2 N	6	272 52,8	4 43,3	25 03,9	10,3	26 28,3	4,3	103 51,6
51	149 18,9	60 18,3 S	7	287 53,0	4 44,3	39 33,2	10,3	26 32,6	4,2	118 54,0
53	146 15,3	19 15,5 N	8	302 53,2	4 45,2	54 02,5	10,2	26 36,8	4,1	133 56,5
54	140 21,4	60 46,6 S	9	317 53,4	4 46,2	68 31,7	10,2	26 40,9	3,9	148 58,9
57	137 19,6	74 13,0 N	10	332 53,6	4 47,1 S	83 00,9	10,1	26 44,8 N	3,9	164 01,4
62	108 13,7	69 00,5 S	11	347 53,7	4 48,1	97 30,0	10,0	26 48,7	3,7	179 03,9
64	96 50,8	37 05,9 S	12	2 53,9	4 49,1	111 59,0	10,0	26 52,4	3,5	194 06,3
65	96 26,2	12 34,3 N	13	17 54,1	4 50,0	126 28,0	10,0	26 55,9	3,5	209 08,8
66	95 56,0	42 59,6 S	14	32 54,3	4 51,0	140 57,0	9,9	26 59,4	3,3	224 11,3
67	90 56,1	51 29,6 N	15	47 54,5	4 52,0 S	155 25,9	9,8	27 02,7 N	3,1	239 13,7
68	84 11,9	34 23,7 S	16	62 54,7	4 52,9	169 54,7	9,8	27 05,8	3,1	254 16,2
69	80 53,3	38 46,4 N	17	77 54,9	4 53,9	184 23,5	9,7	27 08,9	2,9	269 18,7
71	62 28,8	8 49,8 N	18	92 55,0	4 54,8	198 52,2	9,7	27 11,8	2,8	284 21,1
72	53 52,0	56 47,2 S	19	107 55,2	4 55,8	213 20,9	9,6	27 14,6	2,6	299 23,6
73	49 45,8	45 13,9 N	20	122 55,4	4 56,8 S	227 49,5	9,6	27 17,2 N	2,5	314 26,1
75	34 07,7	9 48,6 N	21	137 55,6	4 57,7	242 18,1	9,5	27 19,7	2,4	329 28,5
76	28 09,6	47 02,0 S	22	152 55,8	4 58,7	256 46,6	9,5	27 22,1	2,2	344 31,0
77	19 32,4	46 57,7 S	23	167 56,0	4 59,6	271 15,1	9,4	27 24,3	2,1	359 33,4
78	15 46,8	29 41,9 S								
				T 11.48 Unt 1,0'		T 4.16	UT1 4 12 20 HP 54,5' 54,6' 54,8'			T 23.02

UT1	VENUS Grt ° '	δ ° '	MARS Grt ° '	δ ° '	JUPITER Grt ° '	δ ° '	SATURN Grt ° '	δ ° '
0	206 13,1	6 49,2 N	206 14,6	6 43,5 N	63 51,1	19 20,4 S	140 14,8	17 14,6 S
1	221 12,7	6 48,1	221 15,6	6 42,9	78 53,6	19 20,4	155 17,0	17 14,7
2	236 12,3	6 46,9	236 16,6	6 42,3	93 56,0	19 20,4	170 19,2	17 14,8
3	251 11,9	6 45,8	251 17,6	6 41,7	108 58,5	19 20,4	185 21,4	17 14,8
4	266 11,5	6 44,6	266 18,6	6 41,1	124 00,9	19 20,4	200 23,6	17 14,9
5	281 11,1	6 43,5 N	281 19,6	6 40,5 N	139 03,4	19 20,4 S	215 25,9	17 15,0 S
6	296 10,7	6 42,4	296 20,6	6 39,9	154 05,8	19 20,4	230 28,1	17 15,0
7	311 10,3	6 41,2	311 21,6	6 39,2	169 08,2	19 20,4	245 30,3	17 15,1
8	326 09,9	6 40,1	326 22,6	6 38,6	184 10,7	19 20,4	260 32,5	17 15,2
9	341 09,4	6 39,0	341 23,6	6 38,0	199 13,1	19 20,4	275 34,7	17 15,2
10	356 09,0	6 37,8 N	356 24,6	6 37,4 N	214 15,6	19 20,3 S	290 37,0	17 15,3 S
11	11 08,6	6 36,7	11 25,6	6 36,8	229 18,0	19 20,3	305 39,2	17 15,4
12	26 08,2	6 35,5	26 26,6	6 36,2	244 20,5	19 20,3	320 41,4	17 15,4
13	41 07,8	6 34,4	41 27,6	6 35,6	259 22,9	19 20,3	335 43,6	17 15,5
14	56 07,4	6 33,3	56 28,6	6 35,0	274 25,4	19 20,3	350 45,8	17 15,5
15	71 07,0	6 32,1 N	71 29,6	6 34,4 N	289 27,8	19 20,3 S	5 48,1	17 15,6 S
16	86 06,6	6 31,0	86 30,6	6 33,7	304 30,3	19 20,3	20 50,3	17 15,7
17	101 06,2	6 29,8	101 31,6	6 33,1	319 32,7	19 20,3	35 52,5	17 15,7
18	116 05,8	6 28,7	116 32,7	6 32,5	334 35,2	19 20,3	50 54,7	17 15,8
19	131 05,3	6 27,5	131 33,7	6 31,9	349 37,6	19 20,3	65 56,9	17 15,9
20	146 04,9	6 26,4 N	146 34,7	6 31,3 N	4 40,0	19 20,3 S	80 59,1	17 15,9 S
21	161 04,5	6 25,3	161 35,7	6 30,7	19 42,5	19 20,3	96 01,4	17 16,0
22	176 04,1	6 24,1	176 36,7	6 30,1	34 44,9	19 20,3	111 03,6	17 16,1
23	191 03,7	6 23,0	191 37,7	6 29,5	49 47,4	19 20,2	126 05,8	17 16,1
Unt	-0,4' T 10.15	1,1' HP 0,1' Gr -3,4	1,0' T 10.14	0,6' HP 0,1' Gr +2,0	2,4' T 19.41	0,0' HP 0,0' Gr -2,1	2,2' T 14.37	0,1' HP 0,0' Gr +0,8

Anlage 1

Nautisches Jahrbuch 1985: Tagesseite 5. Oktober

Anlage 2

12 min	Zuwachs Grt Sonne Planet	Zuwachs Grt Frühlp.	Zuwachs Grt Mond	Unt	Vb	13 min	Zuwachs Grt Sonne Planet	Zuwachs Grt Frühlp.	Zuwachs Grt Mond	Unt	Vb
s	° '	° '	° '	'	'	s	° '	° '	° '	'	'
0	3 00,0	3 00,5	2 51,8	0,0	0,0	0	3 15,0	3 15,5	3 06,1	0,0	0,0
1	3 00,3	3 00,7	2 52,0	0,3	0,1	1	3 15,3	3 15,8	3 06,4	0,3	0,1
2	3 00,5	3 01,0	2 52,3	0,6	0,1	2	3 15,5	3 16,0	3 06,6	0,6	0,1
3	3 00,8	3 01,2	2 52,5	0,9	0,2	3	3 15,8	3 16,3	3 06,8	0,9	0,2
4	3 01,0	3 01,5	2 52,8	1,2	0,3	4	3 16,0	3 16,5	3 07,1	1,2	0,3
5	3 01,3	3 01,7	2 53,0	1,5	0,3	5	3 16,3	3 16,8	3 07,3	1,5	0,3
6	3 01,5	3 02,0	2 53,2	1,8	0,4	6	3 16,5	3 17,0	3 07,5	1,8	0,4
7	3 01,8	3 02,2	2 53,5	2,1	0,4	7	3 16,8	3 17,3	3 07,8	2,1	0,5
8	3 02,0	3 02,5	2 53,7	2,4	0,5	8	3 17,0	3 17,5	3 08,0	2,4	0,5
9	3 02,3	3 02,7	2 53,9	2,7	0,6	9	3 17,3	3 17,8	3 08,3	2,7	0,6
10	3 02,5	3 03,0	2 54,2	3,0	0,6	10	3 17,5	3 18,0	3 08,5	3,0	0,7
11	3 02,8	3 03,3	2 54,4	3,3	0,7	11	3 17,8	3 18,3	3 08,7	3,3	0,7
12	3 03,0	3 03,5	2 54,7	3,6	0,8	12	3 18,0	3 18,5	3 09,0	3,6	0,8
13	3 03,3	3 03,8	2 54,9	3,9	0,8	13	3 18,3	3 18,8	3 09,2	3,9	0,9
14	3 03,5	3 04,0	2 55,1	4,2	0,9	14	3 18,5	3 19,0	3 09,5	4,2	0,9
15	3 03,8	3 04,3	2 55,4	4,5	0,9	15	3 18,8	3 19,3	3 09,7	4,5	1,0
16	3 04,0	3 04,5	2 55,6	4,8	1,0	16	3 19,0	3 19,5	3 09,9	4,8	1,1
17	3 04,3	3 04,8	2 55,9	5,1	1,1	17	3 19,3	3 19,8	3 10,2	5,1	1,1
18	3 04,5	3 05,0	2 56,1	5,4	1,1	18	3 19,5	3 20,0	3 10,4	5,4	1,2
19	3 04,8	3 05,3	2 56,3	5,7	1,2	19	3 19,8	3 20,3	3 10,7	5,7	1,3
20	3 05,0	3 05,5	2 56,6	6,0	1,3	20	3 20,0	3 20,5	3 10,9	6,0	1,4
21	3 05,3	3 05,8	2 56,8	6,3	1,3	21	3 20,3	3 20,8	3 11,1	6,3	1,4
22	3 05,5	3 06,0	2 57,0	6,6	1,4	22	3 20,5	3 21,0	3 11,4	6,6	1,5
23	3 05,8	3 06,3	2 57,3	6,9	1,4	23	3 20,8	3 21,3	3 11,6	6,9	1,6
24	3 06,0	3 06,5	2 57,5	7,2	1,5	24	3 21,0	3 21,6	3 11,8	7,2	1,6
25	3 06,3	3 06,8	2 57,8	7,5	1,6	25	3 21,3	3 21,8	3 12,1	7,5	1,7
26	3 06,5	3 07,0	2 58,0	7,8	1,6	26	3 21,5	3 22,1	3 12,3	7,8	1,8
27	3 06,8	3 07,3	2 58,2	8,1	1,7	27	3 21,8	3 22,3	3 12,6	8,1	1,8
28	3 07,0	3 07,5	2 58,5	8,4	1,8	28	3 22,0	3 22,6	3 12,8	8,4	1,9
29	3 07,3	3 07,8	2 58,7	8,7	1,8	29	3 22,3	3 22,8	3 13,0	8,7	2,0
30	3 07,5	3 08,0	2 59,0	9,0	1,9	30	3 22,5	3 23,1	3 13,3	9,0	2,0
31	3 07,8	3 08,3	2 59,2	9,3	1,9	31	3 22,8	3 23,3	3 13,5	9,3	2,1
32	3 08,0	3 08,5	2 59,4	9,6	2,0	32	3 23,0	3 23,6	3 13,8	9,6	2,2
33	3 08,3	3 08,8	2 59,7	9,9	2,1	33	3 23,3	3 23,8	3 14,0	9,9	2,2
34	3 08,5	3 09,0	2 59,9	10,2	2,1	34	3 23,5	3 24,1	3 14,2	10,2	2,3
35	3 08,8	3 09,3	3 00,2	10,5	2,2	35	3 23,8	3 24,3	3 14,5	10,5	2,4
36	3 09,0	3 09,5	3 00,4	10,8	2,3	36	3 24,0	3 24,6	3 14,7	10,8	2,4
37	3 09,3	3 09,8	3 00,6	11,1	2,3	37	3 24,3	3 24,8	3 14,9	11,1	2,5
38	3 09,5	3 10,0	3 00,9	11,4	2,4	38	3 24,5	3 25,1	3 15,2	11,4	2,6
39	3 09,8	3 10,3	3 01,1	11,7	2,4	39	3 24,8	3 25,3	3 15,4	11,7	2,6
40	3 10,0	3 10,5	3 01,3	12,0	2,5	40	3 25,0	3 25,6	3 15,7	12,0	2,7
41	3 10,3	3 10,8	3 01,6	12,3	2,6	41	3 25,3	3 25,8	3 15,9	12,3	2,8
42	3 10,5	3 11,0	3 01,8	12,6	2,6	42	3 25,5	3 26,1	3 16,1	12,6	2,8
43	3 10,8	3 11,3	3 02,1	12,9	2,7	43	3 25,8	3 26,3	3 16,4	12,9	2,9
44	3 11,0	3 11,5	3 02,3	13,2	2,8	44	3 26,0	3 26,6	3 16,6	13,2	3,0
45	3 11,3	3 11,8	3 02,5	13,5	2,8	45	3 26,3	3 26,8	3 16,9	13,5	3,0
46	3 11,5	3 12,0	3 02,8	13,8	2,9	46	3 26,5	3 27,1	3 17,1	13,8	3,1
47	3 11,8	3 12,3	3 03,0	14,1	2,9	47	3 26,8	3 27,3	3 17,3	14,1	3,2
48	3 12,0	3 12,5	3 03,3	14,4	3,0	48	3 27,0	3 27,6	3 17,6	14,4	3,2
49	3 12,3	3 12,8	3 03,5	14,7	3,1	49	3 27,3	3 27,8	3 17,8	14,7	3,3
50	3 12,5	3 13,0	3 03,7	15,0	3,1	50	3 27,5	3 28,1	3 18,0	15,0	3,4
51	3 12,8	3 13,3	3 04,0	15,3	3,2	51	3 27,8	3 28,3	3 18,3	15,3	3,4
52	3 13,0	3 13,5	3 04,2	15,6	3,3	52	3 28,0	3 28,6	3 18,5	15,6	3,5
53	3 13,3	3 13,8	3 04,4	15,9	3,3	53	3 28,3	3 28,8	3 18,8	15,9	3,6
54	3 13,5	3 14,0	3 04,7	16,2	3,4	54	3 28,5	3 29,1	3 19,0	16,2	3,6
55	3 13,8	3 14,3	3 04,9	16,5	3,4	55	3 28,8	3 29,3	3 19,2	16,5	3,7
56	3 14,0	3 14,5	3 05,2	16,8	3,5	56	3 29,0	3 29,6	3 19,5	16,8	3,8
57	3 14,3	3 14,8	3 05,4	17,1	3,6	57	3 29,3	3 29,8	3 19,7	17,1	3,8
58	3 14,5	3 15,0	3 05,6	17,4	3,6	58	3 29,5	3 30,1	3 20,0	17,4	3,9
59	3 14,8	3 15,3	3 05,9	17,7	3,7	59	3 29,8	3 30,3	3 20,2	17,7	4,0

Nautisches Jahrbuch 1985: Schalttafel

44 min	Zuwachs Grt Sonne Planet	Zuwachs Grt Frühlp.	Zuwachs Grt Mond	Unt	Vb	45 min	Zuwachs Grt Sonne Planet	Zuwachs Grt Frühlp.	Zuwachs Grt Mond	Unt	Vb
s	° '	° '	° '	'	'	s	° '	° '	° '	'	'
0	11 00,0	11 01,8	10 29,9	0,0	0,0	0	11 15,0	11 16,8	10 44,3	0,0	0,0
1	11 00,3	11 02,1	10 30,2	0,3	0,2	1	11 15,3	11 17,1	10 44,5	0,3	0,2
2	11 00,5	11 02,3	10 30,4	0,6	0,4	2	11 15,5	11 17,3	10 44,7	0,6	0,5
3	11 00,8	11 02,6	10 30,6	0,9	0,7	3	11 15,8	11 17,6	10 45,0	0,9	0,7
4	11 01,0	11 02,8	10 30,9	1,2	0,9	4	11 16,0	11 17,9	10 45,2	1,2	0,9
5	11 01,3	11 03,1	10 31,1	1,5	1,1	5	11 16,3	11 18,1	10 45,4	1,5	1,1
6	11 01,5	11 03,3	10 31,4	1,8	1,3	6	11 16,5	11 18,4	10 45,7	1,8	1,4
7	11 01,8	11 03,6	10 31,6	2,1	1,6	7	11 16,8	11 18,6	10 45,9	2,1	1,6
8	11 02,0	11 03,8	10 31,8	2,4	1,8	8	11 17,0	11 18,9	10 46,2	2,4	1,8
9	11 02,3	11 04,1	10 32,1	2,7	2,0	9	11 17,3	11 19,1	10 46,4	2,7	2,0
10	11 02,5	11 04,3	10 32,3	3,0	2,2	10	11 17,5	11 19,4	10 46,6	3,0	2,3
11	11 02,8	11 04,6	10 32,6	3,3	2,4	11	11 17,8	11 19,6	10 46,9	3,3	2,5
12	11 03,0	11 04,8	10 32,8	3,6	2,7	12	11 18,0	11 19,9	10 47,1	3,6	2,7
13	11 03,3	11 05,1	10 33,0	3,9	2,9	13	11 18,3	11 20,1	10 47,4	3,9	3,0
14	11 03,5	11 05,3	10 33,3	4,2	3,1	14	11 18,5	11 20,4	10 47,6	4,2	3,2
15	11 03,8	11 05,6	10 33,5	4,5	3,3	15	11 18,8	11 20,6	10 47,8	4,5	3,4
16	11 04,0	11 05,8	10 33,8	4,8	3,6	16	11 19,0	11 20,9	10 48,1	4,8	3,6
17	11 04,3	11 06,1	10 34,0	5,1	3,8	17	11 19,3	11 21,1	10 48,3	5,1	3,9
18	11 04,5	11 06,3	10 34,2	5,4	4,0	18	11 19,5	11 21,4	10 48,5	5,4	4,1
19	11 04,8	11 06,6	10 34,5	5,7	4,2	19	11 19,8	11 21,6	10 48,8	5,7	4,3
20	11 05,0	11 06,8	10 34,7	6,0	4,5	20	11 20,0	11 21,9	10 49,0	6,0	4,6
21	11 05,3	11 07,1	10 34,9	6,3	4,7	21	11 20,3	11 22,1	10 49,3	6,3	4,8
22	11 05,5	11 07,3	10 35,2	6,6	4,9	22	11 20,5	11 22,4	10 49,5	6,6	5,0
23	11 05,8	11 07,6	10 35,4	6,9	5,1	23	11 20,8	11 22,6	10 49,7	6,9	5,2
24	11 06,0	11 07,8	10 35,7	7,2	5,3	24	11 21,0	11 22,9	10 50,0	7,2	5,5
25	11 06,3	11 08,1	10 35,9	7,5	5,6	25	11 21,3	11 23,1	10 50,2	7,5	5,7
26	11 06,5	11 08,3	10 36,1	7,8	5,8	26	11 21,5	11 23,4	10 50,5	7,8	5,9
27	11 06,8	11 08,6	10 36,4	8,1	6,0	27	11 21,8	11 23,6	10 50,7	8,1	6,1
28	11 07,0	11 08,8	10 36,6	8,4	6,2	28	11 22,0	11 23,9	10 50,9	8,4	6,4
29	11 07,3	11 09,1	10 36,9	8,7	6,5	29	11 22,3	11 24,1	10 51,2	8,7	6,6
30	11 07,5	11 09,3	10 37,1	9,0	6,7	30	11 22,5	11 24,4	10 51,4	9,0	6,8
31	11 07,8	11 09,6	10 37,3	9,3	6,9	31	11 22,8	11 24,6	10 51,6	9,3	7,1
32	11 08,0	11 09,8	10 37,6	9,6	7,1	32	11 23,0	11 24,9	10 51,9	9,6	7,3
33	11 08,3	11 10,1	10 37,8	9,9	7,3	33	11 23,3	11 25,1	10 52,1	9,9	7,5
34	11 08,5	11 10,3	10 38,0	10,2	7,6	34	11 23,5	11 25,4	10 52,4	10,2	7,7
35	11 08,8	11 10,6	10 38,3	10,5	7,8	35	11 23,8	11 25,6	10 52,6	10,5	8,0
36	11 09,0	11 10,8	10 38,5	10,8	8,0	36	11 24,0	11 25,9	10 52,8	10,8	8,2
37	11 09,3	11 11,1	10 38,8	11,1	8,2	37	11 24,3	11 26,1	10 53,1	11,1	8,4
38	11 09,5	11 11,3	10 39,0	11,4	8,5	38	11 24,5	11 26,4	10 53,3	11,4	8,6
39	11 09,8	11 11,6	10 39,2	11,7	8,7	39	11 24,8	11 26,6	10 53,6	11,7	8,9
40	11 10,0	11 11,8	10 39,5	12,0	8,9	40	11 25,0	11 26,9	10 53,8	12,0	9,1
41	11 10,3	11 12,1	10 39,7	12,3	9,1	41	11 25,3	11 27,1	10 54,0	12,3	9,3
42	11 10,5	11 12,3	10 40,0	12,6	9,3	42	11 25,5	11 27,4	10 54,3	12,6	9,6
43	11 10,8	11 12,6	10 40,2	12,9	9,6	43	11 25,8	11 27,6	10 54,5	12,9	9,8
44	11 11,0	11 12,8	10 40,4	13,2	9,8	44	11 26,0	11 27,9	10 54,7	13,2	10,0
45	11 11,3	11 13,1	10 40,7	13,5	10,0	45	11 26,3	11 28,1	10 55,0	13,5	10,2
46	11 11,5	11 13,3	10 40,9	13,8	10,2	46	11 26,5	11 28,4	10 55,2	13,8	10,5
47	11 11,8	11 13,6	10 41,1	14,1	10,5	47	11 26,8	11 28,6	10 55,5	14,1	10,7
48	11 12,0	11 13,8	10 41,4	14,4	10,7	48	11 27,0	11 28,9	10 55,7	14,4	10,9
49	11 12,3	11 14,1	10 41,6	14,7	10,9	49	11 27,3	11 29,1	10 55,9	14,7	11,1
50	11 12,5	11 14,3	10 41,9	15,0	11,1	50	11 27,5	11 29,4	10 56,2	15,0	11,4
51	11 12,8	11 14,6	10 42,1	15,3	11,3	51	11 27,8	11 29,6	10 56,4	15,3	11,6
52	11 13,0	11 14,8	10 42,3	15,6	11,6	52	11 28,0	11 29,9	10 56,7	15,6	11,8
53	11 13,3	11 15,1	10 42,6	15,9	11,8	53	11 28,3	11 30,1	10 56,9	15,9	12,1
54	11 13,5	11 15,3	10 42,8	16,2	12,0	54	11 28,5	11 30,4	10 57,1	16,2	12,3
55	11 13,8	11 15,6	10 43,1	16,5	12,2	55	11 28,8	11 30,6	10 57,4	16,5	12,5
56	11 14,0	11 15,8	10 43,3	16,8	12,5	56	11 29,0	11 30,9	10 57,6	16,8	12,7
57	11 14,3	11 16,1	10 43,5	17,1	12,7	57	11 29,3	11 31,1	10 57,9	17,1	13,0
58	11 14,5	11 16,3	10 43,8	17,4	12,9	58	11 29,5	11 31,4	10 58,1	17,4	13,2
59	11 14,8	11 16,6	10 44,0	17,7	13,1	59	11 29,8	11 31,6	10 58,3	17,7	13,4

Nautisches Jahrbuch 1985: Schalttafel

Nautisches Jahrbuch 1985: Nordsternberichtigungstafeln

1985, Nordstern

Bestimmung der geogr. Breite aus der Höhe des Nordsterns

Erste Berichtigung

Ortsstundenwinkel des Frühlingspunktes

°	'	0°	15°	30°	45°	60°	75°	90°	105°	120°	135°	150°	165°	Sch. T.
		'	'	'	'	'	'	'	'	'	'	'	'	
0		-40,1	-45,9	-48,4	-47,7	-43,6	-36,6	-27,0	-15,7	- 3,3	+ 9,2	+21,0	+31,3	Sch. T.
	30	40,4	46,0	48,5	47,6	43,4	36,3	26,7	15,3	2,9	9,6	21,4	31,6	
1		40,6	46,1	48,5	47,5	43,2	36,0	26,3	14,9	2,5	10,0	21,7	31,9	
	30	40,8	46,3	48,5	47,4	43,0	35,7	26,0	14,5	2,1	10,4	22,1	32,2	0,5'
2		41,1	46,4	48,5	47,3	42,8	35,4	25,6	14,1	1,7	10,8	22,5	32,5	
	30	41,3	46,5	48,5	47,2	42,6	35,1	25,2	13,7	1,2	11,2	22,8	32,8	5' 0,1'
3		41,5	46,6	48,5	47,1	42,4	34,8	24,9	13,3	0,8	11,6	23,2	33,1	10 0,2
	30	41,7	46,7	48,6	47,0	42,2	34,5	24,5	12,9	- 0,4	12,0	23,6	33,4	15 0,2
4		41,9	46,9	48,6	46,9	42,0	34,2	24,1	12,4	0,0	12,4	23,9	33,7	20 0,3
	30	42,2	47,0	48,6	46,8	41,8	33,9	23,8	12,0	+ 0,4	12,8	24,3	34,0	25 0,4
5		-42,4	-47,1	-48,5	-46,7	-41,6	-33,6	-23,4	-11,6	+ 0,9	+13,2	+24,6	+34,3	
	30	42,6	47,2	48,5	46,5	41,3	33,3	23,0	11,2	1,3	13,6	25,0	34,6	
6		42,8	47,3	48,5	46,4	41,1	33,0	22,7	10,8	1,7	14,0	25,3	34,9	
	30	43,0	47,4	48,5	46,3	40,9	32,7	22,3	10,4	2,1	14,4	25,7	35,2	0,4'
7		43,2	47,5	48,5	46,2	40,7	32,4	21,9	10,0	2,5	14,8	26,0	35,4	
	30	43,4	47,6	48,5	46,0	40,4	32,1	21,5	9,6	3,0	15,2	26,4	35,7	5' 0,1'
8		43,6	47,6	48,4	45,9	40,2	31,7	21,1	9,2	3,4	15,6	26,7	36,0	10 0,1
	30	43,7	47,7	48,4	45,8	39,9	31,4	20,8	8,8	3,8	16,0	27,1	36,2	15 0,2
9		43,9	47,8	48,4	45,6	39,7	31,1	20,4	8,3	4,2	16,4	27,4	36,5	20 0,3
	30	44,1	47,9	48,3	45,5	39,5	30,8	20,0	7,9	4,6	16,8	27,7	36,8	25 0,3
10		-44,3	-47,9	-48,3	-45,3	-39,2	-30,4	-19,6	- 7,5	+ 5,0	+17,2	+28,1	+37,0	
	30	44,5	48,0	48,2	45,2	39,0	30,1	19,2	7,1	5,5	17,6	28,4	37,3	
11		44,6	48,1	48,2	45,0	38,7	29,8	18,8	6,7	5,9	17,9	28,7	37,5	
	30	44,8	48,1	48,1	44,8	38,4	29,4	18,4	6,3	6,3	18,3	29,1	37,8	
12		45,0	48,2	48,1	44,7	38,2	29,1	18,1	5,8	6,7	18,7	29,4	38,0	
	30	45,1	48,2	48,0	44,5	37,9	28,8	17,7	5,4	7,1	19,1	29,7	38,3	
13		45,3	48,3	48,0	44,3	37,6	28,4	17,3	5,0	7,5	19,5	30,0	38,5	
	30	45,4	48,3	47,9	44,1	37,4	28,1	16,9	4,6	7,9	19,9	30,4	38,8	
14		45,6	48,4	47,8	44,0	37,1	27,7	16,5	4,2	8,4	20,2	30,7	39,0	
	30	45,7	48,4	47,7	43,8	36,8	27,4	16,1	3,7	8,8	20,6	31,0	39,3	
15		-45,9	-48,4	-47,7	-43,6	-36,6	-27,0	-15,7	- 3,3	+ 9,2	+21,0	+31,3	+39,5	

1985, Nordstern

Erste Berichtigung

Ortsstundenwinkel des Frühlingspunktes

°	'	180°	195°	210°	225°	240°	255°	270°	285°	300°	315°	330°	345°	Sch. T.
		'	'	'	'	'	'	'	'	'	'	'	'	
0		+39,5	+45,0	+47,4	+46,7	+42,8	+36,0	+26,8	+15,7	+ 3,5	- 9,1	-21,0	-31,7	Sch. T.
	30	39,7	45,1	47,5	46,6	42,6	35,8	26,5	15,3	3,1	9,5	21,4	32,0	
1		39,9	45,2	47,5	46,5	42,5	35,5	26,1	14,9	2.6	9,9	21,8	32,3	
	30	40,2	45,4	47,5	46,4	42,3	35,2	25,8	14,5	2,2	10,3	22,2	32,6	0,3'
2		40,4	45,5	47,5	46,4	42,1	34,9	25,4	14,1	1,8	10,7	22,6	32,9	
	30	40,6	45,6	47,5	46,3	41,9	34,7	25,1	13,7	1,4	11,1	22,9	33,2	5' 0,0'
3		40,8	45,7	47,5	46,2	41,7	34,4	24,7	13,3	1,0	11,5	23,3	33,5	10 0,1
	30	41,0	45,8	47,5	46,1	41,5	34,1	24,4	12,9	0,6	11,9	23,7	33,8	15 0,1
4		41,2	45,9	47,5	46,0	41,3	33,8	24,0	12,5	+ 0,1	12,3	24,0	34,2	20 0,2
	30	41,4	46,0	47,5	45,9	41,1	33,5	23,6	12,1	- 0,3	12,8	24,4	34,5	25 0,2
5		+41,6	+46,1	+47,5	+45,7	+40,9	+33,2	+23,3	+11,7	- 0,7	-13,2	-24,8	-34,7	
	30	41,8	46,2	47,5	45,6	40,7	32,9	22,9	11,3	1,1	13,6	25,1	35,0	
6		42,0	46,3	47,5	45,5	40,4	32,6	22,6	10,9	1,5	14,0	25,5	35,3	
	30	42,2	46,4	47,5	45,4	40,2	32,3	22,2	10,5	2,0	14,4	25,9	35,6	0,2'
7		42,4	46,5	47,5	45,3	40,0	32,0	21,8	10,1	2,4	14,8	26,2	35,9	
	30	42,6	46,6	47,5	45,1	39,8	31,7	21,4	9,7	2,8	15,2	26,6	36,2	5' 0,0'
8		42,8	46,7	47,4	45,0	39,5	31,4	21,1	9,3	3,2	15,6	26,9	36,5	10 0,1
	30	43,0	46,8	47,4	44,9	39,3	31,1	20,7	8,9	3,6	16,0	27,3	36,8	15 0,1
9		43,1	46,8	47,4	44,7	39,1	30,8	20,3	8,5	4,1	16,4	27,6	37,0	20 0,1
	30	43,3	46,9	47,3	44,6	38,8	30,4	20,0	8,0	4,5	16,8	28,0	37,3	25 0,2
10		+43,5	+47,0	+47,3	+44,4	+38,6	+30,1	+19,6	+ 7,6	- 4,9	-17,2	-28,3	-37,6	
	30	43,6	47,0	47,3	44,3	38,4	29,8	19,2	7,2	5,3	17,6	28,7	37,8	
11		43,8	47,1	47,2	44,1	38,1	29,5	18,8	6,8	5,7	18,0	29,0	38,1	
	30	44,0	47,1	47,2	44,0	37,9	29,2	18,4	6,4	6,2	18,3	29,3	38,4	
12		44,1	47,2	47,1	43,8	37,6	28,8	18,0	6,0	6,6	18,7	29,7	38,6	
	30	44,3	47,2	47,0	43,7	37,4	28,5	17,7	5,6	7,0	19,1	30,0	38,9	
13		44,4	47,3	47,0	43,5	37,1	28,2	17,3	5,1	7,4	19,5	30,3	39,1	
	30	44,6	47,3	46,9	43,3	36,8	27,8	16,9	4,7	7,8	19,9	30,7	39,4	
14		44,7	47,4	46,8	43,2	36,6	27,5	16,5	4,3	8,2	20,3	31,0	39,6	
	30	44,8	47,4	46,8	43,0	36,3	27,2	16,1	3,9	8,6	20,7	31,3	39,9	
15		+45,0	+47,4	+46,7	+42,8	+36,0	+26,8	+15,7	+ 3,5	- 9,1	-21,0	-31,7	-40,1	

Zweite Berichtigung

Ortsstundenwinkel des Frühlingspunktes

Wahre Höhe des Nordst.	0°	15°	30°	45°	60°	75°	90°	105°	120°	135°	150°	165°	180°	195°	210°	225°	240°	255°	270°	285°	300°	315°	330°	345°	360°
°	'	'	'	'	'	'	'	'	'	'	'	'	'	'	'	'	'	'	'	'	'	'	'	'	'
0	-0,2	0,1	0,0	0,0	0,1	0,2	0,4	0,5	0,6	0,6	0,5	0,3	0,2	0,1	0,0	0,0	0,1	0,2	0,4	0,5	0,6	0,6	0,5	0,3	0,2
10	-0,2	0,1	0,0	0,0	0,1	0,2	0,4	0,5	0,5	0,5	0,4	0,3	0,2	0,1	0,0	0,0	0,1	0,2	0,4	0,5	0,5	0,5	0,4	0,3	0,2
20	-0,1	0,0	0,0	0,0	0,1	0,2	0,3	0,4	0,5	0,4	0,4	0,3	0,1	0,0	0,0	0,0	0,1	0,2	0,3	0,4	0,5	0,4	0,4	0,3	0,1
30	-0,1	0,0	0,0	0,0	0,1	0,2	0,3	0,3	0,4	0,4	0,3	0,2	0,1	0,0	0,0	0,0	0,1	0,2	0,3	0,3	0,4	0,4	0,3	0,2	0,1
40	-0,1	0,0	0,0	0,0	0,1	0,1	0,2	0,3	0,3	0,3	0,2	0,2	0,1	0,0	0,0	0,0	0,1	0,1	0,2	0,3	0,3	0,3	0,2	0,2	0,1
50	-0,1	0,0	0,0	0,0	0,0	0,1	0,1	0,2	0,2	0,2	0,1	0,1	0,1	0,0	0,0	0,0	0,0	0,1	0,1	0,2	0,2	0,2	0,1	0,1	0,1
55	-0,0	0,0	0,0	0,0	0,0	0,0	0,1	0,1	0,1	0,1	0,1	0,1	0,0	0,0	0,0	0,0	0,0	0,0	0,1	0,1	0,1	0,1	0,1	0,1	0,0
60	0,0	0,0	0,0	0,0	0,0	0,0	0,0	0,0	0,0	0,0	0,0	0,0	0,0	0,0	0,0	0,0	0,0	0,0	0,0	0,0	0,0	0,0	0,0	0,0	0,0
65	+0,0	0,0	0,0	0,0	0,0	0,1	0,1	0,1	0,1	0,1	0,1	0,1	0,0	0,0	0,0	0,0	0,0	0,1	0,1	0,1	0,1	0,1	0,1	0,1	0,0
70	+0,1	0,0	0,0	0,0	0,1	0,1	0,2	0,3	0,3	0,3	0,3	0,2	0,1	0,0	0,0	0,0	0,1	0,1	0,2	0,3	0,3	0,3	0,3	0,2	0,1
75	+0,2	0,1	0,0	0,0	0,1	0,3	0,5	0,6	0,7	0,6	0,5	0,4	0,2	0,1	0,0	0,0	0,1	0,3	0,5	0,6	0,7	0,6	0,5	0,4	0,2
80	+0,4	0,1	0,0	0,0	0,3	0,6	0,9	1,2	1,3	1,3	1,1	0,8	0,4	0,1	0,0	0,0	0,3	0,6	0,9	1,2	1,3	1,3	1,1	0,8	0,4

Dritte Berichtigung

Ortsstundenwinkel des Frühlingspunktes

	0°	15°	30°	45°	60°	75°	90°	105°	120°	135°	150°	165°	180°	195°	210°	225°	240°	255°	270°	285°	300°	315°	330°	345°	360°
	'	'	'	'	'	'	'	'	'	'	'	'	'	'	'	'	'	'	'	'	'	'	'	'	'
Jan 1	+0,6	0,6	0,6	0,6	0,6	0,6	0,5	0,5	0,5	0,4	0,4	0,4	0,4	0,4	0,4	0,4	0,4	0,4	0,5	0,5	0,5	0,6	0,6	0,6	0,6
Feb 1	+0,6	0,6	0,7	0,7	0,7	0,7	0,7	0,7	0,6	0,6	0,5	0,5	0,4	0,4	0,3	0,3	0,3	0,3	0,3	0,3	0,4	0,4	0,5	0,5	0,6
Mrz 1	+0,5	0,6	0,6	0,7	0,7	0,8	0,8	0,8	0,8	0,7	0,7	0,6	0,5	0,5	0,4	0,3	0,3	0,2	0,2	0,2	0,2	0,3	0,3	0,4	0,5
Apr 1	+0,3	0,4	0,5	0,6	0,7	0,8	0,8	0,8	0,9	0,8	0,8	0,8	0,7	0,6	0,5	0,4	0,3	0,3	0,2	0,2	0,1	0,2	0,2	0,2	0,3
Mai 1	+0,2	0,3	0,3	0,4	0,5	0,6	0,7	0,8	0,9	0,9	0,9	0,9	0,8	0,7	0,7	0,6	0,5	0,4	0,3	0,2	0,1	0,1	0,1	0,1	0,2
Jun 1	+0,1	0,2	0,2	0,3	0,4	0,5	0,6	0,7	0,8	0,8	0,9	0,9	0,9	0,8	0,8	0,7	0,6	0,5	0,4	0,3	0,2	0,2	0,1	0,1	0,1
Jul 1	+0,1	0,1	0,2	0,2	0,3	0,3	0,4	0,5	0,6	0,7	0,8	0,8	0,9	0,9	0,8	0,8	0,7	0,7	0,6	0,5	0,4	0,3	0,2	0,2	0,1
Aug 1	+0,3	0,2	0,2	0,2	0,2	0,2	0,3	0,4	0,5	0,5	0,6	0,7	0,7	0,8	0,8	0,8	0,8	0,8	0,7	0,6	0,6	0,5	0,4	0,3	0,3
Sep 1	+0,4	0,4	0,3	0,3	0,2	0,2	0,2	0,3	0,3	0,4	0,4	0,5	0,6	0,7	0,7	0,8	0,8	0,8	0,8	0,8	0,7	0,6	0,6	0,5	0,4
Okt 1	+0,6	0,5	0,5	0,4	0,3	0,2	0,2	0,2	0,2	0,2	0,3	0,3	0,4	0,5	0,6	0,6	0,7	0,8	0,8	0,8	0,8	0,8	0,8	0,7	0,6
Nov 1	+0,8	0,7	0,7	0,6	0,5	0,4	0,3	0,2	0,1	0,1	0,1	0,1	0,2	0,3	0,4	0,4	0,6	0,7	0,7	0,8	0,9	0,9	0,9	0,9	0,8
Dez 1	+1,0	0,9	0,8	0,7	0,6	0,5	0,4	0,3	0,2	0,1	0,1	0,0	0,1	0,1	0,2	0,3	0,4	0,5	0,6	0,7	0,8	0,9	0,9	1,0	1,0
Dez 32	+1,0	1,0	1,0	0,9	0,8	0,7	0,6	0,4	0,3	0,2	0,1	0,0	0,0	0,0	0,0	0,1	0,2	0,3	0,4	0,6	0,7	0,8	0,9	1,0	1,0

Anlage 3

Gesamtbeschickung für den Kimmabstand des Sonnenunterrandes

Kimm-abstand	Augeshöhe in Metern 0	2	4	6	8	10	12	14	16	18	20	22	24	26	28	30	32	34	36	38	40
°	'	'	'	'	'	'	'	'	'	'	'	'	'	'	'	'	'	'	'	'	'
3	+ 1.8	-0.9	-2.0	-2.8	-3.6	-4.2	-4.8	-5.3	-5.7	-6.2	-6.6	-7.0	-7.4	-7.8	-8.2	-8.5	-8.8	-9.2	-9.5	-9.8	-10.1
3.5	+ 3.2	+0.6	-0.5	-1.3	-2.0	-2.6	-3.2	-3.7	-4.2	-4.7	-5.1	-5.5	-5.9	-6.3	-6.6	-6.9	-7.3	-7.6	-7.9	-8.2	-8.5
4	+ 4.4	+1.8	+0.7	-0.1	-0.8	-1.4	-2.0	-2.5	-3.0	-3.4	-3.8	-4.2	-4.6	-5.0	-5.4	-5.7	-6.0	-6.4	-6.7	-7.0	-7.3
4.5	+ 5.4	+2.8	+1.7	+0.9	+0.2	-0.4	-1.0	-1.5	-1.9	-2.4	-2.8	-3.2	-3.6	-4.0	-4.3	-4.7	-5.0	-5.3	-5.6	-5.9	-6.2
5	+ 6.3	+3.7	+2.6	+1.8	+1.1	+0.5	0.0	-0.5	-1.0	-1.5	-1.9	-2.3	-2.7	-3.0	-3.4	-3.7	-4.1	-4.4	-4.7	-5.0	-5.3
5.5	+ 7.0	+4.5	+3.4	+2.6	+1.9	+1.3	+0.7	+0.2	-0.3	-0.7	-1.1	-1.5	-1.9	-2.3	-2.6	-2.9	-3.3	-3.6	-3.9	-4.2	-4.5
6	+ 7.7	+5.1	+4.1	+3.3	+2.6	+2.0	+1.4	+0.9	+0.4	0.0	-0.4	-0.8	-1.2	-1.6	-1.9	-2.3	-2.6	-2.9	-3.2	-3.5	-3.8
6.5	+ 8.3	+5.7	+4.6	+3.8	+3.1	+2.5	+2.0	+1.5	+1.0	+0.6	+0.2	-0.2	-0.6	-1.0	-1.3	-1.7	-2.0	-2.3	-2.6	-2.9	-3.2
7	+ 8.8	+6.2	+5.1	+4.3	+3.6	+3.0	+2.5	+2.0	+1.5	+1.1	+0.7	+0.3	-0.1	-0.5	-0.8	-1.1	-1.5	-1.8	-2.1	-2.4	-2.7
7.5	+ 9.2	+6.7	+5.6	+4.8	+4.1	+3.5	+3.0	+2.5	+2.0	+1.6	+1.1	+0.7	+0.4	0.0	-0.3	-0.7	-1.0	-1.3	-1.6	-1.9	-2.2
8	+ 9.6	+7.0	+6.0	+5.2	+4.5	+3.9	+3.4	+2.9	+2.4	+2.0	+1.6	+1.2	+0.8	+0.4	+0.1	-0.3	-0.6	-0.9	-1.2	-1.5	-1.8
8.5	+10.0	+7.4	+6.4	+5.5	+4.8	+4.2	+3.7	+3.2	+2.8	+2.3	+1.9	+1.5	+1.1	+0.8	+0.4	+0.1	-0.2	-0.5	-0.9	-1.1	-1.4
9	+10.3	+7.7	+6.7	+5.9	+5.2	+4.6	+4.0	+3.5	+3.1	+2.6	+2.2	+1.8	+1.4	+1.1	+0.8	+0.4	+0.1	-0.2	-0.5	-0.8	-1.1
9.5	+10.6	+8.0	+7.0	+6.2	+5.5	+4.9	+4.3	+3.8	+3.4	+2.9	+2.5	+2.1	+1.8	+1.4	+1.1	+0.7	+0.4	0.0	-0.3	-0.6	-0.9
10	+10.9	+8.3	+7.2	+6.4	+5.7	+5.1	+4.6	+4.1	+3.7	+3.2	+2.8	+2.4	+2.1	+1.7	+1.3	+1.0	+0.7	+0.4	+0.1	-0.2	-0.5
11	+11.3	8.8	7.7	6.9	6.2	5.6	5.1	4.6	4.1	3.7	3.3	2.9	2.5	2.2	1.8	1.5	1.2	0.9	0.6	+0.3	0.0
12	+11.7	9.2	8.1	7.3	6.6	6.0	5.5	5.0	4.5	4.1	3.7	3.3	2.9	2.6	2.2	1.9	1.6	1.3	1.0	0.7	+0.4
13	+12.1	9.5	8.4	7.7	7.0	6.4	5.8	5.3	4.9	4.4	4.0	3.6	3.3	2.9	2.6	2.2	1.9	1.6	1.3	1.0	0.7
14	+12.4	9.8	8.8	8.0	7.3	6.7	6.1	5.6	5.2	4.7	4.3	3.9	3.6	3.2	2.9	2.5	2.2	1.9	1.6	1.3	1.0
15	+12.6	10.1	9.0	8.2	7.5	6.9	6.4	5.9	5.4	5.0	4.6	4.2	3.8	3.5	3.1	2.8	2.5	2.2	1.9	1.6	1.3
16	+12.8	10.3	9.2	8.4	7.8	7.2	6.6	6.1	5.7	5.3	4.8	4.4	4.0	3.7	3.4	3.0	2.7	2.4	2.1	1.8	1.5
17	+13.0	10.5	9.4	8.6	8.0	7.4	6.8	6.3	5.9	5.5	5.0	4.6	4.2	3.9	3.6	3.2	2.9	2.6	2.3	2.0	1.7
18	+13.2	10.7	9.6	8.8	8.1	7.5	7.0	6.5	6.1	5.6	5.2	4.8	4.4	4.1	3.7	3.4	3.1	2.8	2.5	2.2	1.9
19	+13.4	10.8	9.8	9.0	8.3	7.7	7.2	6.7	6.2	5.8	5.4	5.0	4.6	4.2	3.9	3.6	3.3	2.9	2.6	2.3	2.1
20	+13.5	11.0	9.9	9.1	8.4	7.8	7.3	6.8	6.4	5.9	5.5	5.1	4.8	4.4	4.1	3.7	3.4	3.1	2.8	2.5	2.2
22	+13.8	11.2	10.2	9.4	8.7	8.1	7.6	7.1	6.6	6.2	5.8	5.4	5.0	4.7	4.3	4.0	3.7	3.4	3.1	2.8	2.5
24	+14.0	11.4	10.4	9.6	8.9	8.3	7.8	7.3	6.8	6.4	6.0	5.6	5.2	4.9	4.5	4.2	3.9	3.6	3.3	3.0	2.7
26	+14.2	11.6	10.6	9.8	9.1	8.5	8.0	7.5	7.0	6.6	6.2	5.8	5.4	5.1	4.7	4.4	4.1	3.8	3.5	3.2	2.9
28	+14.3	11.8	10.8	10.0	9.3	8.7	8.2	7.7	7.2	6.8	6.4	6.0	5.6	5.2	4.9	4.6	4.2	3.9	3.6	3.3	3.1
30	+14.5	11.9	10.9	10.1	9.4	8.8	8.3	7.8	7.3	6.9	6.5	6.1	5.7	5.4	5.0	4.7	4.4	4.1	3.8	3.5	3.2
35	+14.8	12.2	11.2	10.4	9.7	9.1	8.6	8.2	7.7	7.3	6.9	6.5	6.1	5.7	5.4	5.1	4.7	4.4	4.1	3.8	3.5
40	+15.0	12.5	11.4	10.6	9.9	9.3	8.8	8.4	7.9	7.5	7.1	6.7	6.3	5.9	5.6	5.2	4.9	4.6	4.3	4.0	3.7
45	+15.1	12.6	11.6	10.8	10.1	9.4	8.9	8.5	8.0	7.6	7.2	6.8	6.4	6.1	5.7	5.4	5.1	4.8	4.5	4.2	3.9
50	+15.3	12.7	11.7	10.9	10.2	9.6	9.1	8.6	8.2	7.7	7.3	6.9	6.6	6.2	5.9	5.5	5.2	4.9	4.6	4.3	4.0
55	+15.4	12.9	11.8	11.0	10.3	9.7	9.2	8.7	8.3	7.8	7.4	7.1	6.7	6.3	6.0	5.6	5.3	5.0	4.7	4.4	4.1
60	+15.5	13.0	12.0	11.2	10.5	9.9	9.3	8.8	8.4	8.0	7.6	7.2	6.8	6.4	6.1	5.8	5.4	5.1	4.8	4.5	4.3
70	+15.7	13.2	12.2	11.4	10.7	10.1	9.5	9.0	8.6	8.2	7.8	7.4	7.0	6.6	6.3	6.0	5.6	5.3	5.0	4.7	4.4
80	+15.9	13.4	12.4	11.6	10.9	10.3	9.7	9.2	8.8	8.4	8.0	7.6	7.2	6.8	6.5	6.2	5.8	5.5	5.2	4.9	4.6
90	+16.0	13.5	12.5	11.7	11.0	10.4	9.8	9.3	8.9	8.5	8.1	7.7	7.3	6.9	6.6	6.3	5.9	5.6	5.3	5.0	4.7

Zusatzbeschickung für den Kimmabstand des Sonnenunterrandes

Jan.	Febr.	März	Apr.	Mai	Juni	Juli	Aug.	Sept.	Okt.	Nov.	Dez.
+0.3'	+0.2'	+0.1'	0.0'	-0.2'	-0.2'	-0.2'	-0.2'	-0.1'	+0.1'	+0.2'	+0.3'

Zusatzbeschickung für den Kimmabstand des Sonnenoberrandes

Jan.	Febr.	März	Apr.	Mai	Juni	Juli	Aug.	Sept.	Okt.	Nov.	Dez.
-32.3'	-32.2'	-32.1'	-32.0'	-31.8'	-31.8'	-31.8'	-31.8'	-31.9'	-32.1'	-32.2'	-32.3'

Anlage 4

Nautisches Jahrbuch 1985: Gesamtbeschickungstafel

Kimm-ab-stand	Augeshöhe in Metern																				
	0	2	4	6	8	10	12	14	16	18	20	22	24	26	28	30	32	34	36	38	40
°	'	'	'	'	'	'	'	'	'	'	'	'	'	'	'	'	'	'	'	'	'
3	-14.4	17.0	18.1	19.0	19.7	20.3	20.9	21.4	21.9	22.3	22.8	23.2	23.5	23.9	24.3	24.7	25.0	25.3	25.6	25.9	26.2
3.5	-12.9	15.5	16.6	17.5	18.2	18.8	19.4	19.9	20.4	20.8	21.2	21.6	22.0	22.4	22.8	23.1	23.4	23.8	24.1	24.4	24.7
4	-11.8	14.3	15.4	16.3	17.0	17.6	18.1	18.6	19.1	19.6	20.0	20.4	20.8	21.1	21.5	21.9	22.2	22.5	22.8	23.1	23.4
4.5	-10.8	13.3	14.4	15.2	16.0	16.6	17.1	17.6	18.1	18.5	19.0	19.4	19.7	20.1	20.5	20.8	21.1	21.5	21.8	22.1	22.4
5	- 9.9	12.4	13.5	14.3	15.0	15.6	16.2	16.7	17.2	17.6	18.0	18.5	18.9	19.2	19.5	19.9	20.2	20.5	20.8	21.1	21.4
5.5	- 9.1	11.7	12.8	13.6	14.3	14.9	15.4	15.9	16.4	16.8	17.3	17.7	18.0	18.4	18.8	19.1	19.4	19.7	20.1	20.4	20.6
6	- 8.5	11.0	12.1	12.9	13.6	14.2	14.8	15.3	15.7	16.2	16.6	17.0	17.4	17.7	18.1	18.4	18.7	19.0	19.4	19.7	19.9
6.5	- 7.9	10.5	11.5	12.3	13.0	13.6	14.2	14.7	15.2	15.6	16.0	16.4	16.8	17.1	17.5	17.8	18.2	18.5	18.8	19.1	19.4
7	- 7.4	9.9	11.0	11.8	12.5	13.1	13.7	14.2	14.7	15.1	15.5	15.9	16.2	16.6	17.0	17.3	17.6	17.9	18.2	18.5	18.8
7.5	- 7.0	9.5	10.6	11.4	12.1	12.7	13.2	13.7	14.2	14.6	15.0	15.4	15.8	16.1	16.5	16.8	17.2	17.5	17.8	18.1	18.4
8	- 6.6	9.1	10.2	11.0	11.7	12.3	12.8	13.3	13.8	14.2	14.6	15.0	15.4	15.7	16.1	16.4	16.7	17.0	17.3	17.7	18.0
8.5	- 6.2	8.8	9.8	10.6	11.3	11.9	12.4	12.9	13.4	13.8	14.2	14.6	15.0	15.4	15.7	16.1	16.4	16.7	17.0	17.3	17.6
9	- 5.9	8.4	9.5	10.3	11.0	11.6	12.1	12.6	13.1	13.5	13.9	14.3	14.7	15.0	15.4	15.7	16.0	16.4	16.7	17.0	17.3
9.5	- 5.6	8.1	9.2	10.0	10.7	11.3	11.8	12.3	12.8	13.2	13.6	14.0	14.4	14.7	15.1	15.4	15.8	16.1	16.4	16.7	17.0
10	- 5.3	7.8	8.9	9.7	10.4	11.0	11.5	12.0	12.5	12.9	13.3	13.7	14.1	14.5	14.8	15.1	15.5	15.8	16.1	16.4	16.7
11	- 4.8	7.4	8.5	9.3	10.0	10.6	11.1	11.6	12.0	12.5	12.9	13.2	13.6	14.0	14.3	14.7	15.0	15.3	15.6	15.9	16.2
12	- 4.4	7.0	8.1	8.9	9.6	10.2	10.7	11.2	11.6	12.1	12.5	12.8	13.2	13.6	13.9	14.3	14.6	14.9	15.2	15.5	15.8
13	- 4.1	6.7	7.7	8.5	9.2	9.8	10.3	10.8	11.3	11.7	12.1	12.5	12.9	13.2	13.6	13.9	14.2	14.5	14.8	15.1	15.4
14	- 3.8	6.3	7.4	8.2	8.9	9.5	10.0	10.5	11.0	11.4	11.8	12.1	12.5	12.9	13.2	13.6	13.9	14.2	14.5	14.8	15.1
15	- 3.6	6.1	7.2	8.0	8.7	9.3	9.8	10.2	10.7	11.1	11.5	11.9	12.3	12.7	13.0	13.3	13.7	14.0	14.3	14.6	14.9
16	- 3.3	5.9	7.0	7.8	8.4	9.0	9.5	10.0	10.5	10.9	11.3	11.7	12.1	12.4	12.8	13.1	13.4	13.7	14.0	14.3	14.6
17	- 3.1	5.7	6.8	7.6	8.2	8.8	9.3	9.8	10.3	10.7	11.1	11.5	11.9	12.2	12.6	12.9	13.2	13.5	13.8	14.1	14.4
18	- 2.9	5.5	6.6	7.4	8.0	8.6	9.1	9.6	10.1	10.5	10.9	11.3	11.7	12.1	12.4	12.7	13.0	13.4	13.7	14.0	14.2
19	- 2.8	5.3	6.4	7.2	7.9	8.5	9.0	9.5	9.9	10.4	10.8	11.2	11.5	11.9	12.2	12.6	12.9	13.2	13.5	13.8	14.1
20	- 2.6	5.2	6.2	7.0	7.7	8.3	8.8	9.3	9.8	10.2	10.6	11.0	11.3	11.7	12.0	12.4	12.7	13.0	13.4	13.7	13.9
22	- 2.4	4.9	6.0	6.8	7.5	8.1	8.6	9.0	9.5	9.9	10.3	10.7	11.1	11.5	11.8	12.2	12.5	12.8	13.1	13.4	13.7
24	- 2.2	4.7	5.8	6.6	7.3	7.9	8.4	8.8	9.3	9.7	10.1	10.5	10.9	11.3	11.6	11.9	12.2	12.6	12.9	13.2	13.4
26	- 2.0	4.5	5.6	6.4	7.1	7.7	8.2	8.6	9.1	9.6	10.0	10.3	10.7	11.1	11.4	11.7	12.1	12.4	12.7	13.0	13.3
28	- 1.8	4.3	5.4	6.2	6.9	7.5	8.0	8.5	8.9	9.4	9.8	10.2	10.5	10.9	11.2	11.6	11.9	12.2	12.5	12.8	13.1
30	- 1.7	4.2	5.3	6.0	6.7	7.3	7.8	8.3	8.8	9.2	9.6	10.0	10.4	10.8	11.1	11.4	11.8	12.1	12.4	12.7	12.9
35	- 1.4	3.9	4.9	5.7	6.4	7.0	7.6	8.1	8.6	9.0	9.4	9.8	10.2	10.5	10.8	11.2	11.5	11.8	12.1	12.4	12.6
40	- 1.1	3.7	4.7	5.5	6.2	6.8	7.3	7.8	8.3	8.7	9.1	9.5	9.9	10.2	10.5	10.9	11.2	11.5	11.8	12.1	12.4
45	- 1.0	3.5	4.5	5.3	6.0	6.6	7.1	7.6	8.1	8.5	8.9	9.3	9.7	10.0	10.4	10.7	11.0	11.3	11.6	11.9	12.2
50	- 0.8	3.3	4.4	5.2	5.9	6.5	7.0	7.5	7.9	8.4	8.8	9.2	9.5	9.9	10.2	10.6	10.9	11.2	11.5	11.8	12.1
55	- 0.7	3.2	4.3	5.1	5.7	6.3	6.9	7.4	7.8	8.3	8.7	9.1	9.4	9.8	10.1	10.4	10.8	11.1	11.4	11.6	11.9
60	- 0.6	3.1	4.1	4.9	5.6	6.2	6.7	7.2	7.7	8.1	8.5	8.9	9.3	9.6	10.0	10.3	10.6	10.9	11.2	11.5	11.8
70	- 0.4	2.9	3.9	4.7	5.4	6.0	6.5	7.1	7.5	7.9	8.3	8.7	9.1	9.4	9.8	10.1	10.4	10.7	11.0	11.3	11.6
80	- 0.2	2.7	3.7	4.5	5.2	5.8	6.3	6.8	7.3	7.7	8.1	8.5	8.9	9.2	9.6	9.9	10.2	10.5	10.8	11.1	11.4
90	- 0.0	2.5	3.6	4.4	5.1	5.7	6.2	6.7	7.1	7.5	7.9	8.3	8.7	9.1	9.4	9.7	10.1	10.4	10.7	11.0	11.3

Zusatzbeschickung für Planeten

Kimm-ab-stand	Horizontalparallaxe					
	0.1'	0.2'	0.3'	0.4'	0.5'	0.6'
°	'	'	'	'	'	'
10	+0.1	+0.2	+0.3	+0.4	+0.5	+0.6
30	+0.1	+0.2	+0.3	+0.3	+0.4	+0.5
50	+0.1	+0.1	+0.2	+0.3	+0.3	+0.4
70	0.0	+0.1	+0.1	+0.2	+0.2	+0.2
80	0.0	0.0	+0.1	+0.1	+0.1	+0.1
90	0.0	0.0	0.0	0.0	0.0	0.0

Anlage 4

Nautisches Jahrbuch 1985: Gesamtbeschickungstafel

Gesamtbeschickung für den Kimmabstand des Mondunterrandes

Kimm-abstand	Horizontal-Parallaxe														
	54.0'	54.5'	55.0'	55.5'	56.0'	56.5'	57.0'	57.5'	58.0'	58.5'	59.0'	59.5'	60.0'	60.5'	61.0'
°	'	'	'	'	'	'	'	'	'	'	'	'	'	'	'
3	+48.4	49.1	49.7	50.3	50.9	51.5	52.2	52.8	53.5	54.1	54.7	55.3	56.0	56.6	57.3
3.5	+49.8	50.5	51.1	51.7	52.3	52.9	53.6	54.3	55.0	55.6	56.2	56.8	57.5	58.1	58.8
4	+51.0	51.7	52.3	52.9	53.5	54.1	54.8	55.5	56.2	56.8	57.4	58.0	58.7	59.3	60.0
4.5	+52.0	52.7	53.3	53.9	54.5	55.1	55.8	56.5	57.1	57.8	58.4	59.0	59.7	60.3	60.9
5	+52.9	53.6	54.2	54.8	55.4	56.0	56.7	57.3	58.0	58.6	59.2	59.8	60.5	61.1	61.8
5.5	+53.6	54.3	54.9	55.5	56.1	56.8	57.4	58.1	58.7	59.3	59.9	60.6	61.3	61.9	62.5
6	+54.3	54.9	55.5	56.2	56.8	57.4	58.1	58.7	59.3	60.0	60.6	61.3	61.9	62.5	63.1
6.5	+54.8	55.4	56.0	56.7	57.3	57.9	58.6	59.2	59.8	60.5	61.1	61.8	62.4	63.0	63.6
7	+55.3	55.9	56.5	57.1	57.8	58.4	59.1	59.7	60.3	60.9	61.6	62.2	62.9	63.5	64.1
7.5	+55.7	56.3	56.9	57.5	58.2	58.8	59.5	60.1	60.7	61.3	62.0	62.6	63.3	63.9	64.5
8	+56.0	56.7	57.3	57.9	58.5	59.1	59.8	60.4	61.0	61.6	62.3	62.9	63.6	64.2	64.8
8.5	+56.3	57.0	57.6	58.2	58.8	59.4	60.1	60.7	61.3	61.9	62.6	63.2	63.9	64.5	65.1
9	+56.5	57.2	57.8	58.4	59.1	59.7	60.3	60.9	61.6	62.2	62.8	63.4	64.1	64.7	65.4
9.5	+56.8	57.4	58.0	58.6	59.3	59.9	60.5	61.1	61.8	62.4	63.0	63.6	64.3	64.9	65.6
10	+57.0	57.6	58.2	58.8	59.5	60.1	60.7	61.3	62.0	62.6	63.2	63.8	64.5	65.1	65.8
11	+57.3	57.9	58.5	59.1	59.8	60.4	61.0	61.6	62.3	62.9	63.5	64.1	64.8	65.4	66.1
12	+57.5	58.1	58.7	59.3	60.0	60.6	61.2	61.8	62.5	63.1	63.7	64.3	65.0	65.6	66.2
13	+57.6	58.3	58.9	59.5	60.1	60.7	61.3	61.9	62.6	63.2	63.9	64.5	65.1	65.7	66.3
14	+57.7	58.3	58.9	59.5	60.2	60.8	61.4	62.0	62.7	63.3	63.9	64.5	65.2	65.8	66.4
15	+57.7	58.4	59.0	59.6	60.2	60.8	61.4	62.0	62.7	63.3	63.9	64.5	65.2	65.8	66.4
16	+57.7	58.4	59.0	59.6	60.2	60.8	61.4	62.0	62.7	63.3	63.9	64.5	65.1	65.7	66.4
17	+57.6	58.3	58.9	59.5	60.1	60.7	61.3	61.9	62.6	63.2	63.8	64.4	65.0	65.6	66.3
18	+57.5	58.2	58.8	59.4	60.0	60.6	61.2	61.8	62.5	63.1	63.7	64.3	64.9	65.5	66.1
19	+57.4	58.0	58.6	59.2	59.8	60.4	61.1	61.7	62.3	62.9	63.5	64.1	64.7	65.3	65.9
20	+57.2	57.9	58.5	59.1	59.7	60.3	60.9	61.5	62.1	62.7	63.3	63.9	64.5	65.1	65.7
21	+57.0	57.7	58.3	58.9	59.5	60.1	60.7	61.3	61.9	62.5	63.1	63.7	64.3	64.9	65.5
22	+56.8	57.4	58.0	58.6	59.2	59.8	60.4	61.0	61.6	62.2	62.8	63.4	64.1	64.6	65.2
23	+56.6	57.2	57.8	58.4	59.0	59.6	60.2	60.8	61.4	62.0	62.6	63.2	63.8	64.3	64.9
24	+56.3	56.9	57.5	58.1	58.7	59.3	59.9	60.5	61.1	61.7	62.3	62.9	63.5	64.0	64.6
25	+56.0	56.6	57.2	57.8	58.4	59.0	59.6	60.2	60.8	61.3	61.9	62.5	63.1	64.7	64.3
26	+55.7	56.3	56.9	57.5	58.1	58.6	59.2	59.8	60.4	61.0	61.6	62.2	62.8	63.3	63.9
27	+55.4	56.0	56.5	57.1	57.7	58.3	58.9	59.4	60.0	60.6	61.2	61.8	62.4	62.9	63.5
28	+55.0	55.6	56.2	56.7	57.3	57.9	58.5	59.0	59.6	60.2	60.8	61.4	62.0	62.5	63.1
29	+54.6	55.2	55.8	56.3	56.9	57.5	58.1	58.6	59.2	59.8	60.4	61.0	61.6	62.1	62.7
30	+54.2	54.8	55.4	55.9	56.5	57.1	57.7	58.3	58.8	59.4	60.0	60.5	61.1	61.6	62.2
31	+53.8	54.4	55.0	55.5	56.1	56.6	57.2	57.8	58.4	58.9	59.5	60.0	60.6	61.2	61.8
32	+53.4	54.0	54.5	55.1	55.7	56.2	56.8	57.3	57.9	58.4	59.0	59.6	60.2	60.7	61.3
33	+53.0	53.6	54.1	54.6	55.2	55.7	56.3	56.9	57.4	57.9	58.5	59.1	59.7	60.2	60.8
34	+52.5	53.1	53.6	54.1	54.7	55.2	55.8	56.3	56.9	57.4	58.0	58.5	59.1	59.6	60.2
35	+52.0	52.6	53.1	53.6	54.2	54.7	55.3	55.8	56.4	56.9	57.5	58.0	58.6	59.1	59.7
36	+51.5	52.1	52.6	53.1	53.7	54.2	54.8	55.3	55.9	56.4	56.9	57.4	58.0	58.5	59.1
37	+51.0	51.6	52.1	52.6	53.2	53.7	54.2	54.7	55.3	55.8	56.4	56.9	57.5	58.0	58.5
38	+50.5	51.1	51.6	52.1	52.6	53.1	53.7	54.2	54.7	55.2	55.8	56.3	56.9	57.4	57.9
39	+49.9	50.5	51.0	51.5	52.0	52.5	53.1	53.6	54.2	54.7	55.2	55.7	56.3	56.8	57.3
40	+49.4	49.9	50.4	50.9	51.5	52.0	52.5	53.0	53.6	54.1	54.6	55.1	55.6	56.1	56.7
41	+48.8	49.3	49.8	50.3	50.9	51.4	51.9	52.4	52.9	53.4	54.0	54.5	55.0	55.5	56.0
42	+48.2	48.8	49.3	49.8	50.3	50.8	51.3	51.8	52.3	52.8	53.3	53.8	54.3	54.8	55.4
43	+47.6	48.2	48.7	49.2	49.7	50.2	50.7	51.2	51.7	52.2	52.7	53.2	53.7	54.2	54.7
Mond-durchm.	29.4'	29.7'	30.0'	30.3'	30.6'	30.8'	31.1'	31.4'	31.7'	32.0'	32.2'	32.5'	32.8'	33.0'	33.3'

Bei Beobachtung des Mondoberrandes ist die Gesamtbeschickung um den Betrag des Monddurchmessers zu vermindern.

Berichtigung wegen der Augeshöhe

Ah in m	0	2	4	6	8	10	12	14	16	18	20
Berichtigung	+5.6'	+3.1'	+2.0'	+1.2'	+0.6'	0.0'	−0.6'	−1.1'	−1.5'	−1.9'	−2.3'

Ah in m	20	22	24	26	28	30	32	34	36	38	40
Berichtigung	−2.3'	−2.7'	−3.1'	−3.4'	−3.8'	−4.1'	−4.4'	−4.7'	−5.0'	−5.3'	−5.6'

Anlage 5

Nautisches Jahrbuch 1985: Gesamtbeschickungstafel

Kimm-abstand	Horizontal - Parallaxe 54.0′	54.5′	55.0′	55.5′	56.0′	56.5′	57.0′	57.5′	58.0′	58.5′	59.0′	59.5′	60.0′	60.5′	61.0′
°	′	′	′	′	′	′	′	′	′	′	′	′	′	′	′
43	+47.6	48.2	48.7	49.2	49.7	50.2	50.7	51.2	51.7	52.2	52.7	53.2	53.7	54.2	54.7
44	+47.0	47.5	48.0	48.5	49.0	49.5	50.0	50.5	51.0	51.5	52.0	52.5	53.0	53.5	54.0
45	+46.4	46.9	47.4	47.9	48.4	48.8	49.3	49.8	50.3	50.8	51.3	51.8	52.3	52.8	53.3
46	+45.8	46.3	46.7	47.2	47.7	48.2	48.7	49.1	49.6	50.1	50.6	51.1	51.6	52.0	52.5
47	+45.1	45.6	46.1	46.6	47.0	47.5	48.0	48.5	48.9	49.4	49.9	50.4	50.9	51.3	51.8
48	+44.5	45.0	45.4	45.8	46.3	46.8	47.3	47.7	48.2	48.7	49.2	49.6	50.1	50.6	51.1
49	+43.8	44.3	44.7	45.1	45.6	46.0	46.5	47.0	47.5	47.9	48.4	48.9	49.4	49.8	50.3
50	+43.1	43.6	44.0	44.4	44.9	45.3	45.8	46.2	46.7	47.2	47.7	48.1	48.6	49.0	49.5
51	+42.4	42.9	43.3	43.7	44.2	44.6	45.1	45.5	46.0	46.4	46.9	47.3	47.8	48.2	48.7
52	+41.7	42.2	42.6	43.0	43.5	43.9	44.3	44.7	45.2	45.6	46.1	46.5	47.0	47.4	47.9
53	+41.0	41.4	41.8	42.2	42.7	43.1	43.6	44.0	44.5	44.9	45.3	45.7	46.2	46.6	47.1
54	+40.2	40.7	41.1	41.5	42.0	42.4	42.8	43.2	43.7	44.1	44.5	44.9	45.4	45.8	46.3
55	+39.5	39.9	40.3	40.7	41.2	41.6	42.0	42.4	42.9	43.3	43.7	44.1	44.6	45.0	45.4
56	+38.7	39.2	39.6	40.0	40.4	40.8	41.2	41.6	42.1	42.5	42.9	43.3	43.7	44.1	44.6
57	+38.0	38.4	38.8	39.2	39.6	40.0	40.4	40.8	41.3	41.7	42.1	42.5	42.9	43.3	43.7
58	+37.2	37.6	38.0	38.4	38.8	39.2	39.6	40.0	40.4	40.8	41.2	41.6	42.0	42.4	42.8
59	+36.4	36.8	37.2	37.6	38.0	38.4	38.8	39.2	39.6	40.0	40.4	40.8	41.2	41.6	42.0
60	+35.6	36.0	36.4	36.8	37.2	37.5	37.9	38.3	38.7	39.1	39.5	39.9	40.3	40.7	41.1
61	+34.8	35.2	35.6	36.0	36.4	36.7	37.1	37.5	37.9	38.2	38.6	39.0	39.4	39.8	40.2
62	+34.0	34.4	34.8	35.2	35.5	35.9	36.3	36.6	37.0	37.4	37.8	38.1	38.5	38.8	39.2
63	+33.2	33.6	34.0	34.3	34.7	35.0	35.4	35.7	36.1	36.5	36.9	37.2	37.6	37.9	38.3
64	+32.4	32.8	33.1	33.4	33.8	34.1	34.5	34.9	35.3	35.6	36.0	36.3	36.7	37.0	37.4
65	+31.6	32.0	32.3	32.6	33.0	33.3	33.7	34.0	34.4	34.7	35.1	35.4	35.8	36.1	36.4
66	+30.7	31.1	31.4	31.7	32.1	32.4	32.8	33.1	33.5	33.8	34.1	34.4	34.8	35.1	35.5
67	+29.9	30.3	30.6	30.9	31.2	31.5	31.9	32.2	32.6	32.9	33.2	33.5	33.9	34.2	34.5
68	+29.0	29.4	29.7	30.0	30.3	30.6	31.0	31.3	31.6	31.9	32.3	32.6	32.9	33.2	33.6
69	+28.2	28.6	28.8	29.1	29.4	29.7	30.1	30.4	30.7	31.0	31.3	31.6	32.0	32.3	32.6
70	+27.3	27.6	27.9	28.2	28.5	28.8	29.1	29.4	29.8	30.1	30.4	30.7	31.0	31.3	31.6
71	+26.4	26.7	27.0	27.3	27.6	27.9	28.2	28.5	28.8	29.1	29.4	29.7	30.0	30.3	30.6
72	+25.6	25.9	26.2	26.4	26.7	27.0	27.3	27.6	27.9	28.2	28.5	28.8	29.1	29.3	29.6
73	+24.7	25.0	25.3	25.5	25.8	26.1	26.4	26.7	27.0	27.2	27.5	27.8	28.1	28.4	28.7
74	+23.8	24.1	24.4	24.6	24.9	25.1	25.4	25.7	26.0	26.2	26.5	26.8	27.1	27.4	27.7
75	+22.9	23.2	23.5	23.7	24.0	24.2	24.5	24.7	25.0	25.3	25.6	25.8	26.1	26.3	26.6
76	+22.0	22.3	22.5	22.8	23.1	23.3	23.6	23.8	24.1	24.3	24.6	24.8	25.1	25.3	25.6
77	+21.1	21.4	21.6	21.8	22.1	22.3	22.6	22.8	23.1	23.3	23.6	23.8	24.1	24.3	24.6
78	+20.2	20.5	20.7	20.9	21.2	21.4	21.7	21.9	22.1	22.3	22.6	22.8	23.1	23.3	23.6
79	+19.3	19.6	19.8	20.0	20.2	20.4	20.7	20.9	21.2	21.4	21.6	21.8	22.1	22.3	22.6
80	+18.4	18.7	18.9	19.1	19.3	19.5	19.7	19.9	20.2	20.4	20.6	20.8	21.1	21.3	21.5
81	+17.5	17.7	17.9	18.1	18.4	18.6	18.8	19.0	19.2	19.4	19.6	19.8	20.1	20.3	20.5
82	+16.6	16.8	17.0	17.2	17.4	17.6	17.8	18.0	18.2	18.4	18.6	18.8	19.1	19.3	19.5
83	+15.7	15.9	16.1	16.2	16.4	16.6	16.8	17.0	17.2	17.4	17.6	17.8	18.0	18.2	18.4
84	+14.7	14.9	15.1	15.3	15.5	15.7	15.9	16.1	16.3	16.4	16.6	16.8	17.0	17.2	17.4
85	+13.8	14.0	14.2	14.3	14.5	14.7	14.9	15.1	15.3	15.4	15.6	15.8	16.0	16.1	16.3
86	+12.9	13.1	13.2	13.4	13.6	13.7	13.9	14.1	14.3	14.4	14.6	14.8	15.0	15.1	15.3
87	+12.0	12.2	12.3	12.4	12.6	12.7	12.9	13.1	13.3	13.4	13.6	13.7	13.9	14.1	14.3
88	+11.0	11.2	11.4	11.5	11.7	11.8	12.0	12.1	12.3	12.4	12.6	12.7	12.9	13.0	13.2
89	+10.1	10.3	10.4	10.5	10.7	10.8	11.0	11.1	11.3	11.4	11.6	11.7	11.9	12.0	12.2
90	+ 9.2	9.4	9.5	9.6	9.7	9.8	10.0	10.1	10.3	10.4	10.6	10.7	10.9	11.0	11.2
Mond-durchm.	29.4′	29.7′	30.0′	30.3′	30.6′	30.8′	31.1′	31.4′	31.7′	32.0′	32.2′	32.5′	32.8′	33.0′	33.3′

Bei Beobachtung des Mondoberrandes ist die Gesamtbeschickung um den Betrag des Monddurchmessers zu vermindern.

Berichtigung wegen der Augeshöhe

Ah in m	0	2	4	6	8	10	12	14	16	18	20
Berichtigung	+5.6′	+3.1′	+2.0′	+1.2′	+0.6′	0.0′	−0.6′	−1.1′	−1.5′	−1.9′	−2.3′

Ah in m	20	22	24	26	28	30	32	34	36	38	40
Berichtigung	−2.3′	−2.7′	−3.1′	−3.4′	−3.8′	−4.1′	−4.4′	−4.7′	−5.0′	−5.3′	−5.6′

Anlage 5

Nautisches Jahrbuch 1985: Gesamtbeschickungstafel

1985, Zeitgleichung, 12 Uhr UT1

Durch Anbringen der Zeitgleichung (mit dem angegebenen Vorzeichen) an die mittlere Ortszeit erhält man die wahre Ortszeit

	Jan	Feb	Mrz	Apr	Mai	Jun	Jul	Aug	Sep	Okt	Nov	Dez
	min s	min s	min s	min s	min s	min s	min s	min s	min s	min s	min s	min s
1	- 3 38	-13 39	-12 24	- 3 54	+ 2 55	+ 2 14	- 3 47	- 6 17	+ 0 02	+10 21	+16 24	+10 57
2	4 06	13 46	12 12	3 36	3 02	2 05	3 59	6 13	0 21	10 40	16 25	10 34
3	4 34	13 53	11 59	3 18	3 09	1 55	4 10	6 08	0 40	10 59	16 25	10 11
4	5 01	13 59	11 46	3 01	3 15	1 45	4 21	6 03	1 00	11 17	16 25	9 47
5	5 28	14 04	11 32	2 43	3 20	1 35	4 31	5 57	1 20	11 35	16 23	9 22
6	- 5 55	-14 08	-11 19	- 2 26	+ 3 25	+ 1 24	- 4 41	- 5 50	+ 1 40	+11 53	+16 21	+ 8 57
7	6 21	14 11	11 04	2 09	3 29	1 13	4 51	5 43	2 01	12 10	16 18	8 31
8	6 46	14 14	10 49	1 52	3 33	1 02	5 00	5 36	2 21	12 27	16 14	8 05
9	7 11	14 15	10 34	1 35	3 36	0 50	5 09	5 27	2 42	12 44	16 09	7 38
10	7 35	14 16	10 19	1 19	3 39	0 38	5 18	5 19	3 03	13 00	16 04	7 11
11	- 7 59	-14 17	-10 03	- 1 03	+ 3 41	+ 0 26	- 5 26	- 5 09	+ 3 24	+13 16	+15 57	+ 6 44
12	8 22	14 16	9 47	0 47	3 42	0 14	5 34	4 59	3 45	13 31	15 50	6 16
13	8 45	14 15	9 31	0 32	3 43	+ 0 01	5 41	4 49	4 06	13 45	15 42	5 47
14	9 07	14 13	9 14	0 17	3 43	- 0 11	5 48	4 38	4 27	13 59	15 33	5 19
15	9 29	14 10	8 57	- 0 02	3 42	0 24	5 54	4 27	4 48	14 13	15 23	4 50
16	- 9 49	-14 07	- 8 40	+ 0 12	+ 3 41	- 0 37	- 6 00	- 4 14	+ 5 09	+14 25	+15 12	+ 4 21
17	10 09	14 03	8 23	0 26	3 40	0 50	6 06	4 02	5 31	14 38	15 00	3 51
18	10 29	13 58	8 06	0 40	3 38	1 03	6 11	3 49	5 52	14 50	14 48	3 22
19	10 47	13 53	7 48	0 53	3 35	1 16	6 15	3 35	6 13	15 01	14 35	2 52
20	11 05	13 47	7 31	1 06	3 32	1 30	6 19	3 21	6 35	15 11	14 21	2 22
21	-11 23	-13 40	- 7 13	+ 1 18	+ 3 28	- 1 43	- 6 22	- 3 07	+ 6 56	+15 21	+14 06	+ 1 53
22	11 39	13 32	6 55	1 30	3 23	1 56	6 24	2 52	7 17	15 30	13 51	1 23
23	11 55	13 24	6 37	1 41	3 19	2 09	6 26	2 36	7 38	15 39	13 34	0 53
24	12 10	13 16	6 19	1 52	3 13	2 22	6 28	2 20	7 59	15 47	13 17	+ 0 23
25	12 24	13 06	6 01	2 03	3 07	2 35	6 29	2 04	8 20	15 54	12 59	- 0 07
26	-12 37	-12 57	- 5 43	+ 2 13	+ 3 01	- 2 47	- 6 29	- 1 47	+ 8 40	+16 01	+12 41	- 0 36
27	12 49	12 46	5 24	2 22	2 54	3 00	6 28	1 30	9 01	16 06	12 21	1 06
28	13 01	12 35	5 06	2 31	2 47	3 12	6 27	1 12	9 21	16 11	12 01	1 35
29	13 12		4 48	2 40	2 39	3 24	6 25	0 54	9 41	16 16	11 41	2 04
30	13 21		4 30	2 48	2 31	3 36	6 23	0 36	10 01	16 19	11 19	2 33
31	-13 31		- 4 12		+ 2 23		- 6 20	- 0 17		+16 22		- 3 02

1985, Phasen des Mondes in UT1

Vollmond	Jan 7, 2.16	Apr 5, 11.32	Jul 2, 12.08	Sep 29, 0.08
Letztes Viertel	13, 23.27	12, 4.41	10, 0.49	Okt 7, 5.04
Neumond	21, 2.28	20, 5.22	17, 23.56	14, 4.33
Erstes Viertel	29, 3.29	28, 4.25	24, 23.39	20, 20.13
Vollmond	Feb 5, 15.19	Mai 4, 19.53	31, 21.41	28, 17.38
Letztes Viertel	12, 7.57	11, 17.34	Aug 8, 18.29	Nov 5, 20.07
Neumond	19, 18.43	19, 21.41	16, 10.06	12, 14.20
Erstes Viertel	27, 23.41	27, 12.56	23, 4.36	19, 9.04
Vollmond	Mrz 7, 2.13	Jun 3, 3.50	30, 9.27	27, 12.42
Letztes Viertel	13, 17.34	10, 8.19	Sep 7, 12.16	Dez 5, 9.01
Neumond	21, 11.59	18, 11.58	14, 19.20	12, 0.54
Erstes Viertel	29, 16.11	25, 18.53	21, 11.03	19, 1.58
Vollmond				27, 7.30

1985, Fixsterne

Örter der Sterne							
Nr	Name und Größe		Sternwinkel		Deklination		
			°	'	°	'	
1	α Andromedae .... (S i r r a h)	2,2	358	05,7	29	00,6	N
2	γ Pegasi .... (A l g e n i b)	2,9	356	52,9	15	06,1	N
3	α Phoenicis	2,4	353	36,5	42	23,2	S
4	α Cassiopeiae .... (S c h e d i r)	2,5	350	05,2	56	27,4	N
5	β Ceti .... (D e n e b K a i t o s)	2,2	349	17,2	18	04,0	S
6	γ Cassiopeiae	1,6-2,8	346	03,0	60	38,3	N
7	β Andromedae .... (M i r a c h)	2,4	342	46,5	35	32,6	N
8	α Eridani .... (A c h e r n a r)	0,6	335	42,3	57	18,6	S
9	α Ursae minoris .... (N o r d s t e r n)	2,1	325	56,5	89	11,9	N
10	γ Andromedae .... (A l a m a k)	2,2	329	15,2	42	15,6	N
11	α Arietis .... (H a m e l)	2,2	328	24,9	23	23,6	N
12	α Ceti .... (M e n k a r)	2,8	314	37,4	4	02,0	N
13	β Persei .... (A l g o l)	2,2-3,5	313	12,0	40	54,1	N
14	α Persei .... (A l g e n i b)	1,9	309	11,1	49	48,7	N
15	η Tauri .... (A l c y o n e)	3,0	303	20,9	24	03,7	N
16	α Tauri .... (A l d e b a r a n)	1,1	291	13,9	16	28,9	N
17	β Orionis .... (R i g e l)	0,3	281	32,6	8	13,0	S
18	α Aurigae .... (C a p e l l a)	0,2	281	06,0	45	59,2	N
19	γ Orionis .... (B e l l a t r i x)	1,7	278	54,9	6	20,3	N
20	β Tauri	1,8	278	39,6	28	35,9	N
21	ε Orionis	1,8	276	08,0	1	12,5	S
22	ζ Orionis	2,0	274	59,8	1	56,9	S
23	κ Orionis	2,2	273	14,1	9	40,3	S
24	α Orionis .... (B e t e i g e u z e)	0,1-1,2	271	24,4	7	24,4	N
25	β Aurigae	2,1	270	23,3	44	56,9	N
26	β Canis majoris	2,0	264	29,2	17	56,8	S
27	α Carinae .... (C a n o p u s)	-0,9	264	05,6	52	41,1	S
28	γ Geminorum	1,9	260	47,1	16	24,9	N
29	α Canis majoris .... (S i r i u s)	-1,6	258	52,5	16	41,6	S
30	ε Canis majoris	1,6	255	29,3	28	57,0	S
31	δ Canis majoris	2,0	253	03,1	26	22,0	S
32	α Geminorum .... (C a s t o r)	1,6	246	35,1	31	55,4	N
33	α Canis minoris .... (P r o c y o n)	0,5	245	22,0	5	15,9	N
34	β Geminorum .... (P o l l u x)	1,2	243	53,7	28	03,9	N
35	ε Carinae	1,7	234	26,9	59	27,6	S
36	λ Velorum	2,2	223	08,3	43	22,3	S
37	β Carinae	1,8	221	44,5	69	39,3	S
38	α Hydrae .... (A l p h a r d)	2,2	218	17,1	8	35,6	S
39	α Leonis .... (R e g u l u s)	1,3	208	06,2	12	02,4	N
40	ϑ Carinae	3,0	199	23,8	64	19,0	S

Örter der Sterne							
Nr	Name und Größe			Sternwinkel		Deklination	
				°	'	°	'
41	α Ursae majoris .... (D u b h e)		2,0	194	17,4	61	49,9 N
42	β Leonis .... (D e n e b o l a)		2,2	182	55,3	14	39,3 N
43	α Crucis		1,1	173	33,6	63	01,0 S
44	γ Crucis		1,6	172	25,0	57	01,9 S
45	β Crucis		1,5	168	17,4	59	36,5 S
46	ε Ursae majoris .... (A l i o t h)		1,7	166	39,1	56	02,3 N
47	ε Virginis .... (V i n d e m i a t r i x)		3,0	164	38,3	11	02,3 N
48	ζ Ursae majoris .... (M i z a r)		2,2	159	09,9	55	00,1 N
49	α Virginis .... (S p i c a)		1,2	158	53,8	11	05,1 S
50	η Ursae majoris .... (B e n e t n a s c h)		1,9	153	15,5	49	23,1 N
51	β Centauri		0,9	149	18,5	60	18,2 S
52	ϑ Centauri		2,3	148	32,9	36	17,9 S
53	α Bootis .... (A r c t u r u s)		0,2	146	15,1	19	15,5 N
54	α Centauri		0,1	140	21,1	60	46,4 S
55	ε Bootis .... (M i r a k)		2,7	138	54,8	27	08,1 N
56	α^2 Librae .... (Z u b e n e l g e n u b i)		2,9	137	29,1	15	58,9 S
57	β Ursae minoris .... (K o c h a b)		2,2	137	18,7	74	12,9 N
58	β Librae ..... (Z u b e n e s c h e m a l i)		2,7	130	56,8	9	19,8 S
59	α Coronae borealis .... (G e m m a)		2,3	126	29,0	26	45,7 N
60	α Serpentis .... (U n u k)		2,8	124	06,9	6	28,2 N
61	α Scorpii .... (A n t a r e s)		1,2	112	52,5	26	24,1 S
62	α Trianguli australis		1,9	108	13,7	69	00,2 S
63	ε Scorpii		2,4	107	41,9	34	16,1 S
64	λ Scorpii		1,7	96	50,9	37	05,7 S
65	α Ophiuchi .... (R a s A l h a g u e)		2,1	96	26,3	12	34,1 N
66	ϑ Scorpii		2,0	95	56,1	42	59,5 S
67	γ Draconis .... (E l t a n i n)		2,4	90	56,1	51	29,3 N
68	ε Sagittarii		2,0	84	12,1	34	23,7 S
69	α Lyrae .... (W e g a)		0,1	80	53,4	38	46,1 N
70	σ Sagittarii		2,1	76	24,7	26	19,1 S
71	α Aquilae .... (A t a i r)		0,9	62	29,1	8	49,6 N
72	α Pavonis		2,1	53	52,6	56	47,1 S
73	α Cygni .... (D e n e b)		1,3	49	46,1	45	13,6 N
74	α Cephei .... (A l d e r a m i n)		2,6	40	26,7	62	31,3 N
75	ε Pegasi .... (E n i f)		2,5	34	08,1	9	48,4 N
76	α Gruis		2,2	28	10,3	47	02,0 S
77	β Gruis		2,2	19	33,0	46	57,8 S
78	α Piscis australis .... (F o m a l h a u t)		1,3	15	47,4	29	42,1 S
79	β Pegasi .... (S c h e a t)		2,6	14	14,2	28	00,1 N
80	α Pegasi .... (M a r k a b)		2,6	13	59,6	15	07,5 N

Anlage 7

Nautisches Jahrbuch 1985: Örter der Sterne

LAT 54°

N. Lat. {LHA greater than 180°....... Zn=Z; LHA less than 180°........... Zn=360−Z}

DECLINATION (0°-14°) SAME NAME AS LATITUDE

LHA	0° Hc	0° d	0° Z	1° Hc	1° d	1° Z	2° Hc	2° d	2° Z	3° Hc	3° d	3° Z	4° Hc	4° d	4° Z
	° ′	′	°	° ′	′	°	° ′	′	°	° ′	′	°	° ′	′	°
0	36 00	+60	180	37 00	+60	180	38 00	+60	180	39 00	+60	180	40 00	+60	180
1	36 00	60	179	37 00	60	179	38 00	60	179	39 00	60	179	40 00	60	179
2	35 59	60	178	36 59	59	178	37 58	60	178	38 58	60	177	39 58	60	177
3	35 57	60	176	36 57	60	176	37 57	59	176	38 56	60	176	39 56	60	176
4	35 54	60	175	36 54	60	175	37 54	60	175	38 54	60	175	39 54	60	175
5	35 51	+59	174	36 50	+60	174	37 50	+60	174	38 50	+60	174	39 50	+60	174
6	35 46	60	173	36 46	60	173	37 46	60	172	38 46	60	172	39 46	59	172
7	35 41	60	171	36 41	60	171	37 41	60	171	38 41	59	171	39 40	60	171
8	35 36	59	170	36 35	60	170	37 35	60	170	38 35	60	170	39 35	59	170
9	35 29	60	169	36 29	60	169	37 29	59	169	38 28	60	169	39 28	59	168
10	35 22	+60	168	36 22	+59	168	37 21	+60	167	38 21	+59	167	39 20	+60	167
11	35 14	60	167	36 14	59	166	37 13	60	166	38 13	59	166	39 12	59	166
12	35 06	59	165	36 05	59	165	37 04	60	165	38 04	59	165	39 03	59	165
13	34 56	60	164	35 56	59	164	36 55	59	164	37 54	59	164	38 53	59	163
14	34 46	60	163	35 46	59	163	36 45	59	162	37 44	59	162	38 43	59	162
15	34 36	+59	162	35 35	+59	161	36 34	+58	161	37 32	+59	161	38 31	+59	161
16	34 24	59	161	35 23	59	160	36 22	59	160	37 21	58	160	38 19	59	160
17	34 12	59	159	35 11	58	159	36 09	59	159	37 08	59	159	38 07	58	158
18	33 59	59	158	34 58	58	158	35 56	59	158	36 55	58	157	37 53	59	157
19	33 46	58	157	34 44	59	157	35 43	58	156	36 41	58	156	37 39	58	156
20	33 32	+58	156	34 30	+58	156	35 28	+58	155	36 26	+58	155	37 24	+58	155
21	33 17	58	155	34 15	58	154	35 13	58	154	36 11	58	154	37 09	58	153
22	33 01	58	154	33 59	58	153	34 57	58	153	35 55	58	153	36 53	57	152
23	32 45	58	152	33 43	58	152	34 41	57	152	35 38	58	151	36 36	57	151
24	32 29	57	151	33 26	58	151	34 24	57	151	35 21	57	150	36 18	58	150
25	32 11	+58	150	33 09	+57	150	34 06	+57	149	35 03	+57	149	36 00	+57	149
26	31 53	58	149	32 51	57	149	33 48	57	148	34 45	57	148	35 42	57	147
27	31 35	57	148	32 32	57	147	33 29	57	147	34 26	56	147	35 22	57	146
28	31 16	57	147	32 13	56	146	33 09	57	146	34 06	56	146	35 02	57	145
29	30 56	57	146	31 53	56	145	32 49	57	145	33 46	56	144	34 42	56	144
30	30 36	+56	145	31 32	+57	144	32 29	+56	144	33 25	+56	143	34 21	+56	143
31	30 15	56	143	31 11	57	143	32 08	56	143	33 04	55	142	33 59	56	142
32	29 54	56	142	30 50	56	142	31 46	56	142	32 42	55	141	33 37	56	141
33	29 32	56	141	30 28	56	141	31 24	55	140	32 19	56	140	33 15	55	140
34	29 10	55	140	30 05	56	140	31 01	55	139	31 56	55	139	32 51	56	138
35	28 47	+55	139	29 42	+56	139	30 38	+55	138	31 33	+55	138	32 28	+55	137
36	28 24	55	138	29 19	55	138	30 14	55	137	31 09	55	137	32 04	54	136
37	28 00	55	137	28 55	55	137	29 50	54	136	30 44	55	136	31 39	55	135
38	27 36	54	136	28 30	55	136	29 25	54	135	30 19	55	135	31 14	54	134
39	27 11	54	135	28 05	55	135	29 00	54	134	29 54	54	134	30 48	54	133
40	26 46	+54	134	27 40	+54	134	28 34	+54	133	29 28	+54	133	30 22	+54	132
41	26 20	54	133	27 14	54	133	28 08	54	132	29 02	54	132	29 56	54	131
42	25 54	54	132	26 48	54	131	27 42	54	131	28 36	53	130	29 29	54	130
43	25 28	53	131	26 21	54	130	27 15	53	130	28 08	54	129	29 02	53	129
44	25 01	53	130	25 54	54	130	26 48	53	129	27 41	53	128	28 34	53	128
45	24 34	+53	129	25 27	+53	129	26 20	+53	128	27 13	+53	127	28 06	+53	127
46	24 06	53	128	24 59	53	128	25 52	53	127	26 45	53	126	27 38	52	126
47	23 38	53	127	24 31	53	127	25 24	52	126	26 16	53	126	27 09	53	125
48	23 10	52	126	24 02	53	126	24 55	53	125	25 48	52	125	26 40	52	124
49	22 41	53	125	23 34	52	125	24 26	52	124	25 18	53	124	26 11	52	123
50	22 12	+52	124	23 04	+53	124	23 57	+52	123	24 49	+52	123	25 41	+52	122
51	21 43	52	123	22 35	52	123	23 27	52	122	24 19	52	122	25 11	51	121
52	21 13	52	122	22 05	52	122	22 57	52	121	23 49	51	121	24 40	52	120
53	20 43	52	121	21 35	52	121	22 27	51	120	23 18	52	120	24 10	51	119
54	20 13	51	120	21 04	52	120	21 56	51	119	22 47	52	119	23 39	51	118
55	19 42	+52	120	20 34	+51	119	21 25	+51	118	22 16	+52	118	23 08	+51	117
56	19 11	52	119	20 03	51	118	20 54	51	118	21 45	51	117	22 36	51	116
57	18 40	51	118	19 31	52	117	20 23	51	117	21 14	50	116	22 04	51	116
58	18 09	51	117	19 00	51	116	19 51	51	116	20 42	50	115	21 32	51	115
59	17 37	51	116	18 28	51	115	19 19	51	115	20 10	50	114	21 00	51	114
60	17 06	+50	115	17 56	+51	115	18 47	+50	114	19 37	+51	113	20 28	+50	113
61	16 33	51	114	17 24	51	114	18 15	50	113	19 05	50	113	19 55	50	112
62	16 01	51	113	16 52	50	113	17 42	50	112	18 32	50	112	19 22	50	111
63	15 29	50	112	16 19	50	112	17 09	50	111	17 59	50	111	18 49	50	110
64	14 56	50	111	15 46	50	111	16 36	50	110	17 26	50	110	18 16	50	109
65	14 23	+50	111	15 13	+50	110	16 03	+50	110	16 53	+50	109	17 43	+49	108
66	13 50	50	110	14 40	50	109	15 30	50	109	16 20	49	108	17 09	50	108
67	13 17	50	109	14 07	49	108	14 56	50	108	15 46	50	107	16 36	49	107
68	12 43	50	108	13 33	50	108	14 23	49	107	15 12	50	106	16 02	49	106
69	12 10	49	107	12 59	50	107	13 49	49	106	14 38	50	106	15 28	49	105

LHA	5° Hc	5° d	5° Z	6° Hc	6° d	6° Z	7° Hc	7° d	7° Z	8° Hc	8° d	8° Z	9° Hc	9° d	9° Z
	° ′	′	°	° ′	′	°	° ′	′	°	° ′	′	°	° ′	′	°
0	41 00	+60	180	42 00	+60	180	43 00	+60	180	44 00	+60	180	45 00	+60	180
1	41 00	60	179	42 00	60	179	43 00	60	179	44 00	60	179	45 00	60	179
2	40 58	60	177	41 58	60	177	42 58	60	177	43 58	60	177	44 58	60	177
3	40 56	60	176	41 56	60	176	42 56	60	176	43 56	60	176	44 56	60	176
4	40 54	59	175	41 53	60	175	42 53	60	175	43 53	60	175	44 53	60	174
5	40 50	+60	173	41 50	+60	173	42 50	+59	173	43 49	+60	173	44 49	+60	173
6	40 45	60	172	41 45	60	172	42 45	60	172	43 45	60	172	44 45	59	172
7	40 40	60	171	41 40	60	171	42 40	59	171	43 39	60	170	44 39	60	170
8	40 34	60	170	41 34	59	169	42 33	60	169	43 33	60	169	44 33	59	169
9	40 27	60	168	41 27	59	168	42 26	60	168	43 26	59	168	44 25	60	168
10	40 20	+59	167	41 19	+60	167	42 19	+59	167	43 18	+59	166	44 17	+60	166
11	40 11	60	166	41 11	59	165	42 10	59	165	43 09	60	165	44 09	59	165
12	40 02	59	164	41 01	60	164	42 01	59	164	43 00	59	164	43 59	59	163
13	39 52	59	163	40 51	59	163	41 50	59	163	42 49	59	162	43 48	59	162
14	39 42	59	162	40 41	58	162	41 39	59	161	42 38	59	161	43 37	59	161
15	39 30	+59	161	40 29	+59	160	41 28	+58	160	42 26	+59	160	43 25	+59	159
16	39 18	59	159	40 17	58	159	41 15	59	159	42 14	58	158	43 12	59	158
17	39 05	59	158	40 04	58	158	41 02	58	157	42 00	59	157	42 59	58	157
18	38 52	58	157	39 50	58	156	40 48	58	156	41 46	59	156	42 45	58	155
19	38 37	58	156	39 35	59	155	40 34	58	155	41 32	58	155	42 30	57	154
20	38 22	+58	154	39 20	+58	154	40 18	+58	154	41 16	+58	153	42 14	+58	153
21	38 07	57	153	39 04	58	153	40 02	58	152	41 00	57	152	41 57	58	152
22	37 50	58	152	38 48	57	151	39 45	58	151	40 43	57	151	41 40	58	150
23	37 33	58	151	38 31	57	150	39 28	57	150	40 25	57	150	41 22	57	149
24	37 16	57	149	38 13	57	149	39 10	57	149	40 07	57	148	41 04	57	148
25	36 57	+57	148	37 54	+57	148	38 51	+57	147	39 48	+57	147	40 45	+56	147
26	36 39	56	147	37 35	57	147	38 32	57	146	39 29	56	146	40 25	57	145
27	36 19	57	146	37 16	57	145	38 12	56	145	39 08	57	145	40 05	56	144
28	35 59	56	145	36 55	57	144	37 52	56	144	38 48	56	143	39 44	56	143
29	35 38	56	144	36 34	56	143	37 30	56	143	38 26	56	142	39 22	56	142
30	35 17	+56	142	36 13	+56	142	37 09	+55	142	38 04	+56	141	39 00	+56	141
31	34 55	56	141	35 51	56	141	36 47	55	140	37 42	56	140	38 37	56	139
32	34 33	55	140	35 28	56	140	36 24	55	139	37 19	55	139	38 14	55	138
33	34 10	55	139	35 05	55	139	36 00	55	138	36 55	55	138	37 50	55	137
34	33 47	55	138	34 42	55	137	35 37	54	137	36 31	55	136	37 26	55	136
35	33 23	+55	137	34 18	+54	136	35 12	+55	136	36 07	+54	135	37 01	+55	135
36	32 58	55	136	33 53	54	135	34 47	55	135	35 42	54	134	36 36	54	134
37	32 34	54	135	33 28	54	134	34 22	54	134	35 16	54	133	36 10	54	133
38	32 08	54	134	33 02	54	133	33 56	54	133	34 50	54	132	35 44	54	132
39	31 42	54	133	32 36	54	132	33 30	54	132	34 24	54	131	35 18	53	130
40	31 16	+54	132	32 10	+54	131	33 04	+53	130	33 57	+53	130	34 50	+54	129
41	30 50	53	130	31 43	54	130	32 37	53	129	33 30	53	129	34 23	53	128
42	30 23	53	129	31 16	53	129	32 09	53	128	33 02	53	128	33 55	53	127
43	29 55	53	128	30 48	53	128	31 41	53	127	32 34	53	127	33 27	52	126
44	29 27	53	127	30 20	53	127	31 13	53	126	32 06	52	126	32 58	52	125
45	28 59	+53	126	29 52	+52	126	30 44	+53	125	31 37	+52	125	32 29	+52	124
46	28 30	53	125	29 23	52	125	30 15	53	124	31 08	52	124	32 00	52	123
47	28 02	52	124	28 54	52	124	29 46	52	123	30 38	52	123	31 30	52	122
48	27 32	52	123	28 24	52	123	29 16	52	122	30 08	52	122	31 00	52	121
49	27 03	52	122	27 55	51	122	28 46	52	121	29 38	52	121	30 30	51	120
50	26 33	+52	122	27 25	+51	121	28 16	+52	120	29 08	+51	120	29 59	+51	119
51	26 02	52	121	26 54	52	120	27 46	51	119	28 37	51	119	29 28	51	118
52	25 32	51	120	26 23	52	119	27 15	51	118	28 06	51	118	28 57	51	117
53	25 01	51	119	25 52	51	118	26 43	51	117	27 34	51	117	28 25	51	116
54	24 30	51	118	25 21	51	117	26 12	51	117	27 03	51	116	27 54	50	115
55	23 59	+51	117	24 50	+50	116	25 40	+51	116	26 31	+51	115	27 22	+50	114
56	23 27	51	116	24 18	50	115	25 08	51	115	25 59	50	114	26 49	50	113
57	22 55	51	115	23 46	50	114	24 36	51	114	25 27	50	113	26 17	50	113
58	22 23	51	114	23 14	50	114	24 04	50	113	24 54	50	112	25 44	50	112
59	21 51	50	113	22 41	50	113	23 31	50	112	24 21	50	111	25 11	50	111
60	21 18	+50	112	22 08	+50	112	22 58	+50	111	23 48	+50	110	24 38	+50	110
61	20 45	50	111	21 35	50	111	22 25	50	110	23 15	50	110	24 05	49	109
62	20 12	50	110	21 02	50	110	21 52	50	109	22 42	49	109	23 31	50	108
63	19 39	50	109	20 29	50	109	21 19	49	108	22 08	50	108	22 58	49	107
64	19 06	50	109	19 56	49	108	20 45	50	108	21 35	49	107	22 24	49	106
65	18 32	+50	108	19 22	+50	107	20 12	+49	107	21 01	+49	106	21 50	+49	105
66	17 59	49	107	18 48	50	106	19 38	49	106	20 27	49	105	21 16	49	105
67	17 25	49	106	18 14	50	105	19 04	49	105	19 53	49	104	20 42	49	104
68	16 51	49	105	17 40	49	105	18 29	50	104	19 19	48	104	20 07	49	103
69	16 17	49	104	17 06	49	104	17 55	49	103	18 44	49	103	19 33	49	102

LHA	10° Hc	10° d	10° Z	11° Hc	11° d	11° Z	12° Hc	12° d	12° Z	13° Hc	13° d	13° Z	14° Hc	14° d	14° Z	LHA
	° ′	′	°	° ′	′	°	° ′	′	°	° ′	′	°	° ′	′	°	
0	46 00	+60	180	47 00	+60	180	48 00	+60	180	49 00	+60	180	50 00	+60	180	360
1	46 00	60	179	47 00	60	179	48 00	60	179	49 00	60	179	50 00	60	179	359
2	45 58	60	177	46 58	60	177	47 58	60	177	48 58	60	177	49 58	60	177	358
3	45 56	60	176	46 56	60	176	47 56	60	176	48 56	60	176	49 56	60	176	357
4	45 53	60	174	46 53	60	174	47 53	60	174	48 53	60	174	49 53	60	174	356
5	45 49	+60	173	46 49	+60	173	47 49	+60	173	48 49	+59	173	49 48	+60	173	355
6	45 44	60	172	46 44	60	171	47 44	60	171	48 44	59	171	49 43	60	171	354
7	45 39	59	170	46 38	60	170	47 38	60	170	48 38	59	170	49 37	60	170	353
8	45 32	60	169	46 32	59	169	47 31	60	168	48 31	60	168	49 31	59	168	352
9	45 25	59	167	46 24	60	167	47 24	59	167	48 23	60	167	49 23	59	167	351
10	45 17	+59	166	46 16	+59	166	47 15	+60	166	48 15	+59	165	49 14	+59	165	350
11	45 08	59	165	46 07	59	164	47 06	59	164	48 05	60	164	49 05	59	164	349
12	44 58	59	163	45 57	59	163	46 56	59	163	47 55	59	162	48 54	59	162	348
13	44 47	59	162	45 46	59	162	46 45	59	161	47 44	59	161	48 43	59	161	347
14	44 36	59	161	45 35	59	160	46 34	58	160	47 32	59	160	48 31	58	159	346
15	44 24	+58	159	45 22	+59	159	46 21	+58	159	47 19	+59	158	48 18	+58	158	345
16	44 11	58	158	45 09	59	157	46 08	58	157	47 06	58	157	48 04	58	156	344
17	43 57	58	156	44 55	59	156	45 54	58	156	46 52	58	155	47 50	58	155	343
18	43 43	58	155	44 41	58	155	45 39	58	154	46 37	57	154	47 34	58	154	342
19	43 27	58	154	44 25	58	153	45 23	58	153	46 21	57	153	47 18	58	152	341
20	43 12	+57	153	44 09	+58	152	45 07	+57	152	46 04	+58	151	47 02	+57	151	340
21	42 55	57	151	43 52	58	151	44 50	57	150	45 47	57	150	46 44	57	150	339
22	42 38	57	150	43 35	57	150	44 32	57	149	45 29	57	149	46 26	57	148	338
23	42 19	57	149	43 16	57	148	44 13	57	148	45 10	57	147	46 07	56	147	337
24	42 01	57	147	42 58	56	147	43 54	57	147	44 51	56	146	45 47	56	146	336
25	41 41	+57	146	42 38	+56	146	43 34	+57	145	44 31	+56	145	45 27	+56	144	335
26	41 22	56	145	42 18	56	144	43 14	56	144	44 10	56	144	45 06	56	143	334
27	41 01	56	144	41 57	56	143	42 53	56	143	43 49	55	142	44 44	56	142	333
28	40 40	56	142	41 36	55	142	42 31	56	142	43 27	55	141	44 22	56	140	332
29	40 18	56	141	41 14	55	141	42 09	55	140	43 04	55	140	43 59	55	139	331
30	39 56	+55	140	40 51	+55	140	41 46	+55	139	42 41	+55	139	43 36	+55	138	330
31	39 33	55	139	40 28	55	138	41 23	55	138	42 18	54	137	43 12	55	137	329
32	39 09	55	138	40 04	55	137	40 59	54	137	41 53	55	136	42 48	54	136	328
33	38 45	55	137	39 40	54	136	40 34	55	136	41 29	54	135	42 23	54	134	327
34	38 21	54	135	39 15	54	135	40 09	54	134	41 03	54	134	41 57	54	133	326
35	37 56	+54	134	38 50	+54	134	39 44	+54	133	40 38	+53	133	41 31	+54	132	325
36	37 30	54	133	38 24	54	133	39 18	53	132	40 11	54	131	41 05	53	131	324
37	37 04	54	132	37 58	53	132	38 51	54	131	39 45	53	130	40 38	53	130	323
38	36 38	53	131	37 31	54	130	38 25	53	130	39 18	53	129	40 11	52	129	322
39	36 11	53	130	37 04	53	129	37 57	53	129	38 50	53	128	39 43	52	128	321
40	35 44	+53	129	36 37	+52	128	37 29	+53	128	38 22	+53	127	39 15	+52	126	320
41	35 16	53	128	36 09	52	127	37 01	53	127	37 54	52	126	38 46	52	125	319
42	34 48	52	127	35 40	53	126	36 33	52	125	37 25	52	125	38 17	52	124	318
43	34 19	53	126	35 12	52	125	36 04	52	124	36 56	52	124	37 48	51	123	317
44	33 50	53	125	34 43	52	124	35 35	51	123	36 26	52	123	37 18	51	122	316
45	33 21	+52	124	34 13	+52	123	35 05	+52	122	35 57	+51	122	36 48	+51	121	315
46	32 52	51	123	33 43	52	122	34 35	51	121	35 26	52	121	36 18	51	120	314
47	32 22	51	122	33 13	52	121	34 05	51	120	34 56	51	120	35 47	51	119	313
48	31 52	51	121	32 43	51	120	33 34	51	119	34 25	51	119	35 16	50	118	312
49	31 21	51	120	32 12	51	119	33 03	51	118	33 54	51	118	34 45	50	117	311
50	30 50	+51	119	31 41	+51	118	32 32	+51	117	33 23	+50	117	34 13	+50	116	310
51	30 19	51	118	31 10	50	117	32 00	51	116	32 51	50	116	33 41	50	115	309
52	29 48	50	117	30 38	51	116	31 29	50	115	32 19	50	115	33 09	50	114	308
53	29 16	50	116	30 06	51	115	30 57	50	114	31 47	50	114	32 37	49	113	307
54	28 44	50	115	29 34	50	114	30 24	50	113	31 14	50	113	32 04	50	112	306
55	28 12	+50	114	29 02	+50	113	29 52	+50	113	30 42	+49	112	31 31	+50	111	305
56	27 39	50	113	28 29	50	112	29 19	50	112	30 09	49	111	30 58	50	110	304
57	27 07	50	112	27 57	49	111	28 46	50	111	29 36	49	110	30 25	49	109	303
58	26 34	50	111	27 24	49	110	28 13	50	110	29 03	49	109	29 52	49	108	302
59	26 01	50	110	26 51	49	109	27 40	49	109	28 29	49	108	29 18	49	108	301
60	25 28	+49	109	26 17	+50	109	27 07	+49	108	27 56	+49	107	28 45	+48	107	300
61	24 54	50	108	25 44	49	108	26 33	49	107	27 22	49	106	28 11	48	106	299
62	24 21	49	107	25 10	49	107	25 59	49	106	26 48	49	106	27 37	48	105	298
63	23 47	49	107	24 36	49	106	25 25	49	105	26 14	49	105	27 03	48	104	297
64	23 13	49	106	24 02	49	105	24 51	49	104	25 40	48	104	26 28	49	103	296
65	22 39	+49	105	23 28	+49	104	24 17	+48	104	25 05	+49	103	25 54	+48	102	295
66	22 05	49	104	22 54	48	103	23 42	49	103	24 31	48	102	25 19	48	101	294
67	21 31	48	103	22 19	49	102	23 08	49	102	23 56	49	101	24 45	48	100	293
68	20 56	49	102	21 45	48	102	22 33	49	101	23 22	48	100	24 10	48	100	292
69	20 22	48	101	21 10	49	101	21 59	48	100	22 47	48	99	23 35	48	99	291

S. Lat. {LHA greater than 180°....... Zn=180−Z; LHA less than 180°........... Zn=180+Z}

DECLINATION (0°-14°) SAME NAME AS LATITUDE

LAT 54°

Anlage 8

N. Lat. {LHA greater than 180°....... Zn=Z
{LHA less than 180°.......... Zn=360−Z

DECLINATION (0°-14°) SAME NAME AS LATITUDE

LHA	0° Hc	d	Z	1° Hc	d	Z	2° Hc	d	Z	3° Hc	d	Z	4° Hc	d	Z	5° Hc	d	Z	6° Hc	d	Z	7° Hc	d	Z
	° ′	′	°	° ′	′	°	° ′	′	°	° ′	′	°	° ′	′	°	° ′	′	°	° ′	′	°	° ′	′	°
70	11 36	+49	106	12 25	+50	106	13 15	+49	105	14 04	+50	105	14 54	+49	104	15 43	+49	104	16 32	+49	103	17 21	+49	102
71	11 02	49	106	11 51	50	105	12 41	49	104	13 30	49	104	14 19	49	103	15 08	49	103	15 57	49	102	16 46	49	101
72	10 28	49	105	11 17	50	104	12 07	49	104	12 56	49	103	13 45	49	102	14 34	49	102	15 23	49	101	16 12	48	101
73	09 54	49	104	10 43	49	103	11 32	49	103	12 21	49	102	13 10	49	102	13 59	49	101	14 48	49	100	15 37	49	100
74	09 19	50	103	10 09	49	103	10 58	49	102	11 47	49	101	12 36	49	101	13 25	48	100	14 13	49	100	15 02	49	99
75	08 45	+49	102	09 34	+49	102	10 23	+49	101	11 12	+49	101	12 01	+49	100	12 50	+49	99	13 39	+48	99	14 27	+49	98
76	08 11	49	101	09 00	49	101	09 49	48	100	10 37	49	100	11 26	49	99	12 15	49	99	13 04	48	98	13 52	49	97
77	07 36	49	101	08 25	49	100	09 14	49	99	10 03	48	99	10 51	49	98	11 40	49	98	12 29	48	97	13 17	49	96
78	07 01	49	100	07 50	49	99	08 39	49	99	09 28	48	98	10 16	49	97	11 05	49	97	11 54	48	96	12 42	49	96
79	06 26	49	99	07 15	49	98	08 04	49	98	08 53	48	97	09 41	49	97	10 30	49	96	11 19	48	95	12 07	48	95
80	05 52	+48	98	06 40	+49	98	07 29	+49	97	08 18	+48	96	09 06	+49	96	09 55	+48	95	10 43	+49	95	11 32	+48	94
81	05 17	48	97	06 05	49	97	06 54	49	96	07 43	48	96	08 31	49	95	09 20	48	94	10 08	49	94	10 57	48	93
82	04 42	48	96	05 30	49	96	06 19	49	95	07 08	48	95	07 56	49	94	08 45	48	94	09 33	48	93	10 21	49	92
83	04 06	49	96	04 55	49	95	05 44	48	95	06 32	49	94	07 21	48	93	08 09	49	93	08 58	48	92	09 46	49	92
84	03 31	49	95	04 20	49	94	05 09	48	94	05 57	49	93	06 46	48	93	07 34	49	92	08 23	48	91	09 11	48	91
85	02 56	+49	94	03 45	+48	93	04 33	+49	93	05 22	+48	92	06 10	+49	92	06 59	+48	91	07 47	+49	91	08 36	+48	90
86	02 21	49	93	03 10	48	93	03 58	49	92	04 47	48	91	05 35	49	91	06 24	48	90	07 12	48	90	08 00	49	89
87	01 46	48	92	02 34	49	92	03 23	48	91	04 11	49	91	05 00	48	90	05 48	49	90	06 37	48	89	07 25	49	88
88	01 11	48	92	01 59	49	91	02 48	48	90	03 36	49	90	04 25	48	89	05 13	49	89	06 02	48	88	06 50	48	88
89	00 35	49	91	01 24	48	90	02 12	49	90	03 01	48	89	03 49	49	88	04 38	48	88	05 26	49	87	06 15	48	87
90	00 00	+49	90	00 49	+48	89	01 37	+49	89	02 26	+48	88	03 14	+49	88	04 03	+48	87	04 51	+49	86	05 40	+48	86
91	−0 35	48	89	00 13	49	89	01 02	48	88	01 50	49	87	02 39	48	87	03 27	49	86	04 16	48	86	05 04	49	85
92	−1 11	49	88	−0 22	49	88	00 27	48	87	01 15	49	87	02 04	48	86	02 52	49	85	03 41	48	85	04 29	49	84
93	−1 46	49	88	−0 57	48	87	−0 09	49	86	00 40	49	86	01 29	48	85	02 17	49	85	03 06	48	84	03 54	49	83
94	−2 21	49	87	−1 32	48	86	−0 44	49	86	00 05	48	85	00 53	49	84	01 42	49	84	02 31	48	83	03 19	49	83
95	−2 56	+48	86	−2 08	+49	85	−1 19	+49	85	−0 30	+48	84	00 18	+49	84	01 07	+49	83	01 56	+48	82	02 44	+49	82
96	−3 31	48	85	−2 43	49	85	−1 54	49	84	−1 05	48	83	−0 17	49	83	00 32	49	82	01 21	48	82	02 09	49	81
97	−4 06	48	84	−3 18	49	84	−2 29	49	83	−1 40	48	83	−0 52	49	82	−0 03	49	81	00 46	49	81	01 35	48	80
98	−4 42	49	84	−3 53	49	83	−3 04	49	82	−2 15	48	82	−1 27	49	81	−0 38	49	81	00 11	49	80	01 00	49	79
99	−5 17	49	83	−4 28	49	82	−3 39	49	82	−2 50	49	81	−2 01	48	80	−1 13	49	80	−0 24	49	79	00 25	49	79
100	−5 52	+49	82	−5 03	+49	81	−4 14	+49	81	−3 25	+49	80	−2 36	+49	80	−1 47	+49	79	−0 58	+49	78	−0 09	+49	78
101				−5 38	49	80	−4 49	49	80	−4 00	49	79	−3 11	49	79	−2 22	49	78	−1 33	49	78	−0 44	49	77
102							−5 23	49	79	−4 34	49	78	−3 45	49	78	−2 56	49	77	−2 07	49	77	−1 18	49	76
103							−5 58	49	78	−5 09	49	78	−4 20	49	77	−3 31	50	77	−2 41	49	76	−1 52	49	75
104										−5 43	49	77	−4 54	49	76	−4 05	49	76	−3 16	50	75	−2 26	49	75
105													−5 28	+49	75	−4 39	+49	75	−3 50	+50	74	−3 00	+49	74
106													−6 02	49	75	−5 13	50	74	−4 23	49	73	−3 34	49	73
107																−5 47	50	73	−4 57	49	73	−4 08	50	72
108																			−5 31	50	72	−4 41	50	71
109																			−6 04	49	71	−5 15	50	70
110																						−5 48	+50	70

LHA	8° Hc	d	Z	9° Hc	d	Z	10° Hc	d	Z	11° Hc	d	Z	12° Hc	d	Z	13° Hc	d	Z	14° Hc	d	Z	LHA
	° ′	′	°	° ′	′	°	° ′	′	°	° ′	′	°	° ′	′	°	° ′	′	°	° ′	′	°	
70	18 10	+48	102	18 58	+49	101	19 47	+49	100	20 36	+48	100	21 24	+48	99	22 12	+48	99	23 00	+48	98	290
71	17 35	49	101	18 24	48	100	19 12	49	100	20 01	48	99	20 49	48	98	21 37	48	98	22 25	48	97	289
72	17 00	49	100	17 49	49	99	18 38	48	99	19 26	48	98	20 14	48	98	21 02	48	97	21 50	48	96	288
73	16 26	48	99	17 14	49	99	18 03	48	98	18 51	48	97	19 39	48	97	20 27	48	96	21 15	48	95	287
74	15 51	48	98	16 39	49	98	17 28	48	97	18 16	48	97	19 04	48	96	19 52	48	95	20 40	48	95	286
75	15 16	+48	98	16 04	+49	97	16 53	+48	96	17 41	+48	96	18 29	+48	95	19 17	+48	94	20 05	+48	94	285
76	14 41	48	97	15 29	49	96	16 18	48	95	17 06	48	95	17 54	48	94	18 42	48	94	19 30	47	93	284
77	14 06	48	96	14 54	48	95	15 42	49	95	16 31	48	94	17 19	48	93	18 07	47	93	18 54	48	92	283
78	13 31	48	95	14 19	48	94	15 07	48	94	15 55	48	93	16 43	48	93	17 31	48	92	18 19	48	91	282
79	12 55	49	94	13 44	48	94	14 32	48	93	15 20	48	92	16 08	48	92	16 56	48	91	17 44	48	91	281
80	12 20	+49	93	13 09	+48	93	13 57	+48	92	14 45	+48	92	15 33	+48	91	16 21	+48	90	17 09	+47	90	280
81	11 45	48	93	12 33	49	92	13 22	48	91	14 10	48	91	14 58	48	90	15 46	47	90	16 33	48	89	279
82	11 10	48	92	11 58	48	91	12 46	48	91	13 34	48	90	14 22	48	89	15 10	48	89	15 58	48	88	278
83	10 35	48	91	11 23	48	90	12 11	48	90	12 59	48	89	13 47	48	89	14 35	48	88	15 23	48	87	277
84	09 59	49	90	10 48	48	90	11 36	48	89	12 24	48	88	13 12	48	88	14 00	48	87	14 48	47	86	276
85	09 24	+48	89	10 12	+48	89	11 00	+49	88	11 49	+48	88	12 37	+48	87	13 25	+47	86	14 12	+48	86	275
86	08 49	48	89	09 37	48	88	10 25	48	87	11 13	48	87	12 01	48	86	12 49	48	86	13 37	48	85	274
87	08 14	48	88	09 02	48	87	09 50	48	87	10 38	48	86	11 26	48	85	12 14	48	85	13 02	48	84	273
88	07 38	49	87	08 27	48	86	09 15	48	86	10 03	48	85	10 51	48	85	11 39	48	84	12 27	48	83	272
89	07 03	48	86	07 51	49	86	08 40	48	85	09 28	48	84	10 16	48	84	11 04	48	83	11 52	48	83	271
90	06 28	+48	85	07 16	+49	85	08 05	+48	84	08 53	+48	84	09 41	+48	83	10 29	+48	82	11 17	+48	82	270
91	05 53	48	85	06 41	49	84	07 30	48	83	08 18	48	83	09 06	48	82	09 54	48	82	10 42	48	81	269
92	05 18	48	84	06 06	49	83	06 55	48	83	07 43	48	82	08 31	48	81	09 19	49	81	10 08	48	80	268
93	04 43	48	83	05 31	49	82	06 20	48	82	07 08	48	81	07 56	49	81	08 45	48	80	09 33	48	79	267
94	04 08	48	82	04 56	49	81	05 45	48	81	06 33	49	80	07 22	48	80	08 10	48	79	08 58	49	79	266
95	03 33	+48	81	04 21	+49	81	05 10	+48	80	05 58	+49	80	06 47	+48	79	07 35	+49	78	08 24	+48	78	265
96	02 58	49	80	03 47	48	80	04 35	49	79	05 24	48	79	06 12	49	78	07 01	48	78	07 49	49	77	264
97	02 23	49	80	03 12	49	79	04 01	48	78	04 49	49	78	05 38	49	77	06 27	48	77	07 15	49	76	263
98	01 49	48	79	02 37	49	78	03 26	49	78	04 15	49	77	05 04	48	77	05 52	49	76	06 41	49	75	262
99	01 14	49	78	02 03	49	77	02 52	49	77	03 41	48	76	04 29	49	76	05 18	49	75	06 07	49	75	261
100	00 40	+49	77	01 29	+48	77	02 17	+49	76	03 06	+49	75	03 55	+49	75	04 44	+49	74	05 33	+49	74	260
101	00 05	49	76	00 54	49	76	01 43	49	75	02 32	49	75	03 21	49	74	04 10	49	74	04 59	49	73	259
102	−0 29	49	76	00 20	49	75	01 09	49	74	01 58	49	74	02 47	49	73	03 36	49	73	04 25	50	72	258
103	−1 03	49	75	−0 14	49	74	00 35	49	74	01 24	50	73	02 14	49	73	03 03	49	72	03 52	49	71	257
104	−1 37	49	74	−0 48	50	73	00 02	49	73	00 51	49	72	01 40	49	72	02 29	50	71	03 19	49	71	256
105	−2 11	+50	73	−1 21	+49	73	−0 32	+49	72	00 17	+50	71	01 07	+49	71	01 56	+49	70	02 45	+50	70	255
106	−2 45	50	72	−1 55	49	72	−1 06	50	71	−0 16	49	71	00 33	50	70	01 23	49	70	02 12	50	69	254
107	−3 18	50	72	−2 28	49	71	−1 39	50	70	−0 49	49	70	00 00	50	69	00 50	50	69	01 40	49	68	253
108	−3 51	49	71	−3 02	50	70	−2 12	50	70	−1 22	49	69	−0 33	50	68	00 17	50	68	01 07	50	67	252
109	−4 25	50	70	−3 35	50	69	−2 45	50	69	−1 55	50	68	−1 05	50	68	−0 15	50	67	00 35	49	67	251
110	−4 58	+50	69	−4 08	+50	69	−3 18	+50	68	−2 28	+50	67	−1 38	+50	67	−0 48	+50	66	00 02	+50	66	250
111	−5 31	51	68	−4 40	50	68	−3 50	50	67	−3 00	50	67	−2 10	50	66	−1 20	50	65	−0 30	50	65	249
112	−6 03	50	67	−5 13	50	67	−4 23	50	66	−3 33	51	66	−2 42	50	65	−1 52	50	65	−1 02	51	64	248
113				−5 45	50	66	−4 55	50	65	−4 05	51	65	−3 14	50	64	−2 24	51	64	−1 33	50	63	247
114							−5 27	51	65	−4 36	50	64	−3 46	51	64	−2 55	50	63	−2 05	51	63	246
115							−5 59	+51	64	−5 08	+51	63	−4 17	+50	63	−3 27	+51	62	−2 36	+51	62	245
116										−5 39	50	62	−4 49	51	62	−3 58	51	61	−3 07	51	61	244
117													−5 20	52	61	−4 28	51	61	−3 37	51	60	243
118													−5 50	51	60	−4 59	51	60	−4 08	51	59	242
119																−5 29	51	59	−4 38	51	58	241
120																−6 00	+52	58	−5 08	+52	58	240
121																			−5 38	52	57	239

0°	1°	2°	3°	4°	5°	6°	7°	8°	9°	10°	11°	12°	13°	14°

S. Lat. {LHA greater than 180°....... Zn=180−Z
{LHA less than 180°.......... Zn=180+Z

DECLINATION (0°-14°) SAME NAME AS LATITUDE

761-874°—65——8

Anlage 8

N. Lat. {LHA greater than 180°....... Zn=Z; LHA less than 180°........... Zn=360−Z}

DECLINATION (0°-14°) CONTRARY NAME TO LATITUDE

LHA	0° Hc d Z	1° Hc d Z	2° Hc d Z	3° Hc d Z	4° Hc d Z	5° Hc d Z	6° Hc d Z	7° Hc d Z	8° Hc d Z	9° Hc d Z	10° Hc d Z	11° Hc d Z	12° Hc d Z	13° Hc d Z	14° Hc d Z	LHA
	° ′ ′ °	° ′ ′ °	° ′ ′ °	° ′ ′ °	° ′ ′ °	° ′ ′ °	° ′ ′ °	° ′ ′ °	° ′ ′ °	° ′ ′ °	° ′ ′ °	° ′ ′ °	° ′ ′ °	° ′ ′ °	° ′ ′ °	
100	−5 52 −48 82	260														
99	−5 17 48 83	−6 05 49 83	261													
98	−4 42 48 84	−5 30 49 84	262													
97	−4 06 49 84	−4 55 49 85	−5 44 48 85	263												
96	−3 31 49 85	−4 20 49 86	−5 09 48 86	−5 57 49 87	264											
95	−2 56 −49 86	−3 45 −48 87	−4 33 −49 87	−5 22 −48 88	−6 10 −49 88	265										
94	−2 21 49 87	−3 10 48 87	−3 58 49 88	−4 47 48 89	−5 35 49 89	266										
93	−1 46 48 88	−2 34 49 88	−3 23 48 89	−4 11 49 89	−5 00 48 90	−5 48 49 90	267									
92	−1 11 48 88	−1 59 49 89	−2 48 48 90	−3 36 49 90	−4 25 48 91	−5 13 49 91	−6 02 48 92	268								
91	−0 35 49 89	−1 24 48 90	−2 12 49 90	−3 01 48 91	−3 49 49 92	−4 38 48 92	−5 26 49 93	269								
90	00 00 −49 90	−0 49 −48 91	−1 37 −49 91	−2 26 −48 92	−3 14 −49 92	−4 03 −48 93	−4 51 −49 94	−5 40 −48 94	270							
89	00 35 48 91	−0 13 49 91	−1 02 48 92	−1 50 49 93	−2 39 48 93	−3 27 49 94	−4 16 48 94	−5 04 49 95	−5 53 48 95	271						
88	01 11 49 92	00 22 49 92	−0 27 48 93	−1 15 49 93	−2 04 48 94	−2 52 49 95	−3 41 48 95	−4 29 49 96	−5 18 48 96	−6 06 49 97	272					
87	01 46 49 92	00 57 48 93	00 09 49 94	−0 40 49 94	−1 29 48 95	−2 17 49 95	−3 06 48 96	−3 54 49 97	−4 43 48 97	−5 31 49 98	273					
86	02 21 49 93	01 32 48 94	00 44 49 94	−0 05 48 95	−0 53 49 96	−1 42 49 96	−2 31 48 97	−3 19 49 97	−4 08 48 98	−4 56 49 99	−5 45 48 99	274				
85	02 56 −48 94	02 08 −49 95	01 19 −49 95	00 30 −48 96	−0 18 −49 96	−1 07 −49 97	−1 56 −48 98	−2 44 −49 98	−3 33 −48 99	−4 21 −49 99	−5 10 −48 100	−5 58 −49 100	275			
84	03 31 48 95	02 43 49 95	01 54 49 96	01 05 48 97	00 17 49 97	−0 32 49 98	−1 21 48 98	−2 09 49 99	−2 58 49 100	−3 47 48 100	−4 35 49 101	−5 24 48 101	276			
83	04 06 48 96	03 18 49 96	02 29 49 97	01 40 48 97	00 52 49 98	00 03 49 99	−0 46 49 99	−1 35 48 100	−2 23 49 100	−3 12 49 101	−4 01 48 102	−4 49 49 102	−5 38 49 103	277		
82	04 42 49 96	03 53 49 97	03 04 49 98	02 15 48 98	01 27 49 99	00 38 49 99	−0 11 49 100	−1 00 49 101	−1 49 48 101	−2 37 49 102	−3 26 49 102	−4 15 49 103	−5 04 48 103	−5 52 49 104	278	
81	05 17 49 97	04 28 49 98	03 39 49 98	02 50 49 99	02 01 48 100	01 13 49 100	00 24 49 101	−0 25 49 101	−1 14 49 102	−2 03 49 103	−2 52 49 103	−3 41 48 104	−4 29 49 104	−5 18 49 105	−6 07 49 105	279
80	05 52 −49 98	05 03 −49 99	04 14 −49 99	03 25 −49 100	02 36 −49 100	01 47 −49 101	00 58 −49 102	00 09 −49 102	−0 40 −49 103	−1 29 −48 103	−2 17 −49 104	−3 06 −49 105	−3 55 −49 105	−4 44 −49 106	−5 33 −49 106	280
79	06 26 48 99	05 38 49 100	04 49 49 100	04 00 49 101	03 11 49 101	02 22 49 102	01 33 49 102	00 44 49 103	−0 05 49 104	−0 54 49 104	−1 43 49 105	−2 32 49 105	−3 21 49 106	−4 10 49 106	−4 59 49 107	281
78	07 01 49 100	06 12 49 100	05 23 49 101	04 34 49 102	03 45 49 102	02 56 49 103	02 07 49 103	01 18 49 104	00 29 49 104	−0 20 49 105	−1 09 49 106	−1 58 49 106	−2 47 49 107	−3 36 49 107	−4 25 50 108	282
77	07 36 49 101	06 47 49 101	05 58 49 102	05 09 49 102	04 20 49 103	03 31 50 103	02 41 49 104	01 52 49 105	01 03 49 105	00 14 49 106	−0 35 49 106	−1 24 50 107	−2 14 49 107	−3 03 49 108	−3 52 49 109	283
76	08 11 50 101	07 21 49 102	06 32 49 103	05 43 49 103	04 54 49 104	04 05 49 104	03 16 50 105	02 26 49 105	01 37 49 106	00 48 50 107	−0 02 49 107	−0 51 49 108	−1 40 49 108	−2 29 50 109	−3 19 49 109	284
75	08 45 −49 102	07 56 −49 103	07 07 −49 103	06 18 −50 104	05 28 −49 105	04 39 −49 105	03 50 −50 106	03 00 −49 106	02 11 −50 107	01 21 −49 107	00 32 −49 108	−0 17 −50 109	−1 07 −49 109	−1 56 −49 110	−2 45 −50 110	285
74	09 19 49 103	08 30 49 104	07 41 49 104	06 52 50 105	06 02 49 105	05 13 50 106	04 23 49 107	03 34 49 107	02 45 50 108	01 55 49 108	01 06 50 109	00 16 49 109	−0 33 50 110	−1 23 49 110	−2 12 50 111	286
73	09 54 50 104	09 04 49 105	08 15 49 105	07 26 50 106	06 36 49 106	05 47 50 107	04 57 49 107	04 08 50 108	03 18 50 108	02 28 49 109	01 39 50 110	00 49 49 110	00 00 50 111	−0 50 50 111	−1 40 49 112	287
72	10 28 49 105	09 39 50 105	08 49 49 106	08 00 50 106	07 10 50 107	06 20 49 108	05 31 50 108	04 41 50 109	03 51 49 109	03 02 50 110	02 12 50 110	01 22 49 111	00 33 50 112	−0 17 50 112	−1 07 50 113	288
71	11 02 49 106	10 13 50 106	09 23 50 107	08 33 49 107	07 44 50 108	06 54 50 108	06 04 49 109	05 15 50 110	04 25 50 110	03 35 50 111	02 45 50 111	01 55 50 112	01 05 50 112	00 15 50 113	−0 35 49 113	289
70	11 36 −50 106	10 46 −49 107	09 57 −50 108	09 07 −50 108	08 17 −50 109	07 27 −49 109	06 38 −50 110	05 48 −50 110	04 58 −50 111	04 08 −50 111	03 18 −50 112	02 28 −50 113	01 38 −50 113	00 48 −50 114	−0 02 −50 114	290
	0°	1°	2°	3°	4°	5°	6°	7°	8°	9°	10°	11°	12°	13°	14°	

S. Lat. {LHA greater than 180°....... Zn=180−Z; LHA less than 180°........... Zn=180+Z}

DECLINATION (0°-14°) CONTRARY NAME TO LATITUDE

100

Anlage 8

N. Lat. {LHA greater than 180°....... Zn=Z
{LHA less than 180°........... Zn=360−Z

DECLINATION (0°-14°) CONTRARY NAME TO LATITUDE

LHA	0°			1°			2°			3°			4°			5°			6°			7°			8°			9°			10°			11°			12°			13°			14°			LHA
	Hc	d	Z	Hc	d	Z	Hc	d	Z	Hc	d	Z	Hc	d	Z	Hc	d	Z	Hc	d	Z	Hc	d	Z	Hc	d	Z	Hc	d	Z	Hc	d	Z	Hc	d	Z	Hc	d	Z	Hc	d	Z	Hc	d	Z	
	° ′	′	°	° ′	′	°	° ′	′	°	° ′	′	°	° ′	′	°	° ′	′	°	° ′	′	°	° ′	′	°	° ′	′	°	° ′	′	°	° ′	′	°	° ′	′	°	° ′	′	°	° ′	′	°	° ′	′	°	
69	12 10	50	107	11 20	50	108	10 30	50	108	09 40	49	109	08 51	50	110	08 01	50	110	07 11	50	111	06 21	50	111	05 31	51	112	04 40	50	112	03 50	50	113	03 00	50	113	02 10	50	114	01 20	50	115	00 30	50	115	291
68	12 43	50	108	11 53	49	109	11 04	50	109	10 14	50	110	09 24	50	110	08 34	50	111	07 44	51	112	06 53	50	112	06 03	50	113	05 13	50	113	04 23	50	114	03 33	51	114	02 42	50	115	01 52	50	115	01 02	51	116	292
67	13 17	50	109	12 27	50	110	11 37	50	110	10 47	50	111	09 57	51	111	09 06	50	112	08 16	50	112	07 26	50	113	06 36	51	113	05 45	50	114	04 55	50	115	04 05	51	115	03 14	50	116	02 24	51	116	01 33	50	117	293
66	13 50	50	110	13 00	50	110	12 10	50	111	11 20	51	112	10 29	50	112	09 39	50	113	08 49	51	113	07 58	50	114	07 08	51	114	06 17	50	115	05 27	51	115	04 36	50	116	03 46	51	116	02 55	50	117	02 05	51	117	294
65	14 23	−50	111	13 33	−50	111	12 43	−51	112	11 52	−50	112	11 02	−50	113	10 12	−51	114	09 21	−50	114	08 31	−51	115	07 40	−51	115	06 49	−50	116	05 59	−51	116	05 08	−51	117	04 17	−50	117	03 27	−51	118	02 36	−51	118	295
64	14 56	50	112	14 06	51	112	13 15	50	113	12 25	51	113	11 34	50	114	10 44	51	114	09 53	50	115	09 03	51	115	08 12	51	116	07 21	51	117	06 30	51	117	05 39	50	118	04 49	51	118	03 58	51	119	03 07	51	119	296
63	15 29	51	112	14 38	50	113	13 48	51	114	12 57	50	114	12 07	51	115	11 16	51	115	10 25	51	116	09 34	51	116	08 43	50	117	07 53	51	117	07 02	51	118	06 11	51	118	05 20	52	119	04 28	51	119	03 37	51	120	297
62	16 01	50	113	15 11	51	114	14 20	51	114	13 29	50	115	12 39	51	116	11 48	51	116	10 57	51	117	10 06	51	117	09 15	51	118	08 24	51	118	07 33	52	119	06 41	51	119	05 50	51	120	04 59	51	120	04 08	51	121	298
61	16 33	50	114	15 43	51	115	14 52	51	115	14 01	51	116	13 10	51	116	12 19	51	117	11 28	51	117	10 37	51	118	09 46	51	119	08 55	52	119	08 03	51	120	07 12	51	120	06 21	52	121	05 29	51	121	04 38	51	122	299
60	17 06	−51	115	16 15	−51	116	15 24	−51	116	14 33	−51	117	13 42	−51	117	12 51	−52	118	11 59	−51	118	11 08	−51	119	10 17	−52	119	09 25	−51	120	08 34	−51	120	07 43	−52	121	06 51	−51	121	06 00	−52	122	05 08	−52	122	300
59	17 37	51	116	16 46	51	117	15 55	51	117	15 04	51	118	14 13	51	118	13 22	52	119	12 30	51	119	11 39	52	120	10 47	51	120	09 56	52	121	09 04	51	121	08 13	52	122	07 21	52	122	06 29	51	123	05 38	52	123	301
58	18 09	51	117	17 18	51	117	16 27	52	118	15 35	51	119	14 44	52	119	13 52	51	120	13 01	52	120	12 09	51	121	11 18	52	121	10 26	52	122	09 34	52	122	08 42	51	123	07 51	52	123	06 59	52	124	06 07	52	124	302
57	18 40	51	118	17 49	51	118	16 58	52	119	16 06	51	119	15 15	52	120	14 23	52	120	13 31	51	121	12 40	52	121	11 48	52	122	10 56	52	123	10 04	52	123	09 12	52	124	08 20	52	124	07 28	52	125	06 36	52	125	303
56	19 11	51	119	18 20	52	119	17 28	51	120	16 37	52	120	15 45	52	121	14 53	52	121	14 01	51	122	13 10	52	122	12 18	52	123	11 26	53	123	10 33	52	124	09 41	52	124	08 49	52	125	07 57	52	125	07 05	53	126	304
55	19 42	−51	120	18 51	−52	120	17 59	−52	121	17 07	−52	121	16 15	−52	122	15 23	−52	122	14 31	−52	123	13 39	−52	123	12 47	−52	124	11 55	−52	124	11 03	−53	125	10 10	−52	125	09 18	−52	126	08 26	−53	126	07 33	−52	127	305
54	20 13	52	120	19 21	52	121	18 29	52	122	17 37	52	122	16 45	52	123	15 53	52	123	15 01	52	124	14 09	53	124	13 16	52	125	12 24	53	125	11 31	52	126	10 39	53	126	09 46	52	127	08 54	53	127	08 01	52	128	306
53	20 43	52	121	19 51	52	122	18 59	52	122	18 07	52	123	17 15	53	124	16 22	52	124	15 30	52	125	14 38	53	125	13 45	52	126	12 53	53	126	12 00	53	127	11 07	52	127	10 15	53	128	09 22	53	128	08 29	53	128	307
52	21 13	52	122	20 21	52	123	19 29	53	123	18 36	52	124	17 44	53	124	16 51	52	125	15 59	53	125	15 06	52	126	14 14	53	126	13 21	53	127	12 28	53	127	11 35	53	128	10 42	53	128	09 49	53	129	08 56	53	129	308
51	21 43	53	123	20 50	52	124	19 58	53	124	19 05	52	125	18 13	53	125	17 20	52	126	16 28	53	126	15 35	53	127	14 42	53	127	13 49	53	128	12 56	53	128	12 03	53	129	11 10	53	129	10 17	53	130	09 24	54	130	309
50	22 12	−52	124	21 20	−53	125	20 27	−53	125	19 34	−52	126	18 42	−53	126	17 49	−53	127	16 56	−53	127	16 03	−53	128	15 10	−53	128	14 17	−53	129	13 24	−54	129	12 30	−53	130	11 37	−53	130	10 44	−54	131	09 50	−53	131	310
49	22 41	53	125	21 48	52	126	20 56	53	126	20 03	53	127	19 10	53	127	18 17	53	128	17 24	53	128	16 31	54	129	15 37	53	129	14 44	53	130	13 51	54	130	12 57	53	131	12 04	54	131	11 10	53	131	10 17	54	132	311
48	23 10	53	126	22 17	53	127	21 24	53	127	20 31	53	128	19 38	53	128	18 45	54	129	17 51	53	129	16 58	53	130	16 05	54	130	15 11	53	131	14 18	54	131	13 24	54	131	12 30	53	132	11 37	54	132	10 43	54	133	312
47	23 38	53	127	22 45	53	128	21 52	53	128	20 59	54	129	20 05	53	129	19 12	54	130	18 18	53	130	17 25	53	131	16 31	53	131	15 38	54	131	14 44	54	132	13 50	54	132	12 56	54	133	12 02	53	133	11 09	54	134	313
46	24 06	53	128	23 13	54	129	22 19	53	129	21 26	53	130	20 33	54	130	19 39	54	131	18 45	53	131	17 52	54	131	16 58	54	132	16 04	54	132	15 10	54	133	14 16	54	133	13 22	54	134	12 28	54	134	11 34	54	135	314
45	24 34	−54	129	23 40	−53	130	22 47	−54	130	21 53	−54	131	20 59	−53	131	20 06	−54	131	19 12	−54	132	18 18	−54	132	17 24	−54	133	16 30	−54	133	15 36	−54	134	14 42	−55	134	13 47	−54	135	12 53	−54	135	11 59	−55	136	315
44	25 01	54	130	24 07	54	130	23 13	53	131	22 20	54	131	21 26	54	132	20 32	54	132	19 38	54	133	18 44	54	133	17 50	55	134	16 55	54	134	16 01	54	135	15 07	55	135	14 12	54	136	13 18	55	136	12 23	54	136	316
43	25 28	54	131	24 34	54	131	23 40	54	132	22 46	54	132	21 52	54	133	20 58	55	133	20 03	54	134	19 09	54	134	18 15	55	135	17 20	54	135	16 26	55	136	15 31	54	136	14 37	55	136	13 42	55	137	12 47	54	137	317
42	25 54	54	132	25 00	54	132	24 06	54	133	23 12	54	133	22 18	55	134	21 23	54	134	20 29	55	135	19 34	54	135	18 40	55	136	17 45	55	136	16 50	54	137	15 56	55	137	15 01	55	137	14 06	55	138	13 11	55	138	318
41	26 20	54	133	25 26	54	133	24 32	55	134	23 37	54	134	22 43	55	135	21 48	54	135	20 54	55	136	19 59	55	136	19 04	55	137	18 09	55	137	17 14	54	137	16 20	55	138	15 25	55	138	14 30	55	139	13 35	56	139	319
40	26 46	−55	134	25 51	−54	134	24 57	−55	135	24 02	−54	135	23 08	−55	136	22 13	−55	136	21 18	−55	137	20 23	−55	137	19 28	−55	138	18 33	−55	138	17 38	−55	138	16 43	−55	139	15 48	−55	139	14 53	−56	140	13 57	−55	140	320
39	27 11	55	135	26 16	54	135	25 22	55	136	24 27	55	136	23 32	55	137	22 37	55	137	21 42	55	138	20 47	55	138	19 52	55	139	18 57	56	139	18 01	55	139	17 06	55	140	16 11	56	140	15 15	55	141	14 20	56	141	321
38	27 36	55	136	26 41	55	137	25 46	55	137	24 51	55	137	23 56	55	138	23 01	55	138	22 06	56	139	21 10	55	139	20 15	55	140	19 20	56	140	18 24	55	140	17 29	56	141	16 33	56	141	15 37	55	142	14 42	56	142	322
37	28 00	55	137	27 05	55	138	26 10	55	138	25 15	56	138	24 19	55	139	23 24	55	139	22 29	56	140	21 33	55	140	20 38	56	140	19 42	56	141	18 46	55	141	17 51	56	142	16 55	56	142	15 59	56	142	15 03	55	143	323
36	28 24	56	138	27 28	55	139	26 33	55	139	25 38	56	139	24 42	55	140	23 47	56	140	22 51	55	141	21 56	56	141	21 00	56	141	20 04	56	142	19 08	56	142	18 12	56	143	17 16	56	143	16 21	56	143	15 25	57	144	324
35	28 47	−55	139	27 52	−56	140	26 56	−56	140	26 00	−55	140	25 05	−56	141	24 09	−56	141	23 13	−56	142	22 17	−55	142	21 22	−56	142	20 26	−56	143	19 30	−56	143	18 34	−57	144	17 37	−56	144	16 41	−56	144	15 45	−56	145	325
34	29 10	56	140	28 14	56	141	27 18	55	141	26 23	56	141	25 27	56	142	24 31	56	142	23 35	56	143	22 39	56	143	21 43	56	143	20 47	56	144	19 51	57	144	18 54	56	145	17 58	56	145	17 02	57	145	16 05	56	146	326
33	29 32	56	141	28 36	56	142	27 40	56	142	26 44	56	143	25 48	56	143	24 52	56	143	23 56	56	144	23 00	56	144	22 04	57	144	21 07	56	145	20 11	57	145	19 14	56	146	18 18	56	146	17 22	57	146	16 25	57	147	327
32	29 54	56	142	28 58	56	143	28 02	56	143	27 06	57	144	26 09	56	144	25 13	56	144	24 17	57	145	23 20	56	145	22 24	57	145	21 27	56	146	20 31	57	146	19 34	56	147	18 38	57	147	17 41	57	147	16 44	57	148	328
31	30 15	56	143	29 19	56	144	28 23	57	144	27 26	56	145	26 30	57	145	25 33	56	145	24 37	57	146	23 40	56	146	22 44	57	146	21 47	57	147	20 50	57	147	19 53	56	148	18 57	57	148	18 00	57	148	17 03	57	149	329
30	30 36	−56	145	29 40	−57	145	28 43	−56	145	27 47	−57	146	26 50	−57	146	25 53	−56	146	24 57	−57	147	24 00	−57	147	23 03	−57	147	22 06	−57	148	21 09	−57	148	20 12	−57	149	19 15	−57	149	18 18	−57	149	17 21	−57	150	330
29	30 56	56	146	30 00	57	146	29 03	57	146	28 06	57	147	27 09	57	147	26 12	56	147	25 16	57	148	24 19	57	148	23 22	57	149	22 25	58	149	21 27	57	149	20 30	57	150	19 33	57	150	18 36	57	150	17 39	58	150	331
28	31 16	57	147	30 19	57	147	29 22	57	147	28 25	57	148	27 28	57	148	26 31	57	149	25 34	57	149	24 37	57	149	23 40	57	150	22 43	58	150	21 45	57	150	20 48	57	151	19 51	58	151	18 53	57	151	17 56	58	151	332
27	31 35	57	148	30 38	57	148	29 41	57	149	28 44	57	149	27 47	58	149	26 49	57	150	25 52	57	150	24 55	58	150	23 57	57	151	23 00	57	151	22 03	58	151	21 05	57	152	20 08	58	152	19 10	58	152	18 12	57	152	333
26	31 53	57	149	30 56	57	149	29 59	57	150	29 02	58	150	28 04	57	150	27 07	58	151	26 09	57	151	25 12	58	151	24 14	57	152	23 17	58	152	22 19	57	152	21 22	58	153	20 24	58	153	19 26	57	153	18 29	58	153	334
25	32 11	−57	150	31 14	−57	150	30 17	−58	151	29 19	−57	151	28 22	−58	151	27 24	−58	152	26 26	−57	152	25 29	−58	152	24 31	−58	153	23 33	−58	153	22 35	−57	153	21 38	−58	154	20 40	−58	154	19 42	−58	154	18 44	−58	154	335
24	32 29	58	151	31 31	57	152	30 34	58	152	29 36	58	152	28 38	58	153	27 40	57	153	26 43	58	153	25 45	58	153	24 47	58	154	23 49	58	154	22 51	58	154	21 53	58	155	20 55	58	155	19 57	58	155	18 59	58	155	336
23	32 45	57	152	31 48	58	153	30 50	58	153	29 52	58	153	28 54	58	154	27 56	58	154	26 58	58	154	26 00	58	155	25 02	58	155	24 04	58	155	23 06	58	155	22 08	58	156	21 10	58	156	20 12	58	156	19 14	59	156	337
22	33 01	57	154	32 04	58	154	31 06	58	154	30 08	58	154	29 10	59	155	28 11	58	155	27 13	58	155	26 15	58	156	25 17	58	156	24 19	58	156	23 21	59	156	22 22	58	157	21 24	58	157	20 26	59	157	19 27	58	157	338
21	33 17	58	155	32 19	58	155	31 21	58	155	30 23	59	156	29 24	58	156	28 26	58	156	27 28	58	156	26 30	59	157	25 31	58	157	24 33	59	157	23 34	58	157	22 36	58	158	21 38	59	158	20 39	58	158	19 41	59	158	339
20	33 32	−59	156	32 33	−58	156	31 35	−58	156	30 37	−59	157	29 38	−58	157	28 40	−58	157	27 42	−59	157	26 43	−58	158	25 45	−59	158	24 46	−58	158	23 48	−59	158	22 49	−58	159	21 51	−59	159	20 52	−59	159	19 53	−58	159	340
19	33 46	59	157	32 47	58	157	31 49	58	158	30 51	59	158	29 52	59	158	28 53	58	158	27 55	59	159	26 56	58	159	25 58	59	159	24 59	59	159	24 00	58	160	23 02	59	160	22 03	59	160	21 04	58	160	20 06	59	160	341
18	33 59	58	158	33 01	59	158	32 02	58	159	31 04	59	159	30 05	59	159	29 06	58	159	28 08	59	160	27 09	59	160	26 10	59	160	25 11	59	160	24 12	58	161	23 14	59	161	22 15	59	161	21 16	59	161	20 17	59	161	342
17	34 12	59	159	33 13	58	160	32 15	59	160	31 16	59	160	30 17	59	160	29 18	59	161	28 19	58	161	27 21	59	161	26 22	59	161	25 23	59	162	24 24	59	162	23 25	59	162	22 26	59	162	21 27	59	162	20 28	59	162	343
16	34 24	59	161	33 25	58	161	32 27	59	161	31 28	59	161	30 29	59	161	29 30	59	162	28 31	59	162	27 32	59	162	26 33	59	162	25 34	59	162	24 35	59	163	23 36	59	163	22 37	59	163	21 38	59	163	20 39	60	163	344
15	34 36	−59	162	33 37	−59	162	32 38	−59	162	31 39	−59	162	30 40	−59	163	29 41	−60	163	28 41	−59	163	27 42	−59	163	26 43	−59	163	25 44	−59	164	24 45	−59	164	23 46	−59	164	22 47	−60	164	21 47	−59	164	20 48	−59	164	345
14	34 46	59	163	33 47	59	163	32 48	59	163	31 49	59	164	30 50	59	164	29 51	59	164	28 52	60	164	27 52	59	164	26 53	59	164	25 54	59	165	24 55	60	165	23 55	59	165	22 56	59	165	21 57	60	165	20 57	59	165	346
13	34 56	59	164	33 57	59	164	32 58	59	165	31 59	60	165	30 59	59	165	30 00	59	165	29 01	59	165	28 02	60	165	27 02	59	166	26 03	59	166	25 04	60	166	24 04	59	166	23 05	60	166	22 05	59	166	21 06	59	167	347
12	35 06	60	165	34 06	59	166	33 07	59	166	32 08	60	166	31 08	59	166	30 09	59	166	29 10	60	166	28 10	59	167	27 11	60	167	26 11	59	167	25 12	60	167	24 12	59	167	23 13	60	167	22 13	59	167	21 14	60	168	348
11	35 14	59	167	34 15	60	167	33 15	59	167	32 16	59	167	31 17	60	167	30 17	59	167	29 18	60	167	28 18	59	168	27 19	60	168	26 19	60	168	25 19	59	168	24 20	60	168	23 20	59	168	22 21	60	168	21 21	59	169	349
10	35 22	−59	168	34 23	−60	168	33 23	−59	168	32 24	−60	168	31 24	−60	168	30 24	−59	168	29 25	−60	169	28 25	−59	169	27 26	−60	169	26 26	−60	169	25 26	−59	169	24 27	−60	169	23 27	−59	169	22 28	−60	170	21 28	−60	170	350
9	35 29	59	169	34 30	60	169	33 30	59	169	32 31	60	169	31 31	60	170	30 31	59	170	29 32	60	170	28 32	60	170	27 32	59	170	26 33	60	170	25 33	60	170	24 33	60	170	23 33	59	170	22 34	60	171	21 34	60	171	351
8	35 36	60	170	34 36	60	170	33 36	59	170	32 37	60	171	31 37	60	171	30 37	59	171	29 38	60	171	28 38	60	171	27 38	60	171	26 38	59	171	25 39	60	171	24 39	60	171	23 39	60	172	22 39	60	172	21 39	59	172	352
7	35 41	59	171	34 42	60	172	33 42	60	172	32 42	60	172	31 42	59	172	30 43	60	172	29 43	60	172	28 43	60	172	27 43	60	172	26 43	59	172	25 44	60	172	24 44	60	172	23 44	60	173	22 44	60	173	21 44	60	173	353
6	35 46	59	173	34 47	60	173	33 47	60	173	32 47	60	173	31 47	60	173	30 47	60	173	29 47	59	173	28 48	60	173	27 48	60	173	26 48	60	173	25 48	60	173	24 48	60	173	23 48	60	173	22 48	60	174	21 48	59	174	354
5	35 51	−60	174	34 51	−60	174	33 51	−60	174	32 51	−60	174	31 51	−60	174	30 51	−60	174	29 51	−60	174	28 51	−60	174	27 51	−59	174	26 52	−60	175	25 52	−60	175	24 52	−60	175	23 52	−60	175	22 52	−60	175	21 52	−60	175	355
4	35 54	60	175	34 54	60	175	33 54	60	175	32 54	60	175	31 54	60	175	30 54	60	175	29 54	60	175	28 54	59	176	27 55	60	176	26 55	60	176	25 55	60	176	24 55	60	176	23 55	60	176	22 55	60	176	21 55	60	176	356
3	35 57	60	176	34 57	60	176	33 57	60	176	32 57	60	176	31 57	60	177	30 57	60	177	29 57	60	177	28 57	60	177	27 57	60	177	26 57	60	177	25 57	60	177	24 57	60	177	23 57	60	177	22 57	60	177	21 57	60	177	357
2	35 59	60	178	34 59	60	178	33 59	60	178	32 59	60	178	31 59	60	178	30 59	60	178	29 59	60	178	28 59	60	178	27 59	60	178	26 59	60	178	25 59	60	178	24 59	60	178	23 59	60	178	22 59	60	178	21 59	60	178	358
1	36 00	60	179	35 00	60	179	34 00	60	179	33 00	60	179	32 00	60	179	31 00	60	179	30 00	60	179	29 00	60	179	28 00	60	179	27 00	60	179	26 00	60	179	25 00	60	179	24 00	60	179	23 00	60	179	22 00	60	179	359
0	36 00	−60	180	35 00	−60	180	34 00	−60	180	33 00	−60	180	32 00	−60	180	31 00	−60	180	30 00	−60	180	29 00	−60	180	28 00	−60	180	27 00	−60	180	26 00	−60	180	25 00	−60	180	24 00	−60	180	23 00	−60	180	22 00	−60	180	360
	0°			1°			2°			3°			4°			5°			6°			7°			8°			9°			10°			11°			12°			13°			14°			

S. Lat. {LHA greater than 180°....... Zn=180−Z
{LHA less than 180°........... Zn=180+Z

DECLINATION (0°-14°) CONTRARY NAME TO LATITUDE

LAT 54°

Anlage 8

LAT 54°

N. Lat. {LHA greater than 180°……… Zn=Z; LHA less than 180°……… Zn=360−Z}

DECLINATION (15°-29°) SAME NAME AS LATITUDE

LHA	15° Hc	d	Z	16° Hc	d	Z	17° Hc	d	Z	18° Hc	d	Z	19° Hc	d	Z	LHA
	° ′	′	°	° ′	′	°	° ′	′	°	° ′	′	°	° ′	′	°	
0	51 00	+60	180	52 00	+60	180	53 00	+60	180	54 00	+60	180	55 00	+60	180	360
1	51 00	60	179	52 00	60	178	53 00	60	178	54 00	60	178	55 00	60	178	359
2	50 58	60	177	51 58	60	177	52 58	60	177	53 58	60	177	54 58	60	177	358
3	50 56	60	175	51 56	60	175	52 56	60	175	53 56	59	175	54 55	60	175	357
4	50 53	59	174	51 52	60	174	52 52	60	174	53 52	60	174	54 52	60	173	356
5	50 48	+60	172	51 48	+60	172	52 48	+60	172	53 48	+59	172	54 47	+60	172	355
6	50 43	60	171	51 43	60	171	52 43	59	171	53 42	60	170	54 42	60	170	354
7	50 37	60	169	51 37	59	169	52 36	60	169	53 36	59	169	54 35	60	169	353
8	50 30	60	168	51 30	59	168	52 29	59	167	53 28	60	167	54 28	59	167	352
9	50 22	59	166	51 21	60	166	52 21	59	166	53 20	59	166	54 19	60	165	351
10	50 13	+60	165	51 13	+59	165	52 12	+59	164	53 11	+59	164	54 10	+59	164	350
11	50 04	59	163	51 03	59	163	52 02	59	163	53 01	59	162	54 00	58	162	349
12	49 53	59	162	50 52	59	162	51 51	59	161	52 50	58	161	53 48	59	161	348
13	49 42	58	160	50 40	59	160	51 39	59	160	52 38	58	159	53 36	59	159	347
14	49 29	59	159	50 28	58	159	51 26	59	158	52 25	58	158	53 23	58	157	346
15	49 16	+59	158	50 15	+58	157	51 13	+58	157	52 11	+58	156	53 09	+58	156	345
16	49 02	58	156	50 00	58	156	50 58	58	155	51 56	58	155	52 54	58	154	344
17	48 48	58	155	49 46	57	154	50 43	58	154	51 41	58	153	52 39	57	153	343
18	48 32	58	153	49 30	57	153	50 27	58	152	51 25	57	152	52 22	57	151	342
19	48 16	57	152	49 13	58	151	50 11	57	151	51 08	57	150	52 05	57	150	341
20	47 59	+57	150	48 56	+57	150	49 53	+57	150	50 50	+57	149	51 47	+56	149	340
21	47 41	57	149	48 38	57	149	49 35	56	148	50 31	57	148	51 28	56	147	339
22	47 23	56	148	48 19	57	147	49 16	56	147	50 12	56	146	51 08	57	146	338
23	47 03	57	146	48 00	56	146	48 56	56	145	49 52	56	145	50 48	56	144	337
24	46 43	57	145	47 40	56	145	48 36	56	144	49 32	55	143	50 27	56	143	336
25	46 23	+56	144	47 19	+56	143	48 15	+55	143	49 10	+56	142	50 06	+55	142	335
26	46 02	55	142	46 57	56	142	47 53	55	141	48 48	55	141	49 43	55	140	334
27	45 40	55	141	46 35	56	141	47 31	55	140	48 26	54	139	49 20	55	139	333
28	45 18	55	140	46 13	55	139	47 08	54	139	48 02	55	138	48 57	54	138	332
29	44 54	55	139	45 49	55	138	46 44	54	137	47 38	55	137	48 33	54	136	331
30	44 31	+54	137	45 25	+55	137	46 20	+54	136	47 14	+54	136	48 08	+54	135	330
31	44 07	54	136	45 01	54	136	45 55	54	135	46 49	54	134	47 43	53	134	329
32	43 42	54	135	44 36	54	134	45 30	54	134	46 24	53	133	47 17	53	132	328
33	43 17	54	134	44 11	53	133	45 04	54	133	45 58	53	132	46 51	53	131	327
34	42 51	54	133	43 45	53	132	44 38	53	131	45 31	53	131	46 24	52	130	326
35	42 25	+53	131	43 18	+53	131	44 11	+53	130	45 04	+53	129	45 57	+52	129	325
36	41 58	53	130	42 51	53	130	43 44	53	129	44 37	52	128	45 29	52	128	324
37	41 31	53	129	42 24	52	128	43 16	53	128	44 09	52	127	45 01	52	126	323
38	41 03	53	128	41 56	52	127	42 48	52	127	43 40	52	126	44 32	52	125	322
39	40 35	53	127	41 28	52	126	42 20	52	126	43 12	51	125	44 03	51	124	321
40	40 07	+52	126	40 59	+52	125	41 51	+51	124	42 42	+52	124	43 34	+51	123	320
41	39 38	52	125	40 30	52	124	41 22	51	123	42 13	51	123	43 04	51	122	319
42	39 09	51	124	40 00	52	122	40 52	51	122	41 43	51	122	42 34	50	121	318
43	38 39	52	123	39 31	51	122	40 22	51	121	41 13	50	120	42 03	51	120	317
44	38 09	52	121	39 01	50	121	39 51	51	120	40 42	51	119	41 33	50	119	316
45	37 39	+51	120	38 30	+51	120	39 21	+50	119	40 11	+50	118	41 01	+50	118	315
46	37 09	50	119	37 59	51	119	38 50	50	118	39 40	50	117	40 30	50	117	314
47	36 38	50	118	37 28	51	118	38 19	50	117	39 09	49	116	39 58	50	116	313
48	36 06	51	117	36 57	50	117	37 47	50	116	38 37	49	115	39 26	50	115	312
49	35 35	50	116	36 25	50	116	37 15	50	115	38 05	49	114	38 54	49	114	311
50	35 03	+50	115	35 53	+50	115	36 43	+50	114	37 33	+49	113	38 22	+49	113	310
51	34 31	50	114	35 21	50	114	36 11	49	113	37 00	49	112	37 49	49	112	309
52	33 59	50	113	34 49	49	113	35 38	50	112	36 27	49	111	37 16	49	111	308
53	33 26	50	112	34 16	49	112	35 05	49	111	35 54	49	110	36 43	49	110	307
54	32 54	49	112	33 43	49	111	34 32	49	110	35 21	49	109	36 10	48	109	306
55	32 21	+49	111	33 10	+49	110	33 59	+49	109	34 48	+48	108	35 36	+48	108	305
56	31 48	49	110	32 37	49	109	33 26	48	108	34 14	49	108	35 03	48	107	304
57	31 14	49	109	32 03	49	108	32 52	48	107	33 40	49	107	34 29	48	106	303
58	30 41	49	108	31 30	48	107	32 18	49	106	33 07	48	106	33 55	48	105	302
59	30 07	49	107	30 56	48	106	31 44	49	106	32 33	48	105	33 21	47	104	301
60	29 33	+49	106	30 22	+48	105	31 10	+48	105	31 58	+48	104	32 46	+48	103	300
61	28 59	49	105	29 48	48	104	30 36	48	104	31 24	48	103	32 12	47	102	299
62	28 25	49	104	29 14	48	103	30 02	48	103	30 50	47	102	31 37	48	101	298
63	27 51	48	103	28 39	48	103	29 27	48	102	30 15	48	101	31 03	47	101	297
64	27 17	48	102	28 05	48	102	28 53	47	101	29 40	48	100	30 28	47	100	296
65	26 42	+48	102	27 30	+48	101	28 18	+48	100	29 06	+47	100	29 53	+47	99	295
66	26 07	48	101	26 55	48	100	27 43	48	99	28 31	47	99	29 18	47	98	294
67	25 33	48	100	26 21	47	99	27 08	48	98	27 56	47	98	28 43	47	97	293
68	24 58	48	99	25 46	48	98	26 34	47	98	27 21	47	97	28 08	47	96	292
69	24 23	48	98	25 11	48	97	25 59	47	97	26 46	47	96	27 33	47	95	291

LHA	20° Hc	d	Z	21° Hc	d	Z	22° Hc	d	Z	23° Hc	d	Z	24° Hc	d	Z	LHA
	° ′	′	°	° ′	′	°	° ′	′	°	° ′	′	°	° ′	′	°	
0	56 00	+60	180	57 00	+60	180	58 00	+60	180	59 00	+60	180	60 00	+60	180	360
1	56 00	60	178	57 00	60	178	58 00	60	178	59 00	59	178	59 59	60	178	359
2	55 58	60	177	56 58	60	177	57 58	60	177	58 58	60	176	59 58	60	176	358
3	55 55	60	175	56 55	60	175	57 55	60	175	58 55	60	175	59 55	60	175	357
4	55 52	60	173	56 52	59	173	57 51	60	173	58 51	60	173	59 51	60	173	356
5	55 47	+60	172	56 47	+60	172	57 47	+59	171	58 46	+60	171	59 46	+60	171	355
6	55 42	59	170	56 41	60	170	57 41	59	170	58 40	60	169	59 40	59	169	354
7	55 35	59	168	56 34	60	168	57 34	59	168	58 33	60	168	59 33	59	167	353
8	55 27	60	167	56 27	59	166	57 26	59	166	58 25	59	166	59 24	60	166	352
9	55 19	59	165	56 18	59	165	57 17	58	164	58 16	59	164	59 15	59	164	351
10	55 09	+59	163	56 08	+59	163	57 07	+59	163	58 06	+59	162	59 05	+58	162	350
11	54 58	59	162	55 57	59	161	56 56	59	161	57 55	58	161	58 53	59	160	349
12	54 47	59	160	55 46	58	160	56 44	59	159	57 43	58	159	58 41	58	159	348
13	54 35	58	159	55 33	58	158	56 31	58	158	57 29	59	157	58 28	58	157	347
14	54 21	58	157	55 19	58	157	56 17	58	156	57 15	58	156	58 13	58	155	346
15	54 07	+58	156	55 05	+58	155	56 03	+57	155	57 00	+58	154	57 58	+57	154	345
16	53 52	58	154	54 50	57	154	55 47	58	153	56 45	57	152	57 42	57	152	344
17	53 36	57	152	54 33	58	152	55 31	57	151	56 28	57	151	57 25	57	150	343
18	53 19	57	151	54 16	57	150	55 13	57	150	56 10	57	149	57 07	56	149	342
19	53 02	57	149	53 59	56	149	54 55	57	148	55 52	56	148	56 48	56	147	341
20	52 43	+57	148	53 40	+56	147	54 36	+57	147	55 33	+56	146	56 29	+55	146	340
21	52 24	57	147	53 21	56	146	54 17	56	145	55 13	55	145	56 08	56	144	339
22	52 05	55	145	53 00	56	145	53 56	56	144	54 52	55	143	55 47	55	143	338
23	51 44	56	144	52 40	55	143	53 35	55	142	54 30	55	142	55 25	55	141	337
24	51 23	55	143	52 18	55	142	53 13	55	141	54 08	55	140	55 03	54	140	336
25	51 01	+55	141	51 56	+55	140	52 51	+54	140	53 45	+55	139	54 40	+54	138	335
26	50 38	55	140	51 33	54	139	52 27	55	138	53 22	54	138	54 16	53	137	334
27	50 15	54	138	51 09	55	138	52 04	54	137	52 58	53	136	53 51	54	135	333
28	49 51	54	137	50 45	54	136	51 39	54	135	52 33	53	135	53 26	53	134	332
29	49 27	54	136	50 21	53	135	51 14	53	134	52 07	53	133	53 00	53	133	331
30	49 02	+53	134	49 55	+54	134	50 49	+53	133	51 42	+52	132	52 34	+53	131	330
31	48 36	53	133	49 29	53	132	50 22	53	132	51 15	52	131	52 07	52	130	329
32	48 10	53	132	49 03	53	131	49 56	52	130	50 48	52	130	51 40	52	129	328
33	47 44	52	131	48 36	53	130	49 29	52	129	50 21	51	128	51 12	52	127	327
34	47 16	53	129	48 09	52	129	49 01	52	128	49 53	51	127	50 44	51	126	326
35	46 49	+52	128	47 41	+52	127	48 33	+51	127	49 24	+51	126	50 15	+51	125	325
36	46 21	52	127	47 13	51	126	48 04	51	125	48 55	51	125	49 46	51	124	324
37	45 53	51	126	46 44	51	125	47 35	51	124	48 26	51	123	49 17	50	123	323
38	45 24	51	125	46 15	51	124	47 06	51	123	47 57	50	122	48 47	50	121	322
39	44 54	51	123	45 45	51	123	46 36	51	122	47 27	50	121	48 17	49	120	321
40	44 25	+51	122	45 16	+50	122	46 06	+50	121	46 56	+50	120	47 46	+49	119	320
41	43 55	50	121	44 45	51	120	45 36	49	120	46 25	50	119	47 15	49	118	319
42	43 24	51	120	44 15	50	119	45 05	49	119	45 54	50	118	46 44	49	117	318
43	42 54	50	119	43 44	50	118	44 34	49	117	45 23	49	117	46 12	49	116	317
44	42 23	50	118	43 13	49	117	44 02	49	116	44 51	49	116	45 40	49	115	316
45	41 51	+50	117	42 41	+49	116	43 30	+49	115	44 19	+49	115	45 08	+48	114	315
46	41 20	49	116	42 09	49	115	42 58	49	114	43 47	49	114	44 36	48	113	314
47	40 48	49	115	41 37	49	114	42 26	49	113	43 15	48	113	44 03	48	112	313
48	40 16	49	114	41 05	49	113	41 54	48	112	42 42	48	111	43 30	48	111	312
49	39 43	49	113	40 32	49	112	41 21	48	111	42 09	48	110	42 57	47	110	311
50	39 11	+48	112	39 59	+49	111	40 48	+48	110	41 36	+48	110	42 24	+47	109	310
51	38 38	48	111	39 26	48	110	40 15	48	109	41 03	47	109	41 50	47	108	309
52	38 05	48	110	38 53	48	109	39 41	48	108	40 29	47	108	41 16	48	107	308
53	37 32	48	109	38 20	48	108	39 08	47	107	39 55	48	107	40 43	47	106	307
54	36 58	48	108	37 46	48	107	38 34	47	106	39 21	48	106	40 09	46	105	306
55	36 24	+48	107	37 12	+48	106	38 00	+47	106	38 47	+47	105	39 34	+47	104	305
56	35 51	47	106	36 38	48	105	37 26	47	105	38 13	47	104	39 00	47	103	304
57	35 17	47	105	36 04	48	104	36 52	47	104	37 39	47	103	38 26	46	102	303
58	34 43	47	104	35 30	47	104	36 17	47	103	37 04	47	102	37 51	46	101	302
59	34 08	48	103	34 56	47	103	35 43	47	102	36 30	46	101	37 16	47	100	301
60	33 34	+47	102	34 21	+47	102	35 08	+47	101	35 55	+47	100	36 42	+46	99	300
61	32 59	48	102	33 47	47	101	34 34	46	100	35 20	47	99	36 07	46	99	299
62	32 25	47	101	33 12	47	100	33 59	47	99	34 46	46	98	35 32	46	98	298
63	31 50	47	100	32 37	47	99	33 24	47	98	34 11	46	98	34 57	46	97	297
64	31 15	47	99	32 02	47	98	32 49	47	97	33 36	46	97	34 22	46	96	296
65	30 40	+47	98	31 27	+47	97	32 14	+47	97	33 01	+46	96	33 47	+46	95	295
66	30 05	47	97	30 52	47	97	31 39	46	96	32 25	47	95	33 12	46	94	294
67	29 30	47	96	30 17	47	96	31 04	46	95	31 50	46	94	32 36	46	93	293
68	28 55	47	96	29 42	47	95	30 29	46	94	31 15	46	93	32 01	46	93	292
69	28 20	47	95	29 07	47	94	29 54	46	93	30 40	46	93	31 26	46	92	291

LHA	25° Hc	d	Z	26° Hc	d	Z	27° Hc	d	Z	28° Hc	d	Z	29° Hc	d	Z	LHA
	° ′	′	°	° ′	′	°	° ′	′	°	° ′	′	°	° ′	′	°	
0	61 00	+60	180	62 00	+60	180	63 00	+60	180	64 00	+60	180	65 00	+60	180	360
1	60 59	60	178	61 59	60	178	62 59	60	178	63 59	60	178	64 59	60	178	359
2	60 58	60	176	61 58	60	176	62 58	60	176	63 58	60	176	64 58	59	176	358
3	60 55	60	174	61 55	60	174	62 55	59	174	63 54	60	174	64 54	60	174	357
4	60 51	60	173	61 51	59	172	62 50	60	172	63 50	60	172	64 50	60	172	356
5	60 46	+59	171	61 45	+60	171	62 45	+60	170	63 45	+59	170	64 44	+60	170	355
6	60 39	60	169	61 39	59	169	62 38	60	168	63 38	59	168	64 37	60	168	354
7	60 32	59	167	61 31	60	167	62 31	59	166	63 30	59	166	64 29	59	166	353
8	60 24	59	165	61 23	59	165	62 22	59	165	63 21	59	164	64 20	59	164	352
9	60 14	59	163	61 13	59	163	62 12	59	163	63 11	58	162	64 09	59	162	351
10	60 03	+59	162	61 02	+59	161	62 01	+58	161	62 59	+59	160	63 58	+58	160	350
11	59 52	58	160	60 50	59	159	61 49	58	159	62 47	58	158	63 45	58	158	349
12	59 39	58	158	60 37	58	158	61 35	58	157	62 33	58	157	63 31	58	156	348
13	59 26	57	156	60 23	58	156	61 21	58	155	62 19	57	155	63 16	57	154	347
14	59 11	58	155	60 09	57	154	61 06	57	154	62 03	57	153	63 00	57	152	346
15	58 55	+58	153	59 53	+57	152	60 50	+57	152	61 47	+56	151	62 43	+57	150	345
16	58 39	57	151	59 36	57	151	60 33	56	150	61 29	56	149	62 25	57	149	344
17	58 22	56	150	59 18	57	149	60 15	56	148	61 11	56	148	62 07	55	147	343
18	58 03	57	148	59 00	56	147	59 56	55	147	60 51	56	146	61 47	55	145	342
19	57 44	56	146	58 40	56	146	59 36	55	145	60 31	55	144	61 26	55	143	341
20	57 24	+56	145	58 20	+55	144	59 15	+55	143	60 10	+55	143	61 05	+54	142	340
21	57 04	55	143	57 59	55	143	58 54	54	142	59 48	55	141	60 43	54	140	339
22	56 42	55	142	57 37	55	141	58 32	54	140	59 26	54	139	60 20	53	139	338
23	56 20	54	140	57 14	55	140	58 09	54	139	59 03	53	138	59 56	53	137	337
24	55 57	54	139	56 51	54	138	57 45	54	137	58 39	53	136	59 32	52	136	336
25	55 34	+53	137	56 27	+54	137	57 21	+53	136	58 14	+53	135	59 07	+52	134	335
26	55 09	54	136	56 03	53	135	56 56	53	134	57 49	52	133	58 41	52	133	334
27	54 45	53	135	55 38	52	134	56 30	53	133	57 23	52	132	58 15	51	131	333
28	54 19	53	133	55 12	52	132	56 04	52	132	56 56	52	131	57 48	51	130	332
29	53 53	52	132	54 45	52	131	55 37	52	130	56 29	51	129	57 20	51	128	331
30	53 27	+52	131	54 19	+51	130	55 10	+51	129	56 01	+51	128	56 52	+51	127	330
31	52 59	52	129	53 51	51	128	54 42	51	127	55 33	51	127	56 24	50	126	329
32	52 32	51	128	53 23	51	127	54 14	51	126	55 05	50	125	55 55	49	124	328
33	52 04	51	127	52 55	50	126	53 45	51	125	54 36	49	124	55 25	50	123	327
34	51 35	51	125	52 26	50	125	53 16	50	124	54 06	50	123	54 56	49	122	326
35	51 06	+51	124	51 57	+50	123	52 47	+49	122	53 36	+49	121	54 25	+49	120	325
36	50 37	50	123	51 27	50	122	52 17	49	121	53 06	49	120	53 55	48	119	324
37	50 07	50	122	50 57	49	121	51 46	49	120	52 35	49	119	53 24	48	118	323
38	49 37	49	121	50 26	50	120	51 16	48	119	52 04	49	118	52 53	47	117	322
39	49 06	50	119	49 56	49	119	50 45	48	118	51 33	48	117	52 21	47	116	321
40	48 35	+49	118	49 24	+49	117	50 13	+48	117	51 01	+48	116	51 49	+47	115	320
41	48 04	49	117	48 53	48	116	49 41	48	115	50 29	48	114	51 17	47	114	319
42	47 33	48	116	48 21	48	115	49 09	48	114	49 57	47	113	50 44	47	112	318
43	47 01	48	115	47 49	48	114	48 37	48	113	49 25	47	112	50 12	46	111	317
44	46 29	48	114	47 17	48	113	48 05	47	112	48 52	47	111	49 39	46	110	316
45	45 56	+48	113	46 44	+48	112	47 32	+47	111	48 19	+46	110	49 05	+47	109	315
46	45 24	47	112	46 11	48	111	46 59	47	110	47 46	46	109	48 32	46	108	314
47	44 51	47	111	45 38	47	110	46 25	47	109	47 12	46	108	47 58	46	107	313
48	44 18	47	110	45 05	47	109	45 52	47	108	46 39	46	107	47 25	45	106	312
49	43 44	48	109	44 32	46	108	45 18	47	107	46 05	46	106	46 51	45	105	311
50	43 11	+47	108	43 58	+47	107	44 45	+46	106	45 31	+46	105	46 17	+45	104	310
51	42 37	47	107	43 24	47	106	44 11	46	105	44 57	45	104	45 42	45	103	309
52	42 04	46	106	42 50	47	105	43 37	45	104	44 22	46	103	45 08	45	102	308
53	41 30	46	105	42 16	46	104	43 02	46	103	43 48	45	102	44 33	45	101	307
54	40 55	47	104	41 42	46	103	42 28	46	102	43 14	45	101	43 59	45	101	306
55	40 21	+46	103	41 07	+46	102	41 53	+46	101	42 39	+45	101	43 24	+45	100	305
56	39 47	46	102	40 33	46	101	41 19	45	101	42 04	45	100	42 49	45	99	304
57	39 12	46	101	39 58	46	100	40 44	45	100	41 29	45	99	42 14	45	98	303
58	38 37	46	100	39 23	46	100	40 09	45	99	40 54	45	98	41 39	45	97	302
59	38 03	46	99	38 49	45	99	39 34	45	98	40 19	45	97	41 04	45	96	301
60	37 28	+46	99	38 14	+45	98	38 59	+45	97	39 44	+45	96	40 29	+45	95	300
61	36 53	46	98	37 39	45	97	38 24	45	96	39 09	45	95	39 54	44	94	299
62	36 18	46	97	37 04	45	96	37 49	45	95	38 34	45	94	39 19	44	94	298
63	35 43	46	96	36 29	45	95	37 14	45	94	37 59	45	94	38 44	44	93	297
64	35 08	45	95	35 53	46	94	36 39	45	94	37 24	44	93	38 08	45	92	296
65	34 33	+45	94	35 18	+46	94	36 04	+45	93	36 49	+44	92	37 33	+44	91	295
66	33 58	45	93	34 43	45	93	35 28	45	92	36 13	45	91	36 58	44	90	294
67	33 22	46	93	34 08	45	92	34 53	45	91	35 38	45	90	36 23	44	89	293
68	32 47	46	92	33 33	45	91	34 18	45	90	35 03	44	89	35 47	45	89	292
69	32 12	45	91	32 57	46	90	33 43	45	89	34 28	44	89	35 12	44	88	291

S. Lat. {LHA greater than 180°……… Zn=180−Z; LHA less than 180°……… Zn=180+Z}

DECLINATION (15°-29°) SAME NAME AS LATITUDE

N. Lat. {LHA greater than 180° ...... Zn=Z; LHA less than 180° .... Zn=360−Z}

DECLINATION (15°-29°) SAME NAME AS LATITUDE

LHA	15° Hc	15° d	15° Z	16° Hc	16° d	16° Z	17° Hc	17° d	17° Z	18° Hc	18° d	18° Z	19° Hc	19° d	19° Z	20° Hc	20° d	20° Z	21° Hc	21° d	21° Z	22° Hc	22° d	22° Z
	° ′	′	°	° ′	′	°	° ′	′	°	° ′	′	°	° ′	′	°	° ′	′	°	° ′	′	°	° ′	′	°
70	23 48	+48	97	24 36	+47	97	25 23	+48	96	26 11	+47	95	26 58	+47	95	27 45	+47	94	28 32	+46	93	29 18	+47	92
71	23 13	48	96	24 01	47	96	24 48	48	95	25 36	47	94	26 23	47	94	27 10	47	93	27 57	46	92	28 43	46	92
72	22 38	48	96	23 26	47	95	24 13	48	94	25 01	47	94	25 48	47	93	26 35	46	92	27 21	47	92	28 08	46	91
73	22 03	48	95	22 51	47	94	23 38	47	93	24 25	47	93	25 12	47	92	25 59	47	91	26 46	47	91	27 33	46	90
74	21 28	47	94	22 15	48	93	23 03	47	93	23 50	47	92	24 37	47	91	25 24	47	91	26 11	46	90	26 57	47	89
75	20 53	+47	93	21 40	+48	92	22 28	+47	92	23 15	+47	91	24 02	+47	90	24 49	+47	90	25 36	+46	89	26 22	+46	88
76	20 17	48	92	21 05	47	92	21 52	48	91	22 40	47	90	23 27	47	90	24 14	46	89	25 00	47	88	25 47	46	88
77	19 42	48	91	20 30	47	91	21 17	47	90	22 04	47	90	22 51	47	89	23 38	47	88	24 25	47	87	25 12	46	87
78	19 07	47	91	19 54	48	90	20 42	47	89	21 29	47	89	22 16	47	88	23 03	47	87	23 50	46	87	24 36	47	86
79	18 32	47	90	19 19	48	89	20 07	47	89	20 54	47	88	21 41	47	87	22 28	47	87	23 15	46	86	24 01	47	85
80	17 56	+48	89	18 44	+47	88	19 31	+48	88	20 19	+47	87	21 06	+47	86	21 53	+46	86	22 39	+47	85	23 26	+47	84
81	17 21	48	88	18 09	47	88	18 56	47	87	19 43	48	86	20 31	47	86	21 18	46	85	22 04	47	84	22 51	47	84
82	16 46	47	87	17 33	48	87	18 21	47	86	19 08	47	86	19 55	47	85	20 42	47	84	21 29	47	84	22 16	47	83
83	16 11	47	87	16 58	48	86	17 46	47	85	18 33	47	85	19 20	47	84	20 07	47	83	20 54	47	83	21 41	47	82
84	15 35	48	86	16 23	48	85	17 11	47	85	17 58	47	84	18 45	47	83	19 32	47	83	20 19	47	82	21 06	47	81
85	15 00	+48	85	15 48	+47	84	16 35	+48	84	17 23	+47	83	18 10	+47	83	18 57	+47	82	19 44	+47	81	20 31	+47	81
86	14 25	48	84	15 13	47	84	16 00	48	83	16 48	47	82	17 35	48	82	18 23	47	81	19 10	47	80	19 57	46	80
87	13 50	48	83	14 38	47	83	15 25	48	82	16 13	47	82	17 00	48	81	17 48	47	80	18 35	47	80	19 22	47	79
88	13 15	48	83	14 03	48	82	14 51	47	81	15 38	48	81	16 26	47	80	17 13	47	80	18 00	47	79	18 47	47	78
89	12 40	48	82	13 28	48	81	14 16	47	81	15 03	48	80	15 51	47	79	16 38	48	79	17 26	47	78	18 13	47	77
90	12 05	+48	81	12 53	+48	80	13 41	+48	80	14 29	+47	79	15 16	+48	79	16 04	+47	78	16 51	+48	77	17 39	+47	77
91	11 30	48	80	12 18	48	80	13 06	48	79	13 54	48	78	14 42	47	78	15 29	48	77	16 17	47	77	17 04	48	76
92	10 56	48	80	11 44	48	79	12 32	48	78	13 20	47	78	14 07	48	77	14 55	48	76	15 43	47	76	16 30	48	75
93	10 21	48	79	11 09	48	78	11 57	48	78	12 45	48	77	13 33	48	76	14 21	48	76	15 09	47	75	15 56	48	74
94	09 47	48	78	10 35	48	77	11 23	48	77	12 11	48	76	12 59	48	76	13 47	48	75	14 35	47	74	15 22	48	74
95	09 12	+48	77	10 00	+49	77	10 49	+48	76	11 37	+48	75	12 25	+48	75	13 13	+48	74	14 01	+47	73	14 48	+48	73
96	08 38	48	76	09 26	48	76	10 14	49	75	11 03	48	75	11 51	48	74	12 39	48	73	13 27	48	73	14 15	48	72
97	08 04	48	76	08 52	48	75	09 40	49	74	10 29	48	74	11 17	48	73	12 05	48	73	12 53	48	72	13 41	48	71
98	07 30	48	75	08 18	49	74	09 07	48	74	09 55	48	73	10 43	49	72	11 32	48	72	12 20	48	71	13 08	48	71
99	06 56	48	74	07 44	49	73	08 33	48	73	09 21	49	72	10 10	48	72	10 58	49	71	11 47	48	70	12 35	48	70
100	06 22	+48	73	07 10	+49	73	07 59	+49	72	08 48	+48	71	09 36	+49	71	10 25	+48	70	11 13	+49	70	12 02	+48	69
101	05 48	49	72	06 37	49	72	07 26	49	71	08 15	48	71	09 03	49	70	09 52	48	69	10 40	49	69	11 29	48	68
102	05 15	48	72	06 03	49	71	06 52	49	70	07 41	49	70	08 30	49	69	09 19	49	69	10 08	48	68	10 56	49	68
103	04 41	49	71	05 30	49	70	06 19	49	70	07 08	49	69	07 57	49	69	08 46	49	68	09 35	49	67	10 24	49	67
104	04 08	49	70	04 57	49	69	05 46	49	69	06 35	50	68	07 25	49	68	08 14	49	67	09 03	49	67	09 52	48	66
105	03 35	+49	69	04 24	+49	69	05 13	+50	68	06 03	+49	68	06 52	+49	67	07 41	+49	66	08 30	+49	66	09 19	+50	65
106	03 02	49	68	03 51	50	68	04 41	49	67	05 30	50	67	06 20	49	66	07 09	49	66	07 58	50	65	08 48	49	64
107	02 29	50	68	03 19	49	67	04 08	51	66	04 59	49	66	05 43	49	65	06 37	49	65	07 26	50	64	08 16	49	64
108	01 57	49	67	02 46	50	66	03 36	50	66	04 26	50	65	05 16	49	65	06 05	50	64	06 55	49	63	07 44	50	63
109	01 24	50	66	02 14	50	65	03 04	50	65	03 54	50	64	04 44	50	64	05 34	49	63	06 23	50	63	07 13	50	62
110	00 52	+50	65	01 42	+50	65	02 32	+50	64	03 22	+50	64	04 12	+50	63	05 02	+50	62	05 52	+50	62	06 42	+50	61
111	00 20	51	64	01 11	50	64	02 01	50	63	02 51	50	63	03 41	50	62	04 31	50	62	05 21	50	61	06 11	50	61
112	−0 11	50	64	00 39	50	63	01 29	51	62	02 20	50	62	03 10	50	61	04 00	50	61	04 50	51	60	05 41	50	60
113	−0 43	51	63	00 03	50	62	00 58	51	62	01 49	50	61	02 39	50	61	03 29	51	60	04 20	50	60	05 10	51	59
114	−1 14	51	62	−0 23	50	61	00 27	51	61	01 18	50	60	02 08	51	60	02 59	51	59	03 50	50	59	04 40	51	58
115	−1 45	+51	61	−0 54	+50	61	−0 04	+51	60	00 47	+51	60	01 38	+51	59	02 29	+51	58	03 20	+50	58	04 10	+51	57
116	−2 16	51	60	−1 25	51	60	−0 34	51	59	00 17	51	59	01 08	51	58	01 59	51	58	02 50	51	57	03 41	51	57
117	−2 46	51	60	−1 55	51	59	−1 04	51	58	−0 13	51	58	00 38	51	57	01 29	51	57	02 20	51	56	03 11	51	56
118	−3 17	52	59	−2 25	51	58	−1 34	51	58	−0 43	52	57	00 09	51	57	01 00	51	56	01 51	51	56	02 42	52	55
119	−3 47	52	58	−2 55	51	57	−2 04	52	57	−1 12	51	56	−0 21	52	56	00 31	51	55	01 22	52	55	02 14	51	54
120	−4 16	+51	57	−3 25	+52	57	−2 33	+52	56	−1 41	+51	55	−0 50	+52	55	00 02	+51	54	00 53	+52	54	01 45	+52	53
121	−4 46	52	56	−3 54	52	56	−3 02	52	55	−2 10	51	55	−1 19	52	54	−0 27	52	54	00 25	52	53	01 17	52	53
122	−5 15	52	55	−4 23	52	55	−3 31	52	54	−2 39	52	54	−1 47	52	53	−0 55	52	53	−0 03	52	52	00 49	52	52
123	−5 44	52	54	−4 52	53	54	−3 59	52	54	−3 07	52	53	−2 15	52	53	−1 23	52	52	−0 31	52	52	00 21	53	51
124				−5 20	52	53	−4 28	53	53	−3 35	52	52	−2 43	52	52	−1 51	53	51	−0 58	52	51	−0 06	53	50
125				−5 48	+52	52	−4 56	+53	52	−4 03	+53	51	−3 10	+52	51	−2 18	+53	50	−1 25	+52	50	−0 33	+53	49
126							−5 23	53	51	−4 30	52	51	−3 38	53	50	−2 45	53	50	−1 52	53	49	−0 59	52	49
127							−5 50	53	50	−4 57	52	50	−4 05	53	49	−3 12	53	49	−2 19	53	48	−1 26	53	48
128										−5 24	53	49	−4 31	53	48	−3 38	53	48	−2 45	53	47	−1 52	54	47
129										−5 51	54	48	−4 57	53	48	−4 04	53	47	−3 11	54	47	−2 17	53	46
130													−5 23	+53	47	−4 30	+54	46	−3 36	+54	46	−2 42	+53	45
131													−5 49	54	46	−4 55	54	45	−4 01	54	45	−3 07	53	44
132																−5 20	54	44	−4 26	54	44	−3 32	54	44
133																−5 44	54	44	−4 50	54	43	−3 56	54	43
134																			−5 14	54	42	−4 20	54	42
135																			−5 38	+55	42	−4 43	+54	41
136																						−5 06	54	40
137																						−5 29	55	39

23° Hc	23° d	23° Z	24° Hc	24° d	24° Z	25° Hc	25° d	25° Z	26° Hc	26° d	26° Z	27° Hc	27° d	27° Z	28° Hc	28° d	28° Z	29° Hc	29° d	29° Z	LHA
° ′	′	°	° ′	′	°	° ′	′	°	° ′	′	°	° ′	′	°	° ′	′	°	° ′	′	°	
30 05	+46	92	30 51	+46	91	31 37	+45	90	32 22	+45	89	33 07	+45	89	33 52	+45	88	34 37	+44	87	290
29 29	46	91	30 15	46	90	31 01	46	89	31 47	45	89	32 32	45	88	33 17	45	87	34 02	44	86	289
28 54	46	90	29 40	46	89	30 26	46	89	31 12	45	88	31 57	45	87	32 42	45	86	33 27	44	85	288
28 19	46	89	29 05	46	89	29 51	45	88	30 36	46	87	31 22	45	86	32 07	44	86	32 51	45	85	287
27 44	46	88	28 30	46	88	29 16	45	87	30 01	45	86	30 46	46	86	31 32	44	85	32 16	45	84	286
27 08	+46	88	27 54	+46	87	28 40	+46	86	29 26	+45	85	30 11	+45	85	30 56	+45	84	31 41	+45	83	285
26 33	46	87	27 19	46	86	28 05	46	85	28 51	45	85	29 36	45	84	30 21	45	83	31 06	45	82	284
25 58	46	86	26 44	46	85	27 30	46	85	28 16	45	84	29 01	45	83	29 46	45	82	30 31	45	82	283
25 23	46	85	26 09	46	85	26 55	46	84	27 41	45	83	28 26	45	82	29 11	45	82	29 56	45	81	282
24 48	46	85	25 34	46	84	26 20	46	83	27 06	45	82	27 51	46	82	28 37	45	81	29 22	45	80	281
24 13	+46	84	24 59	+46	83	25 45	+46	82	26 31	+45	82	27 16	+46	81	28 02	+45	80	28 47	+45	79	280
23 38	46	83	24 24	46	82	25 10	46	82	25 56	46	81	26 42	45	80	27 27	45	79	28 12	45	79	279
23 03	46	82	23 49	46	81	24 35	46	81	25 21	46	80	26 07	46	79	26 53	45	79	27 38	45	78	278
22 28	46	81	23 14	46	81	24 00	46	80	24 46	46	79	25 32	46	79	26 18	45	78	27 03	46	77	277
21 53	46	81	22 39	47	80	23 26	46	79	24 12	46	79	24 58	46	78	25 44	45	77	26 29	45	76	276
21 18	+47	80	22 05	+46	79	22 51	+46	79	23 37	+46	78	24 23	+46	77	25 09	+46	76	25 55	+45	76	275
20 43	47	79	21 30	47	78	22 17	46	78	23 03	46	77	23 49	46	76	24 35	46	76	25 21	45	75	274
20 09	47	78	20 56	46	78	21 42	47	77	22 29	46	76	23 15	46	76	24 01	46	75	24 47	45	74	273
19 34	47	78	20 21	47	77	21 08	46	76	21 54	47	76	22 41	46	75	23 27	46	74	24 13	46	73	272
19 00	47	77	19 47	47	76	20 34	46	75	21 20	47	75	22 07	46	74	22 53	46	73	23 39	46	73	271
18 26	+47	76	19 13	+47	75	20 00	+46	75	20 46	+47	74	21 33	+46	73	22 19	+47	73	23 06	+46	72	270
17 52	47	75	18 39	47	75	19 26	47	74	20 13	46	73	20 59	47	73	21 46	46	72	22 32	46	71	269
17 18	47	75	18 05	47	74	18 52	47	73	19 39	47	73	20 26	46	72	21 12	47	71	21 59	46	71	268
16 44	47	74	17 31	47	73	18 18	47	72	19 05	47	72	19 52	47	71	20 39	47	70	21 26	46	70	267
16 10	47	73	16 57	48	72	17 45	47	72	18 32	47	71	19 19	47	70	20 06	47	70	20 53	46	69	266
15 36	+48	72	16 24	+47	72	17 11	+48	71	17 59	+47	70	18 46	+47	70	19 33	+47	69	20 20	+47	68	265
15 03	47	71	15 50	48	71	16 38	47	70	17 25	48	70	18 13	47	69	19 00	47	68	19 47	47	68	264
14 29	48	71	15 17	48	70	16 05	47	69	16 52	48	69	17 40	47	68	18 27	48	68	19 15	47	67	263
13 56	48	70	14 44	48	69	15 32	48	69	16 20	47	68	17 07	48	67	17 55	47	67	18 42	48	66	262
13 23	48	69	14 11	48	69	14 59	48	68	15 47	48	67	16 35	48	67	17 23	47	66	18 10	48	65	261
12 50	+48	68	13 38	+49	68	14 27	+48	67	15 15	+48	67	16 03	+47	66	16 50	+48	65	17 38	+48	65	260
12 17	49	68	13 06	48	67	13 54	48	66	14 42	48	66	15 30	48	65	16 18	48	65	17 06	48	64	259
11 45	48	67	12 33	49	66	13 22	48	66	14 10	49	65	14 59	48	64	15 47	48	64	16 35	48	63	258
11 13	48	66	12 01	49	66	12 50	48	65	13 38	49	64	14 27	48	64	15 15	48	63	16 03	49	63	257
10 40	49	65	11 29	49	65	12 18	49	64	13 07	48	64	13 55	49	63	14 44	48	62	15 32	49	62	256
10 09	+48	65	10 57	+49	64	11 46	+49	63	12 35	+49	63	13 24	+49	62	14 13	+48	62	15 01	+49	61	255
09 37	49	64	10 26	49	63	11 15	49	63	12 04	49	62	12 53	49	62	13 42	49	61	14 31	48	60	254
09 05	50	63	09 55	49	63	10 44	49	62	11 33	49	61	12 22	49	61	13 11	49	60	14 00	49	60	253
08 34	49	62	09 23	50	62	10 13	49	61	11 02	49	61	11 51	50	60	12 41	49	59	13 30	49	59	252
08 03	49	62	08 52	50	61	09 42	50	60	10 32	49	60	11 21	49	59	12 10	50	59	13 00	49	58	251
07 32	+50	61	08 22	+49	60	09 11	+50	60	10 01	+50	59	10 51	+49	59	11 40	+50	58	12 30	+49	57	250
07 01	50	60	07 51	50	59	08 41	50	59	09 31	50	58	10 21	50	58	11 11	49	57	12 00	50	57	249
06 31	50	59	07 21	50	59	08 11	50	58	09 01	50	58	09 51	50	57	10 41	50	56	11 31	50	56	248
06 01	50	58	06 51	50	58	07 41	51	57	08 32	50	57	09 22	50	56	10 12	50	56	11 02	50	55	247
05 31	50	58	06 21	51	57	07 12	50	57	08 02	51	56	08 53	50	56	09 43	50	55	10 33	50	54	246
05 01	+51	57	05 52	+50	56	06 42	+51	56	07 33	+51	55	08 24	+50	55	09 14	+51	54	10 05	+50	54	245
04 32	51	56	05 23	50	56	06 13	51	55	07 04	51	55	07 55	51	54	08 46	50	53	09 36	51	53	244
04 02	52	55	04 54	51	55	05 45	51	54	06 36	51	54	07 27	50	53	08 17	51	53	09 08	51	52	243
03 34	51	55	04 25	51	54	05 16	51	54	06 07	51	53	06 58	52	52	07 50	51	52	08 41	51	51	242
03 05	51	54	03 56	52	53	04 48	51	53	05 39	52	52	06 31	51	52	07 22	51	51	08 13	52	51	241
02 37	+51	53	03 28	+52	52	04 20	+52	52	05 12	+51	51	06 03	+52	51	06 55	+51	50	07 46	+52	50	240
02 09	51	52	03 00	52	52	03 52	52	51	04 44	52	51	05 36	52	50	06 28	51	50	07 19	52	49	239
01 41	52	51	02 33	52	51	03 25	52	50	04 17	52	50	05 09	52	49	06 01	52	49	06 53	52	48	238
01 14	52	51	02 06	52	50	02 58	52	50	03 50	52	49	04 42	53	49	05 35	52	48	06 27	52	48	237
00 47	52	50	01 39	52	49	02 31	53	49	03 24	52	48	04 16	52	48	05 08	53	47	06 01	52	47	236
00 20	+52	49	01 12	+53	48	02 05	+53	48	02 58	+52	47	03 50	+53	47	04 43	+52	47	05 35	+53	46	235
−0 07	53	48	00 46	53	48	01 39	53	47	02 32	52	47	03 24	53	46	04 17	53	46	05 10	53	45	234
−0 33	53	47	00 20	53	47	01 13	53	46	02 06	53	46	02 59	53	45	03 52	53	45	04 45	53	45	233
−0 58	53	47	−0 05	53	46	00 48	53	46	01 41	53	45	02 34	53	45	03 27	54	44	04 21	53	44	232
−1 24	54	46	−0 30	53	45	00 23	53	45	01 16	54	44	02 10	53	44	03 03	53	43	03 56	54	43	231
−1 49	+54	45	−0 55	+53	44	−0 02	+54	44	00 52	+53	44	01 45	+54	43	02 39	+53	43	03 32	+54	42	230
−2 14	54	44	−1 20	54	44	−0 26	54	43	00 28	53	43	01 21	54	42	02 15	54	42	03 09	54	41	229
−2 38	54	43	−1 44	54	43	−0 50	54	42	00 04	54	42	00 58	54	41	01 52	54	41	02 46	54	41	228
−3 02	54	42	−2 08	54	42	−1 14	55	42	−0 19	54	41	00 35	54	41	01 29	54	40	02 23	54	40	227
−3 26	55	42	−2 31	54	41	−1 37	55	41	−0 42	54	40	00 12	54	40	01 06	55	39	02 01	54	39	226
−3 49	+55	41	−2 54	+54	40	−2 00	+55	40	−1 05	+55	39	−0 10	+54	39	00 44	+55	39	01 39	+54	38	225
−4 12	55	40	−3 17	55	39	−2 22	55	39	−1 27	55	39	−0 32	54	38	00 22	55	38	01 17	55	37	224
−4 34	55	39	−3 39	55	39	−2 44	55	38	−1 49	55	38	−0 54	55	37	00 01	55	37	00 56	55	37	223
−4 56	55	38	−4 01	55	38	−3 06	55	37	−2 11	56	37	−1 15	55	37	−0 20	55	36	00 35	55	36	222
−5 18	56	37	−4 22	55	37	−3 27	55	37	−2 32	56	36	−1 36	55	36	−0 41	56	35	00 15	55	35	221

(The rows of the second table correspond to LHA 70–139 of the first table.)

S. Lat. {LHA greater than 180° .... Zn=180−Z; LHA less than 180° .... Zn=180+Z}

DECLINATION (15°-29°) SAME NAME AS LATITUDE

N. Lat. {LHA greater than 180°....... Zn=Z; LHA less than 180°........... Zn=360−Z}

DECLINATION (15°-29°) SAME NAME AS LATITUDE

LHA	15° Hc d Z	16° Hc d Z	17° Hc d Z	18° Hc d Z	19° Hc d Z	20° Hc d Z	21° Hc d Z	22° Hc d Z	23° Hc d Z	24° Hc d Z	25° Hc d Z	26° Hc d Z	27° Hc d Z	28° Hc d Z	29° Hc d Z	LHA
	° ′ ′ °	° ′ ′ °	° ′ ′ °	° ′ ′ °	° ′ ′ °	° ′ ′ °	° ′ ′ °	° ′ ′ °	° ′ ′ °	° ′ ′ °	° ′ ′ °	° ′ ′ °	° ′ ′ °	° ′ ′ °	° ′ ′ °	
								140	−5 39 +56 36	−4 43 +55 36	−3 48 +56 36	−2 52 +55 35	−1 57 +56 35	−1 01 +56 35	−0 05 +55 34	220
									141	−5 04 56 35	−4 08 56 35	−3 12 55 35	−2 17 56 34	−1 21 56 34	−0 25 56 33	219
									142	−5 24 56 34	−4 28 56 34	−3 32 56 34	−2 36 56 33	−1 40 56 33	−0 44 56 33	218
										143	−4 48 57 33	−3 51 56 33	−2 55 56 32	−1 59 56 32	−1 03 56 32	217
										144	−5 07 57 32	−4 10 56 32	−3 14 56 32	−2 18 57 31	−1 21 56 31	216
										145	−5 25 +56 31	−4 29 +57 31	−3 32 +56 31	−2 36 +57 30	−1 39 +56 30	215
											146	−4 47 57 30	−3 50 57 30	−2 53 56 30	−1 57 57 29	214
											147	−5 04 56 29	−4 08 57 29	−3 11 57 29	−2 14 57 28	213
											148	−5 22 58 29	−4 24 57 28	−3 27 57 28	−2 30 57 28	212
												149	−4 41 57 27	−3 44 57 27	−2 47 58 27	211
												150	−4 57 +57 27	−4 00 +58 26	−3 02 +57 26	210
												151	−5 13 58 26	−4 15 58 25	−3 17 57 25	209
												152	−5 28 58 25	−4 30 58 25	−3 32 57 24	208
													153	−4 44 58 24	−3 46 57 23	207
													154	−4 58 58 23	−4 00 58 23	206
													155	−5 12 +58 22	−4 14 +59 22	205
													156	−5 25 59 21	−4 26 58 21	204
														157	−4 39 59 20	203
														158	−4 51 59 19	202
														159	−5 02 59 18	201
														160	−5 13 +59 17	200
79	−5 48 49 108	281														
78	−5 15 48 108	−6 03 49 109	282													
77	−4 41 49 109	−5 30 49 110	283													
76	−4 08 49 110	−4 57 49 111	−5 46 49 111	284												
75	−3 35 −49 111	−4 24 −49 111	−5 13 −50 112	−6 03 −49 112	285											
74	−3 02 49 112	−3 51 50 112	−4 41 49 113	−5 30 50 113	286											
73	−2 29 50 112	−3 19 49 113	−4 08 51 114	−4 59 49 114	−5 48 49 115	287										
72	−1 57 49 113	−2 46 50 114	−3 36 50 114	−4 26 50 115	−5 16 49 115	288										
71	−1 24 50 114	−2 14 50 115	−3 04 50 115	−3 54 50 116	−4 44 50 116	−5 34 49 117	289									
70	−0 52 −50 115	−1 42 −50 115	−2 32 −50 116	−3 22 −50 116	−4 12 −50 117	−5 02 −50 118	−5 52 −50 118	290								
	15°	16°	17°	18°	19°	20°	21°	22°	23°	24°	25°	26°	27°	28°	29°	

S. Lat. {LHA greater than 180°....... Zn=180−Z; LHA less than 180°........... Zn=180+Z}

DECLINATION (15°-29°) CONTRARY NAME TO LATITUDE

Anlage 8

N. Lat. {LHA greater than 180°....... Zn=Z; LHA less than 180°........... Zn=360−Z}

DECLINATION (15°-29°) CONTRARY NAME TO LATITUDE

LHA	15° Hc	d	Z	16° Hc	d	Z	17° Hc	d	Z	18° Hc	d	Z	19° Hc	d	Z
	° ′	′	°	° ′	′	°	° ′	′	°	° ′	′	°	° ′	′	°
69	−0 20	51	116	−1 11	50	116	−2 01	50	117	−2 51	50	117	−3 41	50	118
68	00 11	50	116	−0 39	50	117	−1 29	51	118	−2 20	50	118	−3 10	50	119
67	00 43	51	117	−0 08	50	118	−0 58	51	118	−1 49	50	119	−2 39	50	119
66	01 14	51	118	00 23	50	119	−0 27	51	119	−1 18	50	120	−2 08	51	120
65	01 45	−51	119	00 54	−50	119	00 04	−51	120	−0 47	−51	120	−1 38	−51	121
64	02 16	51	120	01 25	51	120	00 34	51	121	−0 17	51	121	−1 08	51	122
63	02 46	51	120	01 55	51	121	01 04	51	122	00 13	51	122	−0 38	51	123
62	03 17	52	121	02 25	51	122	01 34	51	122	00 43	52	123	−0 09	51	123
61	03 47	52	122	02 55	51	123	02 04	52	123	01 12	51	124	00 21	52	124
60	04 16	−51	123	03 25	−52	123	02 33	−52	124	01 41	−51	125	00 50	−52	125
59	04 46	52	124	03 54	52	124	03 02	52	125	02 10	51	125	01 19	52	126
58	05 15	52	125	04 23	52	125	03 31	52	126	02 39	52	126	01 47	52	127
57	05 44	52	126	04 52	53	126	03 59	52	126	03 07	52	127	02 15	52	127
56	06 12	52	126	05 20	52	127	04 28	53	127	03 35	52	128	02 43	52	128
55	06 41	−53	127	05 48	−52	128	04 56	−53	128	04 03	−53	129	03 10	−52	129
54	07 09	53	128	06 16	53	129	05 23	53	129	04 30	52	129	03 38	53	130
53	07 36	53	129	06 43	53	129	05 50	53	130	04 57	52	130	04 05	53	131
52	08 03	53	130	07 10	53	130	06 17	53	131	05 24	53	131	04 31	53	132
51	08 30	53	131	07 37	53	131	06 44	53	132	05 51	54	132	04 57	53	132
50	08 57	−53	132	08 04	−54	132	07 10	−53	132	06 17	−54	133	05 23	−53	133
49	09 23	53	132	08 30	54	133	07 36	54	133	06 42	53	134	05 49	54	134
48	09 49	54	133	08 55	54	134	08 01	53	134	07 08	54	135	06 14	54	135
47	10 15	54	134	09 21	54	135	08 27	54	135	07 33	55	135	06 38	54	136
46	10 40	54	135	09 46	55	135	08 51	54	136	07 57	54	136	07 03	54	137
45	11 04	−54	136	10 10	−54	136	09 16	−55	137	08 21	−54	137	07 27	−55	138
44	11 29	55	137	10 34	54	137	09 40	55	138	08 45	55	138	07 50	54	139
43	11 53	55	138	10 58	55	138	10 03	55	139	09 08	54	139	08 14	55	139
42	12 16	55	139	11 21	55	139	10 26	55	139	09 31	55	140	08 36	55	140
41	12 39	55	140	11 44	55	140	10 49	55	140	09 54	55	141	08 59	56	141
40	13 02	−55	140	12 07	−56	141	11 11	−55	141	10 16	−55	142	09 21	−56	142
39	13 24	55	141	12 29	56	142	11 33	55	142	10 38	56	143	09 42	55	143
38	13 46	56	142	12 50	55	143	11 55	56	143	10 59	56	143	10 03	56	144
37	14 08	56	143	13 12	56	144	12 16	56	144	11 20	56	144	10 24	56	145
36	14 28	56	144	13 32	56	145	12 36	56	145	11 40	56	145	10 44	56	146
35	14 49	−56	145	13 53	−57	145	12 56	−56	146	12 00	−56	146	11 04	−57	147
34	15 09	57	146	14 12	56	146	13 16	56	147	12 20	57	147	11 23	57	147
33	15 28	56	147	14 32	57	147	13 35	57	148	12 38	56	148	11 42	57	148
32	15 47	56	148	14 51	57	148	13 54	57	149	12 57	57	149	12 00	57	149
31	16 06	57	149	15 09	57	149	14 12	57	150	13 15	57	150	12 18	57	150
30	16 24	−57	150	15 27	−57	150	14 30	−58	150	13 32	−57	151	12 35	−57	151
29	16 41	57	151	15 44	57	151	14 47	58	151	13 49	57	152	12 52	57	152
28	16 58	57	152	16 01	58	152	15 03	57	152	14 06	58	153	13 08	57	153
27	17 15	58	153	16 17	57	153	15 20	58	153	14 22	58	154	13 24	57	154
26	17 31	58	154	16 33	58	154	15 35	58	154	14 37	57	155	13 40	58	155
25	17 46	−58	155	16 48	−58	155	15 50	−58	155	14 52	−58	155	13 54	−58	156
24	18 01	58	156	17 03	58	156	16 05	58	156	15 07	58	156	14 09	59	157
23	18 15	58	157	17 17	58	157	16 19	58	157	15 21	59	157	14 22	58	158
22	18 29	58	158	17 31	59	158	16 32	58	158	15 34	59	158	14 35	58	159
21	18 42	58	159	17 44	59	159	16 45	58	159	15 47	59	159	14 48	58	160
20	18 55	−59	160	17 56	−58	160	16 58	−59	160	15 59	−59	160	15 00	−59	160
19	19 07	59	161	18 08	59	161	17 09	58	161	16 11	59	161	15 12	59	161
18	19 18	59	162	18 19	58	162	17 21	59	162	16 22	59	162	15 23	59	162
17	19 29	59	163	18 30	59	163	17 31	59	163	16 32	59	163	15 33	59	163
16	19 39	59	164	18 40	59	164	17 41	59	164	16 42	59	164	15 43	59	164
15	19 49	−59	165	18 50	−59	165	17 51	−60	165	16 51	−59	165	15 52	−59	165
14	19 58	59	166	18 59	59	166	18 00	60	166	17 00	59	166	16 01	59	166
13	20 07	60	167	19 07	59	167	18 08	60	167	17 08	59	167	16 09	59	167
12	20 14	59	168	19 15	60	168	18 15	59	168	17 16	60	168	16 16	59	168
11	20 22	60	169	19 22	59	169	18 23	60	169	17 23	60	169	16 23	59	169
10	20 28	−59	170	19 29	−60	170	18 29	−60	170	17 29	−59	170	16 30	−60	170
9	20 34	59	171	19 35	60	171	18 35	60	171	17 35	60	171	16 35	59	171
8	20 40	60	172	19 40	60	172	18 40	60	172	17 40	59	172	16 41	60	172
7	20 44	59	173	19 45	60	173	18 45	60	173	17 45	60	173	16 45	60	173
6	20 49	60	174	19 49	60	174	18 49	60	174	17 49	60	174	16 49	60	174
5	20 52	−60	175	19 52	−60	175	18 52	−60	175	17 52	−60	175	16 52	−59	175
4	20 55	60	176	19 55	60	176	18 55	60	176	17 55	60	176	16 55	60	176
3	20 57	60	177	19 57	60	177	18 57	60	177	17 57	60	177	16 57	60	177
2	20 59	60	178	19 59	60	178	18 59	60	178	17 59	60	178	16 59	60	178
1	21 00	60	179	20 00	60	179	19 00	60	179	18 00	60	179	17 00	60	179
0	21 00	−60	180	20 00	−60	180	19 00	−60	180	18 00	−60	180	17 00	−60	180
	15°			16°			17°			18°			19°		

LHA	20° Hc	d	Z	21° Hc	d	Z	22° Hc	d	Z	23° Hc	d	Z	24° Hc	d	Z
	° ′	′	°	° ′	′	°	° ′	′	°	° ′	′	°	° ′	′	°
69	−4 31	50	118	−5 21	50	119	291								
68	−4 00	50	119	−4 50	51	120	−5 41	50	120	292					
67	−3 29	51	120	−4 20	50	120	−5 10	51	121	293					
66	−2 59	51	121	−3 50	50	121	−4 40	51	122	−5 31	50	122	294		
65	−2 29	−51	122	−3 20	−50	122	−4 10	−51	123	−5 01	−51	123	−5 52	−50	124
64	−1 59	51	122	−2 50	51	123	−3 41	51	123	−4 32	51	124	−5 23	50	124
63	−1 29	51	123	−2 20	51	124	−3 11	51	124	−4 02	52	125	−4 54	51	125
62	−1 00	51	124	−1 51	51	124	−2 42	52	125	−3 34	51	125	−4 25	51	126
61	−0 31	51	125	−1 22	52	125	−2 14	51	126	−3 05	51	126	−3 56	52	127
60	−0 02	−51	126	−0 53	−52	126	−1 45	−52	127	−2 37	−51	127	−3 28	−52	128
59	00 27	52	126	−0 25	52	127	−1 17	52	127	−2 09	51	128	−3 00	52	128
58	00 55	52	127	00 03	52	128	−0 49	52	128	−1 41	52	129	−2 33	52	129
57	01 23	52	128	00 31	52	128	−0 21	53	129	−1 14	52	129	−2 06	52	130
56	01 51	53	129	00 58	52	129	00 06	53	130	−0 47	52	130	−1 39	52	131
55	02 18	−53	130	01 25	−52	130	00 33	−53	131	−0 20	−52	131	−1 12	−53	132
54	02 45	53	130	01 52	53	131	00 59	52	131	00 07	53	132	−0 46	53	132
53	03 12	53	131	02 19	53	132	01 26	53	132	00 33	53	133	−0 20	53	133
52	03 38	53	132	02 45	53	133	01 52	54	133	00 58	53	133	00 05	53	134
51	04 04	53	133	03 11	54	133	02 17	53	134	01 24	54	134	00 30	53	135
50	04 30	−54	134	03 36	−54	134	02 42	−53	135	01 49	−54	135	00 55	−53	136
49	04 55	54	135	04 01	54	135	03 07	53	136	02 14	54	136	01 20	54	136
48	05 20	54	136	04 26	54	136	03 32	54	136	02 38	54	137	01 44	54	137
47	05 44	54	136	04 50	54	137	03 56	54	137	03 02	54	138	02 08	54	138
46	06 09	55	137	05 14	54	138	04 20	54	138	03 26	55	138	02 31	54	139
45	06 32	−54	138	05 38	−55	138	04 43	−54	139	03 49	−55	139	02 54	−54	140
44	06 56	55	139	06 01	55	139	05 06	54	140	04 12	55	140	03 17	55	141
43	07 19	55	140	06 24	55	140	05 29	55	141	04 34	55	141	03 39	55	141
42	07 41	55	141	06 46	55	141	05 51	55	141	04 56	55	142	04 01	55	142
41	08 03	55	142	07 08	55	142	06 13	55	142	05 18	56	143	04 22	55	143
40	08 25	−55	142	07 30	−56	143	06 34	−55	143	05 39	−56	144	04 43	−55	144
39	08 47	56	143	07 51	56	144	06 55	55	144	06 00	56	144	05 04	56	145
38	09 07	55	144	08 12	56	145	07 16	56	145	06 20	56	145	05 24	56	146
37	09 28	56	145	08 32	56	145	07 36	56	146	06 40	56	146	05 44	56	147
36	09 48	56	146	08 52	57	146	07 55	56	147	06 59	56	147	06 03	56	147
35	10 07	−56	147	09 11	−56	147	08 15	−57	148	07 18	−56	148	06 22	−57	148
34	10 26	56	148	09 30	57	148	08 33	56	148	07 37	57	149	06 40	57	149
33	10 45	57	149	09 48	56	149	08 52	57	149	07 55	57	150	06 58	57	150
32	11 03	57	150	10 06	57	150	09 09	57	150	08 12	57	151	07 15	57	151
31	11 21	57	150	10 24	57	151	09 27	57	151	08 30	58	151	07 32	57	152
30	11 38	−57	151	10 41	−57	152	09 44	−58	152	08 46	−57	152	07 49	−57	153
29	11 55	58	152	10 57	57	153	10 00	58	153	09 02	57	153	08 05	58	153
28	12 11	58	153	11 13	57	154	10 16	58	154	09 18	58	154	08 20	57	154
27	12 27	58	154	11 29	58	154	10 31	58	155	09 33	57	155	08 36	58	155
26	12 42	58	155	11 44	58	155	10 46	58	156	09 48	58	156	08 50	58	156
25	12 56	−58	156	11 58	−58	156	11 00	−58	157	10 02	−58	157	09 04	−58	157
24	13 10	58	157	12 12	58	157	11 14	58	157	10 16	58	158	09 18	59	158
23	13 24	58	158	12 26	59	158	11 27	58	158	10 29	58	159	09 31	59	159
22	13 37	58	159	12 39	59	159	11 40	58	159	10 42	59	160	09 43	58	160
21	13 50	59	160	12 51	59	160	11 52	58	160	10 54	59	160	09 55	58	161
20	14 01	−58	161	13 03	−59	161	12 04	−59	161	11 05	−58	161	10 07	−59	162
19	14 13	59	162	13 14	59	162	12 15	59	162	11 16	58	162	10 18	59	162
18	14 24	59	163	13 25	59	163	12 26	59	163	11 27	59	163	10 28	59	163
17	14 34	59	164	13 35	59	164	12 36	59	164	11 37	59	164	10 38	59	164
16	14 44	59	165	13 45	60	165	12 45	59	165	11 46	59	165	10 47	59	165
15	14 53	−59	165	13 54	−60	166	12 54	−59	166	11 55	−59	166	10 56	−59	166
14	15 02	60	166	14 02	59	167	13 03	60	167	12 03	59	167	11 04	59	167
13	15 10	60	167	14 10	59	168	13 11	60	168	12 11	59	168	11 12	60	168
12	15 17	60	168	14 17	59	168	13 18	60	169	12 18	59	169	11 19	60	169
11	15 24	60	169	14 24	59	169	13 25	60	170	12 25	60	170	11 25	59	170
10	15 30	−60	170	14 30	−59	170	13 31	−60	171	12 31	−60	171	11 31	−59	171
9	15 36	60	171	14 36	60	171	13 36	59	171	12 37	60	172	11 37	60	172
8	15 41	60	172	14 41	60	172	13 41	60	172	12 41	59	173	11 42	60	173
7	15 45	59	173	14 46	60	173	13 46	60	173	12 46	60	173	11 46	60	174
6	15 49	60	174	14 49	60	174	13 49	59	174	12 50	60	174	11 50	60	174
5	15 53	−60	175	14 53	−60	175	13 53	−60	175	12 53	−60	175	11 53	−60	175
4	15 55	60	176	14 55	60	176	13 55	60	176	12 55	60	176	11 55	59	176
3	15 57	60	177	14 57	60	177	13 57	60	177	12 57	60	177	11 57	60	177
2	15 59	60	178	14 59	60	178	13 59	60	178	12 59	60	178	11 59	60	178
1	16 00	60	179	15 00	60	179	14 00	60	179	13 00	60	179	12 00	60	179
0	16 00	−60	180	15 00	−60	180	14 00	−60	180	13 00	−60	180	12 00	−60	180
	20°			21°			22°			23°			24°		

LHA	25° Hc	d	Z	26° Hc	d	Z	27° Hc	d	Z	28° Hc	d	Z	29° Hc	d	Z	LHA
	° ′	′	°	° ′	′	°	° ′	′	°	° ′	′	°	° ′	′	°	
65	295															
64	296															
63	−5 45	51	126	297												
62	−5 16	51	126	298												
61	−4 48	51	127	−5 39	52	128	299									
60	−4 20	−52	128	−5 12	−51	129	300									
59	−3 52	52	129	−4 44	52	129	−5 36	52	130	301						
58	−3 25	52	130	−4 17	52	130	−5 09	52	131	302						
57	−2 58	52	130	−3 50	52	131	−4 42	53	131	−5 35	52	132	303			
56	−2 31	53	131	−3 24	52	132	−4 16	52	132	−5 08	53	133	304			
55	−2 05	−53	132	−2 58	−52	133	−3 50	−53	133	−4 43	−52	133	−5 35	−53	134	305
54	−1 39	53	133	−2 32	52	133	−3 24	53	134	−4 17	53	134	−5 10	53	135	306
53	−1 13	53	134	−2 06	53	134	−2 59	53	135	−3 52	53	135	−4 45	53	135	307
52	−0 48	53	134	−1 41	53	135	−2 34	53	135	−3 27	54	136	−4 21	53	136	308
51	−0 23	53	135	−1 16	54	136	−2 10	53	136	−3 03	53	137	−3 56	54	137	309
50	00 02	−54	136	−0 52	−53	136	−1 45	−54	137	−2 39	−53	137	−3 32	−54	138	310
49	00 26	54	137	−0 28	53	137	−1 21	54	138	−2 15	54	138	−3 09	54	139	311
48	00 50	54	138	−0 04	54	138	−0 58	54	139	−1 52	54	139	−2 46	54	139	312
47	01 14	55	138	00 19	54	139	−0 35	54	139	−1 29	54	140	−2 23	54	140	313
46	01 37	55	139	00 42	54	140	−0 12	54	140	−1 06	55	141	−2 01	54	141	314
45	02 00	−55	140	01 05	−55	141	00 10	−54	141	−0 44	−55	141	−1 39	−54	142	315
44	02 22	55	141	01 27	55	141	00 32	54	142	−0 22	55	142	−1 17	55	143	316
43	02 44	55	142	01 49	55	142	00 54	55	143	−0 01	55	143	−0 56	55	143	317
42	03 06	55	143	02 11	56	143	01 15	55	143	00 20	55	144	−0 35	55	144	318
41	03 27	55	143	02 32	56	144	01 36	55	144	00 41	56	145	−0 15	55	145	319
40	03 48	−56	144	02 52	−55	145	01 57	−56	145	01 01	−56	145	00 05	−55	146	320
39	04 08	56	145	03 12	55	145	02 17	56	146	01 21	56	146	00 25	56	147	321
38	04 28	56	145	03 32	56	146	02 36	56	147	01 40	56	147	00 44	56	147	322
37	04 48	57	147	03 51	56	147	02 55	56	148	01 59	56	148	01 03	56	148	323
36	05 07	57	148	04 10	56	148	03 14	56	148	02 18	57	149	01 21	56	149	324
35	05 25	−56	149	04 29	−57	149	03 32	−56	149	02 36	−57	150	01 39	−56	150	325
34	05 43	56	149	04 47	57	150	03 50	57	150	02 53	56	150	01 57	57	151	326
33	06 01	57	150	05 04	56	151	04 08	57	151	03 11	57	151	02 14	57	152	327
32	06 18	56	151	05 22	58	151	04 24	57	152	03 27	57	152	02 30	57	152	328
31	06 35	57	152	05 38	57	152	04 41	57	153	03 44	57	153	02 47	58	153	329
30	06 52	−58	153	05 54	−57	153	04 57	−57	153	04 00	−58	154	03 02	−57	154	330
29	07 07	57	154	06 10	57	154	05 13	58	154	04 15	58	155	03 17	57	155	331
28	07 23	58	155	06 25	57	155	05 28	58	155	04 30	58	155	03 32	57	156	332
27	07 38	58	156	06 40	58	156	05 42	58	156	04 44	58	156	03 46	57	157	333
26	07 52	58	156	06 54	58	157	05 56	58	157	04 58	58	157	04 00	58	157	334
25	08 06	−58	157	07 08	−58	158	06 10	−58	158	05 12	−58	158	04 14	−59	158	335
24	08 19	58	158	07 21	58	158	06 23	58	159	05 25	59	159	04 26	58	159	336
23	08 32	58	159	07 34	58	159	06 36	59	160	05 37	58	160	04 39	59	160	337
22	08 45	59	160	07 46	58	160	06 48	59	160	05 49	58	161	04 51	59	161	338
21	08 57	59	161	07 58	59	161	06 59	58	161	06 01	59	161	05 02	59	162	339
20	09 08	−59	162	08 09	−59	162	07 10	−58	162	06 12	−59	162	05 13	−59	163	340
19	09 19	59	163	08 20	59	163	07 21	59	163	06 22	59	163	05 23	59	163	341
18	09 29	59	164	08 30	59	164	07 31	59	164	06 32	59	164	05 33	59	164	342
17	09 39	59	164	08 40	59	165	07 41	60	165	06 41	59	165	05 42	59	165	343
16	09 48	59	165	08 49	59	166	07 50	60	166	06 50	59	166	05 51	59	166	344
15	09 57	−60	166	08 57	−59	166	07 58	−59	167	06 59	−60	167	05 59	−59	167	345
14	10 05	60	167	09 05	59	167	08 06	59	167	07 07	60	168	06 07	59	168	346
13	10 12	59	168	09 13	60	168	08 13	59	168	07 14	60	169	06 14	59	169	347
12	10 19	59	169	09 20	60	169	08 20	59	169	07 21	60	169	06 21	59	170	348
11	10 26	60	170	09 26	59	170	08 27	60	170	07 27	60	170	06 27	59	170	349
10	10 32	−60	171	09 32	−60	171	08 32	−59	171	07 33	−60	171	06 33	−60	171	350
9	10 37	60	172	09 37	59	172	08 38	60	172	07 38	60	172	06 38	60	172	351
8	10 42	60	173	09 42	60	173	08 42	59	173	07 43	60	173	06 43	60	173	352
7	10 46	60	174	09 46	60	174	08 46	59	174	07 47	60	174	06 47	60	174	353
6	10 50	60	175	09 50	60	175	08 50	60	175	07 50	60	175	06 50	60	175	354
5	10 53	−60	175	09 53	−60	175	08 53	−60	176	07 53	−60	176	06 53	−60	176	355
4	10 56	60	176	09 56	60	176	08 56	60	176	07 56	60	176	06 56	60	177	356
3	10 57	59	177	09 58	60	177	08 58	60	177	07 58	60	177	06 58	60	177	357
2	10 59	60	178	09 59	60	178	08 59	60	178	07 59	60	178	06 59	60	178	358
1	11 00	60	179	10 00	60	179	09 00	60	179	08 00	60	179	07 00	60	179	359
0	11 00	−60	180	10 00	−60	180	09 00	−60	180	08 00	−60	180	07 00	−60	180	360
	25°			26°			27°			28°			29°			

S. Lat. {LHA greater than 180°....... Zn=180−Z; LHA less than 180°........... Zn=180+Z}

DECLINATION (15°-29°) CONTRARY NAME TO LATITUDE

N. Lat. {LHA greater than 180°....... Zn=Z
{LHA less than 180°........... Zn=360−Z

DECLINATION (0°-14°) SAME NAME AS LATITUDE

LHA	0°			1°			2°			3°			4°		
	Hc	d	Z	Hc	d	Z	Hc	d	Z	Hc	d	Z	Hc	d	Z
	° ′	′	°	° ′	′	°	° ′	′	°	° ′	′	°	° ′	′	°
0	35 00	+60	180	36 00	+60	180	37 00	+60	180	38 00	+60	180	39 00	+60	180
1	35 00	60	179	36 00	60	179	37 00	60	179	38 00	60	179	39 00	60	179
2	34 59	60	178	35 59	60	178	36 59	60	178	37 59	60	178	38 59	59	177
3	34 57	60	176	35 57	60	176	36 57	60	176	37 57	60	176	38 57	60	176
4	34 54	60	175	35 54	60	175	36 54	60	175	37 54	60	175	38 54	60	175
5	34 51	+60	174	35 51	+60	174	36 51	+60	174	37 51	+59	174	38 50	+60	174
6	34 47	60	173	35 47	60	173	36 47	59	173	37 46	60	172	38 46	60	172
7	34 42	60	172	35 42	60	171	36 42	59	171	37 41	60	171	38 41	60	171
8	34 37	59	170	35 36	60	170	36 36	60	170	37 36	59	170	38 35	60	170
9	34 31	59	169	35 30	60	169	36 30	59	169	37 29	60	169	38 29	60	169
10	34 24	+59	168	35 23	+60	168	36 23	+59	168	37 22	+60	167	38 22	+59	167
11	34 16	59	167	35 15	60	167	36 15	59	166	37 14	60	166	38 14	59	166
12	34 08	59	166	35 07	59	165	36 06	60	165	37 06	59	165	38 05	59	165
13	33 59	59	164	34 58	59	164	35 57	59	164	36 56	60	164	37 56	59	164
14	33 49	59	163	34 48	59	163	35 47	59	163	36 46	60	162	37 46	59	162
15	33 39	+59	162	34 38	+59	162	35 37	+59	161	36 36	+59	161	37 35	+59	161
16	33 28	59	161	34 27	58	161	35 25	59	160	36 24	59	160	37 23	59	160
17	33 16	59	160	34 15	58	159	35 13	59	159	36 12	59	159	37 11	58	159
18	33 04	58	158	34 02	59	158	35 01	58	158	35 59	59	158	36 58	58	157
19	32 51	58	157	33 49	59	157	34 48	58	157	35 46	58	156	36 44	59	156
20	32 37	+58	156	33 35	+59	156	34 34	+58	156	35 32	+58	155	36 30	+58	155
21	32 23	58	155	33 21	58	155	34 19	58	154	35 17	58	154	36 15	58	154
22	32 08	58	154	33 06	58	153	34 04	58	153	35 02	58	153	36 00	57	153
23	31 52	58	153	32 50	58	152	33 48	58	152	34 46	57	152	35 43	58	151
24	31 36	58	152	32 34	57	151	33 31	58	151	34 29	57	151	35 26	58	150
25	31 19	+58	150	32 17	+57	150	33 14	+58	150	34 12	+57	149	35 09	+57	149
26	31 02	57	149	31 59	58	149	32 57	57	149	33 54	57	148	34 51	57	148
27	30 44	57	148	31 41	57	148	32 38	57	147	33 35	57	147	34 32	57	147
28	30 26	57	147	31 23	57	147	32 20	56	146	33 16	57	146	34 13	57	146
29	30 07	56	146	31 03	57	146	32 00	57	145	32 57	56	145	33 53	57	144
30	29 47	+57	145	30 44	+56	144	31 40	+57	144	32 37	+56	144	33 33	+56	143
31	29 27	56	144	30 23	57	143	31 20	56	143	32 16	56	143	33 12	56	142
32	29 06	57	143	30 03	56	142	30 59	56	142	31 55	56	141	32 51	56	141
33	28 45	56	142	29 41	56	141	30 37	56	141	31 33	56	140	32 29	56	140
34	28 24	55	141	29 19	56	140	30 15	56	140	31 11	55	139	32 06	56	139
35	28 02	+55	140	28 57	+56	139	29 53	+55	139	30 48	+56	138	31 44	+55	138
36	27 39	55	138	28 34	56	138	29 30	55	138	30 25	55	137	31 20	55	137
37	27 16	55	137	28 11	55	137	29 06	55	137	30 01	55	136	30 56	55	136
38	26 52	55	136	27 47	55	136	28 42	55	136	29 37	55	135	30 32	55	135
39	26 28	55	135	27 23	55	135	28 18	55	134	29 13	54	134	30 07	55	134
40	26 04	+55	134	26 59	+54	134	27 53	+55	133	28 48	+54	133	29 42	+54	132
41	25 39	55	133	26 34	54	133	27 28	54	132	28 22	54	132	29 16	54	131
42	25 14	54	132	26 08	54	132	27 02	54	131	27 56	54	131	28 50	54	130
43	24 48	54	131	25 42	54	131	26 36	54	130	27 30	54	130	28 24	54	129
44	24 22	54	130	25 16	54	130	26 10	54	129	27 04	53	129	27 57	54	128
45	23 56	+53	129	24 49	+54	129	25 43	+54	128	26 37	+53	128	27 30	+53	127
46	23 29	53	128	24 22	54	128	25 16	53	127	26 09	53	127	27 02	54	126
47	23 02	53	127	23 55	53	127	24 48	53	126	25 41	54	126	26 35	52	125
48	22 34	53	126	23 27	53	126	24 20	53	125	25 13	53	125	26 06	53	124
49	22 06	53	126	22 59	53	125	23 52	53	124	24 45	53	124	25 38	52	123
50	21 38	+53	125	22 31	+53	124	23 24	+52	124	24 16	+53	123	25 09	+52	122
51	21 10	52	124	22 02	53	123	22 55	52	123	23 47	53	122	24 40	52	122
52	20 41	52	123	21 33	53	122	22 26	52	122	23 18	52	121	24 10	52	121
53	20 12	52	122	21 04	52	121	21 56	52	121	22 48	52	120	23 40	52	120
54	19 42	52	121	20 34	52	120	21 26	52	120	22 18	52	119	23 10	52	119
55	19 12	+52	120	20 04	+52	119	20 56	+52	119	21 48	+52	118	22 40	+51	118
56	18 43	51	119	19 34	52	118	20 26	52	118	21 18	51	117	22 09	52	117
57	18 12	52	118	19 04	52	118	19 56	51	117	20 47	51	116	21 38	52	116
58	17 42	51	117	18 33	52	117	19 25	51	116	20 16	51	116	21 07	51	115
59	17 11	51	116	18 02	52	116	18 54	51	115	19 45	51	115	20 36	51	114
60	16 40	+51	115	17 31	+51	115	18 22	+52	114	19 14	+50	114	20 04	+51	113
61	16 09	51	114	17 00	51	114	17 51	51	113	18 42	51	113	19 33	50	112
62	15 37	51	114	16 28	51	113	17 19	51	112	18 10	51	112	19 01	50	111
63	15 06	51	113	15 57	50	112	16 47	51	112	17 38	51	111	18 29	50	110
64	14 34	51	112	15 25	50	111	16 15	51	111	17 06	50	110	17 56	51	110
65	14 02	+50	111	14 52	+51	110	15 43	+50	110	16 33	+51	109	17 24	+50	109
66	13 30	50	110	14 20	50	110	15 10	51	109	16 01	50	108	16 51	50	108
67	12 57	50	109	13 47	51	109	14 38	50	108	15 28	50	108	16 18	50	107
68	12 25	50	108	13 15	50	108	14 05	50	107	14 55	50	107	15 45	50	106
69	11 52	50	108	12 42	50	107	13 32	50	106	14 22	50	106	15 12	50	105

LHA	5°			6°			7°			8°			9°		
	Hc	d	Z	Hc	d	Z	Hc	d	Z	Hc	d	Z	Hc	d	Z
	° ′	′	°	° ′	′	°	° ′	′	°	° ′	′	°	° ′	′	°
0	40 00	+60	180	41 00	+60	180	42 00	+60	180	43 00	+60	180	44 00	+60	180
1	40 00	60	179	41 00	60	179	42 00	60	179	43 00	60	179	44 00	60	179
2	39 58	60	177	40 58	60	177	41 58	60	177	42 58	60	177	43 58	60	177
3	39 57	59	176	40 56	60	176	41 56	60	176	42 56	60	176	43 56	60	176
4	39 54	60	175	40 54	60	175	41 54	60	175	42 54	59	175	43 53	60	175
5	39 50	+60	174	40 50	+60	173	41 50	+60	173	42 50	+60	173	43 50	+60	173
6	39 46	60	172	40 46	60	172	41 46	59	172	42 45	60	172	43 45	60	172
7	39 41	60	171	40 41	59	171	41 40	60	171	42 40	60	171	43 40	60	170
8	39 35	60	170	40 35	60	170	41 35	59	169	42 34	60	169	43 34	59	169
9	39 29	59	168	40 28	60	168	41 28	59	168	42 27	60	168	43 27	59	168
10	39 21	+60	167	40 21	+59	167	41 20	+60	167	42 20	+59	167	43 19	+60	166
11	39 13	60	166	40 13	59	166	41 12	59	165	42 11	60	165	43 11	59	165
12	39 04	60	165	40 04	59	164	41 03	59	164	42 02	59	164	43 01	60	164
13	38 55	59	163	39 54	59	163	40 53	59	163	41 52	59	163	42 51	59	162
14	38 45	59	162	39 44	59	162	40 43	59	162	41 42	59	161	42 41	58	161
15	38 34	+58	161	39 32	+59	161	40 31	+59	160	41 30	+59	160	42 29	+59	160
16	38 22	59	160	39 21	58	159	40 19	59	159	41 18	59	159	42 17	58	158
17	38 09	59	158	39 08	59	158	40 07	58	158	41 05	59	157	42 04	58	157
18	37 56	59	157	38 55	58	157	39 53	59	156	40 52	58	156	41 50	58	156
19	37 43	58	156	38 41	58	156	39 39	58	155	40 37	58	155	41 35	59	155
20	37 28	+58	155	38 26	+58	154	39 24	+58	154	40 22	+58	154	41 20	+58	153
21	37 13	58	153	38 11	58	153	39 09	58	153	40 07	57	152	41 04	58	152
22	36 57	58	152	37 55	58	152	38 53	57	152	39 50	58	151	40 48	57	151
23	36 41	58	151	37 39	57	151	38 36	57	150	39 33	58	150	40 31	57	150
24	36 24	57	150	37 21	58	149	38 19	57	149	39 16	57	149	40 13	57	148
25	36 06	+57	149	37 03	+58	148	38 01	+57	148	38 58	+57	147	39 55	+57	147
26	35 48	57	147	36 45	57	147	37 42	57	147	38 39	57	146	39 36	56	146
27	35 29	57	146	36 26	57	146	37 23	56	146	38 19	57	145	39 16	56	145
28	35 10	56	145	36 06	57	145	37 03	56	144	37 59	57	144	38 56	56	143
29	34 50	56	144	35 46	57	144	36 43	56	143	37 39	56	143	38 35	56	142
30	34 29	+57	143	35 26	+56	142	36 22	+56	142	37 18	+56	142	38 14	+55	141
31	34 08	56	142	35 04	56	141	36 00	56	141	36 56	56	140	37 52	55	140
32	33 47	55	141	34 42	56	140	35 38	56	140	36 34	55	139	37 29	56	139
33	33 25	55	140	34 20	56	139	35 16	55	139	36 11	55	138	37 06	55	138
34	33 02	55	138	33 57	56	138	34 53	55	137	35 48	55	137	36 43	55	137
35	32 39	+55	137	33 34	+55	137	34 29	+55	136	35 24	+55	136	36 19	+55	135
36	32 15	55	136	33 10	55	136	34 05	55	135	35 00	54	135	35 54	55	134
37	31 51	55	135	32 46	55	135	33 41	54	134	34 35	55	134	35 30	54	133
38	31 27	54	134	32 21	55	134	33 16	54	133	34 10	54	133	35 04	54	132
39	31 02	54	133	31 56	54	133	32 50	54	132	33 44	54	132	34 38	54	131
40	30 36	+54	132	31 30	+55	131	32 25	+53	131	33 18	+54	130	34 12	+54	130
41	30 10	54	131	31 04	54	130	31 58	54	130	32 52	54	129	33 46	53	129
42	29 44	54	130	30 38	54	129	31 32	53	129	32 25	54	128	33 19	53	128
43	29 18	53	129	30 11	54	128	31 05	53	128	31 58	53	127	32 51	53	127
44	28 51	53	128	29 44	53	127	30 37	53	127	31 30	53	126	32 23	53	126
45	28 23	+53	127	29 16	+54	126	30 10	+52	126	31 02	+53	125	31 55	+53	125
46	27 56	53	126	28 49	52	125	29 41	53	125	30 34	53	124	31 27	52	124
47	27 27	53	125	28 20	53	124	29 13	53	124	30 06	52	123	30 58	52	123
48	26 59	53	124	27 52	52	123	28 44	53	123	29 37	52	122	30 29	52	122
49	26 30	53	123	27 23	52	122	28 15	52	122	29 07	52	121	29 59	52	121
50	26 01	+53	122	26 54	+52	121	27 46	+52	121	28 38	+52	120	29 30	+51	120
51	25 32	52	121	26 24	52	120	27 16	52	120	28 08	51	119	28 59	52	119
52	25 02	52	120	25 54	52	119	26 46	52	119	27 38	51	118	28 29	52	118
53	24 32	52	119	25 24	52	118	26 16	51	118	27 07	52	117	27 59	51	117
54	24 02	52	118	24 54	51	118	25 45	51	117	26 36	52	116	27 28	51	116
55	23 31	+52	117	24 23	+51	117	25 14	+51	116	26 05	+52	115	26 57	+50	115
56	23 01	51	116	23 52	51	116	24 43	51	115	25 34	51	115	26 25	51	114
57	22 30	51	115	23 21	51	115	24 12	51	114	25 03	51	114	25 54	50	113
58	21 58	52	114	22 50	50	114	23 40	51	113	24 31	51	113	25 22	50	112
59	21 27	51	113	22 18	51	113	23 09	50	112	23 59	51	112	24 50	50	111
60	20 55	+51	113	21 46	+51	112	22 37	+50	111	23 27	+51	111	24 18	+50	110
61	20 23	51	112	21 14	51	111	22 05	50	111	22 55	50	110	23 45	50	109
62	19 51	51	111	20 42	50	110	21 32	51	110	22 23	50	109	23 13	50	108
63	19 19	50	110	20 09	51	109	21 00	50	109	21 50	50	108	22 40	50	108
64	18 47	50	109	19 37	50	108	20 27	50	108	21 17	50	107	22 07	50	107
65	18 14	+50	108	19 04	+50	108	19 54	+50	107	20 44	+50	106	21 34	+50	106
66	17 41	50	107	18 31	50	107	19 21	50	106	20 11	50	106	21 01	49	105
67	17 08	50	106	17 58	50	106	18 48	50	105	19 38	49	105	20 27	50	104
68	16 35	50	106	17 25	50	105	18 15	49	104	19 04	50	104	19 54	49	103
69	16 02	50	105	16 52	49	104	17 41	50	103	18 31	49	103	19 20	50	102

10°			11°			12°			13°			14°			LHA
Hc	d	Z	Hc	d	Z	Hc	d	Z	Hc	d	Z	Hc	d	Z	
° ′	′	°	° ′	′	°	° ′	′	°	° ′	′	°	° ′	′	°	
45 00	+60	180	46 00	+60	180	47 00	+60	180	48 00	+60	180	49 00	+60	180	360
45 00	60	179	46 00	60	179	47 00	60	179	48 00	60	179	49 00	60	179	359
44 58	60	177	45 58	60	177	46 58	60	177	47 58	60	177	48 58	60	177	358
44 56	60	176	45 56	60	176	46 56	60	176	47 56	60	176	48 56	60	176	357
44 53	60	174	45 53	60	174	46 53	60	174	47 53	60	174	48 53	60	174	356
44 50	+59	173	45 49	+60	173	46 49	+60	173	47 49	+60	173	48 49	+60	173	355
44 45	60	172	45 45	60	172	46 45	59	171	47 44	60	171	48 44	60	171	354
44 40	59	170	45 39	60	170	46 39	60	170	47 39	59	170	48 38	60	170	353
44 33	60	169	45 33	60	169	46 33	59	169	47 32	60	168	48 32	59	168	352
44 26	60	168	45 26	59	167	46 25	60	167	47 25	59	167	48 24	60	167	351
44 19	+59	166	45 18	+59	166	46 17	+60	166	47 17	+59	166	48 16	+59	165	350
44 10	59	165	45 09	60	165	46 09	59	164	47 08	59	164	48 07	59	164	349
44 01	59	164	45 00	59	163	45 59	59	163	46 58	59	163	47 57	59	163	348
43 50	59	162	44 49	59	162	45 48	59	162	46 47	59	161	47 46	59	161	347
43 39	59	161	44 38	59	161	45 37	59	160	46 36	59	160	47 35	58	160	346
43 28	+58	159	44 26	+59	159	45 25	+59	159	46 24	+58	159	47 22	+59	158	345
43 15	59	158	44 14	58	158	45 12	59	158	46 11	58	157	47 09	58	157	344
43 02	58	157	44 00	59	157	44 59	58	156	45 57	58	156	46 55	58	156	343
42 48	58	156	43 46	58	155	44 44	59	155	45 43	58	155	46 41	57	154	342
42 34	58	154	43 32	57	154	44 29	58	154	45 27	58	153	46 25	58	153	341
42 18	+58	153	43 16	+58	153	44 14	+57	152	45 11	+58	152	46 09	+58	151	340
42 02	58	152	43 00	57	151	43 57	58	151	44 55	57	151	45 52	57	150	339
41 45	58	150	42 43	57	150	43 40	57	150	44 37	58	149	45 35	57	149	338
41 28	57	149	42 25	57	149	43 22	57	148	44 19	57	148	45 16	57	147	337
41 10	57	148	42 07	57	147	43 04	57	147	44 01	57	147	44 58	56	146	336
40 52	+56	147	41 48	+57	146	42 45	+57	146	43 42	+56	145	44 38	+56	145	335
40 32	57	145	41 29	56	145	42 25	57	145	43 22	56	144	44 18	56	144	334
40 12	57	144	41 09	56	144	42 05	56	143	43 01	56	143	43 57	56	142	333
39 52	56	143	40 48	56	143	41 44	56	142	42 40	56	142	43 36	55	141	332
39 31	56	142	40 27	56	141	41 23	55	141	42 18	56	140	43 14	55	140	331
39 09	+56	141	40 05	+56	140	41 01	+55	140	41 56	+55	139	42 51	+56	139	330
38 47	56	139	39 43	55	139	40 38	55	138	41 33	55	138	42 28	55	137	329
38 25	55	138	39 20	55	138	40 15	55	137	41 10	55	137	42 05	54	136	328
38 01	55	137	38 56	55	137	39 51	55	136	40 46	55	136	41 41	54	135	327
37 38	55	136	38 33	54	135	39 27	55	135	40 22	54	134	41 16	54	134	326
37 14	+54	135	38 08	+55	134	39 03	+54	134	39 57	+54	133	40 51	+54	133	325
36 49	54	134	37 43	54	133	38 37	55	133	39 32	53	132	40 25	54	132	324
36 24	54	133	37 18	54	132	38 12	54	132	39 06	53	131	39 59	54	130	323
35 58	54	132	36 52	54	131	37 46	54	130	38 40	53	130	39 33	53	129	322
35 32	54	130	36 26	53	130	37 19	54	129	38 13	53	129	39 06	53	128	321
35 06	+53	129	35 59	+54	129	36 53	+53	128	37 46	+53	128	38 39	+53	127	320
34 39	53	128	35 32	53	128	36 25	53	127	37 18	53	127	38 11	53	126	319
34 12	53	127	35 05	53	127	35 58	53	126	36 51	52	125	37 43	52	125	318
33 44	53	126	34 37	53	126	35 30	52	125	36 22	53	124	37 15	52	124	317
33 16	53	125	34 09	52	125	35 01	53	124	35 54	52	123	36 46	52	123	316
32 48	+52	124	33 40	+53	124	34 33	+52	123	35 25	+52	122	36 17	+51	122	315
32 19	52	123	33 11	53	123	34 04	52	122	34 56	51	121	35 47	52	121	314
31 50	52	122	32 42	52	121	33 34	52	121	34 26	52	120	35 18	51	120	313
31 21	52	121	32 13	51	120	33 04	52	120	33 56	51	119	34 47	52	119	312
30 51	52	120	31 43	51	119	32 34	52	119	33 26	51	118	34 17	51	118	311
30 21	+52	119	31 13	+51	118	32 04	+51	118	32 55	+51	117	33 46	+51	117	310
29 51	51	118	30 42	52	118	31 34	51	117	32 25	51	116	33 16	50	116	309
29 21	51	117	30 12	51	117	31 03	51	116	31 54	50	115	32 44	51	115	308
28 50	51	116	29 41	51	116	30 32	50	115	31 22	51	114	32 13	50	114	307
28 19	51	115	29 10	50	115	30 00	51	114	30 51	50	113	31 41	51	113	306
27 47	+51	114	28 38	+51	114	29 29	+50	113	30 19	+50	112	31 09	+51	112	305
27 16	51	113	28 07	50	113	28 57	50	112	29 47	50	111	30 37	50	111	304
26 44	51	112	27 35	50	112	28 25	50	111	29 15	50	111	30 05	50	110	303
26 12	51	111	27 03	50	111	27 53	50	110	28 43	50	110	29 33	49	109	302
25 40	50	111	26 30	50	110	27 20	50	109	28 10	50	109	29 00	50	108	301
25 08	+50	110	25 58	+50	109	26 48	+50	108	27 38	+49	108	28 27	+50	107	300
24 35	50	109	25 25	50	108	26 15	50	108	27 05	49	107	27 54	50	106	299
24 03	50	108	24 53	49	107	25 42	50	107	26 32	49	106	27 21	49	105	298
23 30	50	107	24 20	49	106	25 09	50	106	25 59	49	105	26 48	49	104	297
22 57	49	106	23 46	50	105	24 36	49	105	25 25	49	104	26 14	49	104	296
22 24	+49	105	23 13	+50	105	24 03	+49	104	24 52	+49	103	25 41	+49	103	295
21 50	50	104	22 40	49	104	23 29	49	103	24 18	49	102	25 07	49	102	294
21 17	49	103	22 06	50	103	22 56	49	102	23 45	49	102	24 34	48	101	293
20 43	50	103	21 33	49	102	22 22	49	101	23 11	49	101	24 00	48	100	292
20 10	49	102	20 59	49	101	21 48	49	100	22 37	49	100	23 26	48	99	291

S. Lat. {LHA greater than 180°....... Zn=180−Z
{LHA less than 180°........... Zn=180+Z

DECLINATION (0°-14°) SAME NAME AS LATITUDE

Anlage 8

N. Lat. {LHA greater than 180°....... Zn=Z; LHA less than 180°........... Zn=360−Z}

DECLINATION (0°-14°) SAME NAME AS LATITUDE

LHA	0°			1°			2°			3°			4°		
	Hc	d	Z	Hc	d	Z	Hc	d	Z	Hc	d	Z	Hc	d	Z
	° ′	′	°	° ′	′	°	° ′	′	°	° ′	′	°	° ′	′	°
70	11 19	+50	107	12 09	+50	106	12 59	+50	106	13 49	+50	105	14 39	+50	104
71	10 46	50	106	11 36	50	105	12 26	50	105	13 16	49	104	14 05	50	104
72	10 13	50	105	11 03	49	104	11 52	50	104	12 42	50	103	13 32	49	103
73	09 39	50	104	10 29	50	104	11 19	50	103	12 09	49	102	12 58	50	102
74	09 06	50	103	09 56	49	103	10 45	50	102	11 35	49	102	12 24	50	101
75	08 32	+50	102	09 22	+50	102	10 12	+49	101	11 01	+50	101	11 51	+49	100
76	07 59	49	102	08 48	50	101	09 38	49	100	10 27	50	100	11 17	49	99
77	07 25	49	101	08 14	50	100	09 04	49	100	09 53	50	99	10 43	49	98
78	06 51	49	100	07 40	50	99	08 30	49	99	09 19	50	98	10 09	49	98
79	06 17	49	99	07 06	50	99	07 56	49	98	08 45	49	97	09 34	50	97
80	05 43	+49	98	06 32	+50	98	07 22	+49	97	08 11	+49	97	09 00	+49	96
81	05 09	49	97	05 58	50	97	06 48	49	96	07 37	49	96	08 25	49	95
82	04 35	49	97	05 24	49	96	06 13	50	95	07 03	49	95	07 52	49	94
83	04 00	50	96	04 50	49	95	05 39	49	95	06 28	49	94	07 17	49	93
84	03 26	49	95	04 15	50	94	05 05	49	94	05 54	49	93	06 43	49	93
85	02 52	+49	94	03 41	+49	94	04 30	+50	93	05 20	+49	92	06 09	+49	92
86	02 18	49	93	03 07	49	93	03 56	49	92	04 45	49	92	05 34	49	91
87	01 43	49	92	02 32	50	92	03 22	49	91	04 11	49	91	05 00	49	90
88	01 09	49	92	01 58	49	91	02 47	49	90	03 36	49	90	04 25	49	89
89	00 34	50	91	01 24	49	90	02 13	49	90	03 02	49	89	03 51	49	89
90	00 00	+49	90	00 49	+49	89	01 38	+49	89	02 27	+50	88	03 17	+49	88
91	−0 34	49	89	00 15	49	89	01 04	49	88	01 53	49	87	02 42	49	87
92	−1 09	49	88	−0 20	50	88	00 30	49	87	01 19	49	87	02 08	49	86
93	−1 43	49	88	−0 54	49	87	−0 05	49	86	00 44	50	86	01 34	49	85
94	−2 18	50	87	−1 28	49	86	−0 39	49	86	00 10	49	85	00 59	49	84
95	−2 52	+49	86	−2 03	+50	85	−1 13	+49	85	−0 24	+49	84	00 25	+49	84
96	−3 26	49	85	−2 37	49	85	−1 48	50	84	−0 58	49	83	−0 09	49	83
97	−4 00	49	84	−3 11	49	84	−2 22	49	83	−1 33	50	83	−0 43	49	82
98	−4 35	50	83	−3 45	49	83	−2 56	49	82	−2 07	50	82	−1 17	49	81
99	−5 09	49	83	−4 20	50	82	−3 30	49	81	−2 41	50	81	−1 51	49	80
100	−5 43	+49	82	−4 54	+50	81	−4 04	+49	81	−3 15	+50	80	−2 25	+49	80
101				−5 28	50	80	−4 38	49	80	−3 49	50	79	−2 59	50	79
102				−6 01	49	80	−5 12	50	79	−4 22	49	78	−3 33	50	78
103							−5 46	50	78	−4 56	50	78	−4 06	49	77
104										−5 30	50	77	−4 40	50	76
105										−6 03	+50	76	−5 13	+50	75
106													−5 46	50	74

LHA	5°			6°			7°			8°			9°		
	Hc	d	Z	Hc	d	Z	Hc	d	Z	Hc	d	Z	Hc	d	Z
	° ′	′	°	° ′	′	°	° ′	′	°	° ′	′	°	° ′	′	°
70	15 29	+49	104	16 18	+50	103	17 08	+49	103	17 57	+50	102	18 47	+49	101
71	14 55	50	103	15 45	49	102	16 34	50	102	17 24	49	101	18 13	49	101
72	14 21	50	102	15 11	49	102	16 00	50	101	16 50	49	100	17 39	49	100
73	13 48	49	101	14 37	50	101	15 27	49	100	16 16	49	99	17 05	49	99
74	13 14	49	100	14 03	50	100	14 53	49	99	15 42	49	99	16 31	49	98
75	12 40	+49	100	13 29	+50	99	14 19	+49	98	15 08	+49	98	15 57	+49	97
76	12 06	49	99	12 55	50	98	13 45	49	98	14 34	49	97	15 23	49	96
77	11 32	49	98	12 21	49	97	13 10	50	97	14 00	49	96	14 49	48	96
78	10 58	49	97	11 47	49	96	12 36	49	96	13 25	49	95	14 14	49	95
79	10 24	49	96	11 13	49	96	12 02	49	95	12 51	49	94	13 40	49	94
80	09 49	+50	95	10 39	+49	95	11 28	+49	94	12 17	+49	94	13 06	+48	93
81	09 15	49	95	10 04	49	94	10 53	49	93	11 42	49	93	12 31	49	92
82	08 41	49	94	09 30	49	93	10 19	49	93	11 08	49	92	11 57	49	91
83	08 06	50	93	08 56	49	92	09 45	49	92	10 34	48	91	11 22	49	91
84	07 32	49	92	08 21	49	92	09 10	49	91	09 59	49	90	10 48	49	90
85	06 58	+49	91	07 47	+49	91	08 36	+49	90	09 25	+49	90	10 14	+48	89
86	06 23	49	90	07 12	49	90	08 01	49	89	08 50	49	89	09 39	49	88
87	05 49	49	90	06 38	49	89	07 27	49	88	08 16	49	88	09 05	49	87
88	05 14	50	89	06 04	49	88	06 53	48	88	07 41	49	87	08 30	49	86
89	04 40	49	88	05 29	49	87	06 18	49	87	07 07	49	86	07 56	49	86
90	04 06	+49	87	04 55	+49	87	05 44	+49	86	06 33	+49	85	07 22	+49	85
91	03 31	49	86	04 20	50	86	05 10	49	85	05 59	49	85	06 48	48	84
92	02 57	49	85	03 46	49	85	04 35	49	84	05 24	49	84	06 13	49	83
93	02 23	49	85	03 12	49	84	04 01	49	84	04 50	49	83	05 39	49	82
94	01 48	50	84	02 38	49	83	03 27	49	83	04 16	49	82	05 05	49	82
95	01 14	+49	83	02 03	+50	82	02 53	+49	82	03 42	+49	81	04 31	+49	81
96	00 40	49	82	01 29	50	82	02 19	49	81	03 08	49	81	03 57	49	80
97	00 06	49	81	00 55	50	81	01 45	49	80	02 34	49	80	03 23	50	79
98	−0 28	49	81	00 21	50	80	01 11	49	79	02 00	50	79	02 50	49	78
99	−1 02	50	80	−0 12	49	79	00 37	49	79	01 26	50	78	02 16	49	77
100	−1 36	+50	79	−0 46	+49	78	00 03	+50	78	00 53	+49	77	01 42	+50	77
101	−2 09	49	78	−1 20	50	78	−0 30	49	77	00 19	50	76	01 09	49	76
102	−2 43	50	77	−1 53	49	77	−1 04	50	76	−0 14	50	76	00 36	49	75
103	−3 17	50	76	−2 27	50	76	−1 37	50	75	−0 47	49	75	00 02	50	74
104	−3 50	50	76	−3 00	50	75	−2 10	50	75	−1 20	49	74	−0 31	50	73
105	−4 23	+50	75	−3 33	+50	74	−2 43	+50	74	−1 53	+49	73	−1 04	+50	73
106	−4 56	50	74	−4 06	50	73	−3 16	50	73	−2 26	50	72	−1 36	50	72
107	−5 29	50	73	−4 39	50	73	−3 49	50	72	−2 59	50	71	−2 09	50	71
108	−6 02	50	72	−5 12	50	72	−4 22	50	71	−3 32	51	71	−2 41	50	70
109				−5 45	51	71	−4 54	50	70	−4 04	50	70	−3 14	51	69
110							−5 27	+51	69	−4 36	+50	69	−3 46	+51	68
111							−5 59	51	69	−5 08	50	68	−4 18	51	68
112										−5 40	51	67	−4 49	50	67
113													−5 21	51	66
114													−5 52	51	65

LHA	10°			11°			12°			13°			14°			LHA
	Hc	d	Z	Hc	d	Z	Hc	d	Z	Hc	d	Z	Hc	d	Z	
	° ′	′	°	° ′	′	°	° ′	′	°	° ′	′	°	° ′	′	°	
70	19 36	+49	101	20 25	+49	100	21 14	+49	100	22 03	+49	99	22 52	+48	98	290
71	19 02	49	100	19 51	49	99	20 40	49	99	21 29	49	98	22 18	48	98	289
72	18 28	49	99	19 17	49	99	20 06	49	98	20 55	49	97	21 44	48	97	288
73	17 54	49	98	18 43	49	98	19 32	49	97	20 21	48	96	21 09	49	96	287
74	17 20	49	97	18 09	49	97	18 58	49	96	19 47	48	96	20 35	48	95	286
75	16 46	+49	97	17 35	+49	96	18 24	+48	95	19 12	+49	95	20 01	+48	94	285
76	16 12	49	96	17 01	48	95	17 49	49	95	18 38	48	94	19 26	49	93	284
77	15 37	49	95	16 26	49	94	17 15	49	94	18 04	48	93	18 52	48	92	283
78	15 03	49	94	15 52	49	93	16 41	48	93	17 29	49	92	18 18	48	92	282
79	14 29	49	93	15 18	48	93	16 06	49	92	16 55	48	91	17 43	49	91	281
80	13 54	+49	92	14 43	+49	92	15 32	+48	91	16 20	+49	91	17 09	+48	90	280
81	13 20	49	92	14 09	48	91	14 57	49	90	15 46	48	90	16 34	49	89	279
82	12 46	48	91	13 34	49	90	14 23	49	90	15 12	48	89	16 00	48	88	278
83	12 11	49	90	13 00	49	89	13 49	48	89	14 37	49	88	15 26	48	88	277
84	11 37	49	89	12 26	48	89	13 14	49	88	14 03	48	87	14 51	49	87	276
85	11 02	+49	88	11 51	+49	88	12 40	+48	87	13 28	+49	87	14 17	+48	86	275
86	10 28	49	88	11 17	48	87	12 05	49	86	12 54	49	86	13 43	48	85	274
87	09 54	48	87	10 42	49	86	11 31	49	86	12 20	48	85	13 08	49	84	273
88	09 19	49	86	10 08	49	85	10 57	49	85	11 46	48	84	12 34	49	84	272
89	08 45	49	85	09 34	49	84	10 23	48	84	11 11	49	83	12 00	49	83	271
90	08 11	+49	84	09 00	+48	84	09 48	+49	83	10 37	+49	83	11 26	+48	82	270
91	07 36	49	83	08 25	49	83	09 14	49	82	10 03	49	82	10 52	48	81	269
92	07 02	49	83	07 51	49	82	08 40	49	81	09 29	49	81	10 18	49	80	268
93	06 28	49	82	07 17	49	81	08 06	49	81	08 55	49	80	09 44	49	80	267
94	05 54	49	81	06 43	49	80	07 32	49	80	08 21	49	79	09 10	49	79	266
95	05 20	+49	80	06 09	+49	80	06 58	+50	79	07 48	+49	78	08 37	+48	78	265
96	04 46	50	79	05 36	49	79	06 25	49	78	07 14	49	78	08 03	49	77	264
97	04 13	49	79	05 02	49	78	05 51	49	77	06 40	49	77	07 29	50	76	263
98	03 39	49	78	04 28	50	77	05 18	49	77	06 07	49	76	06 56	49	76	262
99	03 05	50	77	03 55	49	76	04 44	49	76	05 33	50	75	06 23	49	75	261
100	02 32	+49	76	03 21	+50	76	04 11	+49	75	05 00	+50	74	05 50	+49	74	260
101	01 58	50	75	02 48	50	75	03 38	49	74	04 27	50	74	05 17	49	73	259
102	01 25	50	74	02 15	50	74	03 05	49	73	03 54	50	73	04 44	49	72	258
103	00 52	50	74	01 42	50	73	02 32	49	73	03 21	50	72	04 11	50	71	257
104	00 19	50	73	01 09	50	72	01 59	50	72	02 49	50	71	03 39	49	71	256
105	−0 14	+50	72	00 36	+50	71	01 26	+50	71	02 16	+50	70	03 06	+50	70	255
106	−0 46	50	71	00 04	50	71	00 54	50	70	01 44	50	70	02 34	50	69	254
107	−1 19	50	70	−0 29	51	70	00 22	50	69	01 12	50	69	02 02	50	68	253
108	−1 51	50	70	−1 01	50	69	−0 11	51	68	00 40	50	68	01 30	50	67	252
109	−2 23	50	69	−1 33	51	68	−0 42	50	68	00 08	50	67	00 58	51	67	251
110	−2 55	+50	68	−2 05	+51	67	−1 14	+50	67	−0 24	+51	66	00 27	+50	66	250
111	−3 27	51	67	−2 36	50	67	−1 46	51	66	−0 55	51	65	−0 04	50	65	249
112	−3 59	51	66	−3 08	51	66	−2 17	51	65	−1 26	51	65	−0 35	50	64	248
113	−4 30	51	65	−3 39	51	65	−2 48	51	64	−1 57	51	64	−1 06	51	63	247
114	−5 01	51	65	−4 10	51	64	−3 19	51	64	−2 28	51	63	−1 37	51	62	246
115	−5 32	+51	64	−4 41	+51	63	−3 50	+51	63	−2 59	+52	62	−2 07	+51	62	245
116				−5 12	52	62	−4 20	51	62	−3 29	51	61	−2 38	52	61	244
117				−5 42	52	61	−4 50	51	61	−3 59	52	60	−3 07	51	60	243
118							−5 21	52	60	−4 29	52	60	−3 37	52	59	242
119							−5 50	52	59	−4 58	51	59	−4 07	52	58	241
120										−5 28	+52	58	−4 36	+52	57	240
121										−5 57	52	57	−5 05	53	57	239
122													−5 33	52	56	238

0°	1°	2°	3°	4°	5°	6°	7°	8°	9°	10°	11°	12°	13°	14°

S. Lat. {LHA greater than 180°....... Zn=180−Z; LHA less than 180°........... Zn=180+Z}

DECLINATION (0°-14°) SAME NAME AS LATITUDE

N. Lat. {LHA greater than 180°....... Zn=Z; LHA less than 180°........... Zn=360−Z}

DECLINATION (0°-14°) CONTRARY NAME TO LATITUDE

LAT 55°

LHA	0° Hc	d	Z	1° Hc	d	Z	2° Hc	d	Z	3° Hc	d	Z	4° Hc	d	Z
	° ′	′	°	° ′	′	°	° ′	′	°	° ′	′	°	° ′	′	°
100	-5 43	-49	82												
99	-5 09	49	83	-5 58	50	83									
98	-4 35	49	83	-5 24	49	84									
97	-4 00	50	84	-4 50	49	85	-5 39	49	85						
96	-3 26	49	85	-4 15	50	86	-5 05	49	86	-5 54	49	87			
95	-2 52	-49	86	-3 41	-49	86	-4 30	-50	87	-5 20	-49	88			
94	-2 18	49	87	-3 07	49	87	-3 56	49	88	-4 45	49	88	-5 34	49	89
93	-1 43	49	88	-2 32	50	88	-3 22	49	89	-4 11	49	89	-5 00	49	90
92	-1 09	49	88	-1 58	49	89	-2 47	49	90	-3 36	49	90	-4 25	49	91
91	-0 34	50	89	-1 24	49	90	-2 13	49	90	-3 02	49	91	-3 51	49	91
90	00 00	-49	90	-0 49	-49	91	-1 38	-49	91	-2 27	-50	92	-3 17	-49	92
89	00 34	49	91	-0 15	49	91	-1 04	49	92	-1 53	49	93	-2 42	49	93
88	01 09	49	92	00 20	50	92	-0 30	49	93	-1 19	49	93	-2 08	49	94
87	01 43	49	92	00 54	49	93	00 05	49	94	-0 44	50	94	-1 34	49	95
86	02 18	50	93	01 28	49	94	00 39	49	94	-0 10	49	95	-0 59	49	96
85	02 52	-49	94	02 03	-50	95	01 13	-49	95	00 24	-49	96	-0 25	-49	96
84	03 26	49	95	02 37	49	95	01 48	50	96	00 58	49	97	00 09	49	97
83	04 00	49	96	03 11	49	96	02 22	49	97	01 33	50	97	00 43	49	98
82	04 35	50	97	03 45	49	97	02 56	49	98	02 07	50	98	01 17	49	99
81	05 09	49	97	04 20	50	98	03 30	49	99	02 41	50	99	01 51	49	100
80	05 43	-49	98	04 54	-50	99	04 04	-49	99	03 15	-50	100	02 25	-49	100
79	06 17	49	99	05 28	50	100	04 38	49	100	03 49	50	101	02 59	50	101
78	06 51	50	100	06 01	49	100	05 12	50	101	04 22	49	102	03 33	50	102
77	07 25	50	101	06 35	49	101	05 46	50	102	04 56	50	102	04 06	49	103
76	07 59	50	102	07 09	50	102	06 19	49	103	05 30	50	103	04 40	50	104
75	08 32	-49	102	07 43	-50	103	06 53	-50	104	06 03	-50	104	05 13	-50	105
74	09 06	50	103	08 16	50	104	07 26	50	104	06 36	50	105	05 46	50	106
73	09 39	50	104	08 49	50	105	07 59	50	105	07 09	50	106	06 19	50	106
72	10 13	50	105	09 23	50	106	08 33	50	106	07 43	51	107	06 52	50	107
71	10 46	50	106	09 56	50	106	09 06	51	107	08 15	50	107	07 25	50	108
70	11 19	-50	107	10 29	-51	107	09 38	-50	108	08 48	-50	108	07 58	-50	109

LHA	5° Hc	d	Z	6° Hc	d	Z	7° Hc	d	Z	8° Hc	d	Z	9° Hc	d	Z
	° ′	′	°	° ′	′	°	° ′	′	°	° ′	′	°	° ′	′	°
100															
99															
98															
97															
96															
95															
94															
93	-5 49	49	90												
92	-5 14	50	91	-6 04	49	92									
91	-4 40	49	92	-5 29	49	93									
90	-4 06	-49	93	-4 55	-49	93	-5 44	-49	94						
89	-3 31	49	94	-4 20	50	94	-5 10	49	95	-5 59	49	95			
88	-2 57	49	95	-3 46	49	95	-4 35	49	96	-5 24	49	96			
87	-2 23	49	95	-3 12	49	96	-4 01	49	96	-4 50	49	97	-5 39	49	98
86	-1 48	50	96	-2 38	49	97	-3 27	49	97	-4 16	49	98	-5 05	49	98
85	-1 14	-49	97	-2 03	-50	98	-2 53	-49	98	-3 42	-49	99	-4 31	-49	99
84	-0 40	49	98	-1 29	50	98	-2 19	49	99	-3 08	49	99	-3 57	49	100
83	-0 06	49	99	-0 55	50	99	-1 45	49	100	-2 34	49	100	-3 23	50	101
82	00 28	49	99	-0 21	50	100	-1 11	49	101	-2 00	50	101	-2 50	49	102
81	01 02	50	100	00 12	49	101	-0 37	49	101	-1 26	50	102	-2 16	49	103
80	01 36	-50	101	00 46	-49	102	-0 03	-50	102	-0 53	-49	103	-1 42	-50	103
79	02 09	49	102	01 20	50	102	00 30	49	103	-0 19	50	104	-1 09	49	104
78	02 43	50	103	01 53	49	103	01 04	50	104	00 14	50	104	-0 36	49	105
77	03 17	50	104	02 27	50	104	01 37	50	105	00 47	49	105	-0 02	50	106
76	03 50	50	104	03 00	50	105	02 10	50	105	01 20	49	106	00 31	50	107
75	04 23	-50	105	03 33	-50	106	02 43	-50	106	01 53	-49	107	01 04	-50	107
74	04 56	50	106	04 06	50	107	03 16	50	107	02 26	50	108	01 36	50	108
73	05 29	50	107	04 39	50	107	03 49	50	108	02 59	50	109	02 09	50	109
72	06 02	50	108	05 12	50	108	04 22	50	109	03 32	51	109	02 41	50	110
71	06 35	50	109	05 45	51	109	04 54	50	110	04 04	50	110	03 14	51	111
70	07 08	-51	109	06 17	-50	110	05 27	-51	111	04 36	-50	111	03 46	-51	112

LHA	10° Hc	d	Z	11° Hc	d	Z	12° Hc	d	Z	13° Hc	d	Z	14° Hc	d	Z	LHA
	° ′	′	°	° ′	′	°	° ′	′	°	° ′	′	°	° ′	′	°	
100																260
99																261
98																262
97																263
96																264
95																265
94																266
93																267
92																268
91																269
90																270
89																271
88																272
87																273
86	-5 54	49	99													274
85	-5 20	-49	100													275
84	-4 46	50	101	-5 36	49	101										276
83	-4 13	49	101	-5 02	49	102	-5 51	49	103							277
82	-3 39	49	102	-4 28	50	103	-5 18	49	103							278
81	-3 05	50	103	-3 55	49	104	-4 44	49	104	-5 33	50	105				279
80	-2 32	-49	104	-3 21	-50	104	-4 11	-49	105	-5 00	-50	106	-5 50	-49	106	280
79	-1 58	50	105	-2 48	50	105	-3 38	49	106	-4 27	50	106	-5 17	49	107	281
78	-1 25	50	106	-2 15	50	106	-3 05	49	107	-3 54	50	107	-4 44	49	108	282
77	-0 52	50	106	-1 42	50	107	-2 32	49	107	-3 21	50	108	-4 11	50	109	283
76	-0 19	50	107	-1 09	50	108	-1 59	50	108	-2 49	50	109	-3 39	49	109	284
75	00 14	-50	108	-0 36	-50	109	-1 26	-50	109	-2 16	-50	110	-3 06	-50	110	285
74	00 46	50	109	-0 04	50	109	-0 54	50	110	-1 44	50	110	-2 34	50	111	286
73	01 19	50	110	00 29	51	110	-0 22	50	111	-1 12	50	111	-2 02	50	112	287
72	01 51	50	110	01 01	50	111	00 11	51	112	-0 40	50	112	-1 30	50	113	288
71	02 23	50	111	01 33	51	112	00 42	50	112	-0 08	50	113	-0 58	51	113	289
70	02 55	-50	112	02 05	-51	113	01 14	-50	113	00 24	-51	114	-0 27	-50	114	290

S. Lat. {LHA greater than 180°....... Zn=180−Z; LHA less than 180°........... Zn=180+Z}

DECLINATION (0°-14°) CONTRARY NAME TO LATITUDE

N. Lat. {LHA greater than 180°...... Zn=Z; LHA less than 180°.........Zn=360−Z}

DECLINATION (0°-14°) **CONTRARY** NAME TO LATITUDE

LHA	0° Hc	0° d	0° Z	1° Hc	1° d	1° Z	2° Hc	2° d	2° Z	3° Hc	3° d	3° Z	4° Hc	4° d	4° Z	5° Hc	5° d	5° Z	6° Hc	6° d	6° Z	7° Hc	7° d	7° Z
	° ′	′	°	° ′	′	°	° ′	′	°	° ′	′	°	° ′	′	°	° ′	′	°	° ′	′	°	° ′	′	°
69	11 52	50	108	11 02	51	108	10 11	50	109	09 21	51	109	08 30	50	110	07 40	51	110	06 49	50	111	05 59	51	111
68	12 25	51	108	11 34	50	109	10 44	51	109	09 53	50	110	09 03	51	111	08 12	50	111	07 22	51	112	06 31	51	112
67	12 57	50	109	12 07	51	110	11 16	50	110	10 26	51	111	09 35	51	111	08 44	51	112	07 53	50	113	07 03	51	113
66	13 30	51	110	12 39	51	111	11 48	50	111	10 58	51	112	10 07	51	112	09 16	51	113	08 25	51	113	07 34	51	114
65	14 02	−51	111	13 11	−51	112	12 20	−51	112	11 29	−50	113	10 39	−51	113	09 48	−51	114	08 57	−51	114	08 06	−51	115
64	14 34	51	112	13 43	51	112	12 52	51	113	12 01	51	113	11 10	51	114	10 19	51	115	09 28	51	115	08 37	51	116
63	15 06	51	113	14 15	51	113	13 24	51	114	12 33	52	114	11 41	51	115	10 50	51	115	09 59	51	116	09 08	52	116
62	15 37	51	114	14 46	51	114	13 55	51	115	13 04	51	115	12 13	52	116	11 21	51	116	10 30	52	117	09 38	51	117
61	16 09	51	114	15 18	52	115	14 26	51	116	13 35	52	116	12 43	51	117	11 52	52	117	11 00	51	118	10 09	52	118
60	16 40	−51	115	15 49	−52	116	14 57	−51	116	14 06	−52	117	13 14	−51	117	12 23	−52	118	11 31	−52	119	10 39	−52	119
59	17 11	51	116	16 20	52	117	15 28	52	117	14 36	51	118	13 45	52	118	12 53	52	119	12 01	52	119	11 09	52	120
58	17 42	52	117	16 50	52	118	15 58	51	118	15 07	52	119	14 15	52	119	13 23	52	120	12 31	52	120	11 39	52	121
57	18 12	52	118	17 20	51	119	16 29	52	119	15 37	52	120	14 45	52	120	13 53	53	121	13 00	52	121	12 08	52	122
56	18 43	52	119	17 51	52	119	16 59	53	120	16 06	52	121	15 14	52	121	14 22	52	122	13 30	53	122	12 37	52	123
55	19 12	−52	120	18 20	−52	120	17 28	−52	121	16 36	−52	121	15 44	−53	122	14 51	−52	122	13 59	−53	123	13 06	−52	123
54	19 42	52	121	18 50	52	121	17 58	53	122	17 05	52	122	16 13	53	123	15 20	52	123	14 28	53	124	13 35	53	124
53	20 12	53	122	19 19	52	122	18 27	53	123	17 34	53	123	16 41	52	124	15 49	53	124	14 56	53	125	14 03	53	125
52	20 41	53	123	19 48	53	123	18 56	53	124	18 03	53	124	17 10	53	125	16 17	53	125	15 24	53	126	14 31	53	126
51	21 10	53	124	20 17	53	124	19 24	53	125	18 31	53	125	17 38	53	126	16 45	53	126	15 52	53	127	14 59	54	127
50	21 38	−53	125	20 45	−53	125	19 52	−53	126	18 59	−53	126	18 06	−53	127	17 13	−54	127	16 19	−53	128	15 26	−53	128
49	22 06	53	126	21 13	53	126	20 20	53	127	19 27	54	127	18 33	53	127	17 40	53	128	16 47	54	128	15 53	54	129
48	22 34	53	126	21 41	53	127	20 48	54	127	19 54	53	128	19 01	54	128	18 07	54	129	17 13	53	129	16 20	54	130
47	23 02	54	127	22 08	53	128	21 15	54	128	20 21	54	129	19 27	53	129	18 34	54	130	17 40	54	130	16 46	54	131
46	23 29	54	128	22 35	53	129	21 42	54	129	20 48	54	130	19 54	54	130	19 00	54	131	18 06	54	131	17 12	54	132
45	23 56	−54	129	23 02	−54	130	22 08	−54	130	21 14	−54	131	20 20	−54	131	19 26	−54	132	18 32	−55	132	17 37	−54	133
44	24 22	54	130	23 28	54	131	22 34	54	131	21 40	54	132	20 46	55	132	19 51	54	133	18 57	55	133	18 02	54	134
43	24 48	54	131	23 54	54	132	23 00	55	132	22 05	54	133	21 11	55	133	20 16	54	134	19 22	55	134	18 27	54	135
42	25 14	55	132	24 19	54	133	23 25	55	133	22 30	54	134	21 36	55	134	20 41	55	135	19 46	54	135	18 52	55	135
41	25 39	54	133	24 45	55	134	23 50	55	134	22 55	55	135	22 00	55	135	21 05	54	136	20 11	55	136	19 16	56	136
40	26 04	−55	134	25 09	−55	135	24 14	−55	135	23 19	−55	136	22 24	−55	136	21 29	−55	137	20 34	−55	137	19 39	−55	137
39	26 28	55	135	25 33	55	136	24 38	55	136	23 43	55	137	22 48	55	137	21 53	55	138	20 58	56	138	20 02	55	138
38	26 52	55	136	25 57	55	137	25 02	55	137	24 07	56	138	23 11	55	138	22 16	56	139	21 20	55	139	20 25	56	139
37	27 16	55	137	26 21	56	138	25 25	55	138	24 30	56	139	23 34	56	139	22 38	55	140	21 43	56	140	20 47	56	140
36	27 39	56	138	26 43	55	139	25 48	56	139	24 52	56	140	23 56	55	140	23 01	56	141	22 05	56	141	21 09	56	141
35	28 02	−56	140	27 06	−56	140	26 10	−56	140	25 14	−56	141	24 18	−56	141	23 22	−56	142	22 26	−56	142	21 30	−56	142
34	28 24	56	141	27 28	56	141	26 32	56	141	25 36	56	142	24 40	57	142	23 43	56	143	22 47	56	143	21 51	56	143
33	28 45	56	142	27 49	56	142	26 53	56	142	25 57	57	143	25 00	56	143	24 04	56	144	23 08	57	144	22 11	56	144
32	29 06	56	143	28 10	56	143	27 14	57	143	26 17	56	144	25 21	57	144	24 24	56	145	23 28	57	145	22 31	57	145
31	29 27	56	144	28 31	57	144	27 34	57	145	26 37	56	145	25 41	57	145	24 44	57	146	23 47	57	146	22 50	56	146
30	29 47	−57	145	28 50	−56	145	27 54	−57	146	26 57	−57	146	26 00	−57	146	25 03	−57	147	24 06	−57	147	23 09	−57	147
29	30 07	57	146	29 10	57	146	28 13	57	147	27 16	57	147	26 19	57	147	25 22	57	148	24 25	57	148	23 28	58	148
28	30 26	57	147	29 29	57	147	28 32	58	148	27 34	57	148	26 37	57	148	25 40	57	149	24 43	58	149	23 45	57	149
27	30 44	57	148	29 47	57	149	28 50	58	149	27 52	57	149	26 55	57	150	25 58	58	150	25 00	57	150	24 03	58	150
26	31 02	57	149	30 05	58	150	29 07	57	150	28 10	58	150	27 12	57	151	26 15	58	151	25 17	58	151	24 19	57	152
25	31 19	−57	150	30 22	−58	151	29 24	−57	151	28 27	−58	151	27 29	−58	152	26 31	−58	152	25 33	−58	152	24 35	−57	153
24	31 36	58	152	30 33	57	152	29 41	58	152	28 43	58	152	27 45	58	153	26 47	58	153	25 49	58	153	24 51	58	154
23	31 52	58	153	30 51	58	153	29 56	58	153	28 58	58	154	28 00	58	154	27 02	58	154	26 04	58	154	25 06	58	155
22	32 08	58	154	31 10	58	154	30 12	59	154	29 13	58	155	28 15	58	155	27 17	58	155	26 19	58	155	25 21	59	156
21	32 23	59	155	31 24	58	155	30 26	58	156	29 28	58	156	28 30	59	156	27 31	58	156	26 33	59	157	25 34	58	157
20	32 37	−58	156	31 39	−59	156	30 40	−58	157	29 42	−59	157	28 43	−58	157	27 45	−59	157	26 46	−58	158	25 48	−59	158
19	32 51	59	157	31 52	58	158	30 54	59	158	29 55	59	158	28 56	58	158	27 58	59	159	26 59	59	159	26 00	58	159
18	33 04	59	158	32 05	59	159	31 06	58	159	30 08	59	159	29 09	59	159	28 10	59	160	27 11	59	160	26 12	58	160
17	33 16	59	160	32 17	59	160	31 18	59	160	30 19	58	160	29 21	59	161	28 22	59	161	27 23	59	161	26 24	59	161
16	33 28	59	161	32 29	59	161	31 30	59	161	30 31	59	161	29 32	59	162	28 33	59	162	27 34	59	162	26 35	59	162
15	33 39	−59	162	32 40	−59	162	31 41	−60	162	30 41	−59	163	29 42	−59	163	28 43	−59	163	27 44	−59	163	26 45	−59	163
14	33 49	59	163	32 50	59	163	31 51	59	164	30 52	60	164	29 52	59	164	28 53	59	164	27 54	59	164	26 55	60	164
13	33 59	60	164	32 59	59	164	32 00	59	165	31 01	59	165	30 02	60	165	29 02	59	165	28 03	60	165	27 03	59	166
12	34 08	60	166	33 08	59	166	32 09	59	166	31 10	60	166	30 10	59	166	29 11	60	166	28 11	59	166	27 12	60	167
11	34 16	59	167	33 17	60	167	32 17	59	167	31 18	60	167	30 18	59	167	29 19	60	167	28 19	60	168	27 19	59	168
10	34 24	−60	168	33 24	−60	168	32 24	−59	168	31 25	−60	168	30 25	−59	168	29 26	−60	169	28 26	−60	169	27 26	−59	169
9	34 31	60	169	33 31	60	169	32 31	59	169	31 32	60	169	30 32	60	170	29 32	59	170	28 33	60	170	27 33	60	170
8	34 37	60	170	33 37	60	170	32 37	60	171	31 37	59	171	30 38	60	171	29 38	60	171	28 38	59	171	27 39	60	171
7	34 42	60	172	33 42	59	172	32 43	60	172	31 43	60	172	30 43	60	172	29 43	60	172	28 43	59	172	27 44	60	172
6	34 47	60	173	33 47	60	173	32 47	60	173	31 47	60	173	30 47	59	173	29 48	60	173	28 48	60	173	27 48	60	173
5	34 51	−60	174	33 51	−60	174	32 51	−60	174	31 51	−60	174	30 51	−60	174	29 51	−59	174	28 52	−60	174	27 52	−60	174
4	34 54	60	175	33 54	60	175	32 54	60	175	31 54	60	175	30 54	59	175	29 55	60	175	28 55	60	176	27 55	60	176
3	34 57	60	176	33 57	60	176	32 57	60	176	31 57	60	177	30 57	60	177	29 57	60	177	28 57	60	177	27 57	60	177
2	34 59	60	178	33 59	60	178	32 59	60	178	31 59	60	178	30 59	60	178	29 59	60	178	28 59	60	178	27 59	60	178
1	35 00	60	179	34 00	60	179	33 00	60	179	32 00	60	179	31 00	60	179	30 00	60	179	29 00	60	179	28 00	60	179
0	35 00	−60	180	34 00	−60	180	33 00	−60	180	32 00	−60	180	31 00	−60	180	30 00	−60	180	29 00	−60	180	28 00	−60	180

LHA	8° Hc	8° d	8° Z	9° Hc	9° d	9° Z	10° Hc	10° d	10° Z	11° Hc	11° d	11° Z	12° Hc	12° d	12° Z	13° Hc	13° d	13° Z	14° Hc	14° d	14° Z	LHA
	° ′	′	°	° ′	′	°	° ′	′	°	° ′	′	°	° ′	′	°	° ′	′	°	° ′	′	°	
69	05 08	50	112	04 18	51	112	03 27	51	113	02 36	50	113	01 46	51	114	00 55	51	115	00 04	50	115	291
68	05 40	51	113	04 49	50	113	03 59	51	114	03 08	51	114	02 17	51	115	01 26	51	115	00 35	50	116	292
67	06 12	51	114	05 21	51	114	04 30	51	115	03 39	51	115	02 48	51	116	01 57	51	116	01 06	51	117	293
66	06 43	51	114	05 52	51	115	05 01	51	115	04 10	51	116	03 19	51	116	02 28	51	117	01 37	51	118	294
65	07 15	−52	115	06 23	−51	116	05 32	−51	116	04 41	−51	117	03 50	−51	117	02 59	−52	118	02 07	−51	118	295
64	07 46	52	116	06 54	51	117	06 03	51	117	05 12	52	118	04 20	51	118	03 29	51	119	02 38	52	119	296
63	08 16	51	117	07 25	52	117	06 33	51	118	05 42	52	119	04 50	51	119	03 59	52	120	03 07	51	120	297
62	08 47	52	118	07 55	51	118	07 04	52	119	06 12	51	119	05 21	52	120	04 29	52	120	03 37	52	121	298
61	09 17	51	119	08 26	52	119	07 34	52	120	06 42	52	120	05 50	52	121	04 58	51	121	04 07	52	122	299
60	09 47	−52	120	08 55	−51	120	08 04	−52	121	07 12	−52	121	06 20	−52	122	05 28	−52	122	04 36	−52	123	300
59	10 17	52	120	09 25	52	121	08 33	52	121	07 41	52	122	06 49	52	122	05 57	52	123	05 05	53	123	301
58	10 47	52	121	09 55	53	122	09 02	52	122	08 10	52	123	07 18	52	123	06 26	53	124	05 33	52	124	302
57	11 16	52	122	10 24	53	123	09 31	52	123	08 39	53	124	07 46	52	124	06 54	53	125	06 01	52	125	303
56	11 45	53	123	10 52	52	124	10 00	53	124	09 07	52	125	08 15	53	125	07 22	53	126	06 29	52	126	304
55	12 14	−53	124	11 21	−53	124	10 28	−52	125	09 36	−53	125	08 43	−53	126	07 50	−53	126	06 57	−53	127	305
54	12 42	53	125	11 49	53	125	10 56	52	126	10 04	53	126	09 11	53	127	08 18	53	127	07 25	53	128	306
53	13 10	53	126	12 17	53	126	11 24	53	127	10 31	53	127	09 38	53	128	08 45	53	128	07 52	54	129	307
52	13 38	53	127	12 45	53	127	11 52	54	128	10 58	53	128	10 05	53	129	09 12	54	129	08 18	53	129	308
51	14 05	53	128	13 12	53	128	12 19	54	128	11 25	53	129	10 32	54	129	09 38	53	130	08 45	54	130	309
50	14 33	−54	128	13 39	−53	129	12 46	−54	129	11 52	−54	130	10 58	−53	130	10 05	−54	131	09 11	−54	131	310
49	14 59	53	129	14 06	54	130	13 12	54	130	12 18	54	131	11 24	53	131	10 31	54	132	09 37	54	132	311
48	15 26	54	130	14 32	54	131	13 38	54	131	12 44	54	132	11 50	54	132	10 56	54	133	10 02	54	133	312
47	15 52	54	131	14 58	54	132	14 04	54	132	13 10	54	133	12 16	55	133	11 21	54	133	10 27	54	134	313
46	16 18	55	132	15 23	54	133	14 29	54	133	13 35	54	133	12 41	55	134	11 46	54	134	10 52	55	135	314
45	16 43	−54	133	15 49	−55	134	14 54	−54	134	14 00	−55	134	13 05	−54	135	12 11	−55	135	11 16	−55	136	315
44	17 08	55	134	16 13	54	134	15 19	55	135	14 24	55	135	13 29	54	136	12 35	55	136	11 40	55	137	316
43	17 33	55	135	16 38	55	135	15 43	55	136	14 48	55	136	13 53	55	137	12 58	55	137	12 03	55	137	317
42	17 57	55	136	17 02	55	136	16 07	55	137	15 12	55	137	14 17	55	138	13 22	56	138	12 26	55	138	318
41	18 20	55	137	17 25	55	137	16 30	55	138	15 35	55	138	14 40	56	138	13 44	55	139	12 49	55	139	319
40	18 44	−55	138	17 49	−56	138	16 53	−55	139	15 58	−56	139	15 02	−55	139	14 07	−56	140	13 11	−55	140	320
39	19 07	56	139	18 11	55	139	17 16	56	140	16 20	55	140	15 25	56	140	14 29	56	141	13 33	56	141	321
38	19 29	55	140	18 34	56	140	17 38	56	141	16 42	56	141	15 46	56	141	14 50	55	142	13 55	56	142	322
37	19 51	56	141	18 55	55	141	18 00	56	142	17 04	56	142	16 08	56	142	15 12	56	143	14 16	57	143	323
36	20 13	56	142	19 17	56	142	18 21	56	142	17 25	57	143	16 28	56	143	15 32	56	144	14 36	56	144	324
35	20 34	−56	143	19 38	−56	143	18 42	−57	143	17 45	−56	144	16 49	−56	144	15 53	−57	145	14 56	−56	145	325
34	20 55	57	144	19 58	56	144	19 02	57	144	18 05	56	145	17 09	57	145	16 12	56	145	15 16	57	146	326
33	21 15	57	145	20 18	56	145	19 22	57	145	18 25	57	146	17 28	56	146	16 32	57	146	15 35	57	147	327
32	21 34	56	146	20 38	57	146	19 41	57	146	18 44	57	147	17 47	57	147	16 50	57	147	15 53	56	148	328
31	21 54	57	147	20 57	57	147	20 00	57	147	19 03	57	148	18 06	57	148	17 09	57	148	16 12	57	149	329
30	22 12	−57	148	21 15	−57	148	20 18	−57	148	19 21	−57	149	18 24	−57	149	17 27	−58	149	16 29	−57	150	330
29	22 30	57	149	21 33	57	149	20 36	57	149	19 39	58	150	18 41	57	150	17 44	58	150	16 46	57	151	331
28	22 48	57	150	21 51	58	150	20 53	57	150	19 56	58	151	18 58	57	151	18 01	58	151	17 03	57	152	332
27	23 05	57	151	22 08	58	151	21 10	58	151	20 12	57	152	19 15	58	152	18 17	58	152	17 19	57	153	333
26	23 22	58	152	22 24	58	152	21 26	58	152	20 28	57	153	19 31	58	153	18 33	58	153	17 35	58	154	334
25	23 38	−58	153	22 40	−58	153	21 42	−58	153	20 44	−58	154	19 46	−58	154	18 48	−58	154	17 50	−58	155	335
24	23 53	58	154	22 55	58	154	21 57	58	154	20 59	58	155	20 01	58	155	19 03	58	155	18 05	59	156	336
23	24 08	58	155	23 10	58	155	22 12	59	155	21 13	58	156	20 15	58	156	19 17	58	156	18 19	59	157	337
22	24 22	58	156	23 24	58	156	22 26	59	157	21 27	58	157	20 29	59	157	19 30	58	157	18 32	58	158	338
21	24 36	58	157	23 38	59	157	22 39	58	158	21 41	59	158	20 42	59	158	19 43	58	158	18 45	59	159	339
20	24 49	−58	158	23 51	−59	158	22 52	−59	159	21 53	−58	159	20 55	−59	159	19 56	−59	159	18 57	−58	160	340
19	25 02	59	159	24 03	59	159	23 04	59	160	22 05	58	160	21 07	59	160	20 08	59	160	19 09	59	161	341
18	25 14	59	160	24 15	59	160	23 16	59	161	22 17	59	161	21 18	59	161	20 19	59	161	19 20	59	162	342
17	25 25	59	161	24 26	59	162	23 27	59	162	22 28	59	162	21 29	59	162	20 30	59	162	19 31	59	163	343
16	25 36	59	162	24 37	59	163	23 38	60	163	22 38	59	163	21 39	59	163	20 40	59	163	19 41	59	164	344
15	25 46	−59	164	24 47	−60	164	23 47	−59	164	22 48	−59	164	21 49	−59	164	20 50	−60	164	19 50	−59	165	345
14	25 55	59	165	24 56	59	165	23 57	60	165	22 57	59	165	21 58	59	165	20 59	60	165	19 59	59	166	346
13	26 04	59	166	25 05	60	166	24 05	59	166	23 06	59	166	22 07	60	166	21 07	59	166	20 08	60	167	347
12	26 12	59	167	25 13	60	167	24 13	59	167	23 14	60	167	22 14	59	167	21 15	60	167	20 15	59	168	348
11	26 20	60	168	25 20	59	168	24 21	60	168	23 21	59	168	22 22	60	168	21 22	60	169	20 22	59	169	349
10	26 27	−60	169	25 27	−59	169	24 28	−60	169	23 28	−60	169	22 28	−59	169	21 29	−60	170	20 29	−60	170	350
9	26 33	60	170	25 33	59	170	24 34	60	170	23 34	60	170	22 34	59	171	21 35	60	171	20 35	60	171	351
8	26 39	60	171	25 39	60	171	24 39	60	171	23 39	59	171	22 40	60	172	21 40	60	172	20 40	60	172	352
7	26 44	60	172	25 44	60	172	24 44	60	172	23 44	60	173	22 44	59	173	21 45	60	173	20 45	60	173	353
6	26 48	60	173	25 48	60	173	24 48	60	174	23 48	59	174	22 49	60	174	21 49	60	174	20 49	60	174	354
5	26 52	−60	174	25 52	−60	175	24 52	−60	175	23 52	−60	175	22 52	−60	175	21 52	−60	175	20 52	−60	175	355
4	26 55	60	176	25 55	60	176	24 55	60	176	23 55	60	176	22 55	60	176	21 55	60	176	20 55	60	176	356
3	26 57	60	177	25 57	60	177	24 57	60	177	23 57	60	177	22 57	60	177	21 57	60	177	20 57	60	177	357
2	26 59	60	178	25 59	60	178	24 59	60	178	23 59	60	178	22 59	60	178	21 59	60	178	20 59	60	178	358
1	27 00	60	179	26 00	60	179	25 00	60	179	24 00	60	179	23 00	60	179	22 00	60	179	21 00	60	179	359
0	27 00	−60	180	26 00	−60	180	25 00	−60	180	24 00	−60	180	23 00	−60	180	22 00	−60	180	21 00	−60	180	360

S. Lat. {LHA greater than 180°.......Zn=180−Z; LHA less than 180°..........Zn=180+Z}

DECLINATION (0°-14°) **CONTRARY** NAME TO LATITUDE

Anlage 8

N. Lat. {LHA greater than 180°....... Zn=Z
LHA less than 180°........... Zn=360−Z}

DECLINATION (15°-29°) SAME NAME AS LATITUDE

LHA	15° Hc	15° d	15° Z	16° Hc	16° d	16° Z	17° Hc	17° d	17° Z	18° Hc	18° d	18° Z	19° Hc	19° d	19° Z
	° ′	′	°	° ′	′	°	° ′	′	°	° ′	′	°	° ′	′	°
0	50 00	+60	180	51 00	+60	180	52 00	+60	180	53 00	+60	180	54 00	+60	180
1	50 00	60	179	51 00	60	179	52 00	60	178	53 00	60	178	54 00	60	178
2	49 58	60	177	50 58	60	177	51 58	60	177	52 58	60	177	53 58	60	177
3	49 56	60	176	50 56	60	175	51 56	60	175	52 56	60	175	53 56	60	175
4	49 53	60	174	50 53	60	174	51 53	59	174	52 52	60	174	53 52	60	174
5	49 49	+60	173	50 49	+59	172	51 48	+60	172	52 48	+60	172	53 48	+60	172
6	49 44	60	171	50 44	59	171	51 43	60	171	52 43	60	171	53 43	59	170
7	49 38	60	170	50 38	59	169	51 37	60	169	52 37	60	169	53 37	59	169
8	49 31	60	168	50 31	59	168	51 30	60	168	52 30	59	167	53 29	60	167
9	49 24	59	167	50 23	60	166	51 23	59	166	52 22	59	166	53 21	60	166
10	49 15	+60	165	50 15	+59	165	51 14	+59	165	52 13	+59	164	53 12	+59	164
11	49 06	59	164	50 05	59	163	51 04	59	163	52 03	59	163	53 02	59	163
12	48 56	59	162	49 55	59	162	50 54	59	162	51 53	59	161	52 52	58	161
13	48 45	59	161	49 44	59	161	50 43	58	160	51 41	59	160	52 40	59	160
14	48 33	59	159	49 32	59	159	50 31	58	159	51 29	59	158	52 28	58	158
15	48 21	+58	158	49 19	+59	158	50 18	+58	157	51 16	+58	157	52 14	+58	156
16	48 07	59	157	49 06	58	156	50 04	58	156	51 02	58	155	52 00	58	155
17	47 53	58	155	48 51	58	155	49 49	58	154	50 47	58	154	51 45	58	154
18	47 38	58	154	48 36	58	153	49 34	58	153	50 32	57	153	51 29	58	152
19	47 23	57	152	48 20	58	152	49 18	57	152	50 15	58	151	51 13	57	151
20	47 07	+57	151	48 04	+57	151	49 01	+57	150	49 58	+57	150	50 55	+57	149
21	46 49	58	150	47 47	57	149	48 44	57	149	49 41	56	148	50 37	57	148
22	46 32	57	148	47 29	56	148	48 25	57	147	49 22	57	147	50 19	56	146
23	46 13	57	147	47 10	57	147	48 07	56	146	49 03	56	146	49 59	56	145
24	45 54	57	146	46 51	56	145	47 47	56	145	48 43	56	144	49 39	56	144
25	45 34	+57	144	46 31	+56	144	47 27	+56	143	48 23	+55	143	49 18	+56	142
26	45 14	56	143	46 10	56	143	47 06	56	142	48 02	55	141	48 57	55	141
27	44 53	56	142	45 49	55	141	46 44	56	141	47 40	55	140	48 35	55	140
28	44 31	56	141	45 27	55	140	46 22	55	139	47 17	55	139	48 12	55	138
29	44 09	55	139	45 04	56	139	46 00	54	138	46 54	55	138	47 49	55	137
30	43 47	+54	138	44 41	+55	138	45 36	+55	137	46 31	+54	136	47 25	+55	136
31	43 23	55	137	44 18	55	136	45 13	54	136	46 07	54	135	47 01	54	134
32	42 59	55	136	43 54	54	135	44 48	54	134	45 42	54	134	46 36	54	133
33	42 35	54	134	43 29	54	134	44 23	54	133	45 17	54	133	46 11	53	132
34	42 10	54	133	43 04	54	133	43 58	54	132	44 52	53	131	45 45	53	131
35	41 45	+54	132	42 39	+53	131	43 32	+54	131	44 26	+53	130	45 19	+53	130
36	41 19	54	131	42 13	53	130	43 06	53	130	43 59	53	129	44 52	53	128
37	40 53	53	130	41 46	53	129	42 39	53	129	43 32	53	128	44 25	52	127
38	40 26	53	129	41 19	53	128	42 12	53	127	43 05	52	127	43 57	52	126
39	39 59	53	128	40 52	53	127	41 45	52	126	42 37	52	126	43 29	52	125
40	39 32	+52	126	40 24	+53	126	41 17	+52	125	42 09	+52	125	43 01	+51	124
41	39 04	52	125	39 56	52	125	40 48	52	124	41 40	52	123	42 32	51	123
42	38 35	53	124	39 28	52	124	40 20	51	123	41 11	52	122	42 03	51	122
43	38 07	52	123	38 59	51	123	39 50	52	122	40 42	51	121	41 33	51	121
44	37 38	52	122	38 30	51	121	39 21	51	121	40 12	51	120	41 03	51	119
45	37 08	+52	121	38 00	+51	120	38 51	+51	120	39 42	+51	119	40 33	+51	118
46	36 39	51	120	37 30	51	119	38 21	51	119	39 12	51	118	40 03	50	117
47	36 09	51	119	37 00	51	118	37 51	51	118	38 42	50	117	39 32	50	116
48	35 39	51	118	36 30	50	117	37 20	51	117	38 11	50	116	39 01	50	115
49	35 08	51	117	35 59	50	116	36 49	51	116	37 40	50	115	38 30	50	114
50	34 37	+51	116	35 28	+50	115	36 18	+50	115	37 08	+50	114	37 58	+50	113
51	34 06	51	115	34 57	50	114	35 47	50	114	36 37	50	113	37 27	49	112
52	33 35	50	114	34 25	50	113	35 15	50	113	36 05	50	112	36 55	49	111
53	33 03	50	113	33 53	50	112	34 43	50	112	35 33	50	111	36 23	49	110
54	32 32	50	112	33 22	49	111	34 11	50	111	35 01	49	110	35 50	49	109
55	32 00	+49	111	32 49	+50	110	33 39	+49	110	34 28	+50	109	35 18	+49	108
56	31 27	50	110	32 17	50	110	33 07	49	109	33 56	49	108	34 45	49	107
57	30 55	50	109	31 45	49	109	32 34	49	108	33 23	49	107	34 12	49	107
58	30 22	50	108	31 12	49	108	32 01	49	107	32 50	49	106	33 39	48	106
59	29 50	49	107	30 39	49	107	31 28	49	106	32 17	49	105	33 06	48	105
60	29 17	+49	107	30 06	+49	106	30 55	+49	105	31 44	+48	105	32 32	+49	104
61	28 44	49	106	29 33	49	105	30 22	48	104	31 10	49	104	31 59	48	103
62	28 10	49	105	28 59	49	104	29 48	49	103	30 37	48	103	31 25	48	102
63	27 37	49	104	28 26	49	103	29 15	48	102	30 03	48	102	30 51	49	101
64	27 03	49	103	27 52	49	102	28 41	48	102	29 29	49	101	30 18	48	100
65	26 30	+49	102	27 19	+48	101	28 07	+49	101	28 56	+48	100	29 44	+48	99
66	25 56	49	101	26 45	48	101	27 33	49	100	28 22	48	99	29 10	48	98
67	25 22	49	100	26 11	48	100	26 59	49	99	27 48	48	98	28 36	48	98
68	24 48	49	99	25 37	48	99	26 25	49	98	27 14	48	97	28 02	47	97
69	24 14	49	99	25 03	48	98	25 51	48	97	26 39	48	97	27 27	48	96

LHA	20° Hc	20° d	20° Z	21° Hc	21° d	21° Z	22° Hc	22° d	22° Z	23° Hc	23° d	23° Z	24° Hc	24° d	24° Z
	° ′	′	°	° ′	′	°	° ′	′	°	° ′	′	°	° ′	′	°
0	55 00	+60	180	56 00	+60	180	57 00	+60	180	58 00	+60	180	59 00	+60	180
1	55 00	60	178	56 00	60	178	57 00	60	178	58 00	60	178	59 00	60	178
2	54 58	60	177	55 58	60	177	56 58	60	177	57 58	60	177	58 58	60	177
3	54 56	60	175	55 56	59	175	56 55	60	175	57 55	60	175	58 55	60	175
4	54 52	60	174	55 52	60	173	56 52	60	173	57 52	60	173	58 52	59	173
5	54 48	+60	172	55 48	+59	172	56 47	+60	172	57 47	+60	171	58 47	+59	171
6	54 42	60	170	55 42	60	170	56 42	59	170	57 41	60	170	58 41	60	169
7	54 36	60	169	55 36	59	168	56 35	60	168	57 35	59	168	58 34	60	168
8	54 29	59	167	55 28	60	167	56 28	59	167	57 27	59	166	58 26	60	166
9	54 21	59	165	55 20	59	165	56 19	59	165	57 18	59	165	58 17	60	164
10	54 11	+60	164	55 11	+59	164	56 10	+59	163	57 09	+59	163	58 08	+58	163
11	54 01	59	162	55 00	59	162	55 59	59	162	56 58	59	161	57 57	58	161
12	53 50	59	161	54 49	59	160	55 48	58	160	56 46	59	160	57 45	58	159
13	53 39	58	159	54 37	59	159	55 36	58	158	56 34	58	158	57 32	58	158
14	53 26	58	158	54 24	58	157	55 22	59	157	56 21	58	156	57 19	58	156
15	53 12	+58	156	54 10	+58	156	55 08	+58	155	56 06	+58	155	57 04	+58	154
16	52 58	58	155	53 56	58	154	54 54	57	154	55 51	58	153	56 49	57	153
17	52 43	57	153	53 40	58	153	54 38	57	152	55 35	57	152	56 32	58	151
18	52 27	57	152	53 24	57	151	54 21	57	151	55 18	57	150	56 15	57	150
19	52 10	57	150	53 07	57	150	54 04	57	149	55 01	56	149	55 57	57	148
20	51 52	+57	149	52 49	+57	148	53 46	+56	148	54 42	+57	147	55 39	+56	146
21	51 34	57	147	52 31	56	147	53 27	56	146	54 23	56	146	55 19	56	145
22	51 15	56	146	52 11	57	145	53 08	55	145	54 03	56	144	54 59	56	143
23	50 55	56	144	51 51	56	144	52 47	56	143	53 43	55	143	54 38	56	142
24	50 35	56	143	51 31	55	142	52 26	56	142	53 22	55	141	54 17	55	141
25	50 14	+55	142	51 09	+56	141	52 05	+55	140	53 00	+55	140	53 55	+54	139
26	49 52	56	140	50 48	54	140	51 42	55	139	52 37	55	138	53 32	54	138
27	49 30	55	139	50 25	55	138	51 20	54	138	52 14	54	137	53 08	54	136
28	49 07	55	138	50 02	54	137	50 56	54	136	51 50	54	136	52 44	54	135
29	48 44	54	136	49 38	54	136	50 32	54	135	51 26	53	134	52 19	54	134
30	48 20	+54	135	49 14	+53	134	50 07	+54	134	51 01	+53	133	51 54	+53	132
31	47 55	54	134	48 49	53	133	49 42	54	132	50 36	52	132	51 28	53	131
32	47 30	53	133	48 23	54	132	49 17	53	131	50 10	52	130	51 02	53	130
33	47 04	54	131	47 58	52	131	48 50	53	130	49 43	53	129	50 36	52	128
34	46 38	53	130	47 31	53	129	48 24	52	129	49 16	52	128	50 08	52	127
35	46 12	+52	129	47 04	+53	128	47 57	+52	127	48 49	+52	127	49 41	+51	126
36	45 45	52	128	46 37	52	127	47 29	52	126	48 21	52	126	49 13	51	125
37	45 17	52	127	46 09	52	126	47 01	52	125	47 53	51	124	48 44	51	124
38	44 49	52	125	45 41	52	125	46 33	51	124	47 24	51	123	48 15	51	122
39	44 21	52	124	45 13	51	124	46 04	51	123	46 55	51	122	47 46	50	121
40	43 52	+52	123	44 44	+51	122	45 35	+51	122	46 26	+50	121	47 16	+51	120
41	43 23	52	122	44 15	50	121	45 05	51	121	45 56	50	120	46 46	50	119
42	42 54	51	121	43 45	51	120	44 36	50	119	45 26	50	119	46 16	50	118
43	42 24	51	120	43 15	51	119	44 06	50	118	44 56	50	118	45 46	49	117
44	41 54	51	119	42 45	50	118	43 35	50	117	44 25	50	117	45 15	49	116
45	41 24	+50	118	42 14	+50	117	43 04	+50	116	43 54	+50	115	44 44	+49	115
46	40 53	50	117	41 43	50	116	42 33	50	115	43 23	49	114	44 12	49	114
47	40 22	50	116	41 12	50	115	42 02	49	114	42 51	49	113	43 40	49	113
48	39 51	50	115	40 41	49	114	41 30	50	113	42 20	49	112	43 09	48	112
49	39 20	49	114	40 09	50	113	40 59	49	112	41 48	48	111	42 36	49	111
50	38 48	+50	113	39 38	+49	112	40 27	+49	111	41 16	+48	110	42 04	+48	110
51	38 16	49	112	39 05	49	111	39 54	49	110	40 43	48	109	41 31	49	109
52	37 44	49	111	38 33	49	110	39 22	49	109	40 11	48	108	40 59	48	108
53	37 12	49	110	38 01	48	109	38 49	49	108	39 38	48	107	40 26	48	107
54	36 39	49	109	37 28	49	108	38 17	48	107	39 05	48	106	39 53	47	106
55	36 07	+48	108	36 55	+49	107	37 44	+48	106	38 32	+48	105	39 20	+47	105
56	35 34	48	107	36 22	49	106	37 11	48	105	37 59	47	105	38 46	48	104
57	35 01	48	106	35 49	48	105	36 37	48	104	37 25	48	104	38 13	47	103
58	34 27	49	105	35 16	48	104	36 04	48	103	36 52	47	103	37 39	47	102
59	33 54	48	104	34 42	48	103	35 30	48	103	36 18	47	102	37 05	47	101
60	33 21	+48	103	34 09	+48	102	34 57	+47	102	35 44	+48	101	36 32	+47	100
61	32 47	48	102	33 35	48	101	34 23	47	101	35 10	48	100	35 58	47	99
62	32 13	48	101	33 01	48	101	33 49	47	100	34 36	48	99	35 24	46	98
63	31 40	47	100	32 27	48	100	33 15	47	99	34 02	48	98	34 50	46	97
64	31 06	47	100	31 53	48	99	32 41	47	98	33 28	47	97	34 15	47	97
65	30 32	+47	99	31 19	+48	98	32 07	+47	97	32 54	+47	97	33 41	+47	96
66	29 58	47	98	30 45	48	97	31 33	47	96	32 20	47	96	33 07	47	95
67	29 24	47	97	30 11	48	96	30 59	47	96	31 46	47	95	32 33	46	94
68	28 49	48	96	29 37	47	95	30 24	47	95	31 11	47	94	31 58	47	93
69	28 15	48	95	29 03	47	95	29 50	47	94	30 37	47	93	31 24	46	92

LHA	25° Hc	25° d	25° Z	26° Hc	26° d	26° Z	27° Hc	27° d	27° Z	28° Hc	28° d	28° Z	29° Hc	29° d	29° Z	LHA
	° ′	′	°	° ′	′	°	° ′	′	°	° ′	′	°	° ′	′	°	
0	60 00	+60	180	61 00	+60	180	62 00	+60	180	63 00	+60	180	64 00	+60	180	360
1	60 00	59	178	60 59	60	178	61 59	60	178	62 59	60	178	63 59	60	178	359
2	59 58	60	176	60 58	60	176	61 58	60	176	62 58	60	176	63 58	60	176	358
3	59 55	60	175	60 55	60	174	61 55	60	174	62 55	60	174	63 55	60	174	357
4	59 51	60	173	60 51	60	173	61 51	60	172	62 51	59	172	63 50	60	172	356
5	59 46	+60	171	60 46	+60	171	61 46	+60	171	62 46	+59	170	63 45	+60	170	355
6	59 41	59	169	60 40	60	169	61 40	59	169	62 39	60	168	63 39	59	168	354
7	59 34	59	167	60 33	59	167	61 32	60	167	62 32	59	167	63 31	59	166	353
8	59 26	59	166	60 25	59	165	61 24	59	165	62 23	59	165	63 22	59	164	352
9	59 17	59	164	60 16	59	164	61 15	58	163	62 13	59	163	63 12	59	162	351
10	59 06	+59	162	60 05	+59	162	61 04	+59	161	62 03	+58	161	63 01	+59	160	350
11	58 55	59	160	59 54	59	160	60 53	58	160	61 51	58	159	62 49	58	159	349
12	58 43	59	159	59 42	58	158	60 40	58	158	61 38	58	157	62 36	58	157	348
13	58 30	59	157	59 29	58	157	60 27	57	156	61 24	58	156	62 22	58	155	347
14	58 17	57	155	59 14	58	155	60 12	58	154	61 10	57	154	62 07	57	153	346
15	58 02	+57	154	58 59	+58	153	59 57	+57	153	60 54	+57	152	61 51	+57	151	345
16	57 46	57	152	58 43	57	152	59 40	57	151	60 37	57	150	61 34	56	150	344
17	57 30	56	151	58 26	57	150	59 23	57	149	60 20	56	149	61 16	56	148	343
18	57 12	57	149	58 09	56	148	59 05	56	148	60 01	56	147	60 57	56	146	342
19	56 54	56	147	57 50	56	147	58 46	56	146	59 42	56	145	60 38	55	145	341
20	56 35	+56	146	57 31	+56	145	58 27	+55	144	59 22	+55	144	60 17	+55	143	340
21	56 15	56	144	57 11	55	144	58 06	55	143	59 01	55	142	59 56	55	141	339
22	55 55	55	143	56 50	55	142	57 45	55	141	58 40	54	141	59 34	55	140	338
23	55 34	55	141	56 29	54	141	57 23	55	140	58 18	54	139	59 12	54	138	337
24	55 12	54	140	56 06	55	139	57 01	54	138	57 55	53	138	58 48	54	137	336
25	54 49	+54	138	55 43	+54	138	56 37	+54	137	57 31	+53	136	58 24	+53	135	335
26	54 26	54	137	55 20	54	136	56 14	53	135	57 07	53	135	58 00	53	134	334
27	54 02	54	136	54 56	53	135	55 49	53	134	56 42	53	133	57 35	52	132	333
28	53 38	53	134	54 31	53	133	55 24	53	133	56 17	52	132	57 09	52	131	332
29	53 13	53	133	54 06	52	132	54 58	53	131	55 51	52	130	56 43	51	129	331
30	52 47	+53	132	53 40	+52	131	54 32	+52	130	55 24	+52	129	56 16	+51	128	330
31	52 21	53	130	53 14	52	129	54 06	51	129	54 57	51	128	55 48	51	127	329
32	51 55	52	129	52 47	51	128	53 38	52	127	54 30	51	126	55 21	50	125	328
33	51 28	51	128	52 19	52	127	53 11	51	126	54 02	50	125	54 52	50	124	327
34	51 00	52	126	51 52	51	126	52 43	50	125	53 33	51	124	54 24	49	123	326
35	50 32	+51	125	51 23	+51	124	52 14	+51	123	53 05	+50	123	53 55	+49	122	325
36	50 04	51	124	50 55	50	123	51 45	50	122	52 35	50	121	53 25	49	120	324
37	49 35	51	123	50 26	50	122	51 16	50	121	52 06	49	120	52 55	49	119	323
38	49 06	50	122	49 56	50	121	50 46	50	120	51 36	49	119	52 25	49	118	322
39	48 36	50	120	49 26	50	120	50 16	50	119	51 06	48	118	51 54	49	117	321
40	48 07	+49	119	48 56	+50	118	49 46	+49	118	50 35	+49	117	51 24	+48	116	320
41	47 36	50	118	48 26	49	117	49 15	49	116	50 04	48	116	50 52	48	115	319
42	47 06	49	117	47 55	49	116	48 44	49	115	49 33	48	114	50 21	48	114	318
43	46 35	49	116	47 24	49	115	48 13	48	114	49 01	48	113	49 49	48	112	317
44	46 04	49	115	46 53	48	114	47 41	49	113	48 30	47	112	49 17	48	111	316
45	45 33	+48	114	46 21	+49	113	47 10	+48	112	47 58	+47	111	48 45	+47	110	315
46	45 01	49	113	45 50	48	112	46 38	47	111	47 25	48	110	48 13	47	109	314
47	44 29	48	112	45 17	48	111	46 05	48	110	46 53	47	109	47 40	47	108	313
48	43 57	48	111	44 45	48	110	45 33	47	109	46 20	47	108	47 07	47	107	312
49	43 25	48	110	44 13	47	109	45 00	48	108	45 48	46	107	46 34	47	106	311
50	42 52	+48	109	43 40	+48	108	44 28	+47	107	45 15	+46	106	46 01	+47	105	310
51	42 20	47	108	43 07	48	107	43 55	46	106	44 41	47	105	45 28	46	104	309
52	41 47	47	107	42 34	47	106	43 21	47	105	44 08	47	104	44 55	46	103	308
53	41 14	47	106	42 01	47	105	42 48	47	104	43 35	46	103	44 21	46	102	307
54	40 40	48	105	41 28	47	104	42 15	46	103	43 01	46	102	43 47	46	101	306
55	40 07	+47	104	40 54	+47	103	41 41	+47	102	42 28	+46	101	43 14	+45	101	305
56	39 34	47	103	40 21	46	102	41 07	47	101	41 54	46	101	42 40	45	100	304
57	39 00	47	102	39 47	47	101	40 34	46	100	41 20	46	100	42 06	45	99	303
58	38 26	47	101	39 13	47	100	40 00	46	100	40 46	46	99	41 32	45	98	302
59	37 52	47	100	38 39	47	99	39 26	46	99	40 12	46	98	40 58	45	97	301
60	37 19	+46	99	38 05	+47	99	38 52	+46	98	39 38	+45	97	40 23	+46	96	300
61	36 45	46	98	37 31	47	98	38 18	45	97	39 03	46	96	39 49	45	95	299
62	36 10	47	98	36 57	46	97	37 43	46	96	38 29	46	95	39 15	45	94	298
63	35 36	47	97	36 23	46	96	37 09	46	95	37 55	45	94	38 40	46	94	297
64	35 02	47	96	35 49	46	95	36 35	46	94	37 21	45	93	38 06	45	93	296
65	34 28	+46	95	35 14	+46	94	36 00	+46	93	36 46	+46	93	37 32	+45	92	295
66	33 54	46	94	34 40	46	93	35 26	46	93	36 12	45	92	36 57	45	91	294
67	33 19	47	93	34 06	46	93	34 52	45	92	35 37	46	91	36 23	45	90	293
68	32 45	46	92	33 31	46	92	34 17	46	91	35 03	45	90	35 48	46	89	292
69	32 10	47	92	32 57	46	91	33 43	46	90	34 29	45	89	35 14	45	89	291

S. Lat. {LHA greater than 180°........ Zn=180−Z
LHA less than 180°........... Zn=180+Z}

DECLINATION (15°-29°) SAME NAME AS LATITUDE

LAT 55°

N. Lat. {LHA greater than 180°........ Zn=Z; LHA less than 180°........... Zn=360−Z}

DECLINATION (15°-29°) SAME NAME AS LATITUDE

LHA	15°			16°			17°			18°			19°		
	Hc	d	Z	Hc	d	Z	Hc	d	Z	Hc	d	Z	Hc	d	Z
	° ′	′	°	° ′	′	°	° ′	′	°	° ′	′	°	° ′	′	°
70	23 40	+49	98	24 29	+48	97	25 17	+48	96	26 05	+48	96	26 53	+48	95
71	23 06	49	97	23 55	48	96	24 43	48	96	25 31	48	95	26 19	47	94
72	22 32	48	96	23 20	49	95	24 09	48	95	24 57	47	94	25 44	48	93
73	21 58	48	95	22 46	48	95	23 34	48	94	24 22	48	93	25 10	48	93
74	21 23	49	94	22 12	48	94	23 00	48	93	23 48	48	92	24 36	47	92
75	20 49	+48	94	21 37	+49	93	22 26	+47	92	23 13	+48	92	24 01	+48	91
76	20 15	48	93	21 03	48	92	21 51	48	91	22 39	48	91	23 27	47	90
77	19 40	49	92	20 29	48	91	21 17	48	91	22 05	47	90	22 52	48	89
78	19 06	48	91	19 54	48	90	20 42	48	90	21 30	48	89	22 18	48	88
79	18 32	48	90	19 20	48	90	20 08	48	89	20 56	48	88	21 44	47	88
80	17 57	+48	89	18 45	+48	89	19 33	+48	88	20 21	+48	87	21 09	+48	87
81	17 23	48	89	18 11	48	88	18 59	48	87	19 47	48	87	20 35	48	86
82	16 48	49	88	17 37	48	87	18 25	48	87	19 13	48	86	20 01	47	85
83	16 14	48	87	17 02	48	86	17 50	48	86	18 38	48	85	19 26	48	84
84	15 40	48	86	16 28	48	86	17 16	48	85	18 04	48	84	18 52	48	84
85	15 05	+49	85	15 54	+48	85	16 42	+48	84	17 30	+48	83	18 18	+48	83
86	14 31	48	85	15 19	49	84	16 08	48	83	16 56	48	83	17 44	48	82
87	13 57	48	84	14 45	48	83	15 33	49	82	16 22	48	82	17 10	48	81
88	13 23	48	83	14 11	48	82	14 59	49	82	15 48	48	81	16 36	48	80
89	12 49	48	82	13 37	48	82	14 25	49	81	15 14	48	80	16 02	48	80
90	12 14	+49	81	13 03	+48	81	13 51	+49	80	14 40	+48	79	15 28	+48	79
91	11 40	49	81	12 29	49	80	13 18	48	79	14 06	48	79	14 54	49	78
92	11 07	48	80	11 55	49	79	12 44	48	79	13 32	49	78	14 21	48	77
93	10 33	49	79	11 22	48	78	12 10	49	78	12 59	48	77	13 47	49	77
94	09 59	49	78	10 48	49	78	11 37	48	77	12 25	49	76	13 14	48	76
95	09 25	+49	77	10 14	+49	77	11 03	+49	76	11 52	+49	76	12 41	+48	75
96	08 52	49	77	09 41	49	76	10 30	49	75	11 19	48	75	12 07	49	74
97	08 19	49	76	09 08	49	75	09 57	48	75	10 45	49	74	11 34	49	73
98	07 45	49	75	08 34	49	74	09 23	49	74	10 12	49	73	11 01	49	73
99	07 12	49	74	08 01	50	74	08 51	49	73	09 40	49	72	10 29	49	72
100	06 39	+49	73	07 28	+50	73	08 18	+49	72	09 07	+49	72	09 56	+49	71
101	06 06	50	73	06 56	49	72	07 45	49	71	08 34	50	71	09 24	49	70
102	05 33	50	72	06 23	49	71	07 12	50	71	08 02	49	70	08 51	50	69
103	05 01	49	71	05 50	50	70	06 40	50	70	07 30	49	69	08 19	50	69
104	04 28	50	70	05 18	50	70	06 08	50	69	06 58	49	68	07 47	50	68
105	03 56	+50	69	04 46	+50	69	05 36	+50	68	06 26	+49	68	07 15	+50	67
106	03 24	50	68	04 14	50	68	05 04	50	67	05 54	50	67	06 44	50	66
107	02 52	50	68	03 42	50	67	04 32	50	67	05 22	50	66	06 12	51	65
108	02 20	51	67	03 11	50	66	04 01	50	66	04 51	50	65	05 41	50	65
109	01 49	50	66	02 39	51	65	03 30	50	65	04 20	50	64	05 10	51	64
110	01 17	+51	65	02 08	+50	65	02 58	+51	64	03 49	+50	64	04 39	+51	63
111	00 46	51	64	01 37	51	64	02 28	50	63	03 18	51	63	04 09	51	62
112	00 15	51	64	01 06	51	63	01 57	51	63	02 48	51	62	03 39	50	61
113	−0 15	51	63	00 36	51	62	01 27	51	62	02 18	50	61	03 08	51	61
114	−0 46	51	62	00 05	51	61	00 56	51	61	01 47	52	60	02 39	51	60
115	−1 16	+51	61	−0 25	+51	61	00 26	+52	60	01 18	+51	60	02 09	+51	59
116	−1 46	51	60	−0 55	52	60	−0 03	51	59	00 48	52	59	01 40	51	58
117	−2 16	52	59	−1 24	51	59	−0 33	52	58	00 19	51	58	01 10	52	57
118	−2 45	51	59	−1 54	52	58	−1 02	52	58	−0 10	52	57	00 42	51	57
119	−3 15	52	58	−2 23	52	57	−1 31	52	57	−0 39	52	56	00 13	52	56
120	−3 44	+52	57	−2 52	+52	56	−2 00	+53	56	−1 07	+52	55	−0 15	+52	55
121	−4 12	52	56	−3 20	52	56	−2 28	52	55	−1 36	53	55	−0 43	52	54
122	−4 41	53	55	−3 48	52	55	−2 56	52	54	−2 04	53	54	−1 11	52	53
123	−5 09	53	54	−4 16	52	54	−3 24	53	53	−2 31	52	53	−1 39	53	52
124	−5 37	53	54	−4 44	53	53	−3 51	52	53	−2 59	53	52	−2 06	53	52
125				−5 11	+53	52	−4 18	+52	52	−3 26	+53	51	−2 33	+53	51
126				−5 38	53	51	−4 45	53	51	−3 52	53	50	−2 59	53	50
127							−5 12	53	50	−4 19	54	50	−3 25	53	49
128							−5 38	53	49	−4 45	54	49	−3 51	53	48
129										−5 10	53	48	−4 17	54	47
130										−5 36	+54	47	−4 42	+54	47
131													−5 07	54	46
132													−5 31	54	45

LHA	20°			21°			22°			23°			24°		
	Hc	d	Z	Hc	d	Z	Hc	d	Z	Hc	d	Z	Hc	d	Z
	° ′	′	°	° ′	′	°	° ′	′	°	° ′	′	°	° ′	′	°
70	27 41	+47	94	28 28	+48	94	29 16	+47	93	30 03	+46	92	30 49	+47	92
71	27 06	48	94	27 54	47	93	28 41	47	92	29 28	47	91	30 15	47	91
72	26 32	48	93	27 20	47	92	28 07	47	91	28 54	47	91	29 41	46	90
73	25 58	47	92	26 45	47	91	27 32	47	91	28 19	47	90	29 06	47	89
74	25 23	48	91	26 11	47	90	26 58	47	90	27 45	47	89	28 32	46	88
75	24 49	+47	90	25 36	+48	90	26 24	+47	89	27 11	+46	88	27 57	+47	87
76	24 14	48	89	25 02	47	89	25 49	47	88	26 36	47	87	27 23	47	87
77	23 40	47	89	24 27	48	88	25 15	47	87	26 02	47	87	26 49	46	86
78	23 06	47	88	23 53	47	87	24 40	47	86	25 27	47	86	26 14	47	85
79	22 31	48	87	23 19	47	86	24 06	47	86	24 53	47	85	25 40	47	84
80	21 57	+47	86	22 44	+48	86	23 32	+47	85	24 19	+47	84	25 06	+47	83
81	21 23	47	85	22 10	48	85	22 58	47	84	23 45	47	83	24 32	47	83
82	20 48	48	85	21 36	47	84	22 23	48	83	23 11	47	83	23 58	47	82
83	20 14	48	84	21 02	47	83	21 49	47	82	22 36	48	82	23 24	47	81
84	19 40	48	83	20 28	47	82	21 15	47	82	22 02	48	81	22 50	47	80
85	19 06	+47	82	19 53	+48	82	20 41	+48	81	21 29	+47	80	22 16	+47	80
86	18 32	47	81	19 19	48	81	20 07	48	80	20 55	47	79	21 42	47	79
87	17 58	48	81	18 46	47	80	19 33	48	79	20 21	47	79	21 08	48	78
88	17 24	48	80	18 12	48	79	19 00	47	79	19 47	48	78	20 35	47	77
89	16 50	48	79	17 38	48	78	18 26	48	78	19 14	47	77	20 01	48	76
90	16 16	+48	78	17 04	+48	78	17 52	+48	77	18 40	+48	76	19 28	+47	76
91	15 43	48	77	16 31	48	77	17 19	48	76	18 07	47	76	18 54	48	75
92	15 09	48	77	15 57	48	76	16 45	48	75	17 33	48	75	18 21	48	74
93	14 36	48	76	15 24	48	75	16 12	48	75	17 00	48	74	17 48	48	73
94	14 02	49	75	14 51	48	75	15 39	48	74	16 27	48	73	17 15	48	73
95	13 29	+49	74	14 18	+48	74	15 06	+48	73	15 54	+49	73	16 43	+48	72
96	12 56	49	74	13 45	48	73	14 33	49	72	15 22	48	72	16 10	48	71
97	12 23	49	73	13 12	48	72	14 00	49	72	14 49	48	71	15 37	49	70
98	11 50	49	72	12 39	49	71	13 28	49	71	14 17	48	70	15 05	49	70
99	11 18	49	71	12 07	49	71	12 56	48	70	13 44	49	69	14 33	49	69
100	10 45	+49	70	11 34	+49	70	12 23	+49	69	13 12	+49	69	14 01	+49	68
101	10 13	49	70	11 02	49	69	11 51	49	68	12 40	49	68	13 29	49	67
102	09 41	49	69	10 30	49	68	11 19	49	68	12 08	50	67	12 58	49	67
103	09 09	49	68	09 58	50	68	10 48	49	67	11 37	49	66	12 26	49	66
104	08 37	49	67	09 26	50	67	10 16	49	66	11 05	50	66	11 55	49	65
105	08 05	+50	67	08 55	+50	66	09 45	+49	65	10 34	+50	65	11 24	+49	64
106	07 34	50	66	08 24	49	65	09 13	50	65	10 03	50	64	10 53	49	63
107	07 03	50	65	07 53	49	64	08 42	50	64	09 32	50	63	10 22	50	63
108	06 31	51	64	07 22	50	64	08 12	50	63	09 02	50	62	09 52	50	62
109	06 01	50	63	06 51	50	63	07 41	50	62	08 31	50	62	09 21	51	61
110	05 30	+50	63	06 20	+51	62	07 11	+50	61	08 01	+50	61	08 51	+51	60
111	05 00	50	62	05 50	51	61	06 41	50	61	07 31	51	60	08 22	50	60
112	04 29	51	61	05 20	51	60	06 11	50	60	07 01	51	59	07 52	51	59
113	03 59	51	60	04 50	51	60	05 41	51	59	06 32	51	59	07 23	51	58
114	03 30	51	59	04 21	51	59	05 12	51	58	06 03	51	58	06 54	51	57
115	03 00	+51	59	03 51	+52	58	04 43	+51	57	05 34	+51	57	06 25	+51	56
116	02 31	51	58	03 22	52	57	04 14	51	57	05 05	51	56	05 56	52	56
117	02 02	52	57	02 54	51	56	03 45	52	56	04 37	51	55	05 28	52	55
118	01 33	52	56	02 25	52	56	03 17	51	55	04 08	52	55	05 00	52	54
119	01 05	52	55	01 57	52	55	02 49	52	54	03 41	51	54	04 32	52	53
120	00 37	+52	54	01 29	+52	54	02 21	+52	53	03 13	+52	53	04 05	+52	52
121	00 09	52	54	01 01	52	53	01 53	53	53	02 46	52	52	03 38	52	52
122	−0 19	53	53	00 34	52	52	01 26	53	52	02 19	52	51	03 11	52	51
123	−0 46	53	52	00 07	52	52	00 59	53	51	01 52	52	51	02 44	53	50
124	−1 13	53	51	−0 20	53	51	00 33	52	50	01 25	53	50	02 18	53	49
125	−1 40	+53	50	−0 47	+53	50	00 06	+53	49	00 59	+53	49	01 52	+53	48
126	−2 06	53	50	−1 13	53	49	−0 20	53	49	00 33	54	48	01 27	53	48
127	−2 32	53	49	−1 39	54	48	−0 45	53	48	00 08	53	47	01 01	54	47
128	−2 58	54	48	−2 04	53	47	−1 11	54	47	−0 17	53	46	00 36	54	46
129	−3 23	54	47	−2 29	53	47	−1 36	54	46	−0 42	54	46	00 12	53	45
130	−3 48	+54	46	−2 54	+54	46	−2 00	+54	45	−1 06	+54	45	−0 12	+53	44
131	−4 13	54	45	−3 19	54	45	−2 25	55	44	−1 30	54	44	−0 36	54	44
132	−4 37	54	44	−3 43	55	44	−2 48	54	44	−1 54	54	43	−1 00	54	43
133	−5 01	55	44	−4 06	54	43	−3 12	54	43	−2 18	55	42	−1 23	54	42
134	−5 25	55	43	−4 30	55	42	−3 35	54	42	−2 41	55	42	−1 46	55	41
135				−4 53	+55	41	−3 58	+55	41	−3 03	+55	41	−2 08	+54	40
136				−5 16	56	41	−4 20	55	40	−3 25	55	40	−2 30	55	39
137				−5 38	56	40	−4 42	55	39	−3 47	55	39	−2 52	55	39
138							−5 04	55	38	−4 09	56	38	−3 13	55	38
139							−5 25	55	38	−4 30	56	37	−3 34	55	37

LHA	25°			26°			27°			28°			29°			LHA
	Hc	d	Z	Hc	d	Z	Hc	d	Z	Hc	d	Z	Hc	d	Z	
	° ′	′	°	° ′	′	°	° ′	′	°	° ′	′	°	° ′	′	°	
70	31 36	+46	91	32 22	+46	90	33 08	+46	89	33 54	+46	89	34 40	+45	88	290
71	31 02	46	90	31 48	46	89	32 34	46	89	33 20	45	88	34 05	45	87	289
72	30 27	47	89	31 14	46	88	32 00	45	88	32 45	46	87	33 31	45	86	288
73	29 53	46	88	30 39	46	88	31 25	46	87	32 11	46	86	32 57	45	85	287
74	29 18	47	88	30 05	46	87	30 51	46	86	31 37	45	85	32 22	46	85	286
75	28 44	+46	87	29 30	+47	86	30 17	+45	85	31 02	+46	85	31 48	+45	84	285
76	28 10	46	86	28 56	46	85	29 42	46	85	30 28	46	84	31 14	45	83	284
77	27 35	47	85	28 22	46	84	29 08	46	84	29 54	46	83	30 40	45	82	283
78	27 01	47	84	27 48	46	84	28 34	46	83	29 20	46	82	30 06	45	81	282
79	26 27	46	84	27 13	47	83	28 00	46	82	28 46	46	81	29 32	45	81	281
80	25 53	+46	83	26 39	+47	82	27 26	+46	81	28 12	+46	81	28 58	+46	80	280
81	25 19	46	82	26 05	47	81	26 52	46	81	27 38	46	80	28 24	46	79	279
82	24 45	46	81	25 31	47	81	26 18	46	80	27 04	46	79	27 50	46	78	278
83	24 11	46	80	24 57	47	80	25 44	46	79	26 30	47	78	27 17	46	78	277
84	23 37	47	80	24 24	46	79	25 10	47	78	25 57	46	78	26 43	46	77	276
85	23 03	+47	79	23 50	+47	78	24 37	+46	78	25 23	+47	77	26 10	+46	76	275
86	22 29	47	78	23 16	47	77	24 03	47	77	24 50	46	76	25 36	46	75	274
87	21 56	47	77	22 43	47	77	23 30	46	76	24 16	47	75	25 03	46	75	273
88	21 22	47	77	22 09	47	76	22 56	47	75	23 43	47	75	24 30	46	74	272
89	20 49	47	76	21 36	47	75	22 23	47	75	23 10	47	74	23 57	46	73	271
90	20 15	+48	75	21 03	+47	74	21 50	+47	74	22 37	+47	73	23 24	+47	72	270
91	19 42	48	74	20 30	47	74	21 17	47	73	22 04	47	72	22 51	47	72	269
92	19 09	48	74	19 57	47	73	20 44	48	72	21 32	47	72	22 19	47	71	268
93	18 36	48	73	19 24	47	72	20 11	48	71	20 59	47	71	21 46	47	70	267
94	18 03	48	72	18 51	48	71	19 39	48	71	20 27	47	70	21 14	47	69	266
95	17 31	+48	71	18 19	+48	71	19 07	+47	70	19 54	+48	69	20 42	+47	69	265
96	16 58	48	71	17 46	48	70	18 34	48	69	19 22	48	69	20 10	47	68	264
97	16 26	48	70	17 14	48	69	18 02	48	68	18 50	48	68	19 38	48	67	263
98	15 54	48	69	16 42	48	68	17 30	48	68	18 18	48	67	19 06	48	66	262
99	15 22	48	68	16 10	48	68	16 58	49	67	17 47	48	66	18 35	48	66	261
100	14 50	+48	67	15 38	+49	67	16 27	+48	66	17 15	+49	66	18 04	+48	65	260
101	14 18	49	67	15 07	49	66	15 56	48	65	16 44	49	65	17 33	48	64	259
102	13 47	48	66	14 35	49	65	15 24	49	65	16 13	49	64	17 02	48	64	258
103	13 15	49	65	14 04	49	65	14 53	49	64	15 42	49	63	16 31	49	63	257
104	12 44	49	64	13 33	49	64	14 22	50	63	15 12	49	63	16 01	48	62	256
105	12 13	+50	64	13 03	+49	63	13 52	+49	62	14 41	+49	62	15 30	+49	61	255
106	11 42	50	63	12 32	49	62	13 21	50	62	14 11	49	61	15 00	49	61	254
107	11 12	50	62	12 02	49	62	12 51	50	61	13 41	49	60	14 30	50	60	253
108	10 42	50	61	11 32	49	61	12 21	50	60	13 11	50	60	14 01	49	59	252
109	10 12	50	61	11 02	50	60	11 52	49	59	12 41	50	59	13 31	50	58	251
110	09 42	+50	60	10 32	+50	59	11 22	+50	59	12 12	+50	58	13 02	+50	58	250
111	09 12	50	59	10 02	51	58	10 53	50	58	11 43	50	57	12 33	50	57	249
112	08 43	50	58	09 33	51	58	10 24	50	57	11 14	51	57	12 05	50	56	248
113	08 14	50	58	09 04	51	57	09 55	51	56	10 46	50	56	11 36	51	55	247
114	07 45	51	57	08 36	50	56	09 26	51	56	10 17	51	55	11 08	51	55	246
115	07 16	+51	56	08 07	+51	55	08 58	+51	55	09 49	+51	54	10 40	+51	54	245
116	06 48	51	55	07 39	51	55	08 30	51	54	09 21	52	54	10 13	51	53	244
117	06 20	51	54	07 11	51	54	08 02	52	53	08 54	51	53	09 45	51	52	243
118	05 52	51	54	06 43	52	53	07 35	52	53	08 27	51	52	09 18	52	52	242
119	05 24	52	53	06 16	52	52	07 08	52	52	08 00	51	51	08 51	52	51	241
120	04 57	+52	52	05 49	+52	52	06 41	+52	51	07 33	+52	51	08 25	+52	50	240
121	04 30	52	51	05 22	52	51	06 14	53	50	07 07	52	50	07 59	52	49	239
122	04 03	53	50	04 56	52	50	05 48	52	49	06 40	53	49	07 33	52	48	238
123	03 37	53	50	04 30	52	49	05 22	53	49	06 15	52	48	07 07	53	48	237
124	03 11	53	49	04 04	52	48	04 56	53	48	05 49	53	47	06 42	52	47	236
125	02 45	+53	48	03 38	+53	48	04 31	+53	47	05 24	+53	47	06 17	+53	46	235
126	02 20	53	47	03 13	53	47	04 06	53	46	04 59	53	46	05 52	53	45	234
127	01 55	53	46	02 48	53	46	03 41	54	45	04 35	53	45	05 28	53	45	233
128	01 30	53	46	02 23	54	45	03 17	53	45	04 10	54	44	05 04	53	44	232
129	01 05	54	45	01 59	54	44	02 53	54	44	03 47	53	43	04 40	54	43	231
130	00 41	+54	44	01 35	+54	44	02 29	+54	43	03 23	+54	43	04 17	+54	42	230
131	00 18	54	43	01 12	54	43	02 06	54	42	03 00	54	42	03 54	54	41	229
132	−0 06	55	42	00 49	54	42	01 43	54	41	02 37	54	41	03 31	55	41	228
133	−0 29	55	42	00 26	54	41	01 20	55	41	02 15	54	40	03 09	55	40	227
134	−0 51	54	41	00 03	55	40	00 58	55	40	01 53	54	39	02 47	55	39	226
135	−1 14	+55	40	−0 19	+55	39	00 36	+55	39	01 31	+55	39	02 26	+55	38	225
136	−1 35	55	39	−0 40	55	39	00 15	55	38	01 10	55	38	02 05	55	37	224
137	−1 57	55	38	−1 02	56	38	−0 06	55	37	00 49	55	37	01 44	55	37	223
138	−2 18	55	37	−1 23	56	37	−0 27	55	37	00 28	56	36	01 24	55	36	222
139	−2 39	56	37	−1 43	56	36	−0 47	55	36	00 08	56	35	01 04	55	35	221

S. Lat. {LHA greater than 180°....... Zn=180−Z; LHA less than 180°........... Zn=180+Z}

DECLINATION (15°-29°) SAME NAME AS LATITUDE

N. Lat. {LHA greater than 180°....... Zn=Z / LHA less than 180°........... Zn=360−Z}

DECLINATION (15°-29°) SAME NAME AS LATITUDE

22° Z	23° Hc	23° d	23° Z	24° Hc	24° d	24° Z	25° Hc	25° d	25° Z	26° Hc	26° d	26° Z	27° Hc	27° d	27° Z	28° Hc	28° d	28° Z	29° Hc	29° d	29° Z	LHA
°	° ′	′	°	° ′	′	°	° ′	′	°	° ′	′	°	° ′	′	°	° ′	′	°	° ′	′	°	
140	−4 50	+55	36	−3 55	+56	36	−2 59	+56	36	−2 03	+56	35	−1 07	+55	35	−0 12	+56	35	00 44	+56	34	220
141	−5 11	56	36	−4 15	56	35	−3 19	56	35	−2 23	56	34	−1 27	56	34	−0 31	56	34	00 25	56	33	219
142	−5 31	57	35	−4 34	56	34	−3 38	56	34	−2 42	56	34	−1 46	56	33	−0 50	56	33	00 06	56	33	218
			143	−4 54	57	33	−3 57	56	33	−3 01	56	33	−2 05	57	32	−1 08	56	32	−0 12	56	32	217
			144	−5 12	56	33	−4 16	57	32	−3 19	56	32	−2 23	57	32	−1 26	56	31	−0 30	56	31	216
			145	−5 31	+57	32	−4 34	+57	31	−3 37	+56	31	−2 41	+57	31	−1 44	+57	30	−0 47	+56	30	215
						146	−4 52	57	31	−3 55	57	30	−2 58	57	30	−2 01	56	30	−1 05	57	29	214
						147	−5 09	57	30	−4 12	57	29	−3 15	57	29	−2 18	57	29	−1 21	57	28	213
						148	−5 26	57	29	−4 29	57	29	−3 32	58	28	−2 34	57	28	−1 37	57	28	212
									149	−4 45	57	28	−3 48	58	27	−2 50	57	27	−1 53	57	27	211
									150	−5 01	+58	27	−4 03	+57	27	−3 06	+58	26	−2 08	+57	26	210
									151	−5 16	58	26	−4 18	57	26	−3 21	58	25	−2 23	57	25	209
												152	−4 33	58	25	−3 35	57	25	−2 38	58	24	208
												153	−4 47	58	24	−3 49	58	24	−2 51	57	23	207
												154	−5 01	58	23	−4 03	58	23	−3 05	58	23	206
												155	−5 14	+58	22	−4 16	+58	22	−3 18	+58	22	205
															156	−4 29	59	21	−3 30	58	21	204
															157	−4 41	59	20	−3 42	58	20	203
															158	−4 53	59	19	−3 54	59	19	202
															159	−5 04	59	18	−4 05	59	18	201
															160	−5 14	+58	18	−4 16	+59	17	200
																		161	−4 26	59	17	199
																		162	−4 35	59	16	198
																		163	−4 44	59	15	197
																		164	−4 53	59	14	196
																		165	−5 01	+59	13	195
																		166	−5 09	60	12	194

112

LHA	15° Hc	15° d	15° Z	16° Hc	16° d	16° Z	17° Hc	17° d	17° Z	18° Hc	18° d	18° Z	19° Hc	19° d	19° Z	20° Hc	20° d	20° Z	21° Hc
78	−5 33	50	108	282															
77	−5 01	49	109	−5 50	50	110	283												
76	−4 28	50	110	−5 18	50	110	284												
75	−3 56	−50	111	−4 46	−50	111	−5 36	−50	112	285									
74	−3 24	50	112	−4 14	50	112	−5 04	50	113	−5 54	50	113	286						
73	−2 52	50	112	−3 42	50	113	−4 32	50	113	−5 22	50	114	287						
72	−2 20	51	113	−3 11	50	114	−4 01	50	114	−4 51	50	115	−5 41	50	115	288			
71	−1 49	50	114	−2 39	51	115	−3 30	50	115	−4 20	50	116	−5 10	51	116	289			
70	−1 17	−51	115	−2 08	−50	115	−2 58	−51	116	−3 49	−50	116	−4 39	−51	117	−5 30	−50	117	290

15° 16° 17° 18° 19° 20° 21° 22° 23° 24° 25° 26° 27° 28° 29°

S. Lat. {LHA greater than 180°....... Zn=180−Z / LHA less than 180°........... Zn=180+Z}

DECLINATION (15°-29°) CONTRARY NAME TO LATITUDE

N. Lat. {LHA greater than 180°........Zn=Z; LHA less than 180°..........Zn=360−Z}

DECLINATION (15°-29°) CONTRARY NAME TO LATITUDE

LHA	15° Hc	d	Z	16° Hc	d	Z	17° Hc	d	Z	18° Hc	d	Z	19° Hc	d	Z	20° Hc	d	Z	21° Hc	d	Z
	° ′	′	°	° ′	′	°	° ′	′	°	° ′	′	°	° ′	′	°	° ′	′	°	° ′	′	°
69	-0 46	51	116	-1 37	51	116	-2 28	50	117	-3 18	51	117	-4 09	51	118	-5 00	50	118	-5 50	51	119
68	-0 15	51	116	-1 06	51	117	-1 57	51	117	-2 48	51	118	-3 39	50	119	-4 29	51	119	-5 20	51	120
67	00 15	51	117	-0 36	51	118	-1 27	51	118	-2 18	50	119	-3 08	51	119	-3 59	51	120	-4 50	51	120
66	00 46	51	118	-0 05	51	119	-0 56	51	119	-1 47	52	120	-2 39	51	120	-3 30	51	121	-4 21	51	121
65	01 16	-51	119	00 25	-51	119	-0 26	-52	120	-1 18	-51	120	-2 09	-51	121	-3 00	-51	121	-3 51	-52	122
64	01 46	51	120	00 55	52	120	00 03	51	121	-0 48	52	121	-1 40	51	122	-2 31	51	122	-3 22	52	123
63	02 16	52	121	01 24	51	121	00 33	52	122	-0 19	51	122	-1 10	52	123	-2 02	52	123	-2 54	51	124
62	02 45	51	121	01 54	52	122	01 02	52	122	00 10	52	123	-0 42	51	123	-1 33	52	124	-2 25	52	124
61	03 15	52	122	02 23	52	123	01 31	52	123	00 39	52	124	-0 13	52	124	-1 05	52	125	-1 57	52	125
60	03 44	-52	123	02 52	-52	124	02 00	-53	124	01 07	-52	125	00 15	-52	125	-0 37	-52	126	-1 29	-52	126
59	04 12	52	124	03 20	52	124	02 28	52	125	01 36	53	125	00 43	52	126	-0 09	52	126	-1 01	52	127
58	04 41	53	125	03 48	52	125	02 56	52	126	02 04	53	126	01 11	52	127	00 19	53	127	-0 34	52	128
57	05 09	53	126	04 16	52	126	03 24	53	127	02 31	52	127	01 39	53	128	00 46	53	128	-0 07	52	128
56	05 37	53	126	04 44	53	127	03 51	52	127	02 59	53	128	02 06	53	128	01 13	53	129	00 20	53	129
55	06 04	-53	127	05 11	-53	128	04 18	-52	128	03 26	-53	129	02 33	-53	129	01 40	-53	130	00 47	-53	130
54	06 32	54	128	05 38	53	129	04 45	53	129	03 52	53	130	02 59	53	130	02 06	53	130	01 13	53	131
53	06 58	53	129	06 05	53	130	05 12	53	130	04 19	54	130	03 25	53	131	02 32	53	131	01 39	54	132
52	07 25	53	130	06 32	54	130	05 38	53	131	04 45	54	131	03 51	53	132	02 58	54	132	02 04	53	133
51	07 51	53	131	06 58	54	131	06 04	54	132	05 10	53	132	04 17	54	133	03 23	54	133	02 29	53	133
50	08 17	-54	132	07 23	-53	132	06 30	-54	133	05 36	-54	133	04 42	-54	133	03 48	-54	134	02 54	-54	134
49	08 43	54	133	07 49	54	133	06 55	54	133	06 01	54	134	05 07	54	134	04 13	54	135	03 19	54	135
48	09 08	54	133	08 14	54	134	07 20	55	134	06 25	54	135	05 31	54	135	04 37	54	136	03 43	55	136
47	09 33	55	134	08 38	54	135	07 44	54	135	06 50	55	136	05 55	54	136	05 01	55	136	04 06	54	137
46	09 57	54	135	09 03	55	136	08 08	54	136	07 14	55	136	06 19	54	137	05 25	55	137	04 30	55	138
45	10 21	-54	136	09 27	-55	136	08 32	-55	137	07 37	-55	137	06 42	-54	138	05 48	-55	138	04 53	-55	139
44	10 45	55	137	09 50	55	137	08 55	55	138	08 00	55	138	07 05	55	139	06 10	54	139	05 16	56	139
43	11 08	55	138	10 13	55	138	09 18	55	139	08 23	55	139	07 28	55	139	06 33	55	140	05 38	56	140
42	11 31	55	139	10 36	55	139	09 41	55	140	08 46	56	140	07 50	55	140	06 55	55	141	06 00	56	141
41	11 54	56	140	10 58	55	140	10 03	56	140	09 07	55	141	08 12	56	141	07 16	55	142	06 21	56	142
40	12 16	-56	141	11 20	-55	141	10 25	-56	141	09 29	-56	142	08 33	-55	142	07 38	-56	143	06 42	-56	143
39	12 37	55	142	11 42	56	142	10 46	56	142	09 50	56	143	08 54	56	143	07 58	55	143	07 03	56	144
38	12 59	56	142	12 03	56	143	11 07	56	143	10 11	56	144	09 15	56	144	08 19	56	144	07 23	56	145
37	13 19	56	143	12 23	56	144	11 27	56	144	10 31	56	144	09 35	56	145	08 39	57	145	07 42	56	146
36	13 40	56	144	12 44	57	145	11 47	56	145	10 51	56	145	09 55	57	146	08 58	56	146	08 02	57	146
35	14 00	-57	145	13 03	-56	146	12 07	-57	146	11 10	-56	146	10 14	-57	147	09 17	-56	147	08 21	-57	147
34	14 19	57	146	13 22	56	147	12 26	57	147	11 29	57	147	10 32	56	148	09 36	57	148	08 39	57	148
33	14 38	57	147	13 41	57	147	12 44	56	148	11 48	57	148	10 51	57	148	09 54	57	149	08 57	57	149
32	14 57	57	148	14 00	57	148	13 03	57	149	12 06	57	149	11 09	58	149	10 11	57	150	09 14	57	150
31	15 15	58	149	14 17	57	149	13 20	57	150	12 23	57	150	11 26	57	150	10 29	58	151	09 31	57	151
30	15 32	-57	150	14 35	-58	150	13 37	-57	151	12 40	-57	151	11 43	-58	151	10 45	-57	151	09 48	-57	152
29	15 49	57	151	14 52	58	151	13 54	57	152	12 57	58	152	11 59	57	152	11 02	58	152	10 04	58	153
28	16 06	58	152	15 08	58	152	14 10	57	152	13 13	58	153	12 15	58	153	11 17	57	153	10 20	58	154
27	16 22	58	153	15 24	58	153	14 26	58	153	13 28	58	154	12 30	57	154	11 33	58	154	10 35	58	155
26	16 37	58	154	15 39	58	154	14 41	58	154	13 43	58	155	12 45	58	155	11 47	58	155	10 49	58	155
25	16 52	-58	155	15 54	-58	155	14 56	-58	155	13 58	-58	156	13 00	-59	156	12 01	-58	156	11 03	-58	156
24	17 06	58	156	16 08	58	156	15 10	58	156	14 12	59	157	13 13	58	157	12 15	58	157	11 17	58	157
23	17 20	58	157	16 22	58	157	15 24	59	157	14 25	58	157	13 27	59	158	12 28	58	158	11 30	58	158
22	17 34	59	158	16 35	58	158	15 37	59	158	14 38	58	158	13 40	59	159	12 41	58	159	11 43	59	159
21	17 46	58	159	16 48	59	159	15 49	58	159	14 51	59	159	13 52	59	160	12 53	58	160	11 55	59	160
20	17 59	-59	160	17 00	-59	160	16 01	-59	160	15 02	-58	160	14 04	-59	161	13 05	-59	161	12 06	-59	161
19	18 10	59	161	17 11	58	161	16 13	59	161	15 14	59	161	14 15	59	162	13 16	59	162	12 17	59	162
18	18 21	59	162	17 22	59	162	16 23	59	162	15 24	59	162	14 25	59	162	13 26	59	163	12 27	59	163
17	18 32	59	163	17 33	59	163	16 34	59	163	15 35	59	163	14 36	60	163	13 36	59	164	12 37	59	164
16	18 42	59	164	17 43	59	164	16 44	60	164	15 44	59	164	14 45	59	164	13 46	59	165	12 47	59	165
15	18 51	-59	165	17 52	-59	165	16 53	-60	165	15 53	-59	165	14 54	-59	165	13 55	-59	166	12 56	-60	166
14	19 00	59	166	18 01	60	166	17 01	59	166	16 02	59	166	15 03	60	166	14 03	59	166	13 04	60	167
13	19 08	59	167	18 09	60	167	17 09	59	167	16 10	60	167	15 10	59	167	14 11	59	167	13 12	60	168
12	19 16	60	168	18 16	59	168	17 17	60	168	16 17	59	168	15 18	60	168	14 18	59	168	13 19	60	169
11	19 23	60	169	18 23	59	169	17 24	60	169	16 24	60	169	15 24	59	169	14 25	60	169	13 25	59	169
10	19 29	-59	170	18 30	-60	170	17 30	-60	170	16 30	-59	170	15 31	-60	170	14 31	-60	170	13 31	-59	170
9	19 35	60	171	18 35	59	171	17 36	60	171	16 36	60	171	15 36	60	171	14 36	59	171	13 37	60	171
8	19 40	59	172	18 41	60	172	17 41	60	172	16 41	60	172	15 41	60	172	14 41	59	172	13 42	60	172
7	19 45	60	173	18 45	60	173	17 45	60	173	16 45	59	173	15 46	60	173	14 46	60	173	13 46	60	173
6	19 49	60	174	18 49	60	174	17 49	60	174	16 49	60	174	15 49	59	174	14 50	60	174	13 50	60	174
5	19 52	-60	175	18 52	-59	175	17 53	-60	175	16 53	-60	175	15 53	-60	175	14 53	-60	175	13 53	-60	175
4	19 55	60	176	18 55	60	176	17 55	60	176	16 55	60	176	15 55	60	176	14 55	60	176	13 55	60	176
3	19 57	60	177	18 57	60	177	17 57	60	177	16 57	60	177	15 57	60	177	14 57	60	177	13 57	60	177
2	19 59	60	178	18 59	60	178	17 59	60	178	16 59	60	178	15 59	60	178	14 59	60	178	13 59	60	178
1	20 00	60	179	19 00	60	179	18 00	60	179	17 00	60	179	16 00	60	179	15 00	60	179	14 00	60	179
0	20 00	-60	180	19 00	-60	180	18 00	-60	180	17 00	-60	180	16 00	-60	180	15 00	-60	180	14 00	-60	180

LHA	22° Hc	d	Z	23° Hc	d	Z	24° Hc	d	Z	25° Hc	d	Z	26° Hc	d	Z	27° Hc	d	Z	28° Hc	d	Z	29° Hc	d	Z	LHA
	° ′	′	°	° ′	′	°	° ′	′	°	° ′	′	°	° ′	′	°	° ′	′	°	° ′	′	°	° ′	′	°	
69	291																								
68	292																								
67	-5 41	51	121	293																					
66	-5 12	51	122	294																					
65	-4 43	-51	123	-5 34	-51	123	295																		
64	-4 14	51	123	-5 05	51	124	296																		
63	-3 45	52	124	-4 37	51	125	-5 28	52	125	297															
62	-3 17	51	125	-4 08	52	125	-5 00	52	126	-5 52	51	126	298												
61	-2 49	52	126	-3 41	51	126	-4 32	52	127	-5 24	52	127	299												
60	-2 21	-52	127	-3 13	-52	127	-4 05	-52	128	-4 57	-52	128	-5 49	-52	128	300									
59	-1 53	53	127	-2 46	52	128	-3 38	52	128	-4 30	52	129	-5 22	52	129	301									
58	-1 26	53	128	-2 19	52	129	-3 11	52	129	-4 03	53	130	-4 56	52	130	-5 48	52	131	302						
57	-0 59	53	129	-1 52	52	129	-2 44	53	130	-3 37	53	130	-4 30	52	131	-5 22	53	131	303						
56	-0 33	52	130	-1 25	53	130	-2 18	53	131	-3 11	53	131	-4 04	52	132	-4 56	53	132	-5 49	53	133	304			
55	-0 06	-53	131	-0 59	-53	131	-1 52	-53	132	-2 45	-53	132	-3 38	-53	132	-4 31	-53	133	-5 24	-53	133	305			
54	00 20	53	131	-0 33	54	132	-1 27	53	132	-2 20	53	133	-3 13	53	133	-4 06	53	134	-4 59	53	134	306			
53	00 45	53	132	-0 08	53	133	-1 01	54	133	-1 55	53	134	-2 48	53	134	-3 41	54	135	-4 35	53	135	-5 28	53	135	307
52	01 11	54	133	00 17	53	134	-0 36	54	134	-1 30	53	134	-2 23	54	135	-3 17	53	135	-4 10	54	136	-5 04	53	136	308
51	01 36	54	134	00 42	54	134	-0 12	53	135	-1 05	54	135	-1 59	54	136	-2 53	54	136	-3 47	53	137	-4 40	54	137	309
50	02 00	-54	135	01 06	-54	135	00 12	-53	136	-0 41	-54	136	-1 35	-54	136	-2 29	-54	137	-3 23	-54	137	-4 17	-54	138	310
49	02 25	55	136	01 30	54	136	00 36	54	136	-0 18	54	137	-1 12	54	137	-2 06	54	138	-3 00	54	138	-3 54	54	139	311
48	02 48	54	136	01 54	54	137	01 00	54	137	00 06	55	138	-0 49	54	138	-1 43	54	139	-2 37	54	139	-3 31	55	139	312
47	03 12	54	137	02 18	55	138	01 23	54	138	00 29	55	138	-0 26	54	139	-1 20	55	139	-2 15	54	140	-3 09	55	140	313
46	03 35	54	138	02 41	55	138	01 46	55	139	00 51	54	139	-0 03	55	140	-0 58	55	140	-1 53	54	141	-2 47	55	141	314
45	03 58	-55	139	03 03	-55	139	02 08	-54	140	01 14	-55	140	00 19	-55	141	-0 36	-55	141	-1 31	-55	141	-2 26	-55	142	315
44	04 20	55	140	03 25	55	140	02 30	55	141	01 35	55	141	00 40	55	141	-0 15	55	142	-1 10	55	142	-2 05	55	143	316
43	04 42	55	141	03 47	55	141	02 52	55	141	01 57	55	142	01 02	56	142	00 06	55	143	-0 49	55	143	-1 44	55	143	317
42	05 04	55	142	04 09	56	142	03 13	55	142	02 18	55	143	01 23	56	143	00 27	55	143	-0 28	56	144	-1 24	55	144	318
41	05 25	55	142	04 30	56	143	03 34	55	143	02 39	56	143	01 43	56	144	00 47	55	144	-0 08	56	145	-1 04	55	145	319
40	05 46	-56	143	04 50	-55	144	03 55	-56	144	02 59	-56	144	02 03	-56	145	01 07	-55	145	00 12	-56	145	-0 44	-56	146	320
39	06 07	56	144	05 11	56	144	04 15	56	145	03 19	56	145	02 23	56	146	01 27	56	146	00 31	56	146	-0 25	56	147	321
38	06 27	56	145	05 31	57	145	04 34	56	146	03 38	56	146	02 42	56	146	01 46	56	147	00 50	56	147	-0 06	56	147	322
37	06 46	56	146	05 50	56	146	04 54	57	147	03 57	56	147	03 01	56	147	02 05	57	148	01 08	56	148	00 12	56	148	323
36	07 05	56	147	06 09	57	147	05 12	56	147	04 16	57	148	03 19	56	148	02 23	57	148	01 26	56	149	00 30	56	149	324
35	07 24	-57	148	06 27	-56	148	05 31	-57	148	04 34	-57	149	03 37	-56	149	02 41	-57	149	01 44	-57	150	00 47	-56	150	325
34	07 42	57	149	06 45	56	149	05 49	57	149	04 52	57	149	03 55	57	150	02 58	57	150	02 01	56	150	01 05	57	151	326
33	08 00	57	149	07 03	57	150	06 06	57	150	05 09	57	150	04 12	57	151	03 15	57	151	02 18	57	151	01 21	57	152	327
32	08 17	57	150	07 20	57	151	06 23	57	151	05 26	57	151	04 29	57	151	03 32	58	152	02 34	57	152	01 37	57	152	328
31	08 34	57	151	07 37	57	151	06 40	58	152	05 42	57	152	04 45	57	152	03 48	58	153	02 50	57	153	01 53	57	153	329
30	08 51	-58	152	07 53	-57	152	06 56	-58	153	05 58	-57	153	05 01	-58	153	04 03	-57	153	03 06	-58	154	02 08	-57	154	330
29	09 06	57	153	08 09	58	153	07 11	57	154	06 14	58	154	05 16	58	154	04 18	57	154	03 21	58	155	02 23	57	155	331
28	09 22	58	154	08 24	58	154	07 26	57	154	06 29	58	155	05 31	58	155	04 33	58	155	03 35	57	155	02 38	58	156	332
27	09 37	58	155	08 39	58	155	07 41	58	155	06 43	58	156	05 45	58	156	04 47	58	156	03 49	58	156	02 51	57	157	333
26	09 51	58	156	08 53	58	156	07 55	58	156	06 57	58	156	05 59	58	157	05 01	58	157	04 03	58	157	03 05	58	157	334
25	10 05	-58	157	09 07	-58	157	08 09	-58	157	07 11	-58	157	06 13	-59	158	05 14	-58	158	04 16	-58	158	03 18	-58	158	335
24	10 19	59	158	09 20	58	158	08 22	58	158	07 24	59	158	06 25	58	158	05 27	58	159	04 29	59	159	03 30	58	159	336
23	10 32	59	158	09 33	58	159	08 35	59	159	07 36	58	159	06 38	59	159	05 39	58	160	04 41	59	160	03 42	58	160	337
22	10 44	59	159	09 45	58	160	08 47	59	160	07 48	58	160	06 50	59	160	05 51	58	160	04 53	59	161	03 54	59	161	338
21	10 56	59	160	09 57	58	160	08 59	59	161	08 00	59	161	07 01	59	161	06 02	58	161	05 04	59	162	04 05	59	162	339
20	11 07	-58	161	10 09	-59	161	09 10	-59	162	08 11	-59	162	07 12	-59	162	06 13	-59	162	05 14	-58	162	04 16	-59	163	340
19	11 18	59	162	10 19	59	162	09 20	59	163	08 21	59	163	07 22	58	163	06 24	59	163	05 25	59	163	04 26	59	163	341
18	11 28	59	163	10 29	59	163	09 30	59	163	08 31	59	164	07 32	59	164	06 33	59	164	05 34	59	164	04 35	59	164	342
17	11 38	59	164	10 39	59	164	09 40	59	164	08 41	59	165	07 42	59	165	06 43	59	165	05 44	60	165	04 44	59	165	343
16	11 48	60	165	10 48	59	165	09 49	59	165	08 50	59	165	07 51	60	166	06 51	59	166	05 52	59	166	04 53	59	166	344
15	11 56	-59	166	10 57	-59	166	09 58	-60	166	08 58	-59	166	07 59	-59	166	07 00	-60	167	06 00	-59	167	05 01	-59	167	345
14	12 04	59	167	11 05	59	167	10 06	60	167	09 06	59	167	08 07	60	167	07 07	59	168	06 08	59	168	05 09	60	168	346
13	12 12	59	168	11 13	60	168	10 13	59	168	09 14	60	168	08 14	59	168	07 15	60	168	06 15	59	169	05 16	60	169	347
12	12 19	59	169	11 20	60	169	10 20	60	169	09 20	59	169	08 21	60	169	07 21	59	169	06 22	60	169	05 22	59	170	348
11	12 26	60	170	11 26	60	170	10 26	59	170	09 27	60	170	08 27	60	170	07 27	59	170	06 28	60	170	05 28	59	170	349
10	12 32	-60	171	11 32	-60	171	10 32	-59	171	09 33	-60	171	08 33	-60	171	07 33	-60	171	06 33	-59	171	05 34	-60	171	350
9	12 37	60	172	11 37	60	172	10 37	59	172	09 38	60	172	08 38	60	172	07 38	60	172	06 38	59	172	05 39	60	172	351
8	12 42	60	172	11 42	60	173	10 42	60	173	09 42	59	173	08 43	60	173	07 43	60	173	06 43	60	173	05 43	60	173	352
7	12 46	60	173	11 46	60	173	10 46	59	174	09 47	60	174	08 47	60	174	07 47	60	174	06 47	60	174	05 47	60	174	353
6	12 50	60	174	11 50	60	174	10 50	60	174	09 50	60	175	08 50	60	175	07 50	60	175	06 50	59	175	05 51	60	175	354
5	12 53	-60	175	11 53	-60	175	10 53	-60	175	09 53	-60	175	08 53	-60	176	07 53	-60	176	06 53	-60	176	05 53	-59	176	355
4	12 55	59	176	11 56	60	176	10 56	60	176	09 56	60	176	08 56	60	176	07 56	60	176	06 56	60	176	05 56	60	177	356
3	12 57	59	177	11 58	60	177	10 58	60	177	09 58	60	177	08 58	60	177	07 58	60	177	06 58	60	177	05 58	60	177	357
2	12 59	60	178	11 59	60	178	10 59	60	178	09 59	60	178	08 59	60	178	07 59	60	178	06 59	60	178	05 59	60	178	358
1	13 00	60	179	12 00	60	179	11 00	60	179	10 00	60	179	09 00	60	179	08 00	60	179	07 00	60	179	06 00	60	179	359
0	13 00	-60	180	12 00	-60	180	11 00	-60	180	10 00	-60	180	09 00	-60	180	08 00	-60	180	07 00	-60	180	06 00	-60	180	360

S. Lat. {LHA greater than 180°........Zn=180−Z; LHA less than 180°..........Zn=180+Z}

DECLINATION (15°-29°) CONTRARY NAME TO LATITUDE

TABLE 5.—Correction to Tabulated Altitude for Minutes of Declination

d / ′	1	2	3	4	5	6	7	8	9	10	11	12	13	14	15	16	17	18	19	20	21	22	23	24	25	26	27	28	29	30	31	32	33	34	35	36	37	38	39	40	41	42	43	44	45	46	47	48	49	50	51	52	53	54	55	56	57	58	59	60	d / ′
0	0	0	0	0	0	0	0	0	0	0	0	0	0	0	0	0	0	0	0	0	0	0	0	0	0	0	0	0	0	0	0	0	0	0	0	0	0	0	0	0	0	0	0	0	0	0	0	0	0	0	0	0	0	0	0	0	0	0	0	0	0
1	0	0	0	0	0	0	0	0	0	0	0	0	0	0	0	0	0	0	0	0	0	0	0	0	0	0	0	0	0	0	1	1	1	1	1	1	1	1	1	1	1	1	1	1	1	1	1	1	1	1	1	1	1	1	1	1	1	1	1	1	1
2	0	0	0	0	0	0	0	0	0	0	0	0	0	0	0	1	1	1	1	1	1	1	1	1	1	1	1	1	1	1	1	1	1	1	1	1	1	1	1	1	1	1	1	1	2	2	2	2	2	2	2	2	2	2	2	2	2	2	2	2	2
3	0	0	0	0	0	0	0	0	0	0	1	1	1	1	1	1	1	1	1	1	1	1	1	1	1	1	1	1	1	2	2	2	2	2	2	2	2	2	2	2	2	2	2	2	2	2	2	2	2	2	3	3	3	3	3	3	3	3	3	3	3
4	0	0	0	0	0	0	0	1	1	1	1	1	1	1	1	1	1	1	1	1	1	1	2	2	2	2	2	2	2	2	2	2	2	2	2	2	2	3	3	3	3	3	3	3	3	3	3	3	3	3	3	3	4	4	4	4	4	4	4	4	4
5	0	0	0	0	0	0	1	1	1	1	1	1	1	1	1	1	1	2	2	2	2	2	2	2	2	2	2	2	2	2	3	3	3	3	3	3	3	3	3	3	3	4	4	4	4	4	4	4	4	4	4	4	4	4	5	5	5	5	5	5	5
6	0	0	0	0	0	1	1	1	1	1	1	1	1	1	2	2	2	2	2	2	2	2	2	2	2	3	3	3	3	3	3	3	3	3	4	4	4	4	4	4	4	4	4	4	4	5	5	5	5	5	5	5	5	5	6	6	6	6	6	6	6
7	0	0	0	0	1	1	1	1	1	1	1	1	2	2	2	2	2	2	2	2	2	3	3	3	3	3	3	3	3	4	4	4	4	4	4	4	4	4	5	5	5	5	5	5	5	5	5	6	6	6	6	6	6	6	6	7	7	7	7	7	7
8	0	0	0	1	1	1	1	1	1	1	1	2	2	2	2	2	2	2	3	3	3	3	3	3	3	3	4	4	4	4	4	4	4	5	5	5	5	5	5	5	5	6	6	6	6	6	6	6	7	7	7	7	7	7	7	7	8	8	8	8	8
9	0	0	0	1	1	1	1	1	1	2	2	2	2	2	2	2	3	3	3	3	3	3	3	4	4	4	4	4	4	4	5	5	5	5	5	5	6	6	6	6	6	6	6	7	7	7	7	7	7	8	8	8	8	8	8	8	9	9	9	9	9
10	0	0	0	1	1	1	1	1	2	2	2	2	2	2	2	3	3	3	3	3	4	4	4	4	4	4	4	5	5	5	5	5	6	6	6	6	6	6	6	7	7	7	7	7	8	8	8	8	8	8	8	9	9	9	9	9	10	10	10	10	10
11	0	0	1	1	1	1	1	1	2	2	2	2	2	3	3	3	3	3	3	4	4	4	4	4	5	5	5	5	5	6	6	6	6	6	6	7	7	7	7	7	8	8	8	8	8	8	9	9	9	9	9	10	10	10	10	10	10	11	11	11	11
12	0	0	1	1	1	1	1	2	2	2	2	2	3	3	3	3	3	4	4	4	4	4	5	5	5	5	5	6	6	6	6	6	7	7	7	7	7	8	8	8	8	8	9	9	9	9	9	10	10	10	10	10	11	11	11	11	11	12	12	12	12
13	0	0	1	1	1	1	2	2	2	2	2	3	3	3	3	3	4	4	4	4	5	5	5	5	5	6	6	6	6	6	7	7	7	7	8	8	8	8	8	9	9	9	9	10	10	10	10	10	11	11	11	11	11	12	12	12	12	13	13	13	13
14	0	0	1	1	1	1	2	2	2	2	3	3	3	3	4	4	4	4	4	5	5	5	5	6	6	6	6	7	7	7	7	7	8	8	8	8	9	9	9	9	10	10	10	10	10	11	11	11	11	12	12	12	12	13	13	13	13	14	14	14	14
15	0	0	1	1	1	2	2	2	2	2	3	3	3	4	4	4	4	4	5	5	5	6	6	6	6	6	7	7	7	8	8	8	8	8	9	9	9	10	10	10	10	10	11	11	11	12	12	12	12	12	13	13	13	14	14	14	14	14	15	15	15
16	0	1	1	1	1	2	2	2	2	3	3	3	3	4	4	4	5	5	5	5	6	6	6	6	7	7	7	7	8	8	8	9	9	9	9	10	10	10	10	11	11	11	11	12	12	12	13	13	13	13	14	14	14	14	15	15	15	15	16	16	16
17	0	1	1	1	1	2	2	2	3	3	3	3	4	4	4	5	5	5	5	6	6	6	7	7	7	7	8	8	8	8	9	9	9	10	10	10	10	11	11	11	12	12	12	12	13	13	13	14	14	14	14	15	15	15	16	16	16	16	17	17	17
18	0	1	1	1	2	2	2	2	3	3	3	4	4	4	4	5	5	5	6	6	6	7	7	7	8	8	8	8	9	9	9	10	10	10	10	11	11	11	12	12	12	13	13	13	14	14	14	14	15	15	15	16	16	16	16	17	17	17	18	18	18
19	0	1	1	1	2	2	2	3	3	3	3	4	4	4	5	5	5	6	6	6	7	7	7	8	8	8	9	9	9	10	10	10	10	11	11	11	12	12	12	13	13	13	14	14	14	15	15	15	16	16	16	16	17	17	17	18	18	18	19	19	19
20	0	1	1	1	2	2	2	3	3	3	4	4	4	5	5	5	6	6	6	7	7	7	8	8	8	9	9	9	10	10	10	11	11	11	12	12	12	13	13	13	14	14	14	15	15	15	16	16	16	17	17	17	18	18	18	19	19	19	20	20	20
21	0	1	1	1	2	2	2	3	3	4	4	4	5	5	5	6	6	6	7	7	7	8	8	8	9	9	9	10	10	10	11	11	12	12	12	13	13	13	14	14	14	15	15	15	16	16	16	17	17	18	18	18	19	19	19	20	20	20	21	21	21
22	0	1	1	1	2	2	3	3	3	4	4	4	5	5	6	6	6	7	7	7	8	8	8	9	9	10	10	10	11	11	11	12	12	12	13	13	14	14	14	15	15	15	16	16	16	17	17	18	18	18	19	19	19	20	20	21	21	21	22	22	22
23	0	1	1	2	2	2	3	3	3	4	4	5	5	5	6	6	7	7	7	8	8	8	9	9	10	10	10	11	11	12	12	12	13	13	13	14	14	15	15	15	16	16	16	17	17	18	18	18	19	19	20	20	20	21	21	21	22	22	23	23	23
24	0	1	1	2	2	2	3	3	4	4	4	5	5	6	6	6	7	7	8	8	8	9	9	10	10	10	11	11	12	12	12	13	13	14	14	14	15	15	16	16	16	17	17	18	18	18	19	19	20	20	20	21	21	22	22	22	23	23	24	24	24
25	0	1	1	2	2	2	3	3	4	4	5	5	5	6	6	7	7	8	8	8	9	9	10	10	10	11	11	12	12	12	13	13	14	14	15	15	15	16	16	17	17	18	18	18	19	19	20	20	20	21	21	22	22	22	23	23	24	24	25	25	25
26	0	1	1	2	2	3	3	3	4	4	5	5	6	6	6	7	7	8	8	9	9	10	10	10	11	11	12	12	13	13	13	14	14	15	15	16	16	16	17	17	18	18	19	19	20	20	20	21	21	22	22	23	23	23	24	24	25	25	26	26	26
27	0	1	1	2	2	3	3	4	4	4	5	5	6	6	7	7	8	8	9	9	9	10	10	11	11	12	12	13	13	14	14	14	15	15	16	16	17	17	18	18	18	19	19	20	20	21	21	22	22	22	23	23	24	24	25	25	26	26	27	27	27
28	0	1	1	2	2	3	3	4	4	5	5	6	6	7	7	7	8	8	9	9	10	10	11	11	12	12	13	13	14	14	14	15	15	16	16	17	17	18	18	19	19	20	20	21	21	21	22	22	23	23	24	24	25	25	26	26	27	27	28	28	28
29	0	1	1	2	2	3	3	4	4	5	5	6	6	7	7	8	8	9	9	10	10	11	11	12	12	13	13	14	14	14	15	15	16	16	17	17	18	18	19	19	20	20	21	21	22	22	23	23	24	24	25	25	26	26	27	27	28	28	29	29	29
30	0	1	2	2	2	3	4	4	4	5	6	6	6	7	8	8	8	9	10	10	10	11	12	12	12	13	14	14	14	15	16	16	16	17	18	18	18	19	20	20	20	21	22	22	22	23	24	24	24	25	26	26	26	27	28	28	28	29	30	30	30
31	1	1	2	2	3	3	4	4	5	5	6	6	7	7	8	8	9	9	10	10	11	11	12	12	13	13	14	14	15	16	16	17	17	18	18	19	19	20	20	21	21	22	22	23	23	24	24	25	25	26	26	27	27	28	28	29	29	30	30	31	31
32	1	1	2	2	3	3	4	4	5	5	6	6	7	7	8	9	9	10	10	11	11	12	12	13	13	14	14	15	15	16	17	17	18	18	19	19	20	20	21	21	22	22	23	23	24	25	25	26	26	27	27	28	28	29	29	30	30	31	31	32	32
33	1	1	2	2	3	3	4	4	5	6	6	7	7	8	8	9	9	10	10	11	12	12	13	13	14	14	15	15	16	16	17	18	18	19	19	20	20	21	21	22	23	23	24	24	25	25	26	26	27	28	28	29	29	30	30	31	31	32	32	33	33
34	1	1	2	2	3	3	4	5	5	6	6	7	7	8	8	9	10	10	11	11	12	12	13	14	14	15	15	16	16	17	18	18	19	19	20	20	21	22	22	23	23	24	24	25	26	26	27	27	28	28	29	29	30	31	31	32	32	33	33	34	34
35	1	1	2	2	3	4	4	5	5	6	6	7	8	8	9	9	10	10	11	12	12	13	13	14	15	15	16	16	17	18	18	19	19	20	20	21	22	22	23	23	24	24	25	26	26	27	27	28	29	29	30	30	31	32	32	33	33	34	34	35	35
36	1	1	2	2	3	4	4	5	5	6	7	7	8	8	9	10	10	11	11	12	13	13	14	14	15	16	16	17	17	18	19	19	20	20	21	22	22	23	23	24	25	25	26	26	27	28	28	29	29	30	31	31	32	32	33	34	34	35	35	36	36
37	1	1	2	2	3	4	4	5	6	6	7	7	8	9	9	10	10	11	12	12	13	14	14	15	15	16	17	17	18	18	19	20	20	21	22	22	23	23	24	25	25	26	27	27	28	28	29	30	30	31	31	32	33	33	34	35	35	36	36	37	37
38	1	1	2	3	3	4	4	5	6	6	7	8	8	9	10	10	11	11	12	13	13	14	15	15	16	16	17	18	18	19	20	20	21	22	22	23	23	24	25	25	26	27	27	28	28	29	30	30	31	32	32	33	34	34	35	35	36	37	37	38	38
39	1	1	2	3	3	4	5	5	6	6	7	8	8	9	10	10	11	12	12	13	14	14	15	16	16	17	18	18	19	20	20	21	21	22	23	23	24	25	25	26	27	27	28	29	29	30	31	31	32	32	33	34	34	35	36	36	37	38	38	39	39
40	1	1	2	3	3	4	5	5	6	7	7	8	9	9	10	11	11	12	13	13	14	15	15	16	17	17	18	19	19	20	21	21	22	23	23	24	25	25	26	27	27	28	29	29	30	31	31	32	33	33	34	35	35	36	37	37	38	39	39	40	40
41	1	1	2	3	3	4	5	5	6	7	8	8	9	10	10	11	12	12	13	14	14	15	16	16	17	18	18	19	20	20	21	22	23	23	24	25	25	26	27	27	28	29	29	30	31	31	32	33	33	34	35	36	36	37	38	38	39	40	40	41	41
42	1	1	2	3	4	4	5	6	6	7	8	8	9	10	10	11	12	13	13	14	15	15	16	17	18	18	19	20	20	21	22	22	23	24	24	25	26	27	27	28	29	29	30	31	32	32	33	34	34	35	36	36	37	38	38	39	40	41	41	42	42
43	1	1	2	3	4	4	5	6	6	7	8	9	9	10	11	11	12	13	14	14	15	16	16	17	18	19	19	20	21	22	22	23	24	24	25	26	27	27	28	29	29	30	31	32	32	33	34	34	35	36	37	37	38	39	39	40	41	42	42	43	43
44	1	1	2	3	4	4	5	6	7	7	8	9	10	10	11	12	12	13	14	15	15	16	17	18	18	19	20	21	21	22	23	23	24	25	26	26	27	28	29	29	30	31	32	32	33	34	34	35	36	37	37	38	39	40	40	41	42	43	43	44	44
45	1	2	2	3	4	4	5	6	7	8	8	9	10	10	11	12	13	14	14	15	16	16	17	18	19	20	20	21	22	22	23	24	25	26	26	27	28	28	29	30	31	32	32	33	34	34	35	36	37	38	38	39	40	40	41	42	43	44	44	45	45
46	1	2	2	3	4	5	5	6	7	8	8	9	10	11	12	12	13	14	15	15	16	17	18	18	19	20	21	21	22	23	24	25	25	26	27	28	28	29	30	31	31	32	33	34	34	35	36	37	38	38	39	40	41	41	42	43	44	44	45	46	46
47	1	2	2	3	4	5	5	6	7	8	9	9	10	11	12	13	13	14	15	16	16	17	18	19	20	20	21	22	23	24	24	25	26	27	27	28	29	30	31	31	32	33	34	34	35	36	37	38	38	39	40	41	42	42	43	44	45	45	46	47	47
48	1	2	2	3	4	5	6	6	7	8	9	10	10	11	12	13	14	14	15	16	17	18	18	19	20	21	22	22	23	24	25	26	26	27	28	29	30	30	31	32	33	34	34	35	36	37	38	38	39	40	41	42	42	43	44	45	46	46	47	48	48
49	1	2	2	3	4	5	6	7	7	8	9	10	11	11	12	13	14	15	16	16	17	18	19	20	20	21	22	23	24	24	25	26	27	28	29	29	30	31	32	33	33	34	35	36	37	38	38	39	40	41	42	42	43	44	45	46	47	47	48	49	49
50	1	2	2	3	4	5	6	7	8	8	9	10	11	12	12	13	14	15	16	17	18	18	19	20	21	22	22	23	24	25	26	27	28	28	29	30	31	32	32	33	34	35	36	37	38	38	39	40	41	42	42	43	44	45	46	47	48	48	49	50	50
51	1	2	3	3	4	5	6	7	8	8	9	10	11	12	13	14	14	15	16	17	18	19	20	20	21	22	23	24	25	26	26	27	28	29	30	31	31	32	33	34	35	36	37	37	38	39	40	41	42	42	43	44	45	46	47	48	48	49	50	51	51
52	1	2	3	3	4	5	6	7	8	9	10	10	11	12	13	14	15	16	16	17	18	19	20	21	22	23	23	24	25	26	27	28	29	29	30	31	32	33	34	35	36	36	37	38	39	40	41	42	42	43	44	45	46	47	48	49	49	50	51	52	52
53	1	2	3	4	4	5	6	7	8	9	10	11	11	12	13	14	15	16	17	18	19	19	20	21	22	23	24	25	26	26	27	28	29	30	31	32	33	34	34	35	36	37	38	39	40	41	42	42	43	44	45	46	47	48	49	49	50	51	52	53	53
54	1	2	3	4	4	5	6	7	8	9	10	11	12	13	14	14	15	16	17	18	19	20	21	22	22	23	24	25	26	27	28	29	30	31	32	32	33	34	35	36	37	38	39	40	40	41	42	43	44	45	46	47	48	49	50	50	51	52	53	54	54
55	1	2	3	4	5	6	6	7	8	9	10	11	12	13	14	15	16	16	17	18	19	20	21	22	23	24	25	26	27	28	28	29	30	31	32	33	34	35	36	37	38	38	39	40	41	42	43	44	45	46	47	48	49	50	50	51	52	53	54	55	55
56	1	2	3	4	5	6	7	7	8	9	10	11	12	13	14	15	16	17	18	19	20	21	21	22	23	24	25	26	27	28	29	30	31	32	33	34	35	35	36	37	38	39	40	41	42	43	44	45	46	47	48	49	49	50	51	52	53	54	55	56	56
57	1	2	3	4	5	6	7	8	9	10	10	11	12	13	14	15	16	17	18	19	20	21	22	23	24	25	26	27	28	28	29	30	31	32	33	34	35	36	37	38	39	40	41	42	43	44	45	46	47	48	48	49	50	51	52	53	54	55	56	57	57
58	1	2	3	4	5	6	7	8	9	10	11	12	13	14	14	15	16	17	18	19	20	21	22	23	24	25	26	27	28	29	30	31	32	33	34	35	36	37	38	39	40	41	42	43	44	44	45	46	47	48	49	50	51	52	53	54	55	56	57	58	58
59	1	2	3	4	5	6	7	8	9	10	11	12	13	14	15	16	17	18	19	20	21	22	23	24	25	26	27	28	29	30	30	31	32	33	34	35	36	37	38	39	40	41	42	43	44	45	46	47	48	49	50	51	52	53	54	55	56	57	58	59	59

Anlage 9

LHA ♈	Hc Zn	Hc Zn	Hc Zn	Hc Zn	Hc Zn	Hc Zn	Hc Zn
	•CAPELLA	ALDEBARAN	Hamal	•Alpheratz	ALTAIR	•VEGA	Alioth
0	41 23 065	25 44 097	51 21 130	64 57 176	23 04 252	35 22 289	20 36 352
1	41 55 066	26 19 098	51 47 131	64 58 178	22 30 253	34 49 290	20 32 353
2	42 27 066	26 54 099	52 14 132	64 59 180	21 56 254	34 15 291	20 27 353
3	43 00 067	27 29 100	52 39 134	64 58 182	21 22 255	33 42 291	20 23 354
4	43 32 068	28 03 101	53 05 135	64 56 184	20 48 256	33 10 292	20 20 354
5	44 05 068	28 38 102	53 29 136	64 52 187	20 14 257	32 37 293	20 17 355
6	44 38 069	29 12 103	53 53 138	64 48 189	19 39 258	32 05 293	20 14 356
7	45 11 069	29 47 103	54 17 139	64 42 191	19 05 258	31 32 294	20 11 356
8	45 44 070	30 21 104	54 39 141	64 35 193	18 30 259	31 00 295	20 09 357
9	46 17 071	30 55 105	55 01 142	64 27 195	17 56 260	30 28 295	20 07 357
10	46 50 071	31 29 106	55 22 144	64 17 197	17 21 261	29 56 296	20 06 358
11	47 24 072	32 03 107	55 43 145	64 06 199	16 46 262	29 25 297	20 05 359
12	47 57 073	32 37 108	56 03 147	63 55 201	16 11 263	28 53 297	20 04 359
13	48 31 073	33 10 109	56 22 148	63 42 202	15 36 263	28 22 298	20 04 000
14	49 05 074	33 43 110	56 40 150	63 28 204	15 01 264	27 51 299	20 04 000
	Dubhe	•CAPELLA	ALDEBARAN	Hamal	•Alpheratz	DENEB	•VEGA
15	28 09 015	49 39 074	34 16 111	56 57 151	63 13 206	48 37 285	27 20 299
16	28 18 016	50 13 075	34 49 112	57 14 153	62 56 208	48 03 286	26 49 300
17	28 28 016	50 47 076	35 22 113	57 29 155	62 39 210	47 30 287	26 19 301
18	28 38 017	51 21 076	35 54 114	57 44 156	62 21 212	46 56 287	25 48 301
19	28 48 017	51 56 077	36 26 115	57 57 158	62 02 213	46 22 288	25 18 302
20	28 59 018	52 30 078	36 58 116	58 10 160	61 42 215	45 49 288	24 49 302
21	29 10 018	53 04 078	37 30 117	58 22 161	61 22 217	45 15 289	24 19 303
22	29 21 019	53 39 079	38 01 118	58 33 163	61 00 218	44 42 290	23 50 304
23	29 33 019	54 14 079	38 33 119	58 42 165	60 38 220	44 09 290	23 20 304
24	29 44 020	54 48 080	39 03 120	58 51 167	60 15 222	43 36 291	22 51 305
25	29 56 020	55 23 081	39 34 121	58 59 168	59 51 223	43 03 291	22 23 306
26	30 09 021	55 58 081	40 04 122	59 05 170	59 26 225	42 30 292	21 54 306
27	30 21 021	56 33 082	40 34 123	59 11 172	59 01 226	41 58 293	21 26 307
28	30 34 022	57 08 083	41 03 124	59 15 174	58 36 228	41 25 293	20 58 308
29	30 47 022	57 43 084	41 32 125	59 19 175	58 09 229	40 53 294	20 30 309
	Dubhe	•POLLUX	BETELGEUSE	RIGEL	•Hamal	Alpheratz	•DENEB
30	31 01 023	24 38 076	24 07 112	15 42 130	59 21 177	57 42 231	40 21 295
31	31 14 023	25 12 076	24 40 113	16 09 131	59 22 179	57 15 232	39 49 295
32	31 28 024	25 46 077	25 12 114	16 35 132	59 22 181	56 47 233	39 17 296
33	31 43 024	26 21 078	25 44 115	17 02 133	59 21 183	56 18 235	38 45 296
34	31 57 025	26 55 079	26 16 116	17 27 133	59 19 184	55 49 236	38 14 297
35	32 12 025	27 30 079	26 48 117	17 53 134	59 15 186	55 20 237	37 42 298
36	32 27 025	28 04 080	27 19 118	18 18 135	59 11 188	54 50 239	37 11 298
37	32 42 026	28 39 081	27 50 119	18 42 136	59 05 190	54 19 240	36 40 299
38	32 58 026	29 14 082	28 21 120	19 06 137	58 59 192	53 49 241	36 09 299
39	33 14 027	29 49 082	28 51 121	19 30 138	58 51 193	53 18 242	35 39 300
40	33 30 027	30 24 083	29 22 122	19 53 139	58 43 195	52 46 243	35 08 301
41	33 46 028	30 59 084	29 52 123	20 16 140	58 33 197	52 15 244	34 38 301
42	34 03 028	31 34 085	30 21 123	20 39 141	58 22 199	51 43 246	34 08 302
43	34 20 029	32 09 085	30 50 125	21 01 142	58 10 200	51 11 247	33 38 302
44	34 37 029	32 44 086	31 19 126	21 22 143	57 58 202	50 38 248	33 08 303
	Dubhe	•POLLUX	BETELGEUSE	RIGEL	•Hamal	Alpheratz	•DENEB
45	34 54 030	33 20 087	31 48 127	21 43 144	57 44 204	50 05 249	32 39 304
46	35 12 030	33 55 088	32 16 128	22 03 145	57 29 205	49 32 250	32 09 304
47	35 29 031	34 30 089	32 44 129	22 23 146	57 14 207	48 59 251	31 40 305
48	35 47 031	35 05 089	33 11 130	22 43 147	56 57 209	48 26 252	31 11 305
49	36 06 031	35 41 090	33 38 131	23 01 148	56 40 210	47 52 253	30 43 306
50	36 24 032	36 16 091	34 05 132	23 20 149	56 22 212	47 18 254	30 14 307
51	36 43 032	36 51 092	34 31 133	23 38 150	56 03 213	46 44 255	29 46 307
52	37 02 033	37 26 093	34 56 134	23 55 151	55 43 215	46 10 256	29 18 308
53	37 21 033	38 02 093	35 21 135	24 12 152	55 23 216	45 36 257	28 50 308
54	37 41 034	38 37 094	35 46 136	24 28 153	55 02 218	45 01 258	28 23 309
55	38 00 034	39 12 095	36 10 137	24 43 154	54 40 219	44 27 259	27 55 310
56	38 20 034	39 47 096	36 34 138	24 58 155	54 17 221	43 52 260	27 28 310
57	38 40 035	40 22 097	36 57 140	25 13 156	53 54 222	43 17 261	27 01 311
58	39 01 035	40 57 098	37 20 141	25 26 158	53 30 223	42 43 261	26 35 311
59	39 21 036	41 32 099	37 42 142	25 40 159	53 05 225	42 08 262	26 09 312
	•Dubhe	POLLUX	SIRIUS	•RIGEL	Hamal	•Alpheratz	DENEB
60	39 42 036	42 07 099	11 05 140	25 52 160	52 40 226	41 33 263	25 42 313
61	40 03 037	42 41 100	11 27 141	26 04 161	52 14 228	40 58 264	25 17 313
62	40 24 037	43 16 101	11 49 142	26 15 162	51 48 229	40 23 265	24 51 314
63	40 45 037	43 51 102	12 11 143	26 26 163	51 21 230	39 47 266	24 26 314
64	41 07 038	44 25 103	12 32 144	26 36 164	50 54 231	39 12 267	24 01 315
65	41 28 038	44 59 104	12 52 145	26 45 165	50 26 233	38 37 267	23 36 316
66	41 50 039	45 33 105	13 13 146	26 54 166	49 58 234	38 02 268	23 12 316
67	42 12 039	46 07 106	13 32 147	27 02 167	49 29 235	37 27 269	22 47 317
68	42 35 039	46 41 107	13 52 147	27 10 168	49 00 236	36 51 270	22 23 318
69	42 57 040	47 15 108	14 10 148	27 16 170	48 30 237	36 16 271	22 00 318
70	43 20 040	47 48 109	14 28 149	27 22 171	48 00 239	35 41 272	21 36 319
71	43 43 041	48 22 110	14 46 150	27 28 172	47 30 240	35 05 272	21 13 320
72	44 06 041	48 55 111	15 04 151	27 33 173	46 59 241	34 30 273	20 51 320
73	44 29 041	49 27 112	15 20 152	27 37 174	46 28 242	33 55 274	20 28 321
74	44 52 042	50 00 113	15 36 153	27 40 175	45 57 243	33 20 275	20 06 321
	Dubhe	•REGULUS	PROCYON	SIRIUS	•RIGEL	Hamal	•DENEB
75	45 16 042	17 28 093	31 43 132	15 52 154	27 43 176	45 26 244	19 44 322
76	45 40 042	18 03 094	32 09 133	16 07 155	27 45 177	44 54 245	19 23 323
77	46 03 043	18 38 095	32 34 134	16 22 156	27 46 178	44 22 246	19 02 323
78	46 27 043	19 13 096	32 59 135	16 36 157	27 47 180	43 49 247	18 41 324
79	46 52 044	19 48 097	33 24 136	16 50 158	27 46 181	43 16 248	18 20 325
80	47 16 044	20 23 098	33 48 137	17 03 159	27 46 182	42 44 249	18 00 325
81	47 41 044	20 58 098	34 12 138	17 15 160	27 44 183	42 10 250	17 40 326
82	48 05 045	21 33 099	34 35 139	17 27 161	27 42 184	41 37 251	17 20 327
83	48 30 045	22 08 100	34 58 141	17 38 162	27 39 185	41 04 252	17 01 327
84	48 55 045	22 43 101	35 20 142	17 49 163	27 36 186	40 30 253	16 42 328
85	49 20 046	23 17 102	35 42 143	17 59 164	27 32 187	39 56 254	16 24 329
86	49 45 046	23 52 103	36 03 144	18 08 165	27 27 188	39 22 255	16 06 329
87	50 11 046	24 26 104	36 23 145	18 17 166	27 21 190	38 48 256	15 48 330
88	50 36 047	25 00 104	36 43 146	18 26 167	27 15 191	38 14 257	15 30 331
89	51 02 047	25 34 105	37 03 147	18 34 168	27 08 192	37 39 258	15 13 331

LAT 54°N

LHA ♈	Hc Zn	Hc Zn	Hc Zn	Hc Zn	Hc Zn	Hc Zn	Hc Zn
	Dubhe	•REGULUS	PROCYON	SIRIUS	•RIGEL	Mirfak	•DENEB
90	51 28 047	26 08 106	37 21 149	18 41 169	27 01 193	65 43 276	14 56 332
91	51 54 047	26 42 107	37 39 150	18 47 170	26 52 194	65 08 277	14 40 333
92	52 20 048	27 16 108	37 57 151	18 53 171	26 43 195	64 33 278	14 24 333
93	52 46 048	27 49 109	38 13 152	18 58 172	26 34 196	63 58 278	14 08 334
94	53 12 048	28 22 110	38 30 153	19 03 173	26 24 197	63 24 279	13 53 335
95	53 39 049	28 55 111	38 45 155	19 07 174	26 13 198	62 49 279	13 38 335
96	54 05 049	29 28 112	39 00 156	19 11 175	26 02 199	62 14 280	13 23 336
97	54 32 049	30 01 113	39 14 157	19 14 176	25 49 201	61 39 281	13 09 337
98	54 59 049	30 33 114	39 27 158	19 16 177	25 37 202	61 05 281	12 55 337
99	55 25 050	31 06 115	39 40 160	19 17 178	25 23 203	60 30 282	12 42 338
100	55 52 050	31 38 115	39 52 161	19 18 179	25 10 204	59 56 282	12 29 339
101	56 19 050	32 09 116	40 03 162	19 19 180	24 55 205	59 21 283	12 17 339
102	56 47 050	32 41 117	40 13 164	19 18 181	24 40 206	58 47 284	12 04 340
103	57 14 051	33 12 118	40 23 165	19 18 182	24 24 207	58 13 284	11 53 341
104	57 41 051	33 43 119	40 32 166	19 16 183	24 08 208	57 39 285	11 41 341
	•Dubhe	Denebola	REGULUS	•SIRIUS	RIGEL	ALDEBARAN	•Mirfak
105	58 09 051	22 23 096	34 13 120	19 14 184	23 51 209	43 08 231	57 05 285
106	58 36 051	22 58 097	34 44 121	19 11 185	23 34 210	42 40 232	56 31 286
107	59 04 052	23 33 097	35 13 122	19 08 186	23 16 211	42 12 233	55 57 286
108	59 31 052	24 08 098	35 43 123	19 04 187	22 58 212	41 43 234	55 23 287
109	59 59 052	24 42 099	36 12 125	18 59 188	22 39 213	41 14 236	54 49 288
110	60 27 052	25 17 100	36 41 126	18 54 189	22 19 214	40 45 237	54 16 288
111	60 55 052	25 52 101	37 10 127	18 48 190	21 59 215	40 15 238	53 42 289
112	61 23 052	26 26 102	37 38 128	18 42 191	21 38 216	39 45 239	53 09 289
113	61 51 053	27 01 103	38 05 129	18 35 192	21 17 217	39 15 240	52 36 290
114	62 19 053	27 35 103	38 33 130	18 27 193	20 56 218	38 44 241	52 03 290
115	62 47 053	28 10 104	39 00 131	18 19 194	20 34 219	38 13 242	51 30 291
116	63 15 053	28 44 105	39 26 132	18 10 195	20 11 220	37 42 243	50 57 291
117	63 43 053	29 18 106	39 52 133	18 00 196	19 49 221	37 11 244	50 24 292
118	64 11 053	29 51 107	40 17 134	17 50 197	19 25 222	36 39 245	49 51 293
119	64 39 053	30 25 108	40 42 136	17 40 198	19 01 223	36 07 246	49 19 293
	Kochab	•ARCTURUS	REGULUS	•SIRIUS	BETELGEUSE	CAPELLA	•Schedar
120	48 02 023	13 23 076	41 07 137	17 28 199	36 58 220	62 46 270	34 12 321
121	48 16 024	13 57 076	41 30 138	17 17 200	36 35 222	62 10 271	33 50 322
122	48 30 024	14 32 077	41 54 139	17 04 201	36 11 223	61 35 272	33 28 322
123	48 44 024	15 06 078	42 16 140	16 51 202	35 47 224	61 00 272	33 07 323
124	48 59 024	15 41 079	42 39 142	16 38 203	35 22 225	60 25 273	32 45 323
125	49 13 024	16 15 079	43 00 143	16 24 204	34 57 226	59 49 274	32 24 324
126	49 28 025	16 50 080	43 21 144	16 09 205	34 32 227	59 14 275	32 03 324
127	49 43 025	17 25 081	43 42 145	15 54 206	34 06 228	58 39 275	31 43 325
128	49 57 025	18 00 082	44 01 147	15 39 207	33 39 229	58 04 276	31 23 325
129	50 12 025	18 35 083	44 20 148	15 22 208	33 12 230	57 29 277	31 03 326
130	50 27 025	19 10 083	44 39 149	15 06 209	32 45 231	56 54 277	30 43 326
131	50 42 025	19 45 084	44 56 151	14 49 210	32 17 232	56 19 278	30 23 327
132	50 57 026	20 20 085	45 13 152	14 31 211	31 49 233	55 44 279	30 04 327
133	51 13 026	20 55 086	45 30 153	14 13 212	31 21 234	55 09 279	29 45 328
134	51 28 026	21 30 086	45 45 155	13 54 212	30 52 235	54 35 280	29 27 328
	Kochab	•ARCTURUS	REGULUS	•POLLUX	BETELGEUSE	CAPELLA	•Schedar
135	51 43 026	22 05 087	46 00 156	60 36 216	30 22 236	54 00 281	29 08 329
136	51 59 026	22 41 088	46 14 157	60 15 217	29 53 237	53 25 281	28 50 329
137	52 15 026	23 16 089	46 27 159	59 53 219	29 23 238	52 51 282	28 32 330
138	52 30 026	23 51 090	46 39 160	59 30 221	28 53 239	52 16 283	28 15 330
139	52 46 027	24 26 090	46 51 161	59 07 222	28 22 240	51 42 283	27 57 331
140	53 02 027	25 02 091	47 02 163	58 43 224	27 52 241	51 08 284	27 40 331
141	53 17 027	25 37 092	47 12 164	58 18 225	27 20 242	50 33 285	27 24 332
142	53 33 027	26 12 093	47 21 166	57 53 227	26 49 243	49 59 285	27 07 333
143	53 49 027	26 47 094	47 29 167	57 27 228	26 17 244	49 25 286	26 51 333
144	54 05 027	27 22 095	47 37 169	57 01 229	25 46 245	48 52 286	26 35 334
145	54 21 027	27 58 095	47 43 170	56 34 231	25 13 246	48 18 287	26 20 334
146	54 37 027	28 33 096	47 49 171	56 06 232	24 41 247	47 44 288	26 05 335
147	54 54 027	29 08 097	47 53 173	55 38 234	24 09 248	47 11 288	25 50 335
148	55 10 027	29 43 098	47 57 174	55 09 235	23 36 249	46 37 289	25 35 336
149	55 26 027	30 18 099	48 00 176	54 40 236	23 03 250	46 04 290	25 21 336
	•VEGA	ARCTURUS	SPICA	•REGULUS	POLLUX	•CAPELLA	Schedar
150	12 34 038	30 52 100	11 59 129	48 02 177	54 11 237	45 31 290	25 07 337
151	12 57 039	31 27 101	12 26 130	48 04 179	53 41 239	44 58 291	24 53 338
152	13 19 040	32 02 101	12 53 131	48 04 180	53 10 240	44 25 291	24 40 338
153	13 42 040	32 36 102	13 20 131	48 03 182	52 40 241	43 52 292	24 27 339
154	14 05 041	33 11 103	13 46 132	48 02 183	52 09 242	43 19 293	24 14 339
155	14 28 042	33 45 104	14 12 133	47 59 185	51 37 243	42 47 293	24 02 340
156	14 52 043	34 19 105	14 38 134	47 56 186	51 06 245	42 15 294	23 50 340
157	15 16 043	34 53 106	15 03 135	47 52 188	50 34 246	41 42 294	23 38 341
158	15 40 044	35 27 107	15 27 136	47 47 189	50 01 247	41 10 295	23 27 341
159	16 05 045	36 01 108	15 52 137	47 41 190	49 29 248	40 38 296	23 16 342
160	16 30 045	36 34 109	16 16 138	47 34 192	48 56 249	40 07 296	23 05 343
161	16 55 046	37 07 110	16 39 139	47 26 193	48 23 250	39 35 297	22 55 343
162	17 20 047	37 40 111	17 02 140	47 18 195	47 50 251	39 04 297	22 45 344
163	17 46 047	38 13 112	17 25 141	47 08 196	47 16 252	38 32 298	22 35 344
164	18 12 048	38 46 113	17 47 142	46 58 198	46 43 253	38 01 298	22 26 345
	•DENEB	VEGA	ARCTURUS	•SPICA	REGULUS	•POLLUX	CAPELLA
165	13 32 024	18 39 049	39 18 114	18 08 143	46 47 199	46 09 254	37 30 299
166	13 47 025	19 05 049	39 51 115	18 30 144	46 35 200	45 35 255	37 00 300
167	14 02 026	19 32 050	40 23 116	18 50 145	46 22 202	45 01 256	36 29 300
168	14 18 026	19 59 051	40 54 117	19 11 145	46 09 203	44 27 257	35 59 301
169	14 34 027	20 27 051	41 26 118	19 30 146	45 55 205	43 52 258	35 28 301
170	14 50 028	20 54 052	41 57 119	19 49 147	45 40 206	43 18 259	34 58 302
171	15 07 028	21 22 053	42 27 120	20 08 148	45 24 207	42 43 260	34 29 303
172	15 24 029	21 51 053	42 58 121	20 26 149	45 07 209	42 08 260	33 59 303
173	15 41 030	22 19 054	43 28 122	20 44 150	44 50 210	41 34 261	33 30 304
174	15 59 030	22 48 055	43 58 123	21 01 151	44 32 211	40 59 262	33 00 304
175	16 17 031	23 17 055	44 27 124	21 18 152	44 14 212	40 24 263	32 31 305
176	16 35 032	23 46 056	44 56 125	21 34 153	43 54 214	39 49 264	32 03 306
177	16 54 032	24 15 057	45 24 127	21 49 154	43 35 215	39 14 265	31 34 306
178	17 13 033	24 45 057	45 53 128	22 04 156	43 14 216	38 38 266	31 06 307
179	17 33 034	25 15 058	46 20 129	22 18 157	42 53 218	38 03 267	30 38 307

Anlage 10

LAT 54°N

LHA ♈	Hc Zn	Hc Zn	Hc Zn	Hc Zn	Hc Zn	Hc Zn	Hc Zn
	DENEB	•VEGA	ARCTURUS	•SPICA	REGULUS	POLLUX	•CAPELLA
180	17 52 034	25 45 059	46 47 130	22 32 158	42 31 219	37 28 267	30 10 308
181	18 13 035	26 15 059	47 14 131	22 45 159	42 09 220	36 53 268	29 42 309
182	18 33 036	26 45 060	47 40 133	22 58 160	41 46 221	36 17 269	29 15 309
183	18 54 036	27 16 061	48 06 134	23 10 161	41 22 222	35 42 270	28 47 310
184	19 15 037	27 47 061	48 31 135	23 21 162	40 58 224	35 07 271	28 20 310
185	19 36 038	28 18 062	48 56 136	23 32 163	40 34 225	34 32 271	27 54 311
186	19 58 038	28 49 063	49 20 138	23 42 164	40 08 226	33 56 272	27 27 312
187	20 20 039	29 21 063	49 43 139	23 52 165	39 43 227	33 21 273	27 01 312
188	20 42 040	29 52 064	50 06 140	24 00 166	39 17 228	32 46 274	26 35 313
189	21 05 040	30 24 065	50 28 142	24 09 167	38 50 229	32 11 275	26 09 313
190	21 28 041	30 56 065	50 50 143	24 16 168	38 23 230	31 36 275	25 44 314
191	21 51 042	31 28 066	51 11 145	24 23 169	37 56 232	31 01 276	25 18 315
192	22 15 042	32 00 067	51 31 146	24 29 170	37 28 233	30 26 277	24 53 315
193	22 38 043	32 33 067	51 50 147	24 35 171	37 00 234	29 51 278	24 29 316
194	23 02 043	33 05 068	52 09 149	24 40 172	36 31 235	29 16 278	24 04 316
	•DENEB	VEGA	Rasalhague	•ARCTURUS	REGULUS	•POLLUX	CAPELLA
195	23 27 044	33 38 069	22 44 100	52 27 150	36 02 236	28 41 279	23 40 317
196	23 51 045	34 11 069	23 18 101	52 44 152	35 33 237	28 06 280	23 16 318
197	24 16 045	34 44 070	23 53 102	53 00 153	35 03 238	27 31 281	22 53 318
198	24 42 046	35 17 071	24 27 103	53 16 155	34 33 239	26 57 281	22 29 319
199	25 07 047	35 51 071	25 02 104	53 30 156	34 03 240	26 22 282	22 06 320
200	25 33 047	36 24 072	25 36 104	53 44 158	33 32 241	25 48 283	21 44 320
201	25 59 048	36 58 073	26 10 105	53 57 159	33 01 242	25 13 284	21 21 321
202	26 25 048	37 32 073	26 44 106	54 09 161	32 30 243	24 39 284	20 59 321
203	26 51 049	38 05 074	27 18 107	54 20 163	31 58 244	24 05 285	20 37 322
204	27 18 050	38 39 075	27 51 108	54 30 164	31 26 245	23 31 286	20 16 323
205	27 45 050	39 14 075	28 25 109	54 39 166	30 54 246	22 57 287	19 55 323
206	28 12 051	39 48 076	28 58 110	54 47 167	30 22 247	22 24 287	19 34 324
207	28 40 051	40 22 077	29 31 111	54 54 169	29 50 248	21 50 288	19 13 325
208	29 08 052	40 56 078	30 04 112	55 01 171	29 17 249	21 17 289	18 53 325
209	29 35 053	41 31 078	30 37 113	55 06 172	28 44 250	20 43 290	18 33 326
	•DENEB	VEGA	Rasalhague	•ARCTURUS	REGULUS	•POLLUX	CAPELLA
210	30 04 053	42 05 079	31 09 114	55 10 174	28 11 250	20 10 290	18 13 327
211	30 32 054	42 40 080	31 42 114	55 13 176	27 37 251	19 37 291	17 54 327
212	31 01 054	43 15 080	32 13 115	55 16 177	27 04 252	19 04 292	17 35 328
213	31 29 055	43 50 081	32 45 116	55 17 179	26 30 253	18 32 293	17 17 329
214	31 58 056	44 24 082	33 17 117	55 17 181	25 56 254	17 59 293	16 58 329
215	32 28 056	44 59 083	33 48 118	55 16 182	25 22 255	17 27 294	16 41 330
216	32 57 057	45 34 083	34 19 119	55 14 184	24 48 256	16 55 295	16 23 331
217	33 27 057	46 09 084	34 49 120	55 12 185	24 14 257	16 23 295	16 06 331
218	33 56 058	46 45 085	35 20 121	55 08 187	23 40 258	15 51 296	15 49 332
219	34 26 059	47 20 085	35 49 122	55 03 189	23 05 258	15 19 297	15 33 333
220	34 57 059	47 55 086	36 19 124	54 57 190	22 31 259	14 48 298	15 16 333
221	35 27 060	48 30 087	36 48 125	54 50 192	21 56 260	14 17 298	15 01 334
222	35 58 060	49 05 088	37 17 126	54 42 194	21 21 261	13 46 299	14 45 335
223	36 28 061	49 41 089	37 46 127	54 33 195	20 46 262	13 15 300	14 30 335
224	36 59 062	50 16 089	38 14 128	54 24 197	20 11 263	12 45 301	14 16 336
	Schedar	•DENEB	VEGA	Rasalhague	•ARCTURUS	Denebola	•Dubhe
225	24 06 020	37 31 062	50 51 090	38 41 129	54 13 198	35 51 242	58 43 309
226	24 18 021	38 02 063	51 26 091	39 09 130	54 01 200	35 19 243	58 15 309
227	24 31 022	38 33 063	52 02 092	39 35 131	53 49 202	34 48 244	57 48 309
228	24 44 022	39 05 064	52 37 093	40 02 132	53 35 203	34 16 245	57 21 309
229	24 58 023	39 37 065	53 12 094	40 28 133	53 21 205	33 44 246	56 53 309
230	25 12 023	40 09 065	53 47 094	40 53 135	53 06 206	33 11 247	56 26 310
231	25 26 024	40 41 066	54 22 095	41 18 136	52 50 208	32 38 248	55 59 310
232	25 40 024	41 13 066	54 57 096	41 42 137	52 33 209	32 06 249	55 32 310
233	25 55 025	41 45 067	55 32 097	42 06 138	52 16 211	31 32 250	55 05 310
234	26 10 025	42 18 068	56 07 098	42 29 139	51 57 212	30 59 251	54 39 311
235	26 25 026	42 51 068	56 42 099	42 52 141	51 38 214	30 26 252	54 12 311
236	26 40 027	43 24 069	57 17 100	43 14 142	51 18 215	29 52 253	53 45 311
237	26 56 027	43 56 069	57 52 101	43 36 143	50 58 216	29 18 254	53 19 312
238	27 13 028	44 30 070	58 26 102	43 56 144	50 36 218	28 44 255	52 53 312
239	27 29 028	45 03 071	59 01 103	44 17 146	50 14 219	28 10 256	52 26 312
	Schedar	•DENEB	VEGA	Rasalhague	•ARCTURUS	Denebola	•Dubhe
240	27 46 029	45 36 071	59 35 104	44 36 147	49 52 220	27 36 257	52 00 312
241	28 03 029	46 10 072	60 09 105	44 55 148	49 29 222	27 02 257	51 34 313
242	28 20 030	46 43 073	60 43 106	45 14 149	49 05 223	26 27 258	51 08 313
243	28 38 030	47 17 073	61 17 107	45 31 151	48 40 224	25 53 259	50 43 313
244	28 56 031	47 51 074	61 51 108	45 48 152	48 15 226	25 18 260	50 17 314
245	29 14 031	48 25 074	62 24 109	46 04 153	47 50 227	24 43 261	49 52 314
246	29 33 032	48 59 075	62 57 111	46 19 155	47 24 228	24 08 262	49 26 314
247	29 51 032	49 33 076	63 30 112	46 34 156	46 57 229	23 33 263	49 01 315
248	30 10 033	50 07 076	64 03 113	46 48 158	46 30 231	22 58 263	48 36 315
249	30 30 033	50 41 077	64 35 114	47 01 159	46 03 232	22 23 264	48 11 315
250	30 49 034	51 16 078	65 07 116	47 13 160	45 35 233	21 48 265	47 47 316
251	31 09 034	51 50 078	65 38 117	47 25 162	45 07 234	21 13 266	47 22 316
252	31 29 035	52 25 079	66 09 119	47 35 163	44 38 235	20 38 267	46 58 316
253	31 49 036	52 59 080	66 40 120	47 45 165	44 09 236	20 03 268	46 34 317
254	32 10 036	53 34 080	67 10 122	47 54 166	43 39 238	19 27 268	46 09 317
	•Schedar	DENEB	ALTAIR	•Rasalhague	ARCTURUS	•Alkaid	Kochab
255	32 31 037	54 09 081	33 33 127	48 02 168	43 09 239	60 19 281	66 00 339
256	32 52 037	54 44 082	34 01 128	48 09 169	42 39 240	59 44 282	65 47 339
257	33 13 038	55 19 082	34 28 129	48 15 170	42 08 241	59 10 282	65 34 338
258	33 35 038	55 54 083	34 55 130	48 21 172	41 37 242	58 35 283	65 21 338
259	33 57 039	56 29 084	35 22 131	48 25 173	41 06 243	58 01 284	65 08 338
260	34 19 039	57 04 084	35 49 132	48 29 175	40 34 244	57 27 284	64 54 337
261	34 41 040	57 39 085	36 14 133	48 32 176	40 03 245	56 52 285	64 40 337
262	35 04 040	58 14 086	36 40 134	48 33 178	39 30 246	56 18 285	64 26 336
263	35 27 041	58 49 087	37 05 136	48 34 179	38 58 247	55 44 286	64 12 336
264	35 50 041	59 25 087	37 29 137	48 34 181	38 26 248	55 11 286	63 58 336
265	36 13 041	60 00 088	37 53 138	48 33 182	37 53 249	54 37 287	63 43 336
266	36 36 042	60 35 089	38 17 139	48 32 184	37 20 250	54 03 288	63 29 335
267	37 00 042	61 10 090	38 40 140	48 29 185	36 46 251	53 30 288	63 14 335
268	37 24 043	61 46 091	39 02 141	48 25 187	36 13 252	52 56 289	62 59 335
269	37 48 043	62 21 091	39 24 142	48 21 188	35 39 253	52 23 289	62 44 335

LHA ♈	Hc Zn	Hc Zn	Hc Zn	Hc Zn	Hc Zn	Hc Zn	Hc Zn
	•Mirfak	Alpheratz	•ALTAIR	Rasalhague	•ARCTURUS	Alkaid	Kochab
270	18 55 026	22 03 071	39 45 144	48 15 190	35 06 254	51 50 290	62 29 334
271	19 10 026	22 37 071	40 05 145	48 09 191	34 32 255	51 16 290	62 14 334
272	19 26 027	23 10 072	40 25 146	48 02 192	33 58 256	50 43 291	61 58 334
273	19 42 027	23 44 073	40 45 147	47 54 194	33 23 256	50 11 292	61 43 334
274	19 58 028	24 17 074	41 04 149	47 45 195	32 49 257	49 38 292	61 27 334
275	20 15 029	24 51 074	41 22 150	47 35 197	32 15 258	49 05 293	61 11 334
276	20 32 029	25 25 075	41 39 151	47 25 198	31 40 259	48 33 293	60 56 333
277	20 50 030	26 00 076	41 56 152	47 13 200	31 05 260	48 00 294	60 40 333
278	21 07 031	26 34 076	42 12 154	47 01 201	30 31 261	47 28 294	60 24 333
279	21 26 031	27 08 077	42 27 155	46 48 202	29 56 262	46 56 295	60 08 333
280	21 44 032	27 43 078	42 42 156	46 34 204	29 21 263	46 24 295	59 52 333
281	22 03 032	28 17 079	42 55 158	46 19 205	28 46 263	45 52 296	59 36 333
282	22 22 033	28 52 079	43 09 159	46 04 207	28 11 264	45 21 296	59 20 333
283	22 41 034	29 26 080	43 21 160	45 48 208	27 36 265	44 49 297	59 03 333
284	23 01 034	30 01 081	43 32 162	45 31 209	27 00 266	44 18 298	58 47 333
	•CAPELLA	Alpheratz	•ALTAIR	Rasalhague	•ARCTURUS	Alkaid	Kochab
285	12 26 018	30 36 082	43 43 163	45 14 211	26 25 267	43 47 298	58 31 333
286	12 37 019	31 11 083	43 53 164	44 55 212	25 50 268	43 16 299	58 15 333
287	12 49 020	31 46 083	44 02 166	44 36 213	25 15 268	42 45 299	57 58 333
288	13 01 020	32 21 084	44 11 167	44 17 214	24 40 269	42 14 300	57 42 332
289	13 13 021	32 56 085	44 18 168	43 57 216	24 04 270	41 43 300	57 26 332
290	13 26 022	33 31 086	44 25 170	43 36 217	23 29 271	41 13 301	57 10 332
291	13 39 022	34 06 086	44 31 171	43 14 218	22 54 272	40 43 301	56 53 332
292	13 53 023	34 42 087	44 36 172	42 52 219	22 18 272	40 13 302	56 37 332
293	14 07 024	35 17 088	44 40 174	42 29 221	21 43 273	39 43 302	56 21 333
294	14 21 024	35 52 089	44 44 175	42 06 222	21 08 274	39 13 303	56 04 333
295	14 36 025	36 27 090	44 46 177	41 42 223	20 33 275	38 44 304	55 48 333
296	14 51 026	37 03 090	44 48 178	41 18 224	19 58 276	38 14 304	55 32 333
297	15 07 026	37 38 091	44 49 179	40 53 225	19 23 276	37 45 305	55 16 333
298	15 23 027	38 13 092	44 49 181	40 28 227	18 48 277	37 16 305	55 00 333
299	15 39 028	38 48 093	44 48 182	40 02 228	18 13 278	36 48 306	54 43 333
	CAPELLA	•Alpheratz	Enif	ALTAIR	•VEGA	Alphecca	•Alioth
300	15 56 028	39 24 094	41 13 145	44 46 184	69 10 232	34 59 268	35 14 319
301	16 13 029	39 59 094	41 33 146	44 43 185	68 42 233	34 24 269	34 51 320
302	16 30 030	40 34 095	41 52 148	44 40 186	68 13 235	33 49 270	34 28 320
303	16 48 030	41 09 096	42 11 149	44 36 188	67 44 237	33 14 271	34 06 321
304	17 06 031	41 44 097	42 29 150	44 31 189	67 14 238	32 38 272	33 43 321
305	17 24 032	42 19 098	42 46 152	44 25 190	66 44 240	32 03 272	33 21 322
306	17 43 032	42 54 099	43 02 153	44 18 192	66 14 241	31 28 273	33 00 322
307	18 02 033	43 29 100	43 18 154	44 10 193	65 42 243	30 53 274	32 38 323
308	18 21 034	44 03 101	43 33 155	44 02 195	65 11 244	30 18 275	32 17 323
309	18 41 034	44 38 102	43 47 157	43 52 196	64 39 245	29 42 276	31 56 324
310	19 01 035	45 13 103	44 01 158	43 42 197	64 07 247	29 07 276	31 35 324
311	19 21 036	45 47 103	44 14 159	43 31 199	63 34 248	28 32 277	31 15 325
312	19 42 036	46 21 104	44 26 161	43 20 200	63 01 249	27 57 278	30 54 325
313	20 03 037	46 55 105	44 37 162	43 07 201	62 28 250	27 22 279	30 34 326
314	20 24 038	47 29 106	44 47 164	42 54 203	61 55 252	26 48 279	30 15 326
	CAPELLA	•Hamal	Alpheratz	Enif	•ALTAIR	VEGA	•Alioth
315	20 46 038	26 32 086	48 03 107	44 57 165	42 40 204	61 21 253	29 55 327
316	21 08 039	27 07 087	48 36 108	45 06 166	42 26 205	60 48 254	29 36 327
317	21 30 039	27 43 088	49 10 109	45 14 168	42 10 206	60 14 255	29 17 328
318	21 53 040	28 18 089	49 43 110	45 21 169	41 54 208	59 40 256	28 58 328
319	22 15 041	28 53 089	50 16 111	45 27 170	41 37 209	59 05 257	28 40 329
320	22 38 041	29 28 090	50 49 113	45 32 172	41 20 210	58 31 258	28 22 329
321	23 02 042	30 04 091	51 21 114	45 37 173	41 02 212	57 56 259	28 04 330
322	23 26 043	30 39 092	51 53 115	45 41 175	40 43 213	57 22 260	27 47 331
323	23 50 043	31 14 093	52 25 116	45 44 176	40 24 214	56 47 261	27 29 331
324	24 14 044	31 49 093	52 57 117	45 46 177	40 04 215	56 12 262	27 13 332
325	24 38 044	32 25 094	53 28 118	45 47 179	39 43 216	55 37 263	26 56 332
326	25 03 045	33 00 095	53 59 119	45 47 180	39 22 218	55 02 264	26 40 333
327	25 28 046	33 35 096	54 29 121	45 46 182	39 00 219	54 27 265	26 24 333
328	25 54 046	34 10 097	54 59 122	45 45 183	38 37 220	53 52 265	26 08 334
329	26 19 047	34 45 098	55 29 123	45 43 185	38 14 221	53 17 266	25 52 334
	CAPELLA	•Hamal	Alpheratz	Enif	•ALTAIR	VEGA	•Alioth
330	26 45 047	35 20 099	55 59 124	45 39 186	37 51 222	52 41 267	25 37 335
331	27 11 048	35 55 099	56 27 126	45 35 187	37 27 223	52 06 268	25 22 335
332	27 37 049	36 29 100	56 56 127	45 30 189	37 02 225	51 31 269	25 08 336
333	28 04 049	37 04 101	57 24 128	45 25 190	36 37 226	50 56 270	24 54 337
334	28 31 050	37 38 102	57 51 130	45 18 192	36 12 227	50 20 271	24 40 337
335	28 58 050	38 13 103	58 18 131	45 10 193	35 46 228	49 45 271	24 26 338
336	29 25 051	38 47 104	58 44 133	45 02 194	35 20 229	49 10 272	24 13 338
337	29 53 052	39 21 105	59 10 134	44 53 196	34 53 230	48 35 273	24 00 339
338	30 21 052	39 55 106	59 35 136	44 43 197	34 26 231	47 59 274	23 48 339
339	30 49 053	40 29 107	59 59 137	44 32 198	33 58 232	47 24 274	23 35 340
340	31 17 053	41 03 108	60 22 139	44 21 200	33 30 233	46 49 275	23 23 341
341	31 45 054	41 36 109	60 45 140	44 09 201	33 01 234	46 14 276	23 12 341
342	32 14 055	42 10 110	61 07 142	43 55 202	32 33 235	45 39 277	23 00 342
343	32 43 055	42 43 111	61 29 144	43 42 204	32 03 236	45 04 277	22 50 342
344	33 12 056	43 16 112	61 49 145	43 27 205	31 34 237	44 29 278	22 39 343
	•CAPELLA	ALDEBARAN	•Diphda	Enif	ALTAIR	•VEGA	Alioth
345	33 41 056	16 56 085	14 37 155	43 12 206	31 04 238	43 54 279	22 29 343
346	34 11 057	17 31 086	14 52 156	42 56 208	30 34 239	43 19 280	22 19 344
347	34 40 058	18 06 087	15 06 157	42 39 209	30 03 240	42 45 280	22 09 345
348	35 10 058	18 42 088	15 20 158	42 21 210	29 32 241	42 10 281	22 00 345
349	35 40 059	19 17 088	15 33 159	42 03 212	29 01 242	41 35 282	21 51 346
350	36 11 059	19 52 089	15 45 160	41 45 213	28 30 243	41 01 282	21 42 346
351	36 41 060	20 27 090	15 57 161	41 25 214	27 58 244	40 26 283	21 34 347
352	37 12 061	21 03 091	16 09 162	41 05 215	27 27 245	39 52 284	21 26 347
353	37 43 061	21 38 092	16 20 163	40 45 216	26 54 246	39 18 284	21 19 348
354	38 14 062	22 13 092	16 30 164	40 23 218	26 22 247	38 44 285	21 12 349
355	38 45 062	22 48 093	16 40 164	40 01 219	25 50 248	38 10 286	21 05 349
356	39 16 063	23 24 094	16 49 165	39 39 220	25 17 249	37 36 287	20 58 350
357	39 47 064	23 59 095	16 57 166	39 16 221	24 44 250	37 02 287	20 52 350
358	40 19 064	24 34 096	17 05 167	38 52 222	24 11 251	36 29 288	20 47 351
359	40 51 065	25 09 097	17 13 168	38 28 224	23 37 251	35 55 289	20 41 352

LHA ♈	Hc	Zn	Hc	Zn	Hc	Zn	Hc	Zn	Hc	Zn	Hc	Zn	Hc	Zn
	♦CAPELLA		ALDEBARAN		Hamal		♦Alpheratz		ALTAIR		♦VEGA		Alioth	
0	41 48	066	25 36	098	50 42	131	63 57	176	22 45	252	35 41	289	21 36	352
1	42 19	067	26 10	099	51 08	132	63 58	178	22 13	253	35 09	289	21 31	353
2	42 51	067	26 44	100	51 33	133	63 59	180	21 40	254	34 36	290	21 27	353
3	43 23	068	27 18	100	51 58	135	63 58	182	21 07	255	34 04	291	21 23	354
4	43 55	069	27 52	101	52 22	136	63 56	184	20 33	256	33 32	291	21 20	354
5	44 27	069	28 26	102	52 45	137	63 53	186	20 00	256	33 00	292	21 16	355
6	44 59	070	28 59	103	53 08	139	63 48	188	19 26	257	32 28	293	21 14	356
7	45 31	070	29 33	104	53 31	140	63 43	190	18 53	258	31 56	293	21 11	356
8	46 04	071	30 06	105	53 52	142	63 36	192	18 19	259	31 25	294	21 09	357
9	46 36	072	30 39	106	54 14	143	63 28	194	17 45	260	30 53	295	21 07	357
10	47 09	072	31 12	107	54 34	145	63 19	196	17 11	261	30 22	295	21 06	358
11	47 42	073	31 45	108	54 53	146	63 09	198	16 37	262	29 51	296	21 05	359
12	48 15	074	32 18	109	55 12	148	62 58	200	16 03	262	29 20	297	21 04	359
13	48 48	074	32 50	109	55 30	149	62 46	202	15 29	263	28 50	297	21 04	000
14	49 21	075	33 23	110	55 48	151	62 33	204	14 55	264	28 19	298	21 04	000
	Dubhe		♦CAPELLA		ALDEBARAN		Hamal		♦Alpheratz		DENEB		♦VEGA	
15	29 07	015	49 54	076	33 55	111	56 04	152	62 18	205	48 53	284	27 49	299
16	29 16	016	50 28	076	34 27	112	56 20	154	62 03	207	48 19	285	27 19	299
17	29 26	016	51 01	077	34 58	113	56 35	155	61 47	209	47 46	286	26 49	300
18	29 36	017	51 35	077	35 30	114	56 49	157	61 30	211	47 13	286	26 19	301
19	29 46	017	52 08	078	36 01	115	57 02	159	61 12	212	46 40	287	25 50	301
20	29 56	018	52 42	079	36 32	116	57 14	160	60 53	214	46 07	287	25 21	302
21	30 07	018	53 16	079	37 03	117	57 25	162	60 33	216	45 34	288	24 52	303
22	30 18	019	53 50	080	37 33	118	57 35	164	60 13	217	45 02	289	24 23	303
23	30 29	019	54 24	081	38 03	119	57 44	165	59 52	219	44 29	289	23 54	304
24	30 41	020	54 58	082	38 33	120	57 53	167	59 30	221	43 57	290	23 26	305
25	30 53	020	55 32	082	39 03	121	58 00	169	59 07	222	43 25	291	22 58	305
26	31 05	021	56 06	083	39 32	123	58 06	170	58 43	224	42 52	291	22 30	306
27	31 17	021	56 40	084	40 01	124	58 11	172	58 19	225	42 20	292	22 02	307
28	31 30	022	57 14	084	40 29	125	58 16	174	57 55	227	41 48	292	21 35	308
29	31 43	022	57 49	085	40 57	126	58 19	176	57 29	228	41 17	293	21 07	308
	Dubhe		♦POLLUX		BETELGEUSE		RIGEL		♦Hamal		Alpheratz		♦DENEB	
30	31 56	023	24 52	076	23 44	112	15 03	130	58 21	177	57 04	229	40 45	294
31	32 10	023	25 26	077	24 16	113	15 30	131	58 22	179	56 37	231	40 14	294
32	32 23	024	25 59	077	24 48	114	15 55	132	58 22	181	56 10	232	39 42	295
33	32 37	024	26 33	078	25 19	115	16 21	133	58 21	183	55 43	233	39 11	296
34	32 52	025	27 07	079	25 50	116	16 46	134	58 19	184	55 15	235	38 40	296
35	33 06	025	27 41	080	26 20	117	17 11	135	58 16	186	54 47	236	38 10	297
36	33 21	026	28 15	081	26 51	118	17 35	136	58 12	188	54 18	237	37 39	297
37	33 36	026	28 49	081	27 21	119	17 59	137	58 06	190	53 49	239	37 09	298
38	33 52	027	29 23	082	27 51	120	18 22	137	58 00	191	53 19	240	36 38	299
39	34 07	027	29 57	083	28 21	121	18 45	138	57 53	193	52 49	241	36 08	299
40	34 23	028	30 31	084	28 50	122	19 08	139	57 45	195	52 19	242	35 38	300
41	34 39	028	31 05	084	29 19	123	19 30	140	57 35	196	51 48	243	35 08	301
42	34 56	029	31 39	085	29 48	124	19 52	141	57 25	198	51 17	244	34 39	301
43	35 12	029	32 14	086	30 16	125	20 13	142	57 14	200	50 46	246	34 10	302
44	35 29	030	32 48	087	30 44	126	20 34	143	57 02	201	50 15	247	33 40	302
	Dubhe		♦POLLUX		BETELGEUSE		RIGEL		♦Hamal		Alpheratz		♦DENEB	
45	35 46	030	33 22	088	31 12	127	20 54	144	56 49	203	49 43	248	33 11	303
46	36 03	030	33 57	088	31 39	128	21 14	145	56 35	205	49 11	249	32 43	304
47	36 21	031	34 31	089	32 06	129	21 33	146	56 20	206	48 39	250	32 14	304
48	36 39	031	35 06	090	32 33	130	21 52	147	56 05	208	48 07	251	31 46	305
49	36 57	032	35 40	091	32 59	131	22 10	148	55 48	209	47 34	252	31 18	305
50	37 15	032	36 14	092	33 24	132	22 28	149	55 31	211	47 01	253	30 50	306
51	37 34	033	36 49	093	33 50	133	22 46	150	55 13	212	46 28	254	30 22	307
52	37 52	033	37 23	093	34 14	134	23 02	151	54 54	214	45 55	255	29 54	307
53	38 11	034	37 58	094	34 39	136	23 18	152	54 34	215	45 22	256	29 27	308
54	38 30	034	38 32	095	35 03	137	23 34	154	54 14	217	44 48	257	29 00	309
55	38 50	035	39 06	096	35 26	138	23 49	155	53 53	218	44 15	258	28 33	309
56	39 09	035	39 40	097	35 49	139	24 04	156	53 31	220	43 41	259	28 07	310
57	39 29	035	40 14	098	36 11	140	24 18	157	53 09	221	43 07	260	27 40	310
58	39 49	036	40 48	099	36 33	141	24 31	158	52 46	223	42 33	261	27 14	311
59	40 10	036	41 22	099	36 54	142	24 44	159	52 22	224	41 59	261	26 49	312
	♦Dubhe		POLLUX		SIRIUS		♦RIGEL		Hamal		♦Alpheratz		DENEB	
60	40 30	037	41 56	100	10 19	140	24 56	160	51 58	225	41 25	262	26 23	312
61	40 51	037	42 30	101	10 41	141	25 07	161	51 33	227	40 51	263	25 58	313
62	41 12	038	43 04	102	11 02	142	25 18	162	51 08	228	40 17	264	25 33	314
63	41 33	038	43 37	103	11 23	143	25 29	163	50 42	229	39 43	265	25 08	314
64	41 54	038	44 11	104	11 43	144	25 38	164	50 16	230	39 08	266	24 43	315
65	42 15	039	44 44	105	12 03	145	25 47	165	49 49	232	38 34	267	24 19	315
66	42 37	039	45 17	106	12 23	146	25 56	166	49 22	233	38 00	267	23 55	316
67	42 59	040	45 50	107	12 42	147	26 04	167	48 54	234	37 25	268	23 31	317
68	43 21	040	46 23	108	13 01	148	26 11	169	48 26	235	36 51	269	23 08	317
69	43 43	040	46 56	109	13 19	148	26 17	170	47 58	237	36 16	270	22 44	318
70	44 05	041	47 28	110	13 37	149	26 23	171	47 29	238	35 42	271	22 22	319
71	44 28	041	48 00	111	13 54	150	26 28	172	46 59	239	35 08	272	21 59	319
72	44 51	042	48 32	112	14 11	151	26 33	173	46 30	240	34 33	272	21 37	320
73	45 14	042	49 04	113	14 27	152	26 37	174	46 00	241	33 59	273	21 15	321
74	45 37	042	49 36	114	14 43	153	26 40	175	45 30	242	33 24	274	20 53	321
	Dubhe		♦REGULUS		PROCYON		SIRIUS		♦RIGEL		Hamal		♦DENEB	
75	46 00	043	17 24	094	31 02	132	14 58	154	26 43	176	44 59	243	20 32	322
76	46 24	043	17 58	095	31 28	133	15 13	155	26 45	177	44 28	244	20 10	323
77	46 47	044	18 33	095	31 53	134	15 27	156	26 46	178	43 57	245	19 50	323
78	47 11	044	19 07	096	32 17	135	15 41	157	26 47	180	43 26	246	19 29	324
79	47 35	044	19 41	097	32 41	137	15 54	158	26 46	181	42 54	247	19 09	324
80	47 59	045	20 15	098	33 04	138	16 07	159	26 46	182	42 22	248	18 49	325
81	48 23	045	20 49	099	33 27	139	16 19	160	26 44	183	41 50	249	18 30	326
82	48 48	045	21 23	100	33 50	140	16 30	161	26 42	184	41 18	250	18 10	326
83	49 12	046	21 57	101	34 12	141	16 41	162	26 40	185	40 45	251	17 52	327
84	49 37	046	22 31	101	34 33	142	16 51	163	26 36	186	40 12	252	17 33	328
85	50 02	046	23 05	102	34 54	143	17 01	164	26 32	187	39 39	253	17 15	328
86	50 27	047	23 38	103	35 14	144	17 11	165	26 27	188	39 06	254	16 57	329
87	50 52	047	24 12	104	35 34	145	17 19	166	26 22	190	38 33	255	16 40	330
88	51 17	047	24 45	105	35 53	147	17 27	167	26 16	191	38 00	256	16 22	330
89	51 43	048	25 18	106	36 12	148	17 35	168	26 09	192	37 26	257	16 06	331

LAT 55°N

LHA ♈	Hc	Zn	Hc	Zn	Hc	Zn	Hc	Zn	Hc	Zn	Hc	Zn	Hc	Zn
	Dubhe		♦REGULUS		PROCYON		SIRIUS		♦RIGEL		Mirfak		♦DENEB	
90	52 08	048	25 51	107	36 30	149	17 42	169	26 02	193	65 49	274	15 49	332
91	52 34	048	26 24	108	36 47	150	17 48	170	25 54	194	65 14	275	15 33	332
92	53 00	049	26 57	108	37 04	151	17 54	171	25 45	195	64 40	275	15 17	333
93	53 26	049	27 29	109	37 20	153	17 59	172	25 36	196	64 06	276	15 02	334
94	53 52	049	28 02	110	37 36	154	18 04	173	25 26	197	63 32	277	14 47	335
95	54 18	050	28 34	111	37 51	155	18 08	174	25 16	198	62 58	278	14 32	335
96	54 44	050	29 06	112	38 05	156	18 11	175	25 05	199	62 24	278	14 18	336
97	55 11	050	29 38	113	38 18	157	18 14	176	24 53	200	61 50	279	14 04	337
98	55 37	051	30 09	114	38 31	159	18 16	177	24 41	201	61 16	279	13 51	337
99	56 04	051	30 40	115	38 43	160	18 17	178	24 28	203	60 42	280	13 38	338
100	56 30	051	31 11	116	38 55	161	18 18	179	24 15	204	60 08	281	13 25	339
101	56 57	051	31 42	117	39 05	162	18 19	180	24 01	205	59 34	281	13 13	339
102	57 24	052	32 13	118	39 15	164	18 18	181	23 46	206	59 00	282	13 01	340
103	57 51	052	32 43	119	39 25	165	18 18	182	23 31	207	58 27	283	12 49	341
104	58 18	052	33 13	120	39 33	166	18 16	183	23 15	208	57 53	283	12 38	341
	♦Dubhe		Denebola		REGULUS		♦SIRIUS		RIGEL		ALDEBARAN		♦Mirfak	
105	58 46	052	22 16	096	33 43	121	18 14	184	22 59	209	42 30	230	57 20	284
106	59 13	053	22 51	097	34 12	122	18 11	185	22 42	210	42 03	232	56 46	284
107	59 40	053	23 25	098	34 41	123	18 08	186	22 25	211	41 36	233	56 13	285
108	60 08	053	23 59	099	35 10	124	18 04	187	22 07	212	41 08	234	55 40	286
109	60 35	053	24 33	100	35 38	125	18 00	188	21 48	213	40 40	235	55 07	286
110	61 03	054	25 07	100	36 06	126	17 55	189	21 29	214	40 12	236	54 34	287
111	61 31	054	25 40	101	36 34	127	17 49	190	21 10	215	39 43	237	54 01	287
112	61 59	054	26 14	102	37 01	128	17 43	191	20 50	216	39 14	238	53 28	288
113	62 26	054	26 48	103	37 28	129	17 36	192	20 29	217	38 45	239	52 55	289
114	62 54	054	27 21	104	37 54	131	17 28	193	20 09	218	38 15	240	52 23	289
115	63 22	054	27 54	105	38 20	132	17 20	194	19 47	219	37 45	241	51 50	290
116	63 50	055	28 28	106	38 45	133	17 12	195	19 25	220	37 15	242	51 18	290
117	64 18	055	29 01	107	39 10	134	17 03	196	19 03	221	36 44	243	50 46	291
118	64 47	055	29 34	108	39 35	135	16 53	197	18 40	222	36 13	244	50 14	291
119	65 15	055	30 06	108	39 59	136	16 43	198	18 17	223	35 42	245	49 42	292
	Kochab		♦ARCTURUS		REGULUS		♦SIRIUS		BETELGEUSE		CAPELLA		♦Schedar	
120	48 57	024	13 38	076	40 23	137	16 32	199	36 12	220	62 45	268	34 58	321
121	49 11	024	14 12	077	40 46	139	16 20	200	35 50	221	62 10	269	34 37	321
122	49 25	024	14 45	077	41 08	140	16 08	201	35 27	222	61 36	270	34 15	322
123	49 39	024	15 19	078	41 30	141	15 56	202	35 04	223	61 01	271	33 54	322
124	49 53	025	15 52	079	41 51	142	15 43	203	34 40	224	60 27	271	33 33	323
125	50 08	025	16 26	080	42 12	143	15 29	204	34 15	226	59 53	272	33 12	323
126	50 22	025	17 00	080	42 32	145	15 15	205	33 51	227	59 18	273	32 52	324
127	50 37	025	17 34	081	42 52	146	15 00	206	33 25	228	58 44	274	32 32	324
128	50 52	025	18 08	082	43 11	147	14 45	207	33 00	229	58 09	274	32 12	325
129	51 06	026	18 42	083	43 29	148	14 29	208	32 34	230	57 35	275	31 52	325
130	51 21	026	19 16	084	43 47	150	14 13	209	32 07	231	57 01	276	31 33	326
131	51 36	026	19 51	084	44 04	151	13 56	210	31 40	232	56 27	277	31 13	326
132	51 51	026	20 25	085	44 20	152	13 39	210	31 13	233	55 53	277	30 55	327
133	52 07	026	20 59	086	44 36	154	13 22	211	30 45	234	55 18	278	30 36	327
134	52 22	026	21 34	087	44 51	155	13 03	212	30 17	235	54 44	279	30 18	328
	Kochab		♦ARCTURUS		REGULUS		♦POLLUX		BETELGEUSE		CAPELLA		♦Schedar	
135	52 37	027	22 08	088	45 05	156	59 47	215	29 49	236	54 10	279	29 59	329
136	52 53	027	22 42	088	45 18	158	59 27	216	29 20	237	53 36	280	29 42	329
137	53 08	027	23 17	089	45 31	159	59 06	218	28 51	238	53 03	281	29 24	330
138	53 24	027	23 51	090	45 43	160	58 44	220	28 22	239	52 29	281	29 07	330
139	53 39	027	24 26	091	45 54	162	58 22	221	27 52	240	51 55	282	28 50	331
140	53 55	027	25 00	092	46 04	163	57 59	223	27 23	241	51 22	283	28 33	331
141	54 11	027	25 34	093	46 14	165	57 36	224	26 52	242	50 48	283	28 17	332
142	54 27	027	26 09	093	46 23	166	57 11	225	26 22	243	50 15	284	28 01	332
143	54 43	028	26 43	094	46 31	167	56 47	227	25 51	244	49 41	285	27 45	333
144	54 59	028	27 17	095	46 38	169	56 21	228	25 20	245	49 08	285	27 29	333
145	55 15	028	27 52	096	46 44	170	55 55	230	24 49	246	48 35	286	27 14	334
146	55 31	028	28 26	097	46 49	172	55 29	231	24 17	247	48 02	287	26 59	335
147	55 47	028	29 00	098	46 54	173	55 02	232	23 46	247	47 29	287	26 44	335
148	56 03	028	29 34	099	46 58	175	54 34	234	23 14	248	46 56	288	26 30	336
149	56 19	028	30 08	099	47 00	176	54 06	235	22 42	249	46 24	289	26 16	336
	♦VEGA		ARCTURUS		SPICA		♦REGULUS		POLLUX		♦CAPELLA		Schedar	
150	13 21	038	30 42	100	11 21	129	47 02	177	53 38	236	45 51	289	26 02	337
151	13 43	039	31 16	101	11 48	130	47 04	179	53 09	237	45 19	290	25 49	337
152	14 05	040	31 50	102	12 14	131	47 04	180	52 40	239	44 46	290	25 36	338
153	14 27	041	32 23	103	12 40	132	47 03	182	52 10	240	44 14	291	25 23	338
154	14 50	041	32 57	104	13 06	132	47 02	183	51 40	241	43 42	292	25 11	339
155	15 13	042	33 30	105	13 31	133	47 00	185	51 10	242	43 10	292	24 58	340
156	15 36	043	34 03	106	13 56	134	46 56	186	50 39	243	42 38	293	24 47	340
157	15 59	043	34 36	107	14 20	135	46 52	187	50 08	245	42 07	294	24 35	341
158	16 23	044	35 09	108	14 44	136	46 48	189	49 37	246	41 35	294	24 24	341
159	16 47	045	35 42	108	15 08	137	46 42	190	49 06	247	41 04	295	24 13	342
160	17 12	046	36 14	109	15 31	138	46 35	192	48 34	248	40 33	295	24 02	342
161	17 36	046	36 47	110	15 54	139	46 28	193	48 02	249	40 02	296	23 52	343
162	18 01	047	37 19	111	16 16	140	46 20	194	47 30	250	39 31	297	23 42	344
163	18 27	048	37 51	112	16 38	141	46 11	196	46 57	251	39 00	297	23 33	344
164	18 52	048	38 23	113	17 00	142	46 01	197	46 25	252	38 30	298	23 24	345
	♦DENEB		VEGA		ARCTURUS		♦SPICA		REGULUS		♦POLLUX		CAPELLA	
165	14 27	025	19 18	049	38 54	114	17 21	143	45 50	199	45 52	253	37 59	298
166	14 42	025	19 44	050	39 25	115	17 41	144	45 39	200	45 19	254	37 29	299
167	14 56	026	20 10	050	39 56	116	18 01	145	45 27	201	44 46	255	36 59	300
168	15 12	027	20 37	051	40 27	117	18 21	146	45 14	203	44 12	256	36 29	300
169	15 27	027	21 04	052	40 57	118	18 40	147	45 00	204	43 39	257	35 59	301
170	15 43	028	21 31	052	41 27	120	18 59	148	44 46	205	43 05	258	35 30	301
171	15 59	029	21 58	053	41 57	121	19 17	149	44 31	207	42 32	259	35 01	302
172	16 16	029	22 26	054	42 27	122	19 35	150	44 15	208	41 58	260	34 32	303
173	16 33	030	22 54	054	42 56	123	19 52	151	43 58	209	41 24	260	34 03	303
174	16 51	031	23 22	055	43 24	124	20 08	152	43 41	211	40 50	261	33 34	304
175	17 08	031	23 50	056	43 53	125	20 24	153	43 23	212	40 16	262	33 06	304
176	17 26	032	24 19	056	44 21	126	20 40	154	43 04	213	39 42	263	32 37	305
177	17 45	033	24 48	057	44 48	127	20 55	155	42 45	215	39 08	264	32 09	306
178	18 03	033	25 17	058	45 15	129	21 09	156	42 25	216	38 33	265	31 41	306
179	18 22	034	25 46	058	45 42	130	21 23	157	42 05	217	37 59	266	31 14	307

LAT 55°N

LHA ♈	Hc	Zn	Hc	Zn	Hc	Zn	Hc	Zn	Hc	Zn	Hc	Zn	Hc	Zn
	DENEB		♦VEGA		ARCTURUS		♦SPICA		REGULUS		POLLUX		♦CAPELLA	
180	18 42	035	26 16	059	46 08	131	21 37	158	41 44	218	37 25	267	30 46	307
181	19 02	035	26 45	060	46 34	132	21 49	159	41 22	219	36 50	267	30 19	308
182	19 22	036	27 15	061	46 59	133	22 02	160	41 00	221	36 16	268	29 52	309
183	19 42	037	27 45	061	47 24	135	22 13	161	40 38	222	35 42	269	29 25	309
184	20 03	037	28 15	062	47 48	136	22 24	162	40 14	223	35 07	270	28 59	310
185	20 24	038	28 46	063	48 12	137	22 35	163	39 51	224	34 33	271	28 33	311
186	20 45	039	29 16	063	48 35	138	22 44	164	39 26	225	33 58	272	28 07	311
187	21 07	039	29 47	064	48 58	140	22 54	165	39 02	226	33 24	272	27 41	312
188	21 28	040	30 18	065	49 20	141	23 02	166	38 37	228	32 50	273	27 15	312
189	21 51	040	30 49	065	49 41	142	23 10	167	38 11	229	32 15	274	26 50	313
190	22 13	041	31 21	066	50 02	144	23 18	168	37 45	230	31 41	275	26 25	314
191	22 36	042	31 52	067	50 22	145	23 24	169	37 18	231	31 07	276	26 00	314
192	22 59	042	32 24	067	50 41	147	23 30	170	36 51	232	30 32	276	25 36	315
193	23 22	043	32 56	068	50 59	148	23 36	171	36 24	233	29 58	277	25 12	316
194	23 46	044	33 28	069	51 17	149	23 41	172	35 56	234	29 24	278	24 48	316
	♦DENEB		VEGA		Rasalhague		♦ARCTURUS		REGULUS		♦POLLUX		CAPELLA	
195	24 10	044	34 00	069	22 33	100	51 34	151	35 28	235	28 50	279	24 24	317
196	24 34	045	34 32	070	23 07	101	51 51	152	35 00	236	28 16	279	24 00	317
197	24 58	046	35 04	071	23 40	102	52 06	154	34 31	237	27 42	280	23 37	318
198	25 23	046	35 37	071	24 14	103	52 21	155	34 02	238	27 08	281	23 14	319
199	25 48	047	36 10	072	24 48	104	52 35	157	33 32	239	26 35	282	22 52	319
200	26 13	047	36 42	073	25 21	105	52 48	158	33 03	240	26 01	282	22 30	320
201	26 39	048	37 15	073	25 54	106	53 01	160	32 33	241	25 27	283	22 08	321
202	27 05	049	37 48	074	26 27	107	53 12	161	32 02	242	24 54	284	21 46	321
203	27 31	049	38 22	075	27 00	108	53 22	163	31 32	243	24 21	285	21 25	322
204	27 57	050	38 55	076	27 33	108	53 32	165	31 01	244	23 47	285	21 03	323
205	28 23	051	39 28	076	28 05	109	53 41	166	30 30	245	23 14	286	20 43	323
206	28 50	051	40 02	077	28 38	110	53 49	168	29 58	246	22 41	287	20 22	324
207	29 17	052	40 35	078	29 10	111	53 56	169	29 27	247	22 08	288	20 02	324
208	29 44	052	41 09	078	29 42	112	54 02	171	28 55	248	21 36	288	19 42	325
209	30 12	053	41 43	079	30 14	113	54 07	172	28 23	249	21 03	289	19 23	326
	♦DENEB		VEGA		Rasalhague		♦ARCTURUS		REGULUS		♦POLLUX		CAPELLA	
210	30 39	054	42 16	080	30 45	114	54 11	174	27 50	250	20 31	290	19 03	326
211	31 07	054	42 50	081	31 16	115	54 14	176	27 18	251	19 59	291	18 45	327
212	31 35	055	43 24	081	31 47	116	54 16	177	26 45	252	19 26	291	18 26	328
213	32 03	056	43 58	082	32 18	117	54 17	179	26 13	253	18 54	292	18 08	328
214	32 32	056	44 33	083	32 49	118	54 17	181	25 40	254	18 23	293	17 50	329
215	33 01	057	45 07	084	33 19	119	54 16	182	25 07	255	17 51	294	17 32	330
216	33 30	057	45 41	084	33 49	120	54 15	184	24 33	255	17 20	294	17 15	330
217	33 59	058	46 15	085	34 19	121	54 12	185	24 00	256	16 48	295	16 58	331
218	34 28	059	46 49	086	34 48	122	54 08	187	23 27	257	16 17	296	16 42	332
219	34 57	059	47 24	087	35 17	123	54 04	189	22 53	258	15 47	297	16 26	332
220	35 27	060	47 58	087	35 46	124	53 58	190	22 19	259	15 16	297	16 10	333
221	35 57	060	48 33	088	36 14	125	53 51	192	21 45	260	14 45	298	15 55	334
222	36 27	061	49 07	089	36 42	126	53 44	193	21 11	261	14 15	299	15 39	334
223	36 57	062	49 41	090	37 09	127	53 35	195	20 37	261	13 45	300	15 25	335
224	37 28	062	50 16	091	37 37	128	53 26	196	20 03	262	13 15	300	15 10	336
	♦DENEB		VEGA		Rasalhague		♦ARCTURUS		REGULUS		Dubhe		♦CAPELLA	
225	37 58	063	50 50	091	38 03	129	53 16	198	19 29	263	59 20	307	14 56	336
226	38 29	064	51 25	092	38 30	131	53 05	200	18 55	264	58 53	308	14 43	337
227	39 00	064	51 59	093	38 56	132	52 53	201	18 21	265	58 25	308	14 30	338
228	39 31	065	52 33	094	39 21	133	52 40	203	17 46	266	57 58	308	14 17	338
229	40 02	065	53 08	095	39 46	134	52 26	204	17 12	267	57 31	308	14 04	339
230	40 33	066	53 42	096	40 11	135	52 12	206	16 38	267	57 04	309	13 52	340
231	41 05	067	54 16	097	40 35	136	51 57	207	16 03	268	56 37	309	13 41	341
232	41 37	067	54 50	098	40 58	138	51 41	209	15 29	269	56 10	309	13 29	341
233	42 08	068	55 24	099	41 21	139	51 24	210	14 55	270	55 44	309	13 18	342
234	42 40	069	55 58	099	41 44	140	51 06	211	14 20	271	55 17	310	13 08	343
235	43 12	069	56 32	100	42 05	141	50 48	213	13 46	271	54 51	310	12 58	343
236	43 45	070	57 06	101	42 27	142	50 29	214	13 11	272	54 24	310	12 48	344
237	44 17	070	57 40	102	42 47	144	50 09	216	12 37	273	53 58	311	12 39	345
238	44 50	071	58 13	103	43 08	145	49 49	217	12 03	274	53 32	311	12 30	345
239	45 22	072	58 47	104	43 27	146	49 28	218	11 28	275	53 06	311	12 21	346
	Schedar		♦DENEB		VEGA		Rasalhague		♦ARCTURUS		Denebola		♦Dubhe	
240	28 38	029	45 55	072	59 20	106	43 46	147	49 06	220	27 22	256	52 40	311
241	28 55	029	46 28	073	59 53	107	44 04	149	48 44	221	26 48	257	52 15	312
242	29 12	030	47 01	074	60 26	108	44 22	150	48 21	222	26 15	258	51 49	312
243	29 30	031	47 34	074	60 58	109	44 39	151	47 57	224	25 41	259	51 24	312
244	29 47	031	48 07	075	61 31	110	44 55	153	47 33	225	25 07	260	50 58	313
245	30 05	032	48 40	076	62 03	111	45 10	154	47 09	226	24 33	260	50 33	313
246	30 23	032	49 14	076	62 35	112	45 25	155	46 44	227	23 59	261	50 08	313
247	30 42	033	49 47	077	63 07	114	45 39	157	46 18	229	23 25	262	49 43	314
248	31 01	033	50 21	078	63 38	115	45 52	158	45 52	230	22 51	263	49 18	314
249	31 20	034	50 54	078	64 09	116	46 05	159	45 25	231	22 17	264	48 54	315
250	31 39	034	51 28	079	64 40	118	46 17	161	44 59	232	21 43	265	48 29	315
251	31 58	035	52 02	080	65 10	119	46 27	162	44 31	233	21 08	266	48 05	315
252	32 18	035	52 36	080	65 40	121	46 38	164	44 03	235	20 34	266	47 41	316
253	32 38	036	53 10	081	66 09	122	46 47	165	43 35	236	20 00	267	47 17	316
254	32 58	036	53 44	082	66 38	124	46 56	166	43 06	237	19 25	268	46 53	316
	Schedar		DENEB		♦ALTAIR		Rasalhague		♦ARCTURUS		Alkaid		♦CAPELLA	
255	33 19	037	54 18	082	32 56	127	47 03	168	42 37	238	60 29	279	11 02	357
256	33 40	037	54 52	083	33 23	128	47 10	169	42 08	239	59 55	280	11 00	358
257	34 01	038	55 26	084	33 50	129	47 16	171	41 39	240	59 22	281	10 59	359
258	34 22	038	56 00	085	34 17	131	47 21	172	41 09	241	58 48	281	10 59	359
259	34 44	039	56 35	085	34 43	132	47 26	173	40 38	242	58 14	282	10 59	000
260	35 05	039	57 09	086	35 08	133	47 29	175	40 08	243	57 41	283	10 59	001
261	35 27	040	57 43	087	35 33	134	47 32	176	39 37	244	57 07	283	11 00	002
262	35 50	040	58 18	088	35 58	135	47 33	178	39 06	245	56 34	284	11 01	002
263	36 12	041	58 52	088	36 22	136	47 34	179	38 34	246	56 00	284	11 02	003
264	36 35	041	59 26	089	36 45	137	47 34	181	38 03	247	55 27	285	11 04	004
265	36 58	042	60 01	090	37 09	138	47 33	182	37 31	248	54 54	286	11 07	004
266	37 21	042	60 35	091	37 31	139	47 32	184	36 59	249	54 21	286	11 10	005
267	37 44	043	61 10	092	37 53	141	47 29	185	36 26	250	53 48	287	11 13	006
268	38 08	043	61 44	092	38 15	142	47 26	186	35 54	251	53 15	287	11 17	007
269	38 31	044	62 18	093	38 36	143	47 21	188	35 21	252	52 42	288	11 21	007

LHA ♈	Hc	Zn	Hc	Zn	Hc	Zn	Hc	Zn	Hc	Zn	Hc	Zn	Hc	Zn
	♦CAPELLA		Alpheratz		♦ALTAIR		Rasalhague		♦ARCTURUS		Alkaid		Kochab	
270	11 25	008	22 23	071	38 56	144	47 16	189	34 49	253	52 09	289	63 23	334
271	11 30	009	22 56	072	39 16	145	47 10	191	34 16	254	51 37	289	63 07	333
272	11 36	009	23 28	072	39 36	147	47 03	192	33 42	255	51 04	290	62 52	333
273	11 41	010	24 01	073	39 54	148	46 56	194	33 09	256	50 32	290	62 36	333
274	11 48	011	24 34	074	40 12	149	46 47	195	32 36	257	50 00	291	62 21	333
275	11 54	011	25 07	075	40 30	150	46 38	196	32 02	258	49 28	292	62 05	333
276	12 01	012	25 41	075	40 46	151	46 28	198	31 28	259	48 56	292	61 49	333
277	12 09	013	26 14	076	41 02	153	46 17	199	30 55	259	48 24	293	61 33	332
278	12 17	014	26 47	077	41 18	154	46 05	201	30 21	260	47 52	293	61 17	332
279	12 25	014	27 21	078	41 33	155	45 52	202	29 47	261	47 21	294	61 01	332
280	12 33	015	27 55	079	41 47	157	45 39	203	29 13	262	46 49	294	60 45	332
281	12 43	016	28 29	079	42 00	158	45 25	205	28 39	263	46 18	295	60 29	332
282	12 52	016	29 02	080	42 13	159	45 10	206	28 04	264	45 47	296	60 13	332
283	13 02	017	29 36	081	42 24	160	44 55	207	27 30	265	45 16	296	59 57	332
284	13 12	018	30 10	082	42 36	162	44 39	209	26 56	265	44 45	297	59 40	332
	♦CAPELLA		Alpheratz		♦ALTAIR		Rasalhague		♦ARCTURUS		Alkaid		Kochab	
285	13 23	018	30 44	082	42 46	163	44 22	210	26 22	266	44 14	297	59 24	332
286	13 34	019	31 19	083	42 56	164	44 04	211	25 47	267	43 44	298	59 08	332
287	13 45	020	31 53	084	43 04	166	43 46	213	25 13	268	43 14	298	58 51	332
288	13 57	020	32 27	085	43 12	167	43 27	214	24 38	269	42 43	299	58 35	332
289	14 09	021	33 01	085	43 20	168	43 08	215	24 04	270	42 13	299	58 19	332
290	14 22	022	33 36	086	43 26	170	42 47	216	23 30	270	41 43	300	58 03	332
291	14 35	022	34 10	087	43 32	171	42 27	218	22 55	271	41 14	301	57 46	332
292	14 48	023	34 44	088	43 37	173	42 05	219	22 21	272	40 44	301	57 30	332
293	15 02	024	35 19	089	43 41	174	41 44	220	21 46	273	40 15	302	57 14	332
294	15 16	025	35 53	089	43 44	175	41 21	221	21 12	274	39 46	302	56 57	332
295	15 31	025	36 28	090	43 46	177	40 58	222	20 38	274	39 17	303	56 41	332
296	15 45	026	37 02	091	43 48	178	40 35	224	20 03	275	38 48	303	56 25	332
297	16 01	027	37 36	092	43 49	179	40 11	225	19 29	276	38 19	304	56 09	332
298	16 16	027	38 11	093	43 49	181	39 46	226	18 55	277	37 51	305	55 53	332
299	16 32	028	38 45	094	43 48	182	39 21	227	18 21	278	37 22	305	55 37	332
	CAPELLA		♦Alpheratz		Enif		ALTAIR		♦VEGA		Alphecca		♦Alioth	
300	16 48	029	39 19	094	40 24	146	43 46	183	68 32	230	34 57	268	35 59	319
301	17 05	029	39 54	095	40 43	147	43 44	185	68 05	231	34 23	269	35 37	319
302	17 22	030	40 28	096	41 01	148	43 40	186	67 38	233	33 49	269	35 14	320
303	17 39	031	41 02	097	41 19	149	43 36	188	67 10	235	33 14	270	34 52	320
304	17 57	031	41 36	098	41 36	151	43 31	189	66 42	236	32 40	271	34 30	321
305	18 15	032	42 10	099	41 53	152	43 26	190	66 13	238	32 05	272	34 08	321
306	18 33	033	42 44	100	42 09	153	43 19	192	65 44	239	31 31	273	33 47	322
307	18 52	033	43 18	101	42 24	155	43 12	193	65 14	241	30 57	273	33 26	322
308	19 11	034	43 52	102	42 38	156	43 04	194	64 44	242	30 22	274	33 05	323
309	19 30	034	44 26	103	42 52	157	42 55	196	64 13	243	29 48	275	32 44	323
310	19 50	035	44 59	103	43 05	158	42 45	197	63 42	245	29 14	276	32 24	324
311	20 10	036	45 32	104	43 17	160	42 35	198	63 11	246	28 39	277	32 03	324
312	20 30	036	46 06	105	43 29	161	42 23	200	62 39	247	28 05	277	31 43	325
313	20 51	037	46 39	106	43 40	162	42 11	201	62 07	249	27 31	278	31 24	325
314	21 12	038	47 12	107	43 50	164	41 59	202	61 35	250	26 57	279	31 04	326
	CAPELLA		♦Hamal		Alpheratz		Enif		♦ALTAIR		VEGA		♦Alioth	
315	21 33	038	26 36	087	47 45	108	43 59	165	41 45	204	61 03	251	30 45	326
316	21 54	039	27 10	087	48 17	109	44 07	166	41 31	205	60 30	252	30 26	327
317	22 16	040	27 45	088	48 49	110	44 15	168	41 16	206	59 57	253	30 08	328
318	22 38	040	28 19	089	49 22	112	44 22	169	41 01	207	59 24	254	29 49	328
319	23 01	041	28 53	090	49 53	113	44 28	171	40 45	209	58 51	255	29 31	329
320	23 23	042	29 28	091	50 25	114	44 33	172	40 28	210	58 18	256	29 14	329
321	23 46	042	30 02	092	50 56	115	44 37	173	40 11	211	57 44	257	28 56	330
322	24 10	043	30 37	092	51 28	116	44 41	175	39 52	212	57 10	258	28 39	330
323	24 33	043	31 11	093	51 58	117	44 44	176	39 34	214	56 37	259	28 22	331
324	24 57	044	31 45	094	52 29	118	44 46	178	39 14	215	56 03	260	28 05	331
325	25 21	045	32 20	095	52 59	119	44 47	179	38 54	216	55 29	261	27 49	332
326	25 45	045	32 54	096	53 29	121	44 47	180	38 34	217	54 55	262	27 33	332
327	26 10	046	33 28	097	53 58	122	44 46	182	38 13	218	54 21	263	27 17	333
328	26 35	047	34 02	097	54 27	123	44 45	183	37 51	220	53 46	264	27 02	334
329	27 00	047	34 36	098	54 56	124	44 43	184	37 29	221	53 12	265	26 46	334
	CAPELLA		♦Hamal		Alpheratz		Enif		♦ALTAIR		VEGA		♦Alioth	
330	27 25	048	35 10	099	55 24	126	44 40	186	37 06	222	52 38	266	26 32	335
331	27 51	048	35 44	100	55 52	127	44 36	187	36 43	223	52 03	267	26 17	335
332	28 17	049	36 18	101	56 19	128	44 31	189	36 20	224	51 29	268	26 03	336
333	28 43	050	36 52	102	56 46	130	44 25	190	35 55	225	50 55	268	25 49	336
334	29 09	050	37 26	103	57 12	131	44 19	191	35 31	226	50 20	269	25 35	337
335	29 36	051	37 59	104	57 38	132	44 12	193	35 06	227	49 46	270	25 22	337
336	30 03	052	38 32	105	58 03	134	44 04	194	34 40	228	49 11	271	25 09	338
337	30 30	052	39 06	106	58 27	135	43 55	195	34 14	230	48 37	272	24 56	339
338	30 57	053	39 39	107	58 51	137	43 46	197	33 48	231	48 03	273	24 44	339
339	31 25	053	40 12	108	59 14	138	43 35	198	33 21	232	47 28	273	24 32	340
340	31 52	054	40 44	109	59 37	140	43 24	199	32 54	233	46 54	274	24 20	340
341	32 20	055	41 17	109	59 59	142	43 12	201	32 26	234	46 20	275	24 08	341
342	32 49	055	41 49	110	60 20	143	43 00	202	31 58	235	45 45	276	23 57	342
343	33 17	056	42 21	111	60 40	145	42 47	203	31 30	236	45 11	276	23 47	342
344	33 45	056	42 53	113	60 59	146	42 33	205	31 01	237	44 37	277	23 36	343
	♦CAPELLA		ALDEBARAN		♦Diphda		Enif		ALTAIR		♦VEGA		Alioth	
345	34 14	057	17 01	085	13 43	155	42 18	206	30 32	238	44 03	278	23 26	343
346	34 43	058	17 35	086	13 57	156	42 02	207	30 03	239	43 29	279	23 16	344
347	35 12	058	18 10	087	14 11	157	41 46	209	29 33	240	42 55	279	23 07	344
348	35 42	059	18 44	088	14 24	158	41 30	210	29 03	241	42 21	280	22 58	345
349	36 11	059	19 19	089	14 37	159	41 12	211	28 33	242	41 47	281	22 49	346
350	36 41	060	19 53	089	14 49	160	40 54	212	28 03	243	41 13	282	22 41	346
351	37 11	061	20 27	090	15 01	161	40 35	214	27 32	244	40 40	282	22 33	347
352	37 41	061	21 02	091	15 12	162	40 16	215	27 01	245	40 06	283	22 25	347
353	38 11	062	21 36	092	15 22	163	39 56	216	26 30	246	39 33	284	22 18	348
354	38 42	062	22 11	093	15 32	164	39 36	217	25 58	247	38 59	284	22 11	349
355	39 12	063	22 45	094	15 42	165	39 15	218	25 27	247	38 26	285	22 04	349
356	39 43	064	23 19	094	15 51	166	38 53	220	24 55	248	37 53	286	21 58	350
357	40 14	064	23 54	095	15 59	167	38 31	221	24 23	249	37 20	286	21 52	350
358	40 45	065	24 28	096	16 07	167	38 08	222	23 51	250	36 47	287	21 46	351
359	41 16	066	25 02	097	16 14	168	37 45	223	23 18	251	36 14	288	21 41	351

TABLE 5—CORRECTION FOR PRECESSION AND NUTATION

L.H.A. ♈	N. 89°	N. 80°	N. 70°	N. 60°	N. 50°	N. 40°	N. 20°	0°	S. 20°	S. 40°	S. 50°	S. 60°	S. 70°	S. 80°	S. 89°	L.H.A. ♈
	North latitudes								South latitudes							
								1977								
°	′ °	′ °	′ °	′ °	′ °	′ °	′ °	′ °	′ °	′ °	′ °	′ °	′ °	′ °	′ °	°
0	1 170	1 190	1 210	1 230	1 230	2 240	2 250	2 250	2 250	2 240	2 240	1 230	1 220	1 210	1 190	0
30	1 200	1 220	1 230	1 240	2 240	2 240	2 250	2 250	2 250	1 240	1 230	1 220	1 210	1 180	1 160	30
60	1 230	1 240	1 250	2 250	2 250	2 250	2 260	2 250	2 250	1 240	1 230	1 220	1 190	1 150	1 130	60
90	1 260	1 260	1 260	2 260	2 270	2 270	2 270	2 270	1 260	1 260	1 260	0 —	0 —	0 —	1 100	90
120	1 290	1 280	1 280	2 280	2 280	2 280	2 280	2 280	1 280	1 290	1 290	0 —	0 —	1 060	1 070	120
150	1 320	1 310	1 300	2 290	2 290	2 290	2 290	2 290	2 290	1 300	1 310	1 320	1 350	1 020	1 040	150
180	1 350	1 330	1 320	1 310	2 300	2 300	2 290	2 290	2 300	2 300	1 310	1 320	1 330	1 350	1 010	180
210	1 020	1 000	1 330	1 320	1 310	1 300	2 300	2 290	2 290	2 300	2 300	1 300	1 310	1 320	1 340	210
240	1 050	1 030	1 350	1 320	1 310	1 300	2 290	2 290	2 290	2 290	2 290	2 290	1 290	1 300	1 310	240
270	1 080	0 —	0 —	0 —	1 290	1 280	1 280	2 280	2 270	2 280	2 280	2 280	1 280	1 280	1 280	270
300	1 110	1 120	0 —	0 —	1 250	1 250	1 260	2 260	2 260	2 260	2 260	2 260	1 260	1 260	1 250	300
330	1 140	1 160	1 190	1 220	1 230	1 240	2 250	2 250	2 250	2 250	2 250	2 250	1 240	1 230	1 220	330
360	1 170	1 190	1 210	1 230	1 230	2 240	2 250	2 250	2 250	2 240	2 240	1 230	1 220	1 210	1 190	360
								1978								
0	1 160	0 —	1 210	1 220	1 230	1 240	1 240	1 250	1 250	1 240	1 240	1 240	1 230	1 220	1 200	0
30	1 190	1 210	1 220	1 230	1 240	1 240	1 250	1 250	1 240	1 240	1 230	1 220	1 210	1 190	1 170	30
60	1 220	1 230	1 240	1 250	1 250	1 250	1 250	1 250	1 250	1 240	1 230	0 —	0 —	0 —	1 140	60
90	1 250	1 260	1 260	1 260	1 260	1 260	1 260	1 260	1 260	1 250	0 —	0 —	0 —	0 —	1 110	90
120	1 280	1 280	1 280	1 280	1 280	1 280	1 280	1 280	1 280	1 280	0 —	0 —	0 —	0 —	1 080	120
150	1 310	1 300	1 300	1 290	1 290	1 290	1 290	1 290	1 290	1 300	1 310	0 —	0 —	0 —	1 050	150
180	1 340	1 320	1 310	1 310	1 300	1 300	1 290	1 290	1 300	1 300	1 310	1 320	1 330	0 —	1 020	180
210	1 010	1 350	1 330	1 320	1 310	1 300	1 300	1 290	1 300	1 300	1 300	1 310	1 320	1 330	1 350	210
240	1 040	0 —	0 —	0 —	1 310	1 300	1 290	1 290	1 290	1 290	1 290	1 290	1 300	1 310	1 320	240
270	1 070	0 —	0 —	0 —	0 —	1 290	1 280	1 280	1 280	1 280	1 280	1 280	1 280	1 280	1 290	270
300	1 100	0 —	0 —	0 —	0 —	1 260	1 260	1 270	1 270	1 270	1 270	1 260	1 260	1 260	1 260	300
330	1 130	0 —	0 —	0 —	1 230	1 240	1 250	1 250	1 250	1 250	1 250	1 250	1 250	1 240	1 230	330
360	1 160	0 —	1 210	1 220	1 230	1 240	1 240	1 250	1 250	1 240	1 240	1 240	1 230	1 220	1 200	360
								There is no correction for **1979** or **1980**								
								1981								
0	0 —	0 —	1 050	1 050	1 060	1 060	1 070	1 070	1 060	1 060	1 050	1 040	0 —	0 —	0 —	0
30	0 —	1 060	1 060	1 070	1 070	1 070	1 070	1 070	1 070	1 060	0 —	0 —	0 —	0 —	0 —	30
60	0 —	1 080	1 080	1 080	1 080	1 080	1 080	1 080	1 080	0 —	0 —	0 —	0 —	0 —	0 —	60
90	0 —	1 100	1 100	1 100	1 100	1 100	1 100	1 100	1 100	0 —	0 —	0 —	0 —	0 —	0 —	90
120	0 —	1 120	1 120	1 110	1 110	1 110	1 110	1 110	1 110	1 120	0 —	0 —	0 —	0 —	0 —	120
150	0 —	0 —	1 130	1 130	1 120	1 120	1 110	1 110	1 120	1 120	1 130	1 140	0 —	0 —	0 —	150
180	0 —	0 —	0 —	1 140	1 130	1 120	1 120	1 110	1 110	1 120	1 120	1 130	1 140	0 —	0 —	180
210	0 —	0 —	0 —	0 —	0 —	1 120	1 110	1 110	1 110	1 110	1 110	1 110	1 120	1 130	0 —	210
240	0 —	0 —	0 —	0 —	0 —	0 —	1 100	1 100	1 100	1 100	1 100	1 100	1 100	1 100	0 —	240
270	0 —	0 —	0 —	0 —	0 —	0 —	1 080	1 080	1 090	1 090	1 080	1 080	1 080	1 080	0 —	270
300	0 —	0 —	0 —	0 —	0 —	1 060	1 070	1 070	1 070	1 070	1 070	1 070	1 070	1 060	0 —	300
330	0 —	0 —	0 —	1 040	1 050	1 060	1 070	1 070	1 070	1 060	1 060	1 060	1 050	0 —	0 —	330
360	0 —	0 —	1 050	1 050	1 060	1 060	1 070	1 070	1 060	1 060	1 050	1 040	0 —	0 —	0 —	360

The above table gives the correction to be applied to a position line or a fix, *deduced from the tables in this volume,* for the effects of precession and nutation. Each entry consists of a group of four figures of which the first (in bold type) is the distance, in nautical miles, which the position line or fix is to be moved, and the group of three figures is the direction (true bearing). The table is entered firstly by the year, then by choosing the column nearest the latitude and finally the entry nearest the L.H.A.♈ of observation; no interpolation is necessary.

Example. In 1977 a fix is obtained in latitude N.23° when L.H.A.♈ is 71°. Entering the table with the year 1977, latitude N.20° and L.H.A.♈ 60° gives **2**′ 260° which indicates that the fix is to be transferred 2 miles in true bearing 260°.

Anlage 11

Beilage zu Pub. No. 249 Vol. I Epoch 1980

TABLE 5—CORRECTION FOR PRECESSION AND NUTATION

L.H.A. ♈	North latitudes								South latitudes							L.H.A. ♈
	N. 89°	N. 80°	N. 70°	N. 60°	N. 50°	N. 40°	N. 20°	0°	S. 20°	S. 40°	S. 50°	S. 60°	S. 70°	S. 80°	S. 89°	
								1982								
°	′ °	′ °	′ °	′ °	′ °	′ °	′ °	′ °	′ °	′ °	′ °	′ °	′ °	′ °	′ °	°
0	1 010	1 030	1 040	1 050	1 060	1 060	2 070	2 070	2 070	1 060	1 060	1 050	1 040	1 020	1 000	**0**
30	1 040	1 050	1 060	1 060	2 070	2 070	2 070	2 070	2 070	1 060	1 050	1 040	1 020	1 350	1 330	**30**
60	1 060	1 070	1 080	1 080	2 080	2 080	2 080	2 080	1 080	1 070	1 060	0 —	0 —	0 —	1 300	**60**
90	1 090	1 090	1 090	1 090	2 090	2 090	2 090	2 090	1 090	1 090	1 100	0 —	0 —	0 —	1 270	**90**
120	1 120	1 110	1 110	1 110	2 110	2 100	2 100	2 100	1 110	1 110	1 120	1 140	0 —	1 220	1 240	**120**
150	1 150	1 140	1 130	1 120	1 120	2 110	2 110	2 110	2 110	1 120	1 130	1 140	1 160	1 180	1 210	**150**
180	1 180	1 160	1 140	1 130	1 130	1 120	2 120	2 110	2 120	1 120	1 120	1 130	1 140	1 160	1 170	**180**
210	1 210	1 190	1 160	1 140	1 130	1 120	2 110	2 110	2 110	2 110	2 110	1 120	1 120	1 130	1 150	**210**
240	1 240	0 —	0 —	0 —	1 120	1 110	1 100	2 100	2 100	2 100	2 100	1 100	1 110	1 110	1 120	**240**
270	1 270	0 —	0 —	0 —	1 090	1 090	1 090	2 090	2 090	2 090	2 090	1 090	1 090	1 090	1 090	**270**
300	1 310	1 320	0 —	1 040	1 060	1 070	1 070	2 080	2 080	2 080	2 080	1 070	1 070	1 070	1 060	**300**
330	1 340	1 000	1 020	1 040	1 050	1 060	2 070	2 070	2 070	2 070	1 060	1 060	1 050	1 040	1 030	**330**
360	1 010	1 030	1 040	1 050	1 060	1 060	2 070	2 070	2 070	1 060	1 060	1 050	1 040	1 020	1 000	**360**
								1983								
0	1 000	1 020	1 040	2 050	2 060	2 060	3 070	3 070	3 070	2 060	2 060	2 050	1 040	1 020	1 000	**0**
30	1 030	1 050	2 060	2 060	2 070	2 070	3 070	3 070	2 070	2 060	1 050	1 040	1 020	1 350	1 330	**30**
60	1 060	1 070	2 070	2 080	2 080	3 080	3 080	3 080	2 080	1 070	1 060	1 040	1 000	1 320	1 300	**60**
90	1.090	1 090	2 090	2 090	2 090	3 090	3 090	2 090	2 090	1 090	1 090	0 —	0 —	1 270	1 270	**90**
120	1 120	1 110	2 110	2 100	2 100	3 100	3 100	2 100	2 110	1 110	1 120	1 140	1 180	1 220	1 240	**120**
150	1 150	1 130	2 120	2 120	2 120	2 110	3 110	3 110	2 110	2 120	1 130	1 140	1 160	1 190	1 210	**150**
180	1 180	1 160	1 140	2 130	2 120	2 120	3 120	3 110	3 120	2 120	2 120	2 130	1 140	1 160	1 180	**180**
210	1 210	1 190	1 160	1 140	1 130	2 120	2 110	3 110	3 110	2 110	2 120	2 120	2 130	1 140	1 150	**210**
240	1 240	1 220	1 180	1 140	1 120	1 110	2 110	3 100	3 100	3 100	2 100	2 110	2 110	1 110	1 120	**240**
270	1 270	1 270	0 —	0 —	1 090	1 090	2 090	2 090	3 090	3 090	2 090	2 090	2 090	1 090	1 090	**270**
300	1 300	1 320	1 000	1 040	1 060	1 070	2 080	2 080	3 080	3 080	2 080	2 080	2 070	1 070	1 060	**300**
330	1 330	1 350	1 020	1 040	1 050	2 060	2 070	3 070	3 070	2 070	2 070	2 060	2 060	1 050	1 030	**330**
360	1 000	1 020	1 040	2 050	2 060	2 060	3 070	3 070	3 070	2 060	2 060	2 050	1 040	1 020	1 000	**360**
								1984								
0	1 000	1 020	2 040	2 050	2 060	3 060	3 070	4 070	3 070	3 060	3 060	2 050	2 040	2 020	1 010	**0**
30	1 030	2 040	2 050	3 060	3 060	3 070	3 070	3 070	3 070	2 060	2 050	2 040	1 020	1 000	1 330	**30**
60	1 060	2 070	2 070	3 070	3 080	3 080	4 080	3 080	3 070	2 070	1 060	1 040	1 000	1 320	1 300	**60**
90	1 090	2 090	2 090	3 090	3 090	3 090	4 090	3 090	3 090	2 090	1 090	0 —	0 —	1 270	1 270	**90**
120	1 120	2 110	2 110	3 100	3 100	3 100	4 100	3 100	3 100	2 110	1 120	1 140	1 190	1 230	1 240	**120**
150	1 150	2 130	2 120	3 120	3 110	3 110	4 110	3 110	3 110	2 120	2 130	2 140	1 160	1 190	1 210	**150**
180	1 180	2 160	2 140	2 130	3 120	3 120	3 120	4 110	3 120	3 120	2 130	2 130	2 140	1 160	1 180	**180**
210	1 210	1 180	1 160	2 140	2 130	2 120	3 110	3 110	3 110	3 110	3 120	3 120	2 130	2 140	1 150	**210**
240	1 240	1 220	1 180	1 140	1 120	2 110	3 110	3 100	4 100	3 100	3 100	3 110	2 110	2 110	1 120	**240**
270	1 270	1 270	0 —	0 —	1 090	2 090	3 090	3 090	4 090	3 090	3 090	3 090	2 090	2 090	1 090	**270**
300	1 300	1 320	1 000	1 040	1 060	2 070	3 080	3 080	4 080	3 080	3 080	3 080	2 070	2 070	1 060	**300**
330	1 330	1 350	1 020	2 040	2 050	2 060	3 070	3 070	4 070	3 070	3 070	3 060	2 060	2 050	1 030	**330**
360	1 000	1 020	2 040	2 050	2 060	3 060	3 070	4 070	3 070	3 060	3 060	2 050	2 040	2 020	1 010	**360**
								1985								
0	2 000	2 020	2 040	3 050	3 060	4 060	4 070	4 070	4 070	4 060	3 060	3 050	2 040	2 020	2 010	**0**
30	2 030	2 040	3 050	3 060	4 060	4 070	4 070	4 070	4 070	3 060	3 050	2 040	2 020	2 000	2 340	**30**
60	2 060	2 070	3 070	3 070	4 080	4 080	4 080	4 080	3 070	2 070	2 060	1 040	1 000	1 320	2 300	**60**
90	2 090	2 090	3 090	4 090	4 090	4 090	4 090	4 090	3 090	2 090	1 090	1 080	0 —	1 280	2 270	**90**
120	2 120	2 110	3 110	3 100	4 100	4 100	4 100	4 100	3 100	2 110	2 120	1 140	1 190	1 230	2 240	**120**
150	2 150	2 130	3 120	3 120	4 110	4 110	4 110	4 110	4 110	3 120	2 130	2 140	2 160	1 190	2 210	**150**
180	2 180	2 160	2 140	3 130	3 120	4 120	4 120	4 110	4 120	4 120	3 130	3 130	2 140	2 160	2 180	**180**
210	2 210	2 180	2 160	2 140	3 130	3 120	4 110	4 110	4 110	4 110	4 120	3 120	3 130	2 140	2 150	**210**
240	2 240	1 220	1 180	1 140	2 120	2 110	3 110	4 100	4 100	4 100	4 100	3 110	3 110	2 110	2 120	**240**
270	2 270	1 270	0 —	1 100	1 090	2 090	3 090	4 090	4 090	4 090	4 090	4 090	3 090	2 090	2 090	**270**
300	2 300	1 310	1 350	1 040	2 060	2 070	3 080	4 080	4 080	4 080	4 080	3 080	3 070	2 070	2 060	**300**
330	2 330	1 350	2 020	2 040	2 050	3 060	4 070	4 070	4 070	4 070	4 070	3 060	3 060	2 050	2 040	**330**
360	2 000	2 020	2 040	3 050	3 060	4 060	4 070	4 070	4 070	4 060	3 060	3 050	2 040	2 020	2 010	**360**

Example. In 1984 a position line is obtained in latitude S.52° when L.H.A.♈ is 327°. Entering the table with the year 1984, latitude S.50°, and L.H.A.♈ 330° gives 3′ 070° which indicates that the position line is to be transferred 3 miles in true bearing 070°.

Anlage 11

Die Blanko-Vordrucke zum Fotokopieren

Die Wetterkarte

Die Nordsternbreite

	– – 00	Chronometerzeit (volle Minute)		– – 00
+/–	–	Stand	+/–	–
+/–	–	Stoppuhr-Ablesung	+/–	–
	– – ( )	UTC z.Zt. d. Beob. + (Tag)	( )	– –
	° , ′	♈ Grt (NJ f. Stunde) ♈		° , ′
+	° , ′	Zuwachs f. min + s (Schalttafeln)	+	° , ′
	° , ′	♈ Grt z.Zt. der Beobachtung ♈		° , ′
+/–	° , ′ E/W	Rechenlänge (E+/W–)	+/–	° , ′ E/W
	° , ′	♈ Ortsstundenwinkel (LHA) ♈		° , ′
	° , ′	✻ Sextant-Ablesung ✻		° , ′
+/–	, ′	Indexberichtigung	+/–	, ′
	° , ′	Kimmabstand		° , ′
+/–	, ′	Gesamtbeschickung	+/–	, ′
+/–	, ′	Zusatzbeschickung	+/–	, ′
	° , ′	beobachtete Höhe (Ho)		° , ′
+/–	, ′	1. Berichtigung	+/–	, ′
+/–	, ′	2. Berichtigung	+/–	, ′
+	0 , ′	3. Berichtigung	+	0 , ′
	° , ′N	wahre Breite		° , ′N

Die Mittagsbreite

	☐☐ – ☐☐	Kulmination in Greenwich (T im NJ)		☐☐ – ☐☐
+/–	☐☐	Längengrade: 15 (Achtung: nur hier W+ / E–!)	+/–	☐☐
+/–	☐☐	Rest (Schalttafeln)	+/–	☐☐
	☐☐ – ☐☐	Kulmination am Beob.-Ort		☐☐ – ☐☐
	☐☐° ☐☐,☐′ N/S	Deklination (δ NJ f. Stunde)		☐☐° ☐☐,☐′ N/S
+/–	☐☐,☐′	Vb f. min (Schalttafeln)	+/–	☐☐,☐′
	☐☐° ☐☐,☐′ N/S	Deklination (Dec)		☐☐° ☐☐,☐′ N/S
	☐☐° ☐☐,☐′	☐ Sextant-Ablesung ☐		☐☐° ☐☐,☐′
+/–	☐,☐′	Indexberichtigung	+/–	☐,☐′
	☐☐° ☐☐,☐′	Kimmabstand		☐☐° ☐☐,☐′
+/–	☐☐,☐′	Gesamtbeschickung	+/–	☐☐,☐′
+/–	☐☐,☐′	Zusatzbeschickung	+/–	☐☐,☐′
	☐☐° ☐☐,☐′	beobachtete Höhe (Ho)		☐☐° ☐☐,☐′
	89° 60,0′	Höhe zum Zenit		89° 60,0′
–	☐☐° ☐☐,☐′	beobachtete Höhe (Ho)	–	☐☐° ☐☐,☐′
	☐☐° ☐☐,☐′	Zenitdistanz		☐☐° ☐☐,☐′
+/–	☐☐° ☐☐,☐′ N/S	Deklination (gleichnamig mit Breite + / ungleichn. mit Breite –)	+/–	☐☐° ☐☐,☐′ N/S
	☐☐° ☐☐,☐′ N/S	wahre Breite		☐☐° ☐☐,☐′ N/S

11 - 59 - 60	Mittag	11 - 59 - 60
+/– □□ - □□	Zeitgleichung (NJ), umgekehrtes Vorzeichen!	+/– □□ - □□
□□ - □□ - □□	Kulmination in Greenwich	□□ - □□ - □□
□□ - □□ - □□	Zeitpunkt der 1. Beobachtung	□□ - □□ - □□
+/– □□ - □□	Stand	+/– □□ - □□
+ □□ - □□ - □□	halbe Stoppuhrzeit	+ □□ - □□ - □□
□□ - □□ - □□	Kulmination am Beob.-Ort	□□ - □□ - □□
□□ - □□ - □□	späterer Kulminations-Zeitpunkt	□□ - □□ - □□
– □□ - □□ - □□	früherer Kulminations-Zeitpunkt	– □□ - □□ - □□
□□ - □□ - □□	Zeitunterschied	□□ - □□ - □□
□□□°	Stunden x 15	□□□°
+ □□° □□,□′	Rest über Schalttafeln (NJ)	+ □□° □□,□′
□□□° □□,□′ E/W		□□□° □□,□′ E/W

Achtung: Kulmination vor Greenwich = E-Länge
Kulmination nach Greenwich = W-Länge

1. beob. Gestirn Datum . .	2. beob. Gestirn Datum . .
Logge Kurs ° Ah m	Logge Kurs ° Ah m
Ok 1 ° , ' N/S / ° , ' W/E	Ok 2 ° , ' N/S / ° , ' W/E

1. Gestirn		2. Gestirn
– – 00	Chronometerzeit (volle Minute)	– – 00
+/– –	Stand	+/– –
+/– –	Stoppuhr-Ablesung	+/– –
– – ( )	UTC z.Zt. d. Beob. + (Tag)	( ) – –

1. Gestirn		2. Gestirn
° , '	Grt (NJ f. Stunde)	° , '
+ ° , '	Zuwachs f. min + s (Schalttafeln)	+ ° , '
+ ° , '	Sternwinkel (nur Vol. II + III); b. Mond und Planeten Vb (nur bei Venus evtl. –)	+ ° , '
° , '	Grt z.Zt. der Beobachtung	° , '
+/– ° , ' E/W	Rechenlänge (E+ / W–)	+/– ° , ' E/W
° 00,0'	Ortsstundenwinkel (LHA)	° 00,0'

1. Gestirn		2. Gestirn
° , ' N/S	Deklination (δ NJ f. Stunde)	° , ' N/S
+/– , '	Vb f. min (Schalttafeln)	+/– , '
° , ' N/S	Deklination (Dec)	° , ' N/S
° N/S	vollgradige Rechenbreite (LAT)	° N/S
SAME / CONTRARY	(gleichnamig/ungleichnamig)	SAME / CONTRARY

1. Gestirn		2. Gestirn
° ' +/–	Hc aus H.O.-Tafel + (bei Vol. II + III): d	° ' +/–
+/– '	Correction f. min d. Dec (Table 5)	+/– '
° '	berechnete Höhe (Hc)	° '

1. Gestirn		2. Gestirn
° , '	Sextant-Ablesung	° , '
+/– , '	Indexberichtigung	+/– , '
° , '	Kimmabstand	° , '
+/– , '	Gesamtbeschickung	+/– , '
+/– , '	Zusatzbeschickung	+/– , '
° , '	beobachtete Höhe (Ho)	° , '

1. Gestirn		2. Gestirn
– ° ,0'	berechnete Höhe (Hc)	– ° ,0'
+/– , '	Höhendifferenz (Δ h)	+/– , '

1. Gestirn		2. Gestirn
°	siehe Vorzeichenregel in H.O.-Tafel!	°
+/– °	Azimutwinkel (Z)	+/– °
°	Azimut (Zn)	°

Astronomische Kompaßkontrolle

Yacht: ______ Beginn: __ Uhr (volle Stunde) Grt: ___° __,_′

Koppelbreite: __° __,_′ Koppellänge (E+ / W–): +/– ___° __,_′ W/E

Datum: __.__.__ gibt für: __–00 Uhr LHA ___° __,_′

Gerundete Deklination: __° N/S 1 min = 15′ LHA + __ = Zuwachs: + __,_′

MgK	MgP	Abl	mwP	Mw	rwAz				
°	°	+/– °	°	+/– °	°	– Uhr	LHA	°	0 0 , 0
°	°	+/– °	°	+/– °	°	–	je + 4 min ↓	je + 1° ↓ °	
°	°	+/– °	°	+/– °	°	–		°	
°	°	+/– °	°	+/– °	°	–		°	
°	°	+/– °	°	+/– °	°	–		°	
°	°	+/– °	°	+/– °	°	–		°	
°	°	+/– °	°	+/– °	°	–		°	
°	°	+/– °	°	+/– °	°	–		°	
°	°	+/– °	°	+/– °	°	–		°	
°	°	+/– °	°	+/– °	°	–		°	
°	°	+/– °	°	+/– °	°	–		°	
°	°	+/– °	°	+/– °	°	–		°	
°	°	+/– °	°	+/– °	°	–		°	
°	°	+/– °	°	+/– °	°	–		°	
°	°	+/– °	°	+/– °	°	–		°	
°	°	+/– °	°	+/– °	°	–		°	
°	°	+/– °	°	+/– °	°	–		°	
°	°	+/– °	°	+/– °	°	–		°	

Lösungen der Übungsaufgaben

Abweichungen bis 0,5′ sind durchaus möglich und deshalb zu tolerieren.

Seite 15
Deklination
a) 15°43,8′ N b) 15°49,4′ N c) 15°45,4′ N
d) 04°41,2′ S e) 04°45,2′ S f) 04°52,7′ S

Seite 19
Ortsstundenwinkel (LHA)
a) 282°20,4′ b) 041°08,9′ c) 018°43,9′
d) 284°44,9′ e) 045°19,4′ f) 002°22,0′

Seite 23
Beobachtungszeit
a) 10-39-41 b) 12-25-54 c) 20-30-03

Seite 28
Beobachtete Höhe (Hb)
a) 47°30,9′ b) 61°57,1′ c) 31°44,8′
d) 41°59,6′ e) 22°04,6′

Seite 30
Nordsternbreite
a) 40°34,1′ N b) 51°11,5′ N c) 33°41,1′ N
d) 54°16,9′ N e) 33°14,8′ N f) 55°57,8′ N

Seite 35
Vorausberechnung der Kulmination
a) 11-43 UT1 b) 14-43 UT1 c) 11-11 UT1
d) 17-01 UT1 e) 23-33 UT1 f) 10-35 UT1

Seite 36
Mittagsbreite der Sonne
a) 55°11,7′ N b) 70°01,5′ N c) 33°02,9′ S
d) 55°13,5′ N e) 34°06,8′ S f) 29°01,9′ N

Seite 38
Mittagslänge aus zwei gleichen Höhen
a) 033°10,3′ E b) 048°27′ W
c) 131°01,5′ W d) 018°03,5′ E

Seite 48
Rechenlänge und vollgradiger LHA
a) 060°01,7′/LHA 079°
b) 060°01,9′/LHA 031°
c) 015°55,4′/LHA 238°
d) 015°20,5′/LHA 132°

Seite 49
Die Tafeln (Band II und III), Rechenort, Höhendifferenz (△h) und Azimut
a) 55° N 005°47,1′ E / − 1,0′ / 142°
b) 55° N 006°07,2′ E / − 9,1′ / 206°
c) 54° N 006°11,1′ E / − 4,1′ / 221°
d) 54° N 006°01,5′ E / − 7,7′ / 138°
e) 55° N 002°48,3′ E / +16,0′ / 099°
f) 55° N 004°01,5′ E / +13,0′ / 267°

Seite 58
Standlinien zeichnen, wahrer Ort
a) 54°10′ N / 006°01′ E
b) 55°03′ N / 006°35′ E
c) 55°12′ N / 003°31′ E
d) 55°03′ N / 003°39′ E

Seite 64
Planeten- und Mondbeobachtung, Rechenort, Höhendifferenz (△h) und Azimut bzw. wahrer Ort (e, f)
a) 54° N 014°08,7′ W / +3,6′ / 129°
b) 54° N 013°54,2′ W / −6,8′ / 070°
c) 55° N 015°55,5′ W / −3,8′ / 225°
d) 55° N 015°43,0′ W / −3,8′ / 276°
e) 53°57′ N / 014°05′ W
f) 55°04′ N / 015°35′ W

Seite 68
Fixsternbeobachtung nach Band I, Rechenort, Höhendifferenz (△h) und Azimut bzw. wahrer Ort (d)
a) 54° N 007°02,9′ E / +14,3′ / 089°
b) 54° N 007°49,7′ E / − 9,6′ / 221°
c) 54° N 007°36,6′ E / +22,0′ / 330°
d) 54°21′ N 007°30′ E

Seite 80
Astronomische Kompaßkontrolle, Azimut (a, b) und Deviation (c, d)
a) 61°
b) 261°
c) +2°
d) −2°

Fragen- und Antwortenkatalog für die Prüfung über Seenotsignalmittel (Sachkundenachweis nach dem Waffengesetz und Voraussetzung für die Befreiung nach dem Sprengstoffgesetz) **im Rahmen einer Prüfung für Wassersportführerscheine**

Notsignale

A. Allgemeines

1. Was versteht man unter pyrotechnischen Seenotsignalen?	Notsignale, welche mit Hilfe explosionsgefährlicher Stoffe ausgelöst werden.
2. Welche pyrotechnischen Seenotsignale unterliegen dem Waffengesetz?	Die Signalpistole und die hierfür bestimmte Munition.
3. Welche pyrotechnischen Seenotsignale unterliegen dem Sprengstoffgesetz?	Alle pyrotechnischen Seenotsignale, die nicht aus einer Signalpistole abgeschossen werden, wie Signalraketen, Fallschirmraketen, Handfackeln und Rauchsignale.
4. Welche pyrotechnischen Seenotsignale kennen Sie?	Signalraketen rot Fallschirmsignalraketen rot Handfackeln rot Rauchsignale orange Lichtrauchsignale
5. Welche Farbe haben pyrotechnische Seenotsignale?	Rot mit Ausnahme des Rauchsignals, das orangefarbenen Rauch entwickelt.
6. Wann dürfen pyrotechnische Seenotsignale verwendet werden?	Nur im Seenotfall, d. h., wenn angezeigt werden soll, daß Gefahr für Leib und Leben der Besatzung und daher die Notwendigkeit zur Hilfe besteht.
7. Was ist bei allen steigenden Seenotsignalen unbedingt zu beachten?	1. Auf freies Schußfeld achten, 2. Signal senkrecht in Schußrichtung nach oben halten, 3. beim Handhaben und Abfeuern nicht auf Personen richten und selbst nicht mit Körperteilen vor die Mündung kommen, 4. nicht an Versagern hantieren, sondern diese über Bord werfen.
8. Worin liegt die Gefährlichkeit pyrotechnischer Gegenstände?	Es besteht Explosions-, Feuer- und Verletzungsgefahr.
9. Welche pyrotechnischen Seenotsignale dürfen Sie nur verwenden?	Die Signalpistole Kaliber 4 (26,5 mm) und die von der Physikalisch-Technischen Bundesanstalt (PTB) zugelassenen Signalwaffen einschließlich Munition bzw. die von der Bundesanstalt für Materialprüfung (BAM) zugelassenen sonstigen Notsignale.

10. Was für Vorteile haben Signalraketen bzw. Signalpatronen, die mit Fallschirmen ausgerüstet sind, gegenüber Signalsternen?

Wegen geringerer Sinkgeschwindigkeit (5 m/s) ist eine längere Brenndauer möglich; dadurch haben sie einen höheren Aufmerksamkeitswert.

11. Worüber sollten Sie sich sofort nach dem Erwerb pyrotechnischer Seenotsignale informieren?

Gebrauchsanweisung sorgfältig bis zu Ende lesen, und nicht erst im Notfall.

12. Wie lang ist die Verbrauchsdauer pyrotechnischer Seenotsignale bei sachgemäßer Lagerung?

Soweit auf dem einzelnen Gegenstand nichts anderes vermerkt ist, 2 bzw. 3 Jahre.

13. Woraufhin sind pyrotechnische Seenotsignale ständig zu überwachen, damit die Funktionsfähigkeit gewährleistet ist?

1. Herstellungsdatum bzw. Verbrauchsdauer beachten,
2. auf Korrosion oder Beschädigung achten.

14. Was verkürzt die Verbrauchsdauer pyrotechnischer Seenotsignale bzw. macht sie evtl. gefährlicher?

1. Feuchtigkeit,
2. Korrosion,
3. hohe Lagertemperaturen,
4. mechanische Beschädigung.

15. Wie sind pyrotechnische Seenotsignale während der Fahrt aufzubewahren?

1. Kühl und trocken,
2. leicht zugänglich in unverschlossenen Behältern.

16. Wie sind pyrotechnische Seenotsignale an Bord im Hafen und an Land aufzubewahren?

1. Kühl und trocken,
2. dem Zugriff Unbefugter entzogen.

17. Was machen Sie mit überlagerten pyrotechnischen Seenotsignalen?

Über den Handel zurückgeben oder Delaborierbetrieben übergeben. Keinesfalls als Feuerwerkskörper verwenden.

18. Wem dürfen Seenotsignale überlassen werden?

Nur berechtigten Personen im Sinne des Waffen- und Sprengstoffrechts.

19. Was haben Sie nach dem Erwerb einer erlaubnispflichtigen Signalpistole zu tun?

Innerhalb von 2 Wochen nach dem Erwerb habe ich der zuständigen Behörde den Erwerb schriftlich anzuzeigen und die Waffenbesitzkarte zur Eintragung des Erwerbs vorzulegen.

20. Was müssen Sie tun, wenn Ihnen Signalmittel oder Waffen abhanden kommen?

Den Verlust der zuständigen Ordnungsbehörde unverzüglich anzeigen.

21. Dürfen Sie Seenotsignalmittel in öffentlichen Verkehrsmitteln befördern?

Nein.

B. Zusätzliche Fragen für den Erwerb einer Waffenbesitzkarte nach dem Waffengesetz

22. Für welche Signalwaffe benötigen Sie eine Erlaubnis der zuständigen Behörde?

Für Signalwaffen mit einem Patronenlager von mehr als 12 mm Durchmesser.

23. Welche Signalwaffen können frei erworben und mitgeführt werden?

Signalwaffen mit dem Zulassungszeichen der Physikalisch-Technischen Bundesanstalt (PTB).

24. Wozu berechtigt eine Waffenbesitzkarte?

Zum Erwerb einer Signalpistole, zu ihrer bestimmungsgemäßen Verwendung in einer Notlage, zur Aufbewahrung in der Wohnung und zum Transport einer nicht schußbereiten und nicht zugriffsbereiten Signalpistole von seiner Wohnung zu seinem Sportboot und zurück. Zur Mitnahme und zur Aufbewahrung an Bord berechtigt die Waffenbesitzkarte nicht, wenn das Boot nicht über Einrichtungen verfügt, die ein Wohnen (z. B. einen Aufenthalt zur Freizeitbeschäftigung und ähnlichem) auf ihm gestatten. Verfügt das Boot nicht über solche Einrichtungen, so bedarf es zusätzlich eines Waffenscheines.

25. Worin liegt der wesentliche Unterschied zwischen einem Waffenschein und einer Waffenbesitzkarte?

Ein Waffenschein berechtigt abweichend von der Waffenbesitzkarte zum Führen einer Schußwaffe in der Öffentlichkeit.

26. Bei welcher Behörde ist eine Waffenbesitzkarte zu beantragen?

Bei der zuständigen Ordnungsbehörde.

27. Welche Voraussetzungen müssen gegeben sein, um eine Waffenbesitzkarte erwerben zu können?

Der Bewerber muß
- das 18. Lebensjahr vollendet haben,
- zuverlässig, sachkundig und körperlich geeignet sein,
- und es muß ein Bedürfnis vorliegen.

28. Wie kann ein Wassersportler nachweisen, daß ein Bedürfnis für den Erwerb einer Signalpistole vorliegt?

Durch genaue Angabe des Verwendungszwecks und durch Vorlage von Unterlagen, aus denen der Besitz eines seegängigen Wasserfahrzeugs (Kaufvertrag, Chartervertrag, Versicherungspolice, Standerschein, Internationales Verbandszertifikat usw.) oder die Verwendung für Lehr- und Prüfungszwecke hervorgehen.

29. Welche behördlichen Papiere oder Erlaubnisse berechtigen zum Erwerb von erlaubnispflichtiger pyrotechnischer Munition?

Die Waffenbesitzkarte mit Munitionserwerbsberechtigung oder der Munitionserwerbsschein.

30. Mit welchen Zeichen ist die Signalmunition gekennzeichnet?

1. Bezeichnung der Munition und der Verbrauchsdauer.
2. Bei Seenotsignalen rot durchgehende Rändelung des Patronenbodens und roter Lackverschlußdeckel.

31. Welche Ausweispapiere sind beim Führen einer Signalpistole mitzuführen?

Der Personalausweis, Paß oder Dienstausweis, die Waffenbesitzkarte und erforderlichenfalls der Waffenschein.

32. Wie ist eine Signalpistole an Bord eines Wassersportfahrzeuges aufzubewahren?

Es sind Vorkehrungen zu treffen, um zu verhindern, daß die Signalpistole abhandenkommt oder dritte sie unbefugt an sich nehmen.

33. Wie ist pyrotechnische Munition zu lagern?

Möglichst originalverpackt, kühl und trocken und dem Zugriff Unbefugter entzogen.

34. Welche Steighöhe und Leuchtdauer haben Fallschirmsignalpatronen?

Steighöhe mindestens 300 m, Leuchtdauer mindestens 30 s.

35. Wie verhalten Sie sich bei Versagern?

Waffe in Schußrichtung belassen, über Kopf erneut spannen und nochmals abschießen, bei erneutem Versagen die Waffe mit nach oben gerichtetem Lauf außenbords öffnen und den Versager herausgleiten lassen.

36. Erläutern Sie die Handhabung der Signalpistole im Notfall!

Bei abwärts gerichteter Mündung Waffe öffnen, Patrone einführen, Waffe schließen, Waffe über Augenhöhe heben, Hahn spannen – schießen.

C. Zusätzliche Fragen für den Erwerb, die Aufbewahrung und die Verwendung von pyrotechnischen Notsignalen nach dem Sprengstoffgesetz

37. Welche pyrotechnischen Seenotsignale können erlaubnisfrei erworben, aufbewahrt und verwendet werden?

Die der Unterklasse T_1, d. h. Handfackeln rot und bestimmte Rauchsignale von jedem, der das 18. Lebensjahr vollendet hat.

38. Welche erlaubnispflichtigen pyrotechnischen Seenotsignale dürfen Wassersportler mit einem im Führerschein eingedruckten Befreiungsvermerk erwerben?

Die der Unterklasse T_2, d. h. Signalraketen rot, Fallschirmsignalraketen rot und bestimmte Rauchsignale.

39. Woran erkennen Sie an einem pyrotechnischen Seenotsignal, um welche Unterklasse es sich handelt?

Am Zulassungszeichen: BAM-PT_1 ... oder BAM-PT_2 ...

40. Wer darf pyrotechnische Seenotsignale der Klasse T verwenden?

Jeder, der damit anzeigen will, daß ein Seenotfall vorliegt, d. h., daß Gefahr für Leib oder Leben der Besatzung und daher die Notwendigkeit zur Hilfe besteht.

41. Wie lang ist die Brenndauer einer Seenot-Handfackel?

Ihre Brenndauer beträgt 30 bis 60 s.

42. Welche Arten von Zündern werden bei Seenot-Handfackeln gewöhnlich verwendet und wie funktionieren sie?

1. Reibkopf-Zündung – funktioniert wie ein Streichholz, das eine Verzögerung oder direkt den Leuchtsatz zündet.
2. Reißzünder – ein Draht im Inneren wird durch einen reibempfindlichen Satz gezogen, Weiterzündung wie 1.

43. Was ist sicherheitstechnisch bei der Verwendung von Seenot-Handfackeln zu beachten?

1. Gebrauchsanweisung beachten.
2. In jedem Fall die brennenden Fackeln grundsätzlich nach Lee waagerecht so halten, daß versprühende Ascheteile keine Verletzungen (Hand, Augen) verursachen oder das Fahrzeug beschädigen.

44. Beschreiben Sie den allgemeinen Aufbau eines Rauchsignals!

In einem Behälter befindet sich ein Zünder (meist Reißzünder) mit Verzögerung, der mindestens 4 Minuten lang orangefarbenen Rauch abgibt.

45. Was ist bei der Verwendung von Rauchsignalen zu beachten?

Rauchsignale nur am Tage und bei geringen Windstärken gebrauchen. Die Zündung erfolgt durch Reißschnur, die unter einer abschraubbaren Schutzkappe liegt. Nach der Zündung ist das Rauchsignal zur Leeseite außenbords zu werfen.

46. Was wissen Sie über Steighöhe und Brenndauer von Signalraketen?

Steighöhe 100 bis 300 m, Brenndauer mindestens 30 s.

47. Fallschirmsignalraketen und Handfackeln sind bei klarem Wetter unterschiedlich weit zu sehen. Welche Signale verwenden Sie den Umständen entsprechend?

Fallschirmsignalraketen, um ein entferntes Fahrzeug auf eine Notlage aufmerksam zu machen und grob in die Richtung einzuweisen.
Handfackeln, um die genaue Position bei größerer Annäherung kenntlich zu machen.

48. Dürfen Sie pyrotechnische Gegenstände selbst herstellen und bearbeiten?

Nein, nur als Inhaber einer Erlaubnis nach dem Sprengstoffgesetz.

Sachwortverzeichnis

Die fettgedruckte Zahl gibt jeweils die Seite an, auf der der Begriff definiert oder eingehend behandelt wird. Häufig vorkommende Begriffe wie Breite, Länge, Äquator etc. sind nur mit den Seitenzahlen vermerkt, wo Wesentliches oder Neues über sie ausgesagt wird.

Bücher für das Küsten- und Hochseesegeln

Joachim Schult
Nachtfahrt
Anregungen und Erfahrungen hinsichtlich Schwierigkeiten der Nachtfahrt unter Segel oder Motor.
200 Seiten mit 120 Zeichnungen, kartoniert DM 17,80

Michael Stadler
Psychologie an Bord
Erklärungen für vielerlei verblüffende Phänomene auf See und Hilfen für ein harmonisches Zusammenleben an Bord.
144 Seiten mit 42 Zeichnungen, kartoniert DM 17,80

Joachim Schult
Notfälle an Bord – was tun?
Ein Ratgeber für richtige Vorsorge gegen ernsthafte Schäden und für zweckmäßige Abhilfe bei eingetretenen Notsituationen.
480 Seiten mit 350 Zeichnungen und 33 Fotos, kartoniert DM 34,–

Dr. med. Klaus Bandtlow
Medizin an Bord
Ein ärztlicher Ratgeber, der weit über die Erste Hilfe hinausgeht und auf keiner Yacht fehlen sollte.
132 Seiten mit 47 Zeichnungen, kartoniert DM 15,80

Dick Everitt/Rodger Witt
Bootsmanöver richtig und sicher gefahren
Anleitungen und Hilfen, sein Boot unter Segel und Motor im Hafen den Gegebenheiten entsprechend zu bewegen.
144 Seiten mit 116 farb. Zeichnungen und 19 Farbfotos, gebunden DM 29,80

J. D. Sleightholme
Das ist Küstensegeln
Ratschläge und Hilfen für die Praxis, die das grundlegende Führerscheinwissen sinnvoll ergänzen und erweitern.
160 Seiten mit 200 farb. Fotos und Zeichnungen, gebunden DM 34,–

Joachim Schult
Segeln mit Rollreffanlagen
Ein heißdiskutiertes Thema: Konstruktion und Möglichkeiten von Rollreffanlagen für Vor- und Großsegel.
144 Seiten mit 165 Zeichnungen und 18 Fotos, gebunden DM 26,–

Horst Scharfenberg
So schmeckt's an Bord
Über 200 Rezepte für alle Mahlzeiten auf See und im Hafen, garniert mit nützlichen Tips für Einrichtung und Ausrüstung der Kombüse.
208 Seiten mit 222 Rezepten und 13 Zeichnungen, gebunden DM 36,–

Günther Müller
Sprechfunkzeugnisse für den Seefunkdienst
Ein Lehrbuch für das „Allgemeine Sprechfunkzeugnis für den Seefunkdienst" und das „Beschränkt gültige Sprechfunkzeugnis Ultrakurzwellen" mit Übungs- und Prüfungsfragen.
144 Seiten mit 24 Abbildungen, gebunden DM 29,80

Hans Donat
Sicherheit und Technik auf Segelyachten
Empfehlungen und praktische Anleitungen, durch richtige Pflege und Wartung aller Technik an Bord die Sicherheit für Boot und Besatzung auf Dauer zu erhalten.
224 Seiten mit 197 zweifarbigen Abbildungen und 25 Tabellen, gebunden DM 39,–

Robbert Das/Harald Schwarzlose
Praktische Seemannschaft in Bildern
Informativ und anschaulich führen die Autoren außergewöhnliche Themen und Probleme der praktischen Seemannschaft vor Augen. Sonderausgabe.
272 Seiten mit 403 Zeichnungen, gebunden DM 34,–

Seemannschaft
Handbuch für den Yachtsport
Als zuverlässiger Führer und Ratgeber in allen Fragen des Yachtsports wurde dieses Werk wieder einmal modernen Erkenntnissen und Gegebenheiten angepaßt.
506 Seiten mit 482 z. T. farbigen Abbildungen und 1 Übungskarte, gebunden DM 68,–

K. Adlard Coles
Schwerwettersegeln
Beispiele für das Abwettern von Starkwind und Sturm.
328 Seiten mit 35 Fotos und 108 Zeichnungen, Leinen DM 49,–

Preisänderungen vorbehalten!

Delius Klasing Verlag